Gewidmet:

Ileana E. Salazar,
Tochter Gottes, Kämpferin des Rosenkranzes,
liebste Freundin.
Ich bin Jesus, Maria, dem heiligen Josef
und der heiligen Philomena für immer dankbar
für das Geschenk eurer Freundschaft.

Ein treuer Freund ist ein starker Schutz,
wer ihn findet, hat einen Schatz gefunden.
Für einen treuen Freund gibt es keinen Gegenwert,
seine Kostbarkeit lässt sich nicht aufwiegen.
Ein treuer Freund ist eine Arznei des Lebens
und es werden ihn finden, die den Herrn fürchten.

~ Jesus Sirach 6,14-16

Die Mutter Gottes, die mächtigste Jungfrau, die in der Vergangenheit in der Nächstenliebe mitgewirkt hat, damit die Gläubigen in der Kirche geboren werden konnten, ist jetzt die Mittlerin, die Vermittlerin unseres Heiles. Möge sie die vielen Köpfe der bösen Hydra zerschmettern und abschlagen.

~ **Papst Leo XIII.**

Der Sieg sei dein, o Mutter. Du wirst siegen. Ja, du hast die Macht, alle Irrlehren, Irrtümer und Laster zu überwinden. Und ich werde im Vertrauen auf deinen mächtigen Schutz den Kampf aufnehmen, nicht nur gegen Fleisch und Blut, sondern gegen den Fürsten der Finsternis, wie der Apostel [Paulus] sagt, den Schild des hl. Rosenkranzes ergreifend und bewaffnet mit dem zweischneidigen Schwert des göttlichen Wortes.

~ **Hl. Antonius Maria Claret**

Inhalt

Einführung

> Lieber Leser, wenn du diese Andacht übst und predigst, wirst du aus eigener Erfahrung mehr daraus lernen, als aus irgendeinem Buche, und du wirst mit Freuden die Wirkungen der Verheißungen erfahren, welche Maria dem heiligen Dominikus und dem seligen Alanus und allen jenen gemacht hat, welche eine Andacht verbreiten, die ihr so wohlgefällig ist, die die Völker in den Tugenden ihres Sohnes und in den ihrigen unterweist, die zum betrachtenden Gebete, zur Nachfolge Christi, zum häufigen Empfang der Sakramente, zur echten Übung der Tugenden und aller Arten guter Werke anleitet, die uns so viele und so große Ablässe vermittelt.[1]

Die obigen Worte sind nicht von mir. Sie sind dem größten Buch entnommen, das je über den Rosenkranz geschrieben wurde: *Der heilige Rosenkranz – das wunderbare Geheimnis der Bekehrung und des Heiles* vom heiligen Ludwig von Montfort. Es wurde im frühen 18. Jahrhundert geschrieben und ist das einflussreichste Buch über den Rosenkranz, das je veröffentlicht wurde. „Warum dann noch ein Buch über den Rosenkranz schreiben?“, könntest du fragen.

Hier ist der Grund: Zu seiner Zeit schrieb der heilige Ludwig von Montfort das Buch *Der heilige Rosenkranz*, um die Menschen über die Geschichte und die Kraft des Rosenkranzes zu unterrichten. Als Wanderprediger und Dominikaner des Dritten Ordens liebte er den Rosenkranz und benutzte ihn als geistliches Schwert, um die vielen theologischen Irrtümer zu bekämpfen, die zu seiner Zeit im Umlauf waren. Der Rosenkranz war sein Schwert, sein katechetisches Werkzeug und sein Geheimnis, um die abgefallenen Katholiken wieder zu evangelisieren. Er hatte – und hat immer noch – die Kraft, Seelen zu Christus und Seiner

Kirche zurückzubringen. Heute sehen wir uns mit einer ähnlichen Situation konfrontiert. Die Welt ist voller Unmoral und Dunkelheit und muss neu evangelisiert werden. Die Geschichte des Rosenkranzes muss für die Menschen unserer Zeit wieder in all ihren Wundern erzählt werden. Die Menschen von heute müssen die Waffe kennen, mit der sie Unmoral und das Böse bekämpfen und besiegen können. Ich habe „*Kämpfer des Rosenkranzes*" geschrieben, um die Geschichte zu rekapitulieren und dort fortzusetzen, wo der heilige Ludwig von Montfort aufgehört hat. Drei Jahrhunderte sind vergangen, seit der heilige Ludwig von Montfort sein monumentales Werk verfasst hat, und viele Dinge sind geschehen. Viele Wunder, Siege, Bekehrungen, Entwicklungen, Entdeckungen und Kämpfer des Rosenkranzes müssen der Geschichte des Schwertes für die Menschen unserer Zeit hinzugefügt werden. Glaube mir: Ich weiß aus erster Hand, wie der Rosenkranz einer Seele zur Bekehrung verhelfen kann. Erlaube mir, zu erklären, was der Rosenkranz vor Jahren für mich getan hat.

Als ich das erste Mal mit dem Rosenkranz in Berührung kam, war ich ein kranker Mann – krank im Herzen und krank in der Seele. Ich hatte ein sehr unmoralisches Leben geführt, bis zu dem Punkt, an dem ich die Hochschule abbrechen musste. Ich war weltlich, hedonistisch und hatte keine Hoffnung, mich jemals zu ändern. Mein Leben war so außer Kontrolle geraten, dass ich im Alter von 15 Jahren wegen meiner kriminellen Aktivitäten aus Japan ausgewiesen wurde. (Mein Stiefvater war zu dieser Zeit Marineoffizier). Nach meiner Abschiebung aus Japan ging mein Leben voller Verbrechen und Sünden weiter. Ich absolvierte zwei Aufenthalte in Drogenrehabilitationszentren in Pennsylvania und wurde in Louisiana ins Gefängnis geworfen, sobald ich 18 wurde. Im Alter von 20 Jahren war ich völlig verloren und stand kurz davor, mir das Leben zu nehmen. Ich war so weit von Gott entfernt, wie ein Mensch nur sein kann. Tatsächlich hasste ich alles Religiöse, insbesondere alles, was mit Jesus und der katholischen Kirche zu tun hatte.

Doch eines Abends im Jahr 1992 nahm ich ein Buch in die Hand, das meine Eltern, die kürzlich zum Katholizismus konvertiert waren, gekauft und in ihrem Bücherregal stehengelassen hatten. Das Buch handelte von einer schönen Frau namens Maria. Es behauptete, sie käme von einem Ort namens Himmel mit einer Botschaft der Liebe, der Barmherzigkeit und der Umkehr. Ich hatte keine Ahnung, wer Maria war oder was eine Marienerscheinung war, aber die Botschaft faszinierte mich, und ich blieb die ganze Nacht auf und las es. Der Inhalt des Buches traf meine verdorbene Seele wie ein göttliches Kantholz, und so ging ich gleich am nächsten Tag in eine katholische Kirche, um einen Priester aufzusuchen und einige Antworten zu erhalten. Dieser Besuch war das erste Mal, dass ich eine katholische Kirche betrat. Es war auch das erste Mal, dass ich dem Rosenkranz begegnete.

Ich erinnere mich, wie ich mich in die kleine Militärkapelle Our Lady of Victory von Norfolk auf dem Marinestützpunkt Norfolk in Virginia schlich. Ich betrat sie mit Furcht und Zittern, wohlwissend, dass ich kein Freund Gottes war. Ich ließ mich absichtlich so tief wie möglich in die letzte Bank sinken, um den Blickkontakt mit den einzigen anderen Menschen in der Kapelle zu vermeiden: den fünf philippinischen Frauen da vorne. Dann wurde ich Zeuge von etwas Bizarrem. Jede der Frauen zog etwas aus ihrer Handtasche, das wie eine Halskette aussah. Ich hatte keine Ahnung, was es war oder was sie damit machen wollten, aber innerhalb weniger Sekunden benutzten sie es und sagten Worte, die ich noch nie zuvor gehört hatte. Wegen ihres starken philippinischen Akzents konnte ich nicht ganz verstehen, was sie sagten, aber es ging ungefähr so: „Gegrüßet seist du, Maria, etwas, etwas … Jesus“, gefolgt von „Heilige Maria, etwas, etwas … Todes. Amen.“

Dann drehte sich die scheinbare Anführerin zu meiner völligen Überraschung um und sah mich, den langhaarigen Hippie, der hinten saß, an. Sie klimperte mit ihrer Halskette und bat mich, das nächste Geheimnis zu beten. „Was? Ein Geheimnis! Willst du mich auf den Arm nehmen?", dachte ich bei mir. Für mich bedeutete *ein Geheimnis* nur eines – zehn Jahre! Ich war ratlos und verwirrt, und als die freundliche philippinische Dame meinen verwirrten Gesichtsausdruck sah, klärte sie mich auf. „Das zweite schmerzhafte Geheimnis", sagte sie. Meine Reaktion auf sie war völliges Schweigen. Die Erklärung half mir nicht zu verstehen, was sie mir mitzuteilen versuchte. Ich hatte absolut keine Ahnung, was diese Frau vorhatte, als sie mit ihrer Halskette klimperte und mich bat, zehn Jahre lang zu beten. Unnötig zu sagen, dass sie ohne mich weitermachten.

Obwohl ich mich an diesem Tag nicht zu ihnen gesellte, dauerte es nicht lange, bis ich erfuhr, was sie taten. Der Priester, mit dem ich sprach, sagte mir, dass die Frauen jeden Tag vor der Heiligen Messe den Rosenkranz beteten. Ich erinnerte mich an eine Abbildung des Rosenkranzes in dem Buch über Maria, aber ich wusste damals nicht, was das war. Nun, innerhalb weniger Tage nahmen mich die philippinischen Frauen in ihre Obhut und lehrten mich, wie man ihn betet. Ich war völlig fasziniert. Schon bald hatte ich alle Gebete und Geheimnisse auswendig gelernt und leitete sie, wandte mich an andere und lud sie ein, die nächsten Geheimnisse zu beten. Ich begann, diese kleinen Perlen in meiner Tasche zu tragen, wohin ich auch ging. Dieses kleine 20-minütige Gebet half mir, mich unsterblich in Jesus und den Katholizismus zu verlieben. Der Rosenkranz half mir, von einem Leben in Sünde zu einem Leben in Freiheit zu gelangen. Er gab mir den Mut, mein Herz, meinen Geist und meine Seele ganz Jesus und Seiner Kirche zu überlassen. Die Jungfrau Maria und ihr Rosenkranz haben mein Leben gerettet.

Viele Jahre später bin ich nun katholischer Priester. Ich bete weiterhin jeden Tag den Rosenkranz. Er ist mein täglicher Begleiter und befindet sich immer in meiner Tasche. Ohne ihn gehe ich nirgendwo hin. Nach all diesen Jahren bin ich immer noch fasziniert von der Tatsache, dass ich dem Rosenkranz zum ersten Mal in einer Marinekapelle begegnet bin, die der Muttergottes des Sieges geweiht war, und von ihm erobert wurde. Diese Fakten mögen den meisten Menschen unbedeutend erscheinen, aber wenn man die Geschichte des Rosenkranzes kennt, wird ihre Bedeutung erst richtig deutlich. Damals war mir völlig unbekannt, dass der größte Triumph des Rosenkranzes in einer Seeschlacht stattfand und dass der Titel, der Maria zum Gedenken an diesen Triumph des Rosenkranzes gegeben wurde, „Unsere Liebe Frau vom Sieg" war.

Das erklärt, warum ich eine solche Leidenschaft für den Rosenkranz habe. Ich liebe ihn einfach. Ich liebe ihn so sehr, dass ich die Gottesmutter jahrelang angefleht habe, mir Einblicke in die Geheimnisse des Rosenkranzes zu geben, damit ich durch meine Predigten die Herzen berühren und den Menschen helfen kann, sich in Jesus und Seine Kirche zu verlieben. Ich bat sie ausdrücklich, mir zu offenbaren, was den Rosenkranz so kraftvoll macht und wie seine Ursprünge zu verstehen sind. Nach viel Gebet, vielen Novenen und zahllosen Stunden vor dem Allerheiligsten Sakrament glaube ich, dass die Königin des Himmels mich zu den drei „Schlüsseln" geführt hat, die notwendig sind, um die Geschichte und die Kraft des Rosenkranzes zu entschlüsseln.

Der erste Schlüssel besteht darin, den Rosenkranz als ein *geistliches Schwert* zu verstehen, das von Gott, dem göttlichen Handwerker, geschaffen wurde. Dieser Schlüssel entschlüsselt das Geheimnis, was der Rosenkranz ist, warum er so viel Macht hat und warum der Teufel ständig versucht, ihn zu zerstören. Der Satan hat kein gleich starkes Schwert, und weil er auf den

Rosenkranz eifersüchtig ist, versucht er unaufhörlich, ihn aus den Händen der Kinder Gottes zu reißen. Wie die Geschichte beweist, wird die alte Schlange die Menschen dazu verleiten, den Rosenkranz zu vernachlässigen, ganze Nationen dazu zu bringen, ihn zu verbieten, und immer wieder Historiker und Theologen dazu zu bringen, seine himmlischen Ursprünge zu leugnen. Luzifer weiß, dass das Schwert des Rosenkranzes die Macht hat, ihn zu töten, und er hasst es. Doch wie du auf diesen Seiten lesen wirst, kann das Schwert des Rosenkranzes vernachlässigt, verboten, vergessen, beleidigt, herabgesetzt und sogar begraben werden, aber es kann niemals zerstört werden! Es wurde von Gott geschaffen!

Der zweite Schlüssel ist der Respekt und die Verteidigung dessen, was man die fromme Überlieferung nennt. Die *fromme Überlieferung* ist der päpstliche Glaube, dass der Rosenkranz und seine Bruderschaft vom heiligen Dominikus im 13. Jahrhundert gegründet wurden. Diese Überlieferung wurde von Dutzenden von Päpsten in offiziellen Dokumenten bekräftigt und gilt in gewissem Sinne nicht nur als fromme Überlieferung, sondern auch als päpstliche Überlieferung und Lehre. Dieser Schlüssel entschlüsselt das Geheimnis des göttlichen Ursprungs des Schwertes. Zwar sind Päpste nur in Fragen des Glaubens und der Sitte unfehlbar, nicht aber in Fragen der Geschichte, doch die Tatsache, dass so viele Päpste die fromme Überlieferung bekräftigt haben, verleiht ihr großes Gewicht. Bis heute hat kein Papst jemals eine Geschichte des Rosenkranzes gelehrt, die der frommen Überlieferung zuwiderlief.

Der dritte Schlüssel besteht darin, die *Vorläufer und Entwicklungen* in der Geschichte des Rosenkranzes zu verstehen. Dieser Schlüssel lüftet das Geheimnis der menschlichen Ursprünge des Schwertes und offenbart, dass der göttliche Handwerker durch die Kirche beim Zusammenfügen des Schwertes mitgewirkt hat und dass der Rosenkranz zu einer weiteren

Entwicklung fähig ist. Die Klinge wird im Laufe der Geschichte immer wieder neu geschärft werden müssen.

Das Format und der Inhalt von *Kämpfer des Rosenkranzes* sind sehr einfach. Das Buch ist in drei Teile gegliedert. Der erste Teil enthält eine eingehende und gründlich recherchierte Geschichte des Rosenkranzes. Die Abfassung dieses Teils des Buches hat Jahre gedauert und ist das Ergebnis intensiver historischer Studien. In dem Bestreben, eine flüssige und hoffentlich erbauliche Lektüre zu bieten, habe ich jedoch akademische Zitate weggelassen, die den Text möglicherweise überladen könnten. Wo Zitate und Anmerkungen erforderlich sind, werden sie angegeben. Wenn du nicht an der detaillierten Geschichte des Rosenkranzes interessiert bist, kannst du gerne zum zweiten Teil des Buches übergehen.

Der zweite Teil des Buches stellt 26 Kämpfer des Rosenkranzes vor. Obwohl sich im Laufe der Geschichte unzählige Männer und Frauen für den Rosenkranz eingesetzt haben, habe ich den Text auf 26 beschränkt, weil ich entdeckt habe, dass diese besonderen Kämpfer über den Rosenkranz geschrieben oder schöne Aussagen über ihn gemacht haben und damit „Rosenkranzperlen" zu unserer Erbauung geliefert haben. Glaube mir: Als ich diesen Abschnitt zusammenstellte, fiel es mir schwer, mich auf nur 26 Meister zu beschränken. Sogar der heilige Johannes Paul II. hat einmal bemerkt: „Es wäre unmöglich, die zahllosen Heiligen zu nennen, die im Rosenkranzgebet einen authentischen Weg der Heiligung entdeckt haben."[2] Persönlich finde ich es inspirierend, dass viele der Kämpfer Päpste waren.

Im dritten Teil des Buches schließlich stelle ich Informationen über das Beten des Rosenkranzes vor. Es wäre ein Fehler anzunehmen, dass jeder, der dieses Buch liest, bereits weiß, wie man den Rosenkranz betet, oder mit vielen der damit verbundenen Dinge vertraut ist. Deshalb gebe ich in diesem Abschnitt Gründe für das Beten des Rosenkranzes an, eine Anleitung, wie man den Rosenkranz betet, eine Liste aller Geheimnisse, praktische Möglichkeiten, wie man ein Rosenkranzbeter werden kann, die 15 Versprechen, die die Muttergottes denen gibt, die den Rosenkranz beten, und einen Abschnitt, der die Ablässe beschreibt, die mit dem Rosenkranz verbunden sind. Das Buch schließt mit zwei Anhängen, die wunderschöne Kunstwerke über den Rosenkranz zeigen (nicht in der deutschen Ausgabe), sowie mit einer ausführlichen Erklärung, die die Gottesmutter dem seligen Alanus de Rupe über den Rosenkranz gab.

Mein größter Wunsch ist, dass diejenigen, die dieses Buch lesen, dazu inspiriert werden, den Rosenkranz täglich zu beten und die Sache Jesu Christi und Seiner heilbringenden Geheimnisse zu fördern. Unsere Welt braucht den Rosenkranz heute mehr als je zuvor. Jeder Mensch, der dieses Buch liest, ist in der Lage, dieses Schwert zu benutzen und ein Kämpfer des Rosenkranzes zu werden.

Pfarrer Donald H. Calloway MIC, STL

Provinzialvikar – Marianer von der Unbefleckten Empfängnis
Die Selige Jungfrau Maria,
Mutter der Barmherzigkeit-Provinz

TEIL I

Die GESCHICHTE des ROSENKRANZES

Der Rosenkranz ist eine geistliche Waffe, ein himmlisches Schwert, das von den Händen eines göttlichen Handwerkers geschaffen wurde. Alle Schwerter brauchen Zeit und Geschick, um hergestellt zu werden, aber dieses himmlische Schwert erforderte die größten Anstrengungen – Jahrhunderte – um es herzustellen. Es ist eine Waffe, die sich von allen anderen unterscheidet. Es hat die Macht, Drachen zu töten, Sünder zu bekehren und Herzen zu erobern. Die Klinge dieses Schwertes wurde im Feuer des lebendigen Wortes Gottes geschmiedet, mit dem Hammer der göttlichen Inspiration geformt und der Himmelskönigin und ihren auserwählten Dienern anvertraut.

Als die Waffe endlich kampfbereit war und die Zeit gekommen war, in der der göttliche Handwerker ihre Kraft entfalten konnte, offenbarte die Königin des Himmels, die selige Jungfrau Maria, sie der Welt und wählte einen eifrigen Prediger zu ihrem Gründer. Sie schlug ihn mit der göttlichen Waffe zum Ritter und beauftragte ihn, sie weit und breit zu predigen.

Aus diesem heiligen Mann wurde ein Orden von Predigern gebildet, die sich für die Waffe mit ihren Geheimnissen einsetzten und das Schwert an alle weitergaben, die es zu führen wünschten. Diese auserwählten Seelen sind in der Geschichte als Kämpfer des Rosenkranzes bekannt.

Hier beginnt die Geschichte der Entstehung des Rosenkranzes und seiner Kämpfer …

Vom Engelsgruß bis zum 12. Jahrhundert: Die Ursprünge des Rosenkranzes

Gott hat festgelegt, dass an den beiden Enden der Geschichte eine Frau und ihre Nachkommen einen Schlangendrachen besiegen und zermalmen (siehe Gen 3,15; Offb 12). Die Frau ist die heilige Jungfrau Maria. Ihr Nachkomme ist Jesus Christus, der Retter der Welt. Der Schlangendrache ist Luzifer.

Wie in jeder Schlacht kommt der Sieg durch eine Waffe. Die Waffe, durch die diese Schlacht gewonnen und der Schlangendrache besiegt wird, ist das Ostergeheimnis des Gottmenschen Jesus Christus. Die heiligen Geheimnisse Seines Lebens, Seines Todes und Seiner Auferstehung haben die Macht, das Böse zu besiegen und die Seelen zu befreien. Sie sind geistliche Waffen, durch die der Tod überwunden, Luzifer bezwungen und vertrauenden Seelen ewiges Leben im Himmelreich geschenkt wird.

Ohne die Jungfrau Maria gäbe es diese Geheimnisse nicht. In Gottes Reich ist Maria nicht nur die Mutter des Erlösers, sondern auch die neue Eva und Mutter aller Lebenden. Als solche ist sie die Königinmutter, die an der Seite ihres göttlichen Sohnes regiert. Sie ist die geistliche Mutter aller Seiner adoptierten Brüder und Schwestern. Ihr einziger Wunsch ist es, dem König zu dienen und ihren geistlichen Kindern zu helfen, dem Ebenbild ihres erstgeborenen Sohnes vollkommen gleichgestaltet zu werden.

Der Satan weiß das alles und hasst es. Die Schlange verabscheut die Königinmutter und ihre geistlichen Kinder. Im Laufe der Geschichte hat sie sich an ihre Fersen geheftet und ist wie ein brüllender Löwe über die Erde gestreift, auf der Suche nach ihren Kindern, um sie zu verschlingen (siehe Offb 12,17; 1 Petr 5,8).

Da Gott dies voraussah, begann Er in Seiner Eigenschaft als göttlicher Handwerker, eine Waffe für die Frau und ihre Kinder zu schmieden. Die Herstellung der Waffe würde Jahrhunderte dauern, aber nach ihrer Fertigstellung würde sie die Macht haben, den bösartigen Drachen zu töten, da sie mit dem Einzigen ausgestattet wäre, was ihn besiegen könnte – den rettenden Geheimnissen des Gottmenschen. Der Drache würde die Waffe hassen und aus Neid auf diejenigen, die sie besitzen, ernsthaft versuchen, sie mit verschiedenen Mitteln zu zerstören, vor allem aber, indem er die Erinnerung an ihre Ursprünge untergräbt. Der bösartigste Angriff des Bösen würde die Form eines Angriffs gegen den Gründer der Waffe selbst und seine Verbindung mit ihr annehmen. Der Satan würde jede Anerkennung einer solchen Verbindung hassen. Durch die Jahrhunderte hindurch verbrannte er auf betrügerische Weise dokumentarische Beweise und weckte in den Herzen der Menschen Zweifel am Schwert und seiner Verbindung mit dem heiligen Dominikus. Zuweilen leugneten sogar Gelehrte und Historiker die fromme Überlieferung, die den heiligen Dominikus als Begründer der Waffe anerkennt, aber Gott inspirierte Bücher, die diese Überlieferung verteidigten und behaupteten, dass sie sowohl zuverlässig als auch wahr sei.

Die Waffe kann niemals zerstört werden. Es ist das Rosenkranzschwert der Königin!

Im Verlauf unserer Geschichte ist es wichtig zu wissen, dass Schwerter auf verschiedene Arten hergestellt werden können. Bronzeschwerter werden zum Beispiel in einer Gussform gegossen, während Stahlschwerter aus Eisen geschmiedet werden. Für die Herstellung des geistlichen Schwertes verwendete der göttliche Handwerker eine Kombination aus beiden Techniken. Obwohl dieses Schwert geistlicher Natur ist und nicht aus Metall besteht, wurden für seine Herstellung sowohl eine Form als auch ein Schmiedeverfahren verwendet. Die Form für das geistliche Schwert ist das unzerstörbare und unfehlbare Wort Gottes. Die beiden wichtigsten Elemente, die in die Gussform gegossen wurden, waren das Ave Maria und das Vaterunser. Nach dem Aushärten der Form schmiedete der göttliche Handwerker die Waffe so, dass Männer, Frauen und Kinder sie in den Händen halten und gegen den Feind einsetzen konnten.

Die verschiedenen Elemente, die der göttliche Handwerker für die Konstruktion des Schwertes zusammengetragen hat, werden als *Vorläufer des Rosenkranzes* bezeichnet. Die meisten der Vorläufer brauchten Jahrhunderte, um sich zu entwickeln. Der göttliche Handwerker führte sie alle zusammen, als Er sah, dass die Zeit für die Herstellung des Schwertes reif war. Er ließ die heilbringenden Geheimnisse Seines Sohnes in das Schwert einfließen und vertraute die Waffe der Königin des Himmels an. Diese wiederum wählte einen Mann als Stifter aus. Die chronologische Reihenfolge der Vorgeschichte ist wie folgt:

1) Das Ave Maria
2) Das Vaterunser
3) Gebetsperlen
4) Der marianische Psalter

Das Ave Maria

Gott wollte immer, dass Seine Waffe ein marianisches Schwert ist, denn Er wusste, dass die Frau und ihre Kinder angegriffen werden würden. So war es nur folgerichtig, dass das erste Element, das in die Form gegossen wurde, das süße Ave war: „*Gegrüßet seist du, voll der Gnade, der Herr ist mit dir!*“ (Lk 1,28). Diese göttlich inspirierte Ankündigung, die zuerst vom Erzengel Gabriel ausgesprochen wurde, ist als Engelsgruß bekannt. Sie ist der Beginn der lebensrettenden Geheimnisse des Gottmenschen und das erste Element, das für die Herstellung des Schwertes erforderlich ist. Alle künftigen Geheimnisse werden ihm folgen, denn ohne die Jungfrau Maria würden weder der Gottmensch noch Seine rettenden Geheimnisse existieren. Die Erlösung kam durch Maria in die Welt.

Die katholische Kirche ist die Werkstatt, in der der göttliche Handwerker das Schwert zusammengesetzt hat. Als Gott, der Allmächtige, hätte Er das Schwert in einem einzigen Akt erschaffen können. Da die Herstellung des Schwertes jedoch mit der Zeit erfolgen sollte, ließ Er zu, dass die Zusammenstellung der Elemente in Seiner Werkstatt Jahrhunderte dauerte. So hat die katholische Kirche beispielsweise erst im sechsten Jahrhundert den *Engelsgruß* mit dem *Evangeliengruß* kombiniert. Der Evangeliengruß ist der inspirierte Gruß der heiligen Elisabeth an Maria: „*Gesegnet bist du unter den Frauen, und gesegnet ist die Frucht deines Leibes!*" (Lk 1,42). Sie wurden im sechsten Jahrhundert im Gabengebet für die Heilige Messe des letzten Adventssonntags zusammengeschmiedet und bildeten den ersten Teil des Schwertes. Die Worte sind inspiriert und unvergänglich: „*Gegrüßet seist du, voll der Gnade, der Herr ist mit dir! Gesegnet bist du unter den Frauen und gesegnet ist die Frucht deines Leibes!*"

Der direkt aus dem Wort Gottes entnommene Evangeliengruß und der Engelsgruß bildeten die erste Hälfte dessen, was als Ave Maria oder Gegrüßet seist du Maria bekannt wurde. Jahrhunderte später würde der heilige Ludwig von Montfort Folgendes anmerken: „Das Ave Maria ist ein scharfer und feuriger Pfeil, der, in Verbindung mit dem Worte Gottes, dem Prediger die Kraft verleiht, die härtesten Herzen zu durchdringen, zu rühren und zu bekehren."[1]

Bis zum 11. Jahrhundert bestand das Ave Maria-Gebet nur aus der Kombination des Engelsgrußes und des Evangeliumsgrußes. Der göttliche Schöpfer wollte, dass der flammende

Schaft eine fürbittende Dimension erhält, und Er wartete geduldig darauf, dass Seine Kirche an dieser Entwicklung teilnahm. Bis dahin wurde das Ave Maria von der Kirche als ein Lobpreisgebet verstanden, mit dem Maria geehrt wurde. Es wurde als eine Art der Begrüßung angesehen, insbesondere wenn man sich im Gebet und in der Bitte an sie wandte. Obwohl das Ave Maria noch keine explizit fürbittende Dimension hatte, wurde es als ein vorbereitendes Gebet angesehen, das man sprach, bevor man die Jungfrau um eine bestimmte Gnade bat. Alle Christen waren sich darüber im Klaren, dass, wenn sie Maria mit einem solchen Gruß begrüßten, sie nicht so unhöflich sein würde, den Gruß nicht zu erwidern, und dass sie den Heiligen Geist und eine Fülle von Gnaden mit sich bringen würde.

Das Vaterunser

Im Gegensatz zum Ave Maria, das Jahrhunderte brauchte, um komponiert zu werden, ist das größte und mächtigste Gebet des Schwertes völlig unversehrt geblieben. Es war ein Gebet, das der Gottmensch selbst gelehrt hat. Es ist das Gebet des Herrn, das auch als Vaterunser oder *Paternoster* bezeichnet wird (vgl. Mt 6,9-13; Lk 11,2-4). Das Vaterunser liegt den Christen schon seit den Tagen am Herzen, als unser Herr auf dieser Erde wandelte und Seine Jünger das Gebet lehrte. Es ist ein Gebet, das beispielhaft dafür ist, wie ein Nachfolger Christi beten sollte. Mit den Worten von Papst Leo XIII: „Es gibt keine Sprache, die so geeignet ist, uns zur Majestät Gottes zu führen, wie die Sprache des Vaterunsers.“[2]

Vor dem 13. Jahrhundert hatte der göttliche Handwerker das Ave Maria und das Vaterunser nebeneinander in Seiner Werkstatt existieren lassen. Gelegentlich vermischten sie sich im Leben der Frommen, aber sie wurden nie in einer Andachtsformel zusammengefügt. Erst im 13. Jahrhundert begann der göttliche Handwerker in Erwartung vieler zukünftiger Kämpfe mit dem Bösen, diese Elemente zusammenzuschmieden. Obwohl es eine geistliche Klinge sein sollte, „schärfer als jedes zweischneidige Schwert; es dringt durch bis zur Scheidung von Seele und Geist, von Gelenken und Mark; es richtet über die Regungen und Gedanken des Herzens“ (Hebr 4,12), würde es auch eine materielle Komponente haben. Schließlich sind alle Schwerter dafür gemacht, in der Hand eines Menschen gehalten zu werden. Bei der Durchsicht Seiner Werkstatt fand der göttliche Handwerker genau das, was Er brauchte, um dem geistlichen Schwert seine materielle Form zu geben.

Gebetsperlen

Seit Jahrhunderten wurde in der Werkstatt des göttlichen Handwerkers eine Schnur mit Gebetsperlen verwendet. Es war Sein Plan, das Ave Maria und das Vaterunser um diese Perlenschnur zu wickeln, damit das geistliche Schwert Gestalt annehmen und der Welt offenbart werden konnte. Alle drei Elemente, die dem Schwert vorausgingen (Ave Maria, Vaterunser, Gebetsperlen), waren schon seit Jahrhunderten in Gebrauch, aber bis zum 13. Jahrhundert noch nie miteinander verbunden worden.

Der Heilige Geist inspirierte den christlichen Gebrauch von Gebetsperlen lange vor dem 13. Jahrhundert. In der christlichen Praxis wurden Gebetsperlen bereits im dritten Jahrhundert verwendet. Die Verwendung von Perlen oder sogar kleinen Kieselsteinen war eine praktische Methode, mit der die Christen festhielten, wie viele Gebete sie gesprochen hatten. Manchmal wurden sie verwendet, um eine vorgeschriebene Buße oder Gebetsverpflichtung zu erfüllen. Im vierten Jahrhundert war beispielsweise ein ägyptischer Einsiedler namens Paulus von Theben daran gewöhnt, täglich 300 Bußgebete zu sprechen. Er benutzte kleine Kieselsteine, um sich zu merken, wie viele er gebetet hatte. Das Mitschleppen von 300 Kieselsteinen, egal wie klein sie waren, erwies sich jedoch als ziemlich mühsam, eine eigene Form der Buße. Es ist daher leicht zu verstehen, dass die Christen schließlich von der Verwendung von Kieselsteinen auf Gebetsperlen übergingen, um ihre Gebete zu zählen. Eine Perlenkette war viel leichter zu tragen und ermöglichte es, dass diese Form des Gebets überall und von jedermann verrichtet werden konnte. Selbst der große Bibelgelehrte Hieronymus (347-420) benutzte Gebetsperlen.

Vor dem 13. Jahrhundert war das Gebet, das am häufigsten auf Gebetsperlen gesprochen wurde, das Vaterunser. Die allgemeine Bezeichnung für diese Art von Gebetsperlen lautete Paternoster-Perlen. Während des größten Teils des Mittelalters (vom fünften bis zum 15. Jahrhundert) gab es die fromme Praxis, nacheinander *Paternoster* zu beten als eine Form der Buße und der Frömmigkeit. In vielen Bußbüchern aus dem achten Jahrhundert bestand die vorgeschriebene Buße für bestimmte Sünden darin, bis zu 50 *Paternoster* zu beten. Im Jahr 1096 hatten die Mönche von Cluny die Gewohnheit, beim Tod eines Mitbruders 50 *Paternoster* zu beten. Im Jahr 1128 wurden die Tempelritter verpflichtet, 57 *Paternoster* zu beten, wenn sie nicht am gemeinsamen Gebet teilnehmen konnten; außerdem mussten sie eine Woche lang täglich 150 *Paternoster* beten, wenn einer ihrer Brüder starb.

Neben Mönchen und Priestern gab es auch berühmte Laien, die *Paternoster*-Perlen eifrig verwendeten. Einige dieser Personen schätzten ihre Perlen so sehr, dass sie den Wunsch äußerten, sie mit ins Grab zu nehmen oder sie nach ihrem Tod jemandem zu vermachen. Die berühmteste dieser Verehrerinnen war Lady Godiva von Coventry. Die durch Alfred Lord

Tennyson berühmt gewordene nackte Dame, die aus Protest gegen die Besteuerung der Armen auf einem Pferd ritt, war ebenfalls eine gläubige Anhängerin der Verwendung von Gebetsperlen. Bei ihrem Tod im Jahr 1075 verriet sie in ihrem Testament, dass sie sich selbst einen Satz Gebetsperlen angefertigt hatte und darum bat, dass diese nach ihrem Tod auf eine Statue der heiligen Jungfrau Maria gelegt werden sollten. Einige Historiker haben spekuliert, dass Lady Godiva sogar die bestehende Form des Ave Maria auf ihren *Paternoster*-Perlen gebetet haben könnte.

Eine weitere berühmte Person, die Gebetsperlen verwendete, war die heilige Rosalia (gest. 1160). Die heilige Rosalia, eine Verwandte des Kaisers Karl des Großen, besaß einen Satz Perlen mit einem großen Kreuz am Ende. Sie schätzte ihre Perlen und bat darum, dass sie nach ihrem Tod mit ihr begraben werden sollten. Gebetsperlen wurden auch in den Gräbern der Äbtissin Gertrud von Nivelles (Tochter von Pippin I., gest. 659) und des heiligen Norbert (12. Jahrhundert) gefunden.

Von besonderem historischem Interesse ist die Tatsache, dass auf vielen Gemälden des Mittelalters, insbesondere auf denen, die den ersten Kreuzzug (1096-1099) darstellen, Mönche und Priester mit Gebetsperlen als Teil ihrer religiösen Kleidung abgebildet sind. Offensichtlich handelte es sich dabei um *Paternoster*-Perlen und nicht um Rosenkranz-Perlen, da es den Rosenkranz noch nicht gab. Das Tragen von Gebetsperlen am Gürtel diente jedoch als Vorläufer und Vorbereitung für das Verständnis des Rosenkranzes als Schwert, das am Gürtel getragen werden konnte. Im Laufe des 12. Jahrhunderts begannen auch diejenigen, die nicht an den Kreuzzügen beteiligt waren, *Paternoster*-Perlen am Gürtel zu tragen. Es war eine beliebte Praxis für Mönche und Laien gleichermaßen.

In Anbetracht dieser historischen Fakten versteht es sich von selbst, dass der göttliche Handwerker am Werk war und kurz davor stand, alle Teile des Schwertes zusammenzufügen. Er hatte die materielle Komponente des Schwertes in den Gebetsperlen gefunden. Alles, was noch fehlte, war die Umwandlung der *Paternoster*-Perlen in Marienperlen. Durch diese Umwandlung würde das Gebet in ein marianisches Schwert verwandelt werden. Die perfekte Zeit dafür war das späte 12. und das frühe 13. Jahrhundert, in der die mittelalterliche Frömmigkeit etwas entwickelte, was als marianischer Psalter bekannt ist.

Der marianische Psalter

Von alters her haben die Gläubigen ein wunderschönes liturgisches Gebet gebetet, das als Brevier bekannt ist. (Heute lautet die am meisten verwendete Bezeichnung Stundengebet.) Diese Form des Gebets hat ihre Wurzeln in den vielen monastischen Überlieferungen des Katholizismus, die von den Mönchen verlangten, die 150 Psalmen des Alten Testaments gemeinsam zu beten. In den alten Klöstern setzte diese Praxis voraus, dass die Mönche Latein lesen und verstehen konnten. Die Realität sah jedoch so aus, dass damals viele Mönche ungebildet und Analphabeten waren und daher nicht in der Lage, an den täglichen Gebeten teilzunehmen. Aus diesem Grund durften bereits im neunten Jahrhundert, insbesondere in Irland, sowohl Brüder (Männer, die Mönche, aber keine Priester sind) als auch Laien, die nicht lesen konnten, den Gesang der 150 Psalmen durch die Rezitation von 150 *Paternostern* ersetzen. Im elften Jahrhundert verbreitete sich diese Praxis über die Grenzen Irlands hinaus und wurde für alle üblich, die am Brevier teilnehmen wollten, aber nicht lesen konnten.

Die Verwendung von *Paternoster*-Perlen begann nach dem elften Jahrhundert zu florieren. In dieser Zeit wurde auch die

Praxis des Betens von 150 *Paternostern* immer beliebter. Die vielen Mönche und Laien, die 150 *Paternoster* als Ersatz für die 150 Psalmen beteten, wollten natürlich auch ein Set von *Paternoster*-Perlen besitzen. Diese Version der *Paternoster*-Perlen wurde als „Brevier des armen Mannes" bekannt. Da es sich um ein tragbares Gebetsmittel handelte und viele Menschen es am Gürtel tragen wollten, erkannten die Menschen bald, dass es viel einfacher war, einen Satz von 50 Perlen zu tragen, anstatt 150 Perlen. Dies führte zu der Praxis, das *Paternoster* mit 50 Perlen dreimal zu beten, so dass alle 150 *Paternoster* gesagt wurden. *Paternoster*-Perlen wurden im 12. Jahrhundert so beliebt, dass es in London eine Straße namens Paternoster Row gab, in der geschickte Handwerker als professionelle Perlenmacher arbeiteten. Im Jahr 1268 gab es in Paris vier Zünfte, die sich auf die Herstellung von *Paternoster*-Perlen spezialisiert hatten. Einige Typen wurden auf eine an beiden Enden offene Kordel aufgezogen, während andere Typen rund waren. Beide wurden akzeptiert und häufig verwendet.

Zur gleichen Zeit, als die *Paternoster*-Kordel im 12. Jahrhundert an Beliebtheit gewann, wurde auch das Ave-Maria-Gebet immer häufiger in Andachten verwendet. Etwa zu dieser Zeit begann man, das Wort „Chaplet" (d.h. „Krone") als Bezeichnung für eine Reihe von 50 Gebeten zu verwenden. Es gibt viele Gründe, warum das Ave-Maria-Gebet in dieser Zeit an Popularität gewann. Einer der Hauptgründe war die Erneuerung der Marienverehrung, die im 12. Jahrhundert durch mehrere klösterliche Reformbewegungen ausgelöst wurde. Männer wie der heilige Bernhard von Clairvaux (1090-1153) und der selige Isaak von Stella (1100-1170), beide Zisterziensermönche, begannen, einen Großteil der Weisheitsliteratur des Alten Testaments auf marianische Weise zu interpretieren, was einen tiefgreifenden Einfluss auf die Marienverehrung im Allgemeinen hatte. Da Maria als die Taube der Schönheit aus dem Hohelied und als Sitz der Weisheit aus dem Buch der Sprichwörter verstanden wurde, bekamen auch die 150 Psalmen eine marianische Dimension. Aus dieser klösterlichen Frömmigkeit heraus entwickelte sich eine neue Form der Marienverehrung, die das Brevier des armen Mannes als Grundlage nahm. Es gibt sogar eine Geschichte aus dieser Zeit über einen Einsiedler namens Albert (gest. 1140), der in Anlehnung an die 150 Psalmen 150 Ave Maria rezitierte. Er betrachtete diese Praxis als eine Form der körperlichen Buße. Bei den ersten 100 Ave Maria beugte er sich nieder, bei den letzten 50 warf er sich auf den Boden. Nach diesem Vorbild und in dem Bestreben, die Verehrung der Mutter Gottes weiter zum Ausdruck zu bringen, begannen die Mönche, einen Psalter zur Verehrung Mariens zu entwickeln, der dem Brevier des armen Mannes entsprach. Sie benutzten dieselben *Paternoster*-Perlen, aber statt 150 Vaterunser beteten sie 150 Ave Maria. Innerhalb kurzer Zeit wurden 15 Vaterunser hinzugefügt, um die 150 Ave-Maria in Zehner-Gruppen aufzuteilen. Diese Zehner-Gruppen wurden als die „Geheimnisse" bekannt.

Den Zisterziensern kommt das Verdienst zu, die Gründer des marianischen Psalters zu sein. Sie waren jedoch nicht die einzigen, die eine erneuerte Verehrung Mariens betonten. Ein weiterer Mönchsorden, der die Entwicklung des marianischen Psalters beeinflusste, war der Kartäuserorden. Die Kartäuser, die 1084 vom heilige Bruno von Köln (1030-1101) gegründet wurden, waren (und sind) einer der strengsten und eremitischsten Orden der Kirche. Diese beiden großen Mönchsgemeinschaften standen im Mittelpunkt der mittelalterlichen Entwicklung des marianischen Psalters, da sie beide ihre eigenen Versionen hatten. Die von diesen Orden entwickelten marianischen Psalter bestanden jedoch nur aus gebeteten Ave Maria, die mit Antiphonen durchsetzt waren. Keiner ihrer marianischen Psalter enthielt Geheimnisse aus dem Leben Christi, die man betrachten konnte, während man die Ave Maria betete. Daher waren ihre marianischen Psalter im Allgemeinen nicht für die öffentliche Rezitation bestimmt, sondern für die individuelle Rezitation durch die Mönche. Da es sich bei beiden Orden um Mönchsorden handelt, hatten ihre marianischen Psalter auch keine apostolische oder missionarische Dimension. Für die Zisterzienser und die Kartäuser war das Beten des marianischen Psalters die marianische Parallele zur *Paternoster*-Andacht und nichts weiter. Keiner dieser Orden nutzte den marianischen Psalter als Methode zur Verkündigung oder als Waffe zur Bekämpfung der Häresie. Sie verstanden ihn ganz sicher nicht als geistliche Waffe.

Der göttliche Handwerker war mit ihrer Liebe und ihrem Lobpreis Mariens sehr zufrieden und benutzte ihren marianischen Psalter als Prototyp für die Schaffung eines völlig neuen Typs des marianischen Psalters – die gepredigte und betrachtete Version. Der neue marianische Psalter wurde mit den rettenden Geheimnissen des Lebens Christi durchdrungen und zu einem geistlichen Schwert gemacht, das gegen das Böse, die Lüge und die Sünde eingesetzt werden sollte. Im Gegensatz zu seinem klösterlichen Vorgänger war der neue marianische Psalter als geistliche Waffe und evangelisches Werkzeug gedacht, um Häresie und Teufel zu besiegen. Eine solche Waffe wurde zu Beginn des 13. Jahrhunderts dringend benötigt. Der Heilige Geist war bereits in der Kirche am Werk und bereitete eifrige Männer darauf vor, Gründer von Bettelorden zu werden. Diese Orden würden ihrem Wesen nach apostolisch sein, ausgesandt zum Kampf gegen die Mächte der Finsternis. Der göttliche Handwerker würde sie nicht ohne eine Waffe aussenden.

Nachdem alle Teile im 12. Jahrhundert zusammengefügt worden waren – das Ave Maria, das Vaterunser, die Gebetsperlen und der marianische Psalter – war das Schwert bereit, zusammengesetzt und einem Mann anvertraut zu werden, der für immer als sein Gründer bekannt werden würde. Da der Rosenkranz das Schwert Mariens sein sollte, gewährte Gott ihr das Privileg, einen Mann als Stifter auszuwählen. Der Auserwählte sollte der Erste sein, der das Schwert führen und seine Fähigkeiten im geistlichen Kampf erproben sollte. Die Königin des Himmels hatte genau den richtigen Mann im Sinn.

Das 13. Jahrhundert: Der hl. Dominikus und die Geburt des Rosenkranzes

Zu Beginn des 13. Jahrhunderts sah sich die Kirche dem heftigen Widerstand einer Gruppe ausgesetzt, die als Albigenser bekannt waren, einer häretischen Sekte, die nach der Stadt Albi in Südfrankreich benannt war, wo sie ihren Ursprung hatte. Diese verderbliche und radikal puritanische Sekte hatte viele Anhänger und breitete sich rasch aus. Ihre wichtigste Lehre war, dass nur geistliche Dinge gut und alles Materielle böse sei. Nach ihrer Doktrin ist die Seele eines jeden Menschen in einem bösen Körper gefangen. Wenn ein Mensch „Erlösung" erfahren will, muss er aus dem materiellen Gefängnis seines Fleisches befreit werden. Dieses Glaubenssystem war ein direkter Angriff auf die christliche Moral und die rettenden Geheimnisse des Gottmenschen, insbesondere die Menschwerdung, die Passion und die Auferstehung. Die christliche Lehre, dass Gott Fleisch angenommen hat, um uns zu retten, war für die Albigenser undenkbar und sie lehnten die christliche Religion der Inkarnation gewaltsam ab. Einmal wurden sie sogar gewalttätig und ermordeten einen päpstlichen Legaten, der zu Gesprächen mit ihnen geschickt worden war.

In dieser Zeit beschloss der göttliche Handwerker, den marianischen Psalter in das geistliche Schwert des Rosenkranzes zu verwandeln. In das Schwert würde Er heilige Geheimnisse einfließen lassen, genau die Geheimnisse, die die Albigenser angriffen. Das Schwert sollte geschärft und gegen die Feinde des Christentums eingesetzt werden.

Der hl. Dominikus

Während der Ausbreitung der albigensischen Häresie machte sich ein Spanier namens Dominic de Guzmán als dynamischer Redner gegen deren Irrtümer einen Namen. Als Mitglied der Regularkanoniker – Priester, die nach einer bestimmten Lebensregel leben – war er zunehmend besorgt über die Verbreitung des Albigensertums und die Bedrohung, die es für die Katholiken darstellte. Daraufhin begab er sich auf eine Predigtkampagne und zog von Stadt zu Stadt, um die Wahrheiten des Christentums zu verkünden. Die göttliche Vorsehung hatte ihn in der Tat für diese Mission ausgewählt.

Im Jahr 1170, als Dominikus (Dominic) geboren wurde, hatte seine Mutter, die selige Juana de Aza, einen prophetischen Traum über ihren Sohn. In ihrem Traum sah sie einen Hund, der mit einer brennenden Fackel im Maul aus ihrem Schoß sprang. Der Hund ging um die ganze Welt und entzündete die Welt mit der Fackel. Was sie damals noch nicht wusste, war, dass ihr Sohn am Ende einen religiösen Orden gründen würde, der den Namen „Orden der Predigerbrüder" (die Dominikaner) tragen würde. Die Mission der Dominikaner sollte darin bestehen, die Welt durch eifriges Predigen über die heiligen Geheimnisse des Christentums mit der Liebe zu Jesus zu entflammen. Im Laufe der Zeit wurde der Orden sogar als *Domini canes* bezeichnet, d.h. als die „Hunde Gottes". In Erfüllung des prophetischen Traums seiner Mutter zogen Dominikus' Hunde Gottes durch die Straßen und Nebenstraßen der Welt, um Häresie aufzuspüren und sie aus den Herzen und Köpfen der Abtrünnigen auszurotten. Doch bevor all dies zum Tragen kam, musste Dominikus eine wichtige Lektion lernen. Als derjenige, der auserwählt war, eine Gruppe von Wanderpredigern und eine neue Form der evangelistischen Predigt zu gründen, musste er lernen, dass seine ganze Kraft durch das süße *Ave Maria* kommen würde.

Die Gottesmutter vertraut dem hl. Dominikus die Waffe an

Bei der Vorbereitung auf seine Bemühungen, die Irrtümer der Albigenser zu korrigieren, war Dominikus davon ausgegangen, dass er aufgrund seiner großen rednerischen Fähigkeiten und seines theologischen Scharfsinns in der Lage sein würde, die Seelen recht einfach für Christus zurückzugewinnen. Nachdem er jedoch mehrere Jahre lang eifrig in einer Stadt nach der anderen gepredigt hatte, stellte er fest, dass seine Methoden nicht so wirksam waren, wie er gehofft hatte, und kam zu dem Schluss, dass er etwas mehr brauchte. Er wusste, dass er es mit einer gewaltigen geistlichen Macht zu tun hatte und etwas brauchte, das stark genug war, um den Feind zu überwinden.

Im Jahr 1208 zog er sich in die Stille des Waldes von Prouille in der Nähe der Stadt Fanjeaux in Frankreich zurück, um zu beten und den Himmel zu bitten, ihm zu helfen und ihm das zu geben, was er zum Sieg über die Albigenser brauchte. Nach drei Tagen intensiven Gebets, Fastens und Taten der Buße kam ihm die Himmelskönigin zu Hilfe. Nach alten Überlieferungen erschienen am dritten Tag ein Feuerball und drei heilige Engel am Himmel, woraufhin die Jungfrau Maria zum heiligen Dominikus sprach. Sie teilte ihm mit, dass seine Predigtbemühungen edel gewesen seien, aber erst das *Ave Maria* würde seiner Predigt Kraft verleihen. Die Königin des Himmels informierte ihn: „Wundere dich nicht, dass du [der heilige Dominikus] bis jetzt so wenig Frucht aus deiner Arbeit gezogen hast; du hast sie auf einem unfruchtbaren Boden verbracht, der noch nicht mit dem Tau der göttlichen Gnade getränkt war. Als Gott das Antlitz der Erde erneuern wollte, begann Er damit, den befruchtenden Regen des Engelsgrußes auf sie herabzusenden. Darum predige meinen Psalter."[1] Dies war der Gründungsmoment des heiligen Rosenkranzes Mariens. Es war der Moment, in dem das Schwert aus dem Schaft gezogen wurde.

Es ist wichtig, sich daran zu erinnern, dass der marianische Psalter bereits von mehreren Gruppen rezitiert wurde, als die Gottesmutter den heiligen Dominikus anwies, ihn zu verwenden. Was die Ermahnung Mariens an den heiligen Dominikus so einzigartig machte, war, dass sie ihn ausdrücklich anwies, ihren Psalter zu *predigen.* Sie wollte nicht, dass der heilige Dominikus einfach andere auf den bestehenden marianischen Psalter aufmerksam machte, indem er *darüber* predigte; sie wollte, dass er ihn verbreitete, indem er ihn als Predigtwerkzeug *benutzte.* Er sollte den befruchtenden Regen des *Ave Maria* mit seiner Predigt über die Heilsgeheimnisse Christi verbinden. Die Kombination aus dem *Ave Maria* und der Predigt über die Geheimnisse Christi würde dann zu Betrachtung und Bekehrung führen. Diese Methode würde ein geistliches Schwert in seinen Händen sein, das ihm die Fähigkeit verlieh, Herzen für Christus zurückzugewinnen und den Feind zu besiegen.

Der heilige Dominikus war nicht der Begründer des klösterlichen marianischen Psalters; dieser existierte bereits vor seiner Vision. Vielmehr wurde er auserwählt, der Gründer und Vater einer neuen Art und Weise zu sein, den marianischen Psalter zu beten, einer Art und Weise nach dem Evangelium, die von der Betrachtung über die heiligen Geheimnisse durchdrungen ist. Vor dem heiligen Dominikus wurde der marianische Psalter nur zur Verehrung Marias gebetet. Durch den heiligen Dominikus erhielt der marianische Psalter eine apostolische und betrachtende Dimension. Die Kirche hat stets erklärt, dass Maria, als sie den heiligen Dominikus aufforderte, ihren Psalter zu predigen, ihm auch bestimmte Geheimnisse offenbarte, die mit ihm verbunden sein sollten. Diese Geheimnisse sollten für alle künftigen Generationen als betrachtender Rammbock gegen theologische Irrtümer dienen.

Als sie ihm die Geheimnisse übergab, wies die Himmelskönigin den heiligen Dominikus an, die 150 Ave Maria des marianischen Psalters in zehn Ave Maria zu unterteilen, wobei jedes Gesätz mit einem bestimmten Geheimnis verbunden sein sollte. Die Gläubigen sollten die Geheimnisse betrachten, während sie die zehn Ave Maria beteten. Die Geheimnisse Mariens waren eine direkte Antwort auf die von den Albigensern verbreiteten Irrtümer. Sie konzentrierten sich auf die Menschwerdung, die Passion und den glorreichen Triumph ihres göttlichen Sohnes.

Die Tatsache, dass der Rosenkranz in Frankreich entstanden ist und dem heiligen Dominikus auf die oben beschriebene Weise geschenkt wurde, wurde von Papst Leo XIII. bei der Einweihung der 15 Rosenkranzaltäre in der Rosenkranzbasilika in Lourdes, Frankreich, im Jahr 1901 bekräftigt. Bei dieser Feier sagte Papst Leo XIII. Folgendes:

> Wir nehmen diese Gelegenheit mit größter Freude wahr, weil sie mit jenen Gegenden Frankreichs zusammenhängt, die durch so viele und so große Gunstbezeugungen der heiligen Jungfrau Maria im Glanz erstrahlt sind, die berühmt sind, weil sich in ihnen einst der Patriarch und Gesetzgeber, der heilige Dominikus, aufgehalten hat, und in denen die Wiege des Rosenkranzes zu finden ist. Jeder Christ weiß, dass der heilige Dominikus, nachdem er von Spanien nach Frankreich gereist war, der unbesiegbare Gegner der albigensischen Häresie war, die sich zu jener Zeit wie eine böse Seuche über fast ganz Südfrankreich bis zum Fuß der Pyrenäen ausbreitete. Durch seine Erklärungen und Predigten über die wunderbaren und heiligen Geheimnisse der Gaben Gottes brannte das Licht der Wahrheit gerade dort hell auf, wo es von der Finsternis des Irrtums überschattet worden war. Denn das ist es, was jede Reihe der Rosenkranzgeheimnisse, die wir so hochschätzen, für uns tut.[2]

Nachdem er von der Jungfrau mit dem geistlichen Schwert zum Ritter geschlagen worden war, setzte der heilige Dominikus seine Predigtkampagne mit neuem Eifer fort und gewann unzählige Seelen für Christus und die Kirche zurück. Die Verkündigung des marianischen Psalters erwies sich als äußerst wirksam, genau wie es die Gottesmutter versprochen hatte. Pater Reginald Garrigou-La Grange, einer der größten dominikanischen Theologen des 20. Jahrhunderts, erklärte das Wunder der Predigtmethode des heiligen Dominikus folgendermaßen:

> Die Gottesmutter machte dem heiligen Dominikus eine bis dahin unbekannte Art der Verkündigung bekannt, von der sie sagte, dass sie eine der mächtigsten Waffen gegen künftige Irrtümer und in künftigen Schwierigkeiten sein würde. Unter ihrer Inspiration ging der heilige Dominikus in die Dörfer der Albigenser, versammelte die Menschen und predigte ihnen die Geheimnisse des Heils – die Menschwerdung, die Erlösung, das ewige Leben. Wie Maria es ihn gelehrt hatte, unterschied er die verschiedenen Arten von Geheimnissen, und nach jeder kurzen Belehrung ließ er zehn Ave Maria beten – so wie es auch heute bei einer Heiligen Stunde geschehen könnte. Und was das Wort des Predigers nicht vermochte, das tat das süße Gebet der Ave Maria für die Herzen. Wie Maria versprochen hatte, erwies es sich als eine äußerst fruchtbare Form der Predigt.[3]

Als erster Kämpfer des Rosenkranzes wurde der heilige Dominikus schnell zum fruchtbarsten Prediger seiner Zeit, unvergleichlich in seiner Fähigkeit, die Wahrheit zu formulieren und die Herzen zurückzugewinnen. Das geistliche Schwert des Rosenkranzes hatte sich als sehr mächtig erwiesen! Papst Leo XIII. lobte später den Erfolg des heiligen Dominikus mit diesen Worten: „Dank dieser neuen Gebetsmethode – wenn sie angenommen und richtig ausgeführt wurde, so wie sie vom heiligen Vater, dem heiligen Dominikus, eingeführt wurde – begannen Frömmigkeit, Glaube und Einheit [nach Frankreich] zurückzukehren und die Projekte und Machenschaften der Ketzer zu zerschlagen."[4] Der heilige Dominikus war als so kühn in seinen Predigten bekannt, dass frühe Berichte über sein Leben davon berichten, wie er die Albigenser oft zu einer Feuerprobe herausforderte. Die Herausforderung sollte herausstellen, wessen Bücher theologische Irrtümer enthielten, und verlangte, dass sowohl er als auch seine Gegner ihre Bücher ins Feuer warfen. Beide Parteien waren sich einig, dass das Verbrennen ihrer Bücher ein Zeichen dafür war, dass ihre Bücher Fehler enthielten und Gott missfielen. Die Albigenser nahmen die Herausforderung an, und jedes Mal, wenn sie ihre Bücher ins Feuer warfen, wurden sie zerstört, aber als der heilige Dominikus seine Bücher ins Feuer warf, wurden sie von den Flammen nicht berührt. Der Traum seiner Mutter erwies sich in mehr als einer Hinsicht als Prophezeiung. Der heilige Dominikus war geboren worden, um die Welt und theologische Irrtümer in Brand zu setzen.

Betrachtung über die heiligen Geheimnisse Christi

Es kann nicht genug betont werden, dass das Merkmal, das den marianischen Psalter des heiligen Dominikus von den bereits existierenden marianischen Psaltern unterscheidet, seine betrachtende Methode der Predigt über die heiligen Geheimnisse des Lebens Christi war. Obwohl der heilige Dominikus eine gottgegebene Fähigkeit zum Predigen besaß, war es sein gepredigter und gebeteter marianischer Psalter, der seinem Dienst eine außergewöhnliche evangelisierende Kraft verlieh. Wäre dies nicht der Fall gewesen, hätte der heilige Dominikus einfach über den bestehenden marianischen Psalter predigen und die gleiche Wirkung erzielen können, aber da dieser Methode die Geheimnisse Christi und die Betrachtung gefehlt hätten, wäre sie nicht fruchtbar gewesen. Der marianische Psalter der Zisterzienser und Kartäuser war nicht als evangelisierendes Gebet gedacht, um Ketzer zu bekehren, während der marianische Psalter des heiligen Dominikus genau das war: etwas völlig Neues und genau das, was die Zeit brauchte. Im Wesentlichen hatte die Gottesmutter den heiligen Dominikus angewiesen, den marianischen Psalter aus den Klöstern zu holen, ihn mit heiligen Mysterien und Betrachtungen zu füllen und ihn auf die Straße zu bringen, um ihn zu einer Waffe der Massenbekehrung zu machen. Diese ausgeklügelte Methode wurde sogar zu einem wichtigen Werkzeug des von ihm gegründeten Bettelordens. Tatsächlich war sie so wirksam, dass alle anderen Bettelorden, die im 13. Jahrhundert gegründet wurden (und das waren viele), seine Gebetsmethode übernahmen und sie in ihren eigenen apostolischen Bemühungen einsetzten. Der marianische Psalter des heiligen Dominikus wurde zu einer apostolischen und evangelisierenden Waffe, die von allen geistlichen Rittern der spätmittelalterlichen Kirche eingesetzt wurde.

Die Betrachtung über die Geheimnisse wurde zur eigentlichen Seele des neuen marianischen Psalters. Die betende Betrachtung über die Geheimnisse gab dem marianischen Psalter die Kraft, die Herzen der Menschen zu verändern. Davor gab es keine solche Methode der Evangelisierung, weshalb die Kirche nie jemand anderem als dem heiligen Dominikus den Titel „Begründer des Rosenkranzes“ zuerkannt hat. Obwohl die Zisterzienser und die Kartäuser für die Erfindung des marianischen Psalters verantwortlich waren, waren ihre jeweiligen marianischen Psalter nur Vorläufer und Vorgänger des marianischen Psalters des heiligen Dominikus – des Rosenkranzes. Weder die Zisterzienser noch die Kartäuser sind als Erfinder oder Begründer des Rosenkranzes zu verstehen, da sie nie irgendwelche Geheimnisse mit den Gebeten verbanden oder den marianischen Psalter als betrachtendes und evangelisierendes Gebet verwendeten.

Der Name „Rosenkranz"

Während des Lebens des heiligen Dominikus und noch viele Jahrhunderte nach seinem Tod wurde die Gebetsmethode, zu deren Verkündigung er von der Gottesmutter aufgefordert worden war, weiterhin als marianischer Psalter bezeichnet. Da die materielle Komponente der Andacht (die Perlen), die die Gottesmutter ihm schenkte, sich äußerlich nicht von dem bereits existierenden marianischen Psalter unterschied, der auf *Paternoster*-Perlen gebetet wurde, blieb sein marianischer Psalter von seinen Zeitgenossen praktisch unbemerkt. Da er auch nie mit seinen zahlreichen mystischen Erfahrungen prahlte, blieb der Rosenkranz in den Anfangsjahren etwas im Verborgenen. Das soll jedoch nicht heißen, dass seine Gebetsform zu seinen Lebzeiten nicht Rosenkranz genannt wurde. Sie wurde es. Dennoch dauerte es Jahrhunderte, bis das Gebet nicht mehr als marianischer Psalter bekannt war, sondern allgemein als Rosenkranz bekannt und anerkannt wurde.

Historisch gesehen war das Wort „Rosenkranz" schon vor der Zeit des heiligen Dominikus in Gebrauch. Vor dem 13. Jahrhundert wurde das lateinische Wort *rosarium* verwendet, um einen Rosengarten oder eine Gruppierung von Rosen in einem Kranz oder einem Strauß zu beschreiben. Doch erst zu Lebzeiten des heiligen Dominikus wurde das Wort mit dem marianischen Psalter in Verbindung gebracht. Tatsächlich wurden Maiandachten zu Ehren Mariens in der Kirche erst im

13. Jahrhundert eingeführt. Da der heilige Dominikus Spanier war und allgemein als großer Marienprediger anerkannt wurde, erwies ihm König Alfons X. von Spanien die Ehre, indem er ihn nachahmte und im Rosenmonat Mai Marienbilder krönte.

Dass der marianische Psalter des heiligen Dominikus im 13. Jahrhundert als Rosenkranz beschrieben wurde, lässt sich aus dem Buch des Abtes Engelbert von Admont *„Der Psalter der seligen Jungfrau Maria"* ersehen. In seinem Buch stellt er 150 Gebete an Maria vor, die alle mit dem Satz „Ave, Rose" beginnen. Die Verbindung des marianischen Psalters mit dem *Ave Maria* und der Rose war seine Art zu erklären, dass jedes Ave Maria des marianischen Psalters gleichbedeutend damit war, Maria eine Rose zu schenken.

Von Bedeutung in diesem Jahrhundert ist auch die Tatsache, dass die sieben Gründer des Ordens der Diener Mariens (Serviten), nachdem der heilige Dominikus den dominikanischen Rosenkranz gegründet hatte, eine Art Rosenkranz formulierten, der auf den Sieben Schmerzen Mariens basiert. Sie behaupteten, Visionen und Offenbarungen von der Gottesmutter gehabt zu haben, die sie dazu veranlassten, den Rosenkranz der Sieben Schmerzen Mariens als einen ihrem Orden eigenen marianischen Psalter zu fördern. Interessanterweise diente der dominikanische Märtyrer heiliger Peter von Verona (1206-1252) als Leiter der Serviten und wird oft als zweiter Gründer ihres Ordens angesehen, da er dem Orden zur päpstlichen Anerkennung verhalf.

Jahrhunderte später erzählte der heilige Maximilian Kolbe seinen Mitbrüdern die folgende Geschichte darüber, wie die Andacht, die als marianischer Psalter bezeichnet wird, allgemein als „Rosenkranz" bezeichnet wurde:

> Ursprünglich wurde der Rosenkranz marianischer Psalter genannt, denn wie der davidische Psalter aus 150 Psalmen

besteht, so finden wir auch im Rosenkranz 150 Ave Maria. Der folgende Umstand trug, je nach Anwendung, zur Namensänderung bei: Ein frommer junger Mann [ein franziskanischer Novize im Jahr 1422] hatte die Gewohnheit, ein Bild der heiligen Jungfrau Maria häufig mit Rosen zu schmücken. Er trat später in ein Kloster ein. Innerhalb der Klostermauern hatte er nicht mehr die Möglichkeit, Maria Blumen zu bringen, was ihn sehr betrübte. Während er auf diese Weise betrübt war, erschien ihm die heilige Jungfrau Maria und sagte: „Bete andächtig meinen Psalter und schmücke mich mit den schönsten Blumen.“ So begann er, den Rosenkranz zu beten, und alsbald sah er, wie die heilige Jungfrau Maria bei jedem Ave Maria eine Rose von wunderbarer Schönheit aus seinem Munde nahm und mit diesen Rosen einen Kranz für sich webte. Beim Vaterunser flocht sie eine prächtige Lilie in die Girlande ein. Daher stammt auch der Name „Rosenkranz“.[5]

Neben den Bildern und der Botschaft der Rosen und Lilien, die während der Gebete vermittelt wurden, vermittelte diese Marienerscheinung von 1422 dem franziskanischen Novizen auch eine spezifisch franziskanische Art des Rosenkranzes, die als Franziskanischer Rosenkranz bekannt wurde. Trotz dieser Offenbarungen an einen Franziskaner blieb der heilige Maximilian fest in seinem Glauben, dass der heilige Dominikus der Gründer des Rosenkranzes war. Er verstand den marianischen Psalter, den der heilige Dominikus betete, ganz einfach und zu Recht als genau das Gebet, das später als Rosenkranz allgemein anerkannt wurde.

Diese Erscheinung von 1422 war der entscheidende Moment, nach dem *alle* marianischen Psalter als Rosenkränze bezeichnet wurden, denn die Offenbarung des Franziskanischen Rosenkranzes betonte, dass alle Rosenkränze eine Art sind,

Maria mit geistlichen Rosen zu krönen. Obwohl also der heilige Dominikus der Begründer *des* Rosenkranzes war, benutzte Gott ironischerweise die Franziskaner, um dem marianischen Psalter des heiligen Dominikus zu helfen, allgemein als *erster Rosenkranz* bekannt zu werden. Papst Leo XIII., der am meisten über den Rosenkranz geschrieben hat, war sich bewusst, dass der dominikanische Rosenkranz in den ersten Jahrhunderten seines Bestehens unter verschiedenen Namen bekannt war. Er machte einmal die folgende treffende Bemerkung:

> Diese Praxis der Marienverehrung, die der heilige Dominikus unter der Inspiration Gottes und mit Seiner Hilfe als Erster erdacht hat, indem er seinerseits die Geheimnisse der Erlösung einführte, wird mit Recht Rosenkranz genannt. Denn so oft wir Maria mit dem Engelsgruß „voll der Gnade“ grüßen, schenken wir der heiligen Jungfrau Maria bei der Wiederholung unserer Worte des Lobes Rosen, die den herrlichsten Duft verströmen.[6]

Eine Waffe und eine Rose – das ist es, was der dominikanische Rosenkranz immer war. Er ist das, was der göttliche Handwerker von Anfang an beabsichtigte, auch wenn es Jahrhunderte dauerte, bis das Gebet allgemein als Rosenkranz bekannt wurde. Die Rose und die Waffe wurden schon beim ersten Rosenkranzsieg zu Lebzeiten des heiligen Dominikus miteinander verbunden. Dort erwies sich der Rosenkranz sowohl als mächtige geistliche Waffe als auch als ein Kranz von Rosen für die Himmelskönigin.

Die Schlacht von Muret

Der erste Rosenkranzsieg wurde in der Schlacht von Muret am 12. September 1213 errungen. Muret, eine kleine Stadt in Südfrankreich in der Nähe der Stadt Toulouse, war eine Hochburg der Albigenser, die versuchten, zu expandieren und Frankreich zu erobern. Der damalige Papst Innozenz III. war sehr besorgt über die Expansion der Albigenser und wollte ein Kreuzfahrerheer aufstellen, das Frankreich ein für alle Mal von ihrem ketzerischen Einfluss befreien sollte. Mit dem Segen des Papstes stellte Graf Simon de Montfort in Südfrankreich ein katholisches Heer auf. Leider bestand das Heer nur aus 1.500 Mann. Graf Simon hatte auf Verstärkung aus Nordfrankreich gehofft, die jedoch nie eintraf. Die Albigenser hingegen verfügten über mehr als 30.000 Mann und wurden von Raimund von Toulouse und Pedro II. von Aragon angeführt. Es handelte sich um eine gefräßige Gruppe von Kriegstreibern, die nur ein Ziel verfolgte: Die Auslöschung der mickrigen katholischen Miliz. Im Vertrauen auf ihre zahlenmäßige Überlegenheit war das albigensische Heer überzeugt, dass es die gegnerischen katholischen Truppen vernichten würde.

Im Glauben, unbesiegbar zu sein, verbrachte das albigensische Heer die Nacht vor der Schlacht in Trunkenheit und Ausschweifung – ein Irrtum, der sich als ihr Untergang erweisen sollte. Im Gegensatz dazu verbrachte das gesamte katholische Heer unter dem gemeinsamen Kommando von Graf Simon de Montfort und dem heiligen Dominikus die Nacht vor der Schlacht mit dem Beten des Rosenkranzes. In den frühen Morgenstunden wurde die Heilige Messe für die katholische Miliz gefeiert und viele Männer gingen zur Beichte. Der heilige Dominikus zog sich in die Kirche Saint-Jacques in Muret zurück, um für den Sieg zu beten. In der Zeit, die er zum Beten des Rosenkranzes benötigte, gelang es Simon de Montfort und seinen Männern, die verkatert und unorganisiert wirkenden Albigenser zu überrumpeln und sie vollständig zu vernichten. Das Heer der Albigenser hatte dies nicht kommen sehen. Chronisten und Historiker, die die Ereignisse der Schlacht aufzeichneten, beschrieben die Niederlage der albigensischen Miliz wie das Fällen vieler Bäume unter den Äxten einer Armee von Holzfällern. Mit dem vollständigen Triumph der katholischen Streitkräfte endete die territoriale Ausbreitung der albigensischen Häresie. Die Sekte selbst blieb bestehen und die Dominikaner predigten weiterhin gegen sie, aber nach der Schlacht von Muret erreichte sie nie wieder ihre frühere Anzahl.

Nach der Schlacht schrieb jeder Katholik in der Gegend den Sieg dem Rosenkranz zu. Simon de Montfort und die Bevölkerung errichteten sogar eine dem Rosenkranz geweihte Kapelle in der Kirche St. Jacques, in der der heilige Dominikus während der Schlacht gebetet hatte – die erste Kapelle, die dem Rosenkranz geweiht war. In der Kapelle wurde ein Gemälde angebracht, das die heilige Jungfrau Maria darstellt, die dem heiligen Dominikus den Rosenkranz reicht. Auf dem Bild stand der heilige Dominikus neben der Muttergottes und hielt in der einen Hand ein Kruzifix, während er mit der anderen Hand den Rosenkranz von der Muttergottes empfing. Auf der anderen Seite der Muttergottes knieten Simon de Montfort und Bischof Fulk von Toulouse. Leider wurde dieses Bild während der Französischen Revolution zerstört, aber es gibt ein schriftliches Zeugnis, das die Existenz des Bildes bestätigt.[7]

Neben diesem Gemälde gab es weitere Zeitzeugen, die die Bedeutung des Rosenkranzes in der Schlacht von Muret erwähnten. Anfang 1214, weniger als ein Jahr nach der Schlacht, schrieb ein Notar aus dem Languedoc – damals eine kleine Provinz in Südfrankreich – ein Gedicht, in dem er beschrieb, wie der heilige Dominikus Rosen in die Schlacht brachte, sie wiederholt opferte und einen Kranz daraus machte. Dies war natürlich eine poetische Anspielung auf das wiederholte Beten des Ave Maria vom heiligen Dominikus während der Schlacht. Das Gedicht ist bedeutsam, weil es zwei Bilder miteinander verbindet: Der Rosenkranz ist sowohl als geistliche Waffe als auch als Rosenkranz für die Königin des Himmels zu verstehen. Obwohl das Originalmanuskript des Gedichts nicht mehr existiert, wurde eine Abschrift in einem 1693 veröffentlichten Buch entdeckt. Lange vor der Wiederentdeckung dieses Gedichts hatten jedoch die Dominikaner selbst die Rolle des heiligen Dominikus in der Schlacht von Muret bekräftigt. Der englische Dominikanerhistoriker Nicholas Trivet stellte im 14. Jahrhundert fest: „Der heilige Dominikus kämpfte mit dem Gebet, de Montfort mit den Waffen!"[8]

Nach der Schlacht von Muret legten viele der Anhänger des heiligen Dominikus in ihren ständigen Kämpfen mit den Albigensern und anderen Ketzern weiterhin ein heldenhaftes Zeugnis von der Kraft des gepredigten marianischen Psalters ab. Der heilige Petrus von Verona, der Dominikaner, der den Serviten bei der Gründung ihres Ordens half, wurde sogar von den Albigensern ermordet. Er wurde zum Märtyrer für den Glauben, als die Albigenser ihm die obere Hälfte seines Kopfes abschlugen.

In künstlerischen Darstellungen wird der heilige Petrus von Verona oft als ein früher dominikanischer Zeuge des Rosenkranzes dargestellt. So ist er zum Beispiel in Caravaggios *Madonna des Rosenkranzes* dargestellt. Er ist der Dominikaner, der auf der rechten Seite steht und auf die Jungfrau und das Kind zeigt. Auf seiner Stirn ist die Wunde zu sehen, die dazu führte, dass er zur Ehre der Altäre erhoben wurde.

Die Rosenkranzbruderschaft

Nach alten Überlieferungen gründete der heilige Dominikus auch eine Gebetsgemeinschaft, um den Rosenkranz weiter zu fördern. Diese Gebetsgemeinschaft sollte ein Weg sein, die geistliche Waffe an zukünftige Generationen weiterzugeben. Interessanterweise hat seine Geschichte viel mit der Geschichte des Rosenkranzes gemeinsam. So wie das Wort „Rosenkranz" im Laufe der Zeit immer beliebter wurde, brauchte auch die vom heiligen Dominikus gegründete Gebetsgemeinschaft ihre Zeit, bis sie allgemein als „Rosenkranzbruderschaft" bezeichnet wurde. Tatsächlich trug sie in den ersten Jahrhunderten ihres Bestehens viele Namen. Zu verschiedenen Zeiten wurde sie als „Gebetsbruderschaft", „Rosenkranzbruderschaft", „Rosenkranzkongregation" oder sogar „Rosenkranzgesellschaft" bezeichnet. Schließlich wurde der beliebteste Titel „Rosenkranzbruderschaft". Doch ganz gleich, unter welchem Titel sie bekannt war, der heilige Dominikus wurde stets als ihr Gründer genannt. Zahlreiche Päpste haben diese Abstammung bekräftigt. Die älteste bekannte päpstliche Bestätigung findet sich in einem Dokument von Papst Alexander VI. aus dem Jahr 1495. Höchstwahrscheinlich war er nicht der erste Papst, der bestätigte, dass der heilige Dominikus die Bruderschaft gegründet hatte, aber sein Verweis ist die älteste existierende päpstliche Bestätigung. Im Jahr 1897 gab Papst Leo XIII. die folgende kurze Erklärung über das Alter der vom heiligen Dominikus gegründeten Gebetsgemeinschaft: „Wenn wir ihren [der Rosenkranzbruderschaft] Ursprung betrachten, finden wir, dass sie sich durch ihr Alter auszeichnet, denn der heilige Dominikus selbst soll ihr Gründer gewesen sein."[9]

Es gibt einen historischen Beweis dafür, dass der heilige Dominikus zu seinen Lebzeiten mindestens eine Bruderschaft gegründet hat: das Testament eines Mannes namens Antonius Sers.

Das Testament von Sers wurde im Jahr 1221 verfasst, demselben Jahr, in dem der heilige Dominikus starb. In dem Testament heißt es, dass Sers Mitglied einer von Dominikus Guzman in Palencia, Spanien, gegründeten Bruderschaft gewesen war. Das Jahr der Gründung der Bruderschaft wird im Testament nicht genannt, aber das Testament besagt eindeutig, dass es Sers' Wunsch war, dass sich die Brüder der Bruderschaft in Palencia nach seinem Tod versammelten, um für seine Seele zu beten. Als Gegenleistung für ihre Freundlichkeit und um ihnen eine Art Bezahlung für das Wachs anzubieten, das für die während der Gebete angezündeten Kerzen verwendet werden sollte, vermachte Sers den Mitgliedern der Bruderschaft drei Maß Weizen sowie einige andere Lebensmittel, die gleichmäßig unter ihnen verteilt werden sollten. Da sich der heilige Dominikus im Jahr 1218 in Palencia, Spanien, aufhielt, ist es wahrscheinlich, dass er dort im selben Jahr eine Bruderschaft gründete. Es gibt jedoch starke Hinweise darauf, dass diese Bruderschaft in Spanien nicht die erste Bruderschaft war, die der heilige Dominikus gegründet hat.

Nach Meinung vieler Historiker und Päpste gründete der heilige Dominikus eine Bruderschaft in Rom, bevor er 1218 die Bruderschaft in Spanien gründete. In einem Apostolischen Schreiben von Papst Clemens VIII. aus dem Jahr 1601 erwähnt der Papst die Anwesenheit des heiligen Dominikus in der Kirche St. Sixtus in Rom und vermerkt ausdrücklich Folgendes: „In der Kirche desselben Klosters [St. Sixtus] hat der heilige Dominikus im Jahr unseres Herrn 1216 den Rosenkranz der heiligen Jungfrau Maria eingeführt und verkündet.“[10] Die Verkündigung des Rosenkranzes durch den heilige Dominikus in Rom war möglicherweise die Gründung der ersten Rosenkranzbruderschaft. Denn welcher Ort wäre besser geeignet, eine Gebetsgemeinschaft zu gründen, als Rom?

Zwar wird man nie genau wissen, wie viele Bruderschaften der heilige Dominikus zu seinen Lebzeiten gegründet hat, doch steht fest, dass sich die Bruderschaften nach seinem Tod in ganz Europa auszubreiten begannen. So wird in der Stiftskirche St. Peter in Lille (Frankreich) eine alte Pergamenturkunde aufbewahrt, die das Datum 1231 trägt. Diese Urkunde enthält das Namensregister einer Bruderschaft namens *Trielle*. In diesem Register sind die Namen mehrerer frommer Frauen aufgeführt, die anstelle von Geld oder Kerzen „Psalter der Muttergottes" opferten. Die dominikanische Überlieferung bestätigt auch, dass in den Dominikanerklöstern in Mantua 1255, in Perugia und Pavia 1258 und in Lucca 1272 sogenannte Marienbruderschaften (wahrscheinlich Rosenkranzbruderschaften) gegründet wurden. Außerdem entstand 1288 in der schönen Stadt Orvieto eine Bruderschaft mit dem Namen „Kongregation-Gesellschaft der seligen Jungfrau Maria und des heiligen Dominikus". Alle diese Bruderschaften waren höchstwahrscheinlich Rosenkranzbruderschaften.

Obwohl er Ende des 16. Jahrhunderts schrieb, bestätigte Papst Sixtus V., dass die Pontifexe Urban IV. (Papst von 1261-1264) und Johannes XXII. (Papst von 1316-1334) im 13. und 14. Jahrhundert Ablässe für Rosenkranzbruderschaften gewährten. Es ist eine unglaubliche Bestätigung, dass die Rosenkranzbruderschaft bereits im Jahrhundert des heiligen Dominikus existierte. Papst Sixtus V. schrieb:

> Bedenken wir, welch große Hilfe für unsere Religion die Einrichtung des heiligsten Psalters war, der Rosenkranz der glorreichen und immerwährenden Jungfrau Maria, der heiligen Mutter Gottes, genannt wird und der vom Gründer des Ordens der Predigerbrüder, dem seligen Dominikus, durch die Eingebung, wie man glaubt, des Heiligen Geistes erdacht wurde; auch gedenken wir dessen, welch großer Nutzen der Welt daraus erwachsen ist und täglich erwächst, und gedenken wir, dass infol-

> gedessen Bruderschaften von Gläubigen beiderlei Geschlechts unter der Anrufung des Rosenkranzes derselben seligen Jungfrau Maria in verschiedenen Kirchen, Kapellen und Altären der Welt kanonisch errichtet worden sind, und dass ihre Brüder und Schwestern nicht nur die Bestätigung und das Wachstum dieser Bruderschaften, sondern auch Ablässe und Privilegien verdientermaßen erlangt haben, und zwar besonders in glücklicher Erinnerung von Urban IV. und Johannes XXII.[11]

Der historische Wert der obigen Aussage darf nicht unterschätzt werden, da sie ausdrücklich bestätigt, dass ein Papst, der im selben Jahrhundert wie der heilige Dominikus lebte, den Mitgliedern der Rosenkranzbruderschaft Ablässe gewährte. In demselben Dokument nennt Papst Sixtus V. auch 13 andere Päpste, die der Rosenkranzbruderschaft vor seinem Pontifikat Ablässe gewährt haben. Darüber hinaus bestätigt das Dokument von Papst Sixtus V., wie wir im nächsten Abschnitt sehen werden, dass die Bruderschaft auch dann noch von Päpsten unterstützt und mit Ablässen bedacht wurde, als sie im 14. und 15. Jahrhundert vernachlässigt und fast vergessen wurde.

Die frühen Dominikaner

Als Papst Honorius III. im Jahr 1216 die Gründung des Predigerordens genehmigte, erklärte er, dass die geistlichen Söhne des heiligen Dominikus die künftigen Vorkämpfer des Glaubens und die wahren Lichter der Welt sein würden. Dies erwies sich als eine prophetische Aussage. Nach dem Tod des heiligen Dominikus im Jahr 1221 setzten sich die Dominikaner für den Rosenkranz ein und verbreiteten ihn in der ganzen Kirche. Er war die Fackel, mit der sie die Dunkelheit erhellten und viele Seelen zu Christus zurückbrachten. Nach dominikanischer Überlieferung war beispielsweise der selige Jordan von Sachsen (1190-1237), der zweite Ordensmeister der Dominikaner, dafür bekannt, dass er eine Betrachtung hielt, während er mit seinen Brüdern das Ave Maria betete. Während seines Lebens lehrte und ermutigte er andere, dieselbe Gebetsmethode anzuwenden.[12] Es kann kein Zweifel daran bestehen, dass er andere den Rosenkranz lehrte. Es ist auch bekannt, dass der sehr gelehrte Dominikanerpriester und Kirchenlehrer heiliger Albert der Große (1193-1280) ein theologisches Werk über die Jungfrau Maria mit dem Titel *De Laudibus B. Maria (Über den Lobpreis der seligen Maria)* verfasst hat. In diesem Werk verglich er die Jungfrau Maria mit der Rose von Jericho, von der jede 150 Blütenblätter hat. Es ist fast unmöglich, in einer solchen Aussage nicht eine Anspielung auf den marianischen Psalter der Muttergottes zu erkennen. Derselbe Heilige und sein Schüler und Mitbruder, der heiliger Thomas von Aquin (1225-1274), haben das Ave Maria als Grundlage für viele Predigten verwendet. Viele franziskanische Heilige des 13. Jahrhunderts, wie der heilige Bonaventura (1221-1274, ebenfalls ein Kirchenlehrer), taten dasselbe.

Die dominikanische Überlieferung verweist auch auf den fünften Ordensmeister des Dominikanerordens, Humbert de Romans, als einen Zeugen des Rosenkranzes. De Romans, der 40 Jahre nach dem heiligen Dominikus starb, war dafür bekannt, dass er den Dominikanernovizen die Überlegenheit der Betrachtung über das mündliche Gebet einprägte. Als Teil seiner Lehre ermutigte er die Novizen, die Geheimnisse der Menschwerdung, der Geburt und der Passion unseres Herrn zu betrachten, während sie das Vaterunser und das Ave Maria beteten.[13] Was könnte diese Form des Gebets in Verbindung mit der Betrachtung sein, wenn nicht der Rosenkranz? Diese Beispiele bestätigen, dass der Rosenkranz immer das Herzstück des Dominikanerordens war. Zuweilen wurden die Dominikaner im Laufe der Geschichte sogar als „Rosenkranzorden" bezeichnet.

Mehrere der frühen Entwicklungen des Rosenkranzes nach dem Tod des heiligen Dominikus wurden dem Einfluss der Ordenssöhne des heiligen Dominikus zugeschrieben. Die Historiker haben festgestellt, dass die frühen Dominikaner, die den Rosenkranz beteten, das Stundengebet (Brevier) genau nachahmen wollten, so dass das Ehre sei dem Vater und das Beten des Salve Regina mit dem Rosenkranz verbunden wurden. Da das Ehre sei dem Vater nach jedem Psalm im Brevier gebetet wurde, hielten sie es für angemessen, am Ende jeder Geheimnisse des marianischen Psalters ein Ehre sei dem Vater zu beten. Historisch gesehen war das Beten des Ehre sei dem Vater seit dem frühen 6. Jahrhundert im liturgischen Gebrauch und wurde auf dem Dritten Konzil von Vaison im Jahr 529 für den allgemeinen Gebrauch genehmigt.

Das Gebet *Salve Regina*, das im 12. Jahrhundert entstand und traditionell dem heiligen Bernhard von Clairvaux zugeschrieben wird, wurde von den Zisterziensermönchen als Abschluss der Komplet (Nachtgebet) verwendet. Als die Dominikaner im 13. Jahrhundert gegründet wurden, ahmten sie die Zisterzienser in dieser Praxis nach und beendeten das Nachtgebet mit dem Gesang des *Salve Regina.* Dann begannen die Dominikaner als Hüter des Rosenkranzes und in dem Wunsch, dass dieser den anerkannten liturgischen Normen entsprach, das Salve Regina am Ende des marianischen Psalters zu beten.[14] Diese Praxis setzte sich schnell durch und wurde zur normativen Art und Weise, den Rosenkranz abzuschließen.

Auch andere Beispiele zeigen die Beliebtheit des marianischen Psalters bei den Dominikanern des 13. Jahrhunderts. Im Jahr 1243 verfasste der dominikanische Chronist Pater Jean de Mailly eine Sammlung des Lebens der Heiligen, in der er erwähnte, dass es der Brauch vieler heiliger Frauen seiner Zeit war, den Engelsgruß 150 Mal zu beten. Er bezeichnete diese Andacht ausdrücklich als „Psalter der heiligen Jungfrau Maria". Der dominikanische Hagiograf Bartholomäus von Trient schrieb ebenfalls über diese Praxis und erzählte die Geschichte einer Nonne namens Sr. Eulalia. Diese Nonne war der heiligen Jungfrau Maria sehr ergeben und betete ihr zu Ehren jeden Tag 150 Engelsgrüße. Bartholomäus von Trient erzählte, dass die Muttergottes Sr. Eulalia einmal erschienen sei und ihr mitgeteilt habe, wie sehr ihr diese Praxis gefalle, besonders wenn die Worte *Dominus tecum* („der Herr ist mit dir") langsam und andächtig ausgesprochen würden. Was die Muttergottes von Sr. Eulalia zu verlangen schien, war, dass sie beim Beten der Ave Maria betrachtete und nicht zu schnell durch sie hindurchging.[15]

Die Dominikanernonne Emilia Bicchieri (1238-1314) war dem Rosenkranz so ergeben, dass sie zu Ehren der 15 Rosenkranzgeheimnisse täglich 15 Brote an die Armen verteilte. Der Dominikanerpriester seliger Romee von Livia (gest. 1261), ein direkter Schüler des heiligen Dominikus, soll gestorben sein, während er die geknotete Schnur, an der er seine Ave Maria betete, in seinen Händen zusammenpresste. Während seines ganzen Lebens als Dominikaner war er dafür bekannt, mit seiner geknoteten Schnur zu betrachten, und er unterwies sogar seine Mitbrüder in dieser besonderen Form der Andacht.[16]

Der Rosenkranz war in diesem Jahrhundert so populär geworden, dass eine Straße in London, die im 12. Jahrhundert Paternoster Row genannt wurde, im 13. Jahrhundert als Ave Maria Lane bekannt wurde. In dieser Straße stellten Handwerker Rosenkränze her.

Obwohl der Rosenkranz erst Jahrhunderte später *offizieller* Bestandteil der dominikanischen Ordenstracht wurde, haben gelehrte dominikanische Historiker oft behauptet, dass er von

Anfang an ein inoffizieller Teil der Ordenstracht gewesen sein könnte. In der Tat zeigen viele Darstellungen der frühen Dominikaner in der Kunst, dass sie Rosenkränze tragen. Alle Historiker wissen, dass das Tragen von *Paternoster*-Perlen eine gängige Praxis der militärischen religiösen Kreuzritterorden während des 11. und 12. Jahrhunderts war. Diese Gruppen trugen *Paternoster*-Perlen als eine Art geistliche Waffe, wenn sie in die Schlachten des Herrn zogen. Es war üblich, die Perlen auf der linken Seite des Gürtels zu tragen in Anlehnung an einen Ritter, der sein Schwert auf der linken Seite trug, um leichter darauf zugreifen zu können. Es ist möglich, dass der heilige Dominikus seinen Männern befahl, diese Praxis zu imitieren und ihr geistliches Schwert auf der linken Seite ihres Habits zu tragen.

Ob der Brauch, den Rosenkranz an der Seite des Habits zu tragen, vom heiligen Dominikus oder den frühen Dominikanern ausgeübt wurde, werden wir vielleicht nie erfahren, aber es gibt eine faszinierende Tatsache über einen anderen Heiligen, der bei der Schlacht von Muret anwesend war, die vielleicht einen Einblick in die Wahrscheinlichkeit dieses Brauchs bietet. Nach den *Acta Sanctorum (Leben der Heiligen)* war bei der Schlacht von Muret ein Mann namens Petrus Nolascus (1189-1256) anwesend. Wie der heilige Dominikus war der heilige Petrus der Gründer eines Ordens im 13. Jahrhundert. Sein Orden nannte sich Orden der seligen Jungfrau Maria der Barmherzigkeit, allgemein bekannt als die Mercedarier. Dieser militärische Orden wurde gegründet, um bei der Befreiung von Gefangenen zu helfen, und zwar nicht nur mit Gebeten, sondern mit buchstäblichen Schwertern! Als die Mercedarier gegründet wurden, trugen sie einen Ordenshabit, der praktisch identisch mit dem der Dominikaner war, allerdings mit einer Ausnahme: Der Habit der Mercedarier war vollständig mit einem Stahlschwert ausgestattet! Man kann sich nur fragen, ob der heilige Dominikus und der heilige Petrus einander kannten. Da das Kreuzfahrerheer nur aus 1.500 Mann bestand und der heilige Dominikus sein geistlicher Hauptmann war, ist es gut möglich, dass der heilige Petrus Nolascus und der heilige Dominikus einander kannten und in der Schlacht von Muret Waffenbrüder waren. Während Petrus an der Seite von Simon de Montfort mit seinem Stahlschwert kämpfte, kämpfte der heilige Dominikus im Gebet mit dem geistlichen Schwert des Rosenkranzes. Wurde der heilige Dominikus durch die Schwerttragegewohnheit des heiligen Petrus inspiriert, in seinem Orden etwas Ähnliches mit dem Rosenkranz zu tun? Es war schließlich die Zeit der Ritter und Schwerter. Bis heute sind der Habit der Mercedarier und der der Dominikaner fast identisch (vor allem, da der Habit der Mercedarier nicht mehr mit einem Schwert aus Stahl ausgestattet ist).

Die Beginen von Gent

Im Jahr 1236, 15 Jahre nach dem Tod des heiligen Dominikus, leiteten Dominikanerpriester eine religiöse Gemeinschaft, die als Beginen von Gent bekannt war. Die Beginen, eine religiöse Gemeinschaft von Frauen, waren nach ihrer Regel verpflichtet, täglich drei Sätze von je 50 Ave Maria zu beten. Vor jedem Vaterunser musste die Vorsteherin ein Geheimnis aus dem Leben Jesu vorlesen, damit alle beim Beten der Ave Maria das Geheimnis betrachten konnten. Die Tatsache, dass die Beginen diese Praxis unter der Leitung der Dominikaner ausübten, hat viele Historiker zu der Annahme veranlasst, dass die Ordensfrauen jeden Tag alle Geheimnisse des Rosenkranzes – die freudenreichen, die schmerzhaften und die glorreichen – beteten.

Der spezifische Begriff, mit dem die Beginen ihre Methode der Aufteilung des Rosenkranzes in drei Gruppen von fünf Geheimnissen bezeichneten, war „chaplet“, was „kleine Krone“ bedeutet. Heute verstehen wir unter dem Beten des Rosenkranzes in der Regel nur das Beten von fünf Geheimnissen, aber zur Zeit des heiligen Dominikus und kurz nach seinem Tod entstand die Terminologie „chaplet/kleine Krone“, um einen fünf Geheimnisse enthaltenen „chaplet“ vom vollständigen Rosenkranz (15 Geheimnisse) zu unterscheiden. Die Beginen waren mit dieser Praxis auch nicht allein. Die Dominikanerinnen von Winterthur-Töss in der Schweiz aus dem 13. Jahrhundert hatten ebenfalls die Angewohnheit, den ganzen Tag über Rosenkränze mit Geheimnissen zu beten. Sie beteten drei „chaplets“ mit 50 Ave Maria pro Tag und nannten dies den Psalter der heiligen Jungfrau Maria. Auch sie zählten die Ave Maria, indem sie eine Perlenkette in der Hand hielten.[17]

Der stumme Zeuge

Viele Historiker haben sich darüber gewundert, dass in den ersten Jahrhunderten seines Bestehens so wenig über den Rosenkranz geschrieben wurde. Aus dem, was in diesem Kapitel dargelegt wurde, sollte dem Leser klar werden, dass der Rosenkranz in dem Jahrhundert, in dem er etabliert wurde, nicht in völligem Schweigen verharrte. Wie bereits betont wurde, dauerte es Jahrhunderte, bis der marianische Psalter mit Betrachtungen aus dem Evangelium des heiligen Dominikus allgemein als Rosenkranz bezeichnet wurde. Allein diese Tatsache sollte die Befürchtungen der Historiker zerstreuen, die keine ausreichende Erwähnung des Wortes „Rosenkranz“ in der Frühzeit seiner Geschichte finden können. Wenn man dann noch bedenkt, dass viele alte Dokumente verloren gegangen sind und/oder in Zeiten der Verfolgung verbrannt und vernichtet wurden, wird klar, warum nur wenige alte Dokumente gefunden werden können. Aber es könnte noch einen anderen Grund geben, warum heute nur wenige antike Quellen existieren: Was wäre, wenn das weitverbreitete Schweigen über die Ursprünge des Rosenkranzes in den ersten Jahrhunderten seines Bestehens vom göttlichen Schöpfer absichtlich herbeigeführt wurde?

Vielleicht hat der göttliche Handwerker das anfängliche Schweigen über den Rosenkranz als eine Art Schutz beabsichtigt. Die Einhaltung des Schweigens kann eine sehr kluge und wirksame Methode sein, um eine Geheimwaffe von einem Feind fernzuhalten. Wenn der Feind von der Waffe erfährt, könnte er versuchen, sie zu zerstören, sie zu konfiszieren oder Verwirrung, Misstrauen und Zweifel an ihrer Wirksamkeit zu stiften. Unter solchen Umständen könnte der Besitzer der Waffe versuchen, die Waffe eine Zeitlang unter einem anderen Namen zu tarnen. Das „Geheimnis" musste nicht für immer bewahrt werden, sondern nur für eine gewisse Zeit. Es ist bekannt, dass Gott in anderen Fällen die Taktik des Schweigens anwendet, um Dinge vor dem Feind zu verbergen. Der heilige Ignatius von Antiochien bemerkte einmal Folgendes über das Schweigen, das Gott anfangs über die Grundlagen des Christentums hielt. Er schrieb: „Die Jungfräulichkeit Marias und ihre Geburt entgingen der Aufmerksamkeit des Fürsten dieser Welt, ebenso wie der Tod des Herrn – diese drei Geheimnisse schrien danach, erzählt zu werden, aber sie wurden in Gottes Schweigen gewirkt."[18] In Anbetracht dessen könnte das anfängliche Schweigen über den Rosenkranz von Anfang an geplant gewesen sein, um den Rosenkranz vor dem Feind zu schützen.

Leider scheint, wie wir in späteren Jahrhunderten sehen werden, keine Antwort die Kritiker der Rosenkranzüberlieferung zufriedenzustellen. Sie bleiben weiterhin durch das Schweigen beunruhigt. Im 18. Jahrhundert werden die Kritiker argumentieren, dass aufgrund des Schweigens über den Rosenkranz in den frühen Biografien des heiligen Dominikus, der heilige Dominikus nicht als Begründer des Rosenkranzes angesehen werden sollte. Doch auch abgesehen von der Vorstellung, dass das Schweigen über den Rosenkranz von Gott beabsichtigt gewesen sein könnte, gibt es legitime historische Gründe, die uns helfen können, das Schweigen zu verstehen.

Zunächst einmal verdienen es die frühesten biografischen Skizzen über das Leben des heiligen Dominikus wirklich nicht, überhaupt als Biografien eingestuft zu werden. Es stimmt zwar, dass der Rosenkranz in keinem dieser Berichte erwähnt wird, aber der Grund dafür, dass er nicht erwähnt wird, ist, dass diese Berichte extrem kurz sind und in keiner Weise eine vollständige Biografie des heiligen Dominikus darstellen. Nehmen wir zum Beispiel die früheste und bekannteste „Biografie" des heiligen Dominikus, geschrieben vom seligen Jordan von Sachsen. Wenn man sich den Bericht des seligen Jordan ansieht, ist man oft überrascht, dass es sich nicht um einen dicken Wälzer handelt, der ein detailliertes Leben des Heiligen darstellt, sondern eher um ein winziges Büchlein. In Wirklichkeit ist der selige Jordan dem heiligen Dominikus nur zweimal in seinem Leben begegnet und eines dieser Male war, bevor der selige Jordan überhaupt Dominikaner war. Tatsächlich haben viele dominikanische Historiker, die die frühen Biografien des heiligen Dominikus studiert haben, festgestellt, dass sehr wichtige historische Fakten über das Leben des heiligen Dominikus in den Biografien ausgelassen wurden.[19] Fast keiner der frühen Berichte erwähnt, dass der heilige Dominikus einen Dritten Orden gründete, gegen die Albigenser predigte oder viele Wunder vollbrachte. Aufgrund dieses gravierenden Mangels in den frühen Berichten über ihren Gründer beauftragte das Generalkapitel der Dominikaner, das 1245 in Köln (Deutschland) stattfand, seine Mitglieder, mehr Informationen zu sammeln und auf dem nächsten Generalkapitel einen ausführlicheren historischen Bericht über das Leben ihres Gründers vorzulegen. Leider wurde diese Aufforderung des Kapitels vernachlässigt und erst viel später erfüllt. Im Laufe der Zeit starben die noch lebenden Zeugen. Viele wichtige Erinnerungen an das Leben des heiligen Dominikus gingen der Geschichte verloren und sind nun in Schweigen gehüllt. Doch Schweigen bedeutet nicht Nichtvorhandensein.

Ein weiteres Argument, das von den Kritikern vorgebracht wird, ist, dass, da der Rosenkranz in keiner der Aussagen im Heiligsprechungsprozess des heiligen Dominikus erwähnt wurde, man nicht sagen kann, dass der Rosenkranz auf ihn zurückgeht. Auch hier gibt es Gründe für das Schweigen in den Aussagen. Fast alle Aussagen bestanden nur aus kurzen Beteuerungen des Wahrheitsgehalts von Aussagen, die bereits von der Kommission zur Untersuchung der heroischen Tugend des heiligen Dominikus formuliert und zusammengestellt worden waren. In diesen vorformulierten Aussagen ging es nicht um die Privatoffenbarungen und mystischen Erfahrungen des heiligen Dominikus, sondern vielmehr darum, ob er ein tugendhafter und heiliger Mann war oder nicht. Diejenigen, die zu einer eidesstattlichen Erklärung aufgerufen wurden, durften keine eigenen Aussagen machen oder über die Einzelheiten seines Lebens und Apostolats Zeugnis ablegen. Sie wurden lediglich aufgerufen, um zu bestätigen, was die Kommission in Bezug auf die Tugenden und die Heiligkeit des heiligen Dominikus untersucht und aufgeschrieben hatte. Mit anderen Worten, die Zeugen sprachen nicht in ihrem eigenen Namen über den heiligen Dominikus.

Und dann ist da noch das Schweigen des heiligen Dominikus selbst. Warum hat der heilige Dominikus nichts über den Rosenkranz geschrieben? Vielleicht hat er es getan, aber die Realität ist, dass es heute *nichts* gibt, *was von der* Hand des heiligen Dominikus *über irgendein Thema geschrieben* wurde. Alles ist für die Geschichte verloren gegangen. Sollten wir daraus schließen, dass der heilige Dominikus nie etwas geschrieben oder gesprochen hat? Nein, natürlich nicht. Darüber hinaus bestätigen alle dominikanischen Historiker, dass der heilige

Dominikus dafür bekannt war, Geheimnisse zu bewahren, insbesondere solche, die seine Visionen und mystischen Erfahrungen betrafen. Nehmen wir zum Beispiel den Ursprung des weißen Obergewandes des dominikanischen Habits, auch dominikanisches Skapulier genannt. Das Dominikanerskapulier geht auf eine Vision zurück, die dem seligen Dominikaner Reginald von Orleans im Jahr 1218 in Rom gegeben wurde, als er krank und leidend in Rom lag. Der selige Reginald war ein guter Freund des heiligen Dominikus und war als eines der ersten Mitglieder dem Dominikanerorden beigetreten. Nachdem er eine Erscheinung Mariens empfangen hatte, informierte Reginald den heiligen Dominikus über den Inhalt der mystischen Erfahrung, die der heilige Dominikus als Zeichen dafür akzeptierte, dass Maria das weiße Außenskapulier als Teil des dominikanischen Habits haben wollte. Zur Überraschung aller behielt der heilige Dominikus jedoch die Vision des heiligen Reginald und das Wissen um den Ursprung des weißen Dominikanerskapuliers bis zum Tod des heiligen Reginald im Jahr 1220 für sich. Warum hat er geschwiegen? Höchstwahrscheinlich wollte er nicht die Tür zu einer Kontroverse über einen Aspekt des dominikanischen Habits öffnen, der seinen Ursprung in einer Privatoffenbarung hat. Es ist gut möglich, dass er dasselbe in Bezug auf den Rosenkranz getan hat. Der heilige Dominikus war ein intelligenter, betender und umsichtiger Mann. Er mag die Weitsicht gehabt haben zu wissen, dass das Verschweigen des Rosenkranzes die Waffe vor den wachsamen Augen des Feindes schützen würde. Nach dominikanischer Überlieferung hat Maria den heiligen Dominikus auch nie aufgefordert, seine Erfahrungen aufzuschreiben, damit andere sie lesen können. In vielen Privatoffenbarungen, die Heiligen im Laufe der Jahrhunderte zuteilwurden, wird der Seher von Jesus oder Maria gebeten, ein Tagebuch oder ein Journal zu verfassen, in dem er Aspekte seiner mystischen Erfahrungen, wie

Botschaften oder neue Formen von Andachten, festhält. Da Maria den heiligen Dominikus nie darum gebeten hat, könnte er es als einen Akt des Ungehorsams betrachtet haben, wenn er etwas niederschrieb, worum Maria ihn nie gebeten hatte. Mit anderen Worten: Er selbst wollte das Schweigen nicht brechen. Er vertraute auf den Plan des Himmels.

Wie für den heiligen Dominikus, so genügt es auch für uns, zu vertrauen. Wo es ein Geheimnis und Schweigen über die Ursprünge des Rosenkranzes gibt, spricht Gott durch seine Kirche, und die Kirche hat sich zu diesem Thema viele Male geäußert. Die offiziellen Erklärungen zahlreicher Päpste in den letzten 800 Jahren haben deutlich gemacht, dass der heilige Dominikus als Gründer des Rosenkranzes zu verstehen ist. Diese päpstliche Überlieferung ist auch keine Position, die aus Unwissenheit und blinder Frömmigkeit entstanden ist. In vielen päpstlichen Erklärungen wird nicht nur bekräftigt, dass der heilige Dominikus der Gründer des Rosenkranzes ist, sondern es werden auch die Vorläufer und Weiterentwicklungen in der Geschichte des Rosenkranzes anerkannt und bekräftigt. Ihre wichtigen Verlautbarungen lehren uns, dass es kein Widerspruch ist, die Vorläufer, die laufenden Entwicklungen und die fromme Überlieferung gleichzeitig zu bekräftigen.

Nur wenige Jahrzehnte nach dem Tod des heiligen Dominikus brach Papst Urban IV. (Papst von 1261-1264) das Schweigen und pries die Macht der geistlichen Waffe, als er erklärte: Jeder Tag bringt der Christenheit neuen Segen: „Jeden Tag erwirkt der Rosenkranz neuen Segen für die Christenheit.“[20]

„Seid also standhaft, Brüder, und haltet an den Überlieferungen fest, in denen wir euch unterwiesen haben, sei es mündlich, sei es durch einen Brief!“

- 2 Thess 2,15

Das 14. Jahrhundert: Plagen und Schisma: Der Rosenkranz ist (fast) vergessen

Das Schwert des Rosenkranzes wurde geschmiedet, aus dem Schaft gezogen und dem heiligen Dominikus im 13. Jahrhundert anvertraut. Es wurde als Waffe gegen die albigensische Häresie eingesetzt – und es funktionierte. Es wurde benutzt, um das Haupt Mariens mit geistlichen Rosen zu krönen, und eine Kapelle wurde ihm zu Ehren errichtet. Zu Beginn des 14. Jahrhunderts reisten die „Hunde Gottes" weiter durch ganz Europa und verteidigten die Wahrheiten des Katholizismus durch ihre dynamische Predigt über die heiligen Geheimnisse Christi. Doch das Jahrhundert sollte mit vielen Herausforderungen behaftet sein.

So glorreich das 13. Jahrhundert für den Katholizismus auch war, das 14. Jahrhundert erwies sich als eines der schwierigsten, geplagt von Krankheiten, theologischen Kontroversen und endlosen politischen und kirchlichen Dramen. In Frankreich gab es von 1315 bis 1322 so viele aufeinanderfolgende Jahre mit schlechtem Wetter, dass das Land von beispiellosen Hungersnöten heimgesucht wurde, die in einigen Gebieten zu einer Sterblichkeitsrate von zehn Prozent führten. Südfrankreich war am stärksten betroffen und verzeichnete eine noch höhere Sterblichkeitsrate, wobei die Hungersnöte bis weit in die Mitte des Jahrhunderts andauerten. Es war eine Zeit großer Bedrängnis und Ängste. So dringend er auch gebraucht wurde, der Rosenkranz wurde stark vernachlässigt und geriet fast in Vergessenheit. Und das war erst der Anfang.

Die Schwarze Pest

Von 1347 bis 1351 wütete die Schwarze Pest (auch als Schwarzer Tod bekannt) in ganz Europa in einem Ausmaß, dass jede Stadt und jeder Ort betroffen und verwüstet wurde. So etwas hatte man noch nie zuvor erlebt. Sie traf jeden, vom Bauern bis zum Priester, vom Heiligen bis zum Prinzen. Es wird geschätzt, dass in diesen vier Jahren ein Drittel der europäischen Bevölkerung an der Pest erkrankte und starb. Es starben etwa 25 Millionen Menschen. In diesen Zahlen sind die Millionen von Menschen nicht enthalten, die in Asien und in damals unbekannten Teilen der Welt starben.

Der Schwarze Tod rüttelte an den Grundfesten der Zivilisation. Die Menschen fürchteten um ihr Leben und verloren in vielen Fällen die Hoffnung. Viele Priester und Schwestern verließen ihr Volk und flohen aus den größeren Städten, weil sie fürchteten, sich selbst mit der Pest anzustecken. Diese Vernachlässigung durch den Klerus und die Ordensleute führte zu einem Verlust der Moral unter den Laien, sodass sie wenig Vertrauen in ihre geistlichen Führer hatten. Natürlich gab es auch heldenhafte Beispiele von Männern und Frauen, die ihr Volk nicht im Stich ließen, und von Heiligen, die bei den Betroffenen blieben, um ihnen zu helfen und ihr Leiden zu lindern, während sie sich auf den Tod vorbereiteten. Oft erkrankten diese Heiligen selbst an der Pest und starben im Dienst an ihren Mitmenschen.

Während der Zeit der Pest entstand eine bizarre Sekte, die Flagellanten. Die Flagellanten glaubten, dass die Pest eine Strafe Gottes sei, und um Reue für ihre Sünden zu zeigen, zogen sie durch die Straßen der Städte und geißelten (peitschten) sich in gewalttätigen Bußübungen. Manchmal verbluteten sie fast durch ihre eigenen Auspeitschungen. Seltsamerweise zog die Sekte viele Anhänger an und wurde weit verbreitet. Diese Sekte förderte nicht nur extreme Praktiken der Buße und Selbstmisshandlung, sondern lehrte auch große theologische Irrtümer, die im Widerspruch zur christlichen Lehre standen. Sie glaubten zum Beispiel, dass das Vergießen ihres Blutes heilig sei und die Macht habe, die Menschen von ihren Sünden zu reinigen. Während sie durch die Straßen zogen und sich selbst auspeitschten, verkündeten sie, dass ihr Blut mit dem von Christus vergleichbar sei und die Macht habe, Sünder zu retten. Obwohl Papst Clemens VI. die Sekte 1349 verurteilte, war sie weiterhin aktiv und zog viele Anhänger an.

Der Tod, das Chaos, die Verwirrung und der Aufruhr dieser Zeit hatten eine verheerende Wirkung auf die Praxis des Rosenkranzes. Auch wenn Gott beabsichtigt haben mag, den Rosenkranz in Schweigen zu hüllen, um ihn zu schützen, so hat Er doch nie beabsichtigt, dass er von Seinem Volk vergessen und aufgegeben wird, und genau das begann in diesem Jahrhundert zu geschehen. Die Liebe zum Rosenkranz schwand, als immer mehr Menschen damit beschäftigt waren, die verheerende Pest zu überleben. Das mangelnde Interesse am Rosenkranz bedeutete auch, dass die Aufbewahrung von Aufzeichnungen oder historischen Informationen über den Rosenkranz immer mehr in den Hintergrund geriet. Während der Zeit des Schwarzen Todes gingen große Mengen historischer Dokumente verloren, da viele Gebiete und Gebäude verbrannt wurden, um eine weitere Ausbreitung der Pest zu verhindern. Diese Fakten sind wichtig, um die Geschichte des Rosenkranzes im Auge zu behalten. Im 20. Jahrhundert schrieb die Autorin Maisie Ward das beliebte Buch *The Splendor of the Rosary*, und sie hat genau diesen Punkt angesprochen, als sie Folgendes feststellte: „Diskussionen darüber, was [mit der Praxis des Rosenkranzes] im Mittelalter geschah, werden oft durch die Tatsache verdunkelt, dass so viele Dokumente verloren gegangen sind, insbesondere während der Verwüstung durch den Schwarzen Tod.“[1]

Ironischerweise war der göttliche Handwerker in Seiner Kirche am Werk, als der Rosenkranz einen schweren Niedergang erlebte, und pfropfte dem bestehenden Ave Maria eine neue Entwicklung auf, die sich aus der Not der Zeit ergab – eine Ergänzung des Ave Maria, die aus den Herzen des leidenden Gottesvolkes kam und dem Ave Maria-Gebet die zusätzliche Dimension der dringenden Bitte und des Flehens gab.

Die zweite Hälfte des Ave Maria

Bis zum 14. Jahrhundert wurde der Rosenkranz in der bestehenden Form des Ave Maria gebetet: einer Kombination aus dem Engelsgruß und dem Gruß der Elisabeth aus dem Evangelium. Diese Form des Ave Maria enthielt ein *implizites* Bittgebet, da es eine Anrufung an die vermittelnde Mutter Jesu Christi war. Als der Schwarze Tod Europa heimsuchte, inspirierte der göttliche Handwerker sein Volk dazu, ein *ausdrückliches* und dringendes Bittgebet zu formulieren, das Er auf das bestehende Ave Maria aufpfropfte. Indem Er das Fürbittgebet Seines Volkes in den flammenden Schaft des Schwertes schmiedete, gab der göttliche Handwerker dem Rosenkranz den zusätzlichen Bonus, ein Gebet gegen den Tod selbst zu sein. Immerhin starben Millionen von Menschen. Auf allen Ebenen der Gesellschaft lebte jeder mit der drohenden Angst vor dem Tod. Fulton J. Sheen hat diesen Punkt sehr gut formuliert:

> Sie [die zweite Hälfte des Ave Maria] wurde erst gegen Ende des Mittelalters eingeführt. Da sie die beiden entscheidenden Momente des Lebens aufgreift: „jetzt“ und „in der Stunde unseres Todes“, erinnert sie an den spontanen Aufschrei der Menschen in einer großen Katas-

> trophe. Der Schwarze Tod, der ganz Europa verwüstete und ein Drittel der Bevölkerung auslöschte, veranlasste die Gläubigen dazu, die Mutter unseres Herrn um Schutz zu bitten zu einem Zeitpunkt, als der gegenwärtige Augenblick und der Tod fast eins waren.[2]

Nach dem Schwarzen Tod begann die zweite Hälfte des Ave Maria in den Brevieren der Ordensgemeinschaften zu erscheinen, insbesondere in denen der Mercedarier, Kamaldulenser und Franziskaner. Seine Aufnahme in verschiedene Breviere führte auch dazu, dass das vollständige Ave Maria im dominikanischen Rosenkranz verwendet wurde. Wie bei vielen Dingen, die mit dem Rosenkranz zu tun haben, dauerte es jedoch einige Jahrhunderte, bis diese Entwicklung zur allgemeinen Praxis wurde. Erst als die Gebete des Rosenkranzes im 16. Jahrhundert von der Kirche offiziell kodifiziert wurden, wurde die Einbeziehung der zweiten Hälfte des Ave Maria zur Norm.

Die Menschen des 14. Jahrhunderts brauchten dringend die „hoffnungsvolle" Dimension der zweiten Hälfte des Ave Maria-Gebetes. Sie brauchten nicht nur die Gewissheit, dass Maria für sie „in der Stunde ihres Todes" beten würde, sondern auch, dass sie „jetzt" in ihrer gegenwärtigen schlimmen Situation für sie beten würde. Neben der Pest befanden sich die Menschen in einer weiteren schwierigen Situation: den Wirren des Papsttums von Avignon. Als ob der Schwarze Tod nicht schon genug wäre, dauerte die politisch motivierte Tortur des Papsttums von Avignon von 1305 bis 1377 und verursachte große Angst, Verwirrung und Besorgnis unter den Gläubigen. Nachdem die Krise 1377 beendet war, folgte bald darauf der Hundertjährige Krieg zwischen Frankreich und England. Die Menschen des 14. Jahrhunderts erlebten Stress und Angst ohne Ende. Für diejenigen, die den Schwarzen Tod und die vielen anderen Ängste der ersten Jahrhunderthälfte überlebt hatten, brachte die zweite Hälfte des Jahrhunderts eine neue Krise in Form des Großen Abendländischen Schismas. Zeitweise gab es bis zu drei verschiedene Personen, die den Anspruch erhoben, der wahre Papst zu sein. Sogar verschiedene Heilige stritten miteinander darüber, welcher Papst der wahre sei, und verteidigten die Person, die sie für den wahren Stellvertreter Christi hielten. Diese Krise begann 1378 und dauerte bis zum Beginn des 15. Jahrhunderts. Das Große Abendländische Schisma war ein theologischer Albtraum, der zu weiterer Spaltung und Verwirrung unter dem Klerus und den Laien führte. Im mittelalterlichen Denken gab es keinen Zweifel daran, dass sie Marias Fürsprache „jetzt" und in der „Stunde des Todes" benötigten.

Dominikaner

Im Allgemeinen wurde der Rosenkranz während des 14. Jahrhunderts von den Dominikanern genauso vernachlässigt wie von allen anderen. Wie alle anderen waren auch die Dominikaner damit beschäftigt, den Schwarzen Tod zu überstehen und die verschiedenen Krisen der Zeit zu bewältigen. Das soll nicht heißen, dass der Rosenkranz von den Dominikanern völlig aufgegeben wurde. Das war nicht so. Kleine Häppchen historischer Informationen belegen, dass viele Dominikaner den Rosenkranz in jenen unruhigen Zeiten weiterhin praktizierten und förderten.

Der selige Heinrich Seuse (1300-1366), ein berühmter Prediger, förderte weiterhin die Krönung Marias mit Rosen im Monat Mai. Er war sogar dafür bekannt, selbst Kronen für Maria zu flechten. Er schrieb auch kurze, einzeilige Betrachtungen, die beim Beten des Vaterunser und der Ave Maria verwendet werden sollten. Er wies ausdrücklich darauf hin, dass diese Betrachtungen beim Beten von zehn Ave Maria-Sätzen (Geheimnissen) verwendet werden sollten.[3]

Der dominikanische Mystiker Vinzenz Ferrer (1350-1419) hielt die dominikanische Überlieferung ebenfalls lebendig, indem er Ave Maria betete und über die Geheimnisse des Lebens Christi predigte, insbesondere über die Geburt, die Passion und die Auferstehung Jesu – und zwar genau in dieser Reihenfolge. Bis heute ist einer der Rosenkränze, die dieser große dominikanische Mystiker benutzte, im Karmeliterkloster in Nantes, Frankreich, zu sehen.[4] Der selige Marcolino da Forlì (1317-1397), ebenfalls ein berühmter dominikanischer Prediger, hatte immer eine Perlenkette in der Hand, auf der er seine Vaterunser und Ave Maria betete. Die selige Clara Gambacorta (1362-1419), Priorin des Dominikanerklosters in der Nähe von Pisa, Italien, betete ihr ganzes Leben lang den Rosenkranz mit Hingabe. Sie ermutigte auch andere, ihn zu beten.

Ein weiterer Beweis ist in der Kirche Santa Maria in Florenz zu sehen, in der sich der Grabstein der dominikanischen Tertiarin Monna Tessa (gest. 1327) befindet. Der Grabstein zeigt deutlich einen Rosenkranz mit verschiedenen Geheimnissen. Es gibt viele solcher Beispiele von Bildnissen auf Dominikanergrabsteinen aus dem 14. Jahrhundert, die Rosenkränze darstellen. In Soissons, Frankreich, ist ein Gedicht erhalten, das von einem unbekannten Dominikaner an die Muttergottes gerichtet wurde. Das Gedicht erzählt, wie der heilige Dominikus vom Himmel den Auftrag erhielt, die Welt durch eine Form der Predigt zu evangelisieren, bei der das Ave Maria und die Betrachtung über die heiligen Geheimnisse Christi verwendet wurden. Das Gedicht stammt aus dem frühen 14. Jahrhundert. Auch ein Dominikanerkloster in Tortosa, Spanien, wurde in diesem Jahrhundert unter dem Titel des Rosenkranzes geweiht. Auch wenn die Dominikaner im Allgemeinen den Rosenkranz und seine Förderung vernachlässigten, wurde er von den Nachfolgern des heiligen Dominikus nicht völlig aufgegeben. Der Rosenkranz verschwand auch nicht völlig aus den Händen der Laien und der Mitglieder anderer Ordensgemeinschaften.

Laien und Ordensleute

Ein Beispiel für die Wertschätzung des Rosenkranzes durch die Laien im 14. Jahrhundert findet sich in einem Dokument aus dem Jahr 1332. Das Dokument berichtet, wie eine fromme Frau, die ihre Rosenkranzperlen liebte, diese einmal an den verstorbenen Körper eines heiligmäßigen Franziskanerpriesters, des seligen Franziskus Fabriano (1251-1322), als Zeichen der Verehrung für seine berühmte Heiligkeit legte. Die fromme Frau betrachtete seinen Körper als Reliquie und wollte ihre Perlen heiligen, indem sie mit ihnen seine heiligen Überreste berührte.

Ein weiteres Beispiel findet sich in der St.-Jakobus-Kirche in Paris, wo ein Grabstein mit den Abbildern des Herrn von Villepierre, seiner Frau und seiner Mutter geschmückt ist. In der Hand der Mutter befindet sich ein Rosenkranz, der aus 15 Gesätzen besteht, die jeweils durch eine größere Perle getrennt sind, die das Vaterunser darstellt. In derselben Kirche befand sich einst auch ein prächtiges Denkmal aus Messing mit der Jahreszahl 1355. Es wurde über den Gebeinen von Humbert, dem Dauphin von Viennois, errichtet. Humbert hatte seine Macht, seinen Reichtum und seinen Titel aufgegeben, um den Dominikanern beizutreten. Um das Bildnis von Humbert herum befanden sich Figuren von Dominikanern, die Rosenkränze mit fünf Geheimnissen in den Händen hielten. Leider wurden sowohl die Bildnisse der Familie des Herrn von Villepierre als auch die von Humbert während der Französischen Revolution im 18. Jahrhundert zerstört. Bevor sie jedoch zerstört wurden, hat ein dominikanischer Historiker aus dem Jahr 18. Jahrhundert, Thomas Maria Mamachi, genaue Beschreibungen beider Figuren niedergeschrieben.[5]

Ein weiterer mächtiger Zeuge des Rosenkranzes war der heilige Nuno Álvares Pereira (1360-1431). Bis heute wird er in seinem Heimatland Portugal verehrt und ist als „Vorläufer von Fátima" bekannt, weil er im 14. und 15. Jahrhundert den Rosenkranz und das braune Skapulier eifrig förderte. Der heilige Nuno war ein mittelalterlicher Ritter, der die Kirche und sein Heimatland Portugal vor der Gefahr einer Invasion von außen verteidigte. Er trug stets ein Schwert bei sich und war dafür bekannt, dass er vor keinem Kampf zurückschreckte, vor allem, wenn es um die Kirche ging. Er liebte die Jungfrau Maria und fastete ihr zu Ehren drei Tage in der Woche. Er war der Himmelskönigin so sehr ergeben, dass er sogar sein Schwert ihr weihte und es „Maria" nannte. Nach vielen Jahren des Kampfes für die Kirche und Portugal zog er sich auf seine Burg zurück, die oberhalb eines kleinen unbekannten Dorfes namens Fátima lag. 1423 trat er, inspiriert von seiner Liebe zum Gebet und zur Kontemplation, als Laienbruder in den Karmel ein. Als Karmelit trug er Maria weiterhin unter seinem langen äußeren Karmelitenskapulier. Als einmal ein Bote geschickt wurde, um ihm mitzuteilen, dass es neue Drohungen gegen Portugal gab, zog er sein Karmelitenskapulier zurück und zeigte Maria vor den Augen des Boten. Als der Bote Maria erblickte, wies der heilige Nuno den Boten an, den Drohenden zu sagen, dass es unklug wäre, Portugal anzugreifen, weil Maria in den Kampf ziehen würde!

England (die Mitgift Mariens)

Im selben Jahr, in dem der heilige Dominikus starb (1221), kamen die ersten Dominikanerpriester an die englischen Küsten. Seit Beginn ihrer Anwesenheit in England waren die Dominikaner als Blackfriars bekannt. Der Grund dafür war der schwarze Umhang, den sie über ihrem weißen Habit trugen. Die Dominikaner werden in England auch heute noch Blackfriars genannt. Die Blackfriars brachten den Rosenkranz eindeutig mit nach England; im 13. Jahrhundert entstand die Ave Maria Lane in London, wo große Mengen von Rosenkränzen hergestellt wurden. Tatsächlich enthüllte Edmund Waterons Buch *Pietas Mariana Britannica: A History of English Devotion to the Most Blessed Virgin Mary*, das 1879 veröffentlicht wurde, ein Inventar eines Juweliergeschäfts aus dem Jahr 1381, das vier Sätze Paternosterperlen aus Korallen und sechs Sätze aus mit Silber und Gold überzogenen Ave Maria-Perlen enthielt.

Viele Historiker wissen, dass England im 14. Jahrhundert als „Mitgift Mariens" bekannt wurde. Es gibt viele Gründe für die Entstehung dieses Titels. Für unsere Zwecke am relevantesten ist die Tatsache, dass England im Gegensatz zu vielen anderen Orten in Europa, wo der Rosenkranz vernachlässigt und aufgegeben wurde, den Rosenkranz im 14. Jahrhundert stark förderte. Als Mitgift Mariens wurde England der Himmelskönigin während der Wirren des 14. Jahrhunderts gegeben, damit die Verehrung der Königin und ihres Rosenkranzes einen Zufluchtsort inmitten der Verwirrung, des Chaos und des Todes finden konnte, die auf dem europäischen Festland Verwüstung anrichteten. Der Zufluchtsort England sollte dafür sorgen, dass der Rosenkranz nicht völlig verloren ging. Jahrhunderte später, am 14. April 1895, bekräftigte Papst Leo XIII. in einer Ansprache an die Bischöfe Englands den im 14. Jahrhundert gültigen Titel „Mitgift Mariens".

England war von den Auswirkungen des Schwarzen Todes nicht völlig verschont geblieben, aber anders als auf dem europäischen Festland nahm der Gebrauch des Rosenkranzes dort nicht ab. Ein Beweis dafür sind die vielen Hinweise auf Rosenkränze in den Testamenten der englischen Herzöge und Grafen in diesem Jahrhundert. Der Rosenkranz war so weit verbreitet, dass Erzbischof Islip 1362 als Teil der Statuten von Canterbury Hall anordnete, dass diejenigen, die nicht an der Heiligen Messe teilnehmen konnten, 50 Ave Maria mit dem Vaterunser und dem Apostolischen Glaubensbekenntnis beten sollten. In England wurde das Beten des Apostolischen Glaubensbekenntnisses als Teil des Rosenkranzes allgemeiner Brauch. Viele Historiker haben festgestellt, dass das Apostolische Glaubensbekenntnis in England mit dem Rosenkranz in Verbindung gebracht wurde, weil es eine Praxis war, die den Engländern von den Dominikanern beigebracht wurde, nachdem diese im vorigen Jahrhundert an ihren Küsten angekommen waren.

Die frommen Engländer hielten im 14. Jahrhundert nicht nur die Rosenkranzpraxis am Leben, sondern führten den Rosenkranz auch in die Kunst ein. In diesem Jahrhundert wurde in vielen Glasfenstern und Statuen in englischen Kirchen der Rosenkranz dargestellt. Diese Praxis begann im 14. Jahrhundert und setzte sich bis ins 15. Jahrhundert fort, oft in Form von Kunstwerken mit dem Thema „Der heilige Michael und die Waage“. Dieses spezielle Motiv stellte den Erzengel Michael mit einer Waage dar. In vielen dieser Werke wurde die Jungfrau Maria an einer Seite der Waage dargestellt. Eine der Waagschalen des heiligen Michael enthielt immer eine Seele, die andere Waagschale enthielt Teufel oder hässliche Figuren, die die Sünden der Person darstellten. Man ging davon aus, dass der heilige Michael dafür verantwortlich war, jede Seite der Waage zu wiegen, um herauszufinden, welche der beiden schwerer war.

Das Kunstwerk sollte zeigen, wie eine Seele beurteilt wird und ob eine Person in den Himmel oder in die Hölle kommt. Auf diesen Gemälden und Skulpturen wurde Maria häufig so dargestellt, dass sie ein paar Rosenkranzperlen in die Waagschale der Seele legte. Marias Rosenkranz sollte die Waage zu Gunsten der Seele kippen, so dass die Person in den Himmel und nicht in die Hölle kommen würde. Die Menschen in England wussten, dass der Rosenkranz himmlisches Gewicht hatte! Sie wussten, dass er ein Werkzeug war, das ihnen helfen konnte, den Feuern der Hölle zu entkommen.

Natürlich ist es manchmal schwierig, aus den historischen Aufzeichnungen zu erkennen, ob es sich bei dem, was in mittelalterlichen Schriften erwähnt oder in der sakralen Kunst dargestellt wird, lediglich um eine andere Form des marianischen Psalters handelt, oder ob es sich um den dominikanischen Rosenkranz im eigentlichen Sinne handelt. Dennoch gibt es selbst auf rein historischer Basis Beweise für frühe Formen des Rosenkranzes im Leben des heiligen Dominikus selbst, im Leben von Dominikanern aus dem 13. Jahrhundert und den Beginen von Gent, und, wie gezeigt werden wird, im „*Rosarius*"-Text (ca. 1300) und in den Predigten und Schriften der frühen Dominikaner – die alle vor dem großen Befürworter des Rosenkranzes, dem seligen Alanus de Rupe, entstanden sind. (Einige Historiker behaupten fälschlicherweise, der selige Alanus habe den dominikanischen Rosenkranz „erfunden" und fromme Legenden geschaffen, um ihn zu fördern. Mehr zu ihm später.)

Observante Reform-Bewegung

Als sich das 14. Jahrhundert dem Ende zuneigte, begann sich im Dominikanerorden eine Reformbewegung zu formieren. Die schwierigen Zeiten des 13. und 14. Jahrhunderts führten dazu, dass die Einhaltung der religiösen Disziplin und Frömmigkeit in vielen Orden nachließ. Dennoch erlebten einige Ordensgemeinschaften zu Beginn des 14. Jahrhunderts eine Erneuerung und kehrten zu ihrem ursprünglichen Eifer zurück. Diese Erneuerung wurde unter dem Namen „Observante Reformbewegung" bekannt. Im Allgemeinen entsprach die Bewegung dem Wunsch nach einer Rückkehr zu einem intensiveren Gebetsleben und einem Gemeinschaftsleben, das im Einklang mit dem ursprünglichen Charisma des Gründers des jeweiligen Ordensinstituts gelebt wurde. Die Franziskaner scheinen die Ersten gewesen zu sein, die diese Erneuerung um das Jahr 1330 einleiteten. Mitglieder der Augustiner und Dominikaner initiierten ihre eigene Erneuerungsbewegung um das Jahr 1380. Als der selige Raimund von Capua (1330-1399), der geistliche Begleiter der heiligen Katharina von Siena, im Jahr 1380 Ordensmeister der Dominikaner wurde, trug er dazu bei, die Reformbewegung unter den Nachfolgern des heiligen Dominikus anzuführen. Er bemühte sich eifrig um die Wiedereinführung einer strengeren Observanz und ordnete an, dass mindestens ein Haus in jeder Provinz (geografische Region) der Dominikaner ein strenges Kloster für diejenigen Mitglieder haben sollte, die zu den frühen Praktiken und Idealen ihres Gründers, des heiligen Dominikus, zurückkehren wollten.

Mit dem Aufkommen der Reformbewegung bei den Dominikanern bereitete die Himmelskönigin den Weg für den Sprung des Rosenkranzes über den Ärmelkanal und seine Rückkehr auf das europäische Festland vor. Eine Zeitlang war der Rosenkranz aus Sicherheitsgründen im Ausland aufbewahrt worden, doch schon bald würde er dringend benötigt werden, um die zahlreichen Bedrohungen zu bekämpfen, denen die Kirche ausgesetzt war. Es standen viele Schlachten bevor und die geistliche Klinge des Rosenkranzes musste wieder eingeführt und einer neuen Generation von Katholiken vorgestellt werden. Tatsächlich gab es auf dem europäischen Festland bereits Bewegungen, die die Entstehung anderer Arten von Psaltern und Rosenkränzen vorantrieben. Vor allem Gründer von Ordensgemeinschaften erhielten Visionen vom Himmel, die ihren jeweiligen Ordensgemeinschaften Varianten von marianischen Psaltern und Rosenkränzen anboten, die ihrem besonderen Charisma entsprachen. Die große geistliche Schriftstellerin, Ordensgründerin und Mystikerin heilige Birgitta von Schweden (1303-1373) erhielt zum Beispiel Visionen von Jesus und Maria und wurde mit einem besonderen Rosenkranz betraut, der als Birgitten-Rosenkranz bekannt wurde. Auch die Kartäusermönche begannen in dieser Zeit, eine kontemplative Form des Rosenkranzes zu entwerfen.

Mit der Bewegung der Observanten in Europa und den neuen Versionen des Rosenkranzes, die von den Ordensgemeinschaften propagiert wurden, begannen auch die „Hunde Gottes“, sich auf das ursprüngliche Charisma ihres Gründers zu besinnen. Die Zeit war reif für die Wiederentdeckung und Erneuerung des dominikanischen Rosenkranzes.

Das 15. Jahrhundert: Der selige Alanus de Rupe und die Wiederbelebung der Rosenkranzbruderschaft

Als die Reformbewegung zu Beginn des 15. Jahrhunderts an Schwung gewann, bemühten sich bereits verschiedene Gruppen und Einzelpersonen um die Verbreitung des dominikanischen Rosenkranzes und seiner Varianten. Eine dieser Personen war der heilige Nikolaus von Flüe (1417-1487). Nikolaus, der in seiner Schweizer Heimat als Hauptmann in der Armee diente, war ein tiefreligiöser Mann. Als Verteidiger der Kirche und der Dominikaner war er dafür bekannt, dass er in der einen Hand ein Schwert und in der anderen einen Rosenkranz trug. Er trug zum Frieden in der Schweiz bei, indem er dabei half, einen Bürgerkrieg zu verhindern. Bei einer Gelegenheit verteidigte er auch ein Dominikanerkloster gegen Schweizer Eidgenossen. In der Mitte des Jahrhunderts schrieb die franziskanische Mystikerin Katharina von Bologna (1413-1463) ein langes Gedicht mit dem Titel *Rosarium (Der Rosenkranz)*, das sich ausdrücklich mit den 15 Geheimnissen des Rosenkranzes befasste. Auch die Kartäusermönche propagierten eine Version des Rosenkranzes, die dem dominikanischen Rosenkranz sehr ähnlich war, und die Päpste versuchten, den Rosenkranz im Osten zu fördern. Gegen Ende des Jahrhunderts sollte es zu einer vollständigen Erneuerung des dominikanischen Rosenkranzes und seiner alten Bruderschaft kommen.

Päpste

Der bedeutendste Papst in der ersten Hälfte des 15. Jahrhunderts, der den dominikanischen Rosenkranz förderte, war Papst Eugen IV. (Papst von 1431-1447). Obwohl das Dokument, das er zur Förderung des Rosenkranzes verkündete, höchstwahrscheinlich irgendwo in einem vatikanischen Archiv vergraben ist, ist es sicher, dass er einen solchen Brief schrieb, da er in der Rosenkranz-Enzyklika *Adiutricem* von Papst Leo XIII. aus dem Jahr 1895 erwähnt wird: „Im Wissen um die Macht des Rosenkranzes der Muttergottes haben nicht wenige unserer Vorgänger [frühere Päpste] besonders darauf geachtet, die Verehrung in den Ländern des Ostens zu verbreiten – insbesondere [Papst] Eugen IV. in der Konstitution *Advesperascente* von 1439."[1] Der historische Wert dieser Aussage kann nicht unterschätzt werden, vor allem angesichts der Tatsache, dass die einzige Art von Rosenkranz, die jemals in einer der Enzykliken von Papst Leo XIII. erwähnt wurde, der dominikanische Rosenkranz ist. Wie genau Papst Eugen IV. versuchte, den dominikanischen Rosenkranz im Osten zu verbreiten, ist ungewiss, aber Papst Leo XIII. bestätigt definitiv, dass der dominikanische Rosenkranz bereits existierte und von einem Papst gefördert wurde, bevor der Rosenkranz von den Dominikanern am Ende des Jahrhunderts wiederbelebt wurde. Aus der Kombination dieser schriftlichen historischen Beweise und der vielen Beweise, die wir zuvor besprochen haben, sollte klar sein, dass der Rosenkranz nicht von den Dominikanern des späten 15. Jahrhunderts stammt.

Dominikaner

Bevor es zu den berühmten Bemühungen um die Erneuerung des Rosenkranzes durch die Dominikaner im späten 15. Jahrhundert kam, gab es bereits eine Handvoll Dominikaner, die sich um eine Erneuerung bemühten. Obwohl ihre Bemühungen nicht zu einer universellen Erneuerung oder zur Wiedereinführung der alten Rosenkranzbruderschaft führten, sind ihre Bemühungen bemerkenswert. Wir haben bereits die selige Clara Gambacorta als ein Beispiel erwähnt. Im Alter von zwölf Jahren versammelte sie häufig ihre Freundinnen und ließ sie niederknien, damit sie ihnen das Rosenkranzgebet beibringen konnte. Ein weiteres Beispiel findet sich im Leben des seligen Giovanni Licci (1400-1511). Dieser heiligmäßige Dominikaner wurde 111 Jahre alt und viele Wunder wurden seiner Fürsprache zugeschrieben. Er gründete ein Dominikanerkloster in Sizilien und ließ dort ein Marmorbild der Muttergottes vom Rosenkranz aufstellen.

Einer der faszinierendsten Dominikaner, die in dieser Zeit mit dem Rosenkranz in Verbindung gebracht wurden, war der selige Antonius Neyrot (1425-1460). Das Leben dieses Dominikaners ist ein sehr interessantes Zeugnis für den dominikanischen Rosenkranz. Kurz nach seiner Weihe zum Dominikanerpriester befand sich der selige Antonius auf einer Seereise nach Neapel, als sein Schiff von Mauren (Muslimen) überfallen wurde. Alle an Bord, auch Neyrot, wurden gefangengenommen und nach Nordafrika gebracht. Als Gefangener verachtete er seine Gefangenschaft und seine erbärmlichen Lebensbedingungen. Um seine Situation zu verbessern, beschloss er, seinen Glauben zu verleugnen, und meldete sich freiwillig, um den Koran für die Muslime zu übersetzen. Als Belohnung für seinen Verzicht auf den christlichen Glauben wurde er von einem muslimischen König adoptiert und durfte eine türkische Adelige heiraten. Einige Zeit später hatte er jedoch einen Traum von seinem ehemaligen dominikanischen Lehrer, dem heiligen Antoninus von Florenz (1389-1459). Der Traum führte ihn zu einem radikalen Sinneswandel und zu seiner Konversion zum Christentum. Neyrot verleugnete den Islam, ging zur Beichte, verkündete öffentlich seine Rückkehr zum Christentum und brachte seinen Wunsch zum Ausdruck, zu den Dominikanern zurückzukehren. Er begann sogar, vor den Augen der Muslime wieder seine alte dominikanische Kutte zu tragen. Diese Handlungen führten dazu, dass er von einer wütenden Menge von Mauren zu Tode gesteinigt wurde. Die dominikanische Überlieferung besagt, dass Antonius, während er gesteinigt wurde, ein Kruzifix und einen Rosenkranz in den Händen hielt. Schließlich bezeugte ein dominikanischer Bischof aus dem 15. Jahrhundert, Jean de Monte von Trèves (gest. 1442), die Gültigkeit der dominikanischen Rosenkranzüberlieferung, indem er in seinen Predigten immer wieder darauf hinwies, dass der heilige Dominikus ein äußerst eifriger und leidenschaftlicher Prediger des marianischen Psalters gewesen sei.[2]

England

Das englische Volk blieb dem Rosenkranz im 15. Jahrhundert ebenso treu wie im 14. Jahrhundert. Vor allem König Heinrich VI. scheint in dieser Zeit ein großer Kämpfer des Rosenkranzes gewesen zu sein. Als 1437 ein Neujahrsfest zu seinen Ehren stattfand, wurde erwartet, dass alle anwesenden Gäste dem König Geschenke überreichten, die seinem Königtum entsprachen. Chronisten berichten, dass einer der Gäste dem König einen Satz Rosenkranzperlen als Neujahrsgeschenk überreichte; er nahm es dankend an und betrachtete es als ein angemessenes Geschenk für einen König. Als König Heinrich VI. 1440 das Eton College gründete, legte er in den Statuten des Colleges fest, dass jeder Schüler täglich den kompletten Psalter der Jungfrau Maria (den Rosenkranz) beten musste, was damals aus dem Beten des Apostolischen Glaubensbekenntnisses, 150 Ave Maria und 15 Vaterunser bestand. Eine ähnliche Praxis wurde von Bischof William Waynflete von Winchester eingeführt, als er 1458 das Magdalen College in Oxford gründete. Er verlangte nicht nur von den Studenten, täglich 50 Ave Maria zu beten, wobei jede Gruppe von zehn Ave Maria durch ein Vaterunser getrennt wurde, sondern verlangte auch vom Präsidenten des Colleges, dass er dasselbe tat. Sowohl die Studenten als auch der Präsident sollten dies auf ihren Knien tun! Der Rosenkranz wurde jedoch nicht nur an akademischen Einrichtungen in England gefördert. In vielen Kirchen in England war es üblich, Rosenkränze in einem Korb am Eingang der Kirche aufzustellen, damit diejenigen, die kein eigenes Perlenset besaßen, die vorhandenen benutzen konnten. Diese Praxis war so erbaulich, dass die Nachricht davon das europäische Festland erreichte. Ein Dominikaner namens Alanus de Rupe nahm darauf Bezug, als er später im Jahrhundert den Rosenkranz wiederbelebte.

Einer der am häufigsten missverstandenen Aspekte der Anpassung des dominikanischen Rosenkranzes während des 15. Jahrhunderts ist auf einige Kartäusermönche auf dem Festland zurückzuführen.

Heinrich von Kalkar

Heinrich von Kalkar (1328-1408) war ein frommer Kartäuserpriester aus Deutschland, der dafür bekannt war, die Reformbewegungen seiner Zeit zu unterstützen. Als Mitglied eines der strengsten religiösen Orden der Kirche war Kalkar der Meinung, dass auch die Kartäuser von dieser Bewegung profitieren könnten, indem sie verschiedene Reformelemente in den Orden einführten. Er war zu dieser Überzeugung gekommen, weil er einst offizieller Visitator der Kartäuser in Deutschland gewesen war. Er war selbst ein sehr frommer Mönch und wollte, dass seine Mitbrüder ein andächtigeres Leben führten, das den Idealen ihres Gründers, des heiligen Bruno, entsprach.

Laut der Chronik der Kartäuser von Köln soll Kalkar irgendwann während seines Klosterlebens eine Vision von Maria gehabt haben, in der sie ihn eine kontemplative Methode lehrte, mindestens 150 Ave Maria zu beten. Ähnlich wie die heilige Birgitta von Schweden und die sieben Gründer des Servitenordens hatte auch Heinrich Kalkar eine Vision, in der ihm eine einzigartige Art von Rosenkranz gegeben wurde. Wie die anderen neuen Formen des Rosenkranzes, die in Visionen vorgestellt wurden, war auch seine Version für den Gebrauch in seinem eigenen Orden bestimmt. Historiker haben festgestellt, dass seine Kartäuserversion des marianischen Psalters seinen Mönchsbrüdern eine kontemplativere Methode zum Beten des marianischen Psalters bot als die, die sie seit Jahrhunderten verwendet hatten. Die neue Version bestand aus 150 Abschnitten, die der Verehrung Marias gewidmet waren. Sie wurde gebetet, indem man zuerst ein Vaterunser sprach, gefolgt von zehn Ave Maria, die 15 Mal oder öfter wiederholt wurden, während man den jeweiligen Abschnitt betrachtete.

Der Kartäuser-Rosenkranz unterschied sich vom dominikanischen Rosenkranz. Der dominikanische Rosenkranz war sowohl für das individuelle als auch für das gemeinschaftliche Gebet gedacht, während der Kartäuser-Rosenkranz nur für das individuelle Gebet gedacht war; ein Mönch konnte so viele Ave Maria beten, wie er wollte, bis er sich bereit fühlte, zur nächsten Betrachtung überzugehen. Aus diesem Grund unterschied sich auch die Anzahl der Perlen auf einem Kartäuser-Rosenkranz vom dominikanischen Rosenkranz. Der dominikanische Rosenkranz hatte eine festgelegte Anzahl von entweder 50 oder 150 Perlen, während der Kartäuserrosenkranz nur 15 Perlen enthielt, weil *mindestens* 15 Ave Maria gebetet werden mussten. Wenn ein Mönch mehr beten wollte, stand es ihm frei, dies zu tun und einfach mit den Fingern über die gleichen 15 Perlen zu gleiten. Interessanterweise gibt es keine Aufzeichnungen darüber, dass Kalkar seine 150 Betrachtungsabschnitte jemals aufgeschrieben hat. Höchstwahrscheinlich war seine Version des Rosenkranzes nie dazu gedacht, gemeinsam gebetet zu werden, so dass es jedem Mönch freistand, seine eigene persönliche Reihe von Abschnitten zu schaffen, da es keine festgelegte Norm gab.

Die von Kalkar entwickelte Methode, den marianischen Psalter zu beten, ist eine sehr ehrenwerte kontemplative Methode. Sie ermöglichte es einem Mönch, tief über einen bestimmten Aspekt des Lebens von Jesus und Maria nachzudenken. Obwohl es nie die Absicht von Kalkar war, den dominikanischen Rosenkranz durch seine klösterlichere Version zu verändern oder zu ersetzen, eröffnete er die Möglichkeit von Verwechslungen. Anders als der Birgitten-Rosenkranz und der Rosenkranz der Serviten mit den sieben Schmerzen ähnelte die Kartäuserversion dem dominikanischen Rosenkranz sehr. Mit dem Aufkommen der anderen Rosenkranztypen erlebte der dominikanische Rosenkranz jedoch eine Erneuerung und erhielt einen Ehrenplatz unter allen anderen Versionen. In der Tat sollte sich bald herausstellen, dass der göttliche Handwerker aus dem einen großen Schwert des dominikanischen Rosenkranzes andere, kleinere Schwerter hatte entstehen lassen. Die Entstehung anderer Versionen des Rosenkranzes verschaffte dem dominikanischen Rosenkranz die Ehre, als „der Rosenkranz" bekannt zu sein, ohne dass man ihn mit einem Zusatz beschreiben musste, wie es beim Birgitten-Rosenkranz, dem Rosenkranz der Serviten und der Kartäuser der Fall war.

Um sein Volk zu lehren, dass alle Varianten des Rosenkranzes auf den marianischen Psalter des heiligen Dominikus zurückgehen, bediente sich der göttliche Handwerker eines anderen religiösen Ordens: der Franziskaner. Im Jahr 1422 hatte ein Novize der Franziskaner eine Vision von Maria, in der sie ihm den sogenannten Corona francescana [Franziskaner-Corona-Rosenkranz] [Corona = Krone / Kranz] schenkte. Diese Erscheinung erwies sich als äußerst wichtig und führte dazu, dass alle Versionen des marianischen Psalters Rosenkränze genannt wurden.

Wie in einem früheren Abschnitt erwähnt, erschien Maria dem Franziskaner-Novizen, weil er traurig darüber war, dass er als Mönch nicht mehr in der Lage war, einen Blumenkranz für die Marienstatue anzufertigen, wie es vor seinem Eintritt ins Kloster üblich gewesen war. In seiner Vision gab Maria ihm eine franziskanische Version des marianischen Psalters und offenbarte ihm, dass jedes Mal, wenn das Ave Maria gebetet wurde, eine Rose auf ihr Haupt gelegt wurde. Als sich die Nachricht von dieser Vision verbreitete, begann sich das Wort „Rosenkranz" als normative Bezeichnung für jede Methode des betrachtenden Betens des marianischen Psalters durchzusetzen, ob bei den Dominikanern, Birgitten-Schwestern, Serviten, Kartäusern oder Franziskanern.

Da zu dieser Zeit jeder wusste, dass der dominikanische Rosenkranz allen anderen Rosenkränzen vorausging, begann man, ihn allein als Rosenkranz zu bezeichnen. Auch wenn die anderen oben erwähnten religiösen Orden eine ihrem Orden eigene Version des Rosenkranzes beteten, fuhren die Mitglieder dieser verschiedenen Orden fort, auch die ursprüngliche Version des Rosenkranzes zu beten. Alle Varianten des Rosenkranzes gehen auf den dominikanischen Rosenkranz zurück. Der dominikanische Rosenkranz ist der Vater von allen.

Dominikus von Preußen

Der erste Kartäusermönch, der die mit dem Kartäuserrosenkranz verbundenen Geheimnisse niederschrieb, war ein anderer Dominikus – Dominikus von Preußen (1381-1461). Geboren in der Stadt, die heute als Gdansk (Danzig) bekannt ist, zog Dominikus später in die südpolnische Stadt Krakau. Dort verbrachte er seine Jugend und erhielt seine Ausbildung. Seinem eigenen Zeugnis zufolge war der einflussreichste Lehrer während seiner Zeit in Krakau ein gelehrter Dominikanerpater. Höchstwahrscheinlich hat er von diesem Dominikanerpriester zum ersten Mal den Rosenkranz gelernt. Da sich zu dieser Zeit im Dominikanerorden die observante Reformbewegung vollzog, erlebten die polnischen Dominikaner auch eine Erneuerung des Rosenkranzes.

Nachdem Dominikus von Preußen seine Studien in Krakau beendet hatte, verbrachte er einige Jahre als Vagabund, um seinen Platz im Leben zu finden. Irgendwann verspürte Dominikus den Wunsch, sich ganz Jesus Christus hinzugeben und ihm enger zu folgen, was ihn dazu brachte, Kartäusermönch zu werden. Bei seinem Eintritt bei den Kartäusern wurde er auf die kontemplative Version des Rosenkranzes aufmerksam, die von Heinrich Eger von Kalkar gefördert worden war. Diese kontemplative Version gefiel ihm sehr gut, und während seines Noviziats im Jahr 1409 machte er sich daran, sie so zu verändern, dass sie einfacher wurde.

Um Kalkars Methode zu vereinfachen, reduzierte Dominikus die 150 Abschnitte auf 50 Abschnitte. Er beschloss außerdem, die Klauseln aufzuschreiben. (Zur Erinnerung: Heinrich von Kalkar hat die Abschnitte nie aufgeschrieben.) Dominikus bemerkte auch, dass die Abschnitte nach der ersten Hälfte des Ave Maria eingefügt werden sollten. Ein Ave Maria im Kartäuser-Rosenkranz wurde wie folgt gebetet: „Gegrüßet seist du,

Maria, voll der Gnade, der Herr ist mit dir. Gebenedeit bist du unter den Frauen und gebenedeit ist die Frucht deines Leibes, Jesus, der bei der Verkündigung empfangen wurde.[3] Dominikus behauptete, der erste Mensch gewesen zu sein, der 50 mit dem Rosenkranz verbundene Abschnitte aufgeschrieben und in einem Buch festgehalten hat. Mit der Zeit wurde seine kontemplative Version des Rosenkranzes als „Leben-Jesu-Rosenkranz" bekannt.

Es gibt keinen Grund, daran zu zweifeln, dass Dominikus von Preußen der Erste war, der die 50 Abschnitte des *Kartäuserrosenkranzes* aufgeschrieben hat. Schließlich mussten 50 Abschnitte aufgeschrieben werden, weil man von niemandem erwarten konnte, sich 50 Punkte zu merken. Aus diesem Grund gebührt Dominikus von Preußen zu Recht das Verdienst, den marianischen Psalter Heinrichs von Kalkar angepasst und vereinfacht zu haben. Wie bei Heinrich von Kalkar hat Dominikus von Preußen jedoch nie behauptet, der Erfinder oder Gründer des Rosenkranzes selbst zu sein. Sein einziger Anspruch auf Originalität bestand darin, dass er als Erster 50 Abschnitte über das Leben Jesu niederschrieb, die beim Beten der Ave Maria *nach der Kartäusermethode* betrachtet werden sollten.

Um dies zu bestätigen, erklärte der größte Chronist und Historiker des Kartäuserordens bis zum 17. Jahrhundert, Dom Le Couteulx, unmissverständlich, dass weder Heinrich Kalkar noch Dominikus von Preußen als Begründer des Rosenkranzes zu verstehen seien. Le Couteulx bekräftigte, dass der heilige Dominikus, der Gründer der Dominikaner, der Begründer des Rosenkranzes war und nicht ein Kartäuser. Dominikus von Preußen selbst vermerkte in seinem Buch sogar, dass er dem bereits bestehenden Rosenkranz etwas hinzugefügt habe. Das genaue Wort, das er zur Beschreibung dessen, was er tat, verwendete, war „geschmückt"; er hatte den Rosenkranz „geschmückt". Damit meinte er, dass er den Rosenkranz um viele Betrachtungen erweitert und ihn kontemplativer gemacht hat.

Im Gegensatz zum „geschmückten" Rosenkranz war das Geniale am dominikanischen Rosenkranz, dass die Geheimnisse nicht aufgeschrieben werden mussten, da es nur 15 waren. Es ist leicht, sich 15 Geheimnisse zu merken; es ist nicht leicht, sich 50 zu merken. Der dominikanische Rosenkranz war vom Himmel als evangelisierendes Hilfsmittel für einen Bettelorden gegeben worden. Er sollte einfach und mobil sein und nicht in einem Buch herumgetragen werden müssen. Der dominikanische Rosenkranz wurde sogar mit einem wöchentlichen Zyklus für die 15 Geheimnisse gegründet, der leicht auswendig gelernt werden konnte. Außerdem zeigte die mit dem dominikanischen Rosenkranz verbundene Gebetsbruderschaft, dass er für das öffentliche Beten bestimmt war. Der Kartäuser-Rosenkranz hingegen besaß keine dieser Dimensionen.

Im Laufe der Zeit hat sich der Kartäuser-Rosenkranz auch unter den Kartäusern nicht wirklich durchgesetzt. Bis heute gibt es nirgendwo auf der Welt eine weitverbreitete Praxis, den Kartäuser-Rosenkranz zu beten. Außerhalb einiger weniger Kartäuserkreise ist er nahezu unbekannt. Vielleicht liegt das daran, dass er nie Ablässe von Päpsten erhalten hat und nie für das öffentliche Beten gedacht war, sondern eher für das individuelle Gebet der kontemplativen Mönche. Nichtsdestotrotz ist der Leben-Jesu-Rosenkranz der Kartäuser eine sehr edle Methode, den Rosenkranz zu beten. Heilige Männer wie der heilige Ludwig von Montfort, der heilige Papst Paul VI. und der heilige Johannes Paul II. haben ihn empfohlen.

All dies zeigt, dass eine Renaissance des Rosenkranzes stattfand. Der zeitgenössische Eifer für die Förderung verschiedener Rosenkränze liefert den geistlichen Kontext für das Verständnis der Wiedergeburt des dominikanischen Rosenkranzes und der damit verbundenen Gebetsbruderschaft.

Wenn Maria in dieser Zeit vielen Ordenspriestern und Nonnen erschien, um ihnen Rosenkränze für ihre Orden zu geben, warum sollte sie dann nicht auch einem Nachfolger des heiligen Dominikus erscheinen und ihn anweisen, den Vater aller Rosenkränze wiederzubeleben?

Der dominikanische Rosenkranz war in England am Leben erhalten worden. Im späten 15. Jahrhundert war es an der Zeit, dass er auf das Festland zurückkehrte. Der perfekte Ort für die Wiedereinführung des Rosenkranzes wäre ein Dominikanerhaus auf dem europäischen Festland, aber in geographischer Nähe zu England. Wenn es in diesem Haus einen Dominikaner gäbe, der sich in der Reformbewegung engagierte, könnte Gott ihn dazu benutzen, den dominikanischen Rosenkranz wiederzubeleben. Wie es der Zufall wollte, gab es einen solchen Mann.

Der selige Alanus de Rupe OP

In der Mitte des 15. Jahrhunderts gab es einen Dominikanerpriester, der an der Observanten Reformbewegung beteiligt war und ganz in der Nähe des Ärmelkanals in einem Dominikanerhaus in Douai, Frankreich, lebte. Der Name des Priesters war Alanus de Rupe (1428-1475). Er wurde in der Bretagne geboren und hatte sich in seiner Jugend von einem tugendhaften Leben entfernt. Nach einer Bekehrung trat er jedoch den Dominikanern bei und machte schnell Fortschritte in Tugend und Weisheit. Er erwarb sich den Ruf eines wortgewandten Predigers und eines geschickten Theologen und Lehrers. Zu einem bestimmten Zeitpunkt während seiner Priesterschaft erschien ihm der dominikanischen Überlieferung zufolge die Gottesmutter und teilte ihm mit, dass sie für die Erlangung der Gnade seiner Bekehrung verantwortlich war. Dann teilte sie ihm mit, dass sie eine besondere Mission für ihn habe: die Wiederbelebung und Erneuerung des alten dominikanischen Rosenkranzes. Um ihm zu helfen, all das zu verstehen, was diese Mission mit sich brachte, begann sie, ihm häufig zu erscheinen und ihm Anweisungen zu geben, was er tun sollte. In vielen dieser Visionen erschienen ihm auch Jesus und der heilige Dominikus und gaben ihm weitere Anweisungen. Leider scheint der selige Alanus ein wenig zu zögerlich gewesen zu sein, um das zu tun, was der Himmel von ihm verlangte. In einer der Erscheinungen tadelte Jesus ihn dafür, dass er nicht den Rosenkranz gepredigt hatte, und sagte: „Und du [seliger Alanus] kreuzigst Mich noch jetzt, denn du besitzest die Wissenschaft und die Eigenschaften, den Rosenkranz Meiner Mutter zu predigen all das Wissen und Verständnis, das du brauchst, um den Rosenkranz Meiner Mutter zu predigen [und tust es nicht.]“[4] Daraufhin sagte unser Herr zu ihm: „Die Welt ist voller verschlingender Wölfe, und du, untreuer Hund, weißt nicht zu bellen.“[5] Als Dominikaner war der selige Alanus ein „Hund Gottes“ und die Worte Jesu waren ein Weckruf, dass er den Rosenkranz hätte predigen sollen. Nach dieser Erscheinung widmete sich der selige Alanus ganz der Wiederbelebung und Verbreitung des Rosenkranzes.

Die erste Aufgabe des seligen Alanus war es, ein Buch zu schreiben, das eine klare Geschichte der Ursprünge des dominikanischen Rosenkranzes darstellt. Dieses Buch sollte als Handbuch für die Erneuerung des Rosenkranzes dienen. Als Dominikaner war er mit der Überlieferung der Ursprünge des Rosenkranzes vertraut und wusste, wie er gebetet wurde. Er hatte sogar gesehen, wie er gemeinsam gebetet wurde, als er einmal das Beginenkloster in Gent besucht hatte. Daher war eines der ersten Dinge, über die er schrieb, dass er den Rosenkranz erneuerte und nicht gründete oder wiederbegründete. Er machte sehr deutlich, dass der Gründer des Rosenkranzes der heilige Dominikus war. Interessanterweise merkte er sogar an, dass der heilige Dominikus auch als Erneuerer des Rosenkranzes angesehen werden könne, da die Essenz des Rosenkranzes – das Vaterunser, das Ave Maria und die heiligen Geheimnisse des Lebens Jesu – seit dem Beginn der Kirche existierten. Seiner Meinung nach war der heilige Dominikus einfach von der Gottesmutter beauftragt worden, den alten christlichen Wahrheiten eine neue Andachtsform zu geben. Um den dominikanischen Rosenkranz von allen anderen zu unterscheiden, die zu dieser Zeit in Mode waren, stellte er fest, dass der dominikanische Rosenkranz als Waffe gegen die Häresie und als mobile Gebetsform für Wanderprediger gegründet wurde. Obwohl es vor dem Psalter des heiligen Dominikus bereits andere marianische Psalter gab, bestand der selige Alanus darauf, dass der marianische Psalter des heiligen Dominikus der erste seiner Art war, der Geheimnisse und Betrachtungen enthielt.

Er betonte auch, dass die 15 Geheimnisse des dominikanischen Rosenkranzes einfacher zu beten seien als die 50 Abschnitte des Kartäuser-Rosenkranzes. In seinen Schriften wies er auch darauf hin, dass die 15 Geheimnisse für 150 Ave Maria erstellt wurden, die die 150 Psalmen des Alten Testaments nachahmen. Der selige Alanus war sich bewusst, dass die Vision, die dem franziskanischen Novizen 1422 gegeben wurde, dazu beigetragen hatte, dass alle marianischen Psalter als Rosenkränze bezeichnet wurden, aber er wollte, dass der dominikanische Rosenkranz als marianischer Psalter bezeichnet wurde, um den ursprünglichen Titel beizubehalten und ihn eng mit den 150 Psalmen zu verbinden.

Es mag seltsam erscheinen, dass der Dominikaner, der für die Erneuerung des dominikanischen Rosenkranzes verantwortlich war, nicht wollte, dass er Rosenkranz genannt wird, aber er hatte mehrere Gründe, zu dem alten Titel zurückzukehren. Zum einen hatte das Wort „Rosenkranz“ in der Volkskultur des späten 15. Jahrhunderts eine vulgäre Konnotation angenommen. „Rosenkranz" wurde nun in weltlichen Kreisen als Bezeichnung für die Blume der Aphrodite und als Symbol für den Venuskult verwendet. Der Rosenkranz wurde zum Symbol für Menschen, die lüsternen Tätigkeiten nachgehen wollten, vor allem für solche, die sich hinter Rosenstöcken unerlaubte Rendezvous und sexuelle Begegnungen wünschten. Im späten 15. Jahrhundert hatte der Ausdruck „eine Rose pflücken" die gleiche Bedeutung wie heute der Ausdruck „entjungfern" im Deutschen. Um jeden Skandal oder jede Assoziation mit solchen Dingen zu vermeiden, wollte Alanus zu der Praxis zurückkehren, das Gebet als marianischen Psalter zu bezeichnen. Ein weiterer Grund für die Namensänderung war, eine feste Verbindung zwischen dem dominikanischen Rosenkranz und den 150 Psalmen herzustellen. Da die Gottesmutter diese Gebetsform ursprünglich als „ihren Psalter" geoffenbart hatte, sollte er seinen Namen behalten und mit den 150 Psalmen in Verbindung gebracht werden.

Trotz der edlen Absichten des seligen Alanus hatte der Himmel ihm nicht offenbart, dass er den dominikanischen Rosenkranz wieder marianischen Psalter nennen sollte. Die Annahme des Namens „Rosenkranz" durch den Himmel bedeutete eine äußerst wichtige Entwicklung in der Geschichte des Rosenkranzes: Es bedeutete, dass der göttliche Handwerker beabsichtigte, den dominikanischen Rosenkranz weiterzuentwickeln, indem er ihn weniger abhängig von seiner Verbindung mit den 150 Psalmen des Alten Testaments machte. Dies eröffnete die Möglichkeit künftiger Entwicklungen und zusätzlicher Geheimnisse. Die Beschränkung des Rosenkranzes auf eine Verbindung mit den 150 Psalmen hätte solche Entwicklungen für immer ausgeschlossen. Der göttliche Schöpfer wusste, dass zusätzliche Geheimnisse unter verschiedenen Umständen notwendig sein könnten, um künftige Häresien zu bekämpfen und ihnen entgegenzutreten. Der Rosenkranz würde immer seine Wurzeln im marianischen Psalter und den 150 Psalmen haben, aber der Himmel wollte, dass das Gebet fortan als Rosenkranz bekannt war. Wie sich herausstellte, wurde Alanus' Absicht, zum ursprünglichen Namen zurückzukehren, falsch interpretiert; einige Gruppen begannen, ihn als „Alanus' Psalter" zu bezeichnen. Als der selige Alanus davon erfuhr, war er nicht erfreut und bestand darauf, dass er niemals Alanus' Psalter genannt werden sollte. Wie wir bald sehen werden, benutzte Gott schließlich einen anderen Dominikaner jener Zeit, um sicherzustellen, dass die Kirche das Gebet unter dem Titel des Rosenkranzes förderte.

Der selige Alanus erwähnt in seinem Buch auch eine faszinierende Praxis der Dominikaner („Blackfriars") in England. Die Blackfriars hielten sich an einen „alten" Brauch, indem sie jedem Mönch, der die Profess ablegte, einen Rosenkranz überreichten, den er an seinen Gürtel hängen sollte. Der selige Alanus bewunderte diesen alten Brauch sehr und versuchte, ihn zu einem Teil seiner Erweckungsbemühungen unter den Dominikanern auf dem europäischen Festland zu machen.

Alles in allem waren die Bemühungen des seligen Alanus um die Wiedereinführung des Rosenkranzes sehr erfolgreich. In der Tat erwies sich die Wiederbelebung des Rosenkranzes als ein wesentliches Element der weiteren Reform des Dominikanerordens. In den Städten, in denen es ein reformiertes Haus der Dominikaner gab, beteten die Mitglieder fast immer gemeinsam den Rosenkranz. Wo es dagegen ein Dominikanerhaus gab, das sich der Reformbewegung widersetzte, war es fast sicher, dass sie den Rosenkranz nicht gemeinsam beteten. Die Liebe zum Rosenkranz wurde zu einem bezeichnenden Zeichen für den Geist, der in einem bestimmten dominikanischen Haus am Werk war. Spätere Dominikaner betonten diese Tatsache und erkannten an, dass die Fruchtbarkeit des

Ordens von ihrer Liebe zum Rosenkranz abhing. Einer dieser Dominikaner war der Ordensmeister Pater Antoninus de Monroy aus dem 17. Jahrhundert. Er sagte: „Der Rosenkranz ist die schönste Blume des [dominikanischen] Ordens. Wenn diese Blume zu verwelken beginnt, verschwinden auch der Reiz und der Glanz unseres Instituts ... aber wenn sie wieder auflebt, zieht sie den reichlichen Tau des Himmels auf uns herab."[6]

Erneuerung der Rosenkranzbruderschaft

Das wichtigste Mittel, mit dem der selige Alanus die Wiedergeburt des dominikanischen Rosenkranzes herbeiführen wollte, war die Wiedereinführung der alten Rosenkranzbruderschaft. Er wusste, dass der heilige Dominikus eine Gebetsgemeinschaft gegründet hatte, die den Rosenkranz begleitete, und er wusste, dass die Vernachlässigung des Rosenkranzes bald folgte, als die Rosenkranzbruderschaft im 14. Jahrhundert abnahm. Der heilige Ludwig von Montfort würde es so formulieren: „Da alle, selbst die heiligsten Dinge, besonders wenn sie vom Willen der Menschen abhängen, dem Wechsel unterworfen sind, so muss man sich nicht wundern, wenn die Bruderschaft des heiligen Rosenkranzes nach ihrer Gründung nur ungefähr hundert Jahre lang in ihrem ersten Eifer fortbestand. So kam es, dass sie bald beinahe ganz der Vergessenheit anheimfiel."[7] Begraben und vergessen, in der Tat, aber die Mission des seligen Alanus war es, sie wieder zum Leben zu erwecken.

In vielerlei Hinsicht verstand der selige Alanus die Erneuerung der Rosenkranzbruderschaft als eine Erweiterung der Observanten Reformbewegung des Dominikanerordens. Er erkannte, dass die Förderung der Rosenkranzbruderschaft ein

Weg sein würde, die Dominikaner zu fördern und seinerseits seine Brüder mit der Fackel der Wahrheit neu zu entzünden, um die Welt in Brand zu setzen. In diesem Sinne initiierte er im Jahr 1470 in der Stadt Douai in Frankreich die Erneuerung der Rosenkranzbruderschaft und gründete die erste Bruderschaft, die mit der Erneuerung des dominikanischen Rosenkranzes verbunden war.

Um die Bruderschaft zu stärken, schrieb der selige Alanus eine Anleitung mit dem Titel *Book and Ordinance [Von dem Psalter Unserer Lieben Frau]*, die sehr gut aufgenommen wurde. Es wurde das erste Handbuch für die erneuerte Bruderschaft und fand weite Verbreitung. In seinem Buch bezog er sich auf ein anderes Werk über den Rosenkranz, das 1275 geschrieben worden war – *How Our Lady's Psalter Was First Founded* [Wie der Psalter Unserer Lieben Frau gegründet wurde]. Damit bestätigte er den Mitgliedern der Bruderschaft, dass er nicht der Gründer des Rosenkranzes und auch nicht der Gründer der Bruderschaft war. Außerdem wies er die Praxis zurück, den Rosenkranz als „Alanus' Psalter" zu bezeichnen.

In seinen Schriften bezog er sich auch auf das offizielle Dokument von Papst Johannes XXII. aus dem frühen 14. Jahrhundert, in dem der Stellvertreter Christi den Rosenkranz förderte und Ablässe an die Bruderschaft band. Er bezeugte, dass er das päpstliche Originaldokument im Dominikanerkloster in Avignon gesehen hatte. Leider existieren heute weder die Originalmanuskripte des Rosenkranzbuches von 1275 noch das Rosenkranzdokument von Papst Johannes XXII.

Ein Teil der Genialität des seligen Alanus' Wiederbelebung des Interesses am Rosenkranz bestand darin, dass er sich entschied, in seinem Buch wundersame Geschichten darüber zu erzählen, wie der Rosenkranz Menschen zum Glauben zurückgeführt und sie von Dämonen und einem Leben in Sünde befreit hatte. Diese Methode wurde in fast allen nachfolgenden

Büchern der Bruderschaft verwendet, um für den Rosenkranz zu werben, da die Lektüre der Berichte über die Wunder in den Menschen den Wunsch weckte, an einem so kraftvollen Gebet teilzunehmen. Er förderte auch viele populäre Rosenkranzlieder, um den Rosenkranz noch stärker in den Gedanken der Gläubigen zu verankern. Diese einfachen Lieder waren leicht zu merken und trugen wesentlich zu seinen Erneuerungsbemühungen bei.

Der selige Alanus lieferte den Menschen auch viele Gründe, der Bruderschaft beizutreten. Er betonte, dass die Förderung der Rosenkranzbruderschaft das Gemeindeleben erheblich stärken und die katholischen Häuser in Hauskirchen verwandeln würde. In der Tat begannen katholische Familien, sich abends zu versammeln, um den Rosenkranz zu beten. Viele Häuser errichteten kleine Kapellen, in denen der Rosenkranz gebetet wurde.

Da der Rosenkranz in der Muttersprache gebetet werden konnte, trug der selige Alanus mit seinen Rosenkranzpredigten dazu bei, ihn dem einfachen Volk nahezubringen. Im Gegensatz zu vielen anderen frommen Vereinigungen der damaligen Zeit nahm die Bruderschaft jeden auf. Männer, Frauen, Kleriker, Arme und sogar Leprakranke konnten Mitglieder werden. Es gab auch keine Mitgliedsbeiträge. Ein Mitglied musste weder lesen und schreiben können noch gebildet sein.

Zu den attraktivsten Aspekten der Mitgliedschaft in einer Bruderschaft gehörten die Leistungen nach dem Tod. Wenn ein Mitglied einer bestimmten Bruderschaft starb, versprachen die überlebenden Mitglieder der Bruderschaft, weiterhin für das verstorbene Mitglied zu beten. Die Mitgliedschaft in einer Bruderschaft war also eine große Hilfe, um schneller aus dem Fegefeuer in den Himmel zu kommen. Eine Person konnte sogar eine andere Person in die Bruderschaft einschreiben, ohne dass diese davon wusste. Diese Dimension der Bruderschaft war besonders für diejenigen attraktiv, die mit schwierigen Ehepartnern und/oder Kindern zusammenlebten und sich Sorgen um das Schicksal ihrer Seelen machten.

Im Handbuch der Bruderschaft befürwortete der selige Alanus auch das Tragen des Rosenkranzes durch die Mitglieder, um andere öffentlich an die ewigen Realitäten zu erinnern. Als der selige Alanus versuchte, den „alten" dominikanischen Brauch, den Rosenkranz als Teil des Habits zu tragen, wiederzubeleben, versuchte er auch, den Mitgliedern der Bruderschaft die Gewohnheit einzuflößen, etwas Ähnliches zu tun. Seine Idee für die Laien war, dass der Rosenkranz über der Schulter getragen werden sollte, so wie man den Riemen eines Köchers trägt, oder am Gürtel, so wie ein Ritter ein Schwert trägt. Diese Art, den Rosenkranz zu tragen, trug dazu bei, die Idee zu verstärken, dass der Rosenkranz eine geistliche Waffe ist. Der selige Alanus machte es zu einer Ehre, Mitglied der Bruderschaft zu sein, und die Mitglieder begannen, sich „Rosarier" zu nennen. Es besteht kein Zweifel, dass der selige Alanus einer der größten Kämpfer des Rosenkranzes war, der je gelebt hat.

Pater Jakob Sprenger OP

Nachdem der selige Alanus 1470 die Bruderschaft in Douai erneuert hatte, gründete ein anderer Dominikanerpater – Pater Jacob Sprenger – 1475 eine Bruderschaft in Köln, Deutschland. Auch er war an der Observanten Reformbewegung beteiligt. Pater Sprenger wurde die Ehre zuteil, dass seine erneuerte Bruderschaft die erste war, die von der Kirche offiziell anerkannt wurde, noch vor der Bruderschaft des seligen Alanus. Dies geschah aufgrund eines Ersuchens, das ein sehr prominentes Mitglied der Kölner Bruderschaft an den Papst richtete – der Kaiser des Heiligen Römischen Reiches, Friedrich III. Der Kaiser war von der Bruderschaft so beeindruckt, dass er persönlich ein Ersuchen an den Papst richtete, in dem er um die offizielle Anerkennung der Bruderschaft in Köln durch die Kirche bat. Seiner Bitte wurde rasch entsprochen und die Kölner Bruderschaft erhielt am 8. September 1475, dem Fest der Geburt Mariens, die kirchliche Anerkennung. An diesem Tag starb der selige Alanus in Zwolle, Holland.

Als Sprenger die Bruderschaft in Köln erneuerte, ahmte er nach, was der selige Alanus für die Bruderschaft in Douai getan hatte: Er verfasste ein Handbuch und predigte überall über den Rosenkranz. Sprenger ahmte den seligen Alanus auch nach, indem er zugab, dass er weder den Rosenkranz noch die Bruderschaft gegründet hatte. Ganz im Gegenteil, er schrieb ausdrücklich:

> Zur Ehre der hochverehrten Mutter und Unbefleckten Jungfrau Maria habe ich, Bruder Jakob Sprenger, Doktor der Heiligen Schrift und Prior des großen Dominikanerklosters zu Köln, im Jahre 1475, am Tag der Geburt Mariens, das überlieferte, alte Gebet des Rosenkranzes der Muttergottes wiederbelebt und neu eingeführt.[8]

Da die Bruderschaft von Sprenger die erste erneuerte Bruderschaft war, die von der Kirche offiziell anerkannt wurde, erhielt sie große Unterstützung. In den ersten sieben Jahren ihres Bestehens verzeichnete sie mehr als 100.000 Mitglieder! Sprenger war ein wahrer Kämpfer des Rosenkranzes geworden.[9]

Neben seiner erfolgreichen Erneuerung des Rosenkranzes und der Bruderschaft in Deutschland wird Pater Sprenger auch das Verdienst zugeschrieben, dass er sich dafür einsetzte, dass das alte Gebet des heiligen Dominikus nicht mehr in erster Linie als marianischer Psalter bezeichnet wurde, sondern den Namen „Rosenkranz“ erhielt. Sprenger war sich der weltlichen und unmoralischen Konnotation bewusst, die dem Wort „Rosenkranz“ zu seiner Zeit anhaftete, und verstand, warum der selige Alanus diesen Begriff vermeiden wollte, bestand aber dennoch darauf, dass die Andacht in erster Linie als Rosenkranz bezeichnet werden sollte. Es hatte eine Entwicklung stattgefunden, und obwohl er wusste, dass der dominikanische marianische Psalter und der Rosenkranz ein und dasselbe waren, erkannte er zu Recht, dass der Himmel wollte, dass er Rosenkranz genannt wurde. Offensichtlich billigte der göttliche Handwerker seine Bemühungen. In dem offiziellen Schreiben des päpstlichen Legaten, mit dem die Kölner Bruderschaft offiziell anerkannt wurde, wurde das Wort „Rosenkranz“ verwendet, um die Andacht zu beschreiben. Dieses Dokument trug dazu bei, dass diese Form des Gebets für alle künftigen Zeiten als Rosenkranz bekannt wurde.

Ablassbriefe der Bruderschaft

Im Jahr 1476, ein Jahr nach der offiziellen Anerkennung der Sprenger-Bruderschaft durch die Kirche, gewährte der päpstliche Legat Alexander von Forlì der Kölner Bruderschaft Ablässe und erklärte Folgendes: „Die Bruderschaft des Rosenkranzes der seligen Jungfrau ist vor kurzem von den Dominikanern in Köln auf höchst heilsame Weise gegründet worden; vielmehr wurde sie wiederhergestellt und erneuert, denn in verschiedenen Geschichten ist zu lesen, dass sie vom heiligen Dominikus gepredigt wurde, aber in Ungebrauch und fast in Vergessenheit geraten war.“[10] Dieser Erklärung folgten offizielle päpstliche Dokumente von Papst Sixtus IV. aus den Jahren 1478 und 1479, in denen die der Bruderschaft gewährten Ablässe bestätigt wurden. Das Dokument von 1479 trug den Titel *Ea Que* und bezog sich darauf, dass der Rosenkranz seit „alten Zeiten“ gebetet wurde.

Was die Ausbreitung der Bruderschaft und ihrer Mitglieder ebenfalls stark begünstigte, war eine Maßnahme von Papst Sixtus IV. im Jahr 1476. In einem päpstlichen Dokument erklärte er, dass alle Ablässe für die Seelen im Fegefeuer verwendet werden konnten und nicht nur für die Person, die für den Ablass tatsächlich gebetet hatte. Dies erwies sich als ein großer Anreiz für die Menschen, Rosarier zu werden. Die Mitglieder konnten nun die Ablässe, die sie durch ihre Mitgliedschaft in der Bruderschaft erworben hatten, für ihre verstorbenen Familienmitglieder und Freunde verwenden.

Die Entscheidung der Kirche, der Bruderschaft verschiedene Ablässe zu gewähren, führte zu einem raschen Wachstum von Bruderschaften in anderen Städten und Gemeinden in ganz Europa. Im Jahr 1478 wurde in Lissabon, Portugal, eine Bruderschaft gegründet. Es folgten die rasche Gründung von Bruderschaften in Schleswig (Deutschland) im Jahr 1481, in Ulm (Deutschland) im Jahr 1483 und in Frankfurt (Deutschland) im Jahr 1486. Am 26. Februar 1491, als in ganz Europa immer mehr Bruderschaften gegründet wurden, erließ Papst Innozenz VIII. ein Dokument mit dem Titel *Splendor Paternae Gloriae*. Das Dokument bezeichnete die wiederhergestellte dominikanische Überlieferung als „eine höchst fromme Bruderschaft“ und gewährte ihr noch mehr Ablässe.[11] Diesem Dokument folgte 1495 das Dokument *Illius qui* von Papst Alexander VI., in dem er die Dominikaner in ihrem Apostolat der Förderung der Bruderschaft bestätigte, alle von seinen päpstlichen Vorgängern gewährten Ablässe bestätigte und offiziell bestätigte, was als fromme Überlieferung des Rosenkranzes bekannt geworden ist.

Die fromme Überlieferung

Die fromme Überlieferung ist der päpstliche Glaube, dass sowohl der Rosenkranz als auch die Rosenkranzbruderschaft vom heiligen Dominikus gegründet wurden. *Illius qui*, das Dokument von Papst Alexander VI. über die Rosenkranzbruderschaft aus dem Jahr 1495, wird allgemein als offizieller Ausgangspunkt dieser Überlieferung angesehen. Es ist fast sicher, dass die Päpste schon vor 1495 an die fromme Überlieferung glaubten, aber *Illius qui* ist der Beginn der *schriftlichen* Belege für die Überlieferung in den Schriften der Päpste.

Die Erklärung von Papst Alexander VI. wurde im Zusammenhang mit seinem Lob für die dominikanische Rosenkranzbruderschaft und die ihr gewährten Vergünstigungen und Ablässe abgegeben. Es ist eine einfache Erklärung, die lautet: „Durch die Verdienste der Jungfrau Maria selbst und die Fürsprache des heiligen Dominikus, [der] einst der hervorragende Prediger dieser Rosenkranzbruderschaft war, wurde die ganze Welt bewahrt.“[12] Mit dieser einfachen Aussage wird der Ursprung der Bruderschaft auf den heiligen Dominikus zurückgeführt. Da der dominikanische Rosenkranz und die dominikanische Rosenkranzbruderschaft nicht vor dem Gründer des Dominikanerordens existierten, bedeutet dies, dass der heilige Dominikus nicht nur die Rosenkranzbruderschaft gegründet hat, sondern auch den Rosenkranz selbst. Nach 1495 wurde die fromme Überlieferung eindeutig zu einer päpstlichen Überlieferung und begann, in offiziellen Dokumenten der Kirche bekräftigt zu werden.

Bilderbände, Holzschnitte, Altarbilder

In ihrer erneuten Begeisterung für den Rosenkranz begannen die Dominikaner, eine Ausgabe nach der anderen von Rosenkranzbildbänden, Holzschnitten und Altarbildern zu produzieren. All diese Werke sollten die Menschen zur Betrachtung über die heiligen Geheimnisse anregen und führten dazu, dass die Bruderschaften begannen, ähnliche Kunstwerke, Holzschnitte und Altarbilder in Auftrag zu geben. Viele dieser Werke wurden als „Bilderrosenkränze" bekannt, da viele Menschen nicht lesen konnten, aber in der Lage waren, die Bilder zu sehen und die damit verbundenen Geheimnisse zu verstehen.

Eines der frühesten Beispiele war ein Büchlein mit dem Namen *Psalter Unserer Lieben Frau*, das 1483 von einem anonymen Dominikanermönch erstellt wurde und angeblich direkt aus den Schriften des seligen Alanus de Rupe selbst stammte. Dieses Büchlein mit Bildern enthielt die freudenreichen, die schmerzhaften und die glorreichen Geheimnisse sowie ein Diagramm, das die gesamte Struktur des Rosenkranzes und die Art und Weise, wie er gebetet werden sollte, zeigt, ähnlich wie es heute in Broschüren über den Rosenkranz geschieht. Das Büchlein von 1483 erlebte bis 1503 sieben Auflagen.

Ein frühes Beispiel für einen Rosenkranz-Holzschnitt stammt von dem Dominikanerpater Francisco Domenech aus dem Jahr 1488. Er zeugt von der langjährigen Rosenkranztradition des Dominikanerordens. Er schuf diesen Holzschnitt mit dem passenden Titel „Rosarius" für das Katharinenkloster in Barcelona, Spanien. Der Holzschnitt stellt die 15 freudenreichen, schmerzhaften und glorreichen Geheimnisse dar. Dieser „*Rosarius*"-Holzschnitt zeigt auch eine Darstellung des heiligen Dominikus, der einen Rosenkranz in der Hand hält.

Gegen Ende des 15. Jahrhunderts war die Wiederbelebung des Rosenkranzes in vollem Gange. Leonardus Mansueti, der

Ordensmeister der Dominikaner in der Zeit, in der die Rosenkranzbruderschaft wiederbelebt wurde, bot jedem, der den Rosenkranz betete, einen Anteil an den Verdiensten und Gnaden an, die durch die guten Werke und Gebete des Dominikanerordens verfügbar waren. Diese Förderung des Rosenkranzes führte dazu, dass viele Mitglieder des Diözesanklerus ihre Besorgnis über die rasche Ausbreitung der Bruderschaften zum Ausdruck brachten. Die dominikanischen Bruderschaften hatten so viele Mitglieder gewonnen, dass die Pfarrer befürchteten, ihre Kirchen würden bald leer sein, da so viele Menschen in die Bruderschaft eintraten und die Heilige Messe in den dominikanischen Kapellen besuchten.

Die Erfindung des Buchdrucks durch Johannes Gutenberg in der Mitte des 15. Jahrhunderts trug ebenfalls wesentlich zur Verbreitung des Rosenkranzes und seiner Bruderschaft bei. Vor dem 15. Jahrhundert machte es wenig Sinn, über den Rosenkranz und seine Geheimnisse zu schreiben, wenn nur fünf Prozent der Bevölkerung lesen konnten. Die Analphabetenrate von 95 Prozent erklärt, warum die Geheimnisse in früheren Jahrhunderten nicht aufgeschrieben, sondern „erzählt“ und von Generation zu Generation durch mündliche Überlieferung weitergegeben wurden. Es hilft uns auch zu verstehen, warum das Beten des Rosenkranzes in der Antike oft als „das Erzählen der Perlen“ bezeichnet wurde.

All dies änderte sich jedoch mit der Erfindung des Buchdrucks. Der Rosenkranz und die Bruderschaft verbreiteten sich im Laufe des 16. Jahrhunderts über den ganzen Erdball.

12. Jahrh.	1208	13. Jahrh.	14. Jahrh.	14. Jahrh.	15. Jahrh.	1422	1470
Zisterzienser/ Kartäuser	Hl. Dominikus	Servitenorden	Hl. Birgitta	Heinrich von Kalkar	Dominikus von Preußen	Franziskaner-Novize	Sel. Alanus de Rupe
Marianischer Psalter	Gepredigter marianischer Psalter (Rosenkranz); Rosenkranz-Bruderschaft	Sieben-Schmerzen-Rosenkranz	Birgitten-Rosenkranz	Betrachteter marianischer Psalter der Kartäuser	Leben-Jesu-Rosenkranz	Franziskanischer Rosenkranz (Corona/ Krone)	Erneuerung des dominikanischen Rosenkranzes
Keine Geheimnisse/ Betrachtungen	15 Geheimnisse/ Betrachtungen über Jesus und Maria	7 Geheimnisse/ Betrachtungen über Maria	18 Geheimnisse/ Betrachtungen über Jesus und Maria	150 Abschnitte/ Betrachtungen über Jesus und Maria	50 Abschnitte/ Betrachtungen Über Jesus und Maria	7 Geheimnisse/ Betrachtungen über Maria	15 Geheimnisse/ Betrachtungen über Jesus und Maria
Individuelles Gebet	Individuelles und Gemeinschafts-Gebet	Individuelles und Gemeinschafts-Gebet	Individuelles und Gemeinschafts-Gebet	Individuelles Gebet	Individuelles und selten Gemeinschafts-Gebet	Individuelles und Gemeinschafts-Gebet	Individuelles und Gemeinschafts-Gebet
Monastisch	Bettelorden	Bettelorden	Klösterlich	Monastisch	Monastisch	Bettelorden	Bettelorden

Das 16. Jahrhundert: Der Rosenkranz in der Schlacht: Lepanto und die Muttergottes des Sieges

Zu Beginn des 16. Jahrhunderts erlebte Europa den Höhepunkt der Renaissance. Diese Wiedergeburt war nicht nur kulturell, sondern auch geistlich, und die Bruderschaften spielten eine wichtige Rolle bei der Wiederbelebung von Frömmigkeit und Andachten. In dieser Zeit verbreitete sich auch die Praxis der Verneigung des Kopfes und des Schlagens auf die Brust als eine Form der Buße während des *Salve Regina*. Die Zahl der Mitglieder in den Bruderschaften wuchs täglich und sie verbreiteten sich überall. Nachdem 1505 zwei Bücher des seligen Alanus in italienischer Übersetzung erschienen waren, gab es kaum eine Kirche in Italien, in der es keine Rosenkranzbruderschaft gab. Im Jahr 1521 wurde ein Buch über den Rosenkranz von dem Dominikanerpater Alberto da Castello sehr populär und war eines der meistzitierten Werke über den Rosenkranz in jenem Jahrhundert. Doch selbst als sich Frömmigkeit und Andacht ausbreiteten, erlebte das 16. Jahrhundert, wie sich England gegen den Rosenkranz wandte, ein abtrünniger deutscher Priester eine Rebellion gegen die Kirche anzettelte und die Anhänger des Islam drohten, das Herz der Christenheit zu erobern. Schließlich wurden Siege durch den Rosenkranz errungen, mit dem Rosenkranz verbundene Festtage eingeführt und große Missionare brachten den Rosenkranz in alle fremden Länder.

Das Aufblühen der Bruderschaften

Die Bruderschaften trugen zur kulturellen Renaissance des 16. Jahrhunderts bei, indem sie bekannte Künstler beauftragten, Bilder für ihre Kapellen zu malen. Diese Bilder spiegelten stets die fromme Überlieferung der Ursprünge und der Geschichte des Rosenkranzes wider. Gemälde, die den Rosenkranz darstellen, gab es seit der Schlacht von Muret im Jahr 1213, aber im Rahmen der Wiedergeburt dieser besonderen Form der Marienfrömmigkeit wollten die Bruderschaften ihr eigenes Bild im Altarbild ihrer regionalen Kapelle ausstellen. Ein berühmter Maler namens Giuseppe Cesari wurde in dieser Zeit von der Bruderschaft in Cesena, Italien, beauftragt, ein solches Bild zu malen. Sein Gemälde erhielt den Titel „La Madonna del Rosario". Es ist ein Meisterwerk der Rosenkranzkunst. Einer von Cesaris Schülern, Caravaggio, malte jedoch das berühmteste Rosenkranzbild dieses Jahrhunderts, die „Madonna des Rosenkranzes". Historiker sind sich einig, dass Caravaggios Rosenkranz-Meisterwerk von der Bruderschaft in Dubrovnik, Kroatien, für die Dominikanerkirche der Stadt in Auftrag gegeben wurde. Wie alle Rosenkranz-Altarbilder zeigt es die Himmelskönigin, die dem heiligen Dominikus den Rosenkranz anvertraut.

Auch das berühmte „Jüngste Gericht" von Michelangelo, das zwischen 1534 und 1541 an die Wand der Sixtinischen Kapelle gemalt wurde, ist eine Hommage an den Rosenkranz. In der Mitte des „Jüngsten Gerichts" befindet sich eine Figur, die in den Himmel aufsteigt und die Seelen mit Hilfe des Rosenkranzes nach oben zieht. Es ist ein kraftvolles Bild und wurde absichtlich in das Gemälde aufgenommen, um dem Betrachter zu zeigen, dass der Rosenkranz die Macht hat, Seelen aus den Flammen der Hölle zu retten.

Die Bruderschaften waren zu dieser Zeit so hochangesehen, dass viele Päpste selbst Mitglieder der Bruderschaft wurden.

Einer dieser Päpste war Papst Leo X. Er war dem Rosenkranz sehr zugetan und bot 1520 in einem offiziellen Dokument mit dem Titel *Pastoris Aeterni* eine kurze Geschichte der Bruderschaft, ihres Untergangs und ihrer Erneuerung. Er schrieb:

> In einer Petition, die von unseren lieben Söhnen, den Prioren und Predigerbrüdern von Köln [Dominikaner], eingereicht wurde, heißt es, dass vor langer Zeit, wie in der Geschichte zu lesen ist, eine Bruderschaft der Gläubigen beiderlei Geschlechts, genannt Rosenkranz der heiligen Jungfrau Maria, vom heiligen Dominikus zu Ehren des Ave Maria eingesetzt und mit den darauffolgenden Zeichen weithin gepredigt worden war. Im Laufe der Zeit wurde diese Bruderschaft vernachlässigt und geriet in Vergessenheit. Im Jahr 1475, als die Stadt und die Diözese Köln vom Krieg bedrängt wurden, wurde dieselbe Bruderschaft … erneuert und wieder eingeführt. Diese Gebetsform wird gemeinhin als Psalter oder Rosenkranz der heiligen Jungfrau Maria bezeichnet.[1]

Unmittelbar nach Papst Leo X. erklärte Papst Adrian VI., dass „der Rosenkranz die Geißel des Teufels" sei[2] und Papst Julius III. pries den Rosenkranz als „Ruhm der römischen Kirche".[3] Gegen Ende des Jahrhunderts bekräftigte Papst Sixtus V., ebenfalls ein gläubiges Mitglied der Bruderschaft, dass der Rosenkranz und seine Bruderschaft vom heiligen Dominikus gegründet wurden. Und der größte Papst des 16. Jahrhunderts, der heilige Papst Pius V., erklärte 1569, dass es durch die Rosenkranzbruderschaft geschah, dass „die Christen plötzlich begannen, sich in andere Menschen zu verwandeln, die Dunkelheit der Häresie zu vertreiben und das Licht des katholischen Glaubens erstrahlen zu lassen".[4] Die starken päpstlichen Erklärungen über die Größe des Rosenkranzes und der Bruderschaft wurden von diesen

Päpsten zu einem bestimmten Zweck abgegeben. Anders als im 14. Jahrhundert, als der Rosenkranz stark vernachlässigt und fast vergessen worden war, erlebte das 16. Jahrhundert einen umfassenden Angriff auf den Rosenkranz durch einen verärgerten und abgefallenen deutschen Priester.

Die protestantische Rebellion

Der wichtigste Anführer der protestantischen Rebellion war ein unzufriedener katholischer Priester namens Martin Luther (1483-1546). Viele andere folgten seinem Beispiel und wandten sich in dieser Zeit gegen die katholische Kirche und ihre Lehren. Luther verachtete die Autorität des Papstes und viele Lehren der Kirche und war gegen viele der von den Katholiken praktizierten frommen Andachten. Besonders hasste er den Rosenkranz.

Aufgrund ihrer engen Verbindung mit dem Ablasshandel und dem Gebet für die Seelen im Fegefeuer gerieten der Rosenkranz und seine Bruderschaft unter den direkten Beschuss Luthers und der anderen Rebellen. Luther und seine Anhänger hielten den Rosenkranz für ein verbotenes, sich wiederholendes Gebet (siehe Mt 6,7), ein „Werk", das man verrichtet, um sich irgendwie das Heil zu „verdienen", und das daher nutzlos und unnötig ist. Da sie versuchten, viele Lehren des Katholizismus zu ändern, sahen sie keinen Grund, den Rosenkranz zu beten, da sie lehrten, dass Ablässe eine Erfindung des Papstes seien. Da sie auch nicht an die Existenz des Fegefeuers glaubten, konnte niemand einen Rosenkranzablass erhalten. In ihren Augen war der Rosenkranz abergläubisch und eine Beleidigung für Christus und sie griffen ihn als eine falsche Frömmigkeit der katholischen Kirche an.

Martin Luther gebührt der Titel des ersten historischen Kritikers des Rosenkranzes und seiner Bruderschaft. Ein deutlicher Beweis dafür ist Martin Luthers Abschrift des Rosenkranz-Handbuchs von Marcus von Weida. Dieses Buch befindet sich noch heute in der Bibliothek der Universität Jena in Deutschland. Die Historikerin Anne Winston-Allen bietet einen Überblick über den unverhohlenen Hass Martin Luthers auf den Rosenkranz und verweist dabei insbesondere auf die Kommentare, die er in von Weidas Rosenkranz-Handbuch machte. Sie schrieb:

> Die Kommentare, die Luther am Rande des Buches notiert hat, spotten über die Echtheit, das Altertum und die Wirksamkeit des Rosenkranzes. An einer Stelle ruft Luther aus: „Woher, zum Teufel, kommen so viele und verschiedene Lügen?" Am Rande einer Geschichte über einen missratenen Jungen, der durch das Beten des Rosenkranzes gebessert wird, kommentiert Luther: „Und so hat er durch ein dummes Werk die Rechtfertigung verdient." Später, als Reaktion auf die Geschichte eines Adligen, der durch den Rosenkranzpsalter und die Fürsprache Marias vor der Verdammnis gerettet wird, schreibt Luther: „nicht durch Christus, sondern durch Werke".[5]

So sehr Martin Luther den Rosenkranz auch hasste, als er selbst das Hohelied der Liebe ins Deutsche übersetzte, änderte er alle in der Vulgata-Version erwähnten Lilien in Rosen! Es ist auch ziemlich seltsam, dass der Mann, der das Christentum mit der Methode *sola scriptura* („allein die Schrift") angehen wollte, nicht verstand, dass der Rosenkranz selbst in erster Linie ein biblisches Gebet und ein geistliches Schwert ist, das aus dem Wort Gottes geschmiedet wurde, um den Drachen und die Schlange zu bekämpfen. Wie er behaupten konnte, dass eine in der Heiligen Schrift verwurzelte Betrachtung eine Beleidigung für den Erlöser sei, ist jenseits des logischen Verständnisses. In seiner Arroganz hat er auch nicht erkannt, dass jemand, der das biblische Schwert des Rosenkranzes verspottet, auch den Schöpfer des Schwertes verspottet. Der Rosenkranz wurde nicht von Menschen gemacht, sondern von Gott.

So feindselig die protestantischen Rebellen dem Rosenkranz gegenüber auch waren, sie konnten die Erneuerung des Rosenkranzes nicht verhindern. Die protestantische Rebellion trug sogar dazu bei, die Flammen der Renaissance des Rosenkranzes zu schüren. Die frommen Katholiken reagierten auf die Rebellen, indem sie noch eifriger Bruderschaften gründeten und den Rosenkranz beteten. Der Rosenkranz wurde zum Zeichen eines wahren Katholiken und eines treuen Sohnes der Kirche. Wie die Gottesmutter ihn dem heiligen Dominikus geschenkt hatte, wurde der Rosenkranz erneut zu einem Werkzeug des Evangeliums, zu einem Zeichen der Rechtgläubigkeit und zu einer Waffe gegen die Häretiker. Die Protestanten versuchten alles, um ihn zu zerstören, aber sie hatten keinen Erfolg. Tragischerweise verbrannten sie bei einem ihrer Versuche, den Rosenkranz zu zerstören, 1566 die Archive der Beginen von Gent. Dieser vergebliche Versuch, die Welt von dem unzerstörbaren Schwert zu befreien, indem man die Archive der Beginen verbrannte, vernichtete unschätzbare Dokumente zur Geschichte des Rosenkranzes. Hätten sie nur die Bescheidenheit besessen, das Schwert selbst in die Hand zu nehmen, hätten sie selbst zu Kämpfern und Herolden werden können, zu Zeugen der Macht des Rosenkranzes, als das Rosenkranzschwert später im Jahrhundert die westliche Zivilisation – und das Christentum selbst – vor der Bedrohung durch die islamische Eroberung rettete.

Bei all ihren Versuchen, die Welt vom Rosenkranz zu befreien, haben die Protestanten ihn letztendlich mehr gefördert als zerstört. So war die protestantische Ablehnung des Fegefeuers kein großer Trost für einen Kontinent, der nur wenige Jahrhunderte zuvor ein Drittel seiner Bevölkerung durch die Schwarze Pest verloren hatte. Selbst im 16. Jahrhundert starben noch Menschen an Seuchen. In den Jahren 1575-1577 starben in Venedig fast 47.000 Menschen an einer Seuche. Solche Ereignisse veranlassten viele Menschen, sich umso mehr an den Rosenkranz als Kette der Barmherzigkeit zu klammern. Letztendlich, so bestätigt die Geschichte, waren genau die Dinge, gegen die sich die Protestanten im 16. Jahrhundert auflehnten – das Papsttum, das Heilige Messopfer, die Beichte, die Priester, die Fürsprache der Jungfrau Maria, der Rosenkranz und die Bruderschaften – genau die Dinge, die das Christentum und die westliche Zivilisation davor bewahrten, von der geistlichen Plage des Islam überrollt zu werden. Indem sie diese Dinge wegwarfen, verloren die Protestanten ihre Chance, heiliggesprochen zu werden.

Die Sodalität der Muttergottes

Während der protestantischen Rebellion florierten die Bruderschaften so sehr, dass eine Schwesternbewegung entstand, die als Sodalität Unserer Lieben Frau bekannt wurde. Kurz nach der Gründung der Gesellschaft Jesu (Jesuiten) durch den heiligen Ignatius von Loyola im Jahr 1534 initiierte ein frommer Jesuitenpater namens Pater Jean Leunis im Jahr 1563 die erste Sodalität im römischen Jesuitenkolleg. Als fromme Vereinigungen von Gläubigen hatten die Sodalitäten Unserer Lieben Frau eine ähnliche Struktur und einen ähnlichen Zweck wie die Bruderschaften und die Mitglieder sowohl der Sodalität als auch der Bruderschaft waren als tapfere Verteidiger Mariens gegen die theologischen Irrtümer der Protestanten bekannt. Das letztendliche Ziel der Sodalitäten war es, die Gesellschaft durch die Verehrung Marias und die Ausübung der Werke der Barmherzigkeit zu verändern. Die Sodalitäten boten den Menschen eine Methode, um eine tiefere persönliche Bekehrung zu erfahren und gleichzeitig einen positiven Einfluss auf die Kultur auszuüben. Der Rosenkranz war ein hervorstechendes Merkmal der marianischen Frömmigkeit der Sodalitäten.

Da die Sodalitäten von den Jesuiten gegründet worden waren, passte der betrachtende Gebetsstil der *Exerzitien* des heiligen Ignatius von Loyola sehr gut zu den täglichen Betrachtungen der Mitglieder über die Geheimnisse des Rosenkranzes. Viele Historiker haben sogar festgestellt, dass der heilige Ignatius selbst höchstwahrscheinlich seine Methode der „Komposition des Ortes“ oder der phantasievollen Betrachtung durch seine Vertrautheit mit dem betrachtenden Stil des Rosenkranzgebets entwickelte. In der Tat hatten alle frühen Jesuiten eine tiefe Liebe zum Rosenkranz. Ein Beispiel dafür findet sich im Leben des heiligen Alfons Rodriguez (1532-1617). Dieser fromme Jesuitenbruder betete nicht nur jeden Tag den Rosenkranz, sondern war auch dafür bekannt, dass er den ganzen Tag über endlose Ave Maria betete, um all seine Aktivitäten zu heiligen.

Als der Gründer der Sodalitäten, Pater Leunis, im Jahr 1584 starb, hörten die Sodalitäten nicht auf zu existieren, sondern blühten weiter auf. Tatsächlich erließ Papst Gregor XIII. 16 Tage nach dem Tod von Pater Leunis eine Apostolische Konstitution über die Sodalitäten mit dem Titel *Omnipotentis Dei*. In diesem Dokument verlieh er den Sodalitäten Unserer Lieben Frau den vollen kanonischen Status und stattete sie mit zahlreichen Ablässen und Privilegien aus. Im Jahr 1587 ermächtigte Papst Sixtus V. den Generaloberen der Jesuiten, weitere Sodalitäten in der ganzen Welt zu errichten. Die Jesuiten begannen, sie überall zu errichten, wo sie hinkamen. Sie wuchsen so schnell, dass der ursprünglichen Sodalität im Römischen

Kolleg bis 1658 1.459 weitere Sodalitäten angeschlossen waren. Im Gegensatz zu den Bruderschaften, denen sowohl Männer als auch Frauen beitreten konnten, waren diese Sodalitäten nur auf männliche Mitglieder beschränkt. Erst zu Beginn des 18. Jahrhunderts wurden langsam auch Frauengruppen in die Sodalitäten aufgenommen. Im Jahr 1751 erteilte Papst Benedikt XIV. dem Generaloberen der Jesuiten die Vollmacht, Frauen in die Sodalitäten aufzunehmen. Bis Mitte des 20. Jahrhunderts gab es weltweit mehr als 80.000 Sodalitäten. Durch die Förderung der Sodalitäten durch die Jesuiten und die Förderung der Bruderschaften durch die Dominikaner haben diese beiden großen Ordensgemeinschaften den Rosenkranz genutzt, um die Kultur zu verändern und viele Seelen und Herzen durch Maria zu Jesus zu führen.

Heilige

Während die alten Bruderschaften und die neuen Sodalitäten die Aufmerksamkeit der Menschen auf die Wahrheiten des Katholizismus lenkten, indem sie die heiligen Geheimnisse des Lebens Christi betrachteten, widmeten sich immer mehr Heilige dem Rosenkranz. Der heilige Philipp Neri (1515-1595), der als „Apostel von Rom" bekannt ist, wanderte durch die Straßen der Ewigen Stadt und lud abgefallene Katholiken in sein Oratorium ein, wo er sie unterhielt, sie im Glauben unterwies und sie lehrte, den Rosenkranz zu beten. Er belebte auch den Brauch der Marienverehrung im Monat Mai wieder, insbesondere durch den Rosenkranz. Durch sein Beispiel und seine Liebe zum Rosenkranz haben viele Menschen den Katholizismus wiederentdeckt.

Ein weiterer großer Rosenkranzheiliger dieser Zeit war der heilige Franz Borgia (1510-1572). Als großer Verteidiger des Glaubens und erfolgreicher Theologe fügte er seinen bedeutenden Schriften zur christlichen Theologie Rosenkranzbetrachtungen hinzu. Der heilige Petrus Canisius (1521-1597), ein eifriger Jesuit, der das erste große Werk über Maria nach der protestantischen Rebellion verfasste, legte großen Wert auf den Rosenkranz und lehrte, dass das Beten des Ave Maria und des Rosenkranzes ein ehrenvoller Weg sei, um Gott für die Irrtümer der Protestanten zu entschädigen. Es war vor allem seinen mariologischen Schriften zu verdanken, dass die zweite Hälfte des Ave Maria von der Kirche offiziell anerkannt und während des Pontifikats von Papst Pius V. gefördert wurde. Der heilige Petrus Canisius trug auch dazu bei, die seit dem vorigen Jahrhundert bestehende Verwirrung darüber zu klären, welches Geheimnis eigentlich das letzte glorreiche Geheimnis ist. Er erklärte mit Nachdruck, dass das letzte Geheimnis die Krönung Mariens sei und nicht das Jüngste Gericht, wie einige behauptet hatten.

In dieser Zeit gab es auch große Redner, die die Wunder des Rosenkranzes priesen. Der heilige Kamillus von Lellis (1550-1614) predigte eifrig über den Rosenkranz, wo immer er hinkam, und verteilte Rosenkränze an Menschen, die er auf der Straße traf. Verteidiger des Glaubens wie der heilige Robert Bellarmin (1542-1621) und der heilige Franz von Sales (1567-1622) predigten ebenfalls über den Rosenkranz. Der heilige Franz von Sales war ein treues Mitglied einer Sodalität und schrieb ein kurzes Werk mit dem Titel *Wie man den Rosenkranz der Muttergottes andächtig betet.* Als er zum Bischof von Genf ernannt wurde, betete er täglich eine Stunde lang den Rosenkranz und trug den Rosenkranz am Gürtel. Durch seine monatliche Teilnahme an einer Rosenkranzprozession weckte er in seinem Volk eine große Liebe für den Rosenkranz.

Der heilige Karl Borromäus (1538-1584), ebenfalls Mitglied einer Sodalität, war ein weiterer großer Verteidiger des

Glaubens und Förderer des Rosenkranzes. Wie der heilige Philipp Neri betonte auch er, dass der Mai ein Monat ist, der besonders Maria und ihrem Rosenkranz gewidmet ist. Als Kardinal-Erzbischof von Mailand bemühte er sich, die kulturellen „Frühlingsriten" – Trinkgelage und Orgien, die jeden Mai in Mailand stattfanden – zu verändern. Er bekämpfte die Willkür des Lasters, indem er die Menschen in seiner Erzdiözese den Rosenkranz lehrte. Im Jahr 1579 ordnete er von seiner Kathedrale aus an, dass im Monat Mai Andachten zur Gottesmutter stattfinden sollten, um die Sünden des Volkes zu korrigieren und ihre Aufmerksamkeit auf die Schönheit der Gottesmutter zu lenken. Er verfasste sogar eine Richtlinie, in der er allen den Rosenkranz des heiligen Dominikus empfahl. Er war dem Rosenkranz so zugetan, dass er andere oft persönlich darin unterrichtete, wie man ihn betet, und häufig Bücher über den Rosenkranz verschenkte, darunter sein Lieblingsbuch *Einführung und Anleitung zur Betrachtung über die Geheimnisse der Allerseligsten Jungfrau und Mutter*, das er dem heiligen Aloysius Gonzaga (1568-1591) schenkte. Das von dem frommen Jesuitenpater Pater Gaspard Loarte verfasste Buch war zu jener Zeit sehr beliebt.

Missionare

Die großen Missionsanstrengungen der Kirche im 16. Jahrhundert trugen dazu bei, den Rosenkranz bei neuen Katholiken in der ganzen Welt zu verbreiten. In der Zeit, in der protestantische Rebellen die Katholiken in Europa dazu brachten, die einzig wahre Kirche zu verlassen, brachten eifrige katholische Missionare den Rosenkranz in fremde Länder und boten seine heiligen Geheimnisse anderen an. Als die Dominikaner, Jesuiten, Franziskaner und viele andere Ordensgemeinschaften von

Europa aus aufbrachen, um die Wahrheiten des Katholizismus in aller Welt zu verkünden, war es üblich, dass sie einen Rosenkranz bei sich trugen. Die Missionare nahmen nicht viele Bücher oder sperrige liturgische Gegenstände mit auf ihre Reisen. Vielmehr trugen sie das Evangelium Jesu Christi auf einer Perlenkette bei sich. Die meisten Missionare trugen es sogar als Teil ihrer Missionskleidung. Die Flexibilität und Leichtigkeit, mit der das Evangelium auf diese Weise transportiert werden konnte, machte den Rosenkranz zu einem weltweiten Werkzeug der Evangelisierung. Der Protestantismus versuchte, das Christentum vom geistlichen Schwert des Rosenkranzes zu befreien, aber der göttliche Handwerker vervielfachte diejenigen, die es trugen und sandte sie als Krieger-Apostel aus.

Der große Jesuitenmissionar Franz Xaver (1506-1552) brachte seinen Rosenkranz nach Indien und in die Regionen des Fernen Ostens. Er betete ihn jeden Tag und lehrte andere, das Gleiche zu tun. Während die Jesuiten Missionen im Fernen Osten gründeten, erreichten die Dominikaner im 16. Jahrhundert ebenfalls Teile Asiens. Die Nachfolger des heiligen Dominikus brachten auch den Rosenkranz mit. Auf den Philippinen waren die Dominikaner dafür verantwortlich, dem philippinischen Volk eine große Liebe zur Gottesmutter und ihrem Rosenkranz einzuflößen, insbesondere durch die Förderung der Verehrung der Gottesmutter unter dem Titel *Nuestra Señora del Santissimo Rosario*" (Unsere Liebe Frau vom Allerheiligsten Rosenkranz"). Bis heute ist eine der beliebtesten Marienstatuen auf den Philippinen eine wundertätige Elfenbeinstatue Unserer Lieben Frau vom Rosenkranz, die unter dem Namen *La Naval de Manila* (frei übersetzt: „Die Marine von Manila") bekannt ist und der nachgesagt wird, dass sie die Stadt Manila und das philippinische Volk in Kriegszeiten bei zahlreichen Gelegenheiten gerettet habe. In ihrem Eifer für Mama Maria sind die Philippiner unübertroffen, wenn es darum geht, ihre

Liebe zum Rosenkranz zum Ausdruck zu bringen. Jedes Jahr finden am 2. Sonntag im Oktober große Prozessionen und Feierlichkeiten zu Ehren von La Naval statt.

Im Jahr 1525 kamen die Dominikaner auch nach Mexiko. Obwohl die Franziskaner zuerst dort eintrafen, waren es die Dominikaner, die der mexikanischen Kultur eine zarte Liebe zum Rosenkranz einflößten. Tatsächlich gründeten die Dominikaner 1538 die Rosenkranzbruderschaft in Mexiko. Das erste Rosenkranzheiligtum, das jemals in Mexiko existierte, befand sich 1576 in der ersten dominikanischen Kirche in Mexiko und erhielt den treffenden Namen Kirche Santo Domingo. Leider wurde der Schrein durch die antikatholische Bewegung in Mexiko Anfang des 20. Jahrhunderts zerstört. Das neue Rosenkranzheiligtum, das sich heute in der Kirche befindet, stammt aus dem Jahr 1946 und die Kirche Santo Domingo ist weiterhin der Hauptsitz der Rosenkranzbruderschaft in Mexiko. In dieser schönen Kirche befindet sich auch ein Heiligtum, das der Muttergottes von Covadonga gewidmet ist. Dieses Heiligtum erzählt die Geschichte, wie ein Spanier namens Pelayo mit dem wunderbaren Beistand der Gottesmutter den Nordwesten Spaniens im frühen achten Jahrhundert vor einer Invasion der Muslime schützte.

Für das mexikanische Volk ist die Muttergottes *„La Conquistadora“* („die Eroberin“). Sie selbst hatten sie im 16. Jahrhundert in ihrem Land willkommengeheißen, als sie die falschen Götter des aztekischen Volkes besiegt hatte. Durch das wundertätige Bild Unserer Lieben Frau von Guadalupe wurde dem mexikanischen Volk bewusst, dass die heiligen Geheimnisse Jesu in Maria enthalten sind. Als der heilige Juan Diego seine *Tilma* für den Bischof öffnete, fielen Rosen zu Boden wie ein ungebundener Rosenkranz. Die Gottesmutter setzte den Menschenopfern der Azteken ein Ende und bekehrte in weniger als acht Jahren zehn Millionen Menschen zum Katholizismus. Nach ihrer großen Eroberung in Mexiko kehrte La Conquistadora mit demselben Bild nach Europa zurück und besiegte die falschen Propheten der islamischen Religion. Als das wundertätige Bildnis Unserer Lieben Frau von Guadalupe 1531 dem heiligen Juan Diego übergeben wurde, wurden, was viele nicht wussten, mehrere Kopien angefertigt. Eine dieser Kopien gelangte an Bord eines der christlichen Schiffe, die die muslimischen Türken in der Schlacht von Lepanto besiegten!

Als die Dominikaner im 16. Jahrhundert nach Mittel- und Südamerika kamen, begannen sich wundersame Ereignisse im Zusammenhang mit dem Rosenkranz zu ereignen. Eines der berühmtesten war das Wunder der Wiederherstellung des Bildes Unserer Lieben Frau vom Rosenkranz von Chiquinquirá in Kolumbien. Im Jahr 1562 hatte der spanische Kolonist Antonio de Santana einen Dominikanerpater, Pater Andres Jadaque, gebeten, einen Künstler zu finden, der ein Bildnis Unserer Lieben Frau vom Rosenkranz für seinen persönlichen Gebrauch malen sollte. Pater Jadaque fand einen fähigen Künstler namens Alonso de Narváez und beauftragte ihn mit dieser Aufgabe. Das Bild wurde mit Erde und dem Saft örtlicher Blumen gemalt und auf ein selbstgesponnenes Stück Baumwolle übertragen, das von Indianern gewebt worden war. Als das Bild fertig war, wurde es in einer kleinen Kapelle aufgestellt. Leider hatte die Kapelle nur ein Strohdach. Nachdem das Bild mehrere Jahre in der Kapelle gehangen hatte, war es so stark der Sonne und dem Regen ausgesetzt gewesen, dass es nicht mehr zu erkennen war und verfiel. Im Jahr 1577 wurde es abgenommen, in die Stadt Chiquinquirá gebracht und in einen verlassenen Raum geworfen, der einst als privates Oratorium gedient hatte. Acht Jahre später fand eine Frau namens Maria Ramos beim Reinigen des ehemaligen Oratoriums das alte, verwahrloste Stück Stoff und erfuhr von anderen, dass es einst ein wunderschönes Bildnis Unserer Lieben Frau vom Rosenkranz gewesen war. Aus Ehrfurcht hängte sie das unkenntliche Bild auf und betete beim Putzen oft davor, obwohl sie auf dem Bild nichts erkennen konnte. Dann, am 26. Dezember 1586, erlebte Maria Ramos vor ihren Augen, wie das Bild auf wundersame Weise wieder in seiner alten Pracht erstrahlte. Die Farben erstrahlten wieder in vollem Glanz, die Figuren erschienen klar und schön und die vielen Risse und Löcher im Tuch waren auf der Stelle verschwunden. Die Nachricht von dem wiederhergestellten Bild verbreitete sich schnell in ganz Südamerika, und die Menschen begannen zu pilgern, um das Bild zu sehen. Ähnlich wie die gewebten Kaktusfasern der wundertätigen *Tilma* Unserer Lieben Frau von Guadalupe hätte das einfache Tuch des Chiquinquirá-Bildes schon vor Jahrhunderten zerfallen müssen, aber es ist bis heute intakt geblieben. Die südamerikanische Bevölkerung hat dem Bildnis den Spitznamen „La Chinita" gegeben und es über die Jahrhunderte hinweg weiter verehrt. Im Jahr 1829 erklärte Papst Pius VII. Maria zur Schutzpatronin Kolumbiens. Im Jahr 1927 wurde das Heiligtum zur Basilika erhoben und 1986 stattete der heilige Papst Johannes Paul II. dem Ort einen apostolischen Besuch ab.

Dominikanische Priester taten viel für die Verbreitung des Rosenkranzes in verschiedenen Teilen Südamerikas während des 16. Jahrhunderts. Der dominikanische Mystiker und Wundertäter heilige Ludwig Bertrand (1526-1581), der als „Apostel Südamerikas" bekannt ist (er taufte über 30.000 Menschen), hatte eine zärtliche Liebe zur Gottesmutter und war ihrem Rosenkranz von Jugend an sehr zugetan. Als Priester hatte er immer den Rosenkranz in der Hand, selbst inmitten eines sehr aktiven Dienstes. Seine Biografen haben festgehalten, dass er ein Mädchen wieder zum Leben erweckte, indem er ihren Körper mit seinem Rosenkranz berührte! Als er einmal gefragt wurde, warum der Rosenkranz so viel Kraft habe, antwortete er: „Wie kommst du dazu, eine solche Frage zu stellen? Gott tut das, was ein Schmied tun würde, wenn er ein Eisenwerkzeug herstellt. Er hat viele geeignete Stücke aus dem Material gemacht und wählt das aus, das Ihm gefällt."[6] Dieser große Heilige ist zum Schutzpatron der dominikanischen Missionare erklärt worden.

Die Dominikaner sandten in dieser Zeit auch eifrige Rosenkranzapostel aus, um in und um Lima, Peru, apostolische Arbeit zu leisten. Der heilige Martin von Porres (1579-1639) war ein unermüdlicher Kämpfer des Rosenkranzes, ebenso wie die heilige Rosa von Lima (1586-1617). Die heilige Rosa betete jeden Tag 15 Rosenkranzgeheimnisse und nutzte den Rosenkranz als wichtiges Werkzeug in ihrer apostolischen Arbeit, indem sie andere dazu ermutigte, ihn täglich mit ihr zu beten. Wie der heilige Martin von Porres trug sie den Rosenkranz um den Hals als sichtbares Zeichen ihrer völligen Zugehörigkeit zur Muttergottes. In dieser Zeit setzte sich auch der Mann für den Rosenkranz ein, der als dominikanischer Schutzpatron für die Armen Seelen im Fegefeuer bekannt wurde, Juan Macias (1585-1645), ein dominikanischer Laienbruder, der den Rosenkranz während seiner täglichen Werke der Barmherzigkeit für die Armen mehrmals am Tag betete. Er war mit einer besonderen Verehrung für die Armen Seelen im Fegefeuer begabt. Diese Seelen erschienen ihm häufig und baten ihn um seine mächtige Fürsprache, um ihre schnelle Freilassung zu beschleunigen. Um ihre Leiden zu lindern opferte er unermüdlich seine Rosenkränze für die Armen Seelen auf.

Päpste

Bei so viel Eifer für den Rosenkranz in der ganzen Welt ist es kein Wunder, dass der Rosenkranz im 16. Jahrhundert großes päpstliches Lob erhielt. Als der Dominikanerpapst Pius V. 1568 eine neue Ausgabe des Römischen Breviers herausgab, ordnete er an, dass das vollständige Ave Maria-Gebet, das seit dem

14. Jahrhundert in Gebrauch war, darin eingefügt werden sollte. Das vollständige Ave Maria – der Engelsgruß, der Gruß der Elisabeth im Evangelium und die zweite Hälfte der Fürbitte – war bei den Gläubigen schon lange in Gebrauch, bevor der heilige Papst Pius V. es in das Römische Brevier aufnahm. Der Grund, warum dies mit Sicherheit behauptet werden kann, ist, dass die Breviere der Mercedarier und Kamaldulensermönche, die im Jahr 1514 in Gebrauch waren, bereits die vollständige Version des Ave Maria enthielten. Papst Pius V. hat das vollständige Ave Maria für die Weltkirche vereinheitlicht und offiziell genehmigt.

Ein Jahr, nachdem der heilige Papst Pius V. das Ave Maria standardisiert und in das Römische Brevier aufgenommen hatte, verfasste er ein offizielles Dokument über den Rosenkranz mit dem Titel *Consueverunt Romani Pontifices*. In diesem unglaublichen Dokument gewährte der Dominikanerpapst jedem, der der Rosenkranzbruderschaft beitrat, offiziell einen vollkommenen Ablass. Diese Maßnahme gab den Menschen einen weiteren starken Anreiz, Rosenkranzbruder zu werden. Wie viele Päpste vor ihm bestätigte auch der heilige Pius V., dass der heilige Dominikus der Begründer des Rosenkranzes war, und bot eine kurze Geschichte der geistlichen Waffe. Er schrieb:

> Dem frommen, vom Heiligen Geist inspirierten Glauben folgend, hat der heilige Dominikus, der Gründer der Predigerbrüder, in einer ähnlichen Zeit wie der unseren, als Frankreich von der albigensischen Häresie heimgesucht wurde, die so viele Anhänger dieser Welt verblendet hatte, dass sie die Priester des Herrn angriffen, seine Augen zum Himmel und zur glorreichen Mutter Gottes erhoben, die den Kopf der alten Schlange mit ihrer Ferse zertreten, alle Häresien vernichtet und mit der gesegneten Frucht ihres Leibes die durch den Fall unseres ersten Vaters verdammte Welt gerettet hatte. Auf der Suche nach einem einfachen

und zugänglichen Weg für alle Menschen, fromm zu sein und zu Gott zu beten, damit sie gegen einen Felsen schlagen und Wasser der Gnade hervorbringen könnten, erfand er [der heilige Dominikus] den sogenannten Rosenkranz oder Psalter der heiligen Jungfrau Maria.

Mit diesem Gebet wird die heilige Jungfrau Maria verehrt, indem der Engelsgruß 150 Mal wiederholt wird, wie es auch im davidischen Psalter der Fall ist. Das Vaterunser wird in jedes Geheimnis eingefügt, während spezielle Betrachtungen das gesamte Leben unseres Herrn Jesus Christus darstellen. Nachdem er dieses Gebet erfunden hatte, verbreitete er es in der gesamten Heiligen Römischen Kirche. Danach wurde das Gebet von den Anhängern des heiligen Dominikus, den Dominikanern, verbreitet und von vielen angenommen. Durch diese Betrachtungen entflammt, begannen die Gläubigen, sich in andere Menschen zu verwandeln, wurden von der Dunkelheit der Häresie befreit und begannen, sich dem Licht des katholischen Glaubens zu öffnen. Die Dominikaner, die ihren Oberen gehorsam waren, begannen, an verschiedenen Orten Bruderschaften zu gründen, die sich dieser Form des Gebets widmeten und viele Mitglieder aufnahmen.[7]

Der heilige Papst Pius V. erließ dieses unglaubliche Dokument vier Jahre vor der berühmten Schlacht von Lepanto.

England

Während der Rosenkranz vom Stellvertreter Christi hochgelobt und unterstützt wurde, begannen viele Menschen in England, der großen Mitgift Marias, sich gegen ihn zu wenden. Infolge der protestantischen Rebellion hatte Jolly Olde England [das gute alte England] eine Wende zum Schlechteren genommen. Verschiedene englische Könige, Königinnen und viele politische Führer begannen, einen totalen Krieg gegen den Katholizismus zu führen. Mehr als drei Jahrhunderte lang hatten der Katholizismus und die Marienverehrung in dem Land, das zum Schutz des Rosenkranzes auserkoren worden war, gedeihen können, doch als der heilige Papst Pius V. 1570 Königin Elisabeth I. exkommunizierte, begann eine intensive und unerbittliche Verfolgung der Katholiken im ganzen Reich. Priester wurden gejagt und getötet, Klöster und Kirchen wurden beschlagnahmt und zerstört und katholische Gottesdienste wurden verboten. Diejenigen, die sich den königlichen Anordnungen zum Verbot der katholischen Praxis widersetzten, wurden bestraft, inhaftiert und sogar zum Tode verurteilt. Im Jahr 1571 ging die Verfolgung so weit, dass sogar der Besitz eines Kruzifixes oder eines Rosenkranzes verboten wurde. Wer dabei erwischt wurde, wie er Rosenkränze ins Land brachte, wurde zu langen Haftstrafen verurteilt und musste mit der Hinrichtung rechnen.

Für gläubige Katholiken war es fast unmöglich, die Heilige Messe zu besuchen. Stattdessen wurde der Rosenkranz zur geistlichen Lebensader des Volkes für die heiligen Geheimnisse Christi. Für den Besitz katholischer Bücher konnte man inhaftiert werden, aber der Rosenkranz war leicht zu verstecken; viele trugen ihn unter ihrer Kleidung. Das Gebet des Rosenkranzes wurde zum Gebet der Verfolgten. Viele geheime Bruderschaften wurden in dieser Zeit gegründet und trugen dazu bei, den Glauben lebendig zu halten. Einige Seelen wagten es, dem System zu trotzen, indem sie ihre Rosenkränze in der Öffentlichkeit beteten, um dann verhaftet und zu langen Gefängnisstrafen verurteilt zu werden. Heroische Beispiele der Frömmigkeit und der Andacht des Rosenkranzes gab es in der „Mitgift Mariens“ im Überfluss.

Ein solches Beispiel war der Jesuitenpater Henry Garnet. Pater Garnet hatte sich freiwillig nach England begeben, um den Katholiken während der Verfolgung zu dienen. Sein Wunsch war es, heimlich die heiligen Sakramente zu feiern und den Rosenkranz heimlich zu verbreiten. Vor seiner Abreise nach England war er in Rom gewesen, wo er aus erster Hand den großen Eifer des Papstes bei der Förderung des Rosenkranzes erlebt hatte und Zeuge der vielen frommen Bruderschaften wurde, die dort lebten. Ihr eifriger Glaube inspirierte ihn so sehr, dass er vor seiner Abreise nach England im Jahr 1587 den Ordensmeister der Dominikaner um die Erlaubnis bat, im verfolgten England Bruderschaften zu gründen, und diese erhielt er auch. Auf sein ausdrückliches Ersuchen hin wurde ihm sogar eine besondere Dispens erteilt: Keines der Mitglieder der verfolgten Bruderschaften in England sollte verpflichtet werden, sich in ein offizielles Buch einzutragen. Die Unterzeichnung eines solchen Buches würde mit Sicherheit zu ihrer Inhaftierung führen, wenn die Behörden es jemals erhalten würden. 1593 schrieb Pater Garnet sogar ein Handbuch für die Bruderschaften, das unter den verfolgten Katholiken in England verwendet werden sollte. Als sein jesuitischer Mitbruder, der heilige Robert Southwell, auf dem Schafott hingerichtet wurde, besorgte sich Pater Garnet den Rosenkranz, den der heilige Robert kurz vor seinem heldenhaften Märtyrertod in die Menge geworfen hatte. Garnet trug diesen Märtyrerrosenkranz bei sich und hielt ihn für eine Reliquie eines Heiligen. Garnet selbst sollte das gleiche Schicksal erleiden wie Southwell, als er 1606 gefangen genommen und durch Hängen, Strecken und Vierteilen hingerichtet wurde.

Ein weiterer Jesuitenpater, der sich während der Verfolgung für den Rosenkranz einsetzte, war Pater John Gerard. Er nutzte alles Material, das ihm zur Verfügung stand, um einen Rosenkranz herzustellen. In seiner berühmten *Autobiographie eines verfolgten Priesters* berichtet er, dass er während seiner Gefangenschaft im berüchtigten Tower von London Rosenkränze aus aneinandergereihten Orangenschalen herstellte!

Ein weiterer Mann, der den verfolgten Katholiken in England mit Hilfe des Rosenkranzes sehr geholfen hat, war der trinitarische Priester heilige Simón de Rojas (1552-1624). Obwohl dieser spanische Priester nie einen Fuß auf die englische Küste setzte, war er dem Rosenkranz so zugetan, dass er große Pakete mit handgefertigten Rosenkränzen nach England schickte, um bei den Evangelisierungsbemühungen zu helfen. Er gründete eine religiöse Gemeinschaft, Ordensinstitut der Diener des süßesten Namens Maria, und wurde als „Vater Ave Maria" bekannt, weil er ständig das Ave Maria betete. Heute ist er als „Apostel des Ave Maria" bekannt.

Der hl. Papst Pius V. und die Schlacht von Lepanto

Infolge der protestantischen Rebellion wurde die Christenheit im 16. Jahrhundert gespalten. Menschen, die denselben Gott verehrten, begannen gegeneinander zu kämpfen, und ganze Nationen wandten sich vom Stellvertreter Christi und der von Jesus Christus gegründeten einzig wahren Kirche ab. Während dies geschah, gab es eine andere Religion auf der Welt, die sich die Spaltung zunutze machen wollte: den Islam. Seine Absicht war es, das Christentum mit Hilfe des mächtigen türkischen Osmanischen Reiches zu erobern.

Im Jahr 1453 hatten die Muslime bereits Konstantinopel erobert, das jahrhundertelang das Zentrum des Christentums im Osten gewesen war. Als die Muslime die Stadt eroberten, benannten sie sie in „Istanbul" um und verwandelten ihre größte byzantinische Kirche, die Hagia Sophia, in eine Moschee. Danach wurde dieses beeindruckende Bauwerk weder eine Kirche noch eine Moschee, sondern ein Museum.[1] Nach der frevelhaften Eroberung Konstantinopels setzten die Muslime ihre Eroberungszüge im gesamten Mittelmeerraum fort. Sie unterwarfen große Teile des Balkans, Ungarns und Rumäniens. Im Jahr 1529 bedrohten sie Wien und 1539 hätten sie mit Leichtigkeit die Stadt Kotor (eine Stadt im heutigen Montenegro) eingenommen, wäre da nicht eine selige Dominikaner-Mystikerin des Dritten Ordens namens Osanna von Kotor (1493-1565) gewesen. Als junges Mädchen war Osanna vom orthodoxen Christentum zum römischen Katholizismus konvertiert und in den Dritten Orden der Dominikanerinnen eingetreten. Im Jahr 1539, als der türkische Admiral Khair ad-Din Barbarossa die Stadt Kotor mit einer Armee von 30.000 Muslimen angriff, ermahnte Osanna die Einwohner der Stadt, den Rosenkranz als Waffe gegen die Muslime zu beten. Die Menschen taten, was sie anordnete, und die Stadt wurde verschont. Es war ein Sieg für den Rosenkranz. Ihre Niederlage machte die Muslime wütend und veranlasste sie, ihre Aufmerksamkeit auf einen größeren Preis als Wien oder Kotor zu richten. Das ultimative Ziel der Muslime war die Eroberung Roms.

Als Süleyman der Prächtige in der Mitte des 16. Jahrhunderts zum Anführer der Muslime wurde, hegte er einen regelrechten Hass auf das Christentum. Sein Großvater hatte einst ein Gelübde abgelegt, dass er nicht eher ruhen würde, bis er seine Pferde unter der Kuppel des Petersdoms untergebracht und dem Papst einen Turban um den Kopf gewickelt hätte. Süleyman wollte den Traum seines Großvaters verwirklichen und stellte sich den Vatikan als einen roten Apfel vor, der bereit war, für Allah gepflückt und geplündert zu werden. Das Zentrum des Christentums war durch die muslimischen Invasoren wirklich bedroht. In der Tat war das Zentrum der westlichen Zivilisation in Gefahr.

---

[1] Jetzt ist es leider wieder eine Moschee.

Im Jahr 1565 rückte das mächtige Osmanische Reich näher an Rom heran und versuchte, die strategisch wichtige Insel Malta zu erobern. Dieses Ereignis ist als die Große Belagerung von Malta bekannt. Bei dieser Belagerung bestand die muslimische Armada aus mehr als 40.000 Mann, während die katholische Armee nur etwa 6.000 Mann umfasste. Wie durch ein Wunder gelang es der katholischen Armee unter der Führung von Jean Parisot de Valette, dem Großmeister des Souveränen Militärischen Johanniterordens (Ritter von Malta), die Insel zu verteidigen und die Muslime zu vertreiben. Während die katholische Armee viele Verluste hinnehmen musste, verlor die muslimische Armee mehr als 30.000 Mann.

Ein faszinierender Aspekt der Großen Belagerung von Malta ist das Schwert, das Jean Parisot de Valette während der Schlacht trug. In Vorbereitung auf die Konfrontation mit den Muslimen ließ de Valette ein spezielles Schwert für sich anfertigen. Er verlangte, dass ein Rosenkranz in die Klinge seines Schwertes eingraviert werden sollte! Nach der Schlacht pilgerte de Valette zur berühmten Ikone Unserer Lieben Frau von Damaskus in Birgu (auch bekannt als Vittoriosa), Malta, und legte seine Mütze und sein Schwert zu Füßen des Bildes Unserer Lieben Frau nieder. Das Schwert und die Mütze sind bis heute in dem kleinen Museum ausgestellt, das an die katholische Kirche Unserer Lieben Frau von Damaskus in Birgu angeschlossen ist.

Glücklicherweise starb Süleyman der Prächtige, bevor er seine dämonischen Pläne in die Tat umsetzen konnte. Als jedoch Süleymans Nachfolger Selim II. 1566 Sultan wurde, verstärkte er die islamische Bedrohung gegen das Christentum. Er nahm 1570 die Insel Zypern ein, überfiel Anfang 1571 die venezianischen Inseln in der Adria und kam Rom und der Erfüllung der Wünsche seines Urgroßvaters immer näher. Am 7. März desselben Jahres rief der Dominikanerpapst Pius V., der von den bösen Machenschaften der Osmanen wusste, zur Aufstellung einer Armee, einer Heiligen Liga, auf, um die Anhänger des falschen Propheten Mohammed zu besiegen. G. K. Chesterton schreibt in seinem epischen Gedicht *Lepanto*: „Der Papst [heilige Pius V.] streckte seine Arme in die Welt aus, um Schmerz und Verlust zu ertragen, und er rief die Könige der Christenheit, die Feinde mit dem Schwert ums Kreuz zu schlagen."[8]

Der Stellvertreter Christi rief in der Tat dazu auf, die Schwerter um das Kreuz zu legen. Im Gegensatz zu den politisch korrekten Führern unserer Zeit wusste der heilige Papst Pius V., dass die seit langem bestehenden Spannungen zwischen dem Christentum und dem Islam einen sehr realen geistlichen Kampf und einen Zusammenprall von Glaubensbekenntnissen beinhalteten. Um die islamische Bedrohung zu besiegen, wünschte er sich zwei Arten von Schwertern, um das Kreuz zu verteidigen: das Schwert aus Stahl und das geistliche Schwert des Rosenkranzes. Als frommer Dominikaner rief er alle Christen dazu auf, das Schwert des Rosenkranzes zu führen, während er eine Armee sammelte, die das Schwert aus Stahl führen sollte. Der heilige Papst Pius V. hatte sich bereits mit den Irrlehren des Protestantismus auseinandergesetzt und die einzig wahre Kirche durch die Verkündigung der Dokumente des Konzils von Trient geschützt. Er hatte sogar einen neuen Römischen Katechismus herausgegeben und eine Reform des Klerus eingeleitet. Nun musste er sich von den inneren Kämpfen der Christenheit abwenden und seine Aufmerksamkeit auf die Bedrohung durch die Feinde des Kreuzes richten, eine Bedrohung, die sich gegen das Herz des Christentums selbst richtete.

Die Bitten des heilige Pius V., eine Heilige Liga zu bilden, stießen zunächst auf taube Ohren. Deutschland, England und Frankreich, Länder, die in den Irrtümern des Protestantismus gefangen waren, boten keine Hilfe an und ignorierten den Papst. Diese Länder trugen ebenso wie die meisten anderen Länder Europas so gut wie nichts zum Kampf um die Rettung des christlichen Europas vor der islamischen Machtübernahme bei. Viele dieser Länder waren nicht daran interessiert, den Katholizismus gegen den Islam zu verteidigen, weil sie ihn selbst angriffen. England beispielsweise war nicht nur nicht daran interessiert, gegen die Muslime zu kämpfen, da sie geografisch zu weit entfernt waren, sondern auch, weil es selbst bereits die Klöster der Kirche zerstört und viele seiner Priester getötet hatte. Es gab jedoch einige Länder, die der Kirche zu Hilfe kamen. König Philipp II. von Spanien erklärte sich bereit, Schiffe und Truppen zu entsenden und seinen Halbbruder Don Juan von Österreich (den unehelichen Sohn von Kaiser Karl V.) mit dem Kommando über die Flotte zu betrauen. Venedig versprach, den Großteil der für die Schlacht benötigten Kriegsgaleeren zu liefern.

Don Juan, der zum Befehlshaber der christlichen Flotte auserkoren wurde, war weniger von König Philipp als vielmehr von Papst Pius V. ausgewählt worden, und zwar nicht, weil Don Juan gut aussah, ein geschickter Tänzer und erst 24 Jahre alt war, sondern weil er sich bereits als Verteidiger des Christentums gegen die Mauren in Südspanien hervorgetan hatte. Der Dominikanerpapst wollte auch, dass Don Juan die Flotte befehligt, weil er ein gläubiger Katholik war und eine ritterliche Liebe zur Himmelskönigin hegte. Es war allgemein bekannt, dass er den Rosenkranz betete. Viele Historiker halten Don Juan für den letzten wahren Ritter Europas. Der heilige Papst Pius V. wusste, dass er in Don Juan den richtigen Mann hatte. Im Hinblick auf den bevorstehenden Kampf gegen den Islam verglich der Papst Don Juan sogar mit dem Vorläufer Christi, Johannes den Täufer, indem er sagte: „Ein Mensch trat auf, von Gott gesandt; sein Name war Johannes“ (siehe Joh 1,6).

Don Juan war in der Tat von Gott gesandt worden. Der junge Kapitän wusste, dass er im Begriff war, einen heiligen Krieg gegen den Islam zu führen. Bevor er in den Krieg segelte, ordnete er an, dass jegliche Gotteslästerung auf seinen Schiffen verboten war, und verlangte, dass alle seine Männer drei Tage lang fasteten. Er verbot Frauen den Zutritt zu seinen Schiffen, damit keiner seiner Männer in die Sünde der Unkeuschheit verfiel und sich vor der Schlacht die Seele verdarb. Er sorgte dafür, dass auf seinen Schiffen Jesuiten, Dominikaner, Franziskaner und andere Priester zur Verfügung standen, die Beichten abnahmen und die Absolution erteilten. Außerdem verteilte er an jeden Mann in seiner Armada einen Rosenkranz. Am Vorabend der Schlacht ging er mit gutem Beispiel voran und verlangte, dass alle seine Männer das geistliche Schwert des Rosenkranzes in die Hand nahmen und beteten – und sie taten es.

Am Morgen der Schlacht, nachdem auf jedem Schiff die Heilige Messe gefeiert worden war, hisste Don Juan das Kreuzbanner auf seinem Flaggschiff und wandte sich mit den folgenden Worten an seine Männer: „Ihr seid gekommen, um die Schlacht des Kreuzes zu schlagen – um zu siegen oder zu sterben. Aber ob ihr nun sterbt oder siegt, tut heute eure Pflicht und ihr werdet euch eine glorreiche Unsterblichkeit sichern!"[9] Seine Worte waren kühn. Er hatte einen gewaltigen Grund, so mutig zu sein: Sowohl er als auch seine Männer wussten, dass der heilige Papst Pius V. allen Männern der Flotte der Heiligen Liga einen vollkommenen Ablass gewährt hatte. Don Juan erinnerte sie an dieses Privileg und ermutigte seine Männer, nichts zu fürchten, wenn sie gegen die Feinde der wahren Religion vorgingen.

Während Don Juan seine Männer anfeuerte, stellte der heilige Papst Pius V. eine geistliche Armee von Gebetskriegern in ganz Rom und den umliegenden Regionen zusammen. Er ordnete an, dass öffentliche Andachten zu Ehren der Gottesmutter und ihres Rosenkranzes abgehalten werden sollten. Auf seine Bitte hin versammelte sich eine Bruderschaft nach der anderen und begann, Rosenkränze für die Anliegen des Papstes zu beten. Am Abend des 6. Oktober 1571, dem Tag vor der entscheidenden Schlacht, leitete der heilige Pius V. selbst den Rosenkranz im Dominikanerkloster Santa Maria Sopra Minerva in Rom an. Er wusste, dass Europa nur auf die Fürsprache der Jungfrau Maria hin gerettet werden konnte. Mit Tränen in den Augen und einem Rosenkranz in der Hand vertraute er die christliche Sache der Königin des Himmels an.

Am Morgen des 7. Oktobers 1571 stach die christliche Flotte in See, um die muslimische Flotte zu suchen und sie frontal zu treffen. Don Juan und seine Männer ahnten nicht, dass sie einer hochmodernen und gut ausgebildeten muslimischen Flotte mit mehr als 300 Schiffen und 100.000 Mann entgegensegelten. Die christliche Flotte verfügte zwar über fast 285 Schiffe, aber nur über 70.000 Mann, von denen viele im Seekampf unerfahren waren. Die beiden Streitkräfte sahen sich zum ersten Mal in der großen Bucht südlich der Stadt Lepanto (heute Naupaktos) in Griechenland. Sobald sie einander sahen, stellten sie ihre Schlachtreihen auf. Die Kampfformation der christlichen Flotte hatte die Form eines Kreuzes, die der muslimischen Flotte die Form eines Halbmondes. Beim Ertönen eines Trompetenstoßes fiel die christliche Flotte zum Gebet auf die Knie, während auf jedem Schiff ein Kruzifix aufgestellt wurde. Die Schlacht war eröffnet. Es war das Kreuz gegen den Halbmond.

Doch es gab ein großes Problem. Die christliche Flotte segelte in einen starken Gegenwind hinein und das Gebiet in der Bucht, in dem die christliche Flotte die muslimischen Schiffe zuerst gesichtet hatte, wurde schnell von einem dichten Nebel eingehüllt. Die christliche Armada konnte die tödliche muslimische Flotte nicht mehr sehen. Diese Wendung der Ereignisse gab den Muslimen enorme Zuversicht. Mit dem Wind in den Segeln stürmten sie in voller Kampfmontur auf die christlichen Schiffe zu. Der Himmel hatte jedoch etwas anderes im Sinn. Genau zu der Zeit, als die Muslime auf die christliche Flotte zusteuerten, beteten die Bruderschaften in Rom ihre Rosenkränze und baten den Himmel um den Sieg. Unglaublicherweise und zur Überraschung aller drehte der Wind in der Bucht plötzlich auf die Seite der Christen, was beide Flotten völlig unvorbereitet traf. Mit dem Wind zu ihren Gunsten und dem Nebel als Tarnung steuerte die christliche Flotte mit voller Geschwindigkeit auf den Feind zu.

Die Schlacht dauerte fünf blutige Stunden. Irgendwann steuerte Don Juan sein Schiff auf das Schiff zu, von dem aus Ali Pascha die islamischen Streitkräfte befehligte. Bevor die beiden Flaggschiffe zusammenstießen und ihre Besatzungen in einen Nahkampf verwickelt werden konnten, tanzte Don Juan, erfüllt vom Geist Gottes, ausgelassen auf dem Deck seines Schiffes. Diese Tat erzürnte Ali Pascha, doch er konnte sich nicht rächen, da er sofort von einer Musketenkugel in die Stirn getroffen wurde. Einer der bewaffneten Gefangenen, die von dem muslimischen Schiff befreit worden waren, trennte den Kopf von Ali Pascha ab und spießte ihn auf. Das Banner Allahs wurde heruntergenommen und zerrissen und an seiner Stelle wurde das Banner des heilige Papstes Pius V. gehisst. Die Schlacht war ein totales Massaker für die Muslime. Die türkische Flotte verlor mehr als 30.000 Mann. Unter den Toten befanden sich 34 muslimische Admirale und 120 Galeerenkapitäne. Die muslimische Flotte verlor auch die meisten ihrer Schiffe. Auch die christliche Flotte hatte Verluste zu beklagen, die jedoch im Vergleich zu den Verlusten der muslimischen Flotte nicht ins Gewicht fielen; die christliche Flotte verlor 7.000 Mann und 12 Schiffe. Die christliche Flotte konnte außerdem fast 15.000 christliche Galeerensklaven befreien, die sich an Bord der muslimischen Schiffe befunden hatten. Es war ein vollständiger und totaler Sieg für das Christentum.

Weniger bekannt ist, dass Unsere Liebe Frau von Guadalupe an der Schlacht von Lepanto teilnahm. In der Schlachtformation der christlichen Flotte befand sich ein hochrangiger Admiral namens Giovanni Andrea Doria, der für den rechten Flügel der Flottenschiffe verantwortlich war. An Bord seines Galeerenschiffs trug er ein äußerst kostbares Geschenk, das ihm von König Philipp von Spanien überreicht worden war. Wie die Geschichte bezeugt, ließ Erzbischof Montufar von Mexiko-Stadt nach den Erscheinungen der Madonna von Guadalupe im Jahr 1531 in Mexiko fünf Kopien des wundertätigen Bildes anfertigen. Jede dieser Kopien wurde dem Originalbild nachempfunden. Eines dieser Bilder wurde 1570 dem König von Spanien geschenkt. König Philipp wiederum schenkte sein Exemplar dem Admiral Doria, der das Bild auf seinem Schiff in die Schlacht von Lepanto mitnahm.

Es ist bekannt, dass der heilige Papst Pius V. am Abend des Tages, an dem die Christen die Muslime besiegten, in Rom an einer Sitzung teilnahm und eine Vision des Sieges hatte. Während er im Vatikan diskutierte, löste er sich plötzlich von seinen Begleitern und starrte in völliger Ekstase aus dem Fenster, als sähe er etwas Ungeheures, dann wandte er sich mit strahlendem Gesicht wieder seinen Begleitern zu und rief jubelnd aus: „Sieg! Sieg!“ Er erklärte, dass die Heilige Liga an diesem Tag einen großen Sieg errungen hatte. Diese Vision ereignete sich mehr als zwei Wochen, bevor der offizielle Kurier aus Venedig mit dieser Nachricht in Rom eintraf. Die westliche Zivilisation war vor den Muslimen gerettet worden und der heilige Papst Pius V. schrieb den Sieg dem Rosenkranz zu.

Eigentlich wusste jeder, dass es ein Sieg des Rosenkranzes war. In Venedig gab der venezianische Senat den Bau einer Kapelle zu Ehren der Rosenkranzmadonna in Auftrag. Die Wände der Kapelle waren mit Aufzeichnungen über die Schlacht geschmückt. Eine Inschrift spiegelt ihre Dankbarkeit gegenüber dem Rosenkranz wider: „WEDER TAPFERKEIT NOCH WAFFEN NOCH ARMEEN, SONDERN UNSERE LIEBE FRAU VOM ROSENKRANZ HAT UNS DEN SIEG GESCHENKT!" Später schrieb Miguel Cervantes, einer der vielen tapferen Männer, die das Christentum verteidigt hatten und in der Schlacht von Lepanto schwer verwundet worden war, Spaniens größten Roman, Don Quijote, und notierte über die Schlacht, die den Westen rettete, Folgendes: „Die vergangenen Zeitalter haben nichts Vergleichbares mit der Schlacht von Lepanto gesehen, noch hat unser Zeitalter etwas Vergleichbares erlebt, und aller Wahrscheinlichkeit nach werden die kommenden Zeitalter nie einen schöneren oder glorreicheren Triumph für die Kirche verzeichnen."[10]

Unsere Liebe Frau vom Siege und der Rosenkranzsonntag

Für die Menschen jener Zeit gab es keinen Zweifel daran, dass der Sieg bei Lepanto das direkte Ergebnis der Fürsprache der heiligen Jungfrau Maria und ihres Rosenkranzes gewesen war. Der heilige Papst Pius V. war so überzeugt davon, dass die Fürsprache der Gottesmutter den Sieg gebracht hatte, dass er wollte, dass dieser Sieg jedes Jahr in der ganzen katholischen Welt liturgisch gefeiert werde. Im März 1572 richtete er das jährliche Fest Unserer Lieben Frau vom Siege ein und ordnete an, dass es jedes Jahr am 7. Oktober, dem Datum der Schlacht von Lepanto, gefeiert werden sollte. Doch das war noch nicht alles. In einem Dokument mit dem Titel *Salvatoris Domini* gewährte er all jenen einen vollkommenen Ablass, die nicht nur das Fest am 7. Oktober feierten, dem Tag des Monats, in dem die

Schlacht von Lepanto stattgefunden hatte, sondern auch am 1. Sonntag im Oktober des großen Sieges von Lepanto gedachten. Dieser jährliche Gedenktag wurde als „Rosenkranzsonntag" bekannt. Wie so viele Dinge, die mit dem Rosenkranz in Verbindung stehen, hatte auch der mit dem Rosenkranzsonntag verbundene vollkommene Ablass viele Namen. Die Ordensgemeinschaften nannten ihn „Dominikanische Portiunkula", in Anlehnung an den „Franziskanischen Portiunkula"-Ablass vom 2. August. Theologen und Gelehrte nannten ihn *„Toties Quoties"*, was wörtlich „so oft wie" bedeutet und sich von der Anzahl der vollkommenen Ablässe ableitet, die man an diesem Tag „so oft" erhalten konnte, wie man die Bedingungen erfüllte. Die gebräuchlichste Bezeichnung für diesen Ablass war jedoch „Großer Rosenkranzablass". Über Jahrhunderte hinweg war dieser Ablass einer der umfangreichsten Ablässe, die die Kirche je angeboten hat.

Ursprünglich wurde der vollkommene Ablass für den Rosenkranzsonntag nur den Mitgliedern der Rosenkranzbruderschaft gewährt, aber später wurde er auf alle Gläubigen ausgedehnt. Der Ablass wurde von vielen nachfolgenden Päpsten in offiziellen Dokumenten gelobt und bestätigt, darunter von Papst Innozenz XI. in *Nuper pro parte* (31. Juli 1679) und vom seligen Papst Pius IX. in einer Audienz, die dem Kardinalspräfekten der Heiligen Kongregation für Ablässe am 5. April 1869 gewährt wurde. Die Bedingung, um den Ablass zu erhalten, war folgende: Ein Katholik musste eine dominikanische Kirche mit einem Rosenkranzaltar besuchen, und zwar von 14.00 Uhr am Samstag vor dem Fest bis zum Sonnenuntergang am Rosenkranzsonntag; bei jedem Besuch für die Anliegen des Heiligen Vaters beten; zur Beichte gehen und die Heilige Kommunion empfangen.

Papst Gregor XIII. und Unsere Liebe Frau vom Rosenkranz

Ein Jahr, nachdem der heilige Papst Pius V. das Fest Unserer Lieben Frau vom Sieg am 7. Oktober und den Rosenkranzsonntag am 1. Sonntag im Oktober eingeführt hatte, baten die Dominikaner um ein eigenes Fest mit dem Titel „Unsere Liebe Frau vom Rosenkranz". Papst Gregor XIII. gab ihrer Bitte im Jahr 1573 in einem Dokument mit dem Titel *Monet Apostolus* statt. In diesem Dokument, in dem anerkannt wurde, dass der heilige Dominikus der Begründer des Rosenkranzes war, verlegte der Papst das Fest Unserer Lieben Frau vom Sieg vom 7. Oktober auf den 1. Sonntag im Oktober und gab dem neuen Fest den Titel „Unsere Liebe Frau vom Rosenkranz". Auf diese Weise wurden der Rosenkranzsonntag und das liturgische Gedenken an Unsere Liebe Frau vom Rosenkranz zu einem Tag (nicht der 7. Oktober *und* der 1. Sonntag im Oktober, wie es der heilige Papst Pius V. getan hatte). Papst Gregor XIII. beschränkte die jährliche Feier jedoch auf Kirchen, die einen Rosenkranzaltar hatten. Später, im Jahr 1671, dehnte Papst Clemens X. das Fest auf alle Kirchen Spaniens aus und 1716 dehnte Papst Clemens XI. das Fest auf die gesamte Kirche aus.

Es versteht sich von selbst, dass der Rosenkranz im 16. Jahrhundert sowohl Liebe als auch Hass erfuhr. In einigen Ländern wurde er angegriffen, in anderen wurde er von Missionaren verbreitet. Er wurde von den Protestanten verspottet, rettete aber schließlich die Christenheit. Er erhielt sein eigenes Fest, wurde mit einem vollkommenen Ablass versehen und erlebte das weltweite Wachstum seiner Bruderschaften. Nach dem Sieg von Lepanto forderte das Generalkapitel der Dominikaner 1574 seine Mitglieder auf, den Rosenkranz mit neuem Eifer zu predigen, was dazu führte, dass die Bruderschaft in Rom allein im Jahr 1575 30.000 zusätzliche Mitglieder gewann. Liturgisch gesehen wurde, nachdem der Rosenkranz seine eigene Heilige

Messe hatte, das Tagesgebet dieser Messe von allen als Gebet zum Abschluss des Rosenkranzes verwendet:

O Gott, dein eingeborener Sohn hat durch Sein Leben, Seinen Tod und Seine Auferstehung für uns den Lohn des ewigen Heiles erworben; wir bitten dich nun: Durch die Verehrung dieser Geheimnisse im hochheiligen Rosenkranz der seligen Jungfrau Maria lass uns nachahmen, was sie enthalten, und erlangen, was sie verheißen.[11]

Das 17. Jahrhundert: Zeugen des Rosenkranzes

Infolge des Triumphs des Rosenkranzes im 16. Jahrhundert entstanden im 17. Jahrhundert zahllose Zeugnisse des Rosenkranzes. Dominikaner, Märtyrer, Päpste, Mystiker, Könige und sogar Kunstwerke legten Zeugnis von der Macht des geistlichen Schwertes ab. In diesem Jahrhundert gründete der berühmte Dominikanerpater Timothy Ricci (gest. 1643) den „Ewigen Rosenkranz". In dieser Bewegung arbeiteten die Mitglieder der Bruderschaft mit anderen Mitgliedern zusammen, um sicherzustellen, dass der Rosenkranz ununterbrochen gebetet wurde. Pater Niccolò Ridolfi, der damalige Ordensmeister des Dominikanerordens, schrieb einen Rundbrief an seine Mitbrüder über diese Organisation und bezeichnete Pater Timothy Ricci als „einen zweiten seligen Alanus".[1] Eine weitere engagierte Kämpferin des Rosenkranzes in dieser Zeit war die heilige Rosa Venerini (1656-1728). Die heilige Rosa war von den Dominikanern ausgebildet worden und hatte für kurze Zeit sogar ihre Berufung in einem Dominikanerinnenkloster erfahren. Sie setzte sich mit großem Eifer für die Erziehung junger Frauen ein und half ihnen, die Versuchungen der Welt zu überwinden. Zu ihren zahlreichen Werken der Barmherzigkeit gehörte, dass sie die jungen Frauen in ihrem Haus aufnahm und mit ihnen Rosenkranzgebetsgruppen bildete. Schließlich gründete sie eine religiöse Gemeinschaft und eröffnete auch Schulen für Frauen. Der Rosenkranz wurde in dieser Zeit von vielen sehr geliebt, eine Liebe, die von Männern wie dem heiligen Franz von Sales gezeigt wurde, der sagte: „Wenn ich nicht die Verpflichtung des göttlichen Offiziums hätte, würde ich kein anderes Gebet als den Rosenkranz beten."[2] Auch der große Förderer der Verehrung des Unbefleckten Herzens Mariens, der heilige Johannes Eudes (1601-1680), entwickelte eine neue Art von Rosenkranz, den er „Rosenkranz des bewundernswerten Herzens Mariens" nannte.[3]

Märtyrer in England und Schottland

Im 17. Jahrhundert wurden die Katholiken in England und Schottland weiterhin verfolgt und der Rosenkranz blieb der sichtbarste Ausdruck ihrer katholischen Identität. Da sich die geheimen Bruderschaften in Großbritannien weiter ausbreiteten, erhielten ihre Mitglieder zu Beginn des Jahrhunderts einen großen Segen, als Papst Paul V. ihnen besondere Ablässe gewährte. Für die Katholiken dieser Zeit war der Rosenkranz ein Ehrenabzeichen. Viele trugen dieses Abzeichen bis zum Galgen. Einer dieser Männer war der selige Thomas Atkinson (1546-1616), ein 70-jähriger Priester, der heimlich durch England reiste, um die heiligen Sakramente zu spenden und die Menschen zu ermutigen, der Rosenkranzbruderschaft beizutreten. Als er schließlich gefasst wurde, trug er sowohl einen Rosenkranz als auch ein Stück Papier mit einer Liste von Ablässen für den Rosenkranz bei sich. Als Strafe für den Besitz der verbotenen Gegenstände wurde er in York zum Tod durch Erhängen, Strecken und Vierteilen verurteilt. Diejenigen, die ihn während seiner Gefangenschaft begleiteten, berichteten, dass er häufig Besuch von der Gottesmutter erhielt. Er wurde 1616 zum Märtyrer des Rosenkranzes.

Ein weiterer Zeuge des Rosenkranzes war der Jesuitenpater heiliger Johannes Ogilvie (1579-1615). Er wurde in Schottland geboren, erhielt seine Ausbildung auf dem europäischen Festland und kehrte in sein Heimatland zurück, um während der Verfolgung das Evangelium zu predigen. Im Jahr 1614 wurde der heilige John in Glasgow verhaftet und ins Gefängnis von Paisley gebracht. Während seiner Haft erlitt er schreckliche

Folterungen, unter anderem wurde er acht Tage und Nächte lang wachgehalten, um ihn dazu zu bringen, die Identität anderer Katholiken zu verraten. Der heilige John wurde schließlich wegen Hochverrats verurteilt, weil er sich weigerte, die geistliche Gerichtsbarkeit des Königs anzuerkennen. Er wurde im Alter von nur 36 Jahren zum Erhängen und Ausweiden verurteilt. Am letzten Tag seines Lebens, als er durch die Straßen von Glasgow geführt wurde, hielt der heilige John einen Rosenkranz in der Hand. Sein Rosenkranz war immer seine Lebensader zum Himmel gewesen; nun würde er diese Lebensader an andere weitergeben. Als er den Galgen bestieg, um sich auf den Tod vorzubereiten, warf er seinen Rosenkranz den Umstehenden zu. Der Rosenkranz traf die Brust eines jungen Adligen namens Baron Johann von Eckersdorf. Der Baron war an diesem Tag auf der Durchreise durch die Stadt Paisley und es war Eckersdorfs Brust, die durch die Berührung der Perlen des Märtyrers gesegnet wurde. Das Ereignis war so lebensverändernd, dass Eckersdorf es später in dem folgenden Bericht niederschrieb:

> Ich war auf meinen Reisen durch England und Schottland – wie es bei unserem Adel üblich ist – ein einfacher Jüngling und hatte keinen Glauben. Ich war zufällig an dem Tag in Glasgow, als Pater Ogilvie zum Galgen geführt wurde, und es ist mir unmöglich, seine erhabene Haltung im Angesicht des Todes zu beschreiben. Sein Abschied von den Katholiken bestand darin, dass er vom Schafott aus seine Rosenkranzperlen in ihre Mitte warf, kurz bevor er seinem Schicksal entgegenging. Dieser Rosenkranz, den er wahllos hinwarf, traf mich so auf die Brust, dass ich ihn mit der Handfläche hätte auffangen können; aber die Katholiken schubsten und drängten sich so sehr, um ihn zu ergattern, dass ich ihn von mir werfen musste,

wenn ich nicht Gefahr laufen wollte, niedergetrampelt zu werden. Die Religion war das Letzte, woran ich damals dachte: Sie kam mir überhaupt nicht in den Sinn; doch von diesem Augenblick an hatte ich keine Ruhe mehr. Die Rosenkranzperlen hatten eine Wunde in meiner Seele hinterlassen; ich hatte keine Ruhe mehr, egal wohin ich ging. Mein Gewissen war beunruhigt und der Gedanke verfolgte mich: Warum hat mich der Rosenkranz des Märtyrers getroffen und nicht einen anderen? Jahrelang stellte ich mir diese Frage – sie verfolgte mich überall hin. Schließlich gewann das Gewissen die Oberhand. Ich wurde katholisch; ich gab den Calvinismus auf; und diese glückliche Veränderung schreibe ich den Märtyrerperlen zu und keiner anderen Ursache – jenen Perlen, die, wenn ich sie jetzt hätte, Gold mich nicht dazu verleiten könnte, mich von ihnen zu trennen; und wenn Gold sie kaufen könnte, würde ich nicht darauf verzichten.[4]

Märtyrer in Irland

Auch Irland hatte seinen Anteil an Märtyrern. Die Verfolgung der Katholiken in Irland hatte bereits im 16. Jahrhundert begonnen, eskalierte aber zu Beginn des 17. Jahrhunderts und nahm an Härte zu. Wie für so viele andere wurde der Rosenkranz auch für die irischen Katholiken in der Zeit der Verfolgung zu einer greifbaren Quelle des Mutes. Der Rosenkranz war dem irischen Volk schon seit Jahrhunderten ans Herz gewachsen. In Jerpoint zum Beispiel zeigt eine Skulptur aus dem Jahr 1400 eine Figur, die einen Rosenkranz hält. Im 16. Jahrhundert war der Rosenkranz in Irland so beliebt, dass er häufig abends in katholischen Häusern gebetet wurde. Diese Praxis wurde als „Familienrosenkranz“ bekannt. Im 17. Jahrhundert waren die Dominikaner in

Irland als die „Rosenkranzväter“ oder „Marienbrüder“ bekannt. Die Liebe des irischen Volkes zum Rosenkranzgebet würde in den kommenden Tagen dringend gebraucht werden, denn eine große Verfolgung der Katholiken stand bevor.

Im Jahr 1639 begann der Krieg der drei Königreiche. Dieser Konflikt zwischen England, Irland und Schottland führte zu einer parlamentarischen Anordnung, dass alle Statuen der Jungfrau Maria in Irland zerstört werden sollten. Viele setzten ihr Leben aufs Spiel, indem sie sich dem Befehl widersetzten. Zwei dieser Männer waren die Karmeliten Pater Thomas Aquinas von Jesus und Bruder Angelus vom heiligen Joseph. Sie wurden verhaftet, weil sie sich nicht an das Dekret hielten, und beide wurden 1642 gnadenlos geschlagen und hingerichtet. Während sie geschlagen und ermordet wurden, hielt jeder von ihnen einen Rosenkranz in der Hand. Es gab auch andere Karmeliter sowie Franziskaner, Jesuiten, Augustiner, Diözesanpriester und Laien, die in dieser Zeit in Irland für ihren Glauben gemartert wurden.

Viele dieser heiligen Menschen hielten sich in den letzten Stunden ihres Lebens an den Rosenkranz. Der Erzbischof von Armagh, der heilige Oliver Plunkett (1625-1681), betete im Gefängnis andächtig den Rosenkranz, während er auf seine Hinrichtung wartete. Er wurde im Jahr 1681 zum Märtyrer. Es gab auch dominikanische Märtyrer, die durch ihre geliebten Gebetsperlen Zeugnis ablegten. Der Dominikanerpater Pater Laurence O'Farrell war ein solcher Mann. Er wurde 1651 von den Behörden gefangen genommen und wegen seines Eintretens für den Katholizismus zum Tod durch den Strang verurteilt. Als Prediger der Wahrheit und Kämpfer des Rosenkranzes predigte Pater Laurence die Wahrheiten des Katholizismus bis zu dem Moment, als er die Leiter zu seiner Hinrichtungsstätte hinaufstieg. Bei seiner Hinrichtung konnte er seinen Rosenkranz und sein Kruzifix behalten. In den letzten Minuten seines Lebens legte Pater Laurence den Rosenkranz um seinen Hals und hielt sein Kruzifix unter dem langen weißen Skapulier seines Dominikanerhabits. Als die Leiter unter ihm weggezogen wurde, gelang es ihm auf wundersame Weise, das Kruzifix unter seinem Skapulier hervorzuholen und es als Zeichen des Sieges über den Tod zu zeigen.

Ein aufschlussreicher Bericht über die enorme Liebe des irischen Volkes zum Rosenkranz in dieser Zeit der Verfolgung stammt aus der Hand des Mannes, der die Katholiken in Irland verfolgen und töten sollte: Oliver Cromwell. Cromwell war ein englischer Militärführer, der den Titel „Lord Protector of the Commonwealth of England, Scotland, and Ireland" trug. Während seiner Militärkampagne in Irland versuchte er, das Land von den Katholiken zu befreien und erstattete seinen Vorgesetzten in England folgenden Bericht:

> Es ist bis jetzt noch nicht alles in Ordnung mit Irland. Sie haben uns das Geld gegeben, sie haben uns die Gewehre gegeben. Aber lasst mich euch sagen, dass jedes Haus in Irland ein Haus des Gebets ist, und wenn ich diese fanatischen Iren vor die Mündungen meiner Gewehre bringe, halten sie in ihren Händen eine Perlenkette, und sie geben niemals auf.[5]

Unglaublicherweise wird bis heute in der Stadt Clonmel in der Grafschaft Tipperary – einem Gebiet in Irland, in dem die Dominikaner seit dem Mittelalter kein Haus mehr haben – das folgende Gebet von den Gläubigen während des Rosenkranzgebets gesprochen:

Glorreicher heilige Dominikus,
halte mit Maria, der Immaculata, Fürsprache,
um die Schlange zu zermalmen,
und lass Frieden herrschen in der ganzen Welt.

Du bist der Gründer des heiligsten Rosenkranzes.
Erlaube dem Feind nicht,
zu diesen Orten vorzudringen,
wo der Rosenkranz gebetet wird.
Amen.[6]

Asien und der Ferne Osten

Es gab auch viele Menschen außerhalb Englands, Schottlands und Irlands, die eine große Liebe zum Rosenkranz hegten und seine Kraft in dieser Zeit bezeugten. Während die Dominikaner die Praxis des Ewigen Rosenkranzes in Italien einführten, vergossen andere heilige dominikanische Märtyrer und Mitglieder der Bruderschaft ihr Blut für den Glauben in Asien und im Fernen Osten. Einige dieser heldenhaften Persönlichkeiten wurden zu den ersten katholischen Märtyrern in jenen Teilen der Welt. Einer dieser Männer war der heilige Laurentius Ruiz (1600-1637). Obwohl er kein Dominikanerpriester oder -bruder war, hatte er seine Ausbildung bei den Dominikanern in seiner philippinischen Heimat erhalten. Er war ein gläubiges Mitglied der Bruderschaft und blieb immer eng mit den Dominikanern und ihrem apostolischen Wirken verbunden. Als er 1626 fälschlicherweise des Mordes beschuldigt wurde, suchte er Asyl auf einem Schiff nach Japan, auf dem sich drei Dominikanerpriester befanden. In Japan wurden die dominikanischen Missionare und der heilige Laurentius von den antikatholischen Behörden gefangen genommen und inhaftiert. Während ihrer Gefangenschaft betete der heilige Laurentius den Rosenkranz, um sich auf einen sehr grausamen und qualvollen Tod vorzubereiten. Als seine Entführer versuchten, ihre Gefangenen dazu zu bringen, dem Glauben abzuschwören, wurde er von den japanischen Behörden gefoltert. Sie wendeten eine Methode an, die als *tsurushi* (umgekehrtes Hängen) bekannt ist, bei der der heilige Laurentius kopfüber aufgehängt und in ein enges Loch im Boden hinabgelassen wurde. Es war eine schreckliche Art zu sterben, aber der heilige Laurentius schwor dem Glauben nie ab. Er sagte seinen Peinigern sogar, dass er dies aus Liebe zu Christus noch tausendmal durchmachen würde. Der heilige Laurentius ist der erste philippinische Heilige und der Protomärtyrer oder erste christliche Märtyrer des philippinischen Volkes.

Es gab viele andere, die wie der heilige Laurentius Ruiz Mitglieder der Rosenkranzbruderschaft waren und im 17. Jahrhundert in Japan einen qualvollen Tod und das Martyrium erlitten. Einer der berühmtesten Märtyrer war der Dominikanerpater Alphonsus Navarette (1571-1617). Dieser spanische Dominikaner hatte viele Jahre lang in den Missionen auf den Philippinen gedient. Nachdem er nach Europa zurückgekehrt war, um andere für die Missionen zu rekrutieren, machte er sich auf den Weg nach Japan, um als Missionar zu dienen. Nach einiger Zeit wurde er von den japanischen Behörden gefangen genommen, gefoltert und brutal geschlagen, bevor er für seinen Glauben ermordet wurde. Während seines Martyriums hielt er in der einen Hand einen Rosenkranz und in der anderen ein Kreuz. Er ist einer der 205 Märtyrer Japans, die am 7. Juli 1867 von Papst Pius IX. seliggesprochen wurden. Von diesen 205 Märtyrern waren viele Dominikanerpriester und viele andere waren Mitglieder der Rosenkranzbruderschaft.

Ein weiterer Kämpfer des Rosenkranzes in dieser Zeit war der heilige Francisco Fernández de Capillas (1607-1648). Er war ein spanischer Dominikanerpriester, der als Missionar nach China gegangen war. Nachdem er 1643 in China angekommen war, verbrachte er mehrere Jahre mit einem sehr fruchtbaren Apostolat und gründete sogar eine Gemeinschaft von Dominikanern des Dritten Ordens in China. Im Jahr 1647 wurde er jedoch von mandschurischen Truppen, die dem Katholizismus feindlich gegenüberstanden, gefangen genommen. Während seiner Gefangenschaft wurden seine Knöchel zerquetscht und er wurde wiederholt gegeißelt, bis er fast starb. Schließlich wurden er und seine Mitgefangenen im Jahr 1648 zum Tod durch Enthauptung verurteilt. Vor seiner Hinrichtung betete er mit den anderen Gefangenen, die kurz vor dem Tod standen, inbrünstig die schmerzhaften Geheimnisse des Rosenkranzes. Der heilige Francisco war der Erste der Gefangenen, der hingerichtet und zum Protomärtyrer Chinas erklärt wurde.

Auch in Sri Lanka gab es Zeugen für den Rosenkranz. Der erste heiliggesprochene Heilige Sri Lankas war der heilige Joseph Vaz (1651-1711). Er erhielt seine Ausbildung bei Jesuiten und Dominikanern und war dem Rosenkranzgebet sehr zugetan. Als gläubiger Katholik wurde er wegen seines Glaubens von den vielen strengen Calvinisten auf der Insel verfolgt und wegen seiner großen Liebe zur Muttergottes und ihrem Rosenkranz ständig verspottet und verhöhnt. Ungeachtet der Beleidigungen, die ihm entgegengeschleudert wurden, blieb er standhaft in seiner Hingabe und predigte weiterhin über Maria, wo immer er hinkam. In der Tat ist es ihm zu verdanken, dass das Interesse an dem verfallenen Heiligtum Unserer Lieben Frau von Madhu wieder erwachte. In seinem Eifer, alle Menschen durch Maria zu Jesus zu führen, wanderte er mit einem Rosenkranz um den Hals über die Insel und lud Katholiken, Protestanten, Hindus und Buddhisten zur Verehrung der Jungfrau Maria im Heiligtum Unserer Lieben Frau von Madhu ein.

Mystiker

Die Märtyrer waren nicht die Einzigen, die in diesem Jahrhundert den Rosenkranz bezeugten. Es gab auch Mystiker. Eine der größten Mystikerinnen dieser Zeit war Maria von Ágreda (1602-1665). Diese heilige Frau war eine spanische Franziskanernonne, die in ihrem Leben viele himmlische Visionen und mystische Erfahrungen hatte. Ihr Hauptwerk ist ein ausführlicher Bericht über das Leben der Jungfrau Maria mit dem Titel *Die Mystische Stadt Gottes.* Einer der faszinierendsten Aspekte ihres Lebens war ihre Fähigkeit, sich auf mystische Weise in das Gebiet des amerikanischen Südwestens zu begeben, das heute als New Mexico und Westtexas bekannt ist. Diese Bilokationen fanden in den Jahren 1620-1623 statt. Während dieser Bilokationen unterwies sie die Jumano-Indianer in den Wahrheiten des Christentums. Sie informierte sie darüber, dass bald katholische Priester in ihr Gebiet kommen und ihnen die heiligen Sakramente bringen würden. Erstaunlicherweise kamen 1629 franziskanische Priester in genau diese Region. Als die Franziskanerpriester ankamen, waren sie schockiert, als sie diesen Indianerstamm entdeckten, der bereits mit dem katholischen Glauben vertraut war und darum bat, getauft zu werden und die heiligen Sakramente zu empfangen. Die Indianer hatten sogar Rosenkränze! Die Franziskaner fragten sich, woher sie das Wissen über den Katholizismus und die Rosenkränze hatten, und erfuhren von dem Stamm, dass eine „Dame in Blau“ sie seit mehreren Jahren besuchte, sie unterrichtete und ihnen Rosenkränze schenkte. Die Missionare glaubten zunächst, dass die Indianer durch Erscheinungen der Jungfrau Maria gesegnet worden waren. Als die Franziskaner den Indianern jedoch ein Bild der Jungfrau Maria zeigten, sagten die Indianer, dass nicht die Muttergottes sie besucht hatte, sondern eine andere blau gekleidete Frau. Nachdem sie diese Information an ihre Vorgesetzten in Spanien weitergegeben hatten, konnten die Franziskaner feststellen und bestätigen, dass die Frau, die ihnen im amerikanischen Südwesten erschienen war, niemand anderes war als die berühmte spanische Mystikerin Maria von Ágreda! Während einer Untersuchung dieser bemerkenswerten Ereignisse bestätigte Maria von Ágreda ihre Bilokationen zum Stamm der Jumano. Sie bemerkte auch, dass sie während ihrer häufigen Bilokationen mengenweise Rosenkränze aus ihrem Zimmer holte und sie an die Indianer verteilte.

Eine weitere Mystikerin, die in dieser Zeit dem Rosenkranz sehr zugetan war, war Benoîte Rencurel (1647-1718). Von 1664 bis zu ihrem Tod im Jahr 1718 empfing sie in Saint-Étienne-le-Laus, Frankreich, Erscheinungen und Botschaften von der heiligen Jungfrau Maria. In diesen Erscheinungen offenbarte sich die Gottesmutter unter dem Titel Unsere Liebe Frau von Laus, Zuflucht der Sünder. Diese Serie von Erscheinungen ist eine der am längsten andauernden anerkannten Marienerscheinungen in der Geschichte der Kirche. Als die Muttergottes Benoîte zum ersten Mal erschien, war die Seherin eine junge Hirtin, die ihren Rosenkranz betete. Bei fast jeder folgenden Erscheinung betete Benoîte den Rosenkranz, um sich auf Marias Besuch vorzubereiten. Benoîte war dem Rosenkranzgebet so zugetan, dass sie später in den Dritten Orden der Dominikanerinnen eintrat. Unglaublicherweise wurden die Erscheinungen Unserer Lieben Frau von Laus erst 2008 kirchlich anerkannt und Papst Benedikt XVI. erklärte Benoîte im Jahr 2009 zur Ehrwürdigen.

Könige, Gouverneure, Päpste

Auch Könige, Gouverneure und Päpste griffen im 17. Jahrhundert auf den Rosenkranz zurück. Viele dieser Führer wandten sich angesichts antikatholischer Aufstände, protestantischer Revolten und anhaltender Bedrohungen durch muslimische Kräfte dem Rosenkranz zu. Der erste König, der im 17. Jahrhundert das geistliche Schwert zückte, war König Ludwig XIII. von Frankreich. In der ersten Hälfte des Jahrhunderts wurde Frankreich von Religionskriegen zerrissen. Im Jahr 1627 führten die protestantischen Hugenotten in der Stadt La Rochelle einen umfassenden Aufstand gegen die katholische Kirche durch. Die Hugenotten wollten mit dem Katholizismus nichts zu tun haben und versuchten, die rein protestantische Stadt La Rochelle gegen die Versuche der katholischen Politiker zu verteidigen, sie zurückzuerobern. Die Hugenotten schlossen sogar ein Bündnis mit den protestantischen Herrschern Englands, um ihre Kräfte in Vorbereitung auf eine unvermeidliche Schlacht um die Stadt zu stärken. Als sich die Lage zuspitzte, war König Ludwig XIII. entschlossen, dem protestantischen Aufstand ein Ende zu setzen. Der König ordnete an, dass in ganz Frankreich öffentlich der Rosenkranz für den Sieg über die Hugenotten in La Rochelle gebetet werden sollte. Die Belagerung der Stadt durch die Katholiken dauerte acht Monate; der König selbst war bei vielen Schlachten zugegen. Dominikanerpriester begleiteten den König oft auf das Schlachtfeld, predigten und verteilten Rosenkränze an die Soldaten. Insgesamt wurden auf Wunsch des Königs mehr als 15.000 Rosenkränze verteilt und die Soldaten wurden angewiesen, sie zu bestimmten Zeiten am Tag zu beten. Der Rosenkranz wurde wieder in der Schlacht eingesetzt.

Zu ihrem großen Bedauern erhielten die Hugenotten nie Hilfe aus England. Ende Oktober 1628 kapitulierte die Stadt

La Rochelle bedingungslos vor dem katholischen König. Am 1. November zogen die katholischen französischen Truppen in die Stadt ein, angeführt von Dominikanerpriestern, die die Lauretanische Litanei sangen und ein großes Banner mit dem Bild der Rosenkranzmadonna trugen. Nach dem siegreichen Einmarsch verteilten die Dominikaner mehr als 1.500 Rosenkränze an die protestantischen Überlebenden und brachten viele zurück zum Katholizismus. Aus Dankbarkeit für den Sieg des Rosenkranzes über die Hugenotten finanzierte König Ludwig XIII. den Bau des Heiligtums Notre Dame des Victoires in Paris.

Der nächste Rosenkranzsieg wurde 1646 errungen, als der spanische Gouverneur der Philippinen, Diego Fajardo Chacón, einen Feldzug gegen eine Armada niederländischer protestantischer Schiffe begann, die drohten, die Kontrolle über die Philippinen zu übernehmen. Im Laufe des 16. Jahrhunderts fand der Krieg zwischen den Niederländern und den Spaniern in Europa seinen Weg auf die andere Seite der Welt. Durch rohe Gewalt und Piraterie hatten die protestantischen Niederländer alle portugiesischen Besitztümer in Südostasien an sich gerissen. Jetzt, im 17. Jahrhundert, wollten die niederländischen Protestanten die Kontrolle über den am weitesten entfernten Außenposten des spanischen Reiches übernehmen: die Philippinen. Die Philippinen waren nicht in der Lage, sich gegen diese Bedrohung zu verteidigen, da das Land seit Anfang des Jahrhunderts von großen Katastrophen heimgesucht wurde.

In den 1630er-Jahren kam es auf den Philippinen zu schweren Vulkanausbrüchen, die zu einer großen Lebensmittelknappheit führten und Manila lahmlegten. Im Jahr 1645 erschütterte ein Erdbeben die Stadt und zerstörte Hunderte von wichtigen Gebäuden. Durch die jüngsten Schiffbrüche und die Tragödien der Stürme war die gesamte spanisch-philippinische Flotte auf zwei alte Schiffe, die *Encarnación* und die *Rosario,* geschrumpft. Diese Situation brachte die Philippinen in eine äußerst prekäre Lage, da die niederländischen Invasoren über eine Armada von 18 Kriegsschiffen verfügten. Als die Niederländer kurz davor waren, die Inseln anzugreifen, setzte Gouverneur Fajardo trotz der schlechten Aussichten die beiden alten Schiffe ein, um sich den niederländischen Truppen entgegenzustellen. Die Lage schien aussichtslos.

An Bord der beiden baufälligen philippinischen Schiffe befanden sich vier Dominikanerpriester. Sie nahmen Beichten ab, feierten die Heilige Messe und beteten mit den Männern den Rosenkranz. Die Dominikaner hatten die Verehrung Unserer Lieben Frau vom Rosenkranz (La Naval) auf den Philippinen im 16. Jahrhundert verbreitet und die Männer an Bord der Schiffe legten ein Gelübde ab, zum Schrein Unserer Lieben Frau vom Rosenkranz, La Naval, zu pilgern, falls es ihnen gelänge, die große niederländische Flotte zu besiegen.

Die Konfrontation zwischen den beiden Streitkräften dauerte sechs Monate lang an. Insgesamt fanden fünf Gefechte statt. Wie durch ein Wunder gelang es den stark überforderten Schiffen jedes Mal, die Niederländer zurückzuschlagen. Jeden Tag beteten die Philippiner an Bord ihrer beiden Schiffe auf Knien den Rosenkranz und baten die Gottesmutter um einen Sieg. Einmal war das Flaggschiff der winzigen philippinischen Flotte während einer Schlacht völlig von niederländischen Schiffen umzingelt. Voller Eifer und Vertrauen in die Gottesmutter und ihren Rosenkranz wurde ein Kanonier dabei beobachtet, wie er mit einer Fackel in der einen und einem Rosenkranz in der anderen Hand eine Kanone nach der anderen zündete und dabei aus voller Kehle rief: „*Viva La Virgin! Viva La Virgin!*"

Zur Überraschung aller konnten die Niederländer die Inseln nie einnehmen und erlitten eine schreckliche Niederlage. Sie verloren 500 Soldaten, zwei große Schiffe, und fast alle ihre Schiffe wurden schwer beschädigt. Die Spanier und Philippiner verloren nur 15 Männer. Nach ihrer Rückkehr nach Manila erfüllten die Soldaten ihr Gelübde und pilgerten barfuß zum Heiligtum Unserer Lieben Frau vom Rosenkranz (La Naval). Bis heute findet jedes Jahr am Fest Unserer Lieben Frau vom Rosenkranz eine Prozession statt, um für den wunderbaren Sieg zu danken, den die Gottesmutter und ihr Rosenkranz schenkten.

Ein weiterer Sieg des Rosenkranzes fand 1683 statt und erinnerte an den Triumph des Rosenkranzes bei Lepanto im vorigen Jahrhundert. Im 17. Jahrhundert waren die osmanischen Türken (Muslime) wieder einmal auf dem Vormarsch in Osteuropa und belagerten eine Stadt nach der anderen, um den Islam zu verbreiten. Im Jahr 1683 näherten sie sich der wichtigen Stadt Wien. Sie hatten bereits zuvor versucht, die Stadt einzunehmen, waren aber gescheitert. Nun wollten sie mit einem Heer von mehr als 150.000 Soldaten (von denen einige protestantisch waren) Wien im Namen Allahs erobern. In Anlehnung an das Vorgehen des heiligen Papstes Pius V. im vorigen Jahrhundert gründete der selige Papst Innozenz XI. eine Heilige Liga und vertraute die Verteidigung Wiens der heiligen Jungfrau Maria an. Seine Heilige Liga setzte sich aus Armeen aus Polen, Deutschland und Frankreich zusammen. Der militärische Befehlshaber des Heeres war König Jan Sobieski von Polen. Die Tatsache, dass der militärische Befehlshaber der Heiligen Liga der König von Polen war, passte gut, denn es war ein anderer polnischer König, Jan Kasimir II., der nur wenige Jahrzehnte zuvor einen Brief an den Ordensmeister der Dominikaner geschrieben hatte, indem er sie um ihre Anwesenheit und ihren Rosenkranz für sein geliebtes Polen bat. Er schrieb: „Ich verehre Ihren Habit und küsse Ihre Hände, während ich Sie bitte, mir Rosenkranzprediger zu schicken, um mein Volk zu reformieren.“[7] Die Bitte des polnischen Königs wurde erhört und das polnische Volk verliebte sich tief in den Rosenkranz. Nun sollte ein anderer polnischer König zur

Ehre Gottes und zur Verteidigung des Katholizismus den Rosenkranz in der Schlacht gegen die Türken in Wien einsetzen.[8]

Obwohl die Stadt Wien bereits von den Moslems belagert wurde, als Jan Sobieski mit seinen 40.000 Soldaten von Warschau aus den 435 Meilen langen Marsch zur Schlachtfront antrat, marschierten Sobieskis Truppen entschlossen und vertrauten ihre Mission Jesus und Maria an. Bevor sie ihre Reise antraten, machte Jan Sobieski einen Umweg und brachte seine gesamte Armee vor das berühmte Bild der Muttergottes von Tschenstochau, um ihre Sache der Mutter Gottes anzuvertrauen. Der lange Marsch der Armee verwandelte sich in eine gewaltige Rosenkranzprozession durch Felder und Städte in ganz Europa. Die Männer beteten ihn jeden Tag, manchmal einzeln, manchmal in großen Gruppen. Als Sobieskis Rosenkranzarmee schließlich in Wien ankam, hatten die Muslime die Stadt bereits seit zwei Monaten angegriffen. Die christlichen Streitkräfte in der Stadt brauchten dringend Unterstützung. Andere, kleinere Armeen der Heiligen Liga hatten in und um die Stadt gegen die Muslime gekämpft, aber ihre Bemühungen waren nicht sehr erfolgreich gewesen. Die Muslime hatten der Stadt großen Schaden zugefügt und waren nun kurz davor, die Stadtmauern zu durchbrechen.

Als die Armee von Jan Sobieski am Ort des Geschehens eintraf, befanden sich die Soldaten glücklicherweise in einer erhöhten Position über den muslimischen Zelten. Zu Beginn der Belagerung hatten die Muslime den hohen Boden auf den Hügeln rund um die Stadt gehalten, aber als ihre Angriffe erfolgreich waren, hatten sie sich von den Hügeln in die niedrigeren Regionen nahe der Stadtmauern zurückgezogen. Obwohl Sobieskis Armee zu spät zur Schlacht kam, hatte die göttliche Vorsehung ihr Eintreffen perfekt geplant. Sobieskis Männer konnten die Anhöhe einnehmen und auf die müde und durch den Kampf erschöpfte muslimische Armee herabsehen.

Am Morgen des 12. Septembers 1683 (dem Fest des heiligen Namens Mariens) besuchte Jan Sobieski die Heilige Messe, vertraute seine Armee den Händen der Jungfrau Maria an und begann seinen Angriff auf die Muslime. Als Sobieskis Soldaten den Hügel hinunter auf die muslimische Armee zustürmten, riefen sie laut: „Jesus und Maria, rettet uns!" Und Jesus und Maria retteten nicht nur sie, sondern auch die Stadt Wien. Die Muslime wurden innerhalb weniger Stunden besiegt. Unsere Liebe Frau vom Rosenkranz hatte wieder gesiegt! Nach der Schlacht berichtete König Jan Sobieski Papst Innozenz XI. von den Ereignissen des Sieges und beschrieb dem Pontifex genau, was an diesem Tag geschehen war. Er sagte: „Ich kam, ich sah, Gott hat gesiegt!"[9] Nach seiner Rückkehr nach Polen begab sich Jan Sobieski sofort auf eine Dankeswallfahrt zum Heiligtum Unserer Lieben Frau von Tschenstochau und legte die von der besiegten muslimischen Armee erbeuteten Fahnen vor dem Gnadenbild nieder.

Der selige Papst Innozenz XI. war nicht der einzige Pontifex, der den Rosenkranz in diesem Jahrhundert förderte. Gleich zu Beginn des Jahrhunderts, im Jahr 1601, hatte Papst Clemens VIII. die Kirche St. Sixtus in Rom den Dominikanern zurückgegeben. Danach erklärte der Stellvertreter Christi nicht nur, dass der heilige Dominikus die Rosenkranzbruderschaft in der Kirche St. Sixtus errichtet hatte, sondern bekräftigte auch die Gültigkeit der frommen Überlieferung. Er stellte kurz und bündig fest: „Der heilige Dominikus hat den Rosenkranz der heiligen Jungfrau Maria eingeführt und verkündet."[10]

Später im Jahrhundert richtete das Land Spanien einen förmlichen Antrag an den regierenden Pontifex, das Fest Unserer Lieben Frau vom Rosenkranz auf alle Kirchen Spaniens auszudehnen. Der Antrag wurde von Papst Clemens X. im Jahr 1671 genehmigt. Gegen Ende des Jahrhunderts verbreitete sich der Brauch, zu Beginn des Rosenkranzes ein Vaterunser, drei

Ave Maria und ein Gloria zu beten, um die Anliegen des Heiligen Vaters vorzutragen. Diese Praxis wurde eingeführt, um auf einfache Weise die von der Kirche gewährten Ablässe zu erlangen, da zu den üblichen Bedingungen für den Ablass das Gebet für den Papst und seine Anliegen gehörte. Bei dieser Methode wurden die Gebete, die für den Erhalt des Rosenkranzablasses erforderlich waren, in den Rosenkranz selbst integriert. Eine weitere Entwicklung des Rosenkranzes fand 1685 statt, als Pater Henry Bödeker in einem Buch empfahl, den Rosenkranz auch mit drei Ave Maria zu beginnen, in denen um ein Wachsen in Glaube, Hoffnung und Liebe gebeten wurde. Diese Methode war vielleicht schon vorher in Gebrauch, aber Bödekers populäres Buch über den Rosenkranz trug zur Verbreitung dieser Praxis bei. Ob man nun das anfängliche Vaterunser und die drei Ave Maria für den Papst oder für die Vermehrung der Tugenden betete, beide Praktiken entwickelten sich in diesem Jahrhundert.

Kunst

Kunsthistoriker sind sich einig, dass das 17. Jahrhundert eine Explosion von Kunstwerken mit dem Rosenkranz erlebt hat. Diese Werke zeugten sowohl von der Attraktivität des Rosenkranzes als auch von der frommen Überlieferung. Fast alle diese Werke zeigen die Jungfrau Maria, die dem heiligen Dominikus den Rosenkranz reicht. Die katholische Kunst wurde schon immer als Lehrmittel, als Mittel zur Katechese, eingesetzt und genau diesem Zweck diente die Rosenkranzkunst in diesem Jahrhundert. In diesem Jahrhundert verurteilte die Kirche auch mehrere neue Bilder der Rosenkranzmadonna, weil sie gegen die fromme Überlieferung verstießen. So erschien 1663 ein Gemälde, das die Übergabe des Rosenkranzes an den heiligen Franziskus und die heilige Klara darstellte. Dieses Gemälde wurde von der Kirche als eine falsche Darstellung der Ursprünge des Rosenkranzes verurteilt. Im Jahr 1683 wurde auch ein Gemälde verurteilt, das die Übergabe des Rosenkranzes an zwei Jesuiten darstellte. In beiden Fällen wurden diese Kunstwerke verurteilt, weil sie den dominikanischen Rosenkranz darstellten, der einer anderen Person als dem heiligen Dominikus anvertraut wurde. Wäre auf den Gemälden eine andere Form des Rosenkranzes abgebildet gewesen, wären sie höchstwahrscheinlich nicht verurteilt worden. Mit der Verurteilung dieser Gemälde wollte die Kirche sicherstellen, dass bei jeder Darstellung des dominikanischen Rosenkranzes die fromme Überlieferung respektiert wird. Dies erklärt, warum neben dem heiligen Dominikus auch andere dominikanische Heilige auf den genehmigten Rosenkranzbildern erscheinen durften. So wurde es zum Beispiel sehr beliebt, die heilige Katharina von Siena in viele dieser Bilder aufzunehmen, obwohl sie ein Jahrhundert nach dem heiligen Dominikus lebte. Man ging davon aus, dass der dominikanische Rosenkranz dem heiligen Dominikus und seinen geistlichen Söhnen und Töchtern gegeben worden war, und die heilige Katharina von Siena war eine Dominikanerin des Dritten Ordens. Mit der Zeit erlaubte die Kirche, dass auch nicht-dominikanische Heilige auf solchen Gemälden erscheinen durften, allerdings nur, wenn der Rosenkranz direkt dem heiligen Dominikus übergeben wurde.[11]

Einige der berühmtesten Gemälde über den Rosenkranz aus dieser Zeit sind „Die Jungfrau des Rosenkranzes“ und die „Madonna des Rosenkranzes“ von Bartolomé Esteban Murillo (1617-1682), „Die Jungfrau des Rosenkranzes“ von Francisco de Zurbarán (1598-1664), „Der heilige Dominikus, der den Rosenkranz von der Jungfrau Maria empfängt“ von Leone Ghezzi (1674-1755) und „Die Jungfrau, die dem heiligen Dominikus den Rosenkranz reicht“ von Gaspard de Crayer (1584-1669).

Das 18. Jahrhundert: Der hl. Ludwig von Montfort und das Buch: Der heilige Rosenkranz

Der Rosenkranz erlebte die besten und die schlechtesten Zeiten während des 18. Jahrhunderts. Das größte Buch, das je über den Rosenkranz geschrieben wurde, entstand in dieser Zeit, aber aufgrund der antikatholischen Bewegungen in Frankreich blieb es bis zum nächsten Jahrhundert unentdeckt in einem Feld versteckt. Während durch den Rosenkranz große Siege gegen die Muslime errungen wurden und ein Papst das liturgische Fest zu Ehren der Rosenkranzmadonna zu einem universalen Fest für die gesamte Kirche erhob, wurde das Jahrhundert auch vom Rationalismus und der sogenannten Aufklärung geplagt, die die Praxis des Rosenkranzes wieder einschränkten. Der Rosenkranz wurde von Theologen verspottet, Gelehrte stellten seine himmlischen Ursprünge in Frage und Priester verspotteten ihn von ihren Kanzeln aus. Die Antwort des göttlichen Handwerkers bestand jedoch darin, dass Er der Welt 1754 das wundertätige Bild Unserer Lieben Frau von Las Lajas in Kolumbien schenkte und einen anderen heiligen geistlichen Sohn des heiligen Dominikus auf den Stuhl Petri erhob. Dieser dominikanische Papst würde den historischen Kritikern antworten und seine besten Gelehrten damit beauftragen, die Beweise für die fromme Überlieferung zu untersuchen. Das Ergebnis dieser Untersuchung war die päpstliche Bestätigung des göttlichen Ursprungs des Rosenkranzes und die Aufnahme einer neuen Lesung in das Stundengebet, die die fromme Überlieferung widerspiegelte und die Rolle des seligen Alanus de Rupe bei der Wiederbelebung des Rosenkranzes würdigte.

Der hl. Ludwig von Montfort

Zu Beginn des 18. Jahrhunderts setzte das Zeitalter der Aufklärung ein und der Rationalismus grassierte in ganz Frankreich. Die Geister wandten sich gegen die Kirche und ihre Lehren und viele Gelehrte versuchten, die Lehren, Dogmen und Andachten des Katholizismus zu widerlegen. Was die Welt und die Feinde der Kirche nicht wussten, war, dass im Juni 1700 ein Mann zum Priester geweiht worden war, der bald zu einem der größten Marienheiligen aller Zeiten werden sollte. Sein Name war Ludwig Maria von Montfort (1673-1716) und er brannte vor Liebe zu Jesus Christus. Nach seiner Priesterweihe wollte er nach Kanada gehen, um dort als Missionspriester zu arbeiten. Die göttliche Vorsehung hatte jedoch andere Pläne. Angesichts der Notwendigkeit einer neuen Evangelisierung in Frankreich schickte ihn sein Bischof auf eine Reise durch Frankreich, um gegen die Irrtümer des Jansenismus zu predigen. Der Jansenismus, der oft als ketzerisches Stiefkind des Calvinismus bezeichnet wird, leugnete die Rolle des freien Willens bei der Erlösung und behauptete, dass nur eine begrenzte Anzahl von Seelen von Christus für die Erlösung vorherbestimmt worden sei. Der strenge Jansenismus vertrat eine strikte Auffassung von der Rolle der Gnade und stand im Widerspruch zum Verständnis der Kirche von den heiligen Sakramenten der Barmherzigkeit und den katholischen Andachten. Infolge der Verbreitung dieser Häresie verloren viele Menschen das Interesse an religiösen Dingen, insbesondere an Andachten wie dem Rosenkranz. Sogar viele Geistliche fielen dem Jansenismus zum Opfer und begannen, von der Kanzel aus gegen den Rosenkranz zu sprechen.

Die natürliche Fähigkeit des heiligen Ludwig zu predigen kam seinen Bemühungen um die Evangelisierung sehr zugute. Um Seelen zu gewinnen, verfolgte er einen doppelten Ansatz: Er predigte sowohl die Weisheit des Kreuzes als auch die wahre Hingabe an Maria. In seinen Predigten über die wahre Verehrung Mariens konzentrierte er sich auf die vollkommene Weihe an Maria und das Beten des Rosenkranzes. Mit diesen Waffen an seiner Seite begab er sich als Wanderprediger auf eine Reise durch Frankreich. Während er von Stadt zu Stadt reiste, war er dafür bekannt, mit dem Kreuz in der einen und dem Rosenkranz in der anderen Hand zu predigen. Er war so eifrig, dass er 1705 sogar eine religiöse Gemeinschaft mit dem Namen Missionare der Gesellschaft Mariens (Montfort-Patres/Montfortaner) gründete. Aufgrund des mangelnden Interesses der damaligen Zeit an der Religion wuchs seine Ordensgemeinschaft zu seinen Lebzeiten leider nicht in großer Zahl. Als er 1716 starb, zählte die Gemeinschaft nur zwei Priester und ein paar Brüder. Später im Jahrhundert machten es die Architekten der Französischen Revolution fast unmöglich, neue Mitglieder in die Gemeinschaft aufzunehmen. Erst nach der Französischen Revolution und der Wiederentdeckung der verlorenen Werke des heiligen Ludwig lebten die Montfort-Patres wieder auf.

Während seiner Wanderpredigtzeit besuchte der heilige Ludwig von Montfort im September 1706 das Dominikanerkloster in Dinan in der Bretagne, wo sein Bruder, Pater Joseph-Pierre OP, als Kaplan tätig war. Im Dominikanerkloster von Dinan hatte einst der berühmte Dominikanerpater Alanus de Rupe gelebt, der im 15. Jahrhundert zur Wiederbelebung des Rosenkranzes beigetragen hatte. Es gab dort sogar einen Altar, der dem seligen Alanus gewidmet war, und so nutzte der heilige Ludwig bei seinem Besuch die Gelegenheit, dort zweimal die Heilige Messe zu feiern. Nach diesem Besuch machte sich der heilige Ludwig mit neuem Eifer daran, den Rosenkranz zu einem größeren Teil seines Apostolats zu machen. Er hatte bereits über den Rosenkranz als Mittel zur Überwindung der

Irrtümer des Jansenismus gepredigt, aber nach seinem Besuch bei den Dominikanern in Dinan begann sich etwas Neues in seinem Herzen zu regen. Sein Besuch in Dinan hatte ihm eine tiefere Einsicht gegeben, wie er durch den Rosenkranz die Seelen effektiver zur Wahrheit führen konnte. Er erkannte, dass der Rosenkranz eine Geheimwaffe ist, die die Welt kennenlernen muss.

Die Weihe an Maria zu predigen, hatte sich in seinem Apostolat als sehr fruchtbar erwiesen, aber er war ein Wanderprediger, der ständig unterwegs war. Es bestand die Möglichkeit, dass die Menschen nach seiner Abreise ihren anfänglichen Eifer verlieren würden, wenn sie nicht etwas „in der Hand" hätten, das sie täglich an ihre Weihe erinnerte. Der Rosenkranz sollte den Menschen helfen, auch nach seiner Abreise die Weihe an Maria aufrechtzuerhalten.

Nachdem er einige Jahre lang den Rosenkranz in seinen Predigten verstärkt eingesetzt hatte, wurde ihm klar, dass er einen Weg finden musste, um noch mehr Menschen für den Rosenkranz zu interessieren. Infolgedessen begann er, eine engere Verbindung mit den Dominikanern aufzubauen. Nach vielem Gebet beschloss er, Dominikaner des Dritten Ordens zu werden und den Segen des Predigerordens für seinen Dienst der Verbreitung des Rosenkranzes zu erhalten. Sein Gesuch, Dominikaner des Dritten Ordens zu werden, wurde vom Predigerorden einstimmig angenommen und er wurde 1710 im Dominikanerpriorat in Nantes, Frankreich, ein geistlicher Sohn des heiligen Dominikus. Im Jahr 1712 schrieb er an den Ordensmeister der Dominikaner und bat um die Erlaubnis, überall den Rosenkranz zu predigen, und um das Privileg, Menschen in die Rosenkranzbruderschaft aufnehmen zu dürfen. (Zu jener Zeit war das Recht, Menschen in die Bruderschaft aufzunehmen, den Dominikanerpriestern vorbehalten.) Gelegentlich gab es Ausnahmen von dieser Regel, aber sie waren selten. Da der Ordensmeister den Eifer des heiligen Ludwig von Montfort für die Rosenkranzpredigt kannte und er nun ein Dominikaner des Dritten Ordens war, gab er seiner Bitte gern statt. Kurz darauf verfasste der heilige Ludwig zwei der größten marianischen Bücher, die je geschrieben wurden: *Das Goldene Buch: Die Wahre Andacht zu Maria, das Geheimnis Mariä und die Liebe zum Kreuz* und *Der heilige Rosenkranz – das wunderbare Geheimnis der Bekehrung und des Heiles.*

Nach den historischen Aufzeichnungen der Montfort-Patres verfasste der heilige Ludwig *Das Goldene Buch: Die Wahre Andacht zu Maria, das Geheimnis Mariä und die Liebe zum Kreuz* im Jahr 1713 in La Rochelle, der Stadt, die König Ludwig XIII. 1628 mit Hilfe des Rosenkranzes von den protestantischen Hugenotten zurückerobert hatte. Aufgrund des mangelnden Interesses an der Marienverehrung zu seinen Lebzeiten wurde das Manuskript der *Wahren Andacht* von Ludwig nie veröffentlicht. Die göttliche Vorsehung war jedoch am Werk und verhinderte, dass das Manuskript vernichtet wurde. Hätte der heilige Ludwig die *Wahre Andacht* zu Lebzeiten veröffentlicht, wäre sie höchstwahrscheinlich von denjenigen verbrannt worden, die ihren Lehren feindlich gegenüberstanden. In Anbetracht der Tatsache, dass er bei seinen Predigten über die Marienverehrung oft ausgelacht und sogar von seinen Priesterbrüdern wegen seines pietistischen Ansatzes bei der Evangelisierung verspottet wurde, besteht kein Zweifel daran, dass seine Bücher während der Französischen Revolution in die Flammen geworfen worden und für immer verloren wären. Um dies zu verhindern, ließ der göttliche Schöpfer zu, dass die Schriften des heilige Ludwig vor der Welt verborgen blieben. Sie sollten erst in einer anderen kritischen Zeit wieder ans Licht kommen.

Der heilige Ludwig von Montfort hatte prophetisch den dämonischen Hass auf seine Abhandlung über die wahre Marienandacht vorausgesehen. Vor seinem Tod schrieb er: „Ich sehe deutlich voraus, dass wütende Ungeheuer kommen werden, um mit ihren teuflischen Zähnen dieses Büchlein und denjenigen, dessen sich der Heilige Geist bediente, um es zu schreiben, in Stücke zu reißen, oder sie werden es wenigstens in der Dunkelheit und Stille einer Truhe verborgen liegenlassen und so verhindern, dass es das Licht der Welt erblickt."[1] Die Prophezeiung bewahrheitete sich. Während der Französischen Revolution wurde das Manuskript der *Wahren Andacht* in einer Truhe vergraben und auf einem Feld versteckt. Es wurde erst am 29. April 1842 auf einem Feld in Saint-Laurent-sur-Sèvre, Frankreich, wiederentdeckt. Der Satan hatte große Freude daran, dass das Buch vergraben war und den Seelen unbekannt blieb, aber Gott hatte sein Vergraben vorausgesehen, es zugelassen und geplant. Wie in den alten Tagen ließ der göttliche Handwerker zu, dass die geistliche Waffe geheimgehalten wurde, damit sie nicht zerstört wurde. Sie würde wieder auferstehen und zu neuem Leben erweckt werden, wenn die Zeit reif war. Das Gleiche kann man über das andere marianische Meisterwerk des heilige Ludwig von Montfort über den Rosenkranz sagen: *Der heilige Rosenkranz – das wunderbare Geheimnis der Bekehrung und des Heiles.*

Der heilige Rosenkranz, das wunderbare Geheimnis der Bekehrung und des Heiles

Aus den historischen Aufzeichnungen geht nicht genau hervor, wann der heilige Ludwig von Montfort sein Meisterwerk über den Rosenkranz verfasst hatte, aber als 1842 die Truhe mit der *Wahren Andacht* entdeckt wurde, enthielt sie auch viele andere Bücher und Manuskripte des heiligen Ludwig. Die meisten montfortanischen Gelehrten sind sich einig, dass damals auch das Manuskript seines Buches über den Rosenkranz entdeckt wurde, da es nie zuvor veröffentlicht worden und völlig unbekannt war. Wieder einmal hatte der heilige Ludwig in prophetischer Voraussicht sein Buch über den Rosenkranz „*Der heilige Rosenkranz – das wunderbare Geheimnis der Bekehrung und des Heiles*" genannt.

Ludwigs Begeisterung für den Rosenkranz und seine Predigten und Lehren über die vollkommene Weihe wurden vom Klerus seiner Zeit nicht gut aufgenommen. Die jansenistische Mentalität des 18. Jahrhunderts hatte sich in die Herzen vieler Priester eingeschlichen, die damals seinem marianischen Ansatz feindlich gegenüberstanden. Aus diesem Grund vermerkte der heilige Ludwig im Manuskript von *Der heilige Rosenkranz – das wunderbare Geheimnis der Bekehrung und des Heiles* ausdrücklich, dass es in erster Linie für Priester bestimmt war. Er hoffte, wenn die Priester das Rosenkranzgebet wieder aufnehmen würden, es auch die Laien tun würden. Leider geschah dies nicht mehr zu seinen Lebzeiten. Das Geheimnis musste bis nach den Verwüstungen der Französischen Revolution verborgen bleiben. Erst 1911 wurde es veröffentlicht.

Der heilige Rosenkranz – das wunderbare Geheimnis der Bekehrung und des Heiles wurde als das beste Buch gepriesen, das je über den Rosenkranz geschrieben wurde. Vor allem enthält dieses besondere Buch die detaillierteste und vollständigste Geschichte über die Ursprünge des Rosenkranzes, die von einem Heiligen und Mitglied des Dominikanerordens stammt. Es ist wirklich ein Meisterwerk. Es ist gut geschrieben, gut recherchiert und fromm dargestellt. In dem Buch bestätigt er, was er selbst von den Dominikanern über die Geschichte des dominikanischen Rosenkranzes erfahren hat – nämlich, dass der heilige Dominikus ihn gegründet hat. Er bestätigt auch, dass der heilige Dominikus die Rosenkranzbruderschaft gegründet hat. Das Buch behandelt die Vision, die dem heiligen Dominikus von der Gottesmutter gegeben wurde, in der sie ihm den Rosenkranz schenkte, die Aufteilung der 15 Geheimnisse, die Bedeutung der Betrachtung, die Kraft des gemeinsamen Rosenkranzgebetes, die Größe der Bruderschaft, die Ablässe, die mit ihm verbunden sind, die Siege, die er errungen hat, die Päpste und Heiligen, die ihn gefördert haben, und die Visionen, die dem seligen Alanus de Rupe gegeben wurden. *Der heilige Rosenkranz – das wunderbare Geheimnis der Bekehrung und des Heiles* bietet Seite für Seite auch kraftvolle Geschichten, die von der Wirksamkeit des Rosenkranzes bei der Überwindung von Häresie, Bösem und Sünde berichten.

Die vielen Geschichten in dem Buch über die Macht des Rosenkranzes über das Böse sind äußerst inspirierend. In einer Geschichte erzählt er, wie ein Ketzer, der die Menschen vom Beten des Rosenkranzes abhielt, indem er die 15 Geheimnisse öffentlich lächerlich machte, 15.000 Dämonen in seinen Körper eindringen ließ. Die Eltern des besessenen Mannes brachten ihren Sohn zum heiligen Dominikus, der den Rosenkranz benutzte, um den Mann zu exorzieren. Mit jedem Ave Maria, das der heilige Dominikus betete, verließen 100 Dämonen den Körper des Mannes, bis alle vertrieben waren. Eine andere Geschichte erzählt, wie eine Frau, die ihre Seele dem Teufel überlassen und einen entsprechenden Vertrag mit ihrem eigenen Blut unterschrieben hatte, durch die Kraft des Rosenkranzes von den Fesseln des Satans befreit wurde. Es gibt noch viele andere Geschichten in dem Buch, in denen der Rosenkranz als Waffe gegen die Mächte der Finsternis eingesetzt wird. Der heilige Ludwig betonte nachdrücklich, dass dort, wo der Rosenkranz gegenwärtig ist und andächtig gebetet wird, die Dämonen mit Angstschreien fliehen und die Seelen gerettet werden.

Da es zu seiner Zeit unter den Priestern viel Widerstand gegen den Rosenkranz gab, fügte der heilige Ludwig auch viele Geschichten über den Rosenkranz für seine Priesterbrüder hinzu. In einer Geschichte erzählt er, wie ein intellektuell arroganter Priester dem Rosenkranz gegenüber feindlich gesinnt war und ihn vor seiner Gemeinde durch eine Predigt herabsetzen wollte, die er gegen ihn hielt. Kurz bevor der Priester die Predigt halten wollte, wurde er tot in seinem Zimmer aufgefunden! Ein anderer Priester, ein Freund des verstorbenen Geistlichen, war nicht davon überzeugt, dass sein Mitbruder wegen seines Hasses auf den Rosenkranz gestorben war, und beschloss, die Predigt selbst zu halten. Als er begann, die Anti-Rosenkranz-Predigt zu halten, wurde er sofort von einer Lähmung befallen und konnte nicht mehr sprechen. Er flehte die Gottesmutter an, ihm zu helfen, wurde geheilt und wurde daraufhin ein eifriger Förderer des Rosenkranzes. Es gibt noch viele andere Geschichten in diesem Buch, die den Priestern zeigen sollen, dass der Rosenkranz ein Geschenk des Himmels und ein geistliches Schwert ist, das sie im Kampf gegen den Schlangendrachen einsetzen können.

Der heilige Ludwig gibt auch Beispiele und Geschichten aus dem Leben großer Heiliger, die den Rosenkranz liebten und beteten. Er erwähnt insbesondere den heiligen Karl Borromäus, den heiligen Papst Pius V., den heiligen Thomas von Villanova, den heiligen Ignatius von Loyola, den heiligen Franz Xaver, den heiligen Franz Borgia, die heilige Teresa von Avila, den heiligen Philipp Neri und viele andere. Er stellte sogar fest, dass der Grund für den Schwarzen Tod, das große westliche Schisma und die Flagellantenhäresie im 14. Jahrhundert der Versuch des Teufels war, die Welt vom Rosenkranz zu befreien.

Der Teufel kennt die Macht des Rosenkranzes und will ihn unbedingt zerstören und die Menschen gegen ihn aufbringen.

Aus dem Buch des heiligen Ludwig erfahren wir auch viel über die Entwicklungen, die der Rosenkranz im Laufe der Jahrhunderte genommen hat. So erwähnt er beispielsweise Dominikus von Preußen und seine Art, den Rosenkranz zu beten, bekräftigt aber stets, dass es der heilige Dominikus war, der den Rosenkranz begründete, und der heilige Alanus de Rupe, der ihn wiederbelebte. Der heilige Ludwig selbst bot eine kontemplativere Version des Rosenkranzes an und informierte seine Leser darüber, dass er jedem Geheimnis eine „Frucht" oder Tugend zuordnete, um den Himmel zu bitten, einer Seele zu helfen, in der Tugend zu wachsen. Er schrieb sogar ein Begleitbuch zum *Rosenkranzgeheimnis* mit dem Titel „*Methoden für das Rosenkranzgebet*", in dem er den Leser anweist, dass auch andere Geheimnisse aus dem Leben Christi für die Betrachtung verwendet werden können. Er empfahl insbesondere die folgenden: die Taufe des Herrn, die Verkündigung des Reiches Gottes, die Verklärung und die Einsetzung der Heiligen Eucharistie.

Die Schlachten von Peterwardein, Temesvar und Korfu

Im Jahr 1716, dem Todesjahr des heiligen Ludwig von Montfort, begann der österreichisch-türkische Krieg. Der Konflikt war auf die Demütigung zurückzuführen, die die muslimischen Türken nach ihrer Niederlage gegen König Jan Sobieski in Wien 1683 noch immer empfanden. Nach ihrer Niederlage in Wien hatten die Muslime nur widerwillig einen Friedensvertrag (den Vertrag von Karlowitz, 1699) unterzeichnet, in dem sie Slawonien, Kroatien und Teile Ungarns an die Habsburger abtraten. Der Vertrag gefiel den Türken nicht, die keine Pläne für einen dauerhaften Frieden hatten. Vielmehr wollten sie sich rächen und hatten seit geraumer Zeit ein Heer aufgestellt, um das Christentum erneut anzugreifen.

Anfang August 1716 begann eine türkische Armee mit 160.000 Soldaten einen Einmarsch in das habsburgische Gebiet. Die Christen reagierten mit der Aufstellung einer Armee unter der Führung von Prinz Eugen von Savoyen. Dieses Heer bestand aus 91.000 Österreichern, Serben, Kroaten und Ungarn. Als die beiden Seiten in der Schlacht bei Peterwardein, Ungarn, aufeinander trafen, war Prinz Eugens christliche Armee zahlenmäßig weit unterlegen. Wie durch ein Wunder gelang es ihm jedoch, die muslimischen Angreifer mit einem Kreis von Reitern zu überrumpeln. Als die christliche Armee ihren großen Vorteil erkannte, setzte sie alles ein, was sie hatte, und schlachtete die Muslime ab. Mehr als 110.000 muslimische Soldaten wurden getötet. Dieser Sieg über die Muslime wurde am 5. August errungen, dem Festtag Unserer Lieben Frau vom Schnee.

Nach diesem Sieg marschierte Prinz Eugen nach Osten und machte eine Reihe von umfassenden Eroberungen in muslimischem Gebiet, insbesondere in der türkisch besetzten Provinz Temesvar in Ungarn. Im Oktober 1716, dem Monat, in dem überall in der Christenheit Rosenkranzfeiern abgehalten wurden, fiel die muslimische Festung Temesvar in die Hände der christlichen Armee und Ungarn wurde von der muslimischen Kontrolle befreit. Diese Niederlage machte die Muslime noch wütender und sie versuchten, die Bastion der westlichen Zivilisation, die griechische Insel Korfu im Ionischen Meer, zu belagern. Die Türken versammelten mehr als 33.000 Mann, um die Insel anzugreifen. Die christliche Armee bestand aus etwa 8.000 Mann. Unglaublicherweise war die muslimische Armee nicht in der Lage, die Verteidigungsanlagen der Stadt zu durchbrechen, und die Christen waren erneut siegreich. Die gesamte Christenheit schrieb die aufeinanderfolgenden Siege bei Temesvar und Korfu der Macht des Rosenkranzes zu.

Papst Clemens XI. und das gesamtkirchliche Rosenkranzfest

Um zu verstehen, warum die Schlachten von Temesvar und Korfu als Rosenkranzsiege betrachtet werden, ist es wichtig zu betonen, was Papst Clemens XI. nach dem Sieg in der Schlacht von Peterwardein tat. Der christliche Sieg gegen die muslimischen Türken bei Peterwardein fiel auf einen marianischen Festtag (5. August – Unsere Liebe Frau vom Schnee) und erinnerte die gesamte Christenheit an den großen Rosenkranzsieg über die Muslime bei Lepanto. Infolgedessen führte Papst Clemens XI. das Fest Unserer Lieben Frau vom Rosenkranz als allgemeinen Feiertag für die gesamte Kirche ein. Es sei daran erinnert, dass das Fest Unserer Lieben Frau vom Rosenkranz bis dahin nur in Kirchen gefeiert werden durfte, die über einen Rosenkranzaltar verfügten, mit der einzigen Ausnahme Spaniens, wo es in jeder Kirche gefeiert werden konnte. Der Oktober nach dem Augustsieg von Peterwardein war das erste Mal, dass die gesamte Christenheit das Fest Unserer Lieben Frau vom Rosenkranz in ihren jeweiligen Kirchen feierte. Zufälligerweise fanden im Oktober 1716, genau zu der Zeit, als die neuen gesamtkirchlichen Feiern zu Ehren Unserer Lieben Frau vom Rosenkranz überall in der Christenheit stattfanden, auch die Schlachten von Temesvar und Korfu statt. Aus diesem Grund und weil die Menschen in der ganzen Welt den Rosenkranz beteten, wurden die Schlachten von Temesvar und Korfu zu Rosenkranzsiegen erklärt.

Im 19. Jahrhundert bestätigte Papst Leo XIII. diese Tatsachen und gab in zwei Enzykliken seinen eigenen Kommentar zu diesem Thema ab. Im Jahr 1883 schrieb er in der Rosenkranz-Enzyklika *Supremi Apostolatus Officio*: „Im letzten Jahrhundert wurden wichtige Erfolge über die Türken in Temesvar, in Pannonien [Ungarn] und auf Korfu errungen; und in beiden Fällen fielen diese Einsätze mit Festen der heiligen Jungfrau Maria und mit dem Abschluss öffentlicher Rosenkranzandachten zusammen."[2] 1897 schrieb er in der Enzyklika *Augustissimae Virginis Mariae*: „Die Geschichte der Kirche legt Zeugnis ab von der Kraft und Wirksamkeit dieser Gebetsform [des Rosenkranzes], indem sie die Niederlage der türkischen Truppen in der Seeschlacht von Lepanto und die Siege über dieselben im letzten Jahrhundert bei Temesvar in Ungarn und auf der Insel Korfu aufzeichnet."[3]

Mit der Einführung des gesamtkirchlichen Rosenkranzfestes freuten sich die Christen überall über die Macht des Rosenkranzes über die Muslime und alle Feinde des Christentums. Wäre der heilige Ludwig von Montfort nicht früher in diesem Jahr (am 28. April 1716) gestorben, hätte auch er sich über die Einführung des gesamtkirchlichen Rosenkranzfestes gefreut. Er hatte mehr als ein Jahrzehnt damit verbracht, durch Europa zu wandern, den Rosenkranz zu predigen und die Menschen zum Beten aufzufordern, und nun wurde er überall verehrt. Leider waren jedoch nicht alle von dem gesamtkirchlichen Fest begeistert.

Die Bollandisten

Im 17. Jahrhundert bildete sich eine Gruppe belgischer Jesuitengelehrter. Bekannt als die Bollandisten, nach dem Jesuitenpater Pater Jean Bolland (1596-1665), war es ihr Ziel, die *Acta Sanctorum (Leben der Heiligen)* im Namen der Kirche mit den besten verfügbaren wissenschaftlichen Methoden zu erforschen und zu veröffentlichen. Schon zu Beginn ihrer Arbeit begannen sie, den historischen Ursprung des Rosenkranzes in Frage zu stellen. Das Problem ihrer kritischen Gelehrsamkeit, so gut sie auch gemeint sein mochte, war, dass sie die fromme Überlieferung in

Frage stellten. Anfangs dachten einige, dass die Infragestellung der frommen Überlieferung durch die Jesuiten nichts anderes als ein Ausdruck brüderlicher Rivalität zwischen den Jesuiten und den Dominikanern wäre, da diese beiden Ordensgemeinschaften bekanntlich ihre Differenzen hatten. Ob dies nun der Fall war oder nicht, die Jesuiten hatten keine stichhaltigen Argumente, um die fromme Überlieferung zu widerlegen, die seit dem 15. Jahrhundert von mehreren Päpsten fest etabliert und innerhalb der katholischen Kirche unbestritten war. Da die Jesuiten eine starke Überlieferung des Gehorsams gegenüber dem Papst hatten (die sich zum Teil aus ihrem einzigartigen vierten Gehorsamsgelübde gegenüber dem Heiligen Vater ergab), gaben die jesuitischen Bollandisten ihre Kritik demütig auf und unterwarfen sich in dieser Angelegenheit der Autorität des Stellvertreters Christi. Im Laufe des 18. Jahrhunderts jedoch, zur Zeit des Zeitalters der Vernunft und der Verherrlichung der historisch-kritischen Forschungsmethode durch die Aufklärung, warfen die Bollandisten die Frage erneut auf.

Als Papst Clemens XI. das allgemeine Rosenkranzfest einführte, fügte er auch eine zweite Reihe von Lesungen in das Römische Brevier ein, da die Feier auf einen Sonntag (Rosenkranzsonntag) fiel; Sonntage haben immer zwei Lesungen. Die von ihm eingefügten Lesungen enthielten keinen Hinweis auf die Geschichte des Rosenkranzes, so dass niemand, auch nicht die Bollandisten, ein Problem mit ihnen hatte. Als jedoch eine Gruppe von Diözesanpriestern 1724 den Heiligen Stuhl ersuchte, die zweite Lesung für den Rosenkranzsonntag im Römischen Brevier durch die zweite Lesung im Dominikaner-Brevier zu ersetzen, kritisierten die Bollandisten erneut die fromme Überlieferung, weil die zweite Lesung aus dem Dominikaner-Brevier bestätigte, dass der heilige Dominikus der Begründer des Rosenkranzes war und der Dominikaner Alanus de Rupe die Andacht wiederbelebt hatte. Was die jesuitischen

Bollandisten noch mehr beunruhigte, war die Tatsache, dass der amtierende Papst selbst ein Dominikaner war: der Diener Gottes, Papst Benedikt XIII. Die Bollandisten befürchteten, dass ein dominikanischer Papst voreingenommen zugunsten der Petition sein und ihr stattgeben würde, ohne eine unabhängige „wissenschaftliche" Untersuchung durchzuführen.

Um der Petition der Diözesanpriester entgegenzuwirken, schrieb ein Jesuiten-Bollandist namens Pater Guillaume Cuypers (1686-1741) eine ausführliche Kritik an der frommen Überlieferung und schickte sie an den Heiligen Stuhl. Pater Cuypers lieferte jedoch keinen positiven Beweis dafür, dass der heilige Dominikus nicht der Begründer des Rosenkranzes war. Er versuchte, einen Negativbeweis zu erbringen, indem er behauptete, da es kaum schriftliche Beweise dafür gebe, dass der heilige Dominikus der Begründer des Rosenkranzes gewesen sei, jede andere Position genauso gültig sei.

Aus diesem Grund vertrat er zwei völlig unterschiedliche Positionen zu den Ursprüngen des Rosenkranzes mit dem einen Ziel, den heiligen Dominikus aus der Gleichung zu eliminieren. Er vertrat zunächst die Ansicht, dass der Rosenkranz bereits vor der Zeit des heiligen Dominikus existierte und der heilige Dominikus daher nicht sein Gründer gewesen sein konnte. Sein zweiter Vorschlag war, dass der Rosenkranz nach dem Leben des heiligen Dominikus entstanden sei, irgendwann im 14. oder 15. Jahrhundert. Obwohl sich seine Positionen gegenseitig widersprachen, er sich ausschließlich auf negative Argumente stützte und keinen positiven Beweis anbot, nahm der Heilige Stuhl seinen Brief wohlwollend auf. In den Augen vieler war Pater Cuypers Kritik ein verzweifelter Versuch der Jesuiten, einen dominikanischen Papst daran zu hindern, die Erlaubnis zu erteilen, eine Lesung, die die fromme Überlieferung bestätigt, in das allgemeine Römische Brevier aufzunehmen.

Papst Benedikt XIII., Kardinal Lambertini und das Römische Brevier

Papst Benedikt XIII. war ein sehr gebildeter und umsichtiger Mann. Als Dominikaner war er sich bewusst, wenn er die Petition der Diözesanpriester einfach ohne Untersuchung genehmigte, könnte dies als Ergebnis einer Voreingenommenheit zugunsten der frommen Überlieferung interpretiert werden. Um eine solche öffentliche Wahrnehmung zu vermeiden, beauftragte er den Glaubensförderer der Heiligen Ritenkongregation, Kardinal Prospero Lambertini, mit einer gründlichen Untersuchung der Angelegenheit, damit den Bollandisten eine wissenschaftliche Antwort gegeben und eine fundierte Entscheidung über die Petition der Diözesanpriester getroffen werden konnte. Kardinal Lambertini, ein brillanter Theologe, wurde aufgrund seiner Position als führender Historiker im Vatikan ausgewählt, der von allen für seine Fähigkeit, objektive historische Forschung zu betreiben, respektiert wurde. Tatsächlich war Lambertini zu dieser Zeit *der* führende Experte des Vatikans in Sachen historischer Forschung über Heilige (eine Disziplin, die „Hagiografie" genannt wird). Niemand hatte mehr Zugang zu den historischen Dokumenten und Archiven des Vatikans und war mit diesen vertrauter als Kardinal Lambertini.

Bevor er nach Rom geschickt wurde, um in der Heiligen Ritenkongregation zu arbeiten, war Kardinal Lambertini Erzbischof von Bologna, der Stadt, in der die sterblichen Überreste des heiligen Dominikus aufbewahrt werden. Obwohl Lambertini selbst kein Dominikaner war, war er für seine große Verehrung des heiligen Dominikus bekannt. Jede Woche ging er zum Grab des heiligen Dominikus, um zu beten. Als Theologe und Historiker kannte Lambertini die mündliche Überlieferung der Dominikaner zum Rosenkranzgebet. Als Erzbischof von Bologna hatte er sogar einen Brief geschrieben, in dem er sich wie folgt an die Menschen in seiner Diözese wandte:

> Die Päpste haben in ihren Dekreten, denen zuzustimmen ist, mit Recht den heiligen Dominikus als Urheber und Begründer des Rosenkranzes bezeichnet. Der heilige Dominikus hatte den gefürchteten Irrtümern der Albigenser durch diesen göttlichen Schutz des Rosenkranzes einen vernichtenden Schlag versetzt.[4]

Als Erzbischof von Bologna begründete er sein Festhalten an der frommen Überlieferung damit, dass er sie als gehorsamer Diener der Kirche akzeptiere, da es sich um die Lehre der Päpste handele, der man zustimmen müsse. Als Mitglied der römischen Kurie wurde er vom Papst mit der Aufgabe betraut, das Thema eingehender zu untersuchen, wobei ihm die gesamte Bibliothek und das Archiv des Vatikans zur Verfügung standen. Der Vorsicht von Papst Benedikt XIII. folgend, stellte er ein Team von Historikern und Theologen zusammen, das ihm bei der Untersuchung des Themas helfen sollte, um jeden Anschein von Voreingenommenheit gegenüber der frommen Überlieferung zu vermeiden.

Nach einem Jahr gründlicher Nachforschungen waren Kardinal Lambertini und sein Team überzeugt, dass die fromme Überlieferung gültig war, und teilten dem Papst mit, dass es der Kirche in keiner Weise schaden würde, der Bitte des Diözesanklerus nachzukommen. Am 26. März 1726 fügte Papst Benedikt XIII. zur Zufriedenheit der Ritenkongregation die zweite Lesung für den Rosenkranzsonntag aus dem Brevier der Dominikaner in das Römische Brevier ein. Der Heilige Stuhl gab auch eine Antwort an die jesuitischen Bollandisten bezüglich des Dokuments von Pater Cuypers. Als guter Hirt und Dominikaner wollte Papst Benedikt XIII. jedoch nicht, dass die

Antwort von ihm persönlich kam, da er ein geistlicher Sohn des heiligen Dominikus war. Daher beauftragte er den Mann, den er mit der Untersuchung beauftragt hatte – Kardinal Lambertini –, den Bollandisten zu antworten. Kardinal Lambertini schrieb Folgendes an Pater Cuypers und seine Kollegen:

> Ihr [Bollandisten] fragt, ob der heilige Dominikus der erste Gründer des Rosenkranzes war, und zeigt, dass ihr selbst in dieser Frage verwirrt und in Zweifel verstrickt seid. Welchen Wert messt ihr nun dem Zeugnis so vieler Päpste bei wie *Leo X. (1521), Pius V. (1572), Gregor XIII. (1585), Sixtus V. (1590), Clemens VIII. (1605), Alexander VII. (1667), Innozenz XI. (1689), Clemens XI. (1721), Innozenz XIII.* und Dominikus, dem Gründer des Dominikanerordens, einem apostolischen Mann, der mit den Aposteln selbst verglichen werden kann und der, zweifellos durch die Inspiration des Heiligen Geistes, zum Gründer, Autor, Förderer und berühmtesten Prediger dieses bewundernswerten und wahrhaft himmlischen Werkzeugs, des Rosenkranzes, wurde?[5]

Die Bollandisten gaben keine Antwort.

Es wurde bald klar, dass der göttliche Handwerker und die Himmelskönigin sehr zufrieden mit Kardinal Lambertini und seiner Verteidigung der frommen Überlieferung waren. Im Jahr 1740 wurde er zum Papst gewählt und nahm den Namen Papst Benedikt XIV. an. Eine interessante historische Randbemerkung: In den 1750er-Jahren wurden die Jesuiten in vielen Ländern verboten und aus ihnen vertrieben. So warfen beispielsweise Portugal, Frankreich, Spanien (einschließlich spanischer Kolonien wie die Philippinen), Malta, Sizilien und viele andere Länder auf der ganzen Welt die Jesuiten aus den von ihnen kontrollierten Gebieten hinaus. Im Jahr 1773 schritt der Heilige Stuhl selbst ein und schaffte die gesamte Jesuitengemeinschaft ab. Obwohl die Gründe für die Abschaffung nichts mit der bollandistischen Frage der frommen Überlieferung zu tun haben, kann man über den Zeitpunkt nur staunen. Die Jesuiten wurden erst 1814 als religiöse Gemeinschaft vollständig wiederhergestellt.

Nachdem die zweite Lesung aus dem dominikanischen Brevier in das Römische Brevier aufgenommen worden war, wurde sie von 1726 bis 1913 jedes Jahr am Rosenkranzsonntag gelesen. Das Brevier enthält diese Lesungen nicht mehr, da der heilige Papst Pius X. zu Beginn des 20. Jahrhunderts eine Revision des Römischen Breviers in Auftrag gab. Im Rahmen dieser Überarbeitung (die von 1911 bis 1913 durchgeführt wurde) äußerte der Papst den Wunsch, alle Feste, die auf einen Sonntag fielen, zu streichen. Aus diesem Grund wurde der Rosenkranzsonntag auf den 7. Oktober, statt auf den ersten Sonntag im Oktober (Rosenkranzsonntag) verlegt. Da das Fest nicht mehr an einem Sonntag gefeiert werden sollte, waren auch nicht mehr zwei Lesungen erforderlich, so dass die zweite Lesung entfiel. Es sei darauf hingewiesen, dass der heilige Papst Pius X. dies nicht getan hat, um die fromme Überlieferung zu missachten. Er war selbst ein überzeugter Anhänger dieser Überlieferung und teilte dem Ordensmeister der Dominikaner, dem seligen Hyazinth Cormier, sogar mit, dass er schon früh darüber nachgedacht habe, den Dominikanern beizutreten. Der heilige Papst Pius X. liebte die Dominikaner und ihre fromme Überlieferung sehr. Dennoch wollte er die Bedeutung des Sonntags im liturgischen Leben der Kirche hervorheben.

Die folgenden Auszüge geben eine Kostprobe dessen, was die Kirche ihre Kinder von 1726 bis 1913 jedes Jahr am Rosenkranzsonntag lesen ließ:

> Als er [der heilige Dominikus] von ihr [der Himmelskönigin], wie die Überlieferung sagt, den Rat erhielt, er

solle dem Volk den Rosenkranz als besonderen Schutz gegen Irrlehren und Laster predigen, führte er die ihm aufgetragene Aufgabe mit wunderbarem Eifer und Erfolg aus.[6]

Als nach dem Tod des heiligen Dominikus durch die Nachlässigkeit der Menschen und die List der bösen Geister der Rosenkranz fast in Vergessenheit geraten war, erschien die heilige Jungfrau Maria, umgeben von Licht, Bruder Alanus aus der Bretagne, einem berühmten Prediger, und ermahnte ihn, gemeinsam mit seinen Brüdern die vergessene Andacht des heiligen Rosenkranzes wiederzubeleben.[7]

Es ist mit Worten nicht auszudrücken, wie weit sich diese göttliche Verehrung durch die Predigt der Brüder unter den Christen verbreitet hat und wie viele Gesellschaften zu Ehren der Mutter Gottes im Namen des Rosenkranzes gegründet wurden und wie Könige und Kaiser und die Fürsten der Kirche es als eine Ehre ansahen, sich ihnen anzuschließen.[8]

Unsere Liebe Frau von Las Lajas

Im Jahr 1754 ereignete sich in Kolumbien ein Ereignis, das Geologen und andere Wissenschaftler immer noch vor ein Rätsel stellt. Dieses Ereignis war die wundersame Erscheinung des Bildes Unserer Lieben Frau von Las Lajas (Unserer Lieben Frau von den Felsen). Die Geschichte besagt, dass eine Frau namens María Mueses de Quiñones eines Tages mit ihrer taubstummen Tochter Rosa auf dem Heimweg von einem nahegelegenen Dorf durch ein sehr tückisches und felsiges Gebiet ging. Als ein Gewitter aufzog, suchten Maria und ihre Tochter Schutz in den felsigen Klippen einer Schlucht. Plötzlich sprach die kleine Rosa zum ersten Mal und erklärte, sie habe eine schöne Frau gesehen, die sie gerufen habe. Maria sah oder hörte die Frau nicht, war aber erstaunt, dass ihre Tochter nun sprechen konnte. Ein paar Tage später verschwand Rosa aus dem Dorf. Ihre Mutter wusste instinktiv, dass sie zu der felsigen Schlucht zurückkehren und ihr kleines Mädchen dort finden würde. Als Maria zu den Felsen ging, fand sie Rosa auf unglaubliche Weise mit einem kleinen Kind spielen, dessen Mutter in der Nähe stand. Es war eine Erscheinung der Jungfrau Maria und des Jesuskindes. Maria und ihre Tochter beschlossen, dieses Ereignis geheimzuhalten, kehrten aber immer wieder zu den Felsen zurück, um zu beten und die Muttergottes um ihre Fürsprache zu bitten.

Nach ein paar Monaten wurde die kleine Rosa plötzlich krank und starb. In ihrer Verzweiflung brachte Maria ihre verstorbene Tochter zu den Felsen, um die Muttergottes zu bitten, bei ihrem Sohn Fürsprache einzulegen, damit Rosa wieder zum Leben erweckt werde. Wie durch ein Wunder erwachte Rosa wieder zum Leben. Als Maria ins Dorf zurückkehrte und die Leute sahen, dass Rosa lebte, war ihr Interesse an diesem Ort geweckt, an dem die kleine Rosa auf wundersame Weise ihre Sprache wiedergefunden hatte und sogar vom Tod zurückgekehrt war. Die Dorfbewohner folgten Maria und Rosa zu den Felsen, um den Ort selbst zu besichtigen. Während sie dort waren, bemerkte jemand ein wunderschönes Bild der Muttergottes auf den Felsen. Weder Maria noch Rosa hatten das Bild zuvor dort gesehen. Niemand wusste, wer es gemalt hatte oder woher es stammte. Auf dem schönen Bild hält die Muttergottes das Jesuskind und reicht dem heiligen Dominikus einen Rosenkranz; das Jesuskind reicht dem heiligen Franz von Assisi eine Mönchskordel.

Nach einer Untersuchung stellten die Behörden und Wissenschaftler fest, dass es sich bei der Szene gar nicht um ein Gemälde handelt. Das Bild ist auf wundersame Weise Teil des Felsens selbst. Geologen haben inzwischen an mehreren Stellen des Felsens Bohrkerne entnommen und festgestellt, dass sich auf der Oberfläche des Felsens keine Farbe, kein Farbstoff oder Pigment befindet. Die Farben des mysteriösen Bildes sind die Farben des Gesteins selbst und reichen mehrere Meter tief ins Innere des Felsens! Die einzigen von Menschenhand geschaffenen Aspekte des wundertätigen Bildes sind die Kronen über den Köpfen von Jesus und Maria, die später von einheimischen Anhängern hinzugefügt wurden. Seit mehr als zwei Jahrhunderten ist der Standort ein Ort der Wallfahrt und der Verehrung. Im Jahr 1951 genehmigte die Kirche die Verehrung der Muttergottes unter dem Titel „Unsere Liebe Frau von Las Lajas" und die um das Bild herum errichtete Kirche wurde zur Basilika minor erklärt.

Heilige, Märtyrer, Musiker

Nach der Aufnahme des frommen Brauchs in das Römische Brevier und der wundertätigen Erscheinung des Bildes der Muttergottes von Las Lajas trat ein großer Kämpfer des Rosenkranzes auf den Plan: der heilige Alfons von Liguori (1696-1787). Alfons Liguori war Bischof, Moraltheologe, Gründer der Redemptoristen und ein eifriger Kämpfer des Rosenkranzes. Es ist bemerkenswert, dass er keinerlei Kenntnis von den Manus-kripten der Werke *Wahre Hingabe und Der heilige Rosenkranz – das wunderbare Geheimnis der Bekehrung und des Heiles* des heiligen Ludwig von Montfort hatte. Obwohl beide Manuskripte auf einem Feld in Frankreich vergraben lagen, erfüllte der Heilige Geist das Herz und den Geist des heiligen

Alfons mit ähnlichen Einsichten wie das des heiligen Ludwig von Montfort. Im Jahr 1750 hielt der heilige Alfons seine marianischen Gedanken schriftlich fest und schuf damit das meistgedruckte Buch über die Jungfrau Maria in der Geschichte der Kirche: *Die Herrlichkeiten Mariens.* Bis heute wurden von diesem Buch mehr Exemplare verkauft als von jedem anderen marianischen Buch. Es ist wahrlich ein mariologisches Meisterwerk. Ähnlich wie *Der heilige Rosenkranz – das wunderbare Geheimnis der Bekehrung und des Heiles* enthält es viele Aussagen und Geschichten, die die Macht des Rosenkranzes über das Böse und die Sünde beschreiben. Obwohl der heilige Alfons in seinem Buch keine Geschichte des Rosenkranzes darstellte, war es seine Absicht, die heilige Jungfrau Maria und ihren Rosenkranz wieder in die Herzen und Köpfe der Gläubigen zu bringen, in einer Zeit, die wenig von Katholizismus und Marienverehrung hielt. Dieser große Kämpfer des Rosenkranzes wurde zum Kirchenlehrer erklärt.

Der selige Wilhelm Josef Chaminade (1761-1850) war ein weiterer großer Kämpfer des Rosenkranzes in dieser Zeit. Obwohl er bis weit ins 19. Jahrhundert hinein lebte, übte er auch im späten 18. Jahrhundert ein sehr fruchtbares Apostolat aus und schrieb viele schöne Dinge über den Rosenkranz. Als großer Förderer der Marianischen Kongregation gründete er eine religiöse Gemeinschaft, die Maria unter dem Titel *Gesellschaft Mariens (Marianisten)* geweiht war, und half bei der Wiederherstellung der Marianischen Kongregationen in Frankreich nach der Französischen Revolution. Als heiliger Priester hatte er sich der zivilen Verfassung des Klerus in Frankreich widersetzt und sich damit der Gefahr ausgesetzt, von der antikatholischen Regierung hingerichtet zu werden. Es gab viele heldenhafte Männer und Frauen, die sich in verschiedenen Teilen der Welt für den Rosenkranz einsetzten und in dieser Zeit ihr Blut für Christus vergossen. Einer dieser Märtyrer war Yi Seunghun (1756-1801), der erste Konvertit zum Katholizismus aus dem koreanischen Volk. Als eifriger Verkünder wurde er zum Liebhaber des Rosenkranzes und schmuggelte Rosenkränze aus China nach Korea, um seinem Volk den katholischen Glauben zu vermitteln. Für seinen Glauben wurde er 1801 enthauptet.

Gegen Ende des 18. Jahrhunderts begann auch die Verfolgung der vietnamesischen Katholiken durch eine antikatholische Regierung. Man schätzt, dass während der fast hundert Jahre dauernden Verfolgung bis zu 300.000 vietnamesische Märtyrer starben. Diese vietnamesischen Märtyrer erlitten einige der schlimmsten Formen der Folter, die der Menschheit bekannt sind. Oft wurden ihre Gesichter mit heißen Eisen mit dem vietnamesischen Ausdruck *ta dao* gebrandmarkt, was „falsche Religion" bedeutet. Anschließend wurden sie öffentlich gedemütigt, verstümmelt und in Stücke gerissen. Ganze Dörfer wurden brutal gefoltert und ausgerottet. Unter den zahlreichen vietnamesischen Märtyrern waren auch viele Dominikaner. Einer dieser Dominikaner war der heilige Vicente Liem de la Paz (1732-1773), ein eifriger Förderer des Rosenkranzes und der erste einheimische Priester, der sein Blut für den katholischen Glauben in Vietnam vergoss: Er wurde geköpft.

Als Teil des anhaltenden Widerstands gegen die Verfolgung in Vietnam versammelten sich jeden Abend heimlich Gruppen von Katholiken, um den Rosenkranz zu beten. Einer der bekanntesten Versammlungsorte befand sich im Wald von La Vang. Im Jahr 1798 versammelte sich eine Gruppe frommer vietnamesischer Katholiken im Wald, um den Rosenkranz zu beten, und hatte das Privileg, eine Erscheinung der Gottesmutter zu empfangen. Kurz nach der Erscheinung wurde die Gruppe von den Behörden verhaftet und für ihren Glauben gemartert. Nach ihrem Martyrium begann die Muttergottes, häufig in La Vang zu erscheinen und den Glauben der Verfolgten zu stärken. Es wurde so viel Blut in Vietnam vergossen, dass es nicht lange dauerte, bis die Nachricht von der Verfolgung Europa erreichte. Selbst die heilige Thérèse von Lisieux, die im Kloster lebte, war von der Nachricht entsetzt und äußerte den Wunsch, nach Vietnam zu gehen, dort zu missionieren und Märtyrerin zu werden. Als die Verfolgung endlich vorbei war, errichteten die Gläubigen eine Basilika, die Unserer Lieben Frau von La Vang geweiht war. Bis heute ist sie eine der beliebtesten Pilgerstätten in ganz Vietnam.

Auch berühmte Musiker legten in diesem Jahrhundert Zeugnis vom Rosenkranz ab. In den zahlreichen Biografien von Wolfgang Amadeus Mozart (1756-1791) wird erwähnt, dass er sein ganzes Leben lang den Rosenkranz betete. Als junger Mann spielte er mit Begeisterung die Orgel in der Basilika des heiligen Dominikus in Bologna, Italien, wo die Gebeine des heiligen Dominikus aufbewahrt werden. Franz Joseph Haydn (1732-1809), ein enger Freund Mozarts, sagte einmal, dass er, Haydn, zu seinen größten musikalischen Werken inspiriert wurde, nachdem er den Rosenkranz gebetet hatte. Der Einfluss Haydns auf die Musiker war gewaltig. Er war nicht nur ein Freund Mozarts, sondern auch der Lehrer Ludwig van Beethovens.

Die Französische Revolution

Das 18. Jahrhundert begann mit der Aufklärung und endete mit der radikal antikatholischen Französischen Revolution. Die Französische Revolution begann 1789 und weitete sich einige Jahre später zu einem umfassenden Krieg gegen den Katholizismus aus. Zwischen Mai 1792 und Oktober 1794 führte die französische Regierung im Zuge der Schreckensherrschaft eine Politik der „Entchristlichung“ durch. In dieser Zeit wurden viele Marienheiligtümer beseitigt; zahlreiche Bischöfe gaben dem Druck nach und unterwarfen sich der Anordnung, alle Marienbilder und -statuen und alle Rosenkränze aus den Kirchen zu entfernen. Sogar die Rosenkranzbruderschaft geriet unter Beschuss, sowohl von der Regierung als auch von den kirchlichen Behörden.

Der endgültige Angriff auf die Muttergottes erfolgte 1793 in der Kathedrale Notre Dame in Paris, als einige der Revolutionsführer die „Göttin der Vernunft“ im Altarraum inthronisierten. Um ihren Antikatholizismus öffentlich zu demonstrieren, brachten die Revolutionäre eine Prostituierte in den Altarraum der Kathedrale. Sie ließen sie die Rolle der sogenannten „Göttin der Vernunft“ spielen und ließen sie den Altar entweihen, indem sie sich in aufreizender Kleidung auf ihn legte. Während sie halbnackt auf dem Altar lag, verhöhnten die Menschen in der Kathedrale den Engelsgruß, indem sie riefen: „Gegrüßt seist du, Göttin der Vernunft!“

Die Verfolgung war so stark, dass 1794 eine Gruppe mutiger Karmelitinnen und Laien, die als Märtyrerinnen von Compiègne bekannt wurden, sich der Zivilverfassung und der darin enthaltenen Aufforderung zur Aufhebung ihres Klosters widersetzten und eine nach der anderen auf die Guillotine gebracht und enthauptet wurde. Die Ordensgemeinschaft, die der heilige Ludwig von Montfort gegründet hatte, die Gesellschaft Mariens, konnte keine neuen Mitglieder mehr aufnehmen. Durch ein königliches Dekret wurde den Montfort-Patres verboten, mehr als zwölf Priester zu haben. Neun dieser Priester und Brüder erlitten den Märtyrertod; am Ende des Jahrhunderts gehörten nur noch fünf Priester und zwei Brüder der Gemeinschaft an.

Die französischen Behörden hassten die Montfort-Patres unter anderem deshalb, weil die inbrünstigen Rosenkranzpredigten der Gesellschaft Mariens in Frankreich im 18. Jahrhundert zu einer katholischen konterrevolutionären Bewegung in Westfrankreich geführt hatten. Diese Widerstandsbewegung führte zu den Vendée-Kriegen, die von 1793 bis 1795 dauerten. Die Vendéens waren eine katholische Armee, die jeden Tag den gesamten Rosenkranz betete und den Rosenkranz um den Hals trug als Zeichen ihres Festhaltens am Katholizismus und ihrer Verachtung für die Französische Revolution. Es kam zu zahlreichen Kämpfen zwischen den Vendéens und der französischen Regierung, aber die meisten Mitglieder der Vendée-Bewegung wurden getötet, wodurch es viele neue Märtyrer gab. Diese Ereignisse bestätigen: Wenn entweder die Mitglieder der Gesellschaft Mariens oder die Vendéens das Buch *Der heilige Rosenkranz – das wunderbare Geheimnis der Bekehrung und des Heiles* in ihrem Besitz gehabt hätten, wäre das Dokument höchstwahrscheinlich verbrannt worden und für immer verloren gewesen. Es ist eine Tatsache, dass viele der Dokumente, die während dieser wahnsinnigen Revolution verbrannt wurden, Dokumente über den Rosenkranz waren. Die Zivilverfassung des Klerus war der Versuch der Regierung, den Katholizismus und den Rosenkranz zu zerstören.

Das 19. Jahrhundert: Lourdes und der Papst des Rosenkranzes

Infolge der Französischen Revolution waren viele Menschen im Europa des frühen 19. Jahrhunderts dem Rosenkranz gegenüber gleichgültig geworden. Die katholische Frömmigkeit und die Frömmigkeit im Allgemeinen nahmen ab, als die Auswirkungen des Rationalismus in das neue Jahrhundert übergingen. Der Rosenkranz schien wieder in Vergessenheit geraten zu sein. Die Tatsache, dass Napoleon Bonaparte 1810 das päpstliche Archiv beschlagnahmte und 3.239 Kisten mit Dokumenten nach Paris überführte, machte die Situation nicht besser. Als einige Jahre später versucht wurde, die von Napoleon beschlagnahmten Geheimarchive an den Vatikan zurückzugeben, gingen viele Dokumente verloren und/oder wurden wegen der hohen Transportkosten vernichtet. Zweifellos enthielten viele der vernichteten und verlorenen Dokumente unschätzbare Informationen über den Rosenkranz und seine Geschichte.

Im Jahr 1820 beklagte die deutsche Mystikerin Anna Katharina Emmerick (1774-1824), dass der Rosenkranz aufgegeben und vergessen worden sei. In einer ihrer mystischen Visionen schenkte ihr der Himmel ein Verständnis für die Geschichte des Rosenkranzes. Obwohl ihre Vision ziemlich kryptisch ist, scheint ein Teil davon die Geschichte des franziskanischen Novizen von 1422 zu erzählen, dem der franziskanische Rosenkranz gegeben wurde. Sie erhielt auch eine mystische Interpretation der Geheimnisse des Rosenkranzes und seiner Perlen auf der Grundlage des Alten und Neuen Testaments. Nachdem ihre Vision über den Rosenkranz zu Ende war, gab die selige Anna Katharina den folgenden Kommentar zu dem, was sie gesehen und erlebt hatte:

> Dies ist der Rosenkranz, den die Mutter Gottes den Menschen als die ihr liebste Andacht gegeben hat; aber nur wenige haben ihn auf diese Weise gebetet! Maria hat ihn auch dem heiligen Dominikus gezeigt; aber im Laufe der Zeit wurde er durch Vernachlässigung und Nichtgebrauch so beschmutzt und verstaubt, dass sie ihn mit ihrem Schleier wie mit einer Wolke bedeckte, durch die er aber noch schimmert. Nur durch besondere Gnade, durch große Frömmigkeit und Einfachheit kann er jetzt verstanden werden. Er ist verschleiert und weit weg – nur Übung und Betrachtung können ihn nahebringen![1]

Obwohl das Schwert verschleiert und weit weg war, schimmerte es noch. Zu Beginn des 19. Jahrhunderts gab es eine Handvoll Heiliger, die den Rosenkranz noch beteten. Erst nach den großen Marienerscheinungen in Lourdes (Frankreich) und der Wahl des Rosenkranzpapstes wurde das Schwert wieder vollständig gezückt.

Heilige

Zu Beginn des 19. Jahrhunderts wurden weiterhin katholische Bücher von Rationalisten verbrannt und zerstört. Bestimmte politische Führer wie Napoleon Bonaparte, der ein großer Bewunderer des Islam war, standen in ständigem Konflikt mit der Kirche. Infolgedessen waren katholische Autoren wenig motiviert, Bücher über Frömmigkeit zu verfassen, da solche Bücher höchstwahrscheinlich verbrannt werden würden. Um jedoch zu unterstreichen, dass der Rosenkranz auch in dieser Zeit noch gebetet wurde, verknüpfte der Diener Gottes Papst Pius VII. in einem Dokument mit dem Titel *Ad Augendam* im Jahr 1808 (im selben Jahr, in dem er Napoleon Bonaparte exkommunizierte) einen vollkommenen Ablass mit dem Rosenkranz. Der von ihm gewährte Ablass konnte von allen Gläubigen einmal im Jahr in Anspruch genommen werden.

Einige der prominentesten Persönlichkeiten dieser Zeit, die den Rosenkranz liebten und gelegentlich darüber schrieben, waren der heilige Clemens Maria Hofbauer (1751-1820), der heilige Johannes Maria Vianney (1786-1859), der selige William Joseph Chaminade (1761-1850) und der heilige Vinzenz Pallotti (1795-1850). Der heilige Johannes Maria Vianney, der Schutzpatron der Priester, liebte den Rosenkranz so sehr, dass er in seiner Pfarrei die Praxis einführte, jeden Abend mit seinen Gemeindemitgliedern den Rosenkranz zu beten. Er war auch ein großer Förderer der Rosenkranzbruderschaft. Eine seiner engen Freundinnen war Pauline Marie Jaricot (1799-1862), die durch seinen priesterlichen Eifer, seine Verehrung für die heilige Philomena und seine Liebe zum Rosenkranz sehr erbaut war. Sie selbst wurde eine der größten Kämpferinnen des Rosenkranzes im 19. Jahrhundert. Pauline hatte durch die Fürsprache der heiligen Philomena eine Heilung erfahren und kurz vor Beginn der Industriellen Revolution im Jahr 1830 gründete sie 1826 in Lyon, Frankreich, aus Dankbarkeit für ihre Heilung die Vereinigung des Lebendigen Rosenkranzes der heiligen Philomena. Sie wollte anderen helfen, den Katholizismus besser zu verstehen, da er zu ihrer Zeit von so vielen Menschen verspottet und verhöhnt wurde. Ihre Methode bestand darin, dass sich Gruppen von 15 Personen unter der Schirmherrschaft der heiligen Philomena zusammenschlossen und den Rosenkranz beteten. Diese Organisation war die einzige größere neue Rosenkranzbewegung, die zu Beginn des 19. Jahrhunderts gegründet wurde.

Jaricot war sehr eifrig bei der Verbreitung des Glaubens und hatte bereits im Alter von 20 Jahren die Gesellschaft für die Verbreitung des Glaubens gegründet; im Alter von 27 Jahren gründete sie die Vereinigung des Lebendigen Rosenkranzes der heiligen Philomena. Beide Organisationen waren missionarisch ausgerichtet und versuchten, das katholische Leben durch die Unterstützung katholischer Missionen, die Unterweisung in der katholischen Lehre und das Lehren des Rosenkranzes neu zu beleben. Sie sagte oft, dass der Rosenkranz nicht *eine* Marienandacht sei, sondern *die* Marienandacht. In Anerkennung ihres großen Werkes erkannte Papst Gregor XVI. die Vereinigung des Lebendigen Rosenkranzes am 27. Januar 1832 in dem päpstlichen Dokument *Benedicentes* formell an. Sie wurde nicht nur vom heiligen Johannes Maria Vianney beeinflusst, sondern auch vom Leben und den Schriften des heiligen Alfons Liguori. Sie verehrte ihn so sehr, dass sie seiner Heiligsprechung im Jahr 1839 beiwohnte.

Zwei weitere heilige Frauen, die sich in dieser Zeit für den Rosenkranz einsetzten, waren die selige Anna Maria Taigi (1769-1837) und die selige Elisabeth Canori Mora (1774-1825). Obwohl keine dieser beiden Frauen über den Rosenkranz schrieb, sind sie große Kämpferinnen des Rosenkranzes, weil sie durch den Rosenkranz Gnade und Kraft erhielten, um angesichts einer großen Herausforderung heilig zu werden: Sie waren beide mit sehr schwierigen Ehemännern verheiratet. Durch das Beten des Rosenkranzes wurden sie zu heldenhaften Ehefrauen und bewahrten den Frieden in ihren Häusern. Die selige Anna Maria versammelte ihre Familie jeden Abend, um den Rosenkranz zu beten; die selige Elisabeth betete jeden Tag den Rosenkranz und lehrte ihre Töchter, dies auch zu tun. Als Mystikerin prophezeite Elisabeth, dass ihr Mann nach ihrem Tod eine tiefe Bekehrung erfahren und ein gläubiger Katholik werden würde. Er wurde nicht nur gläubiger Katholik – er wurde auch Franziskanerpriester!

Historiker haben festgestellt, dass in der russisch-orthodoxen Kirche der heilige Seraphim von Sarow (1754-1833) im

19. Jahrhundert etwas Ähnliches wie den Rosenkranz betete. Obwohl die Wurzeln des Rosenkranzes umstritten sind, glauben einige Historiker, dass das rosenkranzähnliche Gebet, das er betete, die „*Regel der Theotokos*“, antiken Ursprungs ist. Sie besteht darin, 150 Engelsgrüße zu beten, die in 15 Geheimnisse aufgeteilt sind. Ein wesentlicher Unterschied zwischen diesem Gebet und dem dominikanischen Rosenkranz besteht darin, dass die *Theotokosregel* keine Geheimnisse aus dem Leben Christi enthält, sondern Bitten und Betrachtungen über das Leben Mariens. Deshalb heißt sie auch Regel der *Theotokos*. Sie hat auch nur ein einziges Vaterunser, statt 15 oder 20 wie im dominikanischen Rosenkranz; dieses eine Vaterunser wird zu Beginn der Regel gebetet. Dem Beter steht es frei, seine eigenen Betrachtungen zu formulieren, die seinen besonderen Bedürfnissen entsprechen. Der heilige Seraphim Zvezdinsky (1883-1937), ein Bischof, Märtyrer und Heiliger der orthodoxen Kirche, betete die *Theotokosregel* im 19. und 20. Jahrhundert. Vielleicht werden eines Tages Entdeckungen gemacht, die Licht auf die historischen Ursprünge dieses schönen Gebets aus dem Osten werfen.

Pater Henri-Dominique Lacordaire (1802-1861) war zwar kein Heiliger im offiziellen Sinn, aber einer der bekanntesten Dominikaner seiner Zeit und bekannt für seine Heiligkeit. Er war Provinzoberer der Dominikaner und ein äußerst gelehrter Theologe und Historiker. Er ist bekannt für die Wiedereinführung des Dominikanerordens im Frankreich der Nachrevolution. Lacordaire bezeichnete den Rosenkranz oft als das „Evangelium auf den Knien“.[2] Mit der charakteristischen Klarheit des Geistes eines Dominikaners gab er einmal eine der besten Erklärungen dafür, wie es dazu kam, dass der heilige Dominikus die Vorläufer des Rosenkranzes als Grundlage für den dominikanischen Rosenkranz verwendete. Er schrieb:

Die Christen [im 13. Jahrhundert] waren zwar daran gewöhnt, ihr Herz Maria zuzuwenden, aber der uralte Gebrauch dieses [engelhaften] Grußes war ohne Regel und Feierlichkeit. Die Gläubigen schlossen sich nicht zusammen, um ihn an ihre geliebte Beschützerin zu richten; ein jeder gehorchte dem Impuls seiner Liebe. Dominikus, der die Macht der Vereinigung im Gebet nicht kannte, glaubte, dass es nützlich wäre, sie auf den Engelsgruß anzuwenden, und dass dieser vereinte Schrei eines versammelten Volkes mit einer unwiderstehlichen Kraft zum Himmel aufsteigen würde. Die Kürze der Worte des Engels machte es notwendig, sie einige Male zu wiederholen, wie die gleichmäßigen Beifallsrufe, die die Dankbarkeit eines Volkes bei den Fortschritten seiner Herrscher ausstößt. Aber die Wiederholung würde den Geist verwirren. Dominikus beugte dem vor, indem er die mündlichen Grußformeln in viele Serien aufteilte, an die er jeweils den Gedanken an eines der Geheimnisse unserer Erlösung knüpfte, das wiederum für die heilige Jungfrau Maria ein Thema der Freude, des Schmerzes und des Triumphes war. Auf diese Weise verband sich die innere Betrachtung mit dem öffentlichen Gebet und das Volk folgte ihr, während es seine Mutter und seine Königin grüßte, in seinem Herzen durch die wichtigsten Ereignisse ihres Lebens. Dominikus gründete eine Bruderschaft, um die Dauer und Feierlichkeit dieser Art des Gebets zu gewährleisten.[3]

Lourdes

Seit Jahrhunderten wird Frankreich oft als die „älteste Tochter der Kirche" bezeichnet. Es war eines der ersten Länder, die von der frühen Kirche evangelisiert wurden, und hat einige der größten Heiligen der christlichen Geschichte hervorgebracht. In der Mitte des 19. Jahrhunderts machte der Himmel diesem Land der Heiligen ein weiteres Geschenk. Im Jahr 1858 segnete die Gottesmutter ein kleines französisches Mädchen namens Bernadette Soubirous mit einer Reihe von Erscheinungen in der Grotte von Massabielle in Lourdes. Es war genau 650 Jahre her, dass sie in Prouille, Frankreich, erschienen war und dem heiligen Dominikus den Rosenkranz gegeben hatte. Als Maria der kleinen Bernadette erschien, hielt die Gottesmutter einen goldenen Rosenkranz mit weißen Perlen in den Händen. Ähnlich wie zu der Zeit, in der der heilige Dominikus lebte, stand das Frankreich des 19. Jahrhunderts vor vielen Schwierigkeiten und brauchte eine geistliche Erneuerung.

Die Verehrung des Rosenkranzes war in den meisten europäischen Ländern stark zurückgegangen, als die Muttergottes der heiligen Bernadette am 11. Februar 1858 die erste von 18 Erscheinungen schenkte. Bei jeder Erscheinung sah die heilige Bernadette die Gottesmutter mit einem goldenen Rosenkranz, der über ihrem rechten Arm hing. Zur Vorbereitung auf jede Erscheinung ging die heilige Bernadette in die Grotte und betete den Rosenkranz. Diese Praxis der heiligen Bernadette setzte sich schnell durch und viele der Menschen, die zur Vorbereitung auf die nächste Erscheinung zur Grotte gingen, beteten ebenfalls den Rosenkranz.

Die Erscheinungen von Lourdes fanden an einem der wenigen Orte in Europa statt, an dem der Rosenkranz noch von Jung und Alt gebetet wurde. In Lourdes war es sogar üblich, eine zusätzliches Gesätz Ave Maria zu beten, ohne dass ein

Geheimnis damit verbunden war. Dieses Gesätz wurde für die Armen Seelen im Fegefeuer gebetet. Diese Praxis hat sich in Lourdes bis heute erhalten. Die meisten Lourdes-Pilger sind sich dessen nicht bewusst, aber viele der Statuen der Muttergottes von Lourdes im Heiligtum zeigen Maria, die einen Sechs-Gesätze-Rosenkranz hält. Die größte Statue Unserer Lieben Frau von Lourdes in Lourdes selbst – die Statue auf dem Rosenkranzplatz gegenüber der Rosenkranzbasilika – stellt Maria mit einem Sechs-Gesätze-Rosenkranz dar.

Als sich die Nachricht von den Marienerscheinungen in Lourdes in der ganzen Welt verbreitete, wurde die Erscheinung als Rosenkranz-Erscheinung bekannt. Zum ersten Mal bei einer Marienerscheinung in der Geschichte der Kirche betete Maria mit der Seherin Teile des Rosenkranzes. Das Ave Maria hat die Muttergottes nicht gebetet, weil sie bereits im Himmel ist und nicht zu sich selbst betet. Während der Vaterunser und der Ave Maria ließ die Gottesmutter ihre Finger über die Perlen gleiten, so wie die heilige Bernadette sie betete; als es Zeit war, das Ehre sei dem Vater zu beten, verband sie ihre Stimme mit der der heiligen Bernadette.

Dieser Aspekt der Erscheinungen von Lourdes (die Muttergottes mit dem Rosenkranz) wurde den Katholiken in aller Welt ans Herz gelegt. Die Muttergottes von Lourdes mit dem Rosenkranz auf dem rechten Arm wurde zu einem der beliebtesten Bilder auf Gebetskarten, Gemälden und Skulpturen. Im Jahr 1862, als die Erscheinungen von Lourdes vom örtlichen Bischof anerkannt und vom heiligen Papst Pius IX. bestätigt wurden, kam es zu einer weltweiten Erneuerung der Rosenkranzfrömmigkeit. Das Heiligtum Unserer Lieben Frau von Lourdes selbst unterstreicht die Bedeutung des Rosenkranzes. Eines der Gebäude, die in der Nähe der Erscheinungen errichtet wurden, ist die Basilika Unserer Lieben Frau vom Rosenkranz. Dieses beeindruckende Bauwerk wurde 1899 fertiggestellt und 1901 eingeweiht. Der große Platz vor der Basilika wurde als Rosenkranzplatz bekannt. Bis heute versammeln sich jeden Abend Menschen aus der ganzen Welt auf dem Rosenkranzplatz, um eine Lichterprozession abzuhalten und den Rosenkranz in verschiedenen Sprachen zu beten. Das Fest Unserer Lieben Frau vom Rosenkranz, das am 7. Oktober gefeiert wird, ist jedes Jahr eines der größten Feste im Heiligtum.

Das „Zeitalter des Rosenkranzes"

Nach Ansicht derjenigen, die sich auf marianische Studien spezialisiert haben, begann Mitte des 19. Jahrhunderts ein „Zeitalter Mariens". Die Mariologen sind sich im Allgemeinen einig, dass es 1830 mit den Visionen der heiligen Katharina Labouré über die Wundertätige Medaille begann und mit dem Marianischen Jahr 1954 endete. Innerhalb von 125 Jahren gab es neun große Marienerscheinungen und die offizielle Verkündigung von zwei neuen Mariendogmen:

1830 – Heilige Katharina Labouré (Wundertätige Medaille)
1846 – Unsere Liebe Frau von La Salette
1854 – Dogma der Unbefleckten Empfängnis
1858 – Unsere Liebe Frau von Lourdes
1871 – Unsere Liebe Frau von Pontmain
1877 – Unsere Liebe Frau von Gietrzwald
1879 – Unsere Liebe Frau von Knock
1917 – Unsere Liebe Frau von Fátima
1932 – Unsere Liebe Frau von Beauraing
1933 – Unsere Liebe Frau von Banneux
1950 – Dogma der Himmelfahrt Mariens
1954 – Marianisches Jahr

Fast alle der oben aufgeführten Marienerscheinungen haben eine Rosenkranzdimension, da Maria entweder mit einem Rosenkranz in der Hand kam oder die jeweiligen Seher/innen in Erwartung der nächsten Erscheinung den Rosenkranz beteten. Obwohl der Rosenkranz bei den Erscheinungen der Wundertätigen Medaille von 1830 keine Rolle spielte, war die heilige Katharina Labouré dem Rosenkranzgebet sehr zugetan. Die Erscheinungen von La Salette im Jahr 1846 werden von vielen sogar als Vorbereitung auf die große Rosenkranz-Erscheinung von Lourdes angesehen, denn in La Salette wies Maria die Seherkinder Melanie Mathieu und Maximin Giraud an, das Vaterunser und das Ave Maria zu beten. Ebenfalls im Zeitalter Mariens erschien 1911 die erste französische Ausgabe von *Der heilige Rosenkranz – das wunderbare Geheimnis der Bekehrung und des Heiles* des heiligen Ludwig von Montfort; die erste englische Ausgabe erschien 1954. Aus dieser Perspektive kann man sagen, dass mit den Erscheinungen von Lourdes 1858 ein „Zeitalter des Rosenkranzes" begann, das bis in die 1950er-Jahre andauern sollte.

Die „älteste Tochter der Kirche" hatte im Laufe der Jahrhunderte viel gelitten und erst kürzlich das Ende der Französischen Revolution erlebt. Nun wollte die Mutter der Kirche ihre älteste Tochter benutzen, um all ihren jüngeren Geschwistern auf der ganzen Welt die Größe des Rosenkranzes zu vermitteln. Die Heiligste Dreifaltigkeit war über das Ave der Rationalisten nicht erfreut: „Gegrüßt seist du Göttin, voll der Vernunft." Eine Rosenkranzrevolution war im Anzug. Kämpfer des Rosenkranzes würden sich erheben, die das wahre Ave donnernd verkünden würden: „Gegrüßet seist du, Maria, voll der Gnade!"

Veröffentlichungen und Bekehrungen

Eines der ersten Merkmale der Rosenkranzrevolution war, dass die Menschen wieder über den Rosenkranz schreiben wollten. Da viele Bücher über den Rosenkranz während der Französischen Revolution verbrannt worden waren, gab es vieles, was wieder zu Papier gebracht werden musste.

Unglaublicherweise wurde das Manuskript *des Goldenen Buches der wahren Andacht zu Maria* 1842 in einer Truhe auf einem Feld gefunden. Es enthielt viele schöne Gedanken über den Rosenkranz, aber es sollte mehr als 20 Jahre dauern, bis die kirchlichen Behörden seine Gründerschaft bestätigten. Als jedoch bewiesen war, dass es von Pater Ludwig von Montfort verfasst worden war, begann man, das Manuskript überall zu drucken. Die erste englische Ausgabe von *True Devotion* erschien 1863, nur sechs Jahre nach den Erscheinungen von Lourdes.

Der heilige Rosenkranz – das wunderbare Geheimnis der Bekehrung und des Heiles wurde ebenfalls Mitte des 19. Jahrhunderts wiederentdeckt, aber da die *Wahre Andacht* zuerst beglaubigt wurde, dauerte es länger, bis *Der heilige Rosenkranz – das wunderbare Geheimnis der Bekehrung und des Heiles* beglaubigt und in Druck gegeben wurde. In vielerlei Hinsicht war der Inhalt in der *Wahren Andacht* eine Vorbereitung für die Veröffentlichung des Buches *Der heilige Rosenkranz – das wunderbare Geheimnis der Bekehrung und des Heiles.* Nachdem es die Welt gelehrt hatte, was es bedeutet, wahre Andacht zu Maria zu haben und ein Leben der vollkommenen Weihe an sie zu führen, diente *Der heilige Rosenkranz – das wunderbare Geheimnis der Bekehrung und des Heiles* als perfekte Fortsetzung, indem es die Maria Geweihten mit dem Schwert des Rosenkranzes bewaffnete.

Bevor die ersten Ausgaben von *Der heilige Rosenkranz – das wunderbare Geheimnis der Bekehrung und des Heiles* Anfang des 20. Jahrhunderts gedruckt wurden, gab es bereits andere Publikationen, die den Rosenkranz stark förderten. Im Jahr 1865 wurde die Zeitschrift *Ave Maria* an der Universität von Notre Dame in South Bend, Indiana, gegründet. Sie wurde unter der Schirmherrschaft der Kongregation vom Heiligen Kreuz herausgegeben und sollte die Verehrung Mariens und ihres Rosenkranzes fördern. Die Zeitschrift *Ave Maria* blieb bis 1970 im Umlauf. Im Jahr 1872 gründeten die Dominikaner in England die Monatszeitschrift *The Monthly Magazine of the Holy Rosary*. Im Jahr 1891 gründeten die Dominikaner in den Vereinigten Staaten die Zeitschrift *The Rosary. Das Rosenkranz-Magazin* war in den Vereinigten Staaten sehr beliebt und hatte eine große Leserschaft. Die in dieser Zeitschrift enthaltenen historischen Studien über den Rosenkranz sowie die Geschichten über die Heiligen und ihre Liebe zum Rosenkranz sind von großem Wert. Leider wurde diese inspirierende Herausgabe wie fast alle Andachtszeitschriften in den 1960er-Jahren eingestellt, als die Marienverehrung weltweit wieder abnahm.

Allerdings gab es im 19. Jahrhundert auch berühmte Konvertiten zur katholischen Kirche, die den Rosenkranz entschlossen förderten. Pater Frederick William Faber (1814-1863), ein Konvertit aus dem Anglikanismus, war empört über die mangelnde Kenntnis des Glaubens unter den Katholiken und sagte den Katholiken in der Wiege, dass ein wahrhaft katholischer Geist ohne den Rosenkranz kaum gebildet werden könne. Er konnte nicht verstehen, wie ein Mensch tief mit Christus verbunden sein konnte, ohne gewohnheitsmäßig den Rosenkranz zu beten. Seine Predigten zum Rosenkranzsonntag wurden berühmt. In seinen Reden und Schriften setzte er sich stark für die fromme Überlieferung ein. Er forderte die

Menschen auch dazu auf, den Rosenkranz für die Seelen im Fegefeuer zu beten. Viele dieser wichtigen Aspekte der Andacht lernte er von der neu entdeckten *Wahren Andacht*. Er kannte die *Wahre Andacht* gut, denn er war der Erste, der sie ins Englische übersetzte. Seine englische Übersetzung wurde 1863 veröffentlicht, im selben Jahr, in dem er starb.

Ein berühmterer Konvertit zum Katholizismus aus dieser Zeit war der heilige John Henry Newman (1801-1890). Auch er war ein glühender Verehrer des Rosenkranzes. In seinen Predigten sprach er oft wortgewandt und wunderschön über den Rosenkranz und seine Kraft und befürwortete die fromme Überlieferung.

Die Wirkung, die Lourdes und die vielen Veröffentlichungen zum Thema Rosenkranz auf die Menschen hatten, zeigte sich auch bei den anderen großen Marienerscheinungen, die später im Jahrhundert stattfanden. Im Jahr 1871 erschien die Gottesmutter mehreren Kindern in Pontmain, Frankreich, und die Erscheinung dauerte drei Stunden lang. Während der Erscheinung begannen die Erwachsenen und alle anderen, die sich versammelt hatten, instinktiv, den Rosenkranz zu beten.

Etwas Ähnliches geschah 1879 in Knock, Irland. Als Maria in Knock erschien, begannen die Menschen, die die Vision sahen, sofort, den Rosenkranz zu beten, obwohl es heftig regnete und sie draußen klatschnass wurden. Zur Zeit der Erscheinung in Knock war der Rosenkranz in Irland so populär, dass man ihn den „irischen Katechismus" nannte. Maria hat weder bei der Erscheinung in Pontmain noch bei der in Knock gesprochen. Vielmehr ließ sie die Menschen sich zu ihren Füßen versammeln und sagen, was ihnen auf dem Herzen lag. Das bevorzugte Gebet des Volkes war der Rosenkranz.

Wissenschaftler, Politiker, Wunder

Während der Rosenkranzrevolution setzten sich ein berühmter Wissenschaftler und ein frommer Präsident für den Rosenkranz ein und es ereigneten sich viele Rosenkranzwunder. Es wird erzählt, dass eines Tages ein junger Universitätsstudent in Frankreich in einen Zug stieg und neben einem ziemlich zerfledderten alten Mann saß. Der Student bemerkte, dass der alte Mann leise an seinen Rosenkranzperlen drehte und sie leise durch seine Finger gleiten ließ. Das beunruhigte den Universitätsstudenten sehr. Der junge Mann, der sich für gebildet und wissenschaftlich versiert hielt, fragte den alten Mann, warum er sich mit solch veralteten und albernen Dingen beschäftige. Der Student teilte dem alten Mann mit, dass die Wissenschaft bewiesen habe, dass Dinge wie der Rosenkranz nutzlos und Zeitverschwendung seien und dass die katholische Frömmigkeit sinnlos sei. Der alte Mann antwortete, dass er mit der Art von „Wissenschaft", die der junge Mann beschrieb, nicht vertraut sei, und bat den jungen Gelehrten, sie ihm zu erklären. Dem alten Mann standen die Tränen in den Augen, als er dem Universitätsstudenten zuhörte, wie er seine wissenschaftliche Widerlegung der Dinge, die mit dem Katholizismus zusammenhängen, erklärte. Als der Zug an dem Bahnhof hielt, an dem der alte Mann aussteigen sollte, unterrichtete ihn der Student weiter und teilte dem ungebildeten alten Mann sogar mit, dass er sich mit dem jungen Gelehrten in Verbindung setzen könne, wenn er mehr erfahren wolle. Bevor er den Zug verließ, kramte der alte Mann in seinem Mantel, fand eine Karte und gab sie dem Studenten. Nachdem sich die Türen geschlossen hatten und der Zug weiterfuhr, schaute der Student auf die Karte. Sie lautete: „Louis Pasteur: Direktor des Instituts für wissenschaftliche Forschung, Paris". Der alte Mann war Frankreichs führender Wissenschaftler, Louis Pasteur (1822-1895). Pasteurs wissenschaftliches Genie führte zu den ersten Impfstoffen gegen Tollwut und Milzbrand und er wird als einer der Begründer der wissenschaftlichen Disziplin der Bakteriologie anerkannt. Er ermöglichte auch große Fortschritte bei der Impfung und der mikrobiellen Fermentation und erfand das nach ihm benannte Verfahren der Pasteurisierung. Pasteur betete jeden Tag den Rosenkranz und trug immer zwei Rosenkränze bei sich, falls er einen verloren hatte.

Es gibt auch das heldenhafte Zeugnis des katholischen Präsidenten von Ecuador, Gabriel Garcia Moreno (1821-1875). Seine Präsidentschaft war von der Muttergottes Mariana de Jesus Torres (1563-1635) während der bestätigten Erscheinungen in Quito, Ecuador, im 15. und 16. Jahrhundert vorausgesagt worden. Während des 19. Jahrhunderts war Ecuador ein Land im Aufruhr, das stark unter einer antiklerikalen und antikatholischen Bewegung litt. Als gläubiger Katholik war Gabriel Moreno mit der Richtung, die Ecuador einschlug, nicht zufrieden und strebte ein öffentliches Amt an, um zu versuchen, die Dinge zu ändern. Er kandidierte für die Präsidentschaft des Landes und gewann! Als Teil seiner Reformbewegung führte er das Volk durch Gebet und Beispiel. Er besuchte täglich die Heilige Messe, ging seinem Volk mit gutem Beispiel voran, indem er sich in einer marianischen Sodalität engagierte, und betete jeden Tag den Rosenkranz. An manchen Tagen ging er sogar auf die Straße und betete mit seinen Mitbürgern den Rosenkranz. Er liebte sein Land so sehr, dass er sein Gehalt für wohltätige Zwecke spendete. Moreno führte Ecuador im 19. Jahrhundert an die Spitze der lateinamerikanischen Länder in den Bereichen Wissenschaft, Hochschulbildung und Alphabetisierung. Außerdem weihte er Ecuador dem Heiligsten Herzen Jesu. Diese Weihe beunruhigte die Freimaurer im Land so sehr, dass sie versuchten, ihn zu töten. Nachdem er für eine dritte Amtszeit zum Präsidenten gewählt worden war, wurde er 1875 von einem Geheimbund – wahrscheinlich den Freimaurern – ermordet. Er wurde sechs Mal angeschossen und 14 Mal mit dem Dolch gestochen. Seine letzten Worte an seine Henker waren: „Ich sterbe, aber Gott stirbt nicht!“[4] Kurz nach seinem Tod erklärte Papst Pius IX., Präsident Moreno sei als Opfer für den Glauben gestorben. Moreno war einer der größten katholischen Präsidenten, die die Welt je gekannt hat.

Etwa zur gleichen Zeit, als Präsident Moreno mit seinem Volk in Südamerika den Rosenkranz betete, geschahen in Nordamerika Rosenkranzwunder. Im Jahr 1859 erhielt die in Belgien geborene Laienfrau Adele Brise (1831-1896) im ländlichen Wisconsin eine Reihe von Erscheinungen der Jungfrau Maria. Die Erscheinung, bei der Maria unter dem Titel „Unsere Liebe Frau von der Guten Hilfe“ erschien, wurde 2010 anerkannt und ist die erste anerkannte Marienerscheinung in den Vereinigten Staaten. Kurz nach den Marienerscheinungen an Adele Brise wurde eine kleine Kapelle gebaut und Unserer Lieben Frau von der Guten Hilfe geweiht. Im Jahr 1871 wurde die Gegend von einer schrecklichen Brandkatastrophe heimgesucht, darunter das große Peshtigo-Feuer in Wisconsin. Der Brand von Peshtigo ereignete sich am selben Tag wie der Große Brand von Chicago, ist aber aufgrund seiner ländlichen Lage nicht so bekannt. Dennoch ist das Peshtigo-Feuer bis heute das tödlichste Feuer in der Geschichte der Vereinigten Staaten: Schätzungsweise 2.000 und mehr Menschen kamen dabei ums Leben. Das Peshtigo-Feuer war so gewaltig, dass es als „Feuersturm“ bezeichnet wurde und zeitweise sogar Orkanböen auslöste. Er bewegte sich mit einer solchen Geschwindigkeit, dass alles in seinem Weg vollständig zerstört wurde.

Während dieses Feuer wütete, ging Sr. Adele Brise zusammen mit vielen Anwohnern zu der Kapelle, die Unserer Lieben Frau von der Guten Hilfe geweiht ist, und sie begannen eine Rosenkranzprozession um die Kapelle, in der Hoffnung, sie zu schützen. Dabei trugen sie eine Marienstatue um die Kapelle und beteten ununterbrochen den Rosenkranz. Das wütende Inferno kam der Kapelle sehr nahe, doch trotz der Gefahr, an Luftmangel und starkem Rauch zu ersticken, setzten die Menschen die Rosenkranzprozession fort. Am nächsten Morgen waren sowohl die Menschen als auch die Kapelle wie durch ein Wunder unversehrt geblieben, obwohl alles andere in der Umgebung völlig zerstört war. Es war, als ob die Kapelle von einem Schutzschild umgeben gewesen wäre. Der Rosenkranz hatte die Kapelle gerettet!

Ein weiteres Rosenkranzwunder ereignete sich 1879 in Cap-de-la-Madeleine in Quebec, Kanada. Dieses Wunder ist bekannt als das „Wunder der Rosenkranzbrücke". Im Winter 1879 sollte in dieser Gegend eine neue Kirche gebaut werden. Die Rosenkranzbruderschaft war dort 1694 gegründet worden, aber aufgrund der seltenen Besuche von Priestern hatte die Praxis des Rosenkranzgebets nachgelassen, und die örtliche Kirche brauchte eine geistliche Erneuerung. 1864 wurde Pater Luc Desilets, ein eifriger und frommer Priester, in die Gegend geschickt, um bei der Wiederherstellung des Glaubens und der Erneuerung der Frömmigkeit zu helfen. Er führte die Rosenkranzbruderschaft wieder ein, förderte das Rosenkranzgebet in der Familie und führte die Praxis ein, nach jeder Heiligen Messe den Rosenkranz zu beten. In seinem Eifer beschloss er, 1879 eine neue, der Muttergottes geweihte Kirche zu errichten. Das Problem war, dass es Winter war und er beschlossen hatte, die Kirche auf einer kleinen Insel im Hauptfluss zu bauen. Es gab keine feste Brücke zu dieser Insel. Unbeirrt hoffte der Priester, dass der Fluss zufrieren würde, so dass die gesamte Ausrüstung auf dem Eis transportiert werden konnte. Der Winter in diesem Jahr war jedoch sehr mild und der Fluss fror nicht zu. Da der Fluss nicht zugefroren war, bat der Pfarrer die Leute, den Rosenkranz um ein Wunder zu beten. Nach vielen Rosenkränzen geschah tatsächlich ein Wunder. Wie aus dem Nichts tauchten Eisbrocken auf dem Fluss auf und bildeten sich aus. Das Eis blieb lange genug bestehen, damit die schweren Steine, das Holz und andere Vorräte den Fluss überqueren konnten. Alle in der Gegend schrieben diese Anomalie der Macht des Rosenkranzes zu und nannten das Eis eine Rosenkranzbrücke. Einige Jahre später wurde ein heiliger Franziskanerpater namens Frédéric Jansoone (1838-1916) in die Gegend geschickt, um dort zu arbeiten. Er war ein eifriger Prediger und wurde zu einem Kämpfer des Rosenkranzes in der gesamten Region.

Weitere Heilige

Als der Rosenkranz immer beliebter wurde, traten immer mehr Heilige in Erscheinung, die ihm sehr zugetan waren. Der heilige Don Bosco (1815-1888) förderte den Rosenkranz in seiner apostolischen Arbeit mit jungen Männern und lehrte sie und alle, die ihm zuhören wollten, dass alle Dämonen der Hölle durch das Beten des Rosenkranzes besiegt werden können. Der heilige Antonius Maria Claret (1807-1870), ein sehr eifriger Bischof und glühender Sohn Mariens, war für die Gründung einer Ordensgemeinschaft verantwortlich, die als Missionarische Söhne des Unbefleckten Herzens Mariens (Claretiner) bekannt ist. Der heilige Antonius betete den ganzen Tag über zahlreiche Rosenkränze und schrieb ein Buch über diese Andacht, in dem er ihre Kraft und ihren Wert erklärte. Die Königin des Himmels war sehr erfreut über seine Bemühungen um die Verbreitung des Rosenkranzes. In seiner Autobiografie verriet er in aller Bescheidenheit einen Grund, warum er sich so eifrig für die Verbreitung des Rosenkranzes einsetzte. Er behauptete, dass Maria ihm bei mehreren Gelegenheiten erschienen sei und ihm ausdrücklich gesagt habe, dass er als „neuer heilige Dominikus“ zur Verbreitung des Rosenkranzes dienen solle. Die Tatsache, dass die Gottesmutter den Rosenkranz mit dem heiligen Dominikus in Verbindung brachte, gibt uns einen Einblick, wie der Himmel die Geschichte und die Ursprünge des Rosenkranzes sieht. Der heilige Claret war der Gottesmutter gehorsam und wurde das, was sie von ihm verlangte. Als er Erzbischof von Santiago, Kuba, wurde, ordnete er an, dass in allen Kirchen seiner Erzdiözese an Sonn- und Festtagen der Rosenkranz gebetet werden sollte. Um sich zu vergewissern, dass dies eingehalten wurde, machte er absichtlich und häufig außerplanmäßige Besuche in den Pfarreien, um nach den Priestern zu sehen.

Ein weiterer Mann des tiefen Gebets, der sich für den Rosenkranz einsetzte, war der Benediktinermönch seliger Columba Marmion (1858-1923). Er förderte die Verehrung des Rosenkranzes sowohl im 19. als auch im 20. Jahrhundert und gilt als einer der einflussreichsten Schriftsteller seiner Zeit. Der selige Marmion verglich die Ave Maria des Rosenkranzes mit den kleinen Kieselsteinen, die David in seiner Schleuder benutzte, um den Riesen Goliath zu besiegen.

In diesem Jahrhundert gründete der Dominikanerpater Damien-Marie Saintourens (1835-1920) 1880 in Calais, Frankreich, die Dominikanerinnen vom Ewigen Rosenkranz. Pater Saintourens war acht Jahre lang Diözesanpriester gewesen, bevor er sich den Dominikanern anschloss und ein eifriger Förderer des Rosenkranzes wurde. Als Kämpfer des Rosenkranzes gründete er überall in Europa und in den Vereinigten Staaten Bruderschaften. Im Jahr 1891 gründete er in New Jersey ein Kloster für die Dominikanerinnen vom Ewigen Rosenkranz. Seine besondere Verehrung galt dem seligen Alfons von Navarrette sowie den 205 Märtyrern von Japan, die er als Märtyrer des Rosenkranzes bezeichnete, da viele von ihnen Mitglieder der Rosenkranzbruderschaft waren.

Er war ihnen so zugetan, dass er 1867 in Rom an ihrer Seligsprechung teilnahm. Pater Saintourens starb 1920 in Camden, New Jersey.

Als Michael J. McGivney (1852-1890) 1882 in New Haven, Connecticut, die Kolumbusritter gründete, wollte er, dass die Ritter den Rosenkranz als geistliche Waffe einsetzen. In gewissem Sinne sind die Kolumbusritter auch Ritter Mariens. Das geistliche Schwert ist Teil ihrer Initiationszeremonie: Jeder Ritter erhält einen Rosenkranz und verspricht, ihn so oft zu beten, wie er kann. Ein Kolumbusritter, der sein geistliches Schwert gegen die Mächte der Finsternis einsetzte, war der heilige Miguel de la Mora (1874-1927). Während des mexikanischen Cristero-Krieges in den 1920er-Jahren wurden viele Kolumbusritter zu Märtyrern. Der heilige Miguel war einer dieser Märtyrer: Er wurde erschossen, während er seinen Rosenkranz betete. Die ugandischen Märtyrer in Afrika, die 1886 als Märtyrer für Reinheit und Treue zum Glauben starben, wurden ebenfalls mit dem Rosenkranz in Verbindung gebracht. Diese Märtyrer waren Kämpfer des Rosenkranzes und ließen ihn nie aus der Hand, selbst als sie lebendig verbrannt wurden.

Eine weitere Kämpferin des Rosenkranzes war die selige Rita Amada de Jesus (1848-1913). Obwohl sie keine Märtyrerin war, lebte sie in einer Zeit der antikatholischen Verfolgung in Portugal und litt viel für ihren Glauben. Ihre Antwort auf den Hass und die antikatholische Stimmung der Glaubensfeinde bestand darin, andere im Glauben zu unterweisen, indem sie ihnen den Rosenkranz beibrachte.

Auch heiligmäßige Dominikaner setzten sich weiterhin für den Rosenkranz ein. Ein solcher Dominikaner war der selige Hyacinth Cormier (1832-1916). Er war von 1904 bis 1916 Ordensmeister des Dominikanerordens und hatte eine große Liebe zur Muttergottes. Er verfasste wunderschöne Gebete zu Ehren des Rosenkranzes. Das folgende Gebet wurde von der

Kirche so gut aufgenommen, dass der heilige Papst Pius X. jedem, der es betete, einen Ablass gewährte:

> O Jungfrau Maria, gewähre, dass das Beten deines Rosenkranzes für mich jeden Tag inmitten meiner vielfältigen Pflichten ein Band der Einheit in meinen Handlungen, ein Tribut der kindlichen Frömmigkeit, eine süße Erfrischung und eine Ermutigung sein möge, freudig auf dem Pfad der Pflicht zu wandeln. Vor allem aber, o Jungfrau Maria, gewähre, dass das Studium deiner 15 Geheimnisse in meiner Seele nach und nach eine leuchtende, reine, stärkende und duftende Atmosphäre bilde, die meinen Verstand, meinen Willen, mein Herz, mein Gedächtnis, meine Fantasie, mein ganzes Wesen durchdringe. So soll ich mir die Gewohnheit aneignen, während der Arbeit zu beten, und zwar ohne formale Gebete, durch innere Akte der Bewunderung und des Flehens oder durch Liebesbeteuerungen. Darum bitte ich dich, o Königin des heiligen Rosenkranzes, durch den heiligen Dominikus, deinen Lieblingssohn, den berühmten Prediger deiner Geheimnisse und treuen Nachahmer deiner Tugenden. Amen.[5]

Ein weiterer Dominikaner, der den Rosenkranz im 19. Jahrhundert förderte, war der heilige Francisco Coll y Guitart (1812-1875). Er war ein enger Freund des heiligen Antonius Maria Claret (des neuen heiligen Dominikus) und gründete ebenfalls eine religiöse Gemeinschaft, die Maria geweiht war. Während eines Bürgerkriegs in Spanien versuchte der heilige Francisco, Spanien wiederzubeleben und seinem Heimatland Frieden zu bringen, indem er die Menschen dazu brachte, der Rosenkranzbruderschaft beizutreten und den ewigen Rosenkranz zu beten. Der heilige Antonius Maria Claret selbst war von den Predigten und der Missionstätigkeit des heiligen Francisco so begeistert, dass er den Papst drängte, ihn zum apostolischen Missionar zu ernennen, was Papst Pius IX. dann auch tat. Während seiner Missionstätigkeit gab der heilige Francisco kleine Broschüren über den Rosenkranz heraus und verteilte sie kostenlos an die Menschen, die seine Missionen besuchten.

Papst Leo XIII. (Der Papst des Rosenkranzes)

Wie alle Mariologen wissen, hat es nie ein Papsttum gegeben, das sich so sehr dem Rosenkranz gewidmet hat, wie das von Papst Leo XIII. (1810-1903). Der älteste Papst der Kirchengeschichte – er war 93 Jahre alt, als er starb – bekleidete das Amt des Stellvertreters Christi 25 Jahre lang. Während dieser 25 Jahre schrieb er nicht weniger als elf Enzykliken über den Rosenkranz sowie unzählige Briefe, Ermahnungen und Botschaften zum Thema Rosenkranz. Seine elf Rosenkranz-Enzykliken entstanden in den Jahren 1883 bis 1898. Während dieser Jahre schrieb er fast jedes Jahr eine Rosenkranz-Enzyklika. Im Folgenden sind seine elf Rosenkranz-Enzykliken in chronologischer Reihenfolge aufgeführt:

1883 – *Supremi Apostolatus Officio*
1884 – *Superiore Anno*
1887 – *Vi é Ben Noto*
1891 – *Oktobri Mense*
1892 – *Magnae Dei Matris*
1893 – *Laetitiae Sanctae*
1894 – *Iucunda Semper Expectatione*
1895 – *Adiutricem Populi*
1896 – *Fidentem Piumque Animum*

1897 – *Augustissimae Virginis Mariae*
1898 – *Diuturni Temporis*

Obwohl Papst Leo XIII. im Jahr 1885 keine Rosenkranz-Enzyklika verfasste, setzte er die Förderung des Rosenkranzes in diesem Jahr in einer anderen Enzyklika mit dem Titel *Quod Auctoritate* fort. In dieser Enzyklika, die nicht dem Rosenkranz gewidmet war, aber einen großen Abschnitt über den Rosenkranz enthielt, rief er ein außerordentliches Jubiläum aus und vertraute es dem Patronat der Muttergottes vom Rosenkranz an. Auch wenn er kein offizielles Dokument über den Rosenkranz verfasste, förderte er ihn in fast allem, was er tat. Fast alle seiner elf Rosenkranz-Enzykliken wurden in Vorbereitung auf den Monat Oktober geschrieben und er ist weitgehend dafür verantwortlich, dass der Oktober zu einem dem Rosenkranz gewidmeten Monat wurde. In seiner Jugend war er sehr vertraut mit dem bäuerlichen Leben und wusste, dass der Oktober der Monat der Ernte ist. Deshalb entschied er sich während seines Pontifikats dafür, im Oktober für den Rosenkranz zu werben, um zu zeigen, dass der Rosenkranz ein Weg ist, um eine reiche Seelenernte einzuholen.

Der Rosenkranzpapst bestätigte alle Rosenkranzablässe, die die Kirche im Laufe der Jahrhunderte angeboten hatte, und bot darüber hinaus seine eigenen an. Er setzte sich besonders für die Ablässe ein, die den Mitgliedern der Rosenkranzbruderschaft angeboten wurden, sowie für die Ablässe, die am Rosenkranzsonntag angeboten wurden. Er war von den Rosenkranzablässen so angetan, dass er, nachdem er 1898 seine letzte Rosenkranzenzyklika verfasst hatte, 1899 eine vollständige und erschöpfende Liste aller mit dem Rosenkranz verbundenen Ablässe genehmigte. Dieses Dokument aus dem Jahr 1899 listete die Ablässe von mehr als 15 Päpsten auf und war so umfassend, dass die Dominikaner es in ihrer Januarausgabe 1900 der Zeitschrift *The Rosary* veröffentlichten. Vor der Liste von Papst Leo XIII. verließen sich die meisten Menschen auf die Liste, die 1886 von dem Dominikanerpater Pater Thomas Maria Leikes aus der deutschen Provinz der Dominikaner veröffentlicht worden war. Seine umfangreiche Liste von Rosenkranzablässen wurde „*Rosa Aurea*" genannt. Pater Leikes' Dokument enthielt 214 offizielle päpstliche Dokumente über den Rosenkranz. Es enthielt die Namen von 39 Päpsten, von Papst Alexander IV. bis hin zu Papst Leo XIII. Es bleibt eine unschätzbare Quelle für jeden Historiker des Rosenkranzes.

Für Papst Leo XIII. war klar, wer den Rosenkranz gegründet hatte: der heilige Dominikus. In den Fußstapfen seiner päpstlichen Vorgänger bekräftigte er wiederholt die fromme Überlieferung. Fast alle seiner elf Rosenkranz-Enzykliken verweisen auf den heiligen Dominikus als Begründer des Rosenkranzes. Er war ein solcher Kämpfer des Rosenkranzes, dass er der Litanei von Loreto den Titel „Königin vom heiligen Rosenkranzes" hinzufügte, die Entwicklung des von Pauline Jaricot gegründeten „Lebendigen Rosenkranzes" förderte und Ludwig von Montfort 1888 seligsprach. Für Leo XIII. war es eine besondere Freude, Ludwig von Montfort seligzusprechen, denn es waren die Schriften und das Zeugnis dieses großen Heiligen, die in ihm eine große Liebe zu Maria und ihrem Rosenkranz geweckt hatten.

Als Rom 1853 erklärte, dass die kürzlich entdeckten Schriften Ludwig von Montfort frei von theologischen Irrtümern seien, machte sich der Mann, der später Papst Leo XIII. werden sollte, mit diesen Schriften vertraut und wurde zu einem Priester, der von der Liebe zur heiligen Jungfrau Maria entflammt war. Während seines gesamten priesterlichen Dienstes, aber vor allem nach seiner Wahl zum Papst, schrieb Leo XIII. viel, um den Rosenkranz zu fördern. Wie alle Kämpfer des Rosenkranzes, die vor ihm kamen, verstand er den Rosenkranz als geistliche Waffe, als evangelisierendes Werkzeug zur Ausbreitung des Reiches Christi und als höchst wirksames Instrument zur Herstellung des Friedens in den Familien, in der Gesellschaft und in der ganzen Welt. Die Lektüre der neu entdeckten Schriften des heiligen Ludwig von Montfort erwies sich als großer Einfluss sowohl auf das priesterliche als auch auf das päpstliche Leben von Leo XIII.

Der andere große Einfluss, der die Liebe von Papst Leo XIII. zum Rosenkranz stärkte, war Lourdes. Als sich die Erscheinungen in Lourdes 1858 ereigneten, war er bereits 48 Jahre alt und seit mehr als 20 Jahren Priester. Lourdes wurde ihm sehr ans Herz gelegt. Ihm gefiel besonders gut, dass Maria mit der heiligen Bernadette Teile des Rosenkranzes betete. Im Jahr 1890 richtete er als Papst das Fest Unserer Lieben Frau von Lourdes ein und legte den 11. Februar als jährlichen Termin für die Feier des Festes fest.

Der selige Bartolo Longo und Unsere Liebe Frau vom Rosenkranz von Pompeji

Eines der unglaublichsten Zeugnisse für die Fähigkeit des Rosenkranzes, eine Seele vom Rande der Hölle zurückzuholen, ist das Leben des seligen Bartolo Longo (1841-1926). Bartolo wuchs in Süditalien zu einer Zeit auf, als Italien eine sehr starke nationalistische Bewegung erlebte. Diese Bewegung war besonders dafür bekannt, dass sie die Menschen vom Katholizismus und seinen Lehren weglenkte. Bartolo geriet während seiner Studienzeit in Neapel in den Sog dieser Bewegung und fiel vom Glauben ab. Er war so vernarrt in die Bewegung und ihre Ideologie, dass er nicht nur den Katholizismus seiner Jugend aufgab, sondern sich auch intensiv mit Spiritismus und Okkultismus beschäftigte. Seine Faszination für Medien und

Hexerei führte dazu, dass er an zahlreichen Séancen teilnahm und schließlich zum Priester des Spiritismus geweiht wurde. Später stellte er fest, dass er in Wirklichkeit ein Diener des Teufels und ein Priester des Satans geworden war.

Im Gegensatz zu dem, was ihm die Anhänger des Okkultismus versprachen, brachte die Abkehr vom Katholizismus und die Weihe zum satanischen Priester Bartolo nicht Frieden und Glück. Das Gegenteil war der Fall. Nach seiner „Weihe" begann er, tiefe Depressionen zu erleben, und litt unter extremen Angstzuständen. Diese geistlichen, psychologischen und emotionalen Probleme veranlassten ihn schließlich, die Hilfe eines katholischen Priesters zu suchen. Auf Anraten von Freunden wurde er zu einem frommen Dominikanerpater, Pater Alberto Radente, geführt. Pater Radente, ein sehr gelehrter Mann, unterwies Bartolo im Glauben und half ihm, sich vom Okkulten abzuwenden und dem Spiritismus zu entsagen. Bartolo entdeckte, dass er, nachdem er dies getan hatte, anfing, Frieden zu erfahren und ein tiefes Verlangen nach einer Bekehrung des Herzens hatte. Es dauerte nicht lange, bis er die falschen Lehren und Praktiken des Spiritismus vollständig ablehnte und sich von ihnen lossagte. In seinem Eifer stürmte er sogar einmal in eine Séance, hob einen Rosenkranz hoch über die Anwesenden und tadelte die Versammlung für das, was sie tat. Er warnte sie, dass ihre Praktiken falsch seien und sie sich dem Katholizismus zuwenden müssten, um die Wahrheit zu finden.

Bartolo war von Beruf Anwalt und setzte nach seiner anfänglichen Bekehrung seine juristische Tätigkeit fort. Da er durch die Unterweisung eines Dominikaners zu Jesus, Maria und der Kirche zurückgeführt worden war, beschloss Bartolo, selbst Dominikaner des Dritten Ordens zu werden. Seine Aufnahmezeremonie fand am Fest Unserer Lieben Frau vom Rosenkranz am 7. Oktober 1871 statt. Im Rahmen der Zeremonie erhielt er den Namen „Br. Rosario". Nachdem er Dominikaner des Dritten Ordens geworden war, reiste er nach Pompeji, um einer wohlhabenden Gräfin namens Marianna de Fusco bei ihren Rechtsangelegenheiten zu helfen. Bei seiner Ankunft in Pompeji war er über den Zustand der Stadt und insbesondere über den geistlichen und materiellen Verfall der Menschen überrascht. Er war schockiert, als er feststellte, dass nur wenige den Katholizismus praktizierten oder seine Lehren verstanden. Viele Menschen waren sogar dem Okkultismus verfallen und praktizierten die gleichen Formen des Spiritismus, die er einst beobachtet hatte. Diese Situation beunruhigte ihn sehr, denn er wusste, dass er selbst während seiner Zeit im Okkultismus viele Menschen vom Katholizismus weggeführt hatte.

Historisch gesehen hatte die Stadt Pompeji keine große Entwicklung mehr erlebt, seit sie 79 n. Chr. unter Vulkanasche begraben worden war. Als Folge der antikatholischen Bewegung in Italien hatten sich die Einwohner von Pompeji von ihrem katholischen Erbe losgesagt und waren geistlich tot. Als er diese Dinge um sich herum sah, verfiel Bartolo in eine schreckliche Depression. Er erkannte, dass es Menschen wie er waren, die dazu beigetragen hatten, das Licht des Glaubens in den Seelen durch die antikatholischen und spiritistischen Bewegungen auszulöschen. Er fürchtete, dass der Teufel, weil er ein geweihter satanischer Priester gewesen war, noch immer einen Würgegriff auf seine Seele hatte. Obwohl Bartolo sich bekehrt hatte, erinnerte ihn die Situation in Pompeji an seine Vergangenheit und verfolgte ihn. Er war am Rande der totalen Verzweiflung und zog sogar den Selbstmord in Betracht.

Während sein Herz immer tiefer in Verzweiflung versank, zwang sich Bartolo, darüber nachzudenken, was Pater Radente einmal über das Leben und die Predigt des heiligen Dominikus gesagt hatte. Er erinnerte sich daran, dass der Rosenkranz im Leben des heiligen Dominikus irrende Seelen zur Wahrheit zurückgebracht und verlorenen Seelen wieder Hoffnung gegeben hatte. Er erinnerte sich daran, dass der Dominikanerpater ihn gelehrt hatte, wie Maria dem heiligen Dominikus einst das Versprechen gegeben hatte, dass diejenigen, die den Rosenkranz beten, das Heil finden werden. Diese Worte wiederholten sich immer wieder in Bartolos Kopf und Herz und waren die Antwort auf seine Verzweiflung. Der Rosenkranz wurde für ihn zum Mittel, die Knechtschaft des Satans für immer zu besiegen. Zu diesem Zeitpunkt, im Jahr 1873, fasste er den festen Entschluss, im Tal von Pompeji zu bleiben und den Rosenkranz zu fördern. Er begann sofort mit der Restaurierung einer alten, baufälligen Kirche.

Neben der Instandsetzung der Kirche wollte er auch die Rosenkranzbruderschaft in Pompeji gründen. Mit Hilfe des Rosenkranzes, seiner Geheimnisse und seiner Bruderschaft wollte er die Menschen wieder zu den Wahrheiten des Katholizismus erziehen. Damals war es jedoch erforderlich, dass die Bruderschaften ein Bild der Muttergottes vom Rosenkranz hatten. Das Bild musste die Muttergottes darstellen, wie sie dem heiligen Dominikus den Rosenkranz übergibt. Bartolo besaß kein solches Bild, konnte aber dank der Großzügigkeit von Pater Radente, der es auf einem Trödelmarkt praktisch umsonst gekauft hatte, eines erwerben. Aufgrund seiner vielen Verpflichtungen konnte Bartolo jedoch nicht nach Neapel zurückkehren, um es selbst abzuholen, und so wurde es von einer Nonne in Neapel aufbewahrt, bis es nach Pompeji geliefert werden konnte. Als das Bild 1875 endlich in Pompeji ankam, befand es sich auf einem Karren mit Dung und war in einem sehr schlechten Zustand. Als Bartolo das Bild sah, war er so verblüfft, wie unansehnlich es war – es war das erste Mal, dass er es sah –, dass er daran dachte, das Bild zurückzuschicken. Er beschrieb es als ein altes, abgenutztes, verblasstes Gemälde mit einer unattraktiven Darstellung des heiligen Dominikus und der heiligen Rosa. Er fand die Darstellung des heiligen Dominikus auf dem Bild so furchtbar geschmacklos, dass es ihm nicht einmal das wenige Geld wert war, das es gekostet hatte. Aus Respekt vor der Nonne und der Freundlichkeit von Pater Radente nahm er das Bild jedoch demütig an.

So wie Bartolo sich um die Restaurierung des Kirchengebäudes bemüht hatte, wollte er nun auch das Bildnis restaurieren lassen. Er wünschte, dass die heilige Rosa durch ein Bild der heiligen Katharina von Siena ersetzt werden sollte, wie es auch in anderen Bruderschaften üblich war. Das Ergebnis der Restaurierung war eine wunderschöne Darstellung von Maria und dem Jesuskind, das dem heiligen Dominikus und der heiligen Katharina den Rosenkranz reicht. Was Bartolo nicht wusste, war, dass das Bild sehr populär werden würde. Gott nutzte es, um Wunder zu bewirken und eine weltberühmte Basilika darum herum zu bauen.

In seinem neu entdeckten Eifer, anderen zu helfen, gründete der selige Bartolo Ordensgemeinschaften, Waisenhäuser, Krankenhäuser, Schulen und viele andere Einrichtungen und Stiftungen als Teil seines Plans, den Katholizismus in die Region zurückzubringen und die antike Stadt Pompeji zu restaurieren. Der Himmel war mit seinen Bemühungen sehr zufrieden und im Jahr 1884 geschah etwas Wunderbares, das die gesamte katholische Welt dazu veranlasste, ihren Blick auf die vergessene Stadt Pompeji zu richten. Ein kleines Mädchen namens Fortuna Agrelli behauptete, eine Vision der Mutter Gottes erhalten zu haben und durch das Rosenkranzbild vom seligen Bartolo geheilt worden zu sein. Fortuna litt seit mehreren Jahren an einer Reihe von Krankheiten. Alle Ärzte, die ihre Eltern konsultiert hatten, hatten sie aufgegeben. Die Familie gab jedoch nicht auf. Sie begannen eine Reihe von drei Novenen, beteten den Rosenkranz insgesamt 27 Tage lang und baten um Heilung für die kleine Fortuna. Am Ende der Novene erschien Fortuna die Königin des Himmels, die genau so aussah wie auf dem Bild der Bruderschaft, das der heilige Bartolo restauriert hatte: Sie erschien mit dem Jesuskind in der Hand und gab dem heiligen Dominikus und der heiligen Katharina von Siena den Rosenkranz. Während der Erscheinung bat das kleine Mädchen Maria um Heilung, indem es sie ausdrücklich als „Unsere Liebe Frau vom Rosenkranz" anrief. Daraufhin teilte Maria dem Mädchen mit, dass dieser Titel ihr sehr gefalle und dass sie geheilt werden würde. Maria teilte ihr auch mit, dass in Zukunft jeder, der Gnaden von Gott erhalten möchte, diese 27-tägige Rosenkranznovene beten und zum Dank weitere 27 Tage (drei weitere Rosenkranznovenen) hinzufügen sollte. Diese Novene wurde als 54-Tage-Rosenkranznovene bekannt und wird oft als „Unwiderstehliche Novene zu Unserer Lieben Frau vom Rosenkranz von Pompeji" bezeichnet.

Die Nachricht von Fortunas Heilung verbreitete sich schnell. Als die Nachricht schließlich Rom erreichte, wurde Papst Leo XIII. noch mehr inspiriert, den Rosenkranz zu fördern, und begann, fast jedes Jahr eine Enzyklika über den Rosenkranz zu schreiben. Das Wunder durch das Bild Unserer Lieben Frau vom Rosenkranz von Pompeji bestätigte die Lehre des Papstes, dass die fromme Überlieferung des Glaubens würdig sei. Der Himmel selbst hatte die fromme Überlieferung durch die Erscheinung an Fortuna bestätigt, da das Wunder durch ein Bild geschah, das den Rosenkranz darstellte, der dem heiligen Dominikus gegeben wurde.

Im Jahr 1885 heiratete der selige Bartolo die Gräfin Marianna de Fusco und gemeinsam setzten sie die Entwicklung des Heiligtums und seiner guten Werke fort. Im Laufe der Zeit beobachteten Bartolo und seine Frau, wie sehr Papst Leo XIII. dem Rosenkranz zugetan war. Als Papst Leo XIII. 1903 starb, beschloss das Ehepaar, das gesamte Heiligtum Unserer Lieben Frau vom Rosenkranz von Pompeji dem Heiligen Stuhl zu schenken. Es dauerte mehrere Jahre, bis alle Einzelheiten geklärt waren, aber schließlich wurde das Heiligtum 1906 dem Heiligen Stuhl übergeben.

Der selige Bartolo lebte noch 20 Jahre lang und führte weiterhin große Werke der Nächstenliebe in Pompeji durch. Sein Apostolat war sehr fruchtbar und trug sogar dazu bei, seine Mitarbeiter zu Heiligen zu machen. Bartolo vermittelte seinem Arzt, dem heiligen Joseph Moscati (1880-1927), eine große Liebe zum Rosenkranzgebet. Der heilige Moscati war im Laufe der Jahre zu einem engen Freund Bartolos geworden und kam häufig von Neapel nach Pompeji, um seinen Freund zu sehen und das Heiligtum zu besuchen. Der heilige Arzt betete jeden Tag den Rosenkranz und ging nie ohne seine Perlen in der Tasche aus dem Haus.

Heute ist die von Bartolo Longo restaurierte Kirche zur Basilika erklärt und offiziell zum Päpstlichen Heiligtum Unserer Lieben Frau vom Rosenkranz von Pompeji ernannt. Sie wird jedes Jahr von Millionen von Pilgern besucht. Der selige Bartolo Longo hat sich die Ehre erworben, einer der größten Kämpfer des Rosenkranzes in der Geschichte der Kirche geworden zu sein.

Das 20. Jahrhundert: Marienerscheinungen und Apostel des Rosenkranzes

Die Königin des Himmels hat im 20. Jahrhundert eine noch nie dagewesene Anzahl von Rosenkranzkämpfern hervorgebracht. Es gab große Bedrohungen für die Kirche und heldenhafte Männer und Frauen wurden gebraucht, um das geistliche Schwert zu schwingen. Zu Beginn des Jahrhunderts stellten der Modernismus und der Missbrauch der historisch-kritischen Methode der Wissenschaft eine ernsthafte Bedrohung für die Kirche und ihre Lehren dar. Der Modernismus wollte die Überlieferungen der Vergangenheit abschaffen und die falsche Anwendung der historisch-kritischen Methode versuchte, die wundersamen Ereignisse der Vergangenheit umzudeuten und sie als weltliche Legenden abzutun. Dies führte zu Verwirrung unter den Gläubigen und beeinträchtigte die Rosenkranzbeter sehr.

Als das lange Pontifikat von Leo XIII. 1903 zu Ende ging, starteten Modernisten und Kritiker sofort einen umfassenden Angriff auf die Geschichte der Ursprünge des Rosenkranzes. Papst Leo XIII. kannte zwar die Kritik an der frommen Überlieferung, schenkte ihr aber keine Beachtung. Nun aber waren die Modernisten und Kritiker überall – sogar innerhalb des Dominikanerordens. Tatsächlich begann ein geistlicher Sohn des heiligen Dominikus, die Anklage gegen die fromme Überlieferung anzuführen. Dennoch hatte der Himmel die neuen Kritiker vorausgesehen. Im Jahr 1911 wurde die erste Ausgabe von *Der heilige Rosenkranz – das wunderbare Geheimnis der Bekehrung und des Heiles* gedruckt und gab Antworten auf die von den Modernisten und Kritikern in Umlauf gebrachten

Fragen/Behauptungen/Anklagen/Gerüchte. Leider behandelten die meisten Kritiker das Buch *Der heilige Rosenkranz – das wunderbare Geheimnis der Bekehrung und des Heiles* als unzuverlässige Quelle und ignorierten es. Dies veranlasste den göttlichen Handwerker, die Jungfrau Maria von Erscheinung zu Erscheinung zu schicken, wobei sie den Rosenkranz hervorhob, indem sie ihn in der Hand hielt, andere zum Beten aufforderte und eine Rosenkranzarmee aufstellte. In einer dieser Erscheinungen gab sie sogar eine himmlische Perspektive über die Gültigkeit der frommen Überlieferung.

Einer der größten Kämpfer des Rosenkranzes im 20. Jahrhundert war der Diener Gottes Josef Kentenich (1885-1968). Er fasste die Gefahren zusammen, die der Modernismus für die Seelen darstellte, und den großen Triumph, den Maria über ihn und alle anderen Irrlehren haben würde. Er erklärte:

> Der Modernismus unserer Tage, die Zusammenfassung aller Häresien, mag mit neuer Gewalt an den Grundfesten unseres heiligen Glaubens rütteln; selbst katholische Gelehrte in aller Welt mögen bewusst oder unbewusst danach streben, die Kirche in den Tod zu führen – wir müssen uns nicht fürchten. Die Königin der Apostel wird über ihr Amt wachen. Wie in der Vergangenheit, so wird die Kirche auch jetzt wieder siegreich aus dem Kampf hervorgehen.[1]

Das 20. Jahrhundert war in der Tat ein Jahrhundert der Modernisten, Skeptiker und Kritiker, aber es war auch ein Jahrhundert der Erscheinungen, der Mystiker, der Märtyrer und der großen Herolde des Rosenkranzes.

Pater Thomas Esser OP

Weniger als ein Jahr nach dem Tod von Papst Leo XIII. begann ein deutscher Dominikaner, die fromme Überlieferung heftig zu kritisieren. Der Name dieses Priesters war Pater Thomas Esser (1850-1926). Pater Esser war ein gelehrter und bekannter Dominikaner, der als Sekretär für die Heilige Kongregation des Index in Rom tätig war. Diese Heilige Kongregation war damals für den Index der verbotenen Bücher zuständig. Während des Pontifikats von Leo XIII. hatte Pater Esser bereits mehrere Artikel veröffentlicht, die sich kritisch mit der frommen Überlieferung auseinandersetzten, doch die meisten dieser Artikel blieben von der breiten Öffentlichkeit unbemerkt, da sie in wissenschaftlichen Zeitschriften veröffentlicht wurden.

Pater Esser war einer der ersten Dominikaner, der die fromme Überlieferung in Frage stellte. Andere Gelehrte waren überrascht, dass ein geistlicher Sohn des heiligen Dominikus die Überlieferung seines eigenen Ordens in Frage stellte. Pater Esser kannte jedoch die Position von Papst Leo XIII. und seinen Vorgängern zu diesem Thema und behauptete in seinen Artikeln immer, dass seine Ideen nur Theorien seien. Doch 1904, nach dem Tod von Papst Leo XIII., begann Pater Esser, Artikel für die breite Öffentlichkeit zu veröffentlichen, in denen er die fromme Überlieferung scharf kritisierte. Konkret veröffentlichte er von 1904 bis 1906 in der deutschen Zeitschrift *Der Katholik* eine Reihe von acht Artikeln, in denen er seine Argumente gegen die fromme Überlieferung darlegte.

Die von Pater Esser vorgetragenen Theorien waren im Wesentlichen Wiederholungen der Kritik der Bollandisten, insbesondere von Pater Cuypers aus dem 18. Jahrhundert. Seine erste Theorie war, dass es den Rosenkranz schon vor dem heiligen Dominikus gab, da er alte Dokumente gefunden hatte, die bezeugen, dass ein marianischer Psalter schon vor der Lebenszeit des heiligen Dominikus an einer Perlenkette gebetet wurde. Pater Esser war der Meinung, dass dies beweise, dass der heilige Dominikus nicht der Begründer des Rosenkranzes sei. Dieses Argument beruhte auf der Behauptung von Pater Esser, dass es weder vom heiligen Dominikus noch von den frühen Dominikanern alte Dokumente gab, in denen der Rosenkranz erwähnt wurde. Die Schwäche seines Arguments (die er selbst voll und ganz anerkannte) war, dass der marianische Psalter, der vor dem heiligen Dominikus existierte, keine Geheimnisse mit sich brachte und daher nicht wirklich dasselbe war wie der dominikanische Rosenkranz, den wir heute kennen. Als er die Schwäche dieses Arguments erkannte, bot er eine zweite Theorie an.

Ähnlich wie die Bollandisten vertrat Pater Esser die Ansicht, dass der Rosenkranz, da keine Dokumente des heiligen Dominikus oder der frühen Dominikaner über den Rosenkranz existierten, zu einem späteren Zeitpunkt entstanden sein könnte. Nachdem er die seiner Meinung nach frühesten Texte über den Rosenkranz in den Schriften des Dominikaners Alanus de Rupe aus dem 15. Jahrhundert gefunden hatte, behauptete er, dass Alanus der Begründer sei. Allerdings gab es ein Problem. In seinen Schriften behauptete der selige Alanus nie, der Begründer des Rosenkranzes zu sein. Er selbst behauptete immer, der heilige Dominikus sei der Begründer der Andacht. Der selige Alanus behauptete nur, derjenige zu sein, der den Rosenkranz erneuerte. Da er einen Ausweg aus diesem Dilemma suchte, stellte Pater Esser die seltsame Behauptung auf, dass der selige Alanus de Rupe den Gründer der Dominikaner (den heiligen Dominikus) aus dem 13. Jahrhundert mit dem Kartäusermönch Dominikus von Preußen aus dem 15. Jahrhundert verwechselt habe. Nach Meinung von Pater Esser war Dominikus von Preußen der Gründer des Rosenkranzes und nicht der heilige Dominikus. Er behauptete dies nicht nur, weil die beiden Dominikaner denselben Vornamen trugen, sondern weil der Kartäuser in dem alten Dokument von Dominikus von Preußen angab, dass er der erste Mensch war, der die Geheimnisse des Rosenkranzes niederschrieb.

Die Schlussfolgerungen von Pater Esser sind so sehr mit Schwächen behaftet, dass er selbst ihre Grenzen anerkannte. Tatsächlich sind seine Theorien mit den neuen Entdeckungen, die seit seinem Tod gemacht wurden, in sich zusammengebrochen und die Glaubwürdigkeit der frommen Überlieferung wurde bestärkt. Als er zum Beispiel seine erste Theorie vorstellte, bemerkte Pater Esser zu Recht, dass ein Großteil des Rosenkranzes bereits vor dem Leben des heiligen Dominikus existierte. Heute zweifelt niemand mehr daran, dass der marianische Psalter und die Gebetsperlen schon vor dem heiligen Dominikus existierten. Was Pater Esser jedoch nicht ganz begriff, war, dass er die Vorläufer des Rosenkranzes entdeckt hatte und nicht den Rosenkranz selbst. Es kann keinen Rosenkranz geben, wenn es keine Mysterien gibt.

Was seine zweite Theorie betrifft, so hätte eine rein historisch-kritische Herangehensweise an das Thema zu der Zeit, als er schrieb, seine Erkenntnisse bestätigt. Inzwischen sind jedoch Dokumente entdeckt worden, die beweisen, dass Dominikus von Preußen nicht der Erste war, der die Rosenkranzgeheimnisse niederschrieb. Konkret wurde 1977 ein Dokument aus dem Jahr 1300 gefunden, das die Rosenkranzgeheimnisse enthält. (Siehe den Abschnitt „Neue Entdeckungen" in diesem Kapitel, um mehr über diese und andere neuere Entdeckungen zu erfahren.)

Die Kritik von Pater Esser an der frommen Überlieferung endete abrupt im Jahr 1907, und das aus gutem Grund. Im Jahr 1907 veröffentlichte der heilige Papst Pius X. seine berühmte Enzyklika gegen den Modernismus, *Pascendi Dominici Gregis*. Vier Jahre später, im Jahr 1911, wurde *Der heilige Rosenkranz*

– *das wunderbare Geheimnis der Bekehrung und des Heiles* zum ersten Mal gedruckt. Die Geschichte des Rosenkranzes, die der kürzlich seliggesprochene Dominikaner des Dritten Ordens, Ludwig von Montfort, vorstellte, widersprach völlig den Theorien von Pater Esser. Das Buch bestätigte, dass der heilige Dominikus der Begründer des Rosenkranzes war, hielt an der frommen Überlieferung fest und erwähnte (sehr zur Bestürzung der Kritiker) sogar Dominikus von Preußen und seine kontemplative Version des Rosenkranzes, ohne jedoch zu behaupten, dass er der Begründer war. Das Buch bestätigte auch, dass der selige Alanus de Rupe nicht der Begründer des Rosenkranzes war, sondern nur der Dominikaner, der ihn im 15. Jahrhundert erneuerte. Angesichts dieser neuen Beweise, die gegen seine Theorien sprachen, stellte Pater Esser seine Kritik ein und wollte sich nicht mehr an der Argumentation gegen die Rosenkranzüberlieferungen beteiligen.

Interessanterweise wurde Pater Esser, nachdem er seine Feder gegen die fromme Überlieferung niedergelegt hatte, 1917 zum Titularbischof geweiht. Ein Titularbischof ist ein bischöfliches Amt, bei dem man nicht für eine Diözese zuständig ist. In seiner neuen Funktion sollte er in Rom für das Heilige Offizium arbeiten. Im Jahr 1917, demselben Jahr, in dem er zum Bischof ernannt wurde, wurde die Heilige Kongregation für den Index aufgelöst. Die Zuständigkeiten der aufgelösten Kongregation gingen auf das Heilige Offizium über, das heute als Heilige Kongregation für die Glaubenslehre bekannt ist. Das Jahr 1917 war auch das Jahr, in dem die Rosenkranz-Erscheinungen von Fátima stattfanden. Obwohl Pater Esser seine Kritik an der Rosenkranzüberlieferung eingestellt hatte, legten seine früheren Artikel leider den Grundstein für andere Autoren, die fromme Überlieferung anzugreifen. Vor allem ein sehr modernistisch eingestellter Jesuit knüpfte an die Kritik von Pater Esser an und begann, seine Theorien so darzustellen, als seien sie Fakten.

Pater Herbert Thurston SJ

Wer die Geschichte des Rosenkranzes studiert hat, weiß, dass der englische Jesuit Pater Herbert Thurston (1856-1939) dafür verantwortlich war, fast die gesamte katholische Kirche davon überzeugt zu haben, dass die fromme Überlieferung ein Mythos ist.

Dieser Pseudo-Bollandist schrieb unablässig über jedes erdenkliche Thema seiner Zeit. Seine tägliche Routine bestand darin, Artikel zu recherchieren und zu verfassen, die in Zeitschriften und Magazinen veröffentlicht wurden, die in der ganzen Welt gelesen wurden. Man schätzt, dass er im Laufe seines Lebens mehr als 800 Artikel geschrieben und mehr als ein Dutzend Bücher verfasst hat. Mindestens 150 seiner Artikel wurden für die erste Ausgabe der *Catholic Encyclopedia* verfasst, die 1907 erschien. Als die *Catholic Encyclopedia* 1914 fertiggestellt war, wurde sie in der gesamten katholischen Welt verbreitet. Die meisten Leser der Artikel in der *Catholic Encyclopedia* gingen davon aus, dass sie die offizielle katholische Position zu dem jeweiligen Thema vertraten. Der einflussreichste Artikel von Pater Thurston in der *Catholic Encyclopedia* war der über den Rosenkranz. Dieser Artikel wurde rund um den Globus von Laien, Priestern und Bischöfen gelesen und als offizielle Position der Kirche zum Rosenkranz und seinen Ursprüngen angesehen.

Im selben Jahr, in dem die *Catholic Encyclopedia* ins Leben gerufen wurde (1907), veröffentlichte der heilige Papst Pius X. seine Enzyklika gegen den Modernismus *Pascendi Dominici Gregis*. In diesem tiefgründigen Dokument wetterte der Papst gegen diejenigen, die die Irrtümer des Modernismus verbreiteten, und stellte fest, dass die Modernisten in der Lage waren, viele zu beeinflussen, weil sie Gläubige, Theologen, Historiker, Kritiker, Apologeten, Reformer und oft auch Priester waren.

Pius X. betonte, dass die größte Gefahr, die von den Modernisten ausging, ihre Fähigkeit war, sowohl lobenswerte Artikel über den Glauben als auch Schriften zu verfassen, die der Kirche und ihren Überlieferungen feindlich gegenüberstanden. Zu Letzteren bemerkte Papst Pius X. Folgendes:

> Schreibt man [die Modernisten] Geschichte, so stellt man, unter dem Schein der Objektivität, mit sichtlichem Vergnügen alles ans Licht, was für die Kirche einen Makel bedeuten könnte. Fromme Volksüberlieferungen versucht man nach einem vorgefassten Urteil mit aller Entschiedenheit herabzusetzen. Altehrwürdige Reliquien gibt man der Verachtung preis. Die Eitelkeit verlangt, in der Welt von sich reden zu machen. Man ist der Meinung, dies nicht erreichen zu können, wenn man nur das wiederholt, was schon immer und allgemein gesagt wurde. Vielleicht ist man dabei sogar überzeugt, man würde Gott und der Kirche dadurch einen Dienst erweisen. Tatsächlich aber wird dadurch schwer gefehlt, nicht nur allein durch die Arbeiten selbst, sondern noch mehr durch die Gesinnung, woraus diese entstehen.[2]

Die obige Aussage sollte man im Hinterkopf behalten, wenn wir einen tieferen Blick auf den Geist werfen, in dem Pater Thurston – ein Gläubiger, Theologe, Historiker, Kritiker, Apologet, Reformer und Priester – seine historischen und theologischen Forschungen über den Rosenkranz betrieb.

Man hätte erwartet, dass Pater Thurston, ein Jesuitenpater, Mitglied einer Marianischen Kongregation, ein Kämpfer der frommen Überlieferung und ein Kämpfer des Rosenkranzes gewesen wäre. Leider war das Gegenteil der Fall. Fast alle Artikel von Pater Thurston über katholische Themen brachten eine extreme Skepsis gegenüber Wundern zum Ausdruck, insbesondere gegenüber Wundern, die mit dem Leben der Heiligen in Verbindung stehen. Es war zu seinen Lebzeiten kein Geheimnis, dass er stark modernistische Tendenzen hatte und ein kontroverser und verfänglicher Geschichtskritiker war, der oft im Widerspruch zu den Überlieferungen und Lehren der Kirche stand. Merkwürdigerweise wurde seine Kritik an der frommen Überlieferung jedoch von vielen in der Kirche gelobt und als wissenschaftlich unwiderlegbar angesehen. Wie der heilige Papst Pius X. in *Pascendi Dominici Gregis* gewarnt hatte, war der Modernismus in die Kirche eingedrungen.

Was Pater Thurstons Darstellung der Ursprünge des Rosenkranzes besonders überzeugend und maßgebend machte, war die Tatsache, dass er einen geistlichen Sohn des heiligen Dominikus (Pater Esser, der im vorigen Abschnitt besprochen wurde) zitieren konnte, der die fromme Überlieferung kritisiert hatte und nun Bischof in Rom war. Außerdem machte Pater Thurstons eifriger Gebrauch der sehr populären historisch-kritischen Methode ihn fast unantastbar, da so viele andere Gelehrte die gleiche Methode in ihren Forschungen und theologischen Untersuchungen verwendeten. Die Methodik von Pater Thurston in Frage zu stellen, hieße, die Anwendung der historisch-kritischen Methode in Frage zu stellen. Im Wesentlichen unterschieden sich die Ideen von Pater Thurston nicht von denen, die zuvor von den Bollandisten Pater Cuypers und Pater Esser vorgebracht worden waren. In seinen Artikeln präsentierte Pater Thurston seine Ideen jedoch nicht nur als Theorien. Vielmehr „dogmatisierte“ er seine Schlussfolgerungen und stellte sie als Fakten dar. Wenn es jemand wagte, seine Gelehrsamkeit oder seine Schlussfolgerungen in Frage zu stellen, schlug Pater Thurston zurück, indem er antagonistische und diffamierende Artikel zur Verteidigung seiner Positionen veröffentlichte.

Es gab jedoch viele, die bereit waren, einen theologischen Kampf mit Pater Thurston aufzunehmen, weil er versuchte, die

Position der Kirche zur frommen Überlieferung zu ändern. Pater Joseph Crehan SJ, der Biograf von Pater Thurston, machte diesbezüglich folgende Bemerkung „Seine [Pater Thurstons] Forschungen [über den Rosenkranz] erregten großes Aufsehen und es wurde eine Kontroverse über ihn entfacht, denn es schien einigen, dass sein Ziel nicht darin bestand, das Verständnis für den Rosenkranz zu fördern, sondern die Ausübung der Andacht zu verhindern."[3] In der Tat tobte ein Kampf um den Ursprung des geistlichen Schwertes und es war kein Kampf, der nur von Kämpfern aus Fleisch und Blut ausgetragen wurde. Es war ein Kampf, an dem Geister beteiligt waren – einige heilig, andere überhaupt nicht heilig.

Etliche heilige Dominikaner traten zur Verteidigung der dominikanischen Rosenkranzüberlieferung auf und stellten Pater Thurston wegen seines Bestrebens, die Geschichte des Rosenkranzes durch seine allgegenwärtigen Veröffentlichungen neu zu schreiben, zur Rede. Dominikanische Gelehrte wie Pater John Proctor, Pater Reginald Walsh und Pater Wilfrid Lescher verteidigten die Rosenkranzüberlieferung und lieferten sich literarische Auseinandersetzungen mit Pater Thurston in verschiedenen weitverbreiteten katholischen Publikationen. Eine dieser Auseinandersetzungen fand zwischen Pater Thurston und Pater Andrew Skelly OP, einem Priester der Westprovinz der Dominikaner in den Vereinigten Staaten, über den Rosenkranzartikel in der *Catholic Encyclopedia* statt. Die Debatte dauerte von Oktober 1912 bis Februar 1913.

Pater Thurston lebte für das Drama der Kontroverse und liebte es, sich in Debatten mit Dominikanern zu verwickeln. Dies führte zu einer Kontroverse zwischen Pater Thurston und Pater Skelly, als Letzterer eine Predigt in einer Gemeinde in Oregon hielt, in der er den heiligen Dominikus als Gründer des Rosenkranzes bezeichnete. Ein anonymer Autor erklärte in einer Lokalzeitung, dass Pater Skellys Behauptung im Widerspruch zu dem kürzlich in der *Catholic Encyclopedia* erschienenen maßgeblichen Artikel von Pater Thurston über die Geschichte des Rosenkranzes stehe. Als Pater Skelly die Behauptungen des Artikels widerlegte, reichte Pater Thurston selbst einen Artikel in der Lokalzeitung ein, in dem er gegen Pater Skelly argumentierte. Daraufhin konterte Pater Skelly mit zahlreichen Artikeln, die bewiesen, dass der heilige Dominikus der Gründer des Rosenkranzes war. Die Antwort von Pater Thurston auf die gelehrten und gut geschriebenen Artikel von Pater Skelly war völliges Schweigen. Pater Thurston hatte seinen Meister gefunden.

Pater Skelly war sich bewusst, dass die Schriften von Pater Thurston große Verwirrung gestiftet hatten, und schrieb mehr über das Thema und fasste seine Verteidigung der frommen Überlieferung in einer Broschüre mit dem Titel *St. Dominic and the Rosary or Was He Its Founder?* [Der heilige Dominikus und der Rosenkranz oder War er sein Begründer?] zusammen, die im Oktober 1913 erschien. In der Einleitung erklärt Pater Skelly, warum er die Broschüre verfasst hatte:

> Da Pater Thurston es nicht für gut befunden hat, die Korrespondenz fortzusetzen, und da sein schlecht informierter und irreführender Artikel in der „*Catholic Encyclopedia*" eine ständige Herausforderung für die Wahrheit der Überlieferung und eine Quelle der Störung für die Frömmigkeit der Gläubigen in diesem und anderen englischsprachigen Ländern ist, hielt ich es für gut, die Korrespondenz in Form einer Broschüre herauszugeben.[4]

Pater Skelly hielt Pater Thurston für einen „notorischen Bilderstürmer" und seinen Rosenkranzartikel in der *Catholic Encyclopedia* für eine historische und theologische Travestie. Er wusste sehr wohl, dass der Artikel in der *Catholic Encyclopedia* als offizielle Position der Kirche angesehen werden würde und bedauerte zutiefst, dass er gedruckt werden durfte. Er fasste sein Anliegen mit diesen Worten zusammen:

> Was mir bedauerlich erscheint, ist, dass diese gegenteilige Ansicht [von Pater Thurston], die, wie manche meinen, entgegen der überwältigenden Überlieferung der Kirche voreilig vorgebracht wurde, von den flüchtigen Seiten einer Zeitschrift, wo man ihr begegnen und ihre Wertlosigkeit aufzeigen konnte, in die Spalten eines ständigen Nachschlagewerks, wie es die „*Catholic Encyclopedia*“ ist, übertragen wird.[5]

Pater Skellys Bedenken waren völlig berechtigt; leider wurde im Laufe der Zeit das, was er befürchtet hatte, Wirklichkeit. Pater Thurstons Artikel in der *Catholic Encyclopedia* wurden als Tatsache betrachtet und als offizielle Stellungnahme der Kirche zu diesem Thema verstanden. Ungeachtet der Tatsache, dass seine Position der frommen Überlieferung widersprach, akzeptierte fast jeder seine Schlussfolgerungen. In dieser Hinsicht hatte Pater Thurstons Biograf recht, als er feststellte: „Man kann sagen, dass seine [Pater Thurstons] Arbeit [gegen die fromme Überlieferung] die Tendenz der katholischen Lehre zu diesem Thema verändert hat.“[6]

Wie es dazu kommen konnte, dass ein Mann im Alleingang die fromme Überlieferung zerstören konnte, ist ein Rätsel. Schließlich stützten sich seine Schlussfolgerungen auf negative Argumente und widersprachen der Lehre der Päpste. Seine Argumente waren insofern negativ, als sie sich auf einen „Mangel“ an dokumentarischen Beweisen für den Rosenkranz aus dem Leben des heiligen Dominikus stützten. Er war nie in der Lage, einen positiven Beweis dafür zu erbringen, dass der

Rosenkranz nicht vom heiligen Dominikus gegründet worden war. Die 180-Grad-Wende im katholischen Denken in dieser Angelegenheit ist in der Tat rätselhaft, zumal nur wenige Jahre zuvor die großen Rosenkranz-Enzykliken von Papst Leo XIII. sowie das Meisterwerk *Der heilige Rosenkranz – das wunderbare Geheimnis der Bekehrung und des Heiles* von Ludwig von Montfort veröffentlicht worden waren. Der einzige Weg, um zu verstehen, wie Pater Thurston das erreichen konnte, was er tat, ist, den Geist zu betrachten, der hinter seiner Gelehrsamkeit steht. Die Feder und derjenige, der sie führt, sind untrennbar miteinander verbunden, und es lässt sich nicht leugnen, wenn man sich mit dem Leben und dem Einfluss von Pater Thurston befasst, dass einige Aspekte seines Lebens und seiner Absichten sowohl hinterhältig als auch beunruhigend sind. Insbesondere gibt es drei Bereiche in seinem Leben, die erklären könnten, wie ein Mann die Macht haben konnte, eine katholische Überlieferung zu verändern: 1.) seine lebenslange Faszination für das Okkulte und seine Beteiligung am Spiritismus, 2.) seine modernistischen Tendenzen und seine Verbindung mit dem exkommunizierten Jesuitenpater Pater George Tyrrell, und 3.) seine extreme Skepsis gegenüber Wundern, insbesondere im Leben der Heiligen.

Von Jugend an war Herbert Thurston auf skandalöse Weise mit dem Spiritismus und seinen Praktiken vertraut. Laut seiner eigenen schriftlichen Aussage begann seine Verbindung zum Spiritismus, als er acht Jahre alt war. Sein Vater entwickelte eine tiefe Freundschaft mit einem Mann namens J. H. Powell, einem berühmten Anhänger des Spiritismus und Herausgeber der spiritistischen Zeitschrift *Spiritual Times*. Während der gesamten Jugendzeit von Pater Thurston war J. H. Powell, wie Pater Thurston sagt, „ein ständiger Besucher in unserem Haus“.[7] Während dieser Besuche beschäftigte sich Powell mit den spiritistischen Praktiken des Mesmerismus, der Gedankenkontrolle und der Hypnose.[8] Diese frühen Erfahrungen ließen den Jungen eine sehr wohlwollende und positive Einstellung zum Spiritismus entwickeln, bevor er zum Jesuitenpater geweiht wurde. Als Jesuitenpater schloss Pater Thurston in Anlehnung an seinen Vater auch eine sehr enge Freundschaft mit einem berühmten Medium, Bertha Hirst. Wenn sie sich trafen, dann nicht, um den Rosenkranz zu beten oder um die Fürsprache der Heiligen zu bitten.[9]

Jahre, bevor er seine Freundschaft mit Bertha Hirst begann, hatte Pater Thurstons Freund Pater George Tyrrell, der berüchtigte exkommunizierte Jesuitenpater, Thurston ermutigt, Mitglied der Gesellschaft für Psychische Forschung (SPR) zu werden. Von Beginn ihrer Freundschaft an hatte Pater Tyrrell Thurstons Interesse am Spiritismus gefördert und wünschte sich, dass sein jesuitischer Mitbruder den „Mut" aufbrächte, über den Tellerrand des katholischen Dogmas und der päpstlichen Verlautbarungen hinauszuschauen. So wurde Pater Thurston, ermutigt und unterstützt von Pater Tyrrell, 1919 offizielles Mitglied der SPR. Er trat der SPR bei, wohl wissend, dass es sich um eine Gruppe handelte, die sich der Erforschung der zahlreichen Praktiken der Spiritisten widmete, und dass seine Teilnahme an solchen Veranstaltungen obligatorisch war. Die SPR war auch dafür bekannt, dass sie dem Glauben, den Lehren und der Frömmigkeit der katholischen Kirche feindlich gegenüberstand. Sie war keine Organisation, die sich für die Heiligen, Mystiker und Wunder des Katholizismus interessierte. Die SPR konzentrierte ihre Forschungen auf Medien, Poltergeister, Geister, Vampire und Magier sowie auf diejenigen, die an Séancen, Nekromantie, Channeling, Telepathie und Hellsehen teilnahmen. Die SPR vertrat die Auffassung, dass eine Person nur dann als „Experte für Spiritismus" gelten konnte, wenn sie an paranormalen Ereignissen teilnahm und Séancen besuchte – alles gefährliches Terrain, insbesondere für einen katholischen Priester. Pater Thurston hat nie öffentlich zugegeben, dass er an Séancen teilgenommen hat – er wusste, dass dies von der katholischen Kirche absolut verboten war –, aber er hat es auch nie öffentlich geleugnet. Seine Freunde in der SPR erklärten jedoch öffentlich, dass er als Teil der Organisation an Séancen teilnahm.[10] Seine Verbindung mit der SPR erklärt, warum er sich beharrlich weigerte, als katholischer Lehrer oder Ausbilder in geistlicher oder mystischer Theologie bezeichnet zu werden. Er bestand stets darauf, als „Experte für Spiritismus" bezeichnet zu werden.

Die Mitglieder der SPR hielten Pater Thurston kaum für einen katholischen Priester, da er ihren Ansichten und Praktiken so wohlwollend gegenüberstand. Tatsächlich verglichen viele Spiritisten ihn mit einem der Ihren. Als Pater Thurston am 3. November 1939 starb, wurde er in der Ausgabe der *Psychic News* vom 11. November als großer Freund der Spiritisten gepriesen und es wurde bestätigt, dass er tatsächlich an vielen Séancen teilgenommen hatte. Diese Nachricht löste bei den Gläubigen große Verwirrung aus. Nach dem Vorbild eines so berühmten Jesuitengelehrten begannen auch viele Katholiken, an Séancen teilzunehmen. Bis heute werden viele Bücher von Pater Thurston von Mitgliedern der New-Age-Bewegung und Okkultisten gelesen und beworben.

Das Sprichwort ist wahr: Wer mit dem Feuer spielt, kommt darin um. Ein solcher Mensch hinterlässt auch den Geruch des Feuers auf allem, was er berührt. Dies gilt insbesondere für die Schriften von Pater Thurston. Die schädlichen Auswirkungen der Flammen des Spiritismus zeigten sich in der großen Mehrheit seiner Schriften, die sich mit katholischen Andachten und Frömmigkeitspraktiken befassten. Gelegentlich widersprachen seine Schriften absichtlich der katholischen Lehre. So stellte er beispielsweise in der englischen Zeitschrift *The Month* die Nekromantie (Kommunikation mit den Toten) positiv dar.[11] Diese Artikel mussten von vier Theologen in Rom geprüft werden, da sie im Widerspruch zur kirchlichen Lehre standen. Seine Jesuitenoberen in England führten ebenfalls eine eigene Untersuchung über Pater Thurstons Haltung zur Nekromantie durch. Anfang 1917, nachdem die Untersuchungen abgeschlossen waren, rügten ihn sowohl der Vatikan als auch seine Jesuitenoberen, weil er Lehren verbreitet hatte, die dem Glauben zuwiderliefen. In einem Versuch, den Schaden, den Pater Thurston angerichtet hatte, wiedergutzumachen, gab das Heilige Offizium in Rom im April 1917 ein offizielles Schreiben heraus, in dem die Katholiken darüber informiert wurden, dass es ihnen absolut verboten sei, Nekromantie zu praktizieren.[12] Überraschenderweise erschienen Pater Thurstons unorthodoxe Ideen in anderen Bereichen weiterhin in seinen Schriften und wurden nicht in Frage gestellt.

Ein weiterer problematischer Bereich im Leben und in den Schriften von Pater Thurston war sein modernistischer Ansatz zu historischen und theologischen Themen. Als der heilige Papst Pius X. 1907 die Enzyklika *Pascendi Dominici Gregis* gegen den Modernismus schrieb, reagierte einer der besten Freunde von Pater Thurston sofort, indem er Artikel gegen die Enzyklika verfasste. Dieser Priester war Pater George Tyrrell. Wie Thurston war auch er ein Jesuit, ein Modernist und in Opposition zu vielen Lehren der Kirche. Schließlich wurde Pater Tyrrell vom Priesteramt suspendiert, aus dem Jesuitenorden ausgeschlossen und von Papst Pius X. exkommuniziert. Leider starb Pater Tyrrell 1909, ohne sich mit der Kirche versöhnt zu haben.

Vor dem Tod von Pater Tyrrell hatte Pater Thurston einen Brief an den Vatikan geschrieben, in dem er versuchte, die modernistischen Positionen von Pater Tyrrell zu verteidigen, und sogar dreist behauptete, dass die kirchlichen Autoritäten in Rom, weil sie die englische Sprache nicht gründlich genug beherrschten, nicht in der Lage seien, die Genialität von Pater Tyrrells Gedanken zu verstehen oder zu würdigen. Pater Thurston versuchte sogar, den Vatikan dazu zu bewegen, dem exkommunizierten Jesuiten zu erlauben, weiterhin die Heilige Messe zu feiern, obwohl Pater Tyrrell nicht an die Realpräsenz Jesu Christi in der Eucharistie glaubte.[13]

Pater Thurstons negativer Einfluss auf die Kirche endete nicht mit seinem Angriff auf den Rosenkranz oder dem Versuch, die Exkommunikation von Pater Tyrrell rückgängig zu machen. Seine modernistische Agenda setzte sich in seinen Versuchen fort, die Geschichte des Turiner Grabtuchs neu zu schreiben. Er versuchte, den Katholiken den Glauben auszutreiben, dass das Grabtuch von Turin das Grabtuch Jesu war, indem er lange Artikel gegen die Überlieferung des Grabtuchs schrieb und es dogmatisch als Fälschung erklärte. Natürlich war die *Catholic Encyclopedia* der Ort, an dem seine Gedanken zu diesem Thema die größte Leserschaft und den größten Einfluss haben würden, und er bot bereitwillig seine Dienste an, den offiziellen Artikel über das Grabtuch zu verfassen. Er wusste sehr wohl, dass der Artikel in der ganzen Welt gelesen werden würde, und daher würde alles, was er schrieb, weltweiten Einfluss haben. Zunächst überzeugte sein „gut recherchierter" Artikel viele Mitglieder der Kirche, darunter Priester und Bischöfe, dass das Grabtuch eine Fälschung sei. Aufgrund von Pater Thurstons fehlerhafter Wissenschaft und mangelndem Respekt vor der päpstlichen Überlieferung in dieser Angelegenheit wurde der Artikel jedoch aus der zweiten Ausgabe der *Catholic Encyclopedia* gestrichen.

Leider hat Pater Thurston in anderen „gut recherchierten" Artikeln, die nicht aus der *Catholic Encyclopedia* entfernt wurden, versucht, viele solcher Überlieferungen zu entmythologisieren. So hat er nicht nur die Geschichte des Rosenkranzes dekonstruiert, sondern auch die jahrhundertealte Überlieferung, dass das Heilige Haus von Loreto – das Haus Jesu, Marias und Josephs in Nazareth – auf mystische Weise von Engeln nach Italien gebracht worden sei, als Mythos umdefiniert. Dank seiner modernistischen Gelehrsamkeit wurde diese Überlieferung zu einem Mythos degradiert. Anstatt als ein von heiligen Engeln vollbrachtes Wunder anerkannt zu werden, glaubt man nun, dass der Transport des Hauses eine rein menschliche Erklärung hat.

Pater Thurstons revisionistische Herangehensweise an traditionelle Berichte über Wunder führt uns zum dritten problematischen Aspekt seines Denkens: Er war ein extremer Skeptiker. In vielen seiner Schriften bezeichnete er sich nicht nur als Skeptiker, sondern auch als „zweifelnden Thomas" und „Anwalt des Teufels". Sein Skeptizismus lässt sich leicht an einem seiner berüchtigtsten Projekte ablesen. Von 1926 bis 1938 nahm er es auf sich, das klassische Werk von Pater Alban Butler aus dem 17. Jahrhundert, das als „*Leben der Heiligen*" bekannt ist, vollständig zu überarbeiten. Bei seiner Überarbeitung strich er die meisten Wunder, die mit den Heiligen in Verbindung gebracht wurden, aus dem Text. Viele, die die beiden Fassungen verglichen haben, stellten fest, dass er seine Feder wie eine Axt schwang. Er machte sich sogar über die Heiligen selbst lustig, verhöhnte und verharmloste sie und bezeichnete viele von ihnen als Hysteriker, Neurotiker und Masochisten. Seine Kritik war so schonungslos, dass einer seiner jesuitischen Mitbrüder eine letzte Bitte äußerte, als er auf dem Sterbebett lag. Er bat Pater Thurston darum, der Heiligsten Dreifaltigkeit seine Axt zu ersparen!

Pater Thurston verschonte die Heiligste Dreifaltigkeit, führte aber weiterhin einen theologischen Rachefeldzug gegen Heilige und Wunder. Er schenkte dem Glauben, dass Maria dem heiligen Dominikus erschienen sei und ihm den Rosenkranz gegeben habe, keinen Glauben. Auch den seligen Alanus de Rupe hielt er für einen Fanatiker, der unter wahnhaften Visionen und Halluzinationen litt. Katholiken sind nicht verpflichtet, an Privatoffenbarungen zu glauben, aber Pater Thurston ging über den Unglauben hinaus und schrieb abfällig über heilige Männer und Frauen der Vergangenheit.

Und es gab viele andere heilige Personen, die er kritisierte und herabsetzte: Er schrieb abfällig über Gemma Galgani (jetzt heilige Gemma Galgani), Anna Katharina Emmerick (jetzt selige Anna Katharina Emmerick) und behauptete, dass die Stigmata von Pater Pio (jetzt heiliger Pio von Pietrelcina) gefälscht seien. Nach Pater Thurstons Schriften hat es seit der Zeit des heiligen Franziskus von Assisi keine authentischen Fälle von Stigmatisation gegeben.[14] Er bezeichnete Maria von Agredá als Hysterikerin und behauptete, ihre Bilokationen seien eher als „hellseherische Fähigkeit“ zu bezeichnen. Er machte sich auch über die Visionen des heiligen Simon Stock über die Ursprünge des braunen Skapuliers lustig und schrieb, dass das mit der Skapulier-Überlieferung verbundene sabbatinische Privileg ein betrügerisches Märchen sei.

Die Skepsis und Kritik von Pater Thurston ist fast grenzenlos. Er glaubte, dass die unversehrten Körper der Heiligen alle durch natürliche Ursachen erklärt werden könnten. Er stand den Reliquien von Heiligen sehr kritisch und herablassend gegenüber und betrachtete das jährliche Wunder, das mit dem Blut des heiligen Januarius verbunden ist, mit kaltem Spott. Er hielt alle Personen – einschließlich der heiliggesprochenen Heiligen –, die behaupteten, über längere Zeiträume ausschließlich von der Eucharistie gelebt zu haben, für Lügner und Betrüger. Er lehnte jede Vorstellung ab, dass ein Bild, eine Statue oder ein Kruzifix bluten oder Öl ausscheiden könne. Er hatte auch eine besondere Verachtung für Marienerscheinungen, die er als verschiedene Formen der Hypnose oder Fälle von natürlicher Telepathie und psychischen Phänomenen bezeichnete. Er schrieb, die Marienerscheinungen von La Salette und Beauraing seien eher psychologischer als geistlicher Natur.[15]

All die oben genannten Dinge dienen dazu, die vielen beunruhigenden Aspekte des Lebens und Denkens des Mannes zu enthüllen, der absichtlich versuchte, die anerkannte Geschichte des Rosenkranzes zu verändern. Er ist derjenige, der die Welt lehrte, dass der Rosenkranz nicht göttlichen Ursprungs sei, sondern einfach eine menschliche Erfindung. Drei Jahre vor dem Tod von Pater Thurston gab Papst Pius XI. in seiner Rosenkranz-Enzyklika *Ingravescentibus Malis* von 1936 die folgende Erklärung ab:

> Wenn die Menschen unseres Jahrhunderts mit ihrem spöttischen Stolz den heiligen Rosenkranz ablehnen, so gibt es doch eine unzählige Schar von heiligen Menschen aller Zeiten und aller Stände, die ihn immer hochgehalten haben. Sie haben ihn mit großer Hingabe gebetet und ihn in jedem Augenblick als mächtige Waffe benutzt, um die Dämonen in die Flucht zu schlagen, die Unversehrtheit des Lebens zu bewahren, die Tugend leichter zu erlangen, und mit einem Wort, um wirklichen Frieden unter den Menschen zu erreichen.[16]

Auch der Himmel hatte zur Kritik an der Rosenkranzüberlieferung etwas zu sagen. Um diese Zeit herum führte der göttliche Handwerker eine noch nie dagewesene Anzahl von Erscheinungen zum Thema Rosenkranz herbei.

Marienerscheinungen

Im 20. Jahrhundert gab es mehr gemeldete Marienerscheinungen als in jedem anderen Jahrhundert der Kirchengeschichte. Von den mehr als 500 gemeldeten Marienerscheinungen wurde eine noch nie dagewesene Anzahl bestätigt, einige wurden verurteilt und die überwiegende Mehrheit wird weiterhin vom Ortsbischof oder einer vatikanischen Kommission untersucht.

Wenn wir von Erscheinungen sprechen, ist es immer wichtig zu betonen, dass kein Katholik verpflichtet ist, an eine Privatoffenbarung zu glauben. Was für unser Heil notwendig ist, ist uns in der öffentlichen Offenbarung (d.h. in der Heiligen Schrift und der Überlieferung) gegeben worden. Das bedeutet jedoch nicht, dass die von der Kirche anerkannten Privatoffenbarungen unwichtig sind. Der *Katechismus der Katholischen Kirche* stellt Folgendes fest:

> Im Laufe der Jahrhunderte gab es sogenannte „Privatoffenbarungen", von denen einige durch die kirchliche Autorität anerkannt wurden. Sie gehören jedoch nicht zum Glaubensgut. Sie sind nicht dazu da, die endgültige Offenbarung Christi zu „vervollkommnen" oder zu „vervollständigen", sondern sollen helfen, in einem bestimmten Zeitalter tiefer aus ihr zu leben. Unter der Leitung des Lehramtes der Kirche weiß der Glaubenssinn der Gläubigen zu unterscheiden und wahrzunehmen, was in solchen Offenbarungen ein echter Ruf Christi oder seiner Heiligen an die Kirche ist.[17]

Unter Verwendung dieser Definition aus dem *Katechismus* kann es wirklich keinen Zweifel daran geben, dass die Betonung des Rosenkranzes in allen genehmigten Privatoffenbarungen des 20. Jahrhunderts einen authentischen Aufruf Christi und Seiner Heiligen an die Kirche darstellt. Es folgt eine kurze Darstellung der Rosenkranz-Themen aus den bedeutenderen approbierten Marienerscheinungen des 20. Jahrhunderts.

Fátima, Portugal (1917)
Die Marienerscheinungen, die den seligen Jacinta und Francisco Marto und der Dienerin Gottes Lucia Dos Santos in Fátima, Portugal, widerfuhren, sind im Wesentlichen Rosenkranz-Erscheinungen. Bei diesen Erscheinungen erschien Maria den kleinen Kindern sechsmal (von Mai bis Oktober). Jedes Mal, wenn sie erschien, hielt sie einen Rosenkranz in der Hand. Im vorigen Jahrhundert hatte Maria ihre Freude am Rosenkranz gezeigt, indem sie mit der heiligen Bernadette während der Erscheinungen in Lourdes Teile des Rosenkranzes betete, aber in Fátima nahm das Zeugnis der Gottesmutter von der Bedeutung des Rosenkranzes die Form eines mütterlichen Befehls an. Bei jeder der Erscheinungen von Fátima sagte Maria, dass der Rosenkranz täglich für den Frieden in der Welt und für ein Ende des Krieges (Erster Weltkrieg) gebetet werden sollte. Auf die Frage einer Person an die selige Jacinta, was die Gottesmutter bei ihren Erscheinungen am meisten betont habe, antwortete sie, dass es das tägliche Rosenkranzgebet sei. In Fátima versuchte die Königin des Himmels, den Rosenkranz in das tägliche Leben der Christen zu bringen.

Die Gottesmutter wünschte auch eine neue Entwicklung im Rosenkranzgebet. Ihre besondere Bitte war, dass die Kinder nach dem Ehre sei dem Vater folgendes Gebet sprechen sollten: „O mein Jesus, verzeih uns unsere Sünden, bewahre uns vor dem Feuer der Hölle, führe alle Seelen in den Himmel, besonders jene, die deiner Barmherzigkeit am meisten bedürfen." In Bezug auf die Hinzufügung dieses Gebetes bemerkte Fulton J. Sheen, so wie die zweite Hälfte des Ave Maria im 14. Jahrhundert aufgrund der ständigen Bedrohung mit dem Tod durch die Schwarze Pest entstanden war, wurde das Fátima-Gebet im Kontext des Ersten Weltkrieges gesprochen, der mehr als zehn Millionen Tote zur Folge haben sollte. Der Himmel reagierte auf diese beiden Schrecken, indem Er dem

Rosenkranz ein Gebet hinzufügte, damit die Seelen, die es beten, die Fürsprache Mariens und die Hoffnung auf Gottes Barmherzigkeit haben und mit größerer Wahrscheinlichkeit vor dem Feuer der Hölle bewahrt werden. Das Gebet, das Maria den Kindern in Fátima gab, wurde 1956 von der Heiligen Apostolischen Pönitentiarie des Heiligen Stuhls offiziell anerkannt und gefördert.

Ein weiterer bedeutender Aspekt der Erscheinungen von Fátima kam während der letzten Erscheinung am 13. Oktober dazu, als Maria sich als „Unsere Liebe Frau vom Rosenkranz" bezeichnete. Während dieser Erscheinung wurden die Kinder und mehr als 70.000 andere Menschen Zeuge des Sonnenwunders, als die Sonne ihre Farbe veränderte, sich drehte, über den Himmel „tanzte" und sogar auf die versammelte Menge zu fallen schien. Dieses Phänomen ist besonders faszinierend, wenn man bedenkt, dass die frühesten Berichte der frommen Überlieferung besagen, dass der heilige Dominikus einen Feuerball am Himmel gesehen habe, als ihm der Rosenkranz gegeben wurde.[18] Nach dem Ende der Erscheinungen von Fátima erschien Maria Schwester Lucia 1925 erneut in dem Kloster, in dem sie in Pontevedra, Spanien, lebte, und sprach zu ihr über die fünf ersten Sühnesamstage. Eine wesentliche Dimension dieser Andacht ist das Beten des Rosenkranzes und die Betrachtung der Geheimnisse.

Beauraing, Belgien (1932-1933)

Im November 1932 begann die Gottesmutter, fünf kleinen Kindern in Beauraing, Belgien, zu erscheinen. Insgesamt erschien sie 33 Mal. Nach der ersten Erscheinung bat der Ortspfarrer die Kinder, in Erwartung der nächsten Erscheinung den Rosenkranz zu beten. Bei der nächsten Erscheinung am 6. Dezember erschien Maria mit einem Rosenkranz, der über ihren rechten Arm gehängt war. Bei jeder weiteren Erscheinung bis zur letzten am 3. Januar 1933 erschien die Himmelskönigin weiterhin mit dem Rosenkranz am rechten Arm.

Banneux, Belgien (1933)

Weniger als zwei Wochen nach der letzten Erscheinung in Beauraing begann die Gottesmutter, einem jungen Mädchen namens Mariette Beco in Banneux, Belgien, zu erscheinen. Insgesamt erschien Maria ihr acht Mal. Mariette tat genau das Gleiche wie die Seher in Beauraing, als die Kinder in Erwartung der nächsten Erscheinung den Rosenkranz zu beten begannen. Bei der zweiten Erscheinung von Banneux erschien Maria mit einem wunderschönen Rosenkranz, den sie sich über den Arm gelegt hatte. Während der restlichen Erscheinungen bis zu ihrem Ende am 2. März erschien Maria mit dem Rosenkranz über dem Arm.

Die hl. Faustyna Kowalska (1930er-Jahre)

Obwohl die Privatoffenbarungen, die der heiligen Faustyna in den 1930er-Jahren gegeben wurden, in erster Linie die Botschaft der Göttlichen Barmherzigkeit und die Andacht betreffen, haben diese Erscheinungen auch eine sehr starke Rosenkranzdimension. Viele Menschen wissen nicht, dass die Jungfrau Maria der heiligen Faustyna fast so oft erschienen ist wie Jesus. Die heilige Faustyna war der Gottesmutter sehr ergeben und in ihrem Tagebuch finden sich zahlreiche Hinweise auf ihre Liebe zum Rosenkranzgebet. Eine der bemerkenswertesten Andachtspraktiken der heiligen Faustyna war das Beten einer Novene von 9.000 Ave Maria in Vorbereitung auf das Hochfest der Unbefleckten Empfängnis, das ihr liebster marianischer Festtag war.

Bei Seinen Erscheinungen vor der heiligen Faustyna gab Jesus ihr den Rosenkranz zur Göttlichen Barmherzigkeit. Faustyna wurde offenbart, dass diese neue Form der Verehrung der

Barmherzigkeit Gottes auf gewöhnlichen Rosenkranzperlen gebetet werden sollte. Dieser wichtige Aspekt ihrer Offenbarungen kann uns helfen, besser zu verstehen, wie der Rosenkranz dem heiligen Dominikus im Jahr 1208 gegeben wurde. Die Erscheinungen, die der heiligen Faustyna zuteilwurden, offenbaren, dass der göttliche Handwerker eine völlig neue Waffe aus vorhergehenden Elementen schmieden kann. Mit anderen Worten, so wie der Rosenkranz aus den verschiedenen Vorläufern zusammengeschmiedet wurde, so wurde auch der Barmherzigkeitsrosenkranz aus den bereits vorhandenen Rosenkranzperlen zusammengesetzt. Unser Herr hat den heiligen Dominikus jedoch nicht gebeten, ein Tagebuch zu führen und aufzuzeichnen, wie er den Rosenkranz empfing. In einer Zeit, in der die meisten Dinge nicht aufgeschrieben wurden, wurde dem heiligen Dominikus aufgetragen, den Rosenkranz zu predigen und ihn somit mündlich weiterzugeben. Es gab keinen großen Anreiz, über den Rosenkranz zu schreiben, wenn nur ein kleiner Prozentsatz der Bevölkerung lesen konnte.

Aus dem Leben der heiligen Faustyna und ihren Privatoffenbarungen lässt sich eine weitere Lehre ziehen. Kurz, nachdem die heilige Faustyna mit der Abfassung ihres *Tagebuchs* begonnen hatte, wurde sie vom Satan verführt, es zu verbrennen. Ihr *Tagebuch* sollte das schriftliche Zeugnis sein, das ihre Offenbarungen über die neuen Formen der Andacht zur Göttlichen Barmherzigkeit enthielt, zu denen auch der Barmherzigkeitsrosenkranz gehörte. Der Satan wollte nicht, dass die Botschaft nach außen dringt. Nachdem sie das erste *Tagebuch* verbrannt hatte, erschien ihr später Jesus und teilte ihr mit, dass sie vom Feind getäuscht worden war. Unser Herr wies sie daraufhin an, wieder mit dem Schreiben des *Tagebuchs* zu beginnen. Diese Episode lehrt uns, dass der Satan tatsächlich versucht, die Originaldokumente zu zerstören und zu verbrennen, die den Ursprung einer neuen Andacht darstellen, da er weiß, dass diese Andacht den Seelen unermesslich viel Gutes bringen wird. Die Geschichte bezeugt auch, dass der Teufel, wenn er nicht in der Lage ist, die Originalquellen zu zerstören, versucht, die Beweise zu verfälschen, Texte zu verändern oder Verwirrung zu stiften. Dies geschah mit dem *Tagebuch* der heiligen Faustyna. Jahre nach ihrem Tod erschien eine fehlerhafte und nicht autorisierte Übersetzung ihres *Tagebuchs*, was dazu führte, dass der Vatikan das *Tagebuch* – und alle darin enthaltenen neuen Andachtsformen – unter ein Verbot stellte. Dieses Verbot dauerte fast 20 Jahre lang (1959-1978). Sollen wir glauben, dass der Satan, nachdem er wiederholt versucht hat, die primäre Quelle zu zerstören, die die Ursprünge des Barmherzigkeitsrosenkranzes bezeugt, nicht vor Jahrhunderten etwas Ähnliches getan hatte, als der Rosenkranz dem heiligen Dominikus gegeben wurde? Es ist nicht weit hergeholt zu denken, dass der Böse versucht hat, einen Großteil der Beweise zu zerstören, die die dominikanischen Ursprünge des Rosenkranzes bezeugen (und dass er damit möglicherweise erfolgreich war).

Lipa, Philippinen (1948)

Wenn wir über Rosenkranz-Erscheinungen im 20. Jahrhundert sprechen, muss die turbulente Geschichte der angeblichen Marienerscheinungen in Lipa, Philippinen, erwähnt werden.

Im Jahr 1948 erschien die Gottesmutter angeblich einem jungen Mädchen namens Teresita Castillo, das gerade in den Karmel in Lipa eingetreten war. Bei dieser angeblichen Erscheinung behauptete Teresita, die Gottesmutter sei in einem schönen weißen Kleid gekommen und habe einen wunderschönen goldenen Rosenkranz in ihrer rechten Hand gehalten. Sie beschrieb sich der Seherin als die Mittlerin aller Gnaden. Während der angeblichen Erscheinungen erlebten Teresita und viele andere Menschen einen Regen aus himmlischen Rosenblättern mit wunderschönen Bildern darauf. Während der angeblichen Erscheinungen betonte die Gottesmutter die Wichtigkeit des Gebets und der Buße und bat die Karmelitinnen ausdrücklich, am 7. Oktober (dem Fest Unserer Lieben Frau vom Rosenkranz) einen Akt der Weihe an sie zu vollziehen, und zwar nach der Weihemethode, die von dem kürzlich heiliggesprochenen heiligen Ludwig von Montfort gefördert wurde. 1951 stellten die kirchlichen Behörden auf den Philippinen und in Rom fest, dass an den Erscheinungen in Lipa nichts Übernatürliches war. Im Jahr 1991 beschloss der neue Erzbischof von Lipa jedoch, den Fall neu aufzurollen, und ernannte eine neue Untersuchungskommission. Derselbe Erzbischof erteilte den Erscheinungen am 12. September 2015 offiziell die kirchliche Anerkennung, wobei er ausdrücklich feststellte, dass die Erscheinungen des Glaubens würdig seien und übernatürlichen Charakter hätten. Dann, in einem beispiellosen Schritt, schrieb Kardinal Gerhard Müller, Präfekt der Glaubenskongregation, am 11. Dezember 2015 einen Brief an den Erzbischof von Lipa, in dem er ihn darüber informierte, dass die Entscheidung des Heiligen Stuhls aus dem Jahr 1951 aufrechterhalten werden solle, wodurch die Genehmigung der Erscheinungen von Lipa durch den Erzbischof am 12. September 2015 null und nichtig sei.

Bei den angeblichen Erscheinungen in Lipa stand der Rosenkranz im Mittelpunkt der Botschaft. Bei der angeblichen Erscheinung vom 26. September 1948 zum Beispiel erzählte Maria Teresita, dass viele der anderen Marienerscheinungen nicht beachtet worden seien; deshalb sei sie wieder gekommen, um das tägliche Rosenkranzgebet zu erbitten. In der angeblichen Erscheinung vom 12. November 1948 wies die Gottesmutter Teresita an, den Rosenkranz zu verbreiten und die Menschen aufzufordern, ihn täglich mit Andacht zu beten. Die Mittlerin aller Gnaden teilte Teresita auch mit, dass der Rosenkranz das Werkzeug ist, durch das der Frieden in der Welt entstehen wird. Im Jahr 2008 veröffentlichte Teresita einen Bericht über ihre Erscheinungen und wies darauf hin, dass sie 1948 ein Tagebuch mit den ursprünglichen Botschaften der Muttergottes geschrieben hatte – Botschaften, die Worte der Muttergottes über den Rosenkranz enthielten –, aber die Kirchenvertreter verlangten, dass die Botschaften verbrannt wurden, nachdem die Erscheinungen als nicht übernatürlich eingestuft worden waren.[19] Auch die Schriften der anderen Schwestern und der Mutter Oberin des Klosters über die Erscheinungen wurden verbrannt.[20]

Akita, Japan (1973)

Die Marienerscheinungen von 1973 an Sr. Agnes Sasagawa von den Dienerinnen der Eucharistie in Akita, Japan, sind in gewisser Weise mit den Erscheinungen von Fátima und den genehmigten Erscheinungen an Ida Peerdeman in Amsterdam von 1945-1959 verbunden.[21] Die Offenbarungen von Akita enthalten sehr apokalyptische Botschaften sowie eine starke Betonung des Rosenkranzgebetes.

Sr. Agnes war eine ehemalige Buddhistin, die im Alter von 42 Jahren zum Katholizismus konvertiert war. Obwohl sie völlig taub war, trat Sr. Agnes im Mai 1973 in einen Ordenskonvent ein. Einen Monat nach ihrem Eintritt in das Kloster erkrankte sie und wurde ins Krankenhaus eingeliefert. Während sie im Krankenhaus ihren Rosenkranz betete, erschien ihr ihr Schutzengel und wies sie an, nach jedem Gesätz des Rosenkranzes das folgende Gebet zu beten: „O mein Jesus, verzeih uns unsere Sünden, bewahre uns vor dem Feuer der Hölle, führe alle Seelen in den Himmel, besonders jene, die deiner Barmherzigkeit am meisten bedürfen." Es ist bemerkenswert, dass Sr. Agnes gebeten wurde, dieses Gebet zu beten, da es genau das Gebet ist, das Maria den Kindern in Fátima beigebracht hat. Dennoch hatte Sr. Agnes das Gebet noch nie zuvor gehört, da es in Japan nie eine große katholische Bevölkerung gab. Außerdem war das Gebet in vielen Teilen der Welt noch nicht bekannt, da es erst 1956 vom Vatikan offiziell anerkannt worden war.

Im Juni 1973, einen Monat, nachdem ihr Schutzengel sie das Gebet gelehrt hatte, das dem Rosenkranz hinzugefügt werden sollte, begann die heilige Jungfrau Maria, Sr. Agnes zu erscheinen. Die Botschaften, die Sr. Agnes erhielt, waren sehr apokalyptisch. Am 13. Oktober 1973 teilte die Gottesmutter Sr. Agnes mit, dass die Menschheit eine furchtbare Strafe erleiden würde, wenn sie nicht Buße täte und sich von der Sünde abwenden würde. Diese besondere Botschaft war so eindringlich und legte einen solchen Nachdruck auf den Rosenkranz, dass die entsprechenden Abschnitte hier wiedergegeben werden müssen. Maria sagte:

> Wenn die Menschen nicht bereuen, und sich nicht bessern, wird der Vater der ganzen Menschheit eine fürchterliche Züchtigung schicken! Eine Strafe, weit schlimmer als die Sintflut. Eine Strafe, wie sie bis jetzt noch nicht vorgekommen ist. Feuer wird vom Himmel fallen und einen großen Teil der Menschheit dahinraffen, sowohl die Bösen als auch die Guten. Weder Gläubige noch Priester werden verschont werden. Die Überlebenden werden so betrübt sein, dass sie die Toten beneiden werden. Die einzigen Waffen, die dann bleiben, werden der Rosenkranz und das Zeichen meines Sohnes sein. Mit dem Rosenkranz betet für den Papst, die Bischöfe und die Priester. Die Handlung des Teufels wird sogar ins Innere der Kirche eindringen, so dass Kardinäle gegeneinander auftreten werden und Bischöfe gegen Bischöfe. Die Priester, die mich verehren, werden verachtet und von anderen Priestern bekämpft werden. Die Kirchen

und die Altäre werden geplündert werden. Die Kirche wird voll sein von denen, die falsche Kompromisse akzeptieren. Und der Teufel wird viele Priester und gottgeweihte Seelen dazu treiben, den Dienst am Herrn zu verlassen. Der Teufel wird vor allem die gottgeweihten Seelen erbittert bekämpfen.[22]

Aufgrund der Schwere der Botschaften bot Sr. Agnes sich selbst als Opferseele für die Sünden der Menschheit an. Sie vollzog große Bußübungen und erhielt auch die Gabe der Stigmata. Einmal befand sich in der Klosterkapelle eine Statue der Frau aller Völker, die den Amsterdamer Erscheinungen nachempfunden war, und begann, Tränen aus Blut zu weinen. Diese wundertätige Statue weinte in den folgenden sechs Jahren immer wieder Tränen aus Blut. Insgesamt traten die Tränen 101 Mal auf. Dieses Wunder erinnert an das Wunder der weinenden Marienstatue in Syrakus, Italien. Sie begann 1953 zu weinen, ein Ereignis, das 1954 von Papst Pius XII. als authentisch übernatürlich anerkannt wurde. Diese weinenden Statuen hätten Pater Thurston zurückschrecken lassen, aber die wunderbaren Heilungen, die mit ihnen verbunden sind, bezeugen ihre Gültigkeit. Sr. Agnes selbst, die völlig taube Opferseele für Jesus, wurde 1981 auf wundersame Weise von ihrer Taubheit geheilt.

Cuapa, Nicaragua (1980)

Von allen anerkannten Marienerscheinungen des 20. Jahrhunderts bieten die Erscheinungen im mittelamerikanischen Nicaragua im Jahr 1980 den klarsten Einblick in die Sicht des Himmels auf die Ursprünge des Rosenkranzes.

Im Mai 1980 erschien die Gottesmutter einem 49-jährigen Mesner namens Bernardo Martinez im ländlichen Nicaragua. Bernardo war ein einfacher Mann, ziemlich arm und ungebildet. Obwohl Maria ihm nur einige Male erschien, waren die

Botschaften, die sie überbrachte, sehr kraftvoll. Der Rosenkranz gilt als *das* Hauptthema der Erscheinungen von Cuapa. Sie unterrichtete ihn über die Bedeutung des täglichen Rosenkranzes, sagte ihm, er solle darauf achten, ihn mit Andacht zu beten, und zeigte ihm auch eine Vision über die Ursprünge des Rosenkranzes, über die er absolut nichts wusste. Sie lehrte ihn auch die Andacht an den fünf ersten Samstagen und sagte ihm, sie wolle nicht, dass die Menschen den Rosenkranz nur im Monat Mai beten (was in dieser Region üblich war). Vielmehr wollte sie, dass der Rosenkranz jeden Monat und jeden Tag gebetet wird. Sie betonte besonders, wie wichtig es sei, den Rosenkranz in der Familie zu beten. Bernardo wurde durch diese Botschaften so sehr verändert, dass er seine Berufung zum Priester erkannte. Nach vielen Jahren des Studiums wurde er 1995 im Alter von 64 Jahren zum Priester geweiht. Er diente fünf Jahre lang treu als Priester, bevor er am 30. Oktober 2000 im Alter von 69 Jahren starb.

Bei der ersten Marienerscheinung teilte Maria Bernardo mit, dass sie möchte, dass die Menschen täglich den Rosenkranz beten. Sie teilte ihm auch mit, dass es ihr nicht gefiel, wenn der Rosenkranz mechanisch oder in Eile gebetet würde, und empfahl Bernardo und anderen, den Rosenkranz mit Hilfe von Bibelauszügen zu beten. Da er nicht genau wusste, was Maria meinte, gestand Bernardo der Gottesmutter, dass er nicht wusste, dass der Rosenkranz ein biblisches Gebet ist, und bat sie, ihm zu sagen, wo er die entsprechenden Bibelstellen finden könne. Daraufhin wies Maria ihn an, bestimmte Bibelzitate nachzuschlagen. Während dieser ersten Erscheinung wies Maria Bernardo auch an, die Praxis der fünf ersten Samstage zu erneuern. Bernardo gab zu, dass die Menschen in seiner Gegend diese Praxis in früheren Jahren treu ausgeführt hatten, aber mit der Zeit war sie in Vergessenheit geraten.

Während seiner zweiten Vision, am 8. Juni 1980, wurde Bernardo die Geschichte des Rosenkranzes gezeigt. An einem

Punkt während der Vision wies Maria Bernardo an, in den Himmel zu schauen. Als er hinaufschaute, sah er, dass sich vor ihm eine Art Film abspielte. Er wurde Zeuge einer großen Prozession weiß gekleideter Heiliger, die freudig und schön sangen. An der Spitze der Prozession standen die ersten Christen, Katechumenen und Märtyrer. Als er diese Szene sah, fragte Maria Bernardo, ob er ein Märtyrer werden wolle. Er war sich nicht sicher, was es bedeutet, ein Märtyrer zu sein, und so erklärte Maria ihm, dass es bedeutet, für seinen Glauben zu sterben. Nachdem er die Prozession der Märtyrer gesehen hatte, folgte eine Gruppe von Heiligen, die in Weiß gekleidet waren und leuchtende Rosenkränze in den Händen hielten. Die Rosenkränze hatten extrem weiße Perlen und gaben Licht in verschiedenen Farben ab. Was Bernardo als nächstes in der himmlischen Prozession sah, wird im Folgenden in einer Übersetzung der genauen Worte wiedergegeben, die er niederschrieb, als er gebeten wurde, dem örtlichen Bischof einen Bericht über die Erscheinung zu geben:

> Einer von ihnen [die weiß gekleideten Heiligen in der Prozession] trug ein sehr großes aufgeschlagenes Buch. Er las vor, und nachdem sie zugehört hatten, betrachteten sie still. Sie schienen wie im Gebet zu sein.
> Nach dieser Zeit des Gebets und der Stille beteten sie das Vaterunser und zehn Ave Maria. Ich habe mit ihnen gebetet. Als der Rosenkranz zu Ende war, sagte die Gottesmutter zu mir: „Das sind die Ersten, denen ich den Rosenkranz gegeben habe. Ich möchte, dass ihr alle auf diese Weise den Rosenkranz betet." Ich antwortete der Muttergottes, dass wir das tun würden. Einige Personen haben mir gesagt, dass dies möglicherweise mit den Dominikanern zu tun hat. Ich kenne diesen Orden nicht und habe bis heute noch nie jemanden aus diesem Orden gesehen.

> Danach sah ich eine dritte Gruppe, die alle in braune Gewänder gekleidet waren. Aber diese erkannte ich als ähnlich wie die Franziskaner. Immer das Gleiche, mit Rosenkränzen und betend.
> Als sie vorbeigingen, nachdem sie gebetet hatten, sagte mir die Gottesmutter erneut: „Diese haben den Rosenkranz aus den Händen der Ersten erhalten." Danach kam eine vierte Gruppe an. Es war eine große Prozession; jetzt, da wir [in Laienkleidung] gekleidet sind. Es war eine so große Gruppe, dass es unmöglich wäre, sie zu zählen. Bei den früheren sah ich viele Männer und Frauen; aber jetzt war es wie eine Armee und sie trugen Rosenkränze in ihren Händen. Sie waren normal gekleidet, in allen Farben.[23]

Der obige Bericht ist aus historischer Sicht äußerst wichtig. Obwohl der heilige Dominikus nicht namentlich genannt wird, ist es offensichtlich, dass er derjenige ist, der am Anfang der Prozession steht und das sehr große offene Buch trägt. Dies ist eine subtile Bestätigung der frommen Überlieferung. Die Vision unterstreicht auch, dass es die Dominikaner waren, von denen die Franziskaner und alle anderen den Rosenkranz erhielten. Einige könnten meinen, dass sich die Vision auf die Kartäuser (insbesondere auf Dominikus von Preußen) beziehen könnte, da die Kartäuser ebenfalls einen weißen Habit tragen. Es wurde jedoch zu keinem Zeitpunkt der Geschichte gelehrt, dass die Kartäuser den Franziskanern den Rosenkranz geschenkt haben. Tatsächlich hat der heilige Ludwig von Montfort, ohne dass Bernardo es wusste, in *Der heilige Rosenkranz – das wunderbare Geheimnis der Bekehrung und des Heiles* eine ähnliche Vision erzählt, wie sie Maria dem Kartäuser Dominikus gegeben hatte.[24] Ludwig von Montfort zufolge verehrte Dominikus von Preußen bereits den Rosenkranz, als er die Vision einer himmlischen Prozession von Heiligen hatte, die den Rosenkranz beteten. Zu keinem Zeitpunkt während der Vision, die Dominikus von Preußen hatte, empfing er den Rosenkranz wie zum ersten Mal. Er selbst betete ihn *bereits*, bevor er seine Vision hatte. Alles in allem bietet die Vision Mariens an Bernardo eine Bestätigung der frommen Überlieferung, so wie sie in der mündlichen Überlieferung der Kirche und in den Schriften der Päpste und Heiligen dargestellt wurde.

Kibeho, Ruanda (1981-1989)

Eine der erschütterndsten Marienerscheinungen dieses Jahrhunderts fand in Afrika statt, als die Gottesmutter von 1981 bis 1989 mehreren Jugendlichen in Ruanda erschien. Während dieser Erscheinungen zeigte Maria den jungen Sehern, dass Flüsse von Blut in ihrem Land fließen würden, wenn die Menschen nicht Buße täten. Um das Blutvergießen zu verhindern, wies Maria die Kinder an, den Sieben-Schmerzen-Rosenkranz zu beten. Keines der Kinder hatte je von diesem Gebet gehört und dachte, es sei eine ganz neue Art von Rosenkranz. Wie es sich für eine gute Mutter gehört, begann Maria 1982, den Kindern das Gebet beizubringen, und beauftragte sogar eine der Seherinnen, Marie Claire Mukangango, mit der Verbreitung dieses Rosenkranzes in der Welt.

Die Kinder erfuhren von Maria, dass der Sieben-Schmerzen-Rosenkranz nicht neu war. Er wurde vom Orden der Serviten im 13. Jahrhundert gegründet (dem gleichen Jahrhundert, in dem der heilige Dominikus den Rosenkranz begründete). Wie der Rosenkranz des heiligen Dominikus in Vergessenheit geraten war und dann durch die Erscheinungen, die dem seligen Alanus de Rupe im 15. Jahrhundert zuteilwurden, wiederbelebt wurde, so war auch der Sieben-Schmerzen-Rosenkranz in Vergessenheit geraten, aber nun wünschte Maria, dass er durch die Erscheinungen in Kibeho wiederbelebt würde. Maria machte auch deutlich, dass der Sieben-Schmerzen-Rosenkranz nicht den dominikanischen Rosenkranz ersetzen sollte, denn sie ermutigte die Kinder, beide Formen des Rosenkranzes zu beten. In der Tat brachten die Kinder bei vielen Erscheinungen gewöhnliche Rosenkränze, die den Menschen gehörten, und hielten sie hoch, damit die Gottesmutter sie segnen konnte. Doch in einem Land, das am Rande des Blutvergießens und des Völkermordes stand, wollte die Schmerzhafte Mutter den Sieben-Schmerzen-Rosenkranz hervorheben. Maria gab den Kindern sogar Visionen von dem bevorstehenden Völkermord, der eintreten würde, wenn die Menschen nicht umkehrten und beteten. Sie wies die Kinder an, den Menschen mitzuteilen, dass sie, wenn sie den Sieben-Schmerzen-Rosenkranz beten würden, die Kraft zur Umkehr und Bekehrung finden würden.

Leider hat die Geschichte gezeigt, dass die meisten Menschen nicht auf die Botschaft der Gottesmutter gehört haben. Im Jahr 1994 fand der Völkermord in Ruanda statt. Fast eine Million Menschen wurden massakriert, die meisten mit der Machete. Selbst Marie Claire, die Seherin, die den Auftrag hatte, die Verehrung des Sieben-Schmerzen-Rosenkranzes zu verbreiten, wurde während des Völkermordes getötet. Eine berühmte Überlebende des Völkermords in Ruanda, Immaculée Ilibagiza, hat es sich zur Aufgabe gemacht, die Erscheinungen von Kibeho bekannt zu machen und den Auftrag der Seherin Marie Claire, den Sieben-Schmerzen-Rosenkranz zu verbreiten, weiterzuführen. In einem ihrer Bücher über die Erscheinungen von Kibeho schreibt Immaculée: „Ich entdeckte, dass der Sieben-Schmerzen-Rosenkranz seit Hunderten von Jahren von den Christen verwendet wurde, aber irgendwie in der Geschichte verloren gegangen war. Das heißt, bis nach der Erscheinung von Marie-Claire, als die besonderen Rosenkränze überall in Ruanda auftauchten.“[25]

San Nicolás, Argentinien (1983-1990)
Im Jahr 1983 begann in Argentinien eine Serie von Erscheinungen bei einer einfachen, ungebildeten Frau namens Gladys Quiroga de Motta. Wie bei so vielen anderen Erscheinungen in diesem Jahrhundert war der Rosenkranz das zentrale Thema. Von Beginn der Erscheinungen an erschien Maria Gladys mit dem Jesuskind auf einem Arm und einem großen Rosenkranz, der sich über ihre beiden Hände erstreckte. In der Erscheinung vom 26. November 1983 äußerte Maria den Wunsch, als „Unsere Liebe Frau vom Rosenkranz von San Nicolás" bekannt zu werden. Am darauffolgenden Tag besuchte Gladys die Kathedrale Unserer Lieben Frau vom Rosenkranz in Rosario (eine Stadt in der Nähe von San Nicolás) und sah eine Statue Unserer Lieben Frau, von der sie behauptete, sie sei eine exakte Darstellung dessen, wie Maria während der Erscheinung am Vortag ausgesehen hatte. Auf Nachfrage erfuhr Gladys, dass diese besondere Statue Unserer Lieben Frau vom Rosenkranz 1884 von Papst Leo XIII. nach Argentinien gegeben worden war, um in der Kathedrale von Rosario aufgestellt zu werden. Irgendwann während der Bauarbeiten an der Kathedrale war sie in den Glockenturm gestellt und vergessen worden. Das Folgende ist der Bericht von Gladys über diese Episode:

> Zum ersten Mal sah ich eine Statue der Jungfrau Maria, die genauso aussieht wie die, die ich sehe. Sie war in der Kathedrale aufbewahrt worden. Dieses Bild der Muttergottes vom Rosenkranz, das vor hundert Jahren zur Einweihung der Kathedrale von Rom nach San Nicolás gebracht und von Papst Leo XIII. zu diesem Zweck gesegnet wurde. Die Muttergottes sagte zu mir: „Sie hatten mich in Vergessenheit geraten lassen, aber ich bin wieder aufgetaucht; stelle mich dorthin [wo Maria um den Bau eines Heiligtums bat], denn du siehst mich so, wie ich bin."[26]

1990 gab der Ortsbischof seine Zustimmung zur Veröffentlichung und Verbreitung der Botschaften, die die Muttergottes Gladys gegeben hatte. Es waren nicht weniger als 1.800 Botschaften! Auch nachdem der Ortsbischof seine Zustimmung zur Verbreitung der Botschaften gegeben hatte, hatte Gladys weiterhin fast täglich Erscheinungen. Bereits 1984 hatte die Muttergottes darum gebeten, eine Medaille zu prägen, die auf der einen Seite das Bild der Muttergottes vom Rosenkranz von San Nicolás und auf der anderen Seite die Heiligste Dreifaltigkeit mit sieben Sternen zeigt. Sie bat auch darum, dass der Rosenkranz jeden Tag gebetet wird, vor allem in den Familien und in Gruppen, und sie bat ausdrücklich darum, dass die Bevölkerung eine ständige Novene des Rosenkranzes beten sollte. Die Resonanz der Einheimischen war so groß, dass ein Heiligtum errichtet wurde, das Unserer Lieben Frau vom Rosenkranz von San Nicolás gewidmet ist. Bis heute ist das Heiligtum ein Ort der Wallfahrt und der großen Verehrung. Diese Erscheinungen wurden am 22. Mai 2016 vom Diözesanbischof offiziell anerkannt.

Über die reiche Lehre des Rosenkranzes, die in den Erscheinungen von San Nicolás dargelegt wird, könnte man eine ganze Abhandlung schreiben. Der Kürze halber genügt es, darauf hinzuweisen, dass Maria den Rosenkranz als ein Lied beschreibt, das Gott gerne hört, und als ein Band, das uns mit unserer geistlichen Mutter verbindet. Die Gottesmutter betonte, dass der Rosenkranz so mächtig ist, dass er das Herz eines jeden Menschen zum Besseren verändern kann. Sie sagte auch, dass der Rosenkranz den größten Einfluss bei der Überwindung des Bösen hat; jeder Gefahr kann mit dem Rosenkranz begegnet werden. Wie schon bei ihrer Erscheinung in Lourdes betete die Immaculata während der Erscheinungen am Ende jedes Gesätzes mit Gladys das Ehre sei dem Vater. Eine der kraftvollsten Botschaften, die Maria über den Rosenkranz gab, stammt vom 10. April 1986, als sie sagte: „Der heilige Rosenkranz ist die Waffe, die der Feind fürchtet. Er ist auch die Zuflucht derer, die Erleichterung für ihre Leiden suchen, und er ist die Tür, um in mein Herz einzutreten."[27]

Heilige, Mystiker, Märtyrer

Neben den vielen Rosenkranz-Erscheinungen dieses Jahrhunderts traten auch viele Heilige, Mystiker und Märtyrer des Rosenkranzes in Erscheinung. Viele dieser Vorkämpfer waren noch sehr jung. Der Diener Gottes Faustino Perez-Manglano (1946-1963) zum Beispiel war ein junger Mann, der von Liebe zum Rosenkranz brannte. Dieser Junge kam aus Spanien und gab der Gottesmutter schon früh das Versprechen, jeden Tag den Rosenkranz zu beten. Wann immer er einen oder zwei Tage versäumte, holte er das nach, indem er mehr als einen Rosenkranz betete. Faustino war Mitglied einer Marianischen Kongregation und hatte den starken Wunsch, den Marianisten beizutreten und Missionar in Südamerika zu werden. Leider starb er nach einem Kampf mit der Hodgkin-Krankheit im Alter von 17 Jahren. Dieser junge Spanier wurde von der Kirche als „Held des Rosenkranzes" gepriesen.

Eine weitere junge Kämpferin des Rosenkranzes, die aus Spanien stammte, war die sehr schöne Teresa Quevedo (1930-1950). Als junges Mädchen war Teresa der Gottesmutter sehr zugetan und wollte Jesus als Karmelitin folgen und in den Missionen in China dienen. Seit ihrem fünften Lebensjahr war sie Mitglied einer Marianischen Kongregation und betete jeden Tag den Rosenkranz. Sie bemerkte oft, dass es ihr frommer Vater war, der ihr das Beispiel gab, den Rosenkranz zu einem Teil ihrer täglichen geistlichen Routine zu machen. Sie lebte in einer Zeit, in der die *Wahre Andacht zu Maria* immer bekannter wurde, und wandte von Montforts Methode der Weihe an, um ihr Leben ganz Maria zu widmen.

Ein etwas älterer italienischer Heiliger, der sich ebenfalls sehr dem Rosenkranzgebet widmete, war der heilige Richard Pampuri (1897-1930). Er promovierte im Alter von 25 Jahren in Medizin und war ein weiterer Heiliger, der dafür bekannt war, den Rosenkranz während seines arbeitsreichen Tages zu beten. Auf der anderen Seite des Atlantiks, in den Vereinigten Staaten, betete die selige Miriam Teresa Demjanovic (1901-1927), die erste Person, die jemals auf amerikanischem Boden seliggesprochen wurde, ebenfalls jeden Tag mit großer Inbrunst und Hingabe den Rosenkranz, während sie ihrer Arbeit nachging. Sie wurde 1901 in New Jersey geboren, wuchs als Nonne bei den Schwestern der Nächstenliebe auf und starb im Alter von nur 26 Jahren. Sie wurde am 4. Oktober 2014 in Newark, New Jersey, seliggesprochen.

Es gab auch viele Beispiele von Menschen, die ein langes Leben führten und sich dem Rosenkranz widmeten. Eine solche Person war Práxedes Fernández García (1866-1936). Als Dominikanerin des Dritten Ordens war sie dem Rosenkranz sehr zugetan und betete ihn mehrmals am Tag. In ihrem Eifer, den Seelen zu helfen, vollbrachte sie in einer turbulenten Zeit in ihrem Heimatland Spanien große Werke der Barmherzigkeit. Einer von Práxedes' Söhnen wurde sogar Dominikanerpriester. Zu den prominentesten Kämpfern des Rosenkranzes in diesem Jahrhundert gehören die heilige Marie Alphonsine Ghattas (1843-1927), der heilige Luigi Orione (1872-1940), der Diener Gottes Joseph Kentenich (1885-1968), der Diener Gottes Dolindo Ruotolo (1882-1970), der selige Jakobus Alberione (1884-1971), der heilige Josemaría Escrivá (1902-1975), die heilige Teresa von Kalkutta (1910-1997) und der Diener Gottes John Hardon (1914-2000).

Es gab sogar Beispiele von Seelen, die einen Großteil ihres

Lebens fern von Gott gelebt hatten, aber durch den Rosenkranz eine tiefe Bekehrung erfuhren und neues Leben in Christus und Freiheit von ihren Süchten erhielten. Matt Talbot (1856-1925) aus Irland war ein solcher Mann. Er hatte sein junges Erwachsenenleben (und einen guten Teil seiner Erwachsenenjahre) als Trunkenbold und großer Sünder verbracht. Nach vielen Jahren des harten Lebens übergab er sein Leben Gott, schloss sich einer marianischen Sodalität an und wurde Franziskaner des Dritten Ordens. Bevor 1935 die Anonymen Alkoholiker gegründet wurden, wandte Matt Talbot eine Methode zur Rehabilitation und Befreiung von Süchten an, bei der er sich auf Jesus, Maria und die Andachten der katholischen Kirche verließ und nicht auf eine nebulöse und nicht identifizierte „höhere Macht". Er verstand die katholische Kirche mit ihren Sakramenten, Lehren und Andachten als das Rehabilitationszentrum Gottes für die verwundete Seele. Seine Methode bestand nicht aus zwölf Schritten, sondern in der Einhaltung der Zehn Gebote und der Umkehr von einem Leben des Lasters zu einem Leben der Tugend. Er verbrachte jeden Tag Stunden im Gebet und trug den Rosenkranz als Zeichen der Zugehörigkeit zu Jesus und Maria um den Hals. Sein täglicher Rosenkranz diente als Gegenmittel gegen die Sünde. Als er 1925 starb, fand man unter seiner Kleidung zahlreiche Ketten, die er als Buße für sein früheres Leben getragen hatte. Die Weisheit und das Beispiel des Matt Talbot können dem modernen Menschen viel Aufschluss über die Kraft des Rosenkranzes zur Heilung von Abhängigkeiten geben.

In dieser Zeit blühten auch unglaubliche Mystiker auf, die sich für den Rosenkranz einsetzten. Der bekannteste war der heilige Pio von Pietrelcina (besser bekannt als Pater Pio, 1887-1968), der den Rosenkranz fast nie aus der Hand legte. Menschen, die den heiligen Pio kannten, haben berichtet, dass er oft bis zu 100 Rosenkränze am Tag betete!

Eine weitere Rosenkranzmystikerin war die selige Alexandrina Maria da Costa (1904-1955). Sie stammte aus Portugal und war weithin für ihre unglaubliche Heiligkeit und Tugendhaftigkeit bekannt. Als Opfer für die Seelen war sie mehr als 30 Jahre lang bettlägerig und opferte ihr ganzes Leiden für andere. Im Jahr 1949 erhielt sie eine Vision von Maria, in der die Gottesmutter mit einem Rosenkranz kam und ihr sagte, dass die Welt in Agonie sei und in Sünde sterbe. Der Wunsch der Muttergottes war das Gebet und die Buße. Die Gottesmutter teilte der seligen Alexandrina auch mit, dass sie als Mutter Gottes die Welt und alle, die ihr ergeben sind, mit Hilfe des Rosenkranzes beschützt. Der seligen Alexandrina wurde zu verstehen gegeben, dass die Eucharistie und der Rosenkranz die Treppen sind, die die Seelen in den Himmel führen. Bei einer Gelegenheit befahl ihr Jesus selbst, den Seelen von der Macht des Rosenkranzes zu erzählen.

Auch die Mystikerinnen und Stigmatisierte, die selige Elena Aiello (1895-1961) und die Dienerin Gottes Rhoda Wise (1888-1948; eine Konvertitin zum Katholizismus), erhielten Botschaften von Jesus über die Kraft des Rosenkranzes. Eine der am meisten übersehenen Mystikerinnen des 20. Jahrhunderts, die Konvertitin Adrienne von Speyr (1902-1967), schrieb ebenfalls ausführlich über den Rosenkranz. Adriennes geistlicher Begleiter war Pater Hans Urs von Balthasar, einer der größten Theologen des 20. Jahrhunderts. Als ihr Seelenführer schrieb von Balthasar die Diktate von Speyrs während ihrer mystischen Erfahrungen akribisch auf und brachte sie in Buchform. In einer bestimmten Serie von mystischen Erfahrungen erhielt von Speyr besondere Einblicke in das Leben und die Persönlichkeiten vieler großer Heiliger. In einer dieser Visionen sah sie den heiligen Dominikus und diktierte von Balthasar Einblicke sowohl in die Persönlichkeit als auch in die Tugenden des heiligen Dominikus. Über ihre Vision des heiligen Dominikus notierte sie insbesondere Folgendes: „Es gibt Jahre in seinem [des heiligen Dominikus] Leben, in denen er sehr oft den Rosenkranz betet, als ob es sein Hauptgebet wäre.“[28]

Ein weiterer dem Rosenkranz gewidmeter Mystiker, der von vielen als Märtyrer angesehen wird, ist der Diener Gottes Marcel Nguyen Tân Van (1928-1959). Er war Laienbruder der Redemptoristen und erhielt häufig Visionen von Jesus, Maria und der heiligen Thérèse von Lisieux. In seiner Jugend betete er täglich mit seiner Mutter einen Rosenkranz. Als er erwachsen wurde, verbreitete er den Rosenkranz überall, wo er hinkam. Im Jahr 1954, als Nordvietnam kommunistisch wurde, wurde er gefangengenommen und in ein Internierungslager geschickt, in dem er zu 15 Jahren Zwangsarbeit verurteilt wurde. Nach ein paar Jahren im Lager starb er an Erschöpfung.

Als die gleiche kommunistische Ideologie in Kroatien Einzug hielt, setzte sich der selige Märtyrer Miroslav Bulešic (1920-1947) für den Rosenkranz ein, indem er das gemeinsame Beten des Rosenkranzes als Mittel zum Sieg über den Kommunismus propagierte. Schließlich wurde er von kommunistischen Sympathisanten in den Hals gestochen.

Ein weiterer junger Märtyrer aus dieser Zeit war der heilige José Sanchez del Rio (1913-1928). Er wuchs während der antikatholischen Revolution in Mexiko auf. Als 14-jähriger Junge und Mitglied der Cristero-Bewegung gläubigen Katholiken, die sich der antikatholischen Regierung widersetzten – hatte der heilige José den Mut, sich den Feinden der Kirche entgegenzustellen und sein Leben für Jesus hinzugeben. Als er von den antikatholischen Behörden gefangengenommen wurde, brachte man ihn ins Gefängnis, behandelte ihn wie ein Tier und drängte ihn ständig, seinem Glauben abzuschwören. Daraufhin betete der junge Cristero jeden Tag den Rosenkranz und gab den erwachsenen Männern, die seine Zellengenossen waren, Hoffnung. Bei weiteren Versuchen, den Teenager dazu zu bringen, seinem Glauben abzuschwören, schnitten ihm seine bösen Entführer mit Messern in die Füße und zwangen ihn, durch die Stadt zum Friedhof zu laufen. Ihre Absicht war es, dem Jugendlichen Angst zu machen und ihn dazu zu bringen, dem Katholizismus abzuschwören. Sie waren so bösartig, dass sie, nachdem sie ihm die Fußsohlen abgeschnitten hatten und ihn durch die Straßen laufen ließen, weiter mit Macheten auf ihn einschlugen und auf ihn einstachen. Furchtlos rief der kleine Cristero den bewaffneten Männern zurück: „Viva Cristo Rey!“ Unfähig, ihn zu brechen, erschossen ihn die schamlosen Agenten der Regierung.

Ein weiterer mexikanischer Glaubensheld und Kämpfer des Rosenkranzes aus dieser Zeit war der selige Jesuitenpater Miguel Pro (1891-1927). Ein Jahr, bevor der heilige José Sanchez del Rio sein Leben für Christus gab, wurde der selige Miguel für seinen Glauben zum Märtyrer, indem er von einem Kommando erschossen wurde. Als er vor dem Erschießungskommando stand, ahmte der selige Miguel Jesus nach, indem er seine Arme wie an einem Kreuz ausgestreckt hielt. Während er seine Arme ausstreckte, hielt er in einer Hand ein Kruzifix und in der anderen einen Rosenkranz. Bevor er erschossen wurde, rief er aus: „Viva Cristo Rey!“

Der selige Ceferino Giménez Malla (1861-1936), der von zwei Päpsten als „Märtyrer des Rosenkranzes“ bezeichnete Spanier, war ein Roma, der den Rosenkranz liebte. Als er während des Spanischen Bürgerkriegs (1936-1939) von den weltlichen Behörden verhaftet und aufgefordert wurde, seinen Rosenkranz abzugeben, da er sonst erschossen würde, weigerte er sich beharrlich, seinen Rosenkranz abzugeben. Er zog es vor, erschossen zu werden, anstatt seine geistliche Waffe aufzugeben. So ließ er sich aus Liebe zu Jesus und Maria erschießen und starb mit dem Rosenkranz in der Hand. Es gab viele andere Märtyrer für den Rosenkranz, die in Zeiten von

Krieg und Verfolgung Zeugnis für diese große Verehrung gaben. Außerhalb Osteuropas relativ unbekannt, setzte sich die junge und schöne Polin Karolina Kózka (1898-1914) kurz nach Beginn des Ersten Weltkriegs für den Rosenkranz ein. Als junges Mädchen ging sie jeden Tag weite Strecken zur Kirche, um Zeit mit Jesus zu verbringen. Auf ihren langen Spaziergängen nahm sie ihren Rosenkranz mit und betete ihn mehrmals auf dem Weg zur und von der Kirche. Ihr Eifer für den Rosenkranz inspirierte viele Menschen in der Umgebung. Die selige Karolina wird oft als die Maria Goretti Polens bezeichnet, weil ein russischer Soldat versuchte, sie zu vergewaltigen, aber sich heldenhaft gegen seine Versuche wehrte. Da er sie nicht überwältigen konnte, tötete der russische Soldat sie, indem er mehrfach mit seinem Bajonett auf sie einstach.

Zwei weitere große polnische Märtyrer des Rosenkranzes waren der selige Władysław Demski (1884-1940) und der selige Józef Kowalski (1911-1942). Der selige Władysław war ein Diözesanpriester, der 1939 von den Nazis gefangengenommen und schließlich in das Konzentrationslager Sachsenhausen gebracht wurde. Dort fiel ihm versehentlich sein Rosenkranz aus der Tasche. Ein Wachmann in der Nähe sah ihn und warf ihn in den Schlamm. Daraufhin verspottete der Wachmann den Priester und sagte, wenn er sich so sehr um den Rosenkranz sorge, könne er ihn im Schlamm finden und küssen. Sofort kniete Pater Władysław nieder, fand den Rosenkranz im Schlamm und küsste ihn, während er mit ihm das Kreuzzeichen auf seine Lippen machte. Diese Aktion erzürnte die Wache und veranlasste sie, den Priester zu Tode zu prügeln.

Die Geschichte des seligen Józef Kowalski ist ähnlich. Er war ein Salesianerpater, der 1941 von der Gestapo verhaftet und in das Konzentrationslager Auschwitz gebracht wurde. Eines Tages schlug eine Wache während des Appells Pater Józef den Rosenkranz aus der Hand und befahl ihm, ihn mit Füßen zu treten. Pater Józef weigerte sich, wurde brutal gefoltert und kurz darauf in einem Abwasserkanal ertränkt. Der heilige Johannes Paul II., der Pater Józef Kowalski noch vor dem Krieg kannte, sprach ihn und Pater Demski 1999 als zwei der 108 polnischen Märtyrer des Zweiten Weltkriegs selig.[29]

Ein weiterer Märtyrer, der sich dem Rosenkranz widmete, war der selige Oscar Romero (1917-1980). Schon als Kind war er dem Rosenkranz sehr zugetan und trug seine Andacht in sein Priesteramt hinein. Als Priester war Pater Romero dafür bekannt, dass er die Menschen ermutigte, sich Gebetsgemeinschaften anzuschließen, die sich dem Rosenkranz widmeten. Er selbst betete jeden Tag den Rosenkranz. Als Erzbischof in El Salvador sprach sich Erzbischof Romero gegen Armut und Ungerechtigkeit aus. Wegen seiner Offenheit wurde er ermordet, als er die Heilige Messe feierte. Als Romero zur letzten Ruhe gebettet wurde, trug er einen Rosenkranz in seinen Händen.

Veröffentlichungen und Bewegungen

Die Zahl der Veröffentlichungen und Bewegungen zum Thema Rosenkranz, die im Laufe des 20. Jahrhunderts entstanden, ist ebenfalls beachtlich. Am 7. Oktober 1901 gründeten zwei Personen, die damals der anglikanischen Kirche angehörten, der Diener Gottes Paul Wattson (1863-1940) und Mutter Lurana White (1870-1935), eine Bewegung mit dem Namen „Der Rosenkranzbund Unserer Lieben Frau von der Sühne“. Das Ziel der Bewegung war es, für die Wiederherstellung von Marias Mitgift (England) zur Mutter Gottes zu beten und zu arbeiten. Jedes Mitglied versprach, mindestens drei Rosenkranzgeheimnisse pro Tag für dieses Ziel zu beten. Im Jahr 1909 konvertierten Pater Paul Wattson, Mutter Lurana und 15 weitere Mitglieder zum Katholizismus.

Als 1911 die erste französische Ausgabe von *Der heilige Rosenkranz – das wunderbare Geheimnis der Bekehrung und des Heiles* erschien, verbreitete sich seine Botschaft wie ein Lauffeuer und trug dazu bei, dass eine Fülle von Schriften über den Rosenkranz veröffentlicht wurden. Gilbert Keith (G. K.) Chesterton (1874-1936) war einer der produktivsten Autoren des 20. Jahrhunderts und liebte den Rosenkranz. Er betete den Rosenkranz häufig und ließ immer einen Rosenkranz an seinem Bettpfosten hängen. Obwohl er kein spezielles Buch über den Rosenkranz schrieb, verfasste er das epische Gedicht „Lepanto", das den berühmten Sieg des Rosenkranzes über die osmanischen Türken schildert. Der katholische Historiker Hilaire Belloc bezeichnete dieses Gedicht als das größte Gedicht seiner Generation.

Der selige Michal Sopoćko (1888-1975) war ein weiterer einflussreicher Autor, der in dieser Zeit schrieb. Er war der geistliche Begleiter der heiligen Faustyna Kowalska und ein eifriger Kämpfer für die Botschaft und die Andacht zur Göttlichen Barmherzigkeit, aber auch ein glühender Verehrer des Rosenkranzes. Er erwähnte die Macht des Rosenkranzes oft in seinen zahlreichen theologischen Schriften.

Der Märtyrer der Nächstenliebe, der heilige Maximilian Kolbe (1894-1941), war ein weiterer heiliger polnischer Rosenkranzpriester. Er gründete die weltweite katholische Evangelisierungsbewegung Militia Immaculatae und wollte, dass der Rosenkranz Teil der täglichen geistlichen Praxis ihrer Mitglieder würde. Die 1917 gegründete ritterliche Bewegung des heiligen Maximilian entstand als Reaktion auf einen Protest der Freimaurer gegen das Papsttum, den er während seines Studiums in Rom miterlebt hatte. In seinem eifrigen Bemühen, die Verehrung der Immaculata und ihre Macht zu fördern, jeden Widerstand gegen Christus und seine Kirche zu vernichten, betonte der heilige Maximilian die Bedeutung der Wundertätigen

Medaille und des Rosenkranzes und gründete eine marianische Zeitschrift mit dem Titel *Der Ritter der Immaculata.*

Fast alle marianischen Zeitschriften, die in dieser Zeit gegründet wurden, enthielten häufig Artikel über den Rosenkranz. Zeitschriften wie *Our Lady's Digest* (gegründet 1925), das *Marian Helpers Bulletin* (1945) und *Soul* (1950) förderten den Rosenkranz sehr. Die Zeitschrift *Soul* war das literarische Apostolat der Blauen Armee, die 1946 von Msgr. Harold J. Colgan in New Jersey gegründet wurde. Monsignore Colgan gründete die Blaue Armee aus Dankbarkeit für eine Heilung, die er durch die Fürsprache der Gottesmutter erhalten hatte, und um anderen zu helfen, die Botschaft von Fátima zu verwirklichen. Er wählte bewusst die Farbe Blau, da sie oft mit der Muttergottes in Verbindung gebracht wird und es das „Blau" der Muttergottes war, das das „Rot" des Kommunismus und des Satans besiegen würde. Die Blaue Armee ist heute als das Weltapostolat von Fátima bekannt. Jedes Mitglied dieser Organisation widmet sich dem Beten des Rosenkranzes und ermutigt andere, ihn ebenfalls zu beten. Das *Marian Helpers Bulletin* (heute *Marian Helper Magazine*) wurde 1945 von den Marianern der Unbefleckten Empfängnis gegründet und gewann schnell eine internationale Leserschaft. Kurz, nachdem die Marianer *das Marian Helpers Bulletin* gegründet hatten, riefen sie 1948 den *Dreizehnten des Monats Club* ins Leben. Die Mitglieder des *Dreizehnten des Monats Club* verpflichten sich, jeden Monat am Dreizehnten den Rosenkranz für die Anliegen des Clubs und seiner Mitglieder zu beten. Bis heute betet der *Dreizehnte des Monats Club* den Rosenkranz und verbreitet die Verehrung der Gottesmutter und seine Mitglieder erhalten einen monatlichen Rundbrief (siehe Anhang).

Eine der meistgelobten marianischen Bewegungen des frühen 20. Jahrhunderts war die Legion Mariens, die 1921 von dem Diener Gottes Frank Duff (1889-1980) gegründet wurde.

Duff war ein gläubiger Ire, der von der marianischen Spiritualität des heiligen Ludwig von Montfort tief inspiriert war. Seine Absicht bei der Gründung der Legion Mariens war es, die montfortanische Marienfrömmigkeit mit einem aktiven Apostolat zu verbinden. Die Bewegung sollte eine geistliche Armee sein, die bereit war, im Namen Jesu, Marias und der Kirche geistliche Schlachten zu schlagen. Teil der Spiritualität der Legion Mariens war der tägliche Rosenkranz. Der Rosenkranz war in der Bewegung so wichtig, dass die Legion Mariens manchmal auch den Namen „Armee des Rosenkranzes" trug. Die Mitglieder der jeweiligen Legionsgruppe wurden ermutigt, der Rosenkranzbruderschaft beizutreten, um in den Genuss aller Vorteile und Ablässe zu kommen, die die Kirche denjenigen anbietet, die den Rosenkranz beten. Frank Duff verlangte, dass der Rosenkranz bei jedem wöchentlichen Treffen der Mitglieder gemeinsam gebetet werden sollte. Bis heute ist die Legion Mariens eine der größten marianischen Organisationen der Welt.

Während der Ire Frank Duff durch die Legion Mariens ein sehr fruchtbares internationales marianisches Apostolat betrieb, führte der in Irland geborene Pater Patrick Peyton (1909-1992) ein äußerst populäres weltweites Rosenkranz-Apostolat durch, das als Familien-Rosenkranz-Kreuzzug bekannt wurde. In den frühen 1940er-Jahren begann Pater Peyton mit der Förderung des Rosenkranzes, indem er an die Bischöfe in den Vereinigten Staaten schrieb und sie ermutigte, den Familienrosenkranz zu fördern. Im Jahr 1947 startete Pater Peyton offiziell seine Rosenkranzkreuzzüge auf nationaler und internationaler Ebene. Von dem Wunsch beseelt, den Rosenkranz in die ganze Welt zu bringen, reiste Pater Peyton in mehr als 40 Länder und konnte mehr als 28 Millionen Menschen zum Rosenkranzgebet bewegen! Bemerkenswerterweise gelang es ihm in den 1950er-Jahren sogar, einige der führenden Schauspieler Hollywoods zu versammeln, um den Rosenkranz öffentlich im Radio und im nationalen Fernsehen zu beten. Als die turbulente Zeit der 1960er-Jahre begann, war Peyton eine der wenigen Persönlichkeiten, die in der Lage waren, große Gruppen von Menschen zum Rosenkranzgebet zu bewegen. In San Francisco gelang es ihm 1961, mehr als eine halbe Million Menschen zu einem Rosenkranzgebet für die Erzdiözese zu versammeln. Leider sollte dies das letzte große Rosenkranzereignis in den Vereinigten Staaten sein, bevor die Kulturrevolution der 1960er-Jahre in vollem Gange war und Bestrebungen einsetzten, die den Rosenkranz weitgehend aus dem kirchlichen und familiären Leben verdrängen sollten.

Die 1960er-Jahre hielten Pater Peyton jedoch nicht davon ab, für den Rosenkranz zu werben. Er brachte seinen Rosenkranz-Kreuzzug in Länder, die für seine Botschaft empfänglicher waren. In Ländern wie Kolumbien, Brasilien und den Philippinen versammelte er Millionen von Menschen zu Rosenkranzandachten. Sein Rosenkranzapostolat blühte in diesen Ländern auf, während der Rosenkranz in den entwickelteren Ländern vergessen und aufgegeben wurde. Die Aufgabe des Rosenkranzes machte Pater Peyton sehr traurig, so dass er einen persönlichen Brief an Papst Paul VI. schrieb, in welchem er ihn bat, das Blatt zu wenden, indem er den Rosenkranz zu einem liturgischen Gebet erklärte. Pater Peyton wünschte sich so sehr, dass der Rosenkranz von allen gebetet werden sollte, dass er sogar die Möglichkeit vorschlug, weitere Geheimnisse aus dem öffentlichen Leben Jesu hinzuzufügen. Viele dieser Geheimnisse sind genau die gleichen, die der heilige Johannes Paul II. der Kirche im Jahr 2002 in den Lichtreichen Geheimnissen gegeben hat. Bis heute sind Peytons Bemühungen um den Rosenkranz unvergleichlich.

Noch bevor Pater Peyton seine großen Rosenkranzkreuzzüge nach Südamerika brachte, hatte die Schönstatt-Bewegung bereits 1950 eine Rosenkranz-Erneuerung in Brasilien initiiert. Diese Bewegung war als Schönstatt-Rosenkranz-Kampagne bekannt. Die Schönstatt-Bewegung selbst wurde 1914 in Deutschland von dem Diener Gottes Pater Josef Kentenich (1885-1968) gegründet. Als eine marianische katechetische Bewegung waren die Anfänge Schönstatts eng mit den alten marianischen Sodalitäten verbunden und nutzten deren Rahmen als Ausgangspunkt. Pater Kentenich selbst schätzte die Marianische Kongregation sehr und war auch ein großer Förderer des Rosenkranzes. Er verstand den Rosenkranz als katechetisches Werkzeug, als Freund im geistlichen Leben und als Waffe zur Überwindung der theologischen und anthropologischen Irrlehren, die in der modernen Zeit vorherrschen. Von 1950 bis Anfang der 1980er-Jahre wurde die Kampagne der Pilgernden Gottesmutter nur in den Ländern Südamerikas verbreitet, aber 1985, als die Schönstatt-Bewegung den hundertsten Jahrestag der Geburt Pater Kentenichs feierte, wurde die Kampagne der Pilgernden Gottesmutter international und begann, sich in der ganzen Welt auszubreiten.

1951 gründete ein heiligmäßiger Bischof aus den Vereinigten Staaten, Fulton J. Sheen (1895-1979), den Weltmissionsrosenkranz (auch Missionsrosenkranz genannt). Im Jahr 1950 wurde er zum nationalen Direktor der Gesellschaft für die Verbreitung des Glaubens ernannt, ein Amt, das er bis 1966 innehatte. Im Rahmen seiner Bemühungen entwickelte er einen einzigartigen farbkodierten Rosenkranz, der speziell für die Missionen gebetet werden sollte. Jedes Geheimnis des Weltmissionsrosenkranzes hatte eine andere Farbe, die für eine andere geografische Region des Planeten stand. Weiß steht für Europa, wo der Heilige Vater residiert; Gelb steht für Asien, wo die Morgensonne aufgeht; Blau steht für die Inseln im Pazifik, einschließlich Australien; Grün steht für Afrika mit seinen Wäldern und Graslandschaften; und Rot steht für Amerika, da das Feuer des Glaubens von Missionaren dorthin gebracht wurde.

Schließlich erschien 1954 die erste englische Ausgabe von *Der heilige Rosenkranz – das wunderbare Geheimnis der Bekehrung und des Heiles*. Diese Ausgabe wurde mehrfach gedruckt und in der gesamten englischsprachigen Welt verbreitet.

Päpste

Der Rosenkranz war ein wichtiges Thema in den Lehren der Päpste des 20. Jahrhunderts. Papst Pius X. (1835-1914), der in die Fußstapfen von Papst Leo XIII. trat, lobte den Rosenkranz und erwähnte häufig den Eifer seines päpstlichen Vorgängers bei der Verbreitung der Andacht. Da Papst Leo XIII. elf Rosenkranz-Enzykliken verfasst hatte, schrieb der heilige Papst Pius X. nicht viel über den Rosenkranz, sondern förderte ihn auf andere Weise. Als er 1903 zum Papst gewählt wurde, fand eine seiner ersten Privataudienzen bei dem Ordensmeister der Dominikaner, dem seligen Hyacinth Cormier, statt. Während dieses Besuchs teilte der heilige Papst Pius X. dem Ordensmeister mit, dass er in seiner Jugend selbst darüber nachgedacht habe, Dominikaner zu werden. Obwohl es nicht Gottes Wille war, dass er in den Orden eintrat, sagte der heilige Papst Pius X. dem Ordensmeister mit großer Freude, dass er es als ein Zeichen Gottes betrachte, dass er am Festtag des heiligen Dominikus auf den Stuhl Petri gewählt worden sei. Der heilige Papst Pius X. war im Herzen Dominikaner und bewies dies, indem er dem Ordensmeister versprach, das große Werk von Papst Leo XIII. zur Förderung des Rosenkranzes fortzusetzen. In der Tat erließ er 1907 einen Ablass für diejenigen, die ein vom heiligen Hyazinth verfasstes Gebet beteten. In diesem Gebet wird die fromme Überlieferung bekräftigt (siehe Abschnitt Gebete). Im Jahr 1908 schrieb er einen Brief an die Vereinigung des Ewigen Rosenkranzes und dankte ihnen für ihr ständiges Rosenkranzgebet zum Wohl der Kirche. Im *Motu proprio* vom 3. Oktober 1913 revidierte er den liturgischen Kalender und das Römische Brevier und legte das Rosenkranzfest auf den 7. Oktober, statt auf den ersten Sonntag im Oktober. Er tat dies, weil er wollte, dass das Rosenkranzfest ein jährliches Gedenken an die Schlacht von Lepanto ist, die am 7. Oktober gewonnen wurde. Leider hatte diese Verlegung zur Folge, dass die zweite Lesung aus dem Brevier gestrichen wurde und der Rosenkranzsonntag kein offizieller Festtag der Kirche mehr war. Dennoch wurde der Rosenkranzsonntag in vielen Kirchen, vor allem in den Dominikanerkirchen, weiterhin inoffiziell gefeiert, da die mit ihm verbundenen Ablassbriefe weiterhin gültig waren. Erst als der heilige Papst Paul VI. 1967 ein überarbeitetes Ablasshandbuch veröffentlichte, wurde der mit dem Rosenkranzsonntag verbundene vollkommene Ablass abgeschafft. Auch heute noch, obwohl der Rosenkranzsonntag nicht mehr in den liturgischen Büchern erscheint und kein vollkommener Ablass mehr mit ihm verbunden ist, veranstalten viele Dominikaner weiterhin besondere Feiern, Prozessionen und Wallfahrten am ersten Sonntag im Oktober zu Ehren des Rosenkranzes.

Nach den erstaunlichen Amtszeiten von Papst Leo XIII. und dem heiligen Papst Pius X. fuhren die Päpste damit fort, die fromme Überlieferung zu bekräftigen. Im Jahr 1921 schrieb Papst Benedikt XV. (1854-1922) in einer sehr schönen Enzyklika über den heiligen Dominikus mit dem Titel *Fausto Appetente Die* Folgendes:

> Wie zufrieden die himmlische Königin mit ihrem frommen Diener [dem heiligen Dominikus] war, kann man leicht daraus ersehen, dass sie sich seines Dienstes bediente, um der Kirche, der Braut ihres Sohnes, den heiligsten Rosenkranz zu lehren; jenes Gebet, das, da es sowohl mündlich als auch geistlich ist, in der Betrach-

tung vor allem der Geheimnisse der Religion, während das Vaterunser 15-mal wiederholt wird, zusammen mit ebenso vielen Geheimnissen des Ave Maria, am besten geeignet ist, eine weitgehende Frömmigkeit und jede Tugend zu fördern. Mit Recht befahl Dominikus daher seinen Anhängern, dem Volk in seinen Predigten diese Gebetsweise, deren Nützlichkeit er selbst erfahren hatte, häufig einzuschärfen. Er wusste einerseits, dass die Autorität Marias bei ihrem Sohn so ist, dass sie über die Verteilung der Gnaden verfügt, die er den Menschen verleiht, und dass er sie ihnen zuteilt. Andererseits wusste er, dass sie von so gütiger und barmherziger Natur ist, dass sie, da es ihre Gewohnheit ist, den Elenden aus eigenem Antrieb zu helfen, unmöglich die Bitten derer abweisen kann, die zu ihr beten. Daher hat die Kirche, die sie als „Mutter der Gnade und Mutter der Barmherzigkeit" zu bezeichnen pflegt, sie immer so genannt, besonders aber als Antwort auf den Rosenkranz. Deshalb haben die römischen Päpste keine Gelegenheit ausgelassen, den Rosenkranz zu loben, und haben ihn mit apostolischen Ablässen bereichert.[30]

Eine der stärksten Bekräftigungen der frommen Überlieferung erfolgte während des Pontifikats von Papst Pius XI. (1857-1939). Papst Pius XI. war sich der Gelehrten, die gegen die fromme Überlieferung schrieben, und des großen Einflusses, den ihre Ideen auf die Hierarchie ausübten, sehr wohl bewusst. In den frühen 1930er-Jahren waren die kritischen Schriften von Pater Thurston gegen die fromme Überlieferung so weit verbreitet, dass sogar heilige Männer in den oberen Rängen der Hierarchie wie der selige Alfredo Schuster (1880-1954), ein Benediktinerkardinal, an der frommen Überlieferung zu zweifeln begannen. Papst Pius XI. wollte seinen Standpunkt in dieser Frage deutlich machen und bekräftigte die fromme Überlieferung in mehreren wichtigen Dokumenten. Das erste war ein persönlicher Brief, den er 1934 an Pater Martin Gillet, den Ordensmeister der Dominikaner, schrieb mit dem Titel *Inclytam ac perillustrem*. In diesem Brief erklärte er, dass Prouille die Wiege des Rosenkranzes sei, und richtete die folgenden Bemerkungen an alle Dominikaner: „Unter den Waffen, mit denen der heilige Dominikus die Ketzer bekehrte, war die wirksamste, wie die Gläubigen wissen, der Marienrosenkranz, dessen Praxis, gelehrt von der heiligen Jungfrau Maria selbst, in der katholischen Welt so weit verbreitet ist."[31] Im Jahr 1937 verfasste er eine der wirkungsvollsten Enzykliken über den Rosenkranz, die je geschrieben wurde, *Ingravescentibus Malis*. Darin drückte Papst Pius XI. seine Dankbarkeit für die Rosenkranzlehren von Papst Leo XIII. aus und bot neben vielen anderen Perlen der marianischen Lehre eine päpstliche Bestätigung der frommen Überlieferung. Er schrieb: „Diese Frömmigkeitspraxis, ehrwürdige Brüder, die vom heiligen Dominikus bewundernswert verbreitet wurde, nicht ohne die himmlische Anregung und Inspiration der jungfräulichen Muttergottes, ist ohne Zweifel für alle leicht, sogar für die Unwissenden und Einfältigen."[32] Ein wichtiger Aspekt der Bestätigung der frommen Überlieferung durch Papst Pius XI. ist, dass sie zur gleichen Zeit geschrieben wurde, als Pater Thurstons Neuinterpretation der Ursprünge des Rosenkranzes allgemeines Lob erhielt. Papst Pius XI. hätte die Ursprünge des Rosenkranzes in seiner Enzyklika auslassen können, aber er tat es nicht. Vielmehr verzichtete er bewusst auf die Formulierungen „wie man glaubt" oder „gemäß der Überlieferung", wie es viele frühere Päpste getan hatten, wenn sie sich auf die fromme Überlieferung bezogen. Er bekräftigte absichtlich die fromme Überlieferung ohne jegliche Einschränkung, Zweideutigkeit oder die Möglichkeit von Fehlinterpretationen. Er hätte das nicht tun müssen, aber er hat sich absichtlich die Mühe gemacht, um seinen Standpunkt deutlich zu machen.

Papst Pius XII. schrieb am 11. Juli 1957 einen persönlichen Brief an den Ordensmeister der Dominikaner, ähnlich dem persönlichen Brief, den Papst Pius XI. 1934 an den Ordensmeister der Dominikaner geschrieben hatte. In diesem Brief lobt Pius XII. den Rosenkranz und den Eifer der Dominikaner, ihn zu verbreiten. Papst Pius XII. schloss den Brief mit einer Ermahnung an alle Dominikaner. Er sagte: „Fahren Sie also fort, wie Sie es tun, den marianischen Rosenkranz und die verschiedenen Vereinigungen, die ihren Namen von ihm haben, eifrig, fleißig und andächtig zu fördern; dies ist ein besonderes Kennzeichen Ihres Ordens, und der fromme Dienst desselben Ordens steht in den Augen der erhabenen Mutter Gottes, der Kirche und der katholischen Religion nicht an letzter Stelle." [33]

Dominikaner

Ironischerweise wurde in dem Jahrhundert, in dem viele der geistlichen Söhne des heiligen Dominikus begannen, die fromme Überlieferung in Frage zu stellen, auch der Rosenkranz endlich zu einem offiziellen Teil des dominikanischen Habits. Der Rosenkranz war jahrhundertelang ein inoffizieller Teil des dominikanischen Habits gewesen – vielleicht war er sogar in den ursprünglichen Habit integriert worden –, aber wie in den meisten kirchlichen Angelegenheiten war schließlich die Zeit gekommen, in der die „normative" Praxis zur „offiziellen" Praxis wurde und schriftlich festgehalten wurde.

Selbst als einige unter ihnen begannen, die fromme Überlieferung zu kritisieren, fehlte es den Dominikanern nicht an Verteidigern ihres Rosenkranz-Erbes. In den dominikanischen Rosenkranzzeitschriften in England und den Vereinigten Staaten erschien ein Artikel nach dem anderen, der die Überlieferung gegen die Angriffe der Kritiker verteidigte. Diese Artikel waren gelehrt und erbaulich. Sogar der Provinzobere der Dominikaner in England, Pater John Proctor, mischte sich in die Kontroverse ein und schrieb eine historische und theologische Verteidigung des Rosenkranzes mit dem Titel *The Rosary Guide for Priests and People*. Dieses Meisterwerk wurde geschrieben, um die Irrtümer der historischen Kritiker zu korrigieren und sowohl Priester als auch Menschen zu versichern, dass der heilige Dominikus der Gründer des Rosenkranzes war.

Ein weiterer Kämpfer war der Dominikaner Pater Wilfrid Lescher. Seine Artikel zur Verteidigung der Überlieferung erschienen in vielen populären Zeitschriften und wurden schließlich zu einem Buch mit dem Titel *St. Dominic and the Rosary*. Pater Lescher betrachtete Argumente gegen die fromme Überlieferung als eine Art Vorwurf gegen das Papsttum selbst, da der dominikanische Ursprung des Rosenkranzes nicht nur eine fromme Überlieferung, sondern auch eine päpstliche Überlieferung sei. Er wies darauf hin, dass die vielen Päpste, die in ihren Enzykliken und Briefen über den Rosenkranz geschrieben haben, sich dafür hätten entscheiden können, nur das Rosenkranzgebet zu erwähnen und die Geschichte des Rosenkranzes wegzulassen, aber sie hätten sich absichtlich dafür entschieden, Hinweise auf den heiligen Dominikus als Gründer des Rosenkranzes aufzunehmen. Pater Lescher war der festen Überzeugung, dass eine Erwähnung des Rosenkranzes ohne den heiligen Dominikus bedeutet, die Rosenkranzüberlieferung zu zerreißen und ihre himmlischen Ursprünge zu verleugnen.

Als Papst Pius XI. 1934 seinen persönlichen Brief an Pater Martin Gillet, den Ordensmeister der Dominikaner, schrieb, erinnerte der Stellvertreter Christi die Dominikaner an ihre eigene Rosenkranzüberlieferung und gab allen geistlichen Söhnen des heiligen Dominikus folgende Mahnung mit auf den Weg: „Der Rosenkranz ist gleichsam das Prinzip und die Grundlage, auf der der Orden des heiligen Dominikus ruht, um das Leben seiner Mitglieder zu vervollkommnen und das Heil der anderen zu erlangen."[34] In demselben Dokument wies der Papst darauf hin, dass die Stadt Prouille in Frankreich der Geburtsort des Rosenkranzes ist. Er erklärte:

> Der heilige Dominikus gründete den Orden der Predigerbrüder, den Papst Honorius III. unter seinen besonderen Schutz und seine Schirmherrschaft stellte und dessen Mitglieder er gleichsam prophetisch als „wahre Lichter der Welt" und „Vorkämpfer des Glaubens" bezeichnete. Das erste Kloster wurde in Saint-Marie de Prouille gegründet, das in der Tat die Wiege des Rosenkranzes Mariens selbst war.[35]

Ein Dominikaner, der sich die Botschaft des Papstes zu Herzen nahm, war der selige Buenaventura Garcia de Paredes (1866-1936). Er diente von 1926 bis 1929 als Ordensmeister der Dominikaner. Nach seiner Amtszeit als Ordensmeister arbeitete er während des antikatholischen Aufstands in Spanien und wurde 1936 für seinen Glauben zum Märtyrer. Als sein Leichnam schließlich gefunden wurde, lagen ein Brevier und ein Rosenkranz neben seinem toten Körper.

Ein weiterer heiliger Dominikaner, der in dieser Zeit lebte, war Pater Marie Étienne Vayssière (1864-1940). Der fromme Dominikanerpriester war dafür bekannt, dass er den Rosenkranz „lebte", da er ihn den ganzen Tag über betete. Gegenüber anderen erwähnte er oft, dass sein abendlicher Rosenkranz seine „Abendkommunion" sei. Um zu erklären, warum er den abendlichen Rosenkranz so bezeichnete, sagte er: „Er [der Rosenkranz] ist nicht nur eine Reihe von *Ave Marias*, die fromm aufgesagt werden; er ist Jesus, der durch das mütterliche Wirken Marias in der Seele wieder lebendig wird.“ [36]

Der selige Pier Giorgio Frassati (1901-1925) setzte sich zu Beginn des 20. Jahrhunderts ebenfalls für den Rosenkranz ein. Seine große Liebe zur dominikanischen Spiritualität und zum Rosenkranz veranlasste ihn 1922, in den Dritten Orden der Dominikaner einzutreten. Dieser gutaussehende junge Mann war ein Liebhaber des Rosenkranzes und schlief jede Nacht mit ihm in der Hand. Er betrachtete seinen Rosenkranz als Waffe und wollte ihn immer in Reichweite haben. Als er einmal gefragt wurde, ob er die Bibel lese, antwortete er schnell, dass er sein Neues Testament – seinen Rosenkranz – in seiner Tasche trage! Der Rosenkranz ist in der Tat eine tragbare Bibel. Als Naturliebhaber ging der selige Pier Giorgio oft mit seinen Freunden in den Bergen wandern. Während dieser Wanderungen lud er seine Freunde immer ein, den Rosenkranz mit ihm zu beten.

Pater Reginald Garrigou-La Grange, der von vielen als einer der größten und gelehrtesten dominikanischen Theologen des 20. Jahrhunderts gefeiert wird, war eine starke dominikanische Stimme, die die fromme Überlieferung bekräftigte. Garrigou-La Grange war Theologielehrer am Angelicum in Rom; einer seiner Schüler, der Priester Karol Wojtyła, wurde schließlich der heilige Papst Johannes Paul II. Als gelehrter Historiker und Theologe war sich Pater La Grange der Argumente gegen die fromme Überlieferung bewusst. Er wusste jedoch auch, dass die Überlieferung keine Legende oder ein Mythos war, und stellte folgende Überlegungen zu diesem Thema an:

> Die Gottesmutter machte dem heiligen Dominikus eine bis dahin unbekannte Art der Verkündigung bekannt, von der sie sagte, dass sie eine der mächtigsten Waffen gegen künftige Irrtümer und in künftigen Schwierigkei-

> ten sein würde. Unter ihrer Inspiration ging der heilige Dominikus in die Dörfer der Albigenser, versammelte die Menschen und predigte ihnen die Geheimnisse des Heils – die Menschwerdung, die Erlösung, das ewige Leben. Wie Maria es ihn gelehrt hatte, unterschied er die verschiedenen Arten von Geheimnissen, und nach jeder kurzen Belehrung ließ er zehn Ave Maria beten – so wie es auch heute bei einer Heiligen Stunde geschehen könnte. Und was das Wort des Predigers nicht vermochte, das tat das süße Gebet der Ave Maria für die Herzen. Wie Maria versprochen hatte, erwies es sich als eine äußerst fruchtbare Form der Predigt.[37]

Die Worte von Pater Garrigou-La Grange sind nicht auf die leichte Schulter zu nehmen. Er war ein sehr gelehrter dominikanischer Theologe, der sich in historischen Fragen, insbesondere in der dominikanischen Überlieferung, gut auskannte. Er war auch als gelehrter Mariologe bekannt. Er war so angesehen, dass er von Papst Pius XII. gebeten wurde, als theologischer Berater zu fungieren, als der Heilige Vater die dogmatische Erklärung zur Himmelfahrt Mariens formulierte, die 1950 verkündet wurde.

Auf dem Internationalen Rosenkranzkongress, der 1963 in Rom stattfand, sprach Pater Anicetus Fernandez, ein ehemaliger Ordensmeister der Dominikaner, über die fromme Überlieferung und wies seine Mitbrüder auf die schwere Verpflichtung hin, die ihnen auferlegt ist, sie zu fördern. Er erklärte: „Da der Rosenkranz aus den Händen der Muttergottes selbst zu uns gekommen ist, haben wir eine sehr schwere Verpflichtung. Die Päpste haben uns [Dominikanern], und niemandem sonst, die volle Macht und Verantwortung übertragen, ihn unter das Volk zu bringen."[38] Auf demselben Rosenkranzkongress machte ein anderer ehemaliger Ordensmeister der

Dominikaner, Kardinal Michael Browne, gegenüber seinen dominikanischen Mitbrüdern eine ergreifende Bemerkung: „Die Zukunft des Dominikanerordens und seines Apostolats hängt von seiner Treue bei der Verkündigung des Rosenkranzes ab.“[39] Im Jahr 1976 gab der amtierende Ordensmeister der Dominikaner, Pater Vincent de Couesnongle, eine sehr deutliche Erklärung sowohl zur frommen Überlieferung als auch zur Rolle aller Dominikaner bei der Förderung des Rosenkranzes ab. Er sagte: „Eine in der Kirche anerkannte Überlieferung macht uns zu Erben des Auftrags, den die heilige Jungfrau Maria unserem Vater Dominikus gegeben hat: 'Geh und predige meinen Rosenkranz.' Dies ist ein Erbe, auf das wir stolz sein sollten und von dem wir als Erste in unserem Leben und in unserem Gebet profitieren sollten.“[40]

Einer der größten dominikanischen Förderer des Rosenkranzes in diesem Jahrhundert war der Ire P. Gabriel Harty. Sein Rosenkranzapostolat erstreckte sich über die zweite Hälfte des 20. Jahrhunderts und reichte bis ins 21. Jahrhundert. Der 1921 geborene Pater Harty war in seinem Heimatland Irland zum Diözesanpriester geweiht worden. Nach nur vier Jahren als Diözesanpriester trat er 1950 bei den Dominikanern ein. Seine Oberen erkannten sofort, dass er ein besonderes Charisma und einen besonderen Enthusiasmus zur Förderung des Rosenkranzes besaß, so dass sie ihm erlaubten, seine Talente auf diesen Bereich zu konzentrieren. Als Teil seines Rosenkranz-Apostolats initiierte er den „Industriellen Rosenkranz“. Mit diesem Apostolat brachte er den Rosenkranz an den Arbeitsplatz und konnte viele Menschen dazu ermutigen, den Rosenkranz bei der Arbeit zu beten, vor allem in Fabriken, Werkstätten und Lagerhäusern. Er schrieb auch viele Bücher über den Rosenkranz und predigte eifrig über den Rosenkranz bis in seine späten neunziger Jahre. Er wird oft als der „Rosenkranzpriester von Irland“ bezeichnet.

Schließlich veröffentlichte der Dominikaner des Dritten Ordens Robert Feeney 1991 ein umfassendes und aktuelles Buch über den Rosenkranz mit dem Titel *The Rosary: The Little Summa.* Feeney erkennt in seinem Buch die Entwicklungen an, die im Laufe der Geschichte des Rosenkranzes stattgefunden haben, hält aber auch an der frommen Überlieferung fest. Sein Buch ist in vielen Auflagen erschienen und wird von den Amtsträgern des Vatikans, neun Kardinälen, vielen Erzbischöfen, dem Apostolischen Nuntius in den Vereinigten Staaten, dem Ordensmeister der Dominikaner und mit dem Vorwort eines Kardinals befürwortet. Für diejenigen, die die Ansicht vertreten, dass die fromme Überlieferung eine Legende ist, bietet Feeney in diesem beeindruckenden Buch folgende Überlegungen an:

> Die Päpste sind in Bezug auf die Rosenkranzüberlieferung den weltlichen Historikern überlegen. Sie werden vom Heiligen Geist geleitet und haben die Fähigkeit, mit höchster Autorität zu sprechen. Päpstliche Dekrete, Bullen und Enzykliken haben Autorität im historischen Bereich. Als Leiter der Vatikanischen Bibliothek haben sich die Päpste bei der Abfassung päpstlicher Dokumente von gelehrten Männern unterstützen lassen. Ein Papst akzeptiert keine Fakten ohne vernünftige Beweise. Die Fakten durchlaufen Tests der Forschung und Überprüfung, bevor sie offiziell anerkannt werden. Die Überlieferung des Rosenkranzes ist so, wie sie ist, weil die Päpste sie so geschrieben haben.[41]

Auch wenn Feeney nicht behauptet, dass die Päpste in geschichtlichen Fragen unfehlbar sind, weist er doch zu Recht darauf hin, dass päpstliche Schriften in geschichtlichen Fragen großes Gewicht haben.

Die 1960er- und 1970er-Jahre

Die turbulente Zeit der 1960er- und 1970er-Jahre führte in der gesamten Kirche zu einem starken Rückgang der Marienverehrung. Trotz der dogmatischen Definition der Himmelfahrt Mariens im Jahr 1950 und des Marianischen Jahres 1954 ging das Interesse an der Gottesmutter und insbesondere das Interesse am Rosenkranz stark zurück. Entgegen dem Zeitgeist machte der heilige Papst Johannes XXIII. (1881-1963) jedoch viele schöne Aussagen über den Rosenkranz. Er wünschte, dass der Rosenkranz in den Familien gebetet wird, und forderte die Menschen sogar auf, den Rosenkranz zu beten, damit das Zweite Vatikanische Konzil fruchtbar wird. Obwohl das Zweite Vatikanische Konzil den Rosenkranz nie ausdrücklich erwähnte, wurden die meisten nachkonziliaren Katholiken leider fälschlicherweise informiert, dass die Kirche den Rosenkranz nicht mehr fördern wolle. Die Laien wurden belehrt, dass die Kirche nicht mehr als die Streitende Kirche bezeichnet werden sollte, die sich im Krieg mit den Mächten der Finsternis befand; daher wurde der Rosenkranz nicht mehr benötigt. Dieses weitverbreitete Missverständnis führte dazu, dass viele fälschlicherweise glaubten, die Waffe des Rosenkranzes sei überflüssig geworden, und ihn aufgaben. Der Missbrauch der historisch-kritischen Methode, die Förderung radikaler feministischer Ideologien und falsche Methoden der Ökumene trugen nur noch mehr dazu bei, dass die Verehrung des Rosenkranzes abnahm. Zu Recht haben Historiker und Theologen das Jahrzehnt von 1965 bis 1975 als das „Jahrzehnt ohne Maria“ und/oder das „dekadente Jahrzehnt“ bezeichnet.

In der ersten Hälfte des 20. Jahrhunderts war es in katholischen Familien üblich, jeden Abend zusammenzukommen und den Rosenkranz zu beten. All dies änderte sich im Zuge der kulturellen und theologischen Veränderungen in den

1960er-Jahren. In der Tat wurden in den Jahren unmittelbar nach den 1950er-Jahren nur sehr wenige gute Bücher über Maria geschrieben. Die klassischen theologischen Werke über Maria, einschließlich derjenigen, die dem Thema Rosenkranz gewidmet sind, begannen bis Anfang der 1980er-Jahre in den Regalen der katholischen Hochschulen zu verstauben. Dies geschah auch in katholischen Seminaren. In dieser Zeit wurden viele Männer, die sich auf das Priesteramt vorbereiteten, sogar davon abgehalten, den Rosenkranz zu beten. In einigen Seminaren wurde das Rosenkranzgebet in der Kapelle des Seminars verboten! Dies erwies sich als äußerst nachteilig für die Ausbildung der künftigen Priester. Das katholische Priesterseminar ist mit einem Ausbildungslager vergleichbar, in dem Soldaten geformt werden. Während des Ausbildungslagers lernen die Soldaten, wie man kämpft und Waffen gegen den Feind einsetzt. Am Ende des Ausbildungslagers erhält der Soldat eine Waffe, die er auf dem Schlachtfeld einsetzen kann. Die geistliche Waffe für einen Priester ist das Schwert des Rosenkranzes. Ein Priester ohne Rosenkranz ist wie ein Ritter ohne Schwert. Der Mangel an Marienverehrung in den Seminaren während der Dekadenz ist mitverantwortlich für die Produktion von verweichlichten Männern in den Reihen der Priesterschaft. Verweichlichte Männer sind nicht dafür bekannt, dass sie in die Schlacht ziehen und Drachen erschlagen. Traurigerweise wurde vielen Seminaristen in dieser Zeit sogar beigebracht, dass es keine Drachen mehr zu erschlagen gebe.

Der heilige Papst Johannes XXIII. hatte die Gefahren vorausgesehen, die den Priestern drohten, und schrieb 1959 eine prophetische Enzyklika über den heiligen Johannes Vianney, den Schutzpatron der Priester. In der Enzyklika warnte er die Priester vor der Gefahr, ihre geistliche Kraft zu verlieren, wenn sie ihr Gebetsleben vernachlässigen, in dem der Rosenkranz ein wichtiger Bestandteil sein sollte. Er schrieb:

> Nun aber ist diese dauernde Vereinigung mit Gott [im Gebet] weitgehend bedingt durch die verschiedenen Übungen priesterlicher Frömmigkeit, von denen die wichtigsten durch kluge Verordnungen der Kirche vorgeschrieben sind. Dazu gehören namentlich die tägliche Betrachtung, der Besuch des Allerheiligsten Altarssakramentes, das Rosenkranzgebet und die Gewissenserforschung. Das Breviergebet ist für die Priester sogar eine schwere Amtspflicht gegenüber der Kirche.
> Aus der Vernachlässigung der einen oder der anderen dieser vorgeschriebenen Übungen ist es vielleicht nicht selten zu erklären, dass gewisse Geistliche dem äußeren Betriebe zum Opfer fallen, allmählich innerlich verarmen und schließlich, leider Gottes, von den Verlockungen dieser Welt umgarnt, in schwere Gefahr geraten, weil ihnen jede geistliche Schutzwehr fehlt. Johannes Maria Vianney hingegen „vergaß ob der Sorge für das Seelenheil der Mitmenschen seine eigene Seele keineswegs. Er war sehr darauf bedacht, sich selber zu heiligen, um desto besser befähigt zu sein, auch die anderen zu diesem Ziel zu führen".[42]

Leider wurden seine prophetischen Worte nicht beherzigt und viele Männer verließen in den 1960er- und 1970er-Jahren das Priesteramt, um den Verlockungen des irdischen Lebens nachzugehen. Die Familien-Rosenkranz-Kreuzzüge, die Patrick Peyton in Mittel- und Südamerika organisierte, waren jedoch eine Ausnahme vom allgemeinen Rückgang der Rosenkranzpraxis. Einer der Gründe, warum er seine Rosenkranzkreuzzüge in andere Länder brachte, war der fortschreitende kulturelle Wandel in den Vereinigten Staaten, der so weit fortgeschritten war, dass seine Bemühungen auf taube Ohren zu stoßen begannen. Es ist schockierend, wenn man bedenkt, dass nur wenige Jahre, nachdem Pater Peyton 1961 in San Francisco eine erfolgreiche Rosenkranz-Kundgebung mit 500.000 Menschen durchgeführt hatte, 1967 am gleichen Ort im Golden Gate Park die „Versammlung der Stämme für Human Be-In“ stattfand. Historiker bezeichnen diese Veranstaltung als *das* Ereignis, das die sexuelle Revolution einläutete. Sechs Monate später fand der berüchtigte „Summer of Love“ statt.

Der Satan hatte es auf den Rosenkranz und alles, was mit ihm zusammenhing, abgesehen. Während dieses Jahrzehnts nahm nicht nur die Verehrung des Rosenkranzes ab, sondern auch das *Tagebuch* der heiligen Faustyna, das eine neue Form der Andacht der Göttlichen Barmherzigkeit enthält, die mit gewöhnlichen Rosenkranzperlen gebetet wird, wurde verboten. Infolge einer fehlerhaften Übersetzung wurde ihr *Tagebuch* vom Heiligen Stuhl von 1959 bis 1978 verboten. Pater Peyton selbst war über den rapiden Rückgang der Rosenkranzandacht so beunruhigt, dass er 1971 einen leidenschaftlichen Brief an den Papst schrieb, in dem er die Kirche aufforderte, die Krise zu beheben, indem sie den Rosenkranz zu einem liturgischen Gebet erklärte. Es war ein kühner Vorschlag und es war an Papst Paul VI. (1897-1978), ihn in Angriff zu nehmen.

Der heilige Papst Paul VI. war zum Stellvertreter Christi gewählt worden, kurz bevor das dekadente Jahrzehnt begonnen hatte. Er war sich des Rückgangs der Marienverehrung sehr wohl bewusst und versuchte alles zu tun, um das Interesse an Maria und ihrem Rosenkranz zu erneuern. Im Jahr 1964, ein Jahr nachdem er Papst geworden war, erteilte er in einem Dokument mit dem Titel *Inter Oecumenici* allen Priestern die Erlaubnis, Rosenkränze zu segnen. Bis 1964 war die Segnung von Rosenkränzen den Priestern des Dominikanerordens vorbehalten. Im Jahr 1966, ein Jahr nach Abschluss des II. Vatikanischen Konzils, schrieb er die Enzyklika *Christi Matri*. Die Enzyklika wurde geschrieben, um das Gebet für den Frieden im Monat Oktober zu fördern, und der Rosenkranz war ein wichtiges Thema in der Enzyklika. Der heilige Papst Paul VI. ermutigte seine Mitbrüder unter den Bischöfen nachdrücklich, den Rosenkranz zu fördern, und erwähnte sogar, dass das II. Vatikanische Konzil selbst das Rosenkranzgebet gefördert hatte. Er schrieb:

> Wenn das Übel wächst, muss auch des Volkes Gottes Frömmigkeit wachsen. Darum wünschen Wir sehr, dass unter Eurer Führung, Anleitung und Ermunterung, Ehrwürdige Brüder, die gütige Gottesmutter Maria — wie Wir schon angedeutet haben — im Oktober durch das Rosenkranzgebet noch inniger angerufen werde. Entspricht doch diese Art zu beten dem gläubigen Sinn des Volkes Gottes. Es ist der Mutter Gottes willkommen und es ist wirksam zur Erlangung göttlicher Gnade. Das II. Vatikanische Konzil hat den Rosenkranz zwar nicht ausdrücklich, aber doch ganz klar den Gläubigen der Kirche mit dem Hinweis empfohlen „die Gebräuche und Übungen der Andacht zu ihr (Maria), die im Laufe der Jahrhunderte vom Lehramt empfohlen wurden, hochzuschätzen".[43]

Leider war 1966, als *Christi Matri* veröffentlicht wurde, das dekadente Jahrzehnt bereits in vollem Gange und die Bemühungen des heiligen Papstes Paul VI. um eine Wiederbelebung des Rosenkranzes stießen auf wenig Begeisterung. Er verdoppelte seine Bemühungen und versuchte 1967, das Interesse am Rosenkranz neu zu wecken, indem er die Ablässe überarbeitete, die die Kirche für die Beter des Rosenkranzes anbot. Durch diese Maßnahme wurden die Ablässe viel verständlicher. Statt einer bestimmten Anzahl von Tagen, Karenen (40 Tage) oder anderen festgelegten Jahren, die mit den Ablässen verbunden sind, vereinfachte das überarbeitete *Ablassbuch* die Ablässe, die mit dem Rosenkranz verbunden sind, indem es sie entweder als Teilablass oder als Vollablass bezeichnet (siehe hinten im Buch). 1969 verkündete er das Dekret, dass der freiwillige Gedenktag Unserer Lieben Frau vom Rosenkranz, der am 7. Oktober gefeiert wird, von nun an von der gesamten Kirche als verbindlicher Gedenktag begangen werden soll. Er tat alles, was er konnte, um die Menschen wieder zum Rosenkranzgebet zu bringen.[44]

Die Bischöfe in den Vereinigten Staaten versuchten, dasselbe zu tun. 1970 schlug John Kardinal Carberry bei einem Treffen der amerikanischen Bischöfe vor, einen Hirtenbrief über Maria zu verfassen und sich mit dem Rückgang der Marienverehrung nach dem II. Vatikanischen Konzil zu befassen. Der Brief sollte die Katholiken dazu ermutigen, sich wieder Maria und insbesondere dem Rosenkranz zuzuwenden. Der Mariologe, der für den Entwurf des Dokuments ausgewählt wurde, war der Karmeliterpater Pater Eamon Carroll. Ironischerweise nahm Elvis Presley, ein Nicht-Katholik, im Mai 1971 einen Hit mit dem Titel „The Miracle of the Rosary" auf, während Pater Carroll das Dokument verfasste.

Pater Carroll stellte den Entwurf schließlich 1973 fertig und die amerikanischen Bischöfe veröffentlichten ihn in ihrem Namen unter dem Titel *Behold Your Mother: Woman of Faith*. Im Abschnitt zum Rosenkranzgebet des Briefes wird der Rückgang der Rosenkranzandacht mit der folgenden Aussage eindringlich anerkannt:

> Noch vor wenigen Jahren war der Gebrauch des Rosenkranzes ein allgemeines Kennzeichen eines Katholiken und es war üblich, ihn den Kindern sowohl zu Hause als auch im Religionsunterricht beizubringen. Erwachsene in allen Lebensbereichen fanden Kraft in diesem vertrauten Gebet, das biblisch fundiert und mit dem Ge-

danken an Jesus und seine Mutter in den Geheimnissen gefüllt ist. Das Beten des Rosenkranzes hat abgenommen. Einige Katholiken sind der Meinung, dass es sogar eine Kampagne gegeben hat, um die Statuen der Gottesmutter und der Heiligen aus den Kirchen zu entfernen.[45]

Um den Rosenkranz neu zu fördern, lobte das Dokument den überlieferten Rosenkranz und machte den Vorschlag, neue Formen des Rosenkranzgebetes zu ermöglichen. Insbesondere wurde erwähnt, dass dem Rosenkranz neue Geheimnisse hinzugefügt werden könnten, die das öffentliche Leben Jesu betonen. Als Beispiel wurde die Hochzeit in Kana genannt. Der Hirtenbrief betonte nachdrücklich, dass der Rosenkranz zwar in Vergessenheit geraten sei, aber nicht aufgegeben werden dürfe.

Weniger als drei Monate, nachdem die amerikanischen Bischöfe ihren Hirtenbrief veröffentlicht hatten, gab Papst Paul VI. der Kirche das Apostolische Schreiben *Marialis Cultus* (2. Februar 1974). Während Pater Carroll ein Dokument für die amerikanischen Bischöfe verfasste, hatte der heilige Papst Paul VI. eine geistliche Kongregation in Rom beauftragt, ein marianisches Dokument für die gesamte Kirche zu verfassen, das sich mit denselben Fragen befassen sollte. Papst Paul VI. wollte ein solches Dokument vor allem aufgrund des leidenschaftlichen Briefes von Pater Peyton im Jahr 1971 erstellen lassen, in dem er darum bat, den Rosenkranz zu einem liturgischen Gebet zu erklären. Der Bitte von Pater Peyton wurde nicht entsprochen, aber sein Brief hatte ein kritisches Thema in der Kirche nach dem II. Vatikanischen Konzil angesprochen und Papst Paul VI. dazu motiviert, sich mit der Krise der Marienverehrung zu befassen. Die Heilige Kongregation für den Gottesdienst war es, die Papst Paul VI. mit der Abfassung dieses Dokuments betraute.

Der mit der Ausarbeitung des Dokuments beauftragte Theologe, Liturgiker und Mariologe war der Servitenpater Ignacio Calabuig. Das Projekt dauerte drei Jahre und wurde viermal grundlegend überarbeitet. Der heilige Papst Paul VI. war an diesem Projekt sehr beteiligt. Jedes Mal, wenn ein Entwurf fertiggestellt war, prüfte er ihn, sobald er verfügbar war. Papst Paul VI. bestand darauf, direkt an dem Projekt beteiligt zu werden, weil er befürchtete, dass die fromme Überlieferung von den Theologen, die das Dokument verfassten, neu interpretiert werden würde, da viele Gelehrte in Rom der historisch-kritischen Methode verfallen waren. Jedes Mal, wenn ihm ein Entwurf vorgelegt wurde, bemängelte er ihn und schickte ihn zurück, weil jeder Entwurf versuchte, den überlieferten Rosenkranz auf der Grundlage der modernen historisch-kritischen Forschung neu zu interpretieren. Der heilige Papst Paul VI. war nicht für eine Änderung der Überlieferung, was zu einem Tauziehen zwischen ihm und den historisch-kritischen Theologen führte; der Papst schickte die Entwürfe immer wieder zur weiteren Überarbeitung an die Heilige Kongregation zurück, bis ein zufriedenstellendes Dokument vorlag. Nach mehreren Jahren des ständigen Hin und Her akzeptierte der Papst schließlich die vierte Überarbeitung. Das Dokument wurde 1974 unter dem Titel „*Marialis Cultus*" veröffentlicht.

Papst Paul VI. erkannte in seiner Ermahnung an, dass viele seiner Zeitgenossen versuchten, den Rosenkranz durch historische Studien und verschiedene andere Mittel wiederzuentdecken. Er zählte Bischöfe, Priester, Laien und Dominikaner zu denjenigen, denen er Anerkennung zollte, wobei er Letztere ausdrücklich als „die Hüter und Förderer dieser sehr heilsamen Praxis" bezeichnete.[46] Er erkannte auch die Arbeit der Historiker an, wies aber bewusst darauf hin, dass ihre Arbeit nicht darauf abzielen sollte, „in einer Art archäologischer Weise die ursprüngliche Form des Rosenkranzes zu definieren, sondern die ursprüngliche Inspiration und treibende Kraft dahinter aufzudecken".[47] Diese Aussage war wichtig, denn es gab in der Tat Theologen, die ihre Forschungen über den Rosenkranz wie eine archäologische Ausgrabung durchführten, Theologen, die die fromme und päpstliche Überlieferung leugnen wollten, indem sie das, was sie in den schriftlichen Dokumenten nicht finden konnten, ablehnten, um eine revisionistische Geschichte des Rosenkranzes zu schaffen, die sich ausschließlich auf die schriftlichen Aufzeichnungen stützte, die aus der Zeit des heiligen Dominikus überlebt hatten. Der heilige Papst Paul VI. respektierte die vielen Aussagen seiner Vorgänger über die Geschichte und die Ursprünge des Rosenkranzes und wollte sich nicht gegen die päpstliche Überlieferung in *Marialis Cultus* stellen. Er beschwichtigte die Kritiker nur, indem er ihre Arbeit anerkannte.

Interessanterweise war eine seiner letzten Amtshandlungen, als sich das Pontifikat des heiligen Papstes Paul VI. dem Ende zuneigte, die Aufhebung des Verbots des *Tagebuchs* der heiligen Faustyna am 15. April 1978. Durch seine Handlungen waren die Kirche und die Welt nun bereit, den Rosenkranz wieder aufzunehmen und auch eine neue Form der Andacht zur Göttlichen Barmherzigkeit zu empfangen, bei der die überlieferten Rosenkranzperlen für ein neues Gebet verwendet wurden. Die Zeit war reif für die Kirche, einen äußerst marianischen Papst zu wählen, der den Rosenkranz liebte und ein Apostel der Barmherzigkeit war.[48]

Der hl. Johannes Paul II.

Nach dem Tod des heiligen Papstes Paul VI. wurde der selige Papst Johannes Paul I. (1912-1978) auf den Stuhl Petri gewählt. Er war dem Rosenkranz sehr zugetan und sagte, er habe ihm geholfen, wie ein kleines Kind zu werden, – aber sein Pontifikat dauerte nur 33 Tage. Er war nicht der Mann, der zum päpstlichen Kämpfer des Rosenkranzes am Ende des Jahrhunderts bestimmt war.[49]

Das 20. Jahrhundert hatte mit dem Rosenkranzpapst Leo XIII. begonnen und sollte mit einem Papst enden, der als päpstliche Version des heiligen Ludwig von Montfort galt. Dieser große Papst war der heilige Johannes Paul II. (1920-2005). Als Kardinal Karol Józef Wojtyła am 16. Oktober 1978 zum Papst gewählt wurde, war dies ein Zeichen dafür, dass ein neuer Frühling der Rosenkranzbewegung begonnen hatte. Am 29. Oktober 1978, weniger als zwei Wochen nach seiner Wahl, verkündete er der ganzen Welt, dass der Rosenkranz sein Lieblingsgebet sei. Er wies sogar darauf hin, dass der Rosenkranz einen Gebetskommentar zu dem Kapitel der dogmatischen Konstitution *Lumen Gentium* des II. Vatikanischen Konzils biete, das sich mit der Muttergottes befasst. Der heilige Johannes Paul II. wurde schnell zum meistgereisten Papst in der Geschichte und predigte unaufhörlich über die Muttergottes und ihren Rosenkranz, wo immer er hinkam, in einer Weise, die an die apostolischen Bemühungen des heiligen Ludwig von Montfort erinnerte. Er machte sogar einen Satz aus den Schriften des heiligen Ludwig von Montfort zu seinem päpstlichen Motto: *Totus Tuus.* Diese Worte bedeuten „Ganz dein" und sind die verkürzte Version von Montforts Formel für die Marienweihe: *Totus Tuus ego sum, et omnia tua sunt. Accipio te in mea omnia. Praebe mihi cor tuum, Maria.* („Ich bin ganz dein und alles, was ich habe, ist dein. Ich nehme dich als mein Alles. Maria, gib mir dein Herz.") Mit diesen Worten als päpstlichem Motto machte sich der heilige Johannes Paul II. als unermüdlicher geistlicher Kämpfer und Kämpfer des Rosenkranzes auf die Straßen und Nebenstraßen der Welt.

Die Wurzeln der großen Liebe des heiligen Johannes Paul

II. zum Rosenkranz sind in seiner Jugend zu finden. Als junger Mann wurde er stark von der marianischen Spiritualität Jan Tyranowski (1900-1947) beeinflusst. Im Jahr 1940 im Alter von 20 Jahren wurde Karol Wojtyła Mitglied einer Gruppe des Lebendigen Rosenkranzes, die von Jan Tyranowski in der Gegend von Krakau gegründet worden war. Diese Gruppe traf sich jede Woche, um ihre Liebe zu Maria zu teilen, den Rosenkranz zu beten und ihre Erkenntnisse über die Geheimnisse des Rosenkranzes auszutauschen. Jedes Mitglied des Lebendigen Rosenkranzes bekam ein bestimmtes Geheimnis zugewiesen, das es einen Monat lang betrachten sollte, und versprach, während der Betrachtung des ihm zugewiesenen Geheimnisses täglich ein Geheimnis des Rosenkranzes zu beten. Während dieser Treffen gab Jan Tyranowski Wojtyła ein Exemplar von Ludwig von Montforts *Wahre Andacht zu Maria.* Dieses Buch hatte einen tiefen Einfluss auf Karol Wojtyła.

Viele haben behauptet, dass Karol Wojtyła ohne Tyranowski nicht Priester geworden wäre. Tatsächlich hatten Tyranowskis starke Marienfrömmigkeit und sein Interesse an der Karmelitermystik einen großen Einfluss auf Wojtyła. Nachdem Wojtyła Priester geworden war, beeinflussten die Lehren und das Beispiel Tyranowskis weiterhin sein Leben. Als der Priester Wojtyła 1948 seine erste Pfarrstelle in Niegowic antrat, gründete er sofort eine Gruppe des Lebendigen Rosenkranzes für die Jugendlichen der Gemeinde im Gedenken an seinen Freund Jan Tyranowski, der am 15. März 1947 gestorben war. Nachdem er Papst geworden war, sprach Johannes Paul II. häufig davon, wie Jan Tyranowski ihn beeinflusst habe, und bezeichnete ihn als großen Mann und Apostel des Lebendigen Rosenkranzes.

Johannes Paul II. ist es zu verdanken, dass der Rosenkranz in den letzten beiden Jahrzehnten des 20. Jahrhunderts wieder zur beliebtesten Marienandacht der Katholiken wurde. Im

Jahr 1987 rief er ein Marianisches Jahr für die Kirche aus und eröffnete das Jahr mit einem im Fernsehen übertragenen Rosenkranzgebet, das er selbst leitete. Als großer Liebhaber der Marienwallfahrtsorte stärkte er die Verbindung zwischen dem Rosenkranz und den Wallfahrtsorten, indem er auf fast jeder seiner Reisen Marienwallfahrtsorte besuchte und dort den Rosenkranz betete. Der heilige Johannes Paul II. lehrte die Welt, dass das Beten des Rosenkranzes eine Pilgerreise ist, denn wer den Rosenkranz betet, besucht geistig und geistlich die heiligen Orte, die mit dem Leben Jesu und Marias verbunden sind.

Der heilige Johannes Paul II. wurde bei seinen Bemühungen um die Förderung des Rosenkranzes in dieser Zeit von vielen anderen Gruppen in der Kirche unterstützt. Im Jahr 1981, gleich zu Beginn seines Pontifikats, wurde von Mutter Angelica in Alabama ein globales katholisches Fernsehnetzwerk (EWTN) gegründet. Zu den ersten Sendungen des Senders gehörte die tägliche weltweite Ausstrahlung des Rosenkranzes. Dieses Programm inspirierte viele Menschen dazu, wieder mit dem Rosenkranzgebet zu beginnen.

Im Jahr 1984 gründeten Kardinal Leo Suenens und die Laienhelferin Veronica O'Brien den Fiat-Rosenkranz. Eines Tages erhielt Veronica O'Brien eine Privatoffenbarung von Jesus, in der er ihr eine kürzere Version des Rosenkranzes gab, die als einfache Möglichkeit dienen sollte, den überlieferten Rosenkranz wieder in das Leben seines Volkes einzuführen. Der Fiat-Rosenkranz ist ein leicht verkürzter Rosenkranz, bei dem ausgewählte Geheimnisse des vollständigen Rosenkranzes (Freudenreicher, Schmerzhafter, Glorreicher) betrachtet werden, indem die wichtigsten Geheimnisse des vollständigen Rosenkranzes in einer Gebetseinheit behandelt werden.

Veronica O'Brien war auch eine eifrige Förderin der Legion Mariens und dafür verantwortlich, die Legion Mariens nach Frankreich, Belgien, in die Türkei und nach Griechenland zu bringen. Kardinal Suenens war ein bekannter Befürworter der Definition eines neuen marianischen Dogmas, das Maria zur Mittlerin aller Gnaden erklärt. Jesus benutzte diese beiden Marienverehrer, um die starke Vernachlässigung des Rosenkranzes in den 1960er- und 1970er-Jahren zu korrigieren.

Der Himmel hat die Bemühungen des heiligen Johannes Pauls II. um die Verbreitung des Rosenkranzes in dieser Zeit sehr unterstützt. Während seines Pontifikats begannen zahlreiche Erscheinungen zum Thema Rosenkranz auf der ganzen Welt. Sie begannen 1980 in Cuapa, Nicaragua, gefolgt von Kibeho, Afrika, 1981 und San Nicolás, Argentinien, 1983. Es sollte auch erwähnt werden, dass die angeblichen Marienerscheinungen in Medjugorje im Jahr 1981 begannen. Obwohl die Erscheinungen von Medjugorje bis heute nicht bestätigt worden sind, kann nicht geleugnet werden, dass diese angeblichen Erscheinungen eine wichtige Rolle dabei gespielt haben, den Rosenkranz wieder in das Gemeinde- und Familienleben auf der ganzen Welt zu bringen. Wenn es in einer katholischen Pfarrei in den 1980er- oder 1990er-Jahren eine Gruppe von Menschen gab, die vor oder nach der Heiligen Messe den Rosenkranz beteten, waren oft viele Mitglieder dieser Gruppe schon nach Medjugorje gereist und hatten an dem Rosenkranz teilgenommen, der jeden Tag in der Kirche des heiligen Jakobus gebetet wurde. Medjugorje diente als wichtiger Katalysator für Einzelpersonen und auch für Pfarrgemeinden, den Rosenkranz wieder zu beten.

Es war auch während des Pontifikats von Johannes Paul II., dass der Rosenkranz in den wichtigsten Dokumenten der Kirche gefördert wurde. Als die Kirche 1983 den neuen Codex des kanonischen Rechts verkündete, der den Codex von 1917 ablöste, versuchte der Abschnitt, der sich mit der Priesterausbildung befasste, ausdrücklich, der Vernachlässigung des Rosenkranzes in den Seminaren während der 1960er- und 1970er-Jahre entgegenzuwirken, indem er Folgendes festhielt: „Zu fördern sind die Verehrung der seligen Jungfrau Maria, auch durch den Rosenkranz, das betrachtende Gebet und andere Frömmigkeitsübungen …"[50] Der neue Kodex des kanonischen Rechts erwähnte sogar, dass die Mitglieder von Ordensgemeinschaften eine besondere Liebe zum Rosenkranz pflegen sollten. Kurz nach der Veröffentlichung des neuen Codex des kanonischen Rechts gaben die Bischöfe der Vereinigten Staaten das *Program of Priestly Formation* heraus. In diesem wichtigen Dokument wurde ausdrücklich darauf hingewiesen, dass in den Priesterseminaren Möglichkeiten zum Beten des Rosenkranzes geschaffen werden sollten. Das dekadente Jahrzehnt war vorbei; es war an der Zeit, den Rosenkranz wieder in die Seminarkapellen zu bringen.

Das wichtigste Dokument, das während des Pontifikats von Johannes Paul II. veröffentlicht wurde, war der *Katechismus der Katholischen Kirche* von 1992. In diesem Lehrwerk wird die Bedeutung des Rosenkranzes durch zahlreiche Verweise auf das Gebet auf allen Seiten betont. Als Lehrdokument konzentriert sich der *Katechismus* in erster Linie auf die offiziellen Lehren und Dogmen der Kirche. Als Lehrbuch bezieht sich der *Katechismus* nicht auf eine bestimmte Privatoffenbarung. Aus diesem Grund ist es nicht die Absicht des *Katechismus*, eine Geschichte des Rosenkranzes zu bieten. Das Schweigen des *Katechismus* über den himmlischen Ursprung des Rosenkranzes sollte daher nicht so verstanden werden, dass der Rosenkranz keinen solchen Ursprung hat. Die himmlischen Ursprünge des Rosenkranzes werden nicht erwähnt, weil dieser Aspekt des Rosenkranzes eine Privatoffenbarung beinhaltet. Der *Katechismus* befasst sich ausschließlich mit den Lehren des Glaubens gemäß der öffentlichen Offenbarung. Da keine Privatoffenbarung für die Gläubigen bindend ist, führt der *Katechismus* keine spezifische Privatoffenbarung namentlich auf, nicht einmal Guadalupe, Lourdes oder Fátima (die alle mit entsprechenden

Festen im liturgischen Kalender der Kirche verbunden sind). Päpstliche Dokumente, Briefe, Bullen, Ermahnungen, Predigten und Ansprachen erwähnen oft Privatoffenbarungen, aber selbst dann ist die Privatoffenbarung für die Gläubigen nicht bindend. So stellt der Katechismus in seiner kurzen Erwähnung der Geschichte des Rosenkranzes lediglich Folgendes fest: „In der mittelalterlichen Frömmigkeit des Westens entstand das Gebet des Rosenkranzes als volkstümlicher Ersatz für das Stundengebet.“[51] Noch einmal: Diese Aussage steht in keiner Weise im Widerspruch zur frommen Überlieferung.

Als sich das zweite christliche Jahrtausend dem Ende zuneigte und die Menschen mit großer Inbrunst zum Rosenkranzgebet zurückkehrten, kam es erstaunlicherweise zu einer ganzen Reihe neuer angeblicher Marienerscheinungen mit starken Rosenkranzthemen, z.B. in Litmanová, Slowakei (1990), Aokpe, Nigeria (1992) und Itapiranga, Brasilien (1994). Das Ende des zweiten christlichen Jahrtausends erlebte wirklich eine Rosenkranz-Erneuerung. Selbst Nichtkatholiken wussten, dass die gesegneten Perlen etwas Besonderes waren. Dies zeigte sich 1997, als die ganze Welt miterlebte, wie Prinzessin Diana von Wales, eine Nichtkatholikin, mit einem ihrer wertvollsten Besitztümer beigesetzt wurde: dem Rosenkranz, der ihr von der heiligen Teresa von Kalkutta geschenkt worden war.

Wunder und Siege

Die meisten der berühmten Wunder und Siege, die im 20. Jahrhundert mit dem Rosenkranz in Verbindung gebracht werden, ereigneten sich in Zeiten des Krieges oder unterdrückerischer Regierungsregime. Als die Vereinigten Staaten Atombomben auf die japanischen Städte Hiroshima und Nagasaki abwarfen, ereigneten sich an beiden Bombenabwurfstellen Wunder im

Zusammenhang mit dem Rosenkranz. Als Hiroshima am 6. August 1945 bombardiert wurde, überlebte ein ganzes Haus von Jesuiten, das von der Bombe völlig unberührt blieb. Das Haus der Jesuiten befand sich nur acht Häuserblocks von der Stelle entfernt, an der die Atombombe abgeworfen wurde, und hätte vollständig vernichtet werden müssen. Eine an das Jesuitenhaus angebaute Kirche und alles andere in der Umgebung wurde meilenweit ausgelöscht, aber das Haus mit den darin lebenden Jesuiten überlebte weitgehend unversehrt. Außerdem erlitt keiner der Jesuiten irgendwelche Strahlenschäden oder einen Hörverlust. Tatsächlich lebten alle acht Jesuiten noch Jahre nach dem Ereignis gesund weiter. Einer der Überlebenden, Pater Hubert Schiffer SJ, hat mehr als 200 Mal öffentlich darüber Zeugnis abgelegt, was ihm und seinen Mitbrüdern auf wundersame Weise widerfahren ist. Er bezeugte, dass er fest daran glaubte, dass sie verschont wurden, weil sie jeden Tag in diesem Haus den Rosenkranz beteten als Antwort auf die Bitte der Gottesmutter in Fátima.

Auch die Atombombe, die am 9. August 1945 auf Nagasaki abgeworfen wurde, explodierte im Stadtteil Urakami. Dieser Bezirk war seit dem 16. Jahrhundert das Herz und die Seele des Katholizismus in Japan. In diesem Gebiet gründete der heilige Maximilian Kolbe in den 1930er-Jahren eine konventuale Franziskanermission und nannte sie den „Garten der Unbefleckten“. Als der heilige Maximilian sich auf diesem Grundstück niederließ, wurde er darüber informiert, dass er eine schlechte Entscheidung getroffen hatte. Es sei eine schreckliche Lage, denn das Grundstück liege abseits der Stadt hinter einem Hügel und in einer Gegend, die niemand besuchen wolle. Der Heilige ließ sich jedoch nicht beirren und das Haus wurde auf dem Grundstück gebaut. Als die Atombombe abgeworfen wurde, blieb das Haus der Franziskaner wie durch ein Wunder stehen und alle Brüder darin blieben unversehrt. Wie die Jesuiten in ihrem Haus in Hiroshima beteten auch die Franziskaner in ihrem Haus jeden Tag den Rosenkranz. Die Gottesmutter hatte den heiligen Maximilian dazu gebracht, ein Grundstück zu erwerben, das vor der Bombenexplosion geschützt war.

Ein weiteres Rosenkranzwunder ereignete sich nach dem Zweiten Weltkrieg in Österreich. Nach dem Zweiten Weltkrieg wurden verschiedene Teile Österreichs aufgeteilt und an andere Länder vergeben. Der katholischste Teil Österreichs, zu dem auch Wien gehörte, wurde an Russland vergeben. Russland war damals noch kommunistisch und freute sich sehr, den reichsten Teil Österreichs zu bekommen. Die Wienerinnen und Wiener waren über die Teilung nicht glücklich, da viele von ihnen nun unter russischer Herrschaft standen. Das österreichische Volk suchte verzweifelt nach einem Weg, seiner bedrückenden politischen Situation zu entkommen. Die Antwort kam durch den Rosenkranz. Im Jahr 1946 unternahm ein frommer Priester namens Pater Petrus Pavlicek eine Wallfahrt zum wichtigsten Marienwallfahrtsort Österreichs, der Marienbasilika in Mariazell. Während seiner Wallfahrt wurde er daran erinnert, was der Rosenkranz während der Schlacht von Lepanto für die christliche Welt getan hatte, und er hörte eine innere Stimme, die ihn anwies, etwas Ähnliches zu tun. Die Stimme sagte zu ihm: „Tu, was ich sage, und es wird Frieden sein." In dem Wunsch, diese himmlische Weisung zu befolgen, organisierte Pater Pavlicek 1947 einen Rosenkranzsühnekreuzzug, bei dem die Wiener Bevölkerung eine öffentliche Rosenkranzprozession durch die Straßen ihrer Stadt führte. Das ausdrückliche Ziel des Rosenkranzzuges war es, dem Kommunismus in ihrem Land und in der ganzen Welt ein Ende zu bereiten. Anfangs waren die Prozessionen nicht sehr gut besucht, doch mit der Zeit wuchs die Zahl der Teilnehmer auf ein enormes Ausmaß an. Im Jahr 1955, nach acht Jahren der Unterstützung durch die österreichische Bevölkerung, nahmen mehr als eine halbe Million Menschen am öffentlichen Rosenkranzgebet teil, was einem Zehntel der gesamten Bevölkerung Österreichs entsprach. Am 13. Mai 1955 verkündeten die Sowjets dann zur Überraschung aller, dass sie Österreich von sich aus verlassen würden; die letzten Truppen zogen im Oktober desselben Jahres ab. Alle schrieben diese wundersame Wendung der Ereignisse dem Rosenkranz zu. Tatsächlich wurde die deutsche Mystikerin und Dienerin Gottes Therese Neumann (1898-1962) einige Monate vor ihrem Tod im Jahr 1962 gefragt, warum Russland Österreich verlassen habe. Sie sagte, dies sei wegen der Rosenkränze geschehen, die das österreichische Volk gebetet habe.

Einer der inspirierendsten Siege des Rosenkranzes in diesem Jahrhundert fand 1964 in Brasilien statt. Als das Land von dem kommunistisch orientierten Präsidenten João Goulart regiert wurde, wandten sich große Gruppen von Menschen dem Rosenkranz zu und rebellierten gegen ihre unterdrückerischen Führer. Es bildeten sich Rosenkranzgruppen, denen es gelang, kommunistische Kundgebungen aufzulösen, indem sie durch die Straßen zogen und laut den Rosenkranz beteten. Ein berühmtes Ereignis ereignete sich in der Stadt Belo Horizonte, wo eine kommunistische Kundgebung unter der Leitung von Präsident Goulart stattfand. Der Präsident hatte bereits viele Kommunisten in hohe Positionen der Regierung berufen und warb nun in Belo Horizonte um Unterstützung für eine kommunistische Revolution in Brasilien. Der Erzbischof von Rio de Janeiro, Kardinal de Barros Camara, wandte sich gegen den Präsidenten, indem er im nationalen Rundfunk das brasilianische Volk aufforderte, die Botschaft von Fátima als Mittel zur Überwindung der kommunistischen Bedrohung zu leben. Präsident Goulart war über die Botschaften des Erzbischofs so erzürnt, dass er das brasilianische Volk in einer öffentlichen Rede beleidigte und den Rosenkranz lächerlich machte, indem er sagte, dass es seine kommunistischen Ideen seien, die Brasilien reformieren und retten würden, und nicht die Rosenkränze einfacher Frauen. Diese Worte verärgerten das brasilianische Volk so sehr, dass es beschloss, den Kommunisten auf der Kundgebung in Belo Horizonte entgegenzutreten.

Die Kundgebung in Belo Horizonte wurde von Goularts Schwager Leonel Brizola angeführt und sollte eine der größten kommunistischen Kundgebungen des Landes werden. Mehr als 20.000 Frauen marschierten mit Rosenkränzen in den Händen auf die Straße, um den geistlichen Kampf aufzunehmen! Sie marschierten mitten in die kommunistische Kundgebung hinein und beteten den Rosenkranz so laut, dass die Kundgebung aufgelöst wurde. Am 19. März, nur sechs Tage, nachdem die Frauen die kommunistische Kundgebung aufgelöst hatten, zogen mehr als 600.000 Menschen durch die Straßen von São Paulo und beteten den Rosenkranz im berühmten „Marsch der Familie mit Gott zur Freiheit". Ursprünglich hieß dieser Marsch „Marsch zur Wiedergutmachung des Rosenkranzes", da Präsident Goulart den Rosenkranz in seiner öffentlichen Rede beleidigt hatte. Der Name wurde jedoch geändert, um auch Nichtkatholiken zur Teilnahme zu ermutigen. Viele Nichtkatholiken nahmen an dem Marsch teil und beteten gemeinsam mit den Katholiken den Rosenkranz, während sie gegen die kommunistische Vision des Präsidenten marschierten. Goulart war von der Rosenkranzarmee so eingeschüchtert, dass er innerhalb von zwei Wochen aus dem Land floh! Zum Dank für den Sieg des Rosenkranzes organisierte das brasilianische Volk einen weiteren Marsch zu Ehren der Muttergottes und ihres Rosenkranzes. Er fand am 2. April 1964 statt, einen Tag nachdem Präsident Goulart aus dem Land geflohen war. Dieser Marsch wurde „Marsch der Danksagung an Gott" genannt. Mehr als eine Million Menschen marschierten durch die Straßen von Rio de Janeiro und feierten ihre Freiheit von der Bedrohung durch den Kommunismus.

Auf den Philippinen nutzte die People Power Revolution 1986 den Rosenkranz, um die unterdrückerische Diktatur von Präsident Ferdinand Marcos zu überwinden. Am Sonntag vor dem Zusammenbruch des Marcos-Regimes erhoben sich Zehntausende von Filipinos aus Protest gegen den Diktator, indem sie sich vor bewaffneten Panzern aufstellten und niederknieten, um den Rosenkranz zu beten. An der Spitze der Reihen standen fromme Nonnen, die die Menschen unablässig beim Beten der heiligen Geheimnisse anführten. Unter Einsatz ihres Lebens schlossen sich Tausende und Abertausende von Menschen den Schwestern an und beteten auf den Knien vor den Panzern den Rosenkranz. Als sie aufgefordert wurden, sich zu bewegen oder überrollt zu werden, betete die große Gruppe den Rosenkranz noch lauter. Dominikanerpriester kamen mit einer Nachbildung der Statue Unserer Lieben Frau, La Naval de Manila, und trugen sie in einer Prozession vor den Panzern her. Auf der einen Seite der berühmten EDSA-Straße, wo sich die Menschen vor den Panzern versammelt hatten, war ein großes Plakat mit einem Bild von Pater Patrick Peyton zu sehen, das die Aufschrift trug: „Die Familie, die zusammen betet, bleibt zusammen." Wie durch ein Wunder fiel kein einziger Schuss, die Panzer berührten die Menschen nicht und Präsident Ferdinand Marcos und seine Frau Imelda flohen aus dem Land. Kardinal Jaime Sin, der Erzbischof von Manila, erzählte später den Medien, was ihm viele der Soldaten, die an diesem Tag dort waren, gesagt hatten. Sie sagten, dass sie gerade im Begriff waren, die Menschen mit Panzern zu überfahren, als sie eine sehr schöne Frau sahen, die ihnen befahl, ihre Panzer anzuhalten und den Menschen keinen Schaden zuzufügen, da sie die Königin der Insel sei.

Nicht jedes Rosenkranzwunder im 20. Jahrhundert hatte jedoch mit Kriegen und Revolutionen zu tun. Im Jahr 1978 bewahrte der Rosenkranz eine junge Frau davor, von dem berüchtigten Serienmörder Ted Bundy vergewaltigt und getötet zu werden. Ted Bundy, der für mindestens 30 brutale und sadistische Morde verantwortlich war, wurde schließlich gefasst und 1989 auf dem elektrischen Stuhl hingerichtet. Vor seinem Tod sagte er über einen Aspekt einer seiner Mordtaten in Florida aus, den nicht einmal er selbst verstand. Am Abend des 15. Januar 1978 brach Bundy in ein Studentenwohnheim der Florida State University in Tallahassee ein und vergewaltigte und tötete mehrere junge Frauen auf brutale Weise. Eine der Frauen im Haus blieb jedoch völlig unbehelligt, obwohl sie dem Mörder Auge in Auge gegenübergestanden hatte. Als die Polizei am Schauplatz der brutalen Morde eintraf, fand sie die junge Frau in einem fast katatonischen Zustand vor, der sie nur mit einem Priester sprechen ließ. Ein örtlicher Priester, Monsignore William Kerr, wurde an den Tatort gerufen, um mit der Frau zu sprechen. Sie erzählte ihm, dass Ted Bundy, nachdem er zwei ihrer Verbindungsschwestern getötet und zwei weitere schwer verletzt hatte, die Tür zu ihrem Zimmer geöffnet hatte, um sie zu töten. Als Bundy die Tür öffnete und sie im Bett liegen sah, ließ er seltsamerweise seine Waffe fallen und lief davon. Die junge Frau erzählte Msgr. Kerr, dass sie, bevor sie aufs College ging, ihrer Mutter versprochen hatte, jeden Abend vor dem Schlafengehen einen Rosenkranz zum Schutz zu beten. In dieser Nacht war sie eingeschlafen, während sie den Rosenkranz betete. Den Rosenkranz hatte sie in der Hand, als Bundy die Tür öffnete und sie ansah. Unglaublicherweise bat Ted Bundy, als er in der Todeszelle saß, Msgr. William Kerr um geistlichen Beistand, denselben Priester, der in der Mordnacht mit der jungen Frau gesprochen hatte. Im Verlauf des Gesprächs teilte Bundy Msgr. Kerr mit, dass er keine Ahnung habe, warum er die junge Frau nicht getötet habe. Er sagte, dass er, als er zu ihrem Zimmer kam, die Absicht hatte, sie zu töten, aber eine mysteriöse Kraft hinderte ihn daran, das Zimmer zu betreten, und er ließ seine Waffe fallen und floh. Er wusste es nicht, aber diese geheimnisvolle Kraft war der Rosenkranz!

Neue Entdeckungen

Im Laufe des 20. Jahrhunderts wurden viele neue Entdeckungen im Zusammenhang mit dem Rosenkranz gemacht. Die größte war die Wiederentdeckung des verlorenen Meisterwerks *Der heilige Rosenkranz – das wunderbare Geheimnis der Bekehrung und des Heiles* vom heiligen Ludwig von Montfort. Nachdem viele andere Dokumente über die Geschichte des Rosenkranzes durch Seuchen, Kriege, die protestantische Rebellion und die Französische Revolution zerstört worden waren, ließ der göttliche Handwerker zu, dass die größte Geschichte des Rosenkranzes verborgen blieb, bis sie am dringendsten gebraucht wurde. Nach der Wiederentdeckung des Manuskripts wurde es 1911 zum ersten Mal auf Französisch gedruckt, gefolgt von einer deutschen Ausgabe im Jahr 1920 und einer englischen Ausgabe im Jahr 1954. Unglaublicherweise haben alle Kritiker die Rosenkranzüberlieferung im 20. Jahrhundert absichtlich ignoriert, obwohl der heilige Ludwig von Montfort alte historische Quellen benutzte, Dominikaner des Dritten Ordens war und die mündliche Überlieferung des Dominikanerordens sehr gut kannte. Sie entschieden sich, *Der heilige Rosenkranz – das wunderbare Geheimnis der Bekehrung und des Heiles* zu ignorieren, weil sein Inhalt alle ihre Neuinterpretationen der Geschichte zurückwies.

Trotz der Weigerung der Kritiker, das Buch *Der heilige Rosenkranz – das wunderbare Geheimnis der Bekehrung und des Heiles* anzuerkennen, wurden in der zweiten Hälfte des 20. Jahrhunderts weitere Entdeckungen gemacht, die ihre Schlussfolgerungen in Frage stellten. Im Jahr 1945 machte die berühmte

Autorin Masie Ward die folgende Bemerkung zu den neuen Entdeckungen:

> Auf der negativen Seite [der Geschichte des Rosenkranzes] wird die Diskussion darüber, was im Mittelalter geschah, durch die Tatsache getrübt, dass so viele Dokumente verloren gegangen sind, insbesondere während der Verwüstung durch den Schwarzen Tod. Auf der positiven Seite jedoch werden immer mehr Entdeckungen gemacht, so dass wir, wenn wir nicht mit Sicherheit sagen können, dass eine bestimmte Sache *nicht* von unseren Vorfahren getan wurde, oft mit Sicherheit sagen können, dass eine bestimmte Sache getan wurde.[52]

Masie Ward war mit ihrer Kritik an den negativen Argumenten der Kritiker nicht allein.

Im Jahr 1954 nahm der bekannte Autor und Historiker John S. Johnson die Kritiker der Rosenkranzüberlieferung aufs Korn und hob hervor, dass insbesondere eine neue Entdeckung ihre Schlussfolgerungen völlig in Frage stellt:

> Die Kritiker stützten sich hauptsächlich auf das Argument des Schweigens, um die alte Überlieferung in Frage zu stellen, dass die heilige Jungfrau Maria dem heiligen Dominikus den Rosenkranz geschenkt hat. Sie hätten wissen müssen, dass viele Dokumente, auf die sich der selige Alanus bezog, zwar existierten, aber die Brandschatzung der Hugenotten nicht überlebten, die Klöster und Bibliotheken zerstörten, um nur einige der unzähligen Einrichtungen zu nennen, die sie den Flammen überantworteten. Die Kritiker gingen so weit zu behaupten, dass der selige Alanus die Rosenkranzfrömmigkeit erfunden habe … und sie dem heiligen

> Dominikus zugeschrieben habe, um sie mit einem berühmten Namen zu verbinden. Aber die beiden Personen, auf die sich Alanus für seine Geschichte über den Ursprung des Rosenkranzes beruft, hatten ihre „Mariales“ [marianische Bücher] im Kloster von Gand [Belgien] aufbewahrt: Diese Bibliothek wurde während der Religionskriege verbrannt. Es gibt weitere Rosenkranzdokumente, die in späteren Jahren entdeckt wurden und aus der Zeit vor dem seligen Alanus stammen. Das lange Gedicht *Rosarius* ist etwa hundert Jahre älter als er und bezieht den Rosenkranz eindeutig auf den heiligen Dominikus und die Schlacht von Muret. Damit ist der selige Alanus von jedem Verdacht befreit, seine Quellen erfunden zu haben.[53]

Das von Johnson erwähnte „*Rosarius*“-Gedicht ist an sich schon ein Beweis dafür, dass der Rosenkranz nicht vom seligen Alanus „erfunden“ wurde, sondern bereits im 13. Jahrhundert existierte. Der sehr gelehrte Priester Vater William Most schrieb 1963 über den Inhalt des „*Rosarius*“-Gedichtes und seine Bedeutung für die Bestätigung der frommen Überlieferung Folgendes:

> Das eindrucksvollste Zeugnis aus der Zeit vor Alanus ist seit dem Schreiben von [Pater] Thurston erschienen. In seinem Werk *The Rosary and its Historical Antecedents (Der Rosenkranz und seine historischen Vorläufer)* hat Mathieu Gorce, ein französischer Dominikaner, eine sorgfältige Analyse einer Reihe von Versen eines französischen Dominikaners vorgenommen, die aus dem frühen 14. Jahrhundert zu stammen scheinen – also etwa ein Jahrhundert nach der Zeit des heilige Dominikus. Diese Verse (um die Schlussfolgerungen von Gorce

zusammenzufassen) scheinen den heiligen Dominikus als einen vom Himmel gesandten Retter der Welt darzustellen, indem er eine Verehrung des *Ave Maria* predigt, die mit der Betrachtung über einige Geheimnisse unseres Glaubens verbunden ist. Das Dokument trägt den Titel *Rosarius*. Die Analyse von Gorce zeigt, dass das Dokument *Rosarius* wahrscheinlich die Ansicht widerspiegelt, dass die Methode des Predigens und Betens dem heiligen Dominikus mit göttlicher Unterstützung zu verdanken ist. Was den Namen dieses Dokuments betrifft, so müssen wir feststellen, dass der Begriff zu jener Zeit (Anfang des 14. Jahrhunderts) nicht nur eine Reihe von Gebeten und Betrachtungen wie unseren Rosenkranz bezeichnete, sondern sich auch auf eine Reihe von Predigten beziehen konnte. Dies würde wunderbar zu der Ansicht passen, dass der heilige Dominikus eine predigende Gebetsmethode [des Rosenkranzgebets] anwandte.[54]

Je mehr Entdeckungen gemacht wurden, desto mehr fielen die Schlussfolgerungen der Kritiker in sich zusammen. Eines der Argumente der Kämpfer der historisch-kritischen Revision gegen die fromme Überlieferung war zum Beispiel, dass Dominikus von Preußen, der behauptete, er sei der Erste gewesen, der dem Rosenkranz Betrachtungen beigefügt habe, als der eigentliche Begründer des Rosenkranzes bezeichnet werden müsse. Jüngste Entdeckungen haben jedoch bewiesen, dass Dominikus von Preußen nicht der Erste war, der dem dominikanischen Rosenkranz Geheimnisse zugefügt hat. 1977 entdeckte Dr. Andreas Heinz, ein angesehener Historiker und Mitglied der theologischen Fakultät der Universität Trier, ein Manuskript, das einen Rosenkranz mit Betrachtungen über das Leben Christi beschreibt, das viel älter ist als das von Dominikus von Preußen. Es wird auf die Zeit um 1300 datiert und könnte sogar im späten 13. Jahrhundert verwendet worden sein. Er entdeckte dieses Manuskript in einer Gebetssammlung des Zisterzienserklosters St. Thomas bei Trier.[55] Da die Kritiker behaupteten, dass die Rosenkranzbetrachtungen erst im 15. Jahrhundert entstanden seien, beweist diese Entdeckung, dass die Kritiker falsch lagen.

Eine weitere Bestätigung dafür, dass der Rosenkranz vom heiligen Dominikus im 13. Jahrhundert gepredigt wurde, sind die Studien von Pater André Duval OP. Er führte umfangreiche Studien zu diesem Thema durch und veröffentlichte seine Ergebnisse 1988. Er entdeckte, dass der erste schriftliche Bericht über den heiligen Dominikus, der über den marianischen Psalter (den Rosenkranz) predigte, nicht in den Schriften vom seligen Alanus de Rupe zu finden ist, sondern in den Predigten des Dominikanerbischofs Jean de Monte im frühen 15. Jahrhundert.[56] Dank der von Pater Gabriel Harty OP in Bibliotheken in ganz Europa durchgeführten historischen Nachforschungen über den Rosenkranz wurden in der Pariser Nationalbibliothek Kopien des originalen Bruderschaftsbuchs des Dominikanerpaters Pater Michael Insulis aus dem Jahr 1486 gefunden. Pater Insulis war ein Priester, der dem seligen Alanus de Rupe bei der Wiederbelebung des Rosenkranzes und der Rosenkranzbruderschaft geholfen hatte. Im Rahmen dieser Entdeckung erfuhr Pater Harty, dass die verlorenen Exemplare des Buches der Bruderschaft in der Pariser Nationalbibliothek gelandet waren, nachdem Napoleon Bonaparte 1810 die Archive des Vatikans geplündert hatte. Napoleon hielt diese Bücher trotz seiner vielen Fehler für so schön und wertvoll, dass er sie während der Verwüstung von Teilen Italiens als „Kriegsbeute" nach Paris bringen ließ. Diese Bücher sind von Bedeutung, weil sie die fromme Überlieferung verteidigen, indem sie behaupten, dass der Rosenkranz und die Bruderschaft vom heiligen Dominikus gegründet wurden. Pater Insulis besteht darauf, dass weder Alanus de Rupe noch Pater Jacob Sprenger die Gründer des Rosenkranzes waren, sondern nur seine Wiederbeleber. Diese Entdeckung ist historisch von unschätzbarem Wert. Diese Schätze stehen noch immer in den Regalen der Nationalbibliothek von Paris. In seiner Autobiografie richtet Pater Harty eine brüderliche Bitte an seine dominikanischen Mitbrüder, insbesondere an das Dominikanergeneralat in Rom, sich ernsthaft um den Erwerb mindestens eines Exemplars aus der Pariser Nationalbibliothek zu bemühen, damit die Dominikaner selbst „den verlorenen Schatz, der die Rosenkranzbruderschaft ist, wiederentdecken können".[57]

Jüngste künstlerische Entdeckungen haben ebenfalls Licht auf die Geschichte des Rosenkranzes geworfen. In der National Gallery of Art in London bietet ein Gemälde mit dem Titel „Die Arnolfini-Hochzeit" von Jan van Eyck enorme Einblicke in die Geschichte des Rosenkranzes. Das Gemälde aus dem Jahr 1434 zeigt zwei Figuren, die kurz vor ihrer Hochzeit stehen. Auf den ersten Blick scheint es ein einfaches Gemälde zu sein, doch wenn man das Bild vergrößert, um mehr Details zu sehen, erscheint etwas Bemerkenswertes an der Wand hinter den beiden Figuren: ein Rosenkranz! Der Rosenkranz hängt an einer Wand neben einem großen Spiegel, der von einem hölzernen Bilderrosenkranz mit zehn Geheimnissen eingerahmt wird. Dieses Gemälde bezeugt, dass der Rosenkranz zu Beginn des 15. Jahrhunderts bereits so populär war, dass er in den Häusern der Menschen ausgestellt wurde. Interessanterweise malte Jan van Eyck in Brügge, einem Ort nicht weit von Gent entfernt, wo die Beginen die Überlieferung des Rosenkranzgebetes pflegten. „Die Arnolfini-Hochzeit" beweist, dass der Rosenkranz bereits existierte, bevor die von Dominikus von Preußen geförderte kontemplative Version aufkam oder die vom sel. Alanus de Rupe geführte Erneuerung stattfand.

Tatsächlich malte van Eyck zu seinen Lebzeiten weitere Kunstwerke, die ebenfalls den Rosenkranz zeigen. Alle diese Kunstwerke beweisen, dass der Ulmer Bildrosenkranz von 1483 nicht der erste seiner Art war.

Es ist fast sicher, dass auch in Zukunft Entdeckungen zur Geschichte des Rosenkranzes gemacht werden. Wenn dies geschieht, wird die fromme Überlieferung, wie sie von Päpsten und Heiligen gelehrt wurde, weiter bestätigt werden.

Das 21. Jahrhundert: Lichtreiche Geheimnisse in dunklen Tagen

Es gibt viele Kräfte, die sich dem Christentum im dritten christlichen Jahrtausend entgegenstellen. Einige dieser Bedrohungen sind alt, aber viele von ihnen sind neu. Um diesen Angriffen zu begegnen, hat der göttliche Handwerker das Schwert des Rosenkranzes neu geschärft und ihm eine ganze Reihe neuer Geheimnisse gegeben. Mit der Einführung des Sonntags der Göttlichen Barmherzigkeit und der weltweiten Verbreitung des Rosenkranzes zur Göttlichen Barmherzigkeit ist der Rosenkranz eindeutig nicht nur eine Waffe der Wahrheit, sondern auch ein Instrument der Barmherzigkeit. Die Sekretärin der Göttlichen Barmherzigkeit, die heiligen Faustyna, schrieb einmal in ihr *Tagebuch*: „… ich werde mit der Waffe der Barmherzigkeit den Kampf gegen alles Böse aufnehmen."[1] Im dritten christlichen Jahrtausend wird der Rosenkranz von Männern, Frauen und Kindern benutzt werden, um die Feinde des Kreuzes zu bekämpfen und auch um Seelen zur Barmherzigkeit Christi zu führen. Päpste werden ihn unermüdlich fördern, Bischöfe werden Visionen über ihn haben und neue Herolde und Kämpfer werden auftauchen, die andere anleiten werden, ihn in der Dunkelheit einer Welt zu gebrauchen, die sowohl die Vernunft als auch die göttliche Offenbarung aufgegeben hat.

Waffe der Wahrheit und Werkzeug der Barmherzigkeit

Die erste Heilige des dritten christlichen Jahrtausends war die heilige Faustyna Kowalska. Sie wurde am Sonntag der Göttlichen Barmherzigkeit, dem 30. April 2000, heiliggesprochen. An diesem Tag erklärte der heilige Johannes Paul II., dass der zweite Ostersonntag in der gesamten Kirche offiziell als Sonntag der Göttlichen Barmherzigkeit gefeiert werden soll. Die Botschaft und die Andacht der Göttlichen Barmherzigkeit waren bereits die am schnellsten wachsende Basisbewegung in der Geschichte der Kirche, aber Faustynas Heiligsprechung hat dazu beigetragen, einen der wichtigsten Aspekte ihrer Visionen, nämlich den Barmherzigkeitsrosenkranz, weiter bekannt zu machen. Infolge der Heiligsprechung der heiligen Faustyna wurde der Rosenkranz sogar noch weiter verbreitet, da der Rosenkranz zur Göttlichen Barmherzigkeit mit gewöhnlichen dominikanischen Rosenkranzperlen gebetet wird. Der Rosenkranz wird nun offiziell sowohl als Waffe der Wahrheit als auch als Werkzeug der Barmherzigkeit verstanden. Die Bedeutung dieser doppelten Dimension des Rosenkranzes wurde ein Jahr später noch deutlicher, als muslimische Terroristen am 11. September 2001 das World Trade Center in New York City und das Pentagon in Washington D. C. angriffen und fast 3.000 Menschen töteten. Johannes Paul II. forderte daraufhin die Welt auf, im Oktober den Rosenkranz zu beten, um sich vor künftigen Anschlägen zu schützen und um Frieden zu erlangen.

Nach den Terroranschlägen vom 11. September 2001 begann der heilige Johannes Paul II. den Rosenkranz noch mehr als zuvor zu betonen. Er sah am Horizont schreckliche Dinge für die Menschheit voraus und war sehr besorgt. Im selben Monat, in dem er darum bat, den Rosenkranz zum Schutz vor dem Terrorismus zu beten (Oktober 2001), sprach er Luigi und Maria Beltrame Quattrocchi selig, das erste Ehepaar in der Geschichte der Kirche, das gemeinsam seliggesprochen wurde. In der Predigt zur Seligsprechung hob er bewusst die wichtige Rolle hervor, die der tägliche Rosenkranz in ihrer Ehe spielte. Er erklärte: „Im Mittelpunkt stand die tägliche Feier der Eucharistie, zu der die kindliche Verehrung der Jungfrau

Maria, das Rosenkranzgebet am Abend und die Beziehung zu klugen geistlichen Ratgebern hinzukamen."[2] Das seliggesprochene Ehepaar war 45 Jahre lang verheiratet und betete daher viele Rosenkränze zusammen, worauf Johannes Paul II. aufmerksam machen wollte. Im Dezember 2001 genehmigte und bestätigte er die Veröffentlichung des neuen *Direktoriums* des Vatikans *über die Volksfrömmigkeit und die Liturgie*. In diesem wichtigen Dokument wurden der Rosenkranz und die Andacht zur Göttlichen Barmherzigkeit stark hervorgehoben, wodurch diese beiden wichtigen Andachtsformen in der gesamten Kirche weiter gefördert wurden. All dies bereitete die Welt auf das vor, was er im Jahr 2002 tat, als er die Klinge des Rosenkranzes schärfte, indem er ihm eine ganze Reihe „neuer" Geheimnisse gab und allen, die den Sonntag der Göttlichen Barmherzigkeit feiern würden, einen vollkommenen Ablass gewährte. Der göttliche Handwerker und die Königin des Himmels hatten die Welt auf diese Dinge vorbereitet.

Die Lichtreichen Geheimnisse im dritten christlichen Jahrtausend

Bevor der 11. September 2001 stattfand und der heilige Johannes Paul II. seine Bemühungen zur Förderung des Rosenkranzes verstärkte, erfolgte am 9. Mai 2001 eine fast unbemerkte Seligsprechung. Die göttliche Vorsehung hatte absichtlich vorgesehen, dass ein heiligmäßiger Mann wegen seiner Erkenntnisse über den Rosenkranz in der Mitte des 20. Jahrhunderts selig- und heiliggesprochen werden sollte. Der Name des Seligen war George Preca (1880-1962) (jetzt heiliger George Preca; er wurde 2007 heiliggesprochen). Der heilige Preca war der Gründer der Gesellschaft für Christliche Lehre in Malta und wurde im Volksmund als „Zweiter Apostel von Malta" bezeichnet (der erste war der heilige Paulus). Der Zeitpunkt seiner Seligsprechung war eine glückliche Fügung: Sie erfolgte ein Jahr, bevor Johannes Paul II. dem Rosenkranz eine zusätzliche Reihe von Geheimnissen hinzufügte. Ohne dass die meisten Menschen es wussten, war es der heilige George Preca, der 1957 eine neue Reihe von Geheimnissen, die sogenannten „Geheimnisse des Lichts", vorgeschlagen hatte. Die Geheimnisse, die er gefördert sehen wollte, waren dieselben fünf Geheimnisse, die Johannes Paul II. in seinem Apostolischen Schreiben *Rosarium Virginis Mariae* aus dem Jahr 2002 verwendet hat, um die Klinge des Rosenkranzes zu schärfen. Wie wir bereits festgestellt haben, gab es im Laufe der Geschichte auch andere, die sich um die Förderung neuer Rosenkranzgeheimnisse bemühten (z.B. der heilige Ludwig von Montfort und Patrick Peyton, um nur einige zu nennen). Johannes Paul II. hat jedoch vor allem die Lichtreichen Geheimnisse von Pater George Preca angenommen und gefördert.

Als Johannes Paul II. im Jahr 2002 das Schreiben *Rosarium Virginis Mariae* veröffentlichte, fügte er nicht nur eine neue Reihe von Geheimnissen hinzu, sondern würdigte auch die Entwicklung des Rosenkranzes und bekräftigte auf subtile Weise die fromme Überlieferung. Im ersten Absatz des Schreibens stellte er fest, dass „der Rosenkranz der Jungfrau Maria (Rosarium Virginis Mariae) sich gut einreiht in den geistlichen Weg des Christentums, der nach zweitausend Jahren nichts von der Frische des Ursprungs verloren hat und der sich durch den Geist Gottes gedrängt fühlt, ‚hinauszufahren' (‚duc in altum!')".[3] Diese Aussage unterstreicht, dass der Rosenkranz nicht als eine statische Andacht zu verstehen ist, sondern als eine, die sich im Laufe der Zeit weiterentwickelt. Im zweiten Absatz wies er dann bewusst auf ein früheres päpstliches Dokument hin, das die fromme Überlieferung stark betont hatte. Er schrieb: „Diesem Gebet [dem Rosenkranz] haben viele meiner Vorgänger große Bedeutung zugemessen. Besondere Verdienste erwarb sich Papst Leo XIII., der am 1. September 1883 die Enzyklika *Supremi apostolatus officio* veröffentlichte, eine Erklärung hoher Bedeutung, die am Beginn von zahlreichen anderen Äußerungen über dieses Gebet stand und in der der Papst auf dieses Gebet als wirksames geistliches Mittel angesichts der Übel der Gesellschaft hinwies."[4] Seine Wahl, sich auf diese besondere Enzyklika von Papst Leo XIII. zu beziehen, ist interessant, weil sie ausdrücklich feststellt, dass der heilige Dominikus die Geheimnisse des Rosenkranzes „komponiert" hat und der „Erste war, der sie einführte". Von allen Dokumenten, auf die Johannes Paul hätte verweisen können, hat er sich absichtlich für eines entschieden, das die fromme Überlieferung bestätigt. Damit hat er die fromme Überlieferung auf subtile Weise selbst bekräftigt. Er verließ sich jedoch nicht ausschließlich auf die Worte von Papst Leo XIII., da er selbst auf die fromme Überlieferung anspielte, als er das Folgende schrieb:

> Die Geschichte des Rosenkranzes zeigt uns, wie gerade dieses Gebet in schwierigen Zeiten besonders von den Dominikanern benutzt wurde, um die Kirche vor den sich verbreitenden Häresien zu schützen. Heute stehen wir vor neuen Herausforderungen. Warum nehmen wir den Rosenkranz nicht mit dem Glauben unserer Vorfahren in die Hände?[5]

Es ist offensichtlich, dass die „schwierige Zeit für die Kirche wegen der Ausbreitung der Häresie", auf die sich Johannes Paul II. bezog, die albigensische Häresie war, die der heilige Dominikus durch den Rosenkranz überwand. In seinem Brief über den Rosenkranz beschrieb Johannes Paul II. den Rosenkranz als ein lebendiges Sakrament der Kirche, das seinen Ursprung sowohl in der Zeit als auch in der Ewigkeit hat. Die Entwicklung des Rosenkranzes im Laufe der Zeit steht nicht im Widerspruch zur frommen Überlieferung, denn der Rosenkranz hat die Fähigkeit, sich an die jeweiligen Bedürfnisse, Epochen und Zeitalter der Geschichte anzupassen.

Als Antwort auf den Brief des heiligen Johannes Paul II. über den Rosenkranz schrieb der Ordensmeister der Dominikaner, P. Carlos Alfonso Azpiroz Costa, einen Brief an den Papst, in dem er ihm für seine Erkenntnisse über den Rosenkranz dankte. Auch der Ordensmeister würdigte in seinem Brief sowohl die fromme Überlieferung als auch die Entwicklungen, die in der Geschichte des Rosenkranzes stattgefunden haben. Er schrieb:

> Der Orden der Prediger hat sich im Laufe der Jahrhunderte besonders um die Verbreitung des Rosenkranzes bemüht. In der Volksfrömmigkeit wird der heilige Dominikus als „Gründer" des Rosenkranzes anerkannt und die christliche Kunst stellt ihn seit vielen Jahrhunderten so dar, dass er den Rosenkranz aus den Händen der heiligen Jungfrau Maria empfängt. Die Konstitutionen der Brüder bekräftigen, dass die Praxis und die Verkündigung des Rosenkranzes *„ut nota Ordinis peculiaris"* (für ein für den Orden eigentümliches Merkmal) gehalten werden sollen. Ich danke Ihnen auch dafür, dass Sie uns eingeladen haben, die „Geheimnisse des Lichts" zu betrachten![6]

Leider wurden die Lichtreichen Geheimnisse des heiligen Johannes Pauls II. nicht von allen begrüßt. Viele Ultra-Traditionalisten lehnten die Lichtreichen Geheimnisse mit der Begründung ab, sie seien eine Erfindung eines nachkonziliaren Papstes. Doch wie wir gesehen haben, gehen die Lichtreichen Geheimnisse auf die Zeit vor dem II. Vatikanischen Konzil zurück. Darüber hinaus muss jeder Christ, der aufrichtig glaubt, dass es Jesus und

Maria missfallen würde, wenn Menschen solche Geheimnisse wie die Verkündigung des Reiches Gottes und die Einsetzung der Heiligen Eucharistie betrachten, sein Herz und seine Absichten ernsthaft überprüfen. Johannes Paul II. hat lediglich die Klinge des alten Rosenkranzes geschärft und die Kirche mit den notwendigen Waffen für die Fragen unserer Zeit ausgestattet, insbesondere mit den Betrachtungen über die Bedeutung der Taufe, die Heiligkeit der Ehe, die Notwendigkeit der Bekehrung, die Göttlichkeit Christi und die Realpräsenz Jesu in der Heiligen Eucharistie. Als Prophet des dritten christlichen Jahrtausends hat der heilige Johannes Paul II. den Rosenkranz in die moderne Zeit gebracht und das geistliche Schwert in ein Lichtschwert verwandelt, das die Mächte der Finsternis besiegen kann.

Der Bedarf an Kämpfern hält an

Nach der Veröffentlichung von *Rosarium Virginis Mariae* rief der heilige Johannes Paul II. ein Jahr des Rosenkranzes aus, das von Oktober 2002 bis Oktober 2003 stattfinden sollte. Während dieses besonderen Jahres sollten die Pfarreien und Diözesen den Rosenkranz besonders betonen und ihm zu Ehren Feiern veranstalten. Zu Beginn des Jahres des Rosenkranzes ging der heilige Johannes Paul II. mit gutem Beispiel voran, als er einen persönlichen Brief an die Dienerin Gottes Chiara Lubich (1920-2008) schrieb und diese bat, den Rosenkranz in diesem Jahr in besonderer Weise zu fördern, indem sie eine große Veranstaltung organisiere. Chiara war die Gründerin der internationalen Fokolar-Bewegung, eine sehr bekannte Persönlichkeit in der Kirche und eine große Liebhaberin des Rosenkranzes. Auf Bitten des Papstes organisierte sie im April 2003 einen marianischen Kongress in Rom. Das Thema des Kongresses war der Rosenkranz.

Nach dem Jahr des Rosenkranzes setzte der heilige Johannes Paul II. die Förderung des Rosenkranzes mit Nachdruck fort. Er besuchte 2004 die Rosenkranz-Basilika in Lourdes und bat darum, dass die Lichtreichen Geheimnisse auf sichtbare Weise in die Basilika integriert werden. Daraufhin wurden an der Außenfassade der Basilika wunderschöne Bilder angebracht, die die Lichtreichen Geheimnisse darstellen.

Nach dem Tod des heiligen Johannes Paul II. im Jahr 2005 setzte Papst Benedikt XVI. die Förderung des Rosenkranzes mit Nachdruck fort. Wie sein Vorgänger förderte er nicht nur den Rosenkranz und bezeichnete ihn als geistliche Waffe, sondern auch die Botschaft und die Andacht zur Göttlichen Barmherzigkeit, insbesondere durch die Gründung der Apostolischen Weltkongresse der Göttlichen Barmherzigkeit. Bei vielen Gelegenheiten während seines Pontifikats, besonders in den kühlen Abendstunden, wurde er beobachtet, wie er durch die vatikanischen Gärten ging und seinen Rosenkranz betete. Auch zum Heiligtum Unserer Lieben Frau vom Rosenkranz in Pompeji ist er gepilgert. In seiner Angelus-Botschaft am Sonntag, dem 7. Oktober 2007, dem Gedenktag Unserer Lieben Frau vom Rosenkranz, würdigte er die uralte Praxis des Rosenkranzsonntags und bekräftigte auf feine Weise die fromme Überlieferung:

> Dieser erste Sonntag im Oktober bietet uns zwei Anlässe zum Gebet und zum Nachdenken: den *Gedenktag Unserer Lieben Frau vom Rosenkranz*, den wir gerade heute begehen, und das *missionarische Engagement*, dem dieser Monat in besonderer Weise gewidmet ist. Das traditionelle Bild der Gottesmutter vom Rosenkranz stellt Maria dar, wie sie in dem einen Arm das Jesuskind hält und mit dem anderen dem heiligen Dominikus den Rosenkranz reicht. Diese bedeutsame Ikonographie zeigt,

> dass der Rosenkranz ein von der Jungfrau geschenktes Mittel ist, um auf Jesus zu schauen und Ihn durch die Betrachtung Seines Lebens zu lieben und Ihm immer treuer nachzufolgen. Das ist der Auftrag, den die Gottesmutter auch bei verschiedenen Erscheinungen hinterlassen hat. Ich denke insbesondere an die Erscheinung von Fátima, die sich vor 90 Jahren ereignet hat. Sie stellte sich den drei Hirtenkindern Lucia, Jacinta und Francisco als die „Muttergottes vom Rosenkranz" vor und empfahl eindringlich, den Rosenkranz jeden Tag zu beten, um das Ende des Krieges zu erlangen. Auch wir wollen die mütterliche Bitte der Jungfrau aufnehmen und uns verpflichten, den Rosenkranz in gläubiger Gesinnung für den Frieden in den Familien, den Nationen und der ganzen Welt zu beten.[7]

Während des Pontifikats von Benedikt XVI. hat der Rosenkranz in Südamerika mehrere bekannte Wunder bewirkt. Im Jahr 2008 stand Kolumbien kurz vor einem Krieg mit seinen Nachbarländern Ecuador und Venezuela. Der Grund für den Konflikt war eine Razzia, die Kolumbien innerhalb der Grenzen Ecuadors durchführte, um eine Gruppe marxistischer Terroristen auszulöschen. Diese Aktion wurde vom kolumbianischen Präsidenten Alvaro Uribe genehmigt und führte dazu, dass Ecuador und sein Verbündeter Venezuela sich bereit erklärten, gegen Kolumbien in den Krieg zu ziehen. Als die Spannungen zunahmen und der Krieg auszubrechen drohte, rief der kolumbianische Präsident seine Mitarbeiter auf, den Rosenkranz zu beten, um die Spannungen zu beenden und Frieden zu stiften. Der Rosenkranz wurde in der Kapelle des Präsidentenpalastes gebetet und Unserer Lieben Frau vom Rosenkranz von Chiquinquirá, der Schutzpatronin von Kolumbien, Ecuador und Venezuela, gewidmet. Wie durch ein

Wunder reichten sich zwei Tage nach dem Rosenkranzgebet alle drei Präsidenten während des Gipfels der Gruppe von Rio die Hand. Die Kriegsdrohung wurde durch den Rosenkranz beendet.

Das andere Rosenkranzwunder ereignete sich 2010 in Chile, als 33 Bergleute 69 Tage lang in einem unterirdischen Bergwerk eingeschlossen waren. Papst Benedikt XVI. segnete persönlich 33 Rosenkränze und schickte sie zu den Bergleuten, damit sie den Rosenkranz beten konnten und wussten, dass Maria mit ihnen war. Die gesegneten Rosenkränze wurden zu den Männern in den kleinen Schacht hinuntergeschickt und sie begannen, sie zu beten und um den Hals zu tragen. Wie durch ein Wunder überlebten alle 33 Männer und wurden am 13. Oktober, dem Jahrestag des Sonnenwunders von Fátima, aus dem Bergwerk gerettet!

Nach dem Pontifikat von Benedikt XVI. wurde der erste Jesuitenpapst überhaupt auf den Stuhl Petri gewählt – Papst Franziskus, der unter dem Namen Jorge Mario Bergoglio bekannt war.

Papst Franziskus hat eine große Liebe zum Rosenkranz, inspiriert durch den heiligen Johannes Paul II. im Jahr 1985. Während eines apostolischen Besuchs nahm der künftige Jesuitenpapst an einer päpstlichen Veranstaltung teil und wurde Zeuge, wie der heilige Johannes Paul II. auf den Knien andächtig den Rosenkranz betete. Die grenzenlose Zuversicht, die er beim Beten des Rosenkranzes in Johannes Paul II. sah, bewegte ihn sehr, dem heiligen Papst nachzueifern. Bergoglio erkannte, dass er seine eigene Verehrung für Maria verstärken musste, insbesondere durch den Rosenkranz. Wie er der Welt verkündete, betete er von diesem Tag an jeden Tag 15 Rosenkranzgeheimnisse. (Er begann mit dieser Praxis, bevor die Lichtreichen Geheimnisse im Jahr 2002 von Johannes Paul II. der Kirche übergeben wurden.)

Während des Konklaves 2013, als er viele Stimmen für die Wahl zum nächsten Papst erhielt, bemerkten andere Kardinäle, dass er andächtig den Rosenkranz betete. Nach seiner Wahl teilte er der Welt mit, dass das Beten des Rosenkranzes während der Wahl ihm ein enormes Gefühl des Friedens gab, da er wusste, dass die Gottesmutter mit ihm war. Am Tag nach seiner Wahl zum Papst besuchte er die Basilika Santa Maria Maggiore in Rom, um Maria sein Pontifikat anzuvertrauen. Bei diesem Besuch überraschte er alle, als er zum Grab des heiligen Papstes Pius V. ging, sich niederkniete und längere Zeit betete. Der heilige Papst Pius V. war der dominikanische Pontifex des 16. Jahrhunderts, der die Heilige Liga gründete und den Rosenkranzsieg über die osmanischen Türken in der Schlacht von Lepanto herbeiführte.

Am 17. November 2013 empfahl Papst Franziskus den Pilgern, die Rom besuchten, die „*Misericordinchen*" an, eine Medikamentenschachtel, die einen Rosenkranz, ein Bild der Göttlichen Barmherzigkeit und ein Rezept für das Gebet enthält. Er ließ sie von Freiwilligen an die Anwesenden verteilen und betonte, dass die *Misericordinchen* eine geistliche Medizin für die Seele seien. Er wies insbesondere auf Folgendes hin: „Dies ist ein Rosenkranz, mit dem Sie den Rosenkranz zur Göttlichen Barmherzigkeit beten können."

Am 3. April 2014 erinnerte Papst Franziskus in einer Ansprache die Bischöfe von Ruanda in Afrika daran, wie wichtig es ist, die Botschaft Unserer Lieben Frau von Kibeho zu leben, insbesondere das Gebet, das Fasten und den Rosenkranz. Laut Msgr. Alfred Xuereb, einem der Sekretäre von Papst Franziskus, ist die einzige Zeit, in der der Papst aufhört zu arbeiten, das Beten des Rosenkranzes. Papst Franziskus ermutigt Priester, Familien und Kinder, den Rosenkranz ebenfalls jeden Tag zu beten. In Anlehnung an die beiden vorherigen Pontifexe pilgerte auch er im März 2015 zum Heiligtum Unserer Lieben

Frau vom Rosenkranz in Pompeji. Er hat erklärt, dass der Rosenkranz uns in unserem Kampf gegen den Bösen unterstützt. Das päpstliche Zeugnis von Papst Franziskus als Apostel der Göttlichen Barmherzigkeit, der täglich den Rosenkranz betet und andere ermutigt, dasselbe zu tun, ist für die Kirche im 21. Jahrhundert äußerst wichtig.

Die Kirche und ihre Gläubigen werden von einer Welt angegriffen, die Jesus Christus und Seinen heiligen Geheimnissen feindlich gegenübersteht. Die Zeiten sind so ernst, dass das geistliche Schwert des Rosenkranzes sich in den Händen neuer Kämpfer wiederfinden muss. Es muss an die vorderste Front des Kampfes gebracht werden, um die folgenden Bedrohungen zu bekämpfen und sie mit Wahrheit und Barmherzigkeit zu besiegen:

Abtreibung

Abtreibung ist der stille und unsichtbare Holocaust unserer Zeit. Seit der Legalisierung der Abtreibung in den Vereinigten Staaten im Jahr 1973 wurden weltweit schätzungsweise mehr als 1,5 Milliarden Schwangerschaftsabbrüche vorgenommen. Allein in den Vereinigten Staaten haben seit 1973 mehr als 60 Millionen Abtreibungen stattgefunden. Dies entspricht durchschnittlich 1,2 Millionen Abtreibungen pro Jahr in den Vereinigten Staaten. Weltweit werden jeden Tag mehr als 125.000 Abtreibungen durchgeführt. Gruppen wie die Weltgesundheitsorganisation und Planned Parenthood werden vom Satan benutzt, um die menschliche Rasse zu zerstören.

Gleichgeschlechtliche „Ehe"

Viele Länder auf der ganzen Welt haben inzwischen die sogenannte gleichgeschlechtliche „Ehe" legalisiert. Abtrünnige Gerichte und die Stimmen fehlgeleiteter Bürger haben die gleichgeschlechtliche „Ehe" in vielen Ländern zu einem verfassungsmäßig garantierten Recht und zum Gesetz des Landes gemacht. Ungeachtet der Tatsache, dass nur vier Prozent der Bevölkerung behaupten, homosexuell zu sein, befürwortet die Mehrheit der Menschen in der Welt heute die gleichgeschlechtliche „Ehe“ und alle daraus resultierenden Störungen, nämlich Sodomie, die Adoption und Erziehung von Kindern durch gleichgeschlechtliche Paare und den Unterricht aller Formen sexueller Abweichung und Störung in der öffentlichen Bildung.

Empfängnisverhütung

Die Objektivierung der menschlichen Person und das Streben nach Hedonismus und Vergnügen ohne Verantwortung haben zur Zerstörung der Familie geführt. Die Empfängnisverhütung ist die Wurzel dieser moralischen Pandemie. Es wird geschätzt, dass bis zu 90 Prozent der verheirateten Katholiken irgendeine Form der künstlichen Geburtenkontrolle anwenden, eine moralische Travestie, die die Wurzel vieler moralischer Krisen in der Welt ist.

Scheidung

Die Scheidungsrate ist so hoch wie noch nie. Man schätzt, dass heute ein Drittel aller Ehen geschieden wird. Die Scheidung führt dazu, dass viele Kinder in zerrütteten Familien aufwachsen. Der Zusammenbruch der Familie verursacht bei Männern, Frauen und Kindern emotionale, psychologische und geistliche Wunden, die nur schwer zu heilen sind. Viele Kinder wachsen heute ohne einen Vater auf. Auch in der katholischen Kirche ist die Zahl der Annullierungen so hoch wie noch nie. Obwohl die Kirche eine gültige Trennung durch das Annullierungsverfahren zulässt, ist es dennoch eine traurige Tatsache, dass die Ehe-Annullierungen in den Vereinigten Staaten 60 Prozent der weltweiten Ehe-Annullierungen der katholischen Kirche ausmachen.

Pornografie

Pornografie ist eine lüsterne Plage, die von den Dämonen der Hölle auf der Erde entfesselt wurde. Es wird geschätzt, dass die Mehrheit der Männer heute im Alter von 13 Jahren zum ersten Mal mit Pornografie in Berührung kommt. Viele dieser jungen Männer werden süchtig nach Pornografie und versuchen, ihre lüsternen Fantasien auf sündige und kriminelle Weise auszuleben. Schockierenderweise sind heute sogar viele Frauen süchtig nach Pornografie. Viele Psychologen und Mediziner haben betont, dass die Pornosucht oft in direktem Zusammenhang mit Pädophilie, Homosexualität und anderen sexuellen Störungen steht.

Euthanasie

Mangelnder Respekt vor der Würde der menschlichen Person hat viele Menschen dazu veranlasst, das Leben eines anderen Menschen beenden zu wollen. Dies wird als Euthanasie bezeichnet. Etymologisch gesehen bedeutet das Wort „Euthanasie" „glücklicher Tod". Doch im Kern ist Euthanasie nichts anderes als die „legale" Tötung eines anderen Menschen. In einer Reihe von Staaten und Ländern kann heute ein Mensch, der als finanzielle und/oder gesellschaftliche Belastung angesehen wird, getötet werden.

Selbstmord

Die Selbstmordrate ist weltweit so hoch wie noch nie. Das Wort „Selbstmord" bedeutet „sich umbringen". Weltweit geschieht alle 30 Sekunden ein Selbstmord. Insgesamt gibt es jedes Jahr mehr als eine Million Selbstmorde auf diesem Planeten. Viele davon sind auf die extrem hohen Raten von Depressionen, Scheidungen und Hoffnungslosigkeit zurückzuführen, die in einer gottlosen globalen Gesellschaft herrschen. Weltweit sind viele sogenannte „Recht-auf-Sterben"-Bewegungen entstanden, die versuchen, das „Recht" eines Menschen, sein eigenes Leben zu beenden, gesetzlich zu verankern.

Okkultismus

Wenn sich Menschen vom Glauben an Gott abwenden, wenden sie sich oft dem Okkultismus und/oder der Selbstvergöttlichung zu. Menschen, die sich mit okkulten Praktiken befassen, ziehen es vor, „geistlich" statt religiös zu sein, und wollen Macht und Kontrolle über andere haben. Die weltweite Faszination für Hexen, Zauberei, Zombies, Yoga, Reiki, Santeria, Santa Muerte, Sai Baba, Außerirdische, Astrologie, Schwarze Magie, Hexensabbate, Tarotkarten, Wahrsagerei, Medien, Ouija-Bretter, Hellseherei, Satanismus usw. zeugen vom Aufschwung des Okkulten. Es ist kein Wunder, dass die dämonische Besessenheit weltweit zugenommen hat.

Lauwarme Katholiken

Die Mehrheit der Katholiken weiß heute nicht, was die Zehn Gebote sind, wie viele Sakramente es gibt, was Sünde ist, oder dass Jesus mit Leib, Blut, Seele und Gottheit in der Eucharistie gegenwärtig ist. Schlechte Katechesen und ein Mangel an heldenhaften christlichen Zeugen über Generationen von Menschen hinweg führten zu Unwissenheit und Verwirrung in der Kirche. Laue Katholiken sind weitgehend dafür verantwortlich, dass zutiefst problematische Politiker und Präsidenten gewählt werden. Die Mehrheit der Katholiken leidet unter einer tiefen theologischen Krise. Viele haben sich entschieden, den Katholizismus zu verlassen und sich protestantischen Sekten anzuschließen oder die Religion ganz aufzugeben.

Radikaler Islam

Unter dem Deckmantel einer Religion des Friedens verfolgt der radikale Islam zwei Ziele: die weltweite Anwendung der

Scharia und die Ausrottung aller Nicht-Muslime. Viele Anhänger des falschen Propheten Mohammed, die sich des Terrorismus bedienen, haben seit Beginn der Existenz des Islam offen den Wunsch geäußert, Rom zu erobern und das Christentum zu vernichten. Traurigerweise wird die Häufigkeit der Empfängnisverhütung in vielen ehemals christlichen Ländern, vor allem in Westeuropa, dazu führen, dass die Mehrheit der Menschen in diesen Ländern bald Muslime sein werden. Der radikale Islam stellt eine echte Bedrohung für die Grundlagen der Zivilisation in der ganzen Welt dar. In unserer Zeit muss die Kirche den Rosenkranz weiter fördern und einen neuen Kreuzzug und eine Heilige Liga gegen den radikalen Islam initiieren. Die Waffe dieses Kreuzzuges muss das geistliche Schwert des Rosenkranzes sein. In jüngster Zeit hat uns Jesus selbst über diese wichtige Wahrheit informiert.

Ende 2014 erschien Jesus einem katholischen Bischof in Nigeria und wies ihn an, den Rosenkranz als Waffe zur Überwindung des radikalen Islam einzusetzen. Bischof Oliver Dashe Doeme von der Diözese Maiduguri, Nigeria, behauptet, dass ihm eines Abends, während er seinen Rosenkranz betete, Jesus mit einem Schwert in der Hand erschien. Während der Vision streckte Jesus das Schwert in Richtung des Bischofs aus. Als der Bischof das Schwert von Jesus nehmen wollte, wurde es auf wundersame Weise in einen Rosenkranz verwandelt! Als der Bischof das Rosenkranz-Schwert in den Händen hielt, schaute Jesus ihn an und sagte dreimal: „Boko Haram ist weg! Boko Haram ist weg! Boko Haram ist weg!" Boko Haram ist die berüchtigte radikale muslimische Gruppe, die Nicht-Muslime gewaltsam abschlachtet, z.B. durch Enthauptung oder Verbrennung bei lebendigem Leib. Diese Gruppe entführt auch junge Mädchen, vergewaltigt sie und verkauft sie dann als Sexsklavinnen. Nachdem der Bischof von Maiduguri diese Vision erlebt hatte, begann er, in Nigeria und der ganzen Welt für den

Rosenkranz zu werben. In vielen seiner Interviews wiederholt er seine Vision und informiert seine Zuhörer mit folgenden Worten über seine Interpretation: „Sobald ich das Schwert erhielt, verwandelte es sich in einen Rosenkranz. Ich brauchte keinen Propheten, um mir die Erklärung zu geben. Es war klar, dass wir mit dem Rosenkranz in der Lage sein würden, Boko Haram zu vertreiben."[8]

In der Tat sind es die heiligen Geheimnisse Jesu Christi, die die Kraft haben, Abtreibung, gleichgeschlechtliche „Ehe", Empfängnisverhütung, Scheidung, Pornografie, Euthanasie, Selbstmord, Okkultismus, laues Christentum und Islam zu überwinden. Siehst du, lieber Leser, die Notwendigkeit, den Rosenkranz zu beten? Bist du beunruhigt über die Situation?

Im Jahr 2008, dem 800. Jahrestag der Geburt des Rosenkranzes (1208-2008), inspirierte Gott selbst den Ordensmeister der Dominikaner, Pater Carlos Azpiroz Costa, einen Brief an alle geistlichen Söhne des heiligen Dominikus zu schreiben in Vorbereitung auf den 800. Jahrestag der Gründung des Predigerordens (1216-2016). In diesem Brief rief er ein dominikanisches Jahr des Rosenkranzes (2008-2009) aus und stellte Folgendes fest:

> Um einen Schwerpunkt für das nächste Jahr zu setzen, schlage ich vor, dass wir beginnen, unseren Lebensstil in der Verkündigung zu erneuern, indem wir den Rosenkranz als Mittel der Kontemplation und als Werkzeug der prophetischen Verkündigung wiederentdecken. In vielerlei Hinsicht ist der Rosenkranz als einzigartiger dominikanischer Beitrag zum Leben der Kirche unserem [dominikanischen] Zugriff entglitten.[9]

Pater Azpiroz Costa betonte, wie wichtig der Rosenkranz für das Weltgeschehen war und wie er heute in der Welt als Mittel zur Herbeiführung von Frieden eingesetzt werden muss:

Unsere Welt ist eine Welt, die ständig von Kriegen zerrissen zu sein scheint. Ich denke dabei vor allem an den vom Krieg zerrissenen Irak und natürlich, nicht weit davon entfernt, an das ständige Blutvergießen zwischen Israelis und Palästinensern. Das 20. Jahrhundert war ein Jahrhundert der Kriege und der Verwüstung auf dem ganzen Planeten. In den schlimmsten Momenten wandten sich die Menschen dem Rosenkranz zu und beteten um Frieden. War dies nicht der Schwerpunkt der Fátima-Andacht für die Bekehrung Russlands und wurde nicht Maria als Königin des Friedens angerufen? Gleichzeitig sollten wir nicht die kalten Kriege herunterspielen, die in Familien, Gemeinschaften und in unseren eigenen Herzen und Seelen stattfinden können. Kann der Rosenkranz uns nicht zum Frieden führen?

Ich habe festgestellt, dass der Rosenkranz tatsächlich ein geliebtes und universelles Gebet ist. Ob in Italien oder in der Ukraine, in Mexiko oder in den Vereinigten Staaten, auf den Philippinen oder in Vietnam, in Kenia oder Nigeria, der Rosenkranz wird gefunden, gebetet und geliebt. Ich glaube, ein Grund dafür ist, dass er nicht nur ein Gebet, sondern auch eine greifbare Realität ist. Er ist etwas, das fast jeder Katholik besitzt. Er wird verschenkt. Es ist ein Ritual, ob man es nun allein oder gemeinsam betet. Er ist etwas, das wir anfassen, in der Hand halten und sogar in schwierigen Momenten unseres Lebens ergreifen können; es ist, als ob wir die Hand Marias selbst ergreifen würden. Der Rosenkranz wird uns sowohl in der „Stunde unseres Todes“ als auch danach bei der Beerdigung in die Hand gelegt. Die Gebete des Rosenkranzes sind Zusammenfassungen unseres Glaubens. Das Erlernen dieser Gebete ist wie das Erlernen des Sprechens; es ist

> der Beginn unseres Gebetslebens; und ja, es ist auch das Ende unseres Gebetslebens: „Dein Wille geschehe" „jetzt und in der Stunde unseres Todes". Wir bekommen einen Rosenkranz in unserer Jugend, wir erhalten einen Rosenkranz, wenn wir den Habit ablegen, und ein Rosenkranz ist an unserer Seite, wenn wir begraben werden.
> Brüder und Schwestern, lasst uns diesen Weg der Erneuerung gemeinsam gehen. Machen wir uns auf den Weg mit dem Vertrauen, das Dominikus zu Maria, der Mutter Gottes, hatte.[10]

Der heilige Paulus belehrte einst die Epheser: „Und nehmt den Helm des Heils und das Schwert des Geistes, das ist das Wort Gottes" (Eph 6,17). Der Rosenkranz ist das Schwert des Geistes, das im Neuen Testament geschmiedet wurde und darauf wartet, vom Soldaten Christi heute benutzt zu werden. Pater Gabriel Harty, der große irische dominikanische Förderer des Rosenkranzes, schwang das Schwert des Rosenkranzes bis weit in seine Neunziger hinein und machte einmal die folgende ergreifende Aussage:

> Wenn ein Dominikaner mit dem Habit bekleidet wird, wird er mit großen Rosenkranzperlen ausgestattet, die er an seinem Gürtel trägt. Er ist wie ein Offizier, der mit dem Schwert seines Amtes beauftragt wird, wie David, dem das Schwert gegeben wurde, mit dem er Goliath erschlagen hatte: „Außer diesem [Schwert des Goliath] gibt es keines hier. David sagte: Kein anderes kommt ihm gleich; gib es mir" (1 Sam 21,9). Jeder gute Rosenkranzprediger soll den Rosenkranz nicht nur für sein eigenes privates Gebet verwenden, sondern auch als Werkzeug seiner missionarischen Arbeit und als Waffe des Heils. Es gibt nichts Vergleichbares.[11]

Wer, liebe Leserin, lieber Leser, wird heute das geistliche Schwert des Rosenkranzes für die Königin des Himmels schwingen und ein Kämpfer gegen die Finsternis unserer Zeit werden? Bist du es?

TEIL III

Kämpfer des Rosenkranzes

Ich will keine Rast im Kampf, ich will um die Ehre meines Königs und Herrn bis zum letzten Atemzug streiten. Ich lege mein Schwert nicht aus der Hand, bis Er mich vor Seinen Thron ruft. Vor Hieben ängstige ich mich nicht, denn mein Schild ist Gott.

~ Hl. Faustyna Kowalska

Zieht an die Waffenrüstung Gottes, um den listigen Anschlägen des Teufels zu widerstehen! Denn wir haben nicht gegen Menschen aus Fleisch und Blut zu kämpfen, sondern gegen Mächte und Gewalten, gegen die Weltherrscher dieser Finsternis, gegen die bösen Geister. Darum legt die Waffenrüstung Gottes an, damit ihr am Tag des Unheils widerstehen, alles vollbringen und standhalten könnt! Steht also da, eure Hüften umgürtet mit Wahrheit, angetan mit dem Brustpanzer der Gerechtigkeit, die Füße beschuht mit der Bereitschaft für das Evangelium des Friedens. Vor allem greift zum Schild des Glaubens! Mit ihm könnt ihr alle feurigen Geschosse des Bösen auslöschen. Und nehmt den Helm des Heils und das Schwert des Geistes, das ist das Wort Gottes!

~ Epheser 6,11-17

Hl. Dominikus

Der Gründer des Rosenkranzes 1170-1221

Heiligsprechung: 3. Juli 1234
durch Papst Gregor IX.
Gedenktag: 8. August

Der heilige Dominikus, geboren in Caleruega, Spanien, war der Gründer des Predigerordens. Seine Mutter, die selige Juana von Aza, hatte, während sie ihn noch im Mutterleib trug, die Vision eines Hundes, der mit einer Fackel, die er im Maul trug, die Welt in Brand setzte. Die Vision erwies sich als prophetisch. Im Jahr 1216 gründete der heilige Dominikus die Dominikaner, die bald als *Domini canes* (die Hunde Gottes) bekannt wurden. Als berühmter Prediger christlicher Wahrheiten gründete der heilige Dominikus die „Hunde Gottes" als eine Gruppe gut ausgebildeter Wanderprediger, die Irrlehren aufspüren und die verlorenen Schafe der Herde Gottes zurück auf die Weide bringen sollten. Durch seine Predigten konnte der heilige Dominikus viele Seelen von den Irrtümern der albigensischen Häresie zurückbringen. Er starb im Alter von 51 Jahren in Bologna, Italien.

Marienverehrung

Der heilige Dominikus war ein marianischer Heiliger, der, während er von Stadt zu Stadt zog und das Evangelium predigte, seine Stimme im Gesang zu Unserer Lieben Frau erhob, indem er ihren Psalter predigte und das Ave Maris Stella (Meerstern, sei gegrüßt) sang. Seine frühen Biografen erwähnen, dass er häufig Visionen von der Jungfrau Maria hatte und mit großer Inbrunst über sie predigte. In einer besonderen Vision teilte Jesus selbst dem heiligen Dominikus mit, dass die Dominikaner dem Schutz Marias anvertraut seien. Der dominikanischen Überlieferung zufolge soll ein Teil des dominikanischen Habits selbst dem Orden von der Gottesmutter geschenkt worden sein. Die zärtliche Verehrung des heiligen Dominikus für die Jungfrau Maria gilt als das eigentliche Fundament, auf dem der Predigerorden ruht. Seine Liebe zu Maria wird auch durch die Tatsache belegt, dass die ursprünglichen Konstitutionen des Ordens von allen Mitgliedern Gehorsam gegenüber Gott *und* der Jungfrau Maria verlangten.

Papst Benedikt XVI. fasste in einer Generalaudienz am 3. Februar 2010 die wichtigsten Elemente zusammen, die das Leben und das apostolische Wirken des heiligen Dominikus fruchtbar machten, und machte deutlich, dass die Marienverehrung des heiligen Dominikus an erster Stelle stand. Der Papst sagte: „Vor allem die Marienverehrung, die er [der heilige Dominikus] voll Zartheit pflegte und seinen geistlichen Kindern als kostbares Erbe hinterließ; diese haben in der Geschichte der Kirche das große Verdienst, das Gebet des heiligen Rosenkranzes zu verbreiten, das dem christlichen Volk so teuer und so reich an im Evangelium gründenden Werten ist, eine wahre Schule des Glaubens und der Frömmigkeit."

Kämpfer des Rosenkranzes

Nach der dominikanischen Überlieferung gründete der heilige Dominikus den Rosenkranz im Jahr 1208. Nachdem er seine ganze Kraft darauf verwendet hatte, die Herzen und den Verstand derer zurückzugewinnen, die von der albigensischen

Häresie hinweggefegt worden waren, zog sich der heilige Dominikus in einen Wald in der Nähe von Prouille, Frankreich, zurück, um den Himmel um Rat zu fragen. Dort vertraute die Jungfrau Maria dem heiligen Dominikus den Rosenkranz an, unterwies ihn in dessen Gebrauch und Anwendung und machte ihn so zum Vater einer neuen Form des Predigens und Betens. Mit dem geistlichen Schwert des Rosenkranzes in der Hand konnte der heilige Dominikus mit seinem neuen Predigtstil die Albigenser wirksam bekämpfen und viele für die Fülle der christlichen Lehre in der katholischen Kirche zurückgewinnen.

Als Teil ihrer Anweisungen an den heiligen Dominikus über den Rosenkranz teilte die Königin des Himmels ihm mit, dass der Rosenkranz als Kriegswaffe und Rammbock gegen die Häresie zu verstehen sei. In diesem Sinne gründete der heilige Dominikus den Orden der Prediger, eine Gruppe von Brüdern, die als „Hunde Gottes" und als Rosenkranzorden bekannt wurden. Mit der Zeit wurde der Rosenkranz offiziell als Teil der dominikanischen Ordenstracht anerkannt und auf der linken Seite getragen, um ein Schwert zu symbolisieren, das bereit ist, herausgezogen und in den geistlichen Kampf geführt zu werden. Die schönsten Geschichten über die Macht und Wirksamkeit des Rosenkranzes im Leben des heiligen Dominikus sind im Buch des heiligen Ludwig von Montfort (er war ein Dominikaner des Dritten Ordens) *Der heilige Rosenkranz – das wunderbare Geheimnis der Bekehrung und des Heiles* festgehalten.

Der heilige Dominikus wird auch als Urheber für die Gründung der Rosenkranzbruderschaft genannt. In seinem Eifer, die Wahrheit zu fördern und Seelen zu retten, gründete der heilige Dominikus diese Gebetsvereinigung, um den Rosenkranz zu begleiten und seine Verbreitung in der ganzen Welt zu gewährleisten. Wie der Rosenkranz selbst war auch diese Bewegung zunächst unter verschiedenen anderen Namen und

Titeln bekannt. Viele Päpste haben jedoch bekräftigt, dass diese Gebetsgemeinschaft ursprünglich vom heiligen Dominikus gegründet wurde. Höchstwahrscheinlich begann die Rosenkranzbruderschaft 1216 in der Kirche St. Sixtus in Rom und wurde vom heiligen Dominikus selbst in andere Länder wie Spanien und Frankreich gebracht.

Rosenkranz-Edelsteine

Mein Sohn, sei nicht erstaunt über den Misserfolg deiner Predigten! Du bearbeitest nämlich ein Erdreich, das nicht vom Regen begossen wurde. Wisse denn, als Gott beschloss, die Welt zu erneuern, schickte er den Regen des Englischen Grußes voraus, und so wurde die Welt erneuert. Lade deshalb gleichfalls die Menschen in deinen Predigten ein, meinen Rosenkranz zu beten, und du wirst große Früchte für die Seelen daraus ernten.

~ **Worte der Gottesmutter an den hl. Dominikus**

Durch die Verdienste der Jungfrau Maria selbst und die Fürsprache des heiligen Dominikus, der einst der hervorragende Prediger dieser Rosenkranzbruderschaft war, wurde diese ganze Welt bewahrt.

~ **Papst Alexander VI.**

Die albigensische Häresie, die damals in einem Teil Frankreichs wütete, hatte so viele Laien verblendet, dass sie Priester und Kleriker grausam angriffen. Der selige Dominikus erhob seine Augen zum Himmel und richtete sie auf die Jungfrau Maria, die Mutter Gottes. Dominikus erfand diese einfache und für jeden geeignete Gebetsmethode, die Rosenkranz oder Psalter der Jungfrau Maria genannt wird. Sie besteht darin, die heilige Jungfrau Maria zu verehren, indem man 150 Engelsgrüße betet, so viele wie die Psalmen Davids, und sie bei jedem Gesätz durch das Vaterunser unterbricht, während man die Geheimnisse betrachtet, die das ganze Leben unseres Herrn Jesus Christus in Erinnerung rufen. Dominikus und seine geistlichen Söhne verbreiteten diese Gebetsform in der ganzen Kirche, nachdem sie sie entwickelt hatten.

~ Hl. Papst Pius V.

Als er [der heilige Dominikus] von ihr [der Gottesmutter], wie die Überlieferung sagt, den Rat erhalten hatte, er solle dem Volk den Rosenkranz als besonderen Schutz gegen Irrlehren und Laster predigen, führte er die ihm aufgetragene Aufgabe mit wunderbarem Eifer und Erfolg aus.

~ Diener Gottes – Papst Benedikt XIII.

Als der heilige Dominikus sah, dass die Verbrechen der Menschen der Bekehrung der Albigenser ein Hindernis setzten, ging er in einen nahen Wald bei Toulouse und verbrachte dort drei Tage und drei Nächte in fortwährender Gebets- und Bußübung; er hörte nicht auf, zu seufzen und zu weinen und seinen Körper durch Geißelstreiche zu kasteien, um den Zorn Gottes zu beschwichtigen, bis er schließlich halbtot umfiel. Da erschien ihm die Allerseligste Jungfrau in Begleitung dreier Himmelsfürstinnen und sagte zu ihm: „Weißt du, mein lieber Dominikus, welcher Waffe die Heiligste Dreifaltigkeit sich bedient hat, um das Heil der Welt wiederherzustellen?" „O meine Herrin!" antwortete er, „du weißt es besser als ich, denn nach deinem Sohne Jesus Christus bist du das vorzüglichste Werkzeug unseres Heiles gewesen." Sie fügte bei: „Wisse, dass die hauptsächlichste Waffe der Psalter des Rosenkranzes war, welcher das Fundament des Neuen Testaments ist. Wenn du deshalb jene verstockten Herzen für Gott gewinnen willst, so predige meinen Rosenkranz."

~ Hl. Ludwig von Montfort

Solange die Prediger nach dem Beispiel des heilige Dominikus die Andacht zum heiligen Rosenkranz predigten, blühten Frömmigkeit und Tugendeifer in den religiösen Orden, welche diese Andacht pflegten, und in der christlichen Welt; aber seitdem man dieses Himmelsgeschenk vernachlässigt, sieht man allüberall nur noch Sünde und Unordnung.

~ Hl. Ludwig von Montfort

Dem heiligen Dominikus lag während seines Lebens nichts so sehr am Herzen, als die seligste Jungfrau zu loben, ihre Größe zu predigen und alle anzueifern, Maria durch den Rosenkranz zu verehren.

~ Hl. Ludwig von Montfort

Der heilige Dominikus war von der Wirksamkeit des heiligen Rosenkranzes und seinem großen Wert so überzeugt, dass er, wenn er Beichten hörte, kaum noch andere Bußübungen auferlegte.

~ Hl. Ludwig von Montfort

Als der heilige Dominikus die Königin Blanka von Frankreich besuchte, welche zu ihrer größten Betrübnis zwölf Jahre lang seit ihrer Verehelichung kinderlos geblieben war, gab er ihr den Rat, täglich den Psalter zu beten, um die Gnade des Kindersegens vom Himmel zu erlangen. Sie tat es und gebar im Jahr 1213 ihren Erstgeborenen, den sie Philipp nannte. Als aber das Kind noch in der Wiege vom Tode hinweggerafft wurde, nahm die fromme Königin mehr denn je ihre Zuflucht zur lieben Gottesmutter und ließ eine Menge Rosenkränze am ganzen Hofe und in mehreren Städten des Königreichs verteilen, damit Gott ihr einen ganzen Segen schenke. Was auch geschah, denn im Jahr 1215 wurde der heilige König Ludwig IX., der Ruhm Frankreichs und das Vorbild der christlichen Könige, geboren.

~ Hl. Ludwig von Montfort

Als die Allerseligste Jungfrau dem heiligen Dominikus den Rosenkranz übergab, befahl sie ihm, denselben täglich zu beten und beten zu lassen. Auch nahm der Heilige niemanden in die Bruderschaft auf, der nicht den Entschluss gehabt hätte, ihn täglich ganz zu beten.

~ Hl. Ludwig von Montfort

Nachdem der heilige Dominikus den Predigerorden gegründet hatte, war es sein Wunsch, den Irrtümern der Albigenser ein Ende zu setzen. Von einer göttlichen Eingebung bewegt, begann er, die Hilfe der Unbefleckten Mutter Gottes anzuflehen, der allein die Aufgabe zukommt, alle Irrtümer im Universum auszurotten, und er predigte den Rosenkranz als unfehlbaren Schutz gegen Irrlehren und Laster.

~ Sel. Papst Pius IX.

Ihr wisst, wie die [Rosenkranz-]Andacht entstanden ist; wie Gott den heiligen Dominikus dazu inspiriert hat, zu einer Zeit, in der die Häresie sehr weit verbreitet war und die Wortklaubereien, die der Untreue gegen die Religion so mächtig helfen kann, (...) diese Andacht einzuführen und zu verbreiten. Es scheint so einfach und leicht, aber ihr wisst, dass Gott die kleinen Dinge der Welt auswählt, um die großen zu demütigen. Natürlich war sie in erster Linie für die Armen und Einfachen gedacht, aber nicht nur für sie, denn jeder, der diese Andacht praktiziert hat, weiß, dass sie eine wohltuende Süße hat, die es in nichts anderem gibt.

~ Sel. John Henry Newman

Unter ihrer [Marias] Eingebung und mit ihrer Kraft wurden große Männer erweckt – berühmt durch ihre Heiligkeit nicht weniger als durch ihren apostolischen Geist –, um die Angriffe der bösen Widersacher abzuwehren und die Seelen auf die tugendhaften Wege des christlichen Lebens zurückzuführen, indem sie

sie mit einer verzehrenden Liebe zu den Dingen Gottes befeuerten. Ein solcher Mann, eine Armee in sich selbst, war Dominikus Guzman [der heilige Dominikus]. Im Vertrauen auf den Rosenkranz der Gottesmutter setzte er sich furchtlos für diese beiden Aufgaben ein mit glücklichen Ergebnissen.

~ Papst Leo XIII.

Groß in der Lauterkeit seiner Lehre, in seinem Beispiel der Tugend und in seinem apostolischen Wirken, ging er [der heilige Dominikus] unerschrocken gegen die Feinde der katholischen Kirche vor, nicht mit Waffengewalt, sondern ganz im Vertrauen auf jene Andacht, die er als Erster unter dem Namen des heiligen Rosenkranzes einführte und die durch ihn und seine Schüler über die ganze Erde verbreitet wurde. Geleitet von göttlicher Eingebung und Gnade, sah er voraus, dass diese Andacht wie eine mächtige Kriegswaffe das Mittel sein würde, den Feind in die Flucht zu schlagen und seine Kühnheit und verrückte Frömmelei zu vereiteln. Das war in der Tat die Folge. Dank dieser neuen Gebetsmethode – wenn sie angenommen und richtig ausgeführt wurde, wie sie vom heiligen Vater Dominikus eingeführt worden war – kehrten Frömmigkeit, Glaube und Einigkeit zurück und die Pläne und Machenschaften der Häretiker fielen in sich zusammen. Viele Wanderer kehrten auch auf den Weg des Heils zurück und der Zorn der Gottlosen wurde durch die Waffen der Katholiken gebändigt, die entschlossen waren, deren Gewalttätigkeit abzuwehren.

~ Papst Leo XIII.

Dieser große Heilige [der heilige Dominikus], göttlich erleuchtet, erkannte, dass es kein geeigneteres Heilmittel für die Übel seiner Zeit gäbe, als dass die Menschen zu Christus, der „der Weg, die Wahrheit und das Leben" ist, durch häufige Betrachtung des von ihm für uns erlangten Heils zurückkehren und die Fürsprache jener Jungfrau bei Gott suchen sollten, der es gegeben ist, alle Irr-

lehren zu vernichten. Deshalb hat er den Rosenkranz so zusammengestellt, dass er die Geheimnisse unseres Heils nacheinander in Erinnerung ruft, und das Thema der Betrachtung ist mit dem Engelsgruß und dem Gebet an Gott, den Vater unseres Herrn Jesus Christus, vermischt und gleichsam verwoben.

~ Papst Leo XIII.

Die Mutter Gottes lehrte den Patriarchen Dominikus den Rosenkranz, damit er ihn verbreite.

~ Papst Leo XIII.

Dominikus liebte die heilige Jungfrau Maria wie eine Mutter und vertraute vor allem auf ihr Patronat und begann seinen Kampf für den Glauben. Die Albigenser griffen neben anderen Dogmen sowohl die göttliche Mutterschaft als auch die Jungfräulichkeit Mariens an. Er, der von ihnen mit allen möglichen Beleidigungen angegriffen wurde, verteidigte mit allen Kräften die Heiligkeit dieser Dogmen und rief die Hilfe der Jungfrau Maria selbst an, wobei er häufig diese Worte gebrauchte: „Mach mich würdig, dich zu preisen, heilige Jungfrau Maria; gib mir Kraft gegen deine Feinde." Wie zufrieden die himmlische Königin mit ihrem frommen Diener war, kann man leicht daraus ersehen, dass sie seinen Dienst dazu benutzte, die Kirche, die Braut ihres Sohnes, den heiligsten Rosenkranz zu lehren, jenes Gebet, das sowohl mündlich als auch geistlich ist, vor allem in der Betrachtung der Geheimnisse der Religion. Mit Recht befahl Dominikus daher seinen Anhängern, dem Volk in seinen Predigten häufig diese Art des Gebetes einzuschärfen, dessen Nutzen er erfahren hatte.

~ Papst Benedikt XV.

Der Kampf um die Menschheit Christi beginnt mit den Albigensern im Mittelalter von neuem. Der heilige Dominikus tritt hervor und wählt als Grundlage für seine Wirksamkeit die Verkün-

digung des Glaubens an die erhabene Mutterschaft Mariens die häufige Wiederholung des Ave Maria. Der Rosenkranz wird zu einer Summa Theologica, einem Katechismus für das Volk, der den doppelten Charakter eines Gebets und einer Lehre hat. Aus ihm schöpften die dominikanischen Prediger sowohl den Inhalt als auch die Rüstung für ihre Predigten.

~ Diener Gottes Josef Kentenich

Ihr [Maria] ist das Amt übertragen, die Häresien in der ganzen Welt zu vernichten. Dominikus erhielt von ihr der Überlieferung nach die Ermahnung, den Rosenkranz als besonders wirksame Waffe gegen Häresie und Laster zu predigen, und die Inbrunst und der Erfolg, mit denen er die ihm anvertraute Aufgabe ausführte, sind wirklich erstaunlich.

~ Sel. Giacomo Alberione

In seiner Spiritualität griff der heilige Dominikus beim Gebet auch auf materielle Mittel zurück; unter anderem benutzte er Perlen, um die „Ave Maria" zu zählen. Als er die Unwissenheit des Volkes in Bezug auf die Religion feststellte und die Albigenser bekämpfen musste, die die grundlegenden Wahrheiten des Christentums leugneten, hielt es Dominikus, inspiriert von Gott, für gut, das Volk alle zehn „Ave Maria" für eine Wahrheit oder ein Geheimnis betrachten zu lassen. Auf diese Weise gab er dem Volk nicht nur eine einfache Art zu beten, sondern auch ein einfaches Mittel zur Unterweisung.

~ Sel. Giacomo Alberione

Der heilige Dominikus wollte, dass diese Geheimnisse [des Rosenkranzes] jeden Tag in Erinnerung gerufen werden, damit sie sich dem Geist gut einprägen und nie vergessen werden.

~ Sel. Giacomo Alberione

Der heilige Dominikus, der 1221 starb, erhielt von der Gottesmutter den Auftrag, diese Andacht [den Rosenkranz] zum Wohl der Seelen, zur Überwindung des Bösen und zum Gedeihen der heiligen Mutter Kirche zu predigen und zu verbreiten, und gab uns so den Rosenkranz in seiner heutigen klassischen Form.

~ Fulton J. Sheen

Die Überlieferung, der viele Päpste großes Gewicht beimessen, besagt, dass die Gottesmutter Anfang des 13. Jahrhunderts dem heilige Dominikus befahl, den Rosenkranz zu predigen. Mit dieser mächtigen Waffe konnte er eine weitere große Flut von Häresien, die die Kirche bedrohten, zurückdrängen und mit dem heiligen Franz von Assisi dem Mittelalter einen wiederbelebten Glauben hinterlassen.

~ Patrick J. Peyton

Das traditionelle Bild der Gottesmutter vom Rosenkranz stellt Maria dar, wie sie in dem einen Arm das Jesuskind hält und mit dem anderen dem heiligen Dominikus den Rosenkranz reicht. Diese bedeutsame Ikonographie zeigt, dass der Rosenkranz ein von der Jungfrau geschenktes Mittel ist, um auf Jesus zu schauen und Ihn durch die Betrachtung Seines Lebens zu lieben und Ihm immer treuer nachzufolgen.

~ Papst Benedikt XVI.

Sel. Alanus de Rupe

Der Erneuerer des Rosenkranzes 1428-1475

Der selige Alanus de Rupe wurde in der Bretagne geboren und trat schon in jungen Jahren in den Dominikanerorden ein. Er war ein treuer geistlicher Sohn des heiligen Dominikus. Nach der Ablegung seiner Gelübde studierte er in Paris, wo er ein angesehener Dozent für Theologie wurde. Als Priester lehrte er Theologie in Lille, Douai und Gent und wurde von seinen Oberen als offizieller Visitator der Dominikanerhäuser in Mitteleuropa eingesetzt. Er war ein bekannter Prediger und engagierte sich in der Reformbewegung der Dominikaner, die ihren Orden zu den Idealen ihres Gründers zurückführen wollte. Der selige Alanus starb am 8. September 1475, am Fest der Geburt Mariens, in Zwolle, Holland.

Die Dominikaner haben Alanus traditionell den Titel „Seliger" verliehen und er wird von der Kirche allgemein als solcher anerkannt, obwohl er nie offiziell seliggesprochen wurde. In einigen Ländern sind katholische Pfarreien nach ihm benannt worden und sie haben ihm sogar den Titel „heiliger Alanus" verliehen. Es gibt viele Andachtsstatuen, die den seligen Alanus in Kirchen auf der ganzen Welt darstellen, und viele Dominikanerpriester und -brüder führen „Alanus" als Teil ihres Ordensnamens. Im alten Brevier der Dominikaner wurde Alanus mit einem besonderen Gedenktag gefeiert. Heute hat er zwar keinen offiziellen Gedenktag, aber er wird inoffiziell an seinem Todestag, dem 8. September, geehrt.

Marienverehrung

Nach dominikanischer Überlieferung erfuhr Alanus durch die Fürsprache der heiligen Jungfrau Maria eine tiefe Bekehrung. In *Der heilige Rosenkranz – das wunderbare Geheimnis der Bekehrung und des Heiles* schrieb der Dominikaner des Dritten Ordens, der heilige Ludwig von Montfort, dass Alanus in seiner Jugend von Teufeln versucht wurde und in viele Sünden fiel, aber durch die Fürsprache Mariens die Fähigkeit erhielt, den Satan und seine Machenschaften zu überwinden. Die englische Übersetzung von Alanus' Namen lautet „Alan of the Rock" (Alanus de Rupe). Nach seiner Bekehrung hielt er sich fest an die Lehren der Kirche, trat den Dominikanern bei und wurde ein frommer Mönch und eifriger Prediger im Dienste der Himmelskönigin. Es wird erzählt, dass er während seines priesterlichen Lebens nie ein weltliches oder geistliches Unterfangen begann, ohne vorher ein Ave Maria zu beten.

Die Liebe des seligen Alanus zu Maria war so intensiv, dass er wie viele andere ritterliche Heilige den Titel „Neuer Gemahl Mariens" erhielt. Seine Liebe zur Jungfrau der Jungfrauen war so rein und tugendhaft, dass er als ein weiterer heiliger Josef angesehen wurde. Andere Marienheilige, die diesen Titel tragen durften, sind der heilige Edmund Rich, der heilige Hermann Joseph und der heilige Johannes Eudes. Alanus erhielt in seinen Visionen sogar eine Halskette aus dem Haar Mariens und einen Ring, der die geistliche Ehe zwischen ihm und der Jungfrau symbolisierte. In einer seiner Visionen erschien ihm Maria und steckte ihm den Ring selbst an den Finger. (Siehe das Bild auf der vorherigen Seite als künstlerische Darstellung dieses Ereignisses.)

Kämpfer des Rosenkranzes

Während seines Lebens erhielt Alanus viele Visionen von Jesus, Maria und dem heiligen Dominikus. Fast alle diese Visionen drehten sich um den Rosenkranz und den Wunsch des Himmels, dass er ihn erneuern solle. Als Alanus den Auftrag erhielt, die Rosenkranzandacht wiederherzustellen, zögerte er zunächst, den Anweisungen des Himmels zu folgen. Erst als er von Jesus getadelt wurde, weil er als geistlicher Sohn des heiligen Dominikus das Wissen und den Einfluss besaß, eine Erneuerung des Rosenkranzes herbeizuführen, und dies nicht tat, ließ Alanus alle seine Ängste hinter sich und wurde zum großen Erneuerer der Rosenkranzandacht und der Rosenkranzbruderschaft.

Um den Rosenkranz und seine Bruderschaft wiederherzustellen, schrieb Alanus mehrere historische Bücher und Handbücher, die andere lehrten, den Rosenkranz zu beten. Seine Handbücher trugen zur Wiederherstellung der Rosenkranzbruderschaft in Douai, Frankreich, im Jahr 1470 bei. Fünf Jahre nach seiner erfolgreichen Erneuerung des Rosenkranzes und seiner Bruderschaft gründete sein dominikanischer Mitbruder Pater Jakob Sprenger am 8. September 1475, dem Tag, an dem Alanus starb, eine Bruderschaft in Köln, Deutschland. Die Bruderschaft in Köln sollte die erste offiziell anerkannte Bruderschaft sein, die erneuert wurde, da der römische Kaiser Friedrich III. Mitglied war und den Papst um die Genehmigung bat. Leider sind aufgrund von Kriegen, Verfolgungen und der Verbrennung vieler katholischer Bibliotheken, insbesondere derjenigen der Dominikaner, heute keine Originalmanuskripte des seligen Alanus mehr vorhanden.

Rosenkranz-Edelsteine

Vor allem ist der Rosenkranz ein Zeichen der Vorherbestimmung. Unsere Treue beim Beten des Rosenkranzes ist ein sicheres Zeichen des Heils.

~ Sel. Alanus de Rupe

Alle Prediger beten mit den Gläubigen bei Beginn der Predigt den Engelsgruß, um die göttliche Gnade zu erflehen. Der Grund davon liegt in einer Offenbarung der Allerseligsten Jungfrau an den heiligen Dominikus, dem sie sagte: „Mein Sohn, sei nicht erstaunt über den Misserfolg deiner Predigten! Du bearbeitest nämlich ein Erdreich, das nicht vom Regen begossen wurde. Wisse denn, als Gott beschloss, die Welt zu erneuern, schickte Er den Regen des Englischen Grußes voraus, und so wurde die Welt erneuert.

~ Sel. Alanus de Rupe

Der Selige begann im Jahr 1460 an dem großen Werk zu arbeiten, besonders nachdem noch der göttliche Heiland Jesus Christus, wie der Selige selbst berichtet, ihm eines Tages beim Heiligen Messopfer Folgendes sagte, um ihn zum Predigen des heiligen Rosenkranzes anzueifern: „Wie", sprach Jesus, „du kreuzigt mich von neuem?" „Wieso, Herr?", antwortete der selige Alanus ganz entsetzt. „Deine Sünden sind es, die mich kreuzigen", erwiderte ihm Jesus Christus, „und ich möchte lieber noch einmal gekreuzigt werden, als meinen Vater durch deine früheren Sünden beleidigt zu sehen. Und du kreuzigt mich noch jetzt, denn du besitzest die Wissenschaft und die Eigenschaften, den Rosenkranz meiner Mutter zu predigen und durch dieses Mittel viele Seelen zu belehren und der Sünde zu entreißen. Du würdest sie retten und große Übel verhüten; da du es aber nicht tust, bist du für die Sünden verantwortlich, die jene begehen.

~ Hl. Ludwig von Montfort

Um ihn (den seligen Alanus) mehr und mehr zu ermuntern, den heiligen Rosenkranz zu predigen, sprach auch die göttliche Mutter eines Tages zu ihm: „Du warst in deiner Jugend ein großer Sünder, aber ich habe dir von meinem Sohn die Bekehrung erlangt; ich habe für dich gebetet, und wenn es möglich gewesen wäre, hätte ich gerne Leiden jeder Art erduldet, um dich zu retten, weil die bekehrten Sünder mein Ruhm sind, und um dich würdig zu machen, überall meinen Rosenkranz zu predigen."

~ Hl. Ludwig von Montfort

Der heilige Dominikus zeigte ihm die großen Früchte, die er selbst durch das fortwährende Predigen dieser schönen Andacht unter dem Volke hervorgebracht hatte, und sprach zu ihm: „Siehe, welche Früchte ich durch die Predigt des heiligen Rosenkranzes hervorgebracht habe, tuet desgleichen, du und alle, die Maria lieben, damit ihr durch die heilige Übung des Rosenkranzes alle Völker zur wahren Wissenschaft der Tugenden führet."

~ Hl. Ludwig von Montfort

Die Himmelskönigin sagte eines Tages zum seligen Alanus: „Wie Gott für die Menschwerdung Seines Wortes und die Erlösung der Menschen den Englischen Gruß gewählt hat, so müssen auch jene, welche die Sitten der Völker verbessern und in Jesus Christus erneuern wollen, mich mit demselben Gruße ehren und grüßen. Ich bin – fügte sie bei – der Weg, auf dem Gott zu den Menschen gekommen ist, und nach Jesus Christus müssen sie die Gnade und die Tugenden durch mich erlangen."

~ Hl. Ludwig von Montfort

„Ich will", sagte die Allerseligste Jungfrau eines Tages zum seligen Alanus, „dass die Verehrer meines Rosenkranzes im Leben, im Tod und nach dem Tod Segen, Gnadenfülle und Freiheit haben und frei seien von Verblendung und Verhärtung, von Man-

gel und Knechtschaft. Könige sollen sie sein mit der Krone auf dem Haupt, dem Zepter in der Hand und teilhaftig der ewigen Glorie.“

~ Hl. Ludwig von Montfort

Sie (die Muttergottes) sagte auch zum seligen Alanus: „Wisse, obschon meinem Rosenkranz so viele Ablässe verliehen sind, so werde ich doch für jeden Rosenkranz noch viel mehr hinzufügen für jene, die ihn ohne schwere Sünde andächtig auf den Knien beten, und wer immer in der Andacht zum heiligen Rosenkranz verharrt, dem werde ich in seiner Todesstunde zur Belohnung für diesen treuen Dienst volle Vergebung aller seiner Sündenstrafen und aller seiner Sündenschuld erlangen.

~ Hl. Ludwig von Montfort

Eines Tages sagte der göttliche Heiland zum seligen Alanus: „Wenn jene unglücklichen Sünder den Rosenkranz oft beteten, so würden sie an den Verdiensten meines Leidens teilnehmen und ich würde als ihr Fürsprecher die göttliche Gerechtigkeit besänftigen.“

~ Hl. Ludwig von Montfort

Ein Mensch, sagte der selige Alanus, der vergeblich alle Arten von Andachtsübungen versucht hatte, um von einem bösen Geist, von dem er besessen war, befreit zu werden, geriet auf den Einfall, sich einen Rosenkranz um den Hals zu legen, was ihm Erleichterung brachte. Da er nun gemerkt hatte, dass der Teufel ihn sofort heftig quälte, sobald er den Rosenkranz vom Hals wegnahm, beschloss er, den Rosenkranz Tag und Nacht zu tragen, wodurch der Teufel, der eine solch schreckliche Kette nicht ertragen konnte, für immer vertrieben wurde. Der selige Alanus bezeugte, er habe eine große Zahl Besessener dadurch befreit, dass er ihnen so den Rosenkranz um den Hals legte.

~ Hl. Ludwig von Montfort

Der selige Alanus versichert, er habe mehrere Personen gesehen, die die Taufe und Jesus Christus verleugnet und sich dem Teufel mit Leib und Seele übergeben hatten und die später aus seiner Gewalt befreit wurden, nachdem sie sich der Andacht des heiligen Rosenkranzes zugewandt hatten.

~ Hl. Ludwig von Montfort

Der selige Alanus schreibt, dass viele der [Dominikaner-]Brüder ihnen beim Beten des Rosenkranzes erschienen seien und erklärt hätten, dass es neben dem Heiligen Messopfer kein mächtigeres Mittel als den Rosenkranz gebe, um den Armen Seelen [im Fegefeuer] zu helfen. Täglich wurden zahlreiche Seelen befreit, die sonst jahrelang im Fegefeuer hätten bleiben müssen.

~ Hl. Alfons von Liguori

Der selige Alanus erzählt die Geschichte einer adligen Dame aus Aragonien namens Alexandra, die der Grund für Eifersucht und Hass unter mehreren jungen Männern ihrer Stadt gewesen war. Als Folge dieser Rivalität wurde sie getötet und ihr Körper in einen Brunnen geworfen. Der heilige Dominikus, der sie bekehrt hatte, empfahl sie der Bruderschaft des heiligen Rosenkranzes und sprach selbst viele Gebete zu Maria für das Seelenheil der Alexandra. Diese erschien, um ihm im Namen der Seelen, die mit ihr im Fegefeuer litten, zu danken und ihn zu bitten, überall das Rosenkranzgebet zu predigen, weil es ihnen die größte Erleichterung bringe.

~ Sel. Giacomo Alberione

Möge er [der heilige Josef] für uns die Fähigkeit des heiligen Dominikus, des heiligen Vinzenz Ferrer und des seligen Alanus de Rupe erlangen, den Rosenkranz zu fördern.

~ Sel. Gabriele Allegra

Hl. Papst Pius V.

Der Dominikaner-Papst des Rosenkranzes 1504-1572

Papstamt: 1556-1572
Seligsprechung: 1. Mai 1672
durch Papst Klemens X.
Heiligsprechung: 22. Mai 1712
durch Papst Klemens XI.
Gedenktag: 30. April

Der heilige Papst Pius V. war 14 Jahre alt, als er den Dominikanern beitrat. Der disziplinierte und gelehrte Mann wurde von der göttlichen Vorsehung zum Papst ernannt, um der „Hund Gottes“ zu sein, der gegen die protestantische Rebellion bellen und die islamischen Türken angreifen sollte, die das Christentum und die westliche Zivilisation erobern wollten. Als Reformpapst war er sehr eifrig dabei, die Laxheit des Klerus und die moralische Verderbtheit vieler Mitglieder der Hierarchie zu reformieren. Er ist verantwortlich für die erfolgreiche Umsetzung der Dekrete des Konzils von Trient und die Vereinheitlichung der Liturgie. Obwohl er als Stellvertreter Christi sehr viel zu tun hatte, blieb er seinem Orden treu und trug unter seinem päpstlichen Gewand seine weiße Dominikanerkutte. Nach Ansicht der meisten Historiker schuf er den Präzedenzfall für alle nachfolgenden Päpste, die eine weiße Soutane als Teil ihrer päpstlichen Kleidung trugen.

Marienverehrung

In seinem Bestreben, die Liturgie zu vereinheitlichen, überarbeitete der heilige Papst Pius V. 1568 das Göttliche Offizium (Stundengebet). Im Rahmen dieser Überarbeitung fügte er die vollständige Fassung des Ave Maria-Gebetes (das bereits in anderen Brevieren verwendet wurde) in das allgemeine Römische Brevier ein. Damit wurde das vollständige Ave-Maria-Gebet – genau die Version, die wir heute beten – offiziell als allgemein anerkannte Formel eingeführt. Die vollständige Version des Ave Maria stammt nicht aus dem Pontifikat des heiligen Papstes Pius V., da sie bereits seit dem 14. Jahrhundert in Gebrauch war, aber zu seiner ewigen Ehre und Anerkennung hat er sie als universale Norm eingeführt.

Als Reaktion auf die protestantische Rebellion gab der heilige Papst Pius V. den *Katechismus des Konzils von Trient* heraus. Dieser Katechismus enthielt die offiziellen Lehren der Kirche über die Jungfrau Maria. Als Freund des heiligen Karl Borromäus, des reformatorischen Kardinals und Bischofs von Mailand, unterstützte der heilige Papst Pius V. die Bemühungen Borromäus', den Rosenkranz gegen die Protestanten einzusetzen. Er unterstützte insbesondere Borromäus' Verteidigung des Katholizismus, indem er die notwendige Rolle der Jungfrau Maria im Leben Christi und der Kirche hervorhob. Der heilige Papst Pius V. ist in der größten marianischen Kirche der katholischen Welt, der Basilika Santa Maria Maggiore in Rom, begraben.

Kämpfer des Rosenkranzes

Der heilige Papst Pius V. war einer der größten päpstlichen Kämpfer des Rosenkranzes. Er verfasste zwei außergewöhnliche Dokumente über den Rosenkranz, förderte den Rosenkranz als Mittel zur Eroberung des Islams und richtete ein liturgisches Fest zu Ehren des Rosenkranzes ein. Sein erstes Dokument über den Rosenkranz mit dem Titel *Consueverunt Romani Pontifices* wurde am 17. September 1569 verkündet. Dieses Apostolische Schreiben lobt nicht nur den Rosenkranz, sondern enthält auch viele Aussagen, die die fromme Überlieferung bekräftigen, und ermutigt zum häufigen Beten des Rosenkranzes, insbesondere als Reaktion auf die ständigen Bedrohungen durch die Muslime.

Als Reaktion auf die drohende Invasion der osmanischen Türken (Muslime) gründete der heilige Papst Pius V. eine Heilige Liga, eine Armee, um die Kräfte des Islams zurückzuschlagen. Da er die Macht des Rosenkranzes kannte, gründete er die Heilige Liga absichtlich am Fest des heiligen Dominikus. Als Teil seiner Bemühungen, die Muslime zu besiegen, bat er die Christen in der ganzen Welt, insbesondere in Italien, für den Sieg über die Muslime zu beten, indem sie sich versammelten und den Rosenkranz beteten. Er selbst versammelte die Menschen in Rom in der Dominikanerkirche Santa Maria Sopra Minerva und betete zu diesem Zweck den Rosenkranz. Seine Gebete und die Gebete aller Gläubigen wurden erhört. Wie historische Aufzeichnungen belegen, hatte der heilige Pius V., noch bevor die Nachricht von der Niederlage der Muslime in der Schlacht von Lepanto Rom erreichte, eine Vision, in der er die Gottesmutter sah und mit Gewissheit wusste, dass die Schlacht von der Heiligen Liga gewonnen worden war.

Aus Dankbarkeit für den Sieg bei Lepanto und in der Überzeugung, dass dieser Sieg durch die von ihm initiierte Rosenkranzkampagne zustande gekommen war, verkündete er am 15. März 1572 sein zweites Rosenkranzdokument, *Salvatoris Domini*. In diesem Dokument ordnete er an, dass jedes Jahr am 7. Oktober ein Fest zum Gedenken an den Sieg über die

Muslime gefeiert werden sollte. Das Fest wurde passenderweise „Unsere Liebe Frau vom Sieg“ genannt. Um die Rolle des Rosenkranzes in der Schlacht von Lepanto besonders zu würdigen, legte er in demselben Dokument auch den Rosenkranzsonntag fest. Diese jährliche liturgische Feier sollte am ersten Sonntag im Oktober stattfinden und allen, die daran teilnahmen, wurde ein vollkommener Ablass gewährt. Einen vollkommenen Ablass gewährte er auch denjenigen, die der Rosenkranzbruderschaft beitraten.

Rosenkranz-Edelsteine

[Der heilige] Dominikus hat diese einfache und für alle geeignete Gebetsmethode erfunden, die Rosenkranz oder Psalter der heiligen Jungfrau Maria genannt wird. Sie besteht darin, diese heilige Jungfrau zu verehren, indem man 150 Engelsgrüße betet, die gleiche Anzahl wie die Psalmen Davids, und sie bei jedem Geheimnis durch das Vaterunser unterbricht, während man die Geheimnisse betrachtet, die das gesamte Leben unseres Herrn Jesus Christus in Erinnerung rufen.

~ Hl. Papst Pius V.

Nachdem er ihn [den Rosenkranz] erfunden hatte, verbreiteten Dominikus und seine geistlichen Söhne [die Dominikaner] diese Form des Gebets in der ganzen Kirche. Die Gläubigen nahmen es mit Eifer auf, wurden bald von dieser Betrachtung entzündet und verwandelten sich in andere Menschen; die Dunkelheit der Häresie wich, das Licht des Glaubens kam wieder zum Vorschein und die Brüder desselben Ordens gründeten im rechtmäßigen Auftrag ihrer Oberen überall Rosenkranzbruderschaften, in die sich die Gläubigen einschreiben ließen.

~ Hl. Papst Pius V.

Diese Andacht [des Rosenkranzes], die sowohl die Hauptgeheimnisse Christi als auch diejenige ehrt, die allein jede Häresie des 13. Jahrhunderts und in der Folgezeit vernichtet hat, hat die Feinde der Kirche oft besiegt. Mit Recht müssen wir daher hoffen, dass dieselbe Kraft [des Rosenkranzes] die Irrtümer der Hölle zurückdrängt, die Machenschaften der Gottlosigkeit vernichtet, die verbreiteten Irrtümer und damit den großen Aufruhr, der die ganze Menschheit erschüttert, aus dem Volk entfernt.

~ Hl. Papst Pius V.

Durch den Rosenkranz wurde die Dunkelheit der Häresie vertrieben und das Licht des katholischen Glaubens erstrahlt in seiner ganzen Leuchtkraft.

~ Hl. Papst Pius V.

Der heilige Dominikus, Gründer des Ordens der Predigerbrüder, erhob seine Augen zum Himmel und suchte nach einer einfachen und guten Methode des Gebets zu Gott, die für alle erreichbar sein sollte in einer Zeit wie dieser, als Frankreich von der albigensischen Häresie heimgesucht wurde, die so viele Anhänger dieser Welt verblendet hatte, dass sie gegen die Priester des Herrn wetterten, und entwickelte, wie man fromm glaubt, inspiriert vom Heiligen Geist, den Rosenkranz oder Psalter der heiligen Jungfrau Maria.

~ Hl. Papst Pius V.

Der heilige Pius V., einer der größten Päpste, die die Kirche regiert haben, betete den Rosenkranz jeden Tag.

~ Hl. Ludwig von Montfort

Es heißt, der Papst [der heilige Pius V.] habe durch göttliche Offenbarung vom Sieg bei Lepanto gewusst, der in jenem Augenblick errungen wurde, als die frommen Sodalitäten des heiligen Rosenkranzes in der katholischen Welt die Hilfe Mariens in je-

ner Formel erflehten, die vom Gründer der Predigerbrüder eingeführt und von seinen Anhängern weit verbreitet wurde.

~ Papst Benedikt XV.

Im 16. Jahrhundert bedrohte der Erzfeind [die Türken] mit seiner schrecklichen Flotte alle Hafenstädte des Mittelmeers. Pius V. stellte im Bündnis mit Spanien, Venedig und den Malteserrittern eine Armada zusammen, deren Admiral Don Juan war. Pius selbst, ein zweiter Moses, setzte sich an die Spitze eines Gebetssturms. Auf sein Wort hin betete die gesamte Christenheit den Rosenkranz, um sich die Gunst Mariens in der entscheidenden Schlacht zu sichern, von der das Schicksal Italiens und ganz Europas abhing.

~ Diener Gottes Josef Kentenich

Hl. Ludwig von Montfort

Der Prediger des Rosenkranzes 1673-1716

Seligsprechung: 22. Januar 1888 durch Papst Leo XIII.
Heiligsprechung: 20. Juli 1947 durch den Papst Pius XII.
Gedenktag: 28. April

Der heilige Ludwig von Montfort wurde 1673 in der Bretagne geboren. Als eifriger Prediger der Ewigen Weisheit Jesu Christi, des Kreuzes und der Jungfrau Maria legte er im Zuge seiner Evangelisierungsbemühungen über 18.000 Meilen zu Fuß durch ganz Europa zurück. Im Jahr 1706 bestätigte Papst Clemens XI. die Fruchtbarkeit seines Predigtdienstes und beauftragte ihn als apostolischen Missionar. Er gründete zwei Ordensgemeinschaften: die Missionare der Gesellschaft Mariens (Montfort-Patres) und die Töchter der Weisheit. Er führte Missionen in über 200 Pfarreien durch und verfasste zahlreiche Bücher, die als Klassiker der katholischen Theologie und Spiritualität gelten. Einmal schlug er bei einer Predigt mehrere betrunkene Zwischenrufer nieder, weil sie sich über das Thema seiner Predigt, nämlich Jesus und Maria, lustig machten. Der heilige Ludwig von Montfort war eine Kraft, mit der man rechnen musste! Er starb im Alter von 43 Jahren und wurde in Saint-Laurent-sur-Sèvre, Frankreich, in der nach ihm benannten Basilika beigesetzt. Er wurde 1947 heiliggesprochen.

Marienverehrung

Der heilige Ludwig von Montfort ist einer der größten Marienheiligen aller Zeiten, wenn nicht sogar der größte. Sein berühmtestes Werk über die Gottesmutter ist das marianische Meisterwerk *„Das Goldene Buch: Die Wahre Andacht zu Maria, das Geheimnis Mariä und die Liebe zum Kreuz“*. 126 Jahre lang lag es in einer Truhe auf einem Feld vergraben, bis es 1842 wiederentdeckt wurde. Nachdem es gefunden und veröffentlicht worden war, wurde es schnell zum wichtigsten mariologischen Werk, auf das sich alle nachfolgenden marianischen Heiligen, Gelehrten und Päpste bezogen. *Das Goldene Buch: Die Wahre Andacht zu Maria, das Geheimnis Mariä und die Liebe zum Kreuz* wurde in über 300 Auflagen veröffentlicht und in mehr als 20 Sprachen übersetzt. Der heilige Ludwig von Montfort ist als der Heilige der Marienweihe bekannt. Er ist auch Autor des sehr populären Buches *Das Geheimnis Mariens.*

Die Marienverehrung des heilige Ludwig von Montfort ist überragend. Indem er die marianischen Lehren der ersten 17 Jahrhunderte der Kirche zusammenfasste, predigte und schrieb er über Maria als die „Frau von atemloser Schönheit“, das Meisterwerk der Schöpfung Gottes und den sichersten und wirksamsten Weg, Jesus Christus wahrhaftig zu folgen. Es gibt nur wenige Heilige, die das Wesen der Marienverehrung so schön und prägnant zum Ausdruck gebracht haben wie der heilige Ludwig von Montfort. Er lehrte, dass Maria als Mutter Gottes und geistliche Mutter der Kinder Gottes das Aquädukt und Mittlerin aller Gnaden ist, das Herz des mystischen Leibes Christi, die Luft zum Atmen, der schnellste und einfachste Weg zu Jesus und die Gussform der Heiligen. Als Gussform für die Heiligkeit der Geschöpfe versteht der heilige Ludwig Maria als die letzte Heilige und somit als notwendige Mittlerin unserer Heiligung. Für jeden, der tiefer in die Marienverehrung und

-frömmigkeit eindringen möchte, gibt es keinen Ersatz für die Lektüre der Originalwerke des heiligen Ludwig von Montfort. Zu Gottes Zeiten könnte das marianische Genie des heiligen Ludwig von Montfort ein Grund für die Kirche sein, ihn zum Kirchenlehrer zu erklären.

Kämpfer des Rosenkranzes

Der heilige Ludwig von Montfort ist der Autor des größten Buches, das je über den Rosenkranz geschrieben wurde: *Der heilige Rosenkranz – das wunderbare Geheimnis der Bekehrung und des Heiles*. Ähnlich wie *Das Goldene Buch: Die Wahre Andacht zu Maria, das Geheimnis Mariä und die Liebe zum Kreuz* war es zu seinen Lebzeiten unbekannt und wurde erst Mitte des 19. Jahrhunderts wiederentdeckt. Seit seiner Erstveröffentlichung im Jahr 1911 wurden Millionen und Abermillionen von Exemplaren hergestellt und unzählige Übersetzungen angefertigt. Durch *Der heilige Rosenkranz* wurde der Kirche und der Welt erneut die Bedeutung des Rosenkranzes im Leben des heiligen Dominikus und des seligen Alanus de Rupe vor Augen geführt. Der heilige Ludwig von Montfort nannte sein Buch *Der heilige Rosenkranz – das wunderbare Geheimnis der Bekehrung und des Heiles*, weil so wenige Seelen das Geheimnis der Heiligkeit kennen, das in den gesegneten Perlen der Gottesmutter enthalten und verborgen ist. Es gibt kein anderes Buch, das dem Rosenkranz so viel Ehre erweist. Sein Autor kann wahrhaftig als Apostel, als Vorkämpfer und als der größte Rosenkranzschreiber in der Geschichte der Kirche bezeichnet werden.

Der heilige Ludwig von Montfort liebte den Rosenkranz so sehr, dass er am 10. November 1710 in den Dritten Orden der Dominikaner eintrat. Er erhielt vom Ordensmeister des Predigerordens die Erlaubnis, den Rosenkranz überall zu predigen, wo er hinkam, und gründete während seiner Missionen Rosenkranzbruderschaften. Man schätzt, dass er zu seinen Lebzeiten über 100.000 Menschen in die Rosenkranzbruderschaft eintrug. Er empfahl den Rosenkranz vor allem den Priestern als Mittel zur Bekehrung möglichst vieler Seelen und lehrte, dass der Rosenkranz in diesem Leben Gnade und im nächsten Leben Herrlichkeit bringt. So wie der heilige Dominikus den Rosenkranz benutzte, um die Albigenser im 13. Jahrhundert zu besiegen, so benutzte der heilige Ludwig den Rosenkranz, um gegen die Jansenisten im 18. Jahrhundert zu predigen. Als apostolischer Missionar und Dominikaner des Dritten Ordens trug er einen Rosenkranz mit 15 Geheimnissen an seinem Gürtel als geistliches Schwert. Die Praxis, das Apostolische Glaubensbekenntnis, das Vaterunser und drei Ave Maria an den Anfang des Rosenkranzes zu stellen und jedem Geheimnis eine Frucht zuzuordnen, wird auf seine Predigten zurückgeführt.

Rosenkranz-Edelsteine

Dies [der Rosenkranz] ist eines der größten Geheimnisse, die vom Himmel herabgekommen sind.

~ Hl. Ludwig von Montfort

Es ist unmöglich auszudrücken, wie sehr Maria den Rosenkranz über alle Andachten schätzt und wie überschwänglich sie jene belohnt, die daran arbeiten, ihn zu predigen, einzuführen und zu pflegen.

~ Hl. Ludwig von Montfort

Der Himmel selbst hat sie (die Rosenkranzandacht) euch gegeben; Er gab sie euch, um die verstocktesten Sünder und die hart-

näckigsten Irrlehrer zu bekehren. Gott hat die Gnade in diesem Leben und die Herrlichkeit in der Ewigkeit daran geknüpft.

~ **Hl. Ludwig von Montfort**

O wie glücklich ist ein Priester und Seelenführer, dem der Heilige Geist dieses den meisten Menschen unbekannte oder nur oberflächlich bekannte Geheimnis offenbart! Hat er einmal die praktische Kenntnis dieses Geheimnisses erlangt, so wird er selbst den Rosenkranz täglich beten und andere anleiten, ihn täglich zu beten.

~ **Hl. Ludwig von Montfort**

Mögen also Gelehrte und Ungelehrte, Gerechte und Sünder, Große und Kleine Tag und Nacht mit dem heiligen Rosenkranz Jesus und Maria loben und grüßen! „Grüßt Maria, die für euch viel Mühe auf sich genommen hat! (Röm 16,6)."

~ **Hl. Ludwig von Montfort**

Hütet euch wohl davor, diese Übung als klein und unbedeutend zu betrachten, wie die gedankenlose Masse und selbst manche stolze Gelehrte es tun; sie ist wahrhaft groß, erhaben und göttlich.

~ **Hl. Ludwig von Montfort**

Insofern der Rosenkranz in seinem Grund und Wesen aus dem Gebet Jesu Christi und dem Engelsgruß zusammengesetzt ist, nämlich aus dem Vaterunser und Ave Maria, und aus der Betrachtung der Geheimnisse Jesu und Mariä, ist dies ohne Zweifel das erste Gebet und die erste Andacht der Gläubigen und ist durch alle Jahrhunderte hindurch in Gebrauch gewesen, von der Zeit der Apostel und Jünger bis zur Gegenwart.

~ **Hl. Ludwig von Montfort**

Endlich gereicht der gemeinschaftliche Rosenkranz dem Teufel viel mehr zum Schrecken, denn auf diese Weise bildet man ein ganzes Armeekorps, um ihn anzugreifen. Manchmal triumphiert er gar leicht über das Gebet eines Einzelnen; wenn es aber mit dem Gebet der anderen vereinigt ist, so kann er nur sehr schwer dagegen aufkommen. Es ist leicht, einen einzigen Stab zu zerbrechen; aber wenn man ihn mit mehreren anderen vereinigt und ein Bündel daraus macht, so kann man ihn nicht mehr leicht brechen.

~ Hl. Ludwig von Montfort

Die liebe Gottesmutter hat den Namen des Rosenkranzes gebilligt und bestätigt, indem sie mehreren Personen offenbarte, sie bringen ihr ebenso viele liebliche Rosen dar, als sie Ave Maria zu ihrer Ehre beten, und ebenso viele Kränze von Rosen, als sie Rosenkränze beten.

~ Hl. Ludwig von Montfort

Die Rose ist die Königin der Blumen, so auch der Rosenkranz unter den Andachtsübungen.

~ Hl. Ludwig von Montfort

Kein Mensch kann die Andacht des heiligen Rosenkranzes missbilligen, ohne dass er dadurch das Wesen der christlichen Religion verdammt, nämlich: das Gebet des Herrn, den Englischen Gruß, die Geheimnisse des Lebens, des Todes und der Herrlichkeit Jesu Christi und Seiner heiligsten Mutter.

~ Hl. Ludwig von Montfort

Lieber Leser, wenn du diese Andacht übst und predigst, wirst du aus eigener Erfahrung mehr daraus lernen als aus irgendeinem Buche.

~ Hl. Ludwig von Montfort

…, denn niemals wird eine Seele, die ihren Rosenkranz täglich betet, in eine formelle Irrlehre fallen, noch vom Teufel getäuscht werden; das ist eine Behauptung, die ich mit meinem Blute unterschreiben würde.

~ Hl. Ludwig von Montfort

Ziehe also die Waffenrüstung Gottes an (Eph 6,11), den heiligen Rosenkranz, und ihr werdet das Haupt des Teufels zertreten und in allen seinen Versuchungen standhaft bleiben. Daher kommt es, dass selbst der materielle Rosenkranz dem Teufel so schrecklich ist und dass die Heiligen sich desselben bedient haben, um den bösen Feind in die Flucht zu schlagen und aus dem Körper der Besessenen zu vertreiben, wovon mehrere Geschichten Zeugnis ablegen.

~ Hl. Ludwig von Montfort

Man darf sich aber nicht einbilden, der Rosenkranz sei nur für die Frauen, die Kleinen und die Unwissenden; er ist auch für die Männer, selbst für die größten Männer.

~ Hl. Ludwig von Montfort

Verschmähet also meine so liebliche und göttliche Pflanze nicht, pflanzet sie selbst in eurer Seele, indem ihr den Entschluss fasset, euren Psalter zu beten, pfleget und begießet sie, indem ihr ihn treu jeden Tag betet ….

~ Hl. Ludwig von Montfort

Eine Person, die den Rosenkranz ganz allein betet, hat nur das Verdienst eines einzigen Rosenkranzes; wenn man ihn aber mit 30 Personen gemeinsam betet, hat man das Verdienst von 30 Rosenkränzen. Das sind die Gesetze des öffentlichen Gebetes.

~ Hl. Ludwig von Montfort

Tut dasselbe [den Rosenkranz beten] in eurem Haus oder in einem anderen Privathaus des Ortes, wenn ihr keine Kirche oder Kapelle in der Nähe habt.

~ Hl. Ludwig von Montfort

Wenn ihr trotz der Größe eurer Sünden treu in diesem Gebet bis zum Tod fromm verharrt, so werdet ihr, glaubet es mir, eine unverwelkliche Krone der Herrlichkeit empfangen. Stündest du schon am Rande des Abgrundes und hättest du schon einen Fuß in der Hölle, oder hättest du wie ein Zauberer deine Seele dem Teufel verkauft, wärest du ein verhärteter, wie ein Dämon verstockter Irrlehrer, so wirst du dich früher oder später bekehren und gerettet werden, vorausgesetzt, ich wiederhole es, und beobachte gut die Worte und Ausdrücke meines Ratschlages, dass du bis zum Tod jeden Tag andächtig den Rosenkranz betest, um die Wahrheit zu erkennen und die Reue und Verzeihung deiner Sünden zu erlangen.

~ Hl. Ludwig von Montfort

Um vollkommen zu werden, bete einen Rosenkranz jeden Tag.

~ Hl. Ludwig von Montfort

Wie einst Dominikus, werden wahre Diener der heiligen Jungfrau Maria wie eine helle und brennende Flamme mit dem heiligen Evangelium in ihrem Mund und dem Rosenkranz in ihren Händen weit umherziehen und wie deine Wachhunde feurig brennen und die Dunkelheit der Welt wie eine Sonne vertreiben.

~ Hl. Ludwig von Montfort

Hl. Alfons von Liguori

Der Kirchenlehrer des Rosenkranzes 1696-1787

Seligsprechung: 15. September 1816 durch Papst Pius VI.
Heiligsprechung: 26. Mai 1839 durch Papst Gregor XVI.
Kirchenlehrer: 23. Mai 1871 durch den seligen Papst Pius IX.
Gedenktag: 1. August

Der heilige Alfons von Liguori wurde in der Nähe von Neapel geboren und wurde 90 Jahre alt. Begabt mit einem unglaublichen Intellekt, erwarb er im Alter von 16 Jahren einen Doktortitel in Jura an der Universität von Neapel. Nachdem er viele Jahre als Anwalt praktiziert hatte, gab er seine Tätigkeit auf, studierte, um Priester zu werden, und wurde schnell zu einem der größten Moraltheologen in der Geschichte der Kirche. Er verfasste ein umfangreiches Werk an theologischen und religiösen Schriften, das mehr als hundert Publikationen umfasst. Zu seinen Lebzeiten wurde er zum Bischof geweiht, gründete die Kongregation vom Allerheiligsten Erlöser (Redemptoristen) und war ein wichtiger Förderer häufiger Besuche des Allerheiligsten Sakraments.

Marienverehrung

Von Jugend an hatte der heilige Alfons eine fromme und kindliche Liebe zur Jungfrau Maria. Einen Großteil seiner Marienverehrung lernte er von seiner frommen und heiligmäßigen

Mutter. Am Tag der Verleihung seines Doktortitels – im Alter von 16 Jahren – kniete er vor der gesamten Fakultät der Universität von Neapel nieder und legte einen feierlichen Eid ab, die Wahrheit der Unbefleckten Empfängnis Mariens zu verteidigen. Zu seiner Zeit wurde diese Wahrheit nicht von allen Katholiken verteidigt, da das Dogma der Unbefleckten Empfängnis erst 1854 verkündet wurde. Während seines ganzen Lebens und seines priesterlichen Dienstes hat er die Unbefleckte Empfängnis Mariens in all seinen marianischen Schriften stets gefördert und verteidigt. Nach seinem Tod belohnte der Himmel seine Bemühungen zur Förderung der Unbefleckten Empfängnis. Im Jahr 1871 wurde er von demselben Papst, Papst Pius IX., der 1854 das Dogma der Unbefleckten Empfängnis verkündet hatte, zum Kirchenlehrer ernannt.

Die Geschichte, wie der heilige Alfons auf den Ruf Gottes, Priester zu werden, reagierte, zeigt seinen unverwechselbaren marianischen Charakter. Als er seine Anwaltspraxis aufgab und sich entschloss, Priester zu werden, ging er zur Statue Unserer Lieben Frau von der Barmherzigkeit in der Kirche Unserer Lieben Frau vom Loskauf der Gefangenen in Neapel, kniete nieder, legte seinen Kavaliersdegen ab und legte ihn zu Füßen der Marienstatue. Diese Handlung symbolisierte, dass er nicht länger ein Diener des Weltlichen, sondern ein Diener und Ritter der Himmelskönigin sein wollte. Er fastete jeden Samstag zu Ehren der Gottesmutter. Als Priester und Theologe wurde er zu einem der wichtigsten marianischen Autoren des 18. Jahrhunderts. Sein marianischer Einfluss auf Kleriker und Laien war gleichermaßen enorm. Er predigte oft über die Vorstellung, dass Maria eine neue Arche Noah sei, in der die Sünder Zuflucht vor den Stürmen des Lebens finden könnten.

Im Jahr 1750 veröffentlichte er sein marianisches Meisterwerk, *Die Herrlichkeiten Mariens.* Er brauchte 16 Jahre, um dieses Buch zu schreiben. Da die Bücher des heiligen Ludwig von Montfort erst 1842 entdeckt wurden, hatte „*Die Herrlichkeiten Mariens*“ einen Vorsprung und hat somit das Privileg, das am weitesten verbreitete marianische Buch aller Zeiten zu sein. Es hat über 800 Auflagen erlebt und wurde in Dutzende von Sprachen übersetzt. Obwohl er die marianischen Werke des heiligen Ludwig von Montfort nicht kannte, weist „*Die Herrlichkeiten Mariens*“ viele Ähnlichkeiten mit den Werken des heiligen Ludwig von Montfort auf und war ebenfalls dazu gedacht, dem Jansenismus seiner Zeit entgegenzuwirken. Wie alle seine Bücher wurde auch dieses vor einem Bild der Muttergottes vom Guten Rat geschrieben, das der Heilige auf seinem Schreibtisch aufbewahrte. In den ersten Absätzen von *Die Herrlichkeiten Mariens* erklärt er, dass er alles Maria verdankt, und stellt fest, dass es sein großer Wunsch ist, die Verehrung Mariens zu verbreiten. Er lehrte, dass der Mantel Marias als Schutzmantel für die Sünder dient und dass wir nach der Ehre, die wir Jesus Christus schulden, der Liebe zu Maria, unserer geistlichen Mutter, den ersten Platz in unserem Herzen einräumen sollen. Er komponierte Hymnen an Maria, malte Bilder von ihr und schrieb einen Kommentar zum *Salve Regina*. Er wurde vom Papst so sehr geliebt, dass er 1762 in der Dominikanerkirche Santa Maria Sopra Minerva in Rom zum Bischof geweiht wurde. Er starb, während der Angelus gebetet wurde, und hielt ein Marienbild in seinen Händen.

Kämpfer des Rosenkranzes

Als Kirchenlehrer wird der heilige Alfons manchmal auch als „Arzt des Gebetes“ bezeichnet. Eines der Gebete, die er jeden Tag betete, war der Rosenkranz. Er war dem Rosenkranz so zugetan, dass er gegen Ende seines Lebens, als sein Gedächtnis langsam nachließ, seinen Mitmenschen gegenüber oft die Besorgnis zum Ausdruck brachte, dass er sich nicht sicher sei, ob er an dem betreffenden Tag seinen Rosenkranz gebetet habe. Der Rosenkranz war sein täglicher Begleiter bis zum Ende.

Es ist wirklich erstaunlich, wenn man bedenkt, dass der heilige Alfons im selben Jahrhundert wie der heilige Ludwig von Montfort lebte, aber nichts von der Existenz des Buches *Der heilige Rosenkranz* wusste. Dennoch erwies sich der heilige Alfons als wahrer Kämpfer des Rosenkranzes, sowohl durch sein Leben als auch durch seine Schrift *Die Herrlichkeiten Mariens*. In seinem Buch gab er viele Beispiele für die Macht des Rosenkranzes im Leben derer, die ihn beteten, und erzählte sogar Geschichten von Menschen, die durch die Kraft des Rosenkranzes auf wundersame Weise gerettet wurden. Er selbst ermutigte die Menschen, sich der Rosenkranzbruderschaft anzuschließen, und betonte, dass die Menschen den Rosenkranz beten sollten, um den Armen Seelen im Fegefeuer zu helfen. Bis zum heutigen Tag ist der 15-Gesätze-Rosenkranz Teil des Gebetslebens der Redemptoristen.

Rosenkranz-Edelsteine

Es gibt keine Andacht, die von den Gläubigen aller Klassen so allgemein praktiziert wird wie der Rosenkranz.

~ Hl. Alfons von Liguori

Der Rosenkranz sollte mit Hingabe gebetet werden.

~ Hl. Alfons von Liguori

Es ist gut, den Rosenkranz kniend vor einem Marienbild zu beten und vor jedem Geheimnis einen Akt der Liebe zu Jesus und Maria zu vollziehen und sie um eine besondere Gnade zu bitten.

~ Hl. Alfons von Liguori

Der unermessliche Nutzen, den diese edle Andacht [der Rosenkranz] der Welt gebracht hat, ist wohlbekannt. Wie viele sind durch seine Mittel von der Sünde befreit worden! Wie viele wurden zu einem heiligen Leben geführt! Wie viele haben einen guten Tod gefunden und sind nun gerettet!

~ Hl. Alfons von Liguori

Bei einem Erdbeben wurde eine arme Frau unter den Trümmern eines Hauses begraben, das eingestürzt war. Ein Priester ließ die Steine und den Schutt wegräumen und fand darunter die Mutter mit ihren Kindern in den Armen, lebendig und unverletzt. Auf die Frage, welche Frömmigkeit sie praktiziert habe, antwortete sie, dass sie es nie versäumt habe, den Rosenkranz zu beten und den Altar der Gottesmutter zu besuchen.

~ Hl. Alfons von Liguori

Ein Mensch, der ein unmoralisches Leben führte, hatte nicht den Mut, es aufzugeben; er begann den Rosenkranz zu beten und bekehrte sich.

~ Hl. Alfons von Liguori

Eine Person, die eine sündige Freundschaft pflegte, verspürte durch das Beten des Rosenkranzes einen Schrecken vor der Sünde; sie fiel noch einige Male in dic Sünde, wurde aber durch den Rosenkranz bald ganz bekehrt.

~ Hl. Alfons von Liguori

Der heilige Vinzenz Ferrer sagte zu einem Mann, der verzweifelt im Sterben lag: „Warum bist du entschlossen, deine Seele zu verlieren, wo doch Jesus Christus dich retten will? Der Mann antwortete, dass er trotz Christus entschlossen sei, in die Hölle zu gehen. Der Heilige erwiderte: „Und du wirst trotz deiner selbst gerettet werden." Er [der heilige Vinzenz] begann mit den Perso-

nen im Haus den Rosenkranz zu beten, und siehe da, der kranke Mann bat darum, seine Beichte abzulegen, und nachdem er dies unter vielen Tränen getan hatte, starb er.

~ Hl. Alfons von Liguori

Es ist bekannt, dass die Verehrung des heiligsten Rosenkranzes dem heiligen Dominikus von der Gottesmutter selbst offenbart wurde, als er in Not war und seiner Herrin über die albigensischen Ketzer klagte, die damals der Kirche großes Unheil zufügten.

~ Hl. Alfons von Liguori

Wenn wir den Seelen im Fegefeuer helfen wollen, dann sollten wir den Rosenkranz für sie beten, denn der Rosenkranz verschafft ihnen große Erleichterung.

~ Hl. Alfons von Liguori

Es genügt zu wissen, dass diese Andacht [der Rosenkranz] von der Kirche gebilligt worden ist und dass die Päpste sie mit Ablässen bereichert haben.

~ Hl. Alfons von Liguori

Sel. Papst Pius IX.

Der Diener des Rosenkranzes 1792-1878

Papstamt: 1846-1878
Seligsprechung: 3. September 2000 durch den heiligen Johannes Paul II.
Gedenktag: 7. Februar

Der selige Papst Pius IX. war 31 Jahre lang Papst und hatte das Privileg, der am längsten amtierende Papst in der nachapostolischen Ära der Kirche zu sein. Er litt sein ganzes Leben lang an Epilepsie. Als Seminarist erlitt er einen so starken epileptischen Anfall, dass er sowohl aus dem Seminar als auch aus der Päpstlichen Nobelgarde entlassen wurde. Erst als er sich dem Diener Gottes, Papst Pius VII., zu Füßen warf und um Wiederaufnahme bat, erlaubte ihm der Papst, wieder ins Seminar und in die Päpstliche Nobelgarde einzutreten. In den ersten Jahren seines Priesteramtes musste ihm wegen seiner unvorhersehbaren Anfälle ein anderer Priester bei der Messe assistieren. Trotz seiner Epilepsie wurde er im Alter von 35 Jahren zum Bischof ernannt und vom Papst nach Chile und Peru geschickt, um den Apostolischen Nuntius zu unterstützen. Aufgrund seines Dienstes in Südamerika war er der erste Mann, der das Amt des Stellvertreters Christi bekleidete und einen Fuß auf den amerikanischen Kontinent setzte. Als er 1846 zum Papst gewählt wurde, wählte er zu Ehren des Dieners Gottes Papst Pius VII. den Namen „Pius", da Pius VII. seine Berufung trotz seiner Epilepsie gefördert hatte. Er schrieb 38 Enzykliken, war der erste Papst, der fotografiert wurde, und half auf dem I. Vatikanischen Konzil, die dogmatische Definition der päpstlichen Unfehlbarkeit zu formulieren.

Marianische Hingabe

Der selige Papst Pius IX. ist als „Papst der Unbefleckten Empfängnis" bekannt. Am 8. Dezember 1854 war es sein Privileg, die Unbefleckte Empfängnis Mariens dogmatisch zu definieren. Während der offiziellen Verkündung des neuen Dogmas, als er die maßgebliche päpstliche Formel *declaramus* („wir erklären") auszusprechen begann, fiel ein Lichtstrahl auf den Petersplatz und schien direkt auf ihn. Als er sich der Ehre bewusst wurde, die ihm mit der Verkündung dieses Dogmas zuteilwurde, begann er sofort zu weinen und war so bewegt, dass er die Verlesung der Erklärung unterbrechen musste, bis seine Tränen versiegten. Er liebte die Unbefleckte Empfängnis aufrichtig, und noch bevor er 1854 das Dogma verkündete, hatte er bereits 1847 den Bischöfen der Vereinigten Staaten die Erlaubnis erteilt, die Unbefleckte Empfängnis zur Schutzpatronin des Landes zu erklären.

In den Schriften des seligen Papstes Pius IX. wird Maria als heiliger als die Cherubim und Seraphim beschrieben; alle Zungen des Himmels und der Erde reichen nicht aus, um sie so zu preisen, wie sie es wirklich verdient. Als Mutter Jesu und unsere geistliche Mutter haben ihre Gebete eine außerordentliche Kraft. Gott hat Freude daran, ihre Gebete zu erhören, denn sie ist die Mittlerin aller Gnaden. Um den Gläubigen die Bedeutung der Fürsprache Mariens stärker bewusst zu machen, hat er 1876 das Fest Unserer Lieben Frau von der Immerwährenden Hilfe eingeführt.

Kämpfer des Rosenkranzes

Im Jahr 1858, während des Pontifikats von Papst Pius IX., machte der Himmel der Kirche ein großes Geschenk, als die Erscheinungen von Lourdes stattfanden. Die Erscheinungen von Lourdes, die nur vier Jahre nach der Verkündung des Dogmas von der Unbefleckten Empfängnis begannen, führten zu einem neuen Interesse am Rosenkranzgebet. Papst Pius IX. setzte sich während seines gesamten Pontifikats für den Rosenkranz als Schutz gegen Laster und Häresie ein und erklärte sogar, dass er die Welt erobern könnte, wenn er nur eine Armee hätte, die den Rosenkranz betete! Am 7. Mai 1867 sprach er die 205 Märtyrer von Japan selig, von denen viele Dominikaner und Mitglieder der Rosenkranzbruderschaft waren.

Infolge des erneuten Interesses am Rosenkranz, das nach den Erscheinungen von Lourdes aufkam, predigte der selige Papst Pius IX. häufig über den Rosenkranz, schrieb darüber und bestätigte den vollkommenen Ablass, der den Gläubigen am Rosenkranzsonntag gewährt wurde. Im Jahr 1868 gewährte Papst Pius IX. auf Bitten von Pater Joseph Moran, einem spanischen Dominikaner, einen Ablass für alle, die an den Oktoberandachten zu Ehren des Rosenkranzes teilnahmen. Der Rosenkranz war bis zum Ende seines Lebens in den Händen dieses seligen Papstes. Im Alter von 85 Jahren starb er, während er mit seinem Mitarbeiterstab den Rosenkranz betete, an einem Herzinfarkt als Folge eines epileptischen Anfalls.

Rosenkranz-Edelsteine

Ich könnte die Welt erobern, wenn ich eine Armee hätte, die den Rosenkranz betete.

~ Sel. Papst Pius IX.

Unter allen von der Kirche anerkannten Andachten ist keine durch so viele Wunder begünstigt worden wie die Rosenkranzandacht.

~ **Sel. Papst Pius IX.**

Wenn ihr Frieden in euren Herzen, in euren Häusern, in eurem Land wünscht, dann versammelt euch jeden Abend, um den Rosenkranz zu beten.

~ **Sel. Papst Pius IX.**

Der reichste Schatz des Vatikans ist der Rosenkranz.

~ **Sel. Papst Pius IX.**

Als der heilige Dominikus durch die Eingebung Gottes die Hilfe der Unbefleckten Mutter unseres Herrn erflehte, um die Häresie der Albigenser auszurotten, und als er hinausging, um den Rosenkranz als wunderbaren Beistand gegen Häresie und Sünde zu predigen, verbreitete sich diese Verehrung unter den Gläubigen auf bewundernswerte Weise.

~ **Sel. Papst Pius IX.**

Wie der heilige Dominikus dieses Gebet [den Rosenkranz] als Schwert einsetzte, um die ungeheuerliche Häresie der Albigenser zu vernichten, so werden auch in unserer Zeit die Gläubigen durch den Gebrauch derselben Waffe – nämlich das tägliche Beten des Rosenkranzes – erreichen, dass durch den allmächtigen Schutz der Muttergottes die vielen Irrtümer, die die Welt befallen haben, entwurzelt und vernichtet werden.

~ **Sel. Papst Pius IX.**

Habt Mut, meine lieben Kinder! Ich ermahne euch, gegen die Verfolgung der Kirche und gegen die Anarchie zu kämpfen, nicht mit dem Schwert, sondern mit dem Rosenkranz.

~ **Sel. Papst Pius IX.**

Wie ihr wisst, liebe Söhne, ist es eine bekannte Tatsache, dass der Rosenkranz von der heiligen Muttergottes dem heiligen Dominikus als einzigartige Hilfe im Kampf gegen monströse Irrtümer anvertraut wurde.

~ Sel. Papst Pius IX.

Dominikus, der Gründer des Ordens der Predigerbrüder, erflehte auf den Ruf und die Aufforderung Gottes hin die Hilfe der Unbefleckten Mutter Gottes, der es allein zukommt, alle Irrlehren in der Welt zu zerstören, um die Irrtümer der Albigenser zu überwinden, und hatte begonnen, den Rosenkranz als eine Verteidigung von wunderbarer Kraft gegen Irrlehren und Laster zu predigen.

~ Sel. Papst Pius IX.

Der Rosenkranz, diese einfache und schöne Gebetsweise, die mit vielen Ablässen bereichert ist, soll in jedem Haushalt am Abend gebetet werden. Dies sind meine letzten Worte an euch: das Mahnmal, das ich euch hinterlasse.

~ Sel. Papst Pius IX.

Hl. Antonius Maria Claret

Der „hl. Dominikus" des Rosenkranzes 1807-1870

Seligsprechung: 25. Februar 1934 durch Papst Pius XI.
Heiligsprechung: 7. Mai 1950 durch Papst Pius XII.
Gedenktag: 24. Oktober

Der heilige Antonius Maria Claret wurde in Sallent, Spanien, geboren und war trotz seiner geringen Größe von 1,50 Metern ein Gigant des Glaubens. Als junger Mann wollte er Kartäusermönch werden, doch aufgrund seiner schlechten Gesundheit und der notwendigen Strenge des Eremitenlebens wurde er abgewiesen. Er dachte dann daran, Jesuit zu werden, und trat in das Noviziat ein, aber nach weiteren Überlegungen verließ er die Jesuiten und wurde schließlich Diözesanpriester. Er war sehr eifrig in seinem priesterlichen Dienst und verbrachte sogar eineinhalb Jahre damit, eine umfangreiche Reihe von Exerzitien auf den Kanarischen Inseln zu halten. In seinem Eifer, das Evangelium zu verbreiten, gründete er die Söhne des Unbefleckten Herzens der seligen Jungfrau Maria (Claretiner), bevor er zum Erzbischof von Santiago, Kuba, ernannt wurde.
Der heilige Antonius trug zu einer großen Reform des Klerus und der katholischen Kirche in Kuba bei. Er firmte über 300.000 Menschen, bestätigte über 9.000 Ehen und hielt manchmal bis zu zwölf Predigten am Tag. Man schätzt, dass er während seiner langjährigen Tätigkeit als Priester über 25.000 Predigten gehalten hat! Außerdem verfasste er über hundert theologische Werke. Seine Bemühungen um Reformen wur-

den jedoch nicht von allen begrüßt. Vor allem die Freimaurer in Kuba fühlten sich durch seine Bemühungen gestört und es wurden mehrere Anschläge auf ihn verübt. Bei einem Attentat wurde er ins Gesicht gestochen. Nach seiner Zeit in Kuba diente er als Beichtvater der Königin von Spanien und half bei den Vorbereitungen für das I. Vatikanische Konzil. Er war ein entschiedener Kämpfer der päpstlichen Unfehlbarkeit und half bei der Formulierung ihrer Definition auf dem Konzil. Aufgrund seiner schwachen Gesundheit verbrachte er die letzten Tage seines Lebens in einem Zisterzienserkloster in Frankreich.

Marienverehrung

Seit seiner Jugend hatte der heilige Antonius eine innige Verehrung für die heilige Jungfrau Maria und besuchte häufig das Heiligtum Unserer Lieben Frau von Fusimanya, um mit seiner Schwester Rosa den Rosenkranz zu beten. In seiner inspirierenden Autobiografie schreibt er der Gottesmutter zu, dass sie ihn einmal vor dem Ertrinken in den tückischen Wellen gerettet und ihm geholfen hat, eine große Versuchung gegen die Reinheit zu überwinden. Während einer Italienreise im Jahr 1839 sah er zum ersten Mal Menschen, die eine große Verehrung für das Unbefleckte Herz Mariens zeigten. Dies half ihm, eine marianische Verehrung zu entwickeln, die unter dem Namen *cordimariana* („marianische Herzensspiritualität") bekannt wurde. Er war dem Unbefleckten Herzen Mariens sehr zugetan und gründete 1847 die Erzbruderschaft vom Herzen Mariens in Vic, Spanien. Zwei Jahre später, im Jahr 1849, gründete er eine dem Unbefleckten Herzen gewidmete Ordensgemeinschaft, die als Söhne des Unbefleckten Herzens der seligen Jungfrau Maria bekannt wurde. Als die Mitglieder

der Gemeinschaft ihre Ordensgelübde ablegten, mussten sie auch ein feierliches Versprechen ablegen, die Verehrung des Unbefleckten Herzens Mariens zu verbreiten.

Ähnlich wie der heilige Alfons Ligouri verstand der heilige Antonius das Unbefleckte Herz Mariens als eine neue Arche Noah. Indem die Menschheit in ihr Herz eintritt, kann sie sich vor der geistlichen Flut, die die Welt überrollt, in Sicherheit bringen. Er verstand das Herz Mariens auch als den „Gnadenstuhl", von dem aus alle Gnaden der Heiligsten Dreifaltigkeit verteilt werden. Die marianische Theologie des heiligen Antonius wurde stark von den Schriften des heiligen Alfons von Liguori beeinflusst. Er wies die Menschen oft an, *Die Herrlichkeiten Mariens zu lesen.* Antonius liebte auch die Darstellung Mariens in *Die mystische Stadt Gottes* von Maria von Agreda. Er selbst schrieb mindestens zehn Werke über die Jungfrau Maria. Als er Bischof wurde, fügte er den Namen „Maria" in seinen eigenen Namen ein. Bevor er zu seiner Diözese in Kuba aufbrach, pilgerte er zu drei seiner bevorzugten Marienheiligtümer: der Muttergottes von Pilar, der Muttergottes von Montserrat und der Muttergottes von Fusimanya. Er lebte in der Zeit, in der der selige Papst Pius IX. das Dogma der Unbefleckten Empfängnis verkündete und Maria der heiligen Bernadette in Lourdes erschien.

Kämpfer des Rosenkranzes

Als der heilige Antonius noch sehr jung war, schenkten ihm seine Eltern einen Rosenkranz, nahmen ihn in die Rosenkranzbruderschaft auf und gaben ihm ein großes elterliches Beispiel, indem sie zu Hause täglich den Rosenkranz beteten. In seiner Jugend fand er ein Buch über den Rosenkranz, das seinen Eltern gehörte. Nachdem er es gelesen hatte, wurde er während seiner gesamten Jugendzeit ein eifriger Kämpfer des Rosenkranzes. Der heilige Antonius war dem Rosenkranz so zugetan, dass er in der örtlichen Pfarrei häufig Kinder und Erwachsene beim Beten des Rosenkranzes anleitete. Unmittelbar nach seinem Eintritt ins Priesterseminar trat er der Gesellschaft des Ewigen Rosenkranzes bei und schrieb sich in der örtlichen Rosenkranzbruderschaft ein. Von Beginn seines Studiums an betete er täglich drei Rosenkränze und behielt diese fromme Praxis für den Rest seines Lebens bei. Als er Priester wurde, hielt er selten eine Predigt, ohne die Menschen zuvor im Rosenkranzgebet unterwiesen zu haben. Bei vielen Gelegenheiten betete er sogar eine Reihe von Gesätzen mit allen Anwesenden, bevor er seine Predigt hielt.

Der heilige Antonius wurde am Fest Unserer Lieben Frau vom Rosenkranz im Jahr 1850 zum Bischof geweiht. Es gibt das beeidigte Zeugnis eines Mannes, der nur wenige Tage vor seiner Bischofsweihe bei einer Heiligen Messe des heiligen Antonius anwesend war, dass ihn himmlische Lichter umgaben, als er die Heilige Messe an einem Rosenkranzaltar hielt. Der junge Mann, der Zeuge dieses Ereignisses war, wurde schließlich Priester und erzählte anderen immer wieder, was er während dieser Heiligen Messe gesehen hatte. Als Erzbischof von Santiago, Kuba, verschenkte der heilige Antonius über 20.000 Rosenkränze und ordnete an, dass in allen Kirchen seiner Diözese an Sonn- und Feiertagen der Rosenkranz gebetet werden sollte. Um sicherzustellen, dass diese Vorschrift eingehalten wurde, stattete er den Pfarreien oft Überraschungsbesuche ab. Er verfasste auch mehrere Werke über den Rosenkranz, übersetzte ein Buch über den Rosenkranz, das von einem anderen Priester geschrieben worden war, und bestand in einem Buch, das er speziell für Seminaristen schrieb, darauf, dass jeder Seminarist täglich den Rosenkranz betete. Obwohl er die Schriften des heiligen Ludwig von Montfort über den Rosenkranz nicht kannte und sieben Jahre vor dem Erscheinen der Rosenkranz-Enzykliken von Papst Leo XIII. starb, stimmen die Erklärungen des heiligen Antonius über die Ursprünge des Rosenkranzes vollkommen mit dem Buch *Der heilige Rosenkranz* und den elf Rosenkranz-Enzykliken von Papst Leo XIII. überein. 1899, ein Jahr nachdem Papst Leo XIII. seine letzte Rosenkranz-Enzyklika geschrieben hatte, erklärte er Antonius Maria Claret zum Ehrwürdigen.

Mit einem solchen Eifer für die Förderung des Rosenkranzes wird der heilige Antonius nicht ohne Grund als der „heilige Dominikus" des 19. Jahrhunderts bezeichnet. Er war ein spanischer Landsmann, der den heiligen Dominikus sehr liebte, ihn in seinem Predigtstil nachahmte und stets einen Rosenkranz bei sich trug. Von größerer Bedeutung ist jedoch die Tatsache, dass die Jungfrau Maria dem heiligen Antonius bei mehreren Gelegenheiten erschien und ihm mitteilte, dass er den Menschen seiner Zeit als „heiliger Dominikus" dienen solle, indem er eifrig für den Rosenkranz werbe.

Rosenkranz-Edelsteine

Als ich ein kleiner Junge war, bekam ich einen Rosenkranz geschenkt und ich freute mich mehr darüber als über den größten Schatz.

~ Hl. Antonius Maria Claret

Meine Eltern, die jetzt im Himmel sind, weckten in mir die Verehrung des heiligen Rosenkranzes, als ich noch sehr jung war. Sie kauften mir einen Rosenkranz und ließen mich in die Rosenkranzbruderschaft in unserer Pfarrei eintreten.

~ Hl. Antonius Maria Claret

Bevor ich das Alter der Vernunft erreicht hatte, kniete ich täglich nieder, um einen Teil des Rosenkranzes zu beten.

~ Hl. Antonius Maria Claret

Mutter Maria, wie gut warst du zu mir und wie undankbar war ich zu dir! Meine Mutter, ich möchte dich von nun an von ganzem Herzen lieben und dich nicht nur selbst lieben, sondern auch alle anderen dazu bringen, dich zu kennen, zu lieben, dir zu dienen und dich zu preisen und den heiligen Rosenkranz zu beten, eine Andacht, die dir so wohlgefällig ist.

~ Hl. Antonius Maria Claret

Am neunten desselben Monats [9. Oktober 1857] um vier Uhr morgens wiederholte die heilige Jungfrau Maria mehrmals, was sie mir bei anderen Gelegenheiten gesagt hatte – dass ich der „Dominikus dieser Zeit bei der Verbreitung der Rosenkranzfrömmigkeit" sein sollte.

~ Hl. Antonius Maria Claret

Der Sieg sei dein, o Mutter. Du wirst siegen. Ja, du hast die Macht, alle Irrlehren, Irrtümer und Laster zu überwinden. Und ich werde im Vertrauen auf deinen mächtigen Schutz den Kampf aufnehmen, nicht nur gegen Fleisch und Blut, sondern gegen den Fürsten der Finsternis, wie der Apostel [Paulus] sagt, den Schild des heiligen Rosenkranzes ergreifend und mit dem zweischneidigen Schwert des göttlichen Wortes bewaffnet.

~ Hl. Antonius Maria Claret

Der gute Priester begnügt sich nicht damit, ein Marienverehrer zu sein, sondern er bemüht sich, jede Art der Marienverehrung zu fördern, indem er zum Beispiel andere lehrt, den Rosenkranz gut zu beten.

~ Hl. Antonius Maria Claret

Haben Sie den Rosenkranz jeden Tag mit Hingabe gebetet?

~ Hl. Antonius Maria Claret

Beten Sie jeden Tag den Rosenkranz.

~ Hl. Antonius Maria Claret

Wir sollten die Geheimnisse [des Rosenkranzes] betrachten und sie auf die Umstände unseres eigenen Lebens anwenden.

~ Hl. Antonius Maria Claret

Ich fand heraus, dass ein weiteres wirksames Mittel, um Gutes zu tun, darin bestand, Rosenkränze zu verschenken und den Menschen beizubringen, wie man sie benutzt.

~ Hl. Antonius Maria Claret

Maria, die Heiligste, wird unsere Herrin, Leiterin und Kapitänin sein und wir werden Brüder in der Bruderschaft Mariens, der Königin des Rosenkranzes, sein.

~ Hl. Antonius Maria Claret

Bei den alten Völkern des Ostens war es Brauch, vornehmeren Personen Rosenkränze zu schenken, die sie als Kronen trugen, und die wahren Christen haben den lobenswerten Brauch, ihrer geliebten Mutter, der heiligen Jungfrau Maria, jeden Tag mit großer Andacht einen Kranz aus Marienrosen zu schenken. Dies war der Brauch des heiligen Ludwig, König von Frankreich, des großen Bossuet, Fenelon, des heiligen Vinzenz von Paul, des heiligen Karl Borromäus, des heiligen Franz von Sales, des heiligen Franz Xaver und anderer. Seit dem Jahr 1208, in dem der glorreiche heiligen Dominikus die Menschen lehrte, den Rosenkranz täglich zu beten, hat es keinen Heiligen, keine durch Gelehrsamkeit und Tugendhaftigkeit ausgezeichnete Person, keine aufmerksame Ordensgemeinschaft und kein ge-

ordnetes Seminar gegeben, die nicht den Rosenkranz gebetet hätten.

~ Hl. Antonius Maria Claret

Man kann sagen, dass der Rosenkranz ein Kompendium unserer heiligen Religion ist.

~ Hl. Antonius Maria Claret

Der heilige Rosenkranz besteht aus vielen heiligen Elementen; niemand bezweifelt, dass diese Andacht Gott und der heiligen Jungfrau Maria sehr wohlgefällig ist. Die Verehrung des heiligsten Rosenkranzes ist mächtig genug, um alle Gnaden zu übermitteln, und wie wir aus Erfahrung wissen, hat er sich als Heilmittel in Zeiten des Krieges, der Seuchen, des Hungers und anderer Katastrophen erwiesen; außerdem haben diejenigen, die an Leib oder Seele bedrängt wurden, immer Trost erhalten, wenn sie zum Rosenkranz gegriffen haben.

~ Hl. Antonius Maria Claret

Der heiligste Rosenkranz ist eine reichhaltige Mine, durch das die Christen, die ihn mit Aufmerksamkeit und Hingabe beten und betrachten, mit großen Verdiensten bereichert werden.

~ Hl. Antonius Maria Claret

Der Rosenkranz ist ein Blumengarten, der alle Arten von schönen und aromatischen Tugenden enthält.

~ Hl. Antonius Maria Claret

Der heiligste Rosenkranz ist das mächtigste, einfachste und sanfteste Mittel, um Unwissenheit zu vertreiben und Irrtümer und Häresien zu beseitigen.

~ Hl. Antonius Maria Claret

Der Rosenkranz ist der stärkste Impuls des menschlichen Herzens und wer sich an ihn hängt, wird seine Gewohnheiten verbessern.

~ Hl. Antonius Maria Claret

Weltliche Menschen, die wohlhabend sind und denen es an nichts mangelt, beten auf ihren Reisen oft morgens und abends den heiligen Rosenkranz; wieviel mehr sollten das die Seminaristen und Priester tun!

~ Hl. Antonius Maria Claret

Heiligste Jungfrau, gewähre uns die Gnade, deinen heiligsten Rosenkranz andächtig zu beten.

~ Hl. Antonius Maria Claret

Es lebe der heilige Rosenkranz Mariens!

~ Hl. Antonius Maria Claret

Papst Leo XIII.

Der Papst des Rosenkranzes 1810-1903

Papstamt: 1878-1903

Papst Leo XIII. ist der am längsten lebende Papst der Kirchengeschichte. Er starb im Alter von 93 Jahren. Er war ein brillanter Schriftsteller, Dichter und Theologe und gründete 1879 die Päpstliche Akademie des heiligen Thomas von Aquin in Rom (heute bekannt als Päpstliche Universität des heiligen Thomas von Aquin oder das Angelicum). Seine Leidenschaft galt der Jagd und dem Weinbau. Er war dafür bekannt, Vögel zu halten und einen kleinen Weinberg in den Vatikanischen Gärten zu pflegen.

Als Seelsorger und Mystiker war Papst Leo XIII. zutiefst besorgt über die sozialen und moralischen Probleme seiner Zeit und gab der Kirche viele geistliche Waffen zur Bekämpfung dieser Probleme an die Hand. Als er eines Tages die Heilige Messe feierte, hatte er eine Vision von einem heftigen geistlichen Kampf und wurde zu dem berühmten Gebet an den Erzengel Michael inspiriert. Er förderte die Verehrung des heiligen Josef, weihte die ganze Welt dem Heiligsten Herzen Jesu, förderte die Andacht am ersten Freitag und führte den Juni als Monat ein, der dem Heiligsten Herzen geweiht ist. Er ist auch der Papst, vor dem die junge Thérèse von Lisieux kniete und darum bat, im Alter von 15 Jahren in den Karmel eintreten zu dürfen. Er war der erste Papst, der vor der Kamera erschien, und er sprach 1888 Ludwig von Montfort selig.

Marienverehrung

Von Jugend an hatte Papst Leo XIII. eine starke Verehrung für Maria. Durch die Entdeckung der marianischen Schriften des heiligen Ludwig von Montfort im Jahr 1846 und die anschließende Untersuchung dieser Schriften im Rahmen der Seligsprechung von Montforts wurde Papst Leo XIII. tief von Montforts marianischem Denken beeinflusst. Er war von *Das Goldene Buch: Die Wahre Andacht zu Maria, das Geheimnis Mariä und die Liebe zum Kreuz* so angetan, dass er jedem, der sich Maria nach der Methode des heiligen Ludwig von Montfort weihte, einen Ablass gewährte. Eine weitere Quelle der marianischen Inspiration für Papst Leo XIII. war das Werk des seligen Bartolo Longo in Pompeji.

Papst Leo XIII. war sehr offen für Privatoffenbarungen. Er förderte das Braune Skapulier, richtete das Fest Unserer Lieben Frau von der Wundertätigen Medaille ein, schrieb ein Apostolisches Schreiben zur Förderung von Wallfahrten zu Marienwallfahrtsorten, insbesondere nach Lourdes, und empfing die Seherin von La Salette, Mélanie Calvat, in zwei verschiedenen Privataudienzen. Er liebte Lourdes so sehr, dass er den Bau einer Lourdes-Grotte in den Vatikanischen Gärten in Auftrag gab. In Anlehnung an Bernhard von Clairvaux lehrte er, dass ein Christ, der versucht, seinen Glauben ohne Maria zu leben, mit einem Vogel vergleichbar ist, der ohne Flügel zu fliegen versucht. In seinen zahlreichen marianischen Schriften betonte er, dass es die Gottesmutter ist, die in der Lage ist, alle Christen zum Gehorsam gegenüber dem Stellvertreter Christi zu bewegen. Er war der erste Papst, der seine Stimme aufzeichnen ließ; auf der Aufnahme singt er das Ave Maria.

Kämpfer des Rosenkranzes

Papst Leo XIII. ist der größte Kämpfer des Rosenkranzes, der jemals das Amt des Stellvertreters Christi innehatte. Während seines Pontifikats schrieb er elf Enzykliken über den Rosenkranz, veröffentlichte zahlreiche apostolische Briefe über den Rosenkranz und gab unzählige Botschaften über den Rosenkranz an verschiedene Diözesen und religiöse Institute. Seine Rosenkranz-Enzykliken enthalten eine Zusammenfassung aller Aussagen, die frühere Päpste über die Rolle des heiligen Dominikus als Vater des Rosenkranzes und als Gründer der Rosenkranzbruderschaft gemacht hatten. In fast jeder Rosenkranz-Enzyklika, die er schrieb, bekräftigte er, dass der heilige Dominikus der Gründer des Rosenkranzes war. Er lehrte ausdrücklich, dass die Gottesmutter selbst dem heiligen Dominikus den Rosenkranz anvertraut hat, und verglich die Bruderschaft des heiligen Dominikus mit einer Gebetsarmee und einem geistlichen Bataillon, das fähig ist, Seelen für Christus zu gewinnen.

Als Pontifex, der die Bedeutung der katholischen Soziallehre hervorheben wollte, verfasste er die Enzyklika Rerum Novarum und lehrte auch, dass der Rosenkranz Teil der Lösung für die sozialen Probleme seiner Zeit sei. Er lehrte unermüdlich, dass der Rosenkranz das wirksamste Mittel sei, um das Reich Jesu Christi in der Welt zu verbreiten, und dass er sowohl für den Einzelnen als auch für die Gesellschaft insgesamt von Nutzen sei. Er ermutigte alle, täglich den Rosenkranz zu beten, und ermutigte insbesondere Priester und Missionare, den Rosenkranz zu predigen, da er die Macht habe, das Böse zu vertreiben und die Wunden des menschlichen Herzens zu heilen.

Papst Leo XIII. widmete den Monat Oktober dem Rosenkranz, gewährte dem Rosenkranz viele Ablässe, genehmigte eine umfassende Liste der mit dem Rosenkranz verbundenen Ablässe, bestätigte den Rosenkranzsonntag, unterstützte den Bau der Rosenkranzbasilika in Lourdes, fügte den Titel „Königin vom heiligen Rosenkranz" in die Lauretanische Litanei ein, verfasste eine Charta für die Rosenkranzbruderschaft, ermutigte die Dominikaner, den Rosenkranz zu fördern, und unterstützte das Rosenkranzapostolat des seligen Bartolo Longo in der Rosenkranzbasilika in Pompeji. Sogar eine verkürzte Version seines berühmten Gebets an den heiligen Erzengel Michael wird heute üblicherweise am Ende des Rosenkranzes gebetet. In den Schriften von Papst Leo XIII. wird ein besonderer Segen hervorgehoben: Den Rosenkranz zu beten bedeutet, mit den heiligen Engeln zu beten, denn es war der Erzengel Gabriel, der das erste Ave sprach. Papst Leo XIII. wird für immer der Papst des Rosenkranzes sein.

Rosenkranz-Edelsteine

Hauptsächlich um das Reich Christi zu erweitern, suchen Wir beim Rosenkranz nach der wirksamsten Hilfe.

~ Papst Leo XIII.

Es ist bekannt, dass es viele Personen gegeben hat, die mit den wichtigsten Funktionen beschäftigt oder in mühselige Sorgen versunken sind, die diese fromme Übung keinen einzigen Tag lang ausgelassen haben. Verbunden mit diesem Vorteil ist jenes innere Gefühl der Hingabe, das die Gedanken zum Rosenkranz zieht, so dass sie ihn als vertrauten Begleiter und treuen Beschützer des Lebens lieben.

~ Papst Leo XIII.

Die Erfahrung hat gezeigt, dass es nichts Wirksameres gibt als die Praxis des Rosenkranzes, um die Liebe zur Muttergottes tief in den Seelen zu verankern.

~ Papst Leo XIII.

Und so hat Gott uns in Maria die eifrigste Wächterin der christlichen Einheit gegeben. Es gibt natürlich mehr als einen Weg, um ihren Schutz durch Gebet zu gewinnen, aber Wir denken, dass der beste und effektivste Weg zu ihrer Gunst im Rosenkranz liegt.

~ Papst Leo XIII.

Der Rosenkranz ist die vorzüglichste Form des Gebets und das wirksamste Mittel zur Erlangung des ewigen Lebens. Er ist das Heilmittel für alle unsere Übel, die Wurzel all unserer Segnungen. Es gibt keine bessere Art zu beten.

~ Papst Leo XIII.

Denn jedes Mal, wenn wir andächtig vor ihr den Rosenkranz beten, werden wir erneut mit dem Wunder unserer Erlösung konfrontiert; wir sehen die Geheimnisse unserer Erlösung, als würden sie sich vor unseren Augen entfalten, und wenn eines auf das andere folgt, offenbart sich Maria zugleich als Muttergottes und als unsere Mutter.

~ Papst Leo XIII.

Die Betrachtung der Geheimnisse des Rosenkranzes, die oft im Geiste des Glaubens wiederholt wird, kann nicht umhin, sie [Maria] zu erfreuen und sie, die liebevollste aller Mütter, dazu zu bewegen, ihren Kindern Barmherzigkeit zu erweisen.

~ Papst Leo XIII.

Aus diesem Grund sagen Wir, dass der Rosenkranz bei weitem das beste Gebet ist, um vor ihr [Maria] die Sache unserer getrennten Brüder zu vertreten.

~ Papst Leo XIII.

Auch die Formel des Rosenkranzes ist hervorragend auf das gemeinsame Gebet abgestimmt, so dass man ihn nicht umsonst „Den Psalter Mariens" nennt. Und jene alte Sitte unserer Vorväter sollte erhalten oder wiederhergestellt werden, nach der es in christlichen Familien, ob in Stadt oder Land, zum Feierabend üblich war, wenn die Arbeit beendet war, sich vor einer Figur der Muttergottes zu versammeln und abwechselnd den Rosenkranz zu beten. Erfreut über diese treue und einmütige Ehrerbietung, war sie ihnen wie eine liebevolle Mutter, umgeben von ihren Kindern, immer nahe und verteilte ihnen die Segnungen des häuslichen Friedens und den Vorgeschmack des himmlischen Friedens.

~ Papst Leo XIII.

Denn im Rosenkranz kommt uns die ganze Rolle, die Maria als unsere Miterlöserin gespielt hat, gleichsam dargelegt vor, und zwar so, als ob die Tatsachen schon damals stattfanden.

~ Papst Leo XIII.

Tatsächlich ist der Mensch aufgrund seiner Gebrechlichkeit in vielerlei Hinsicht geneigt, seinen Gedanken zu erlauben, von Gott abzuschweifen und seine Absichten in die Irre zu führen. Aber der Rosenkranz hat bei richtiger Betrachtung besondere Tugenden, sei es, um einen Zustand der Erinnerung herzustellen und aufrechtzuerhalten, oder um das Gewissen zu seiner Heilung zu berühren, oder um die Seele zu erheben.

~ Papst Leo XIII.

Möge Maria, die Mutter Gottes und der Menschen, selbst Autorin und Lehrerin des Rosenkranzes, Uns seine glückliche Erfüllung verschaffen.

~ Papst Leo XIII.

Und beides, der Geist des Gebets und die Praxis des christlichen Lebens, werden am besten durch die Verehrung des Marienrosenkranzes erreicht.

~ Papst Leo XIII.

Es scheint daher nicht übertrieben zu sagen, dass an Orten, in Familien und Nationen, in denen der Rosenkranz Mariens seine alte Ehre bewahrt, der Verlust des Glaubens durch Unwissenheit und bösartige Irrtümer nicht zu befürchten ist.

~ Papst Leo XIII.

Daher sollte der Rosenkranz der seligen Jungfrau Maria, der in einer bequemen und praktischen Form eine unübertroffene Form des Gebets, ein gut geeignetes Instrument zur Bewahrung des Glaubens und ein erhabenes Beispiel vollkommener Tugend vereint, oft in den Händen des wahren Christen sein und andächtig gebetet und betrachtet werden.

~ Papst Leo XIII.

Die heilige Jungfrau Maria allein kann uns retten und sie wird die Wunder von Lepanto erneuern.

~ Papst Leo XIII.

..., dass der Ursprung dieser Gebetsform [des Rosenkranzes] eher göttlich als menschlich ist.

~ Papst Leo XIII.

Sie [die Rosenkranzbruderschaften] sind sozusagen die Bataillone, die den Kampf Christi führen, bewaffnet mit Seinen heiligen Mysterien und unter dem Banner und der Führung der himmlischen Königin.

~ Papst Leo XIII.

Darüber hinaus können wir gut glauben, dass die Königin des Himmels selbst dieser Art des Flehens eine besondere Wirksamkeit verliehen hat, denn auf ihren Befehl und Rat hin wurde die Andacht vom heiligen Patriarchen Dominikus als einem äußerst Mächtigen begonnen und verbreitet als Waffe gegen die Feinde des Glaubens in einer Epoche, die in der Tat, anders als unsere eigene, keine große Gefahr für unsere heilige Religion darstellt.

~ Papst Leo XIII.

Papst Sixtus V. billigte aus glücklicher Erinnerung den alten Brauch, den Rosenkranz zu beten; Gregor XIII. widmete diesem Titel einen Tag, den Clemens VIII. später in das Martyrologium eingeschrieben hat und Clemens XI. auf die Weltkirche ausgedehnt hat. Benedikt XIII. fügte das Fest in das Römische Brevier ein und Wir selbst befahlen in beständigem Zeugnis Unserer Zuneigung zu dieser Andacht, dass die Feierlichkeit mit ihrem Amt in der Universalkirche gefeiert werden sollte, wobei Wir dieser Andacht den ganzen Monat Oktober weihten.

~ Papst Leo XIII.

Alle geistlichen Kinder des heiligen Dominikus sollen sich zum Kampf erheben und wie mächtige Krieger bereit sein, im Kampf die Waffen einzusetzen, mit denen ihr gesegneter Vater sie in so großer Voraussicht ausgerüstet hat. Das ist es, was sie zu tun haben: Sie sollen den Rosenkranz der seligen Jungfrau Maria überall verbreiten und mit Eifer pflegen; durch ihre eifrige Sorge sollen die Völker in diese heiligen Milizen aufgenommen werden, in denen die Fahnen des Rosenkranzes leuchten; die Gläubigen sollen lernen, sich dieser Waffe zu bedienen, sie häufig zu gebrauchen; sie sollen in den Vorzügen, Gnaden und Privilegien dieser Andacht unterwiesen werden.

~ Papst Leo XIII.

In der Dunkelheit der Zeit erschien Leo XIII. wie eine neue Morgenröte, und wenn er durch sein großes Genie und seine unermüdliche Arbeit viel Licht in das Universum verbreitete, so kann man nicht leugnen, dass alles an ihm die Frucht seiner Verehrung und Liebe zur heiligen Jungfrau Maria war. Er schrieb elf Enzykliken über den Rosenkranz und bereicherte dieses Gebet mit Ablässen.

~ Sel. Giacomo Alberione

In einer für die Kirche äußerst schwierigen Zeit, in der seit langem ein furchtbarer Sturm von Übeln über uns hereinbrach, forderte Leo XIII. in einer Reihe von Enzykliken die Gläubigen in aller Welt nachdrücklich auf, den heiligen Rosenkranz häufig zu beten.

~ Sel. Giacomo Alberione

Die [Rosenkranz-]Enzykliken [von Papst Leo XIII.] hatten unterschiedliche Inhalte, aber sie waren alle sehr weise, voll frischer Inspiration und direkt relevant für die Praxis des christlichen Lebens. Nachdrücklich und überzeugend ermahnten sie die Katholiken, im Geist des Glaubens auf die Fürbitte Marias, seiner jungfräulichen Mutter, durch das Beten des heiligen Rosenkranzes zu Gott zu beten.

~ Hl. Papst Johannes XXIII.

Sel. Bartolo Longo

Der Apostel des Rosenkranzes 1841-1926

Seligsprechung: 26. Oktober 1980 durch den heiligen Papst Johannes Paul II.
Gedenktag: 5. Oktober

Der selige Bartolo Longo wurde in der Nähe von Neapel, Italien, in einer frommen katholischen Familie geboren, die den Rosenkranz betete. Als junger Mann studierte er an der Universität von Neapel Jura. Nachdem er von verschiedenen politischen Ideologien mitgerissen worden war, wurde er antikatholisch und wandte sich radikal gegen das, was er für die „Ammenmärchen" des Katholizismus hielt. Besonders verachtete er das Papsttum, das Priestertum und die Dominikaner. Sein Hass auf die Dominikaner war zum Teil auf seine Verachtung für deren intellektuelle und akademische Bemühungen zurückzuführen, den Katholizismus gegen die weltlichen Philosophien zu verteidigen, die Bartolo angenommen hatte. Innerhalb kurzer Zeit wechselte er vom Anhänger nationalistischer Ideologien zum Spiritisten. Dies führte dazu, dass er an Séancen teilnahm und ein geweihter Priester des Satans wurde. Bartolos Beschäftigung mit dem Okkultismus und Spiritismus machte ihn leer und unglücklich. Er litt unter Halluzinationen, quälenden Albträumen, zerrissenen Nerven, körperlichen Beschwerden und schweren Depressionen. Auf der Suche nach Orientierung wandte er sich an einen Freund und einen Dominikanerpater und erlebte eine radikale Bekehrung. Aus

Angst um seine Seele sagte er sich vom Spiritismus und seinen Praktiken los und kehrte zum Katholizismus seiner Jugend zurück. Aus Dankbarkeit dafür, dass er vom Okkultismus befreit worden war, trat er in den Dritten Orden der Dominikaner ein und widmete sein Leben der Verbreitung des Rosenkranzes, insbesondere durch die Erneuerung des katholischen Glaubens in der antiken Stadt Pompeji und den Bau der dortigen Basilika Unserer Lieben Frau vom Rosenkranz. Im Rahmen seines Apostolats initiierte er zahlreiche wohltätige Werke und wurde zum Ritter des Ordens vom Heiligen Grab ernannt.

Marienverehrung

Obwohl er sich während seines Jurastudiums in Neapel vom Katholizismus abwandte, bewahrte Bartolo stets die Ehrfurcht vor dem weiblichen Geheimnis und behandelte alle Frauen mit Respekt und Würde. Seine Ehrfurcht vor den Frauen rührte von seiner Liebe zu seiner irdischen Mutter her. Es war diese Mutter-Sohn-Bindung, die Gott nutzte, um seine radikale Bekehrung durch Maria, seine geistliche Mutter, zu bewirken. Als er sich vom Spiritismus abwandte, setzte er sich in beispielloser Weise dafür ein, dass Maria besser bekannt und geliebt wurde. Die Gottesmutter wurde die Königin seines Herzens und seine große Hoffnung, in Christus das Heil zu finden. In all seinen Werken und Bemühungen, den Seelen zu helfen, verließ er sich ganz auf sie.

Als der heilige Johannes Paul II. 1980 Bartolo seligsprach, äußerte er in seiner Predigt folgende Gedanken über die große Marienverehrung des heiligen Bartolo: „Bartolo Longo, Tertiär des Dominikanerordens und Gründer der Schwesternkongregation, ‚Töchter des heiligen Rosenkranzes von Pompeji', kann wahrhaftig als ‚der Mann der Madonna' bezeichnet werden:

Aus Liebe zu Maria wurde er Schriftsteller, Apostel des Evangeliums, Verbreiter des Rosenkranzes, Gründer des berühmten Heiligtums inmitten enormer Schwierigkeiten und Widrigkeiten; aus Liebe zu Maria schuf er Wohltätigkeitsinstitute, wurde Bettler für die Kinder der Armen, verwandelte Pompeji in eine lebendige Zitadelle menschlicher und christlicher Güte; aus Liebe zu Maria erduldete er schweigend Trübsale und Verleumdungen, ging durch ein langes Getsemani, immer auf die Vorsehung vertrauend, immer dem Papst und der Kirche gehorsam."

Kämpfer des Rosenkranzes

Nach seiner Rückkehr zum Katholizismus trat der selige Bartolo am 7. Oktober 1871 in den Dritten Orden der Dominikaner ein und nahm den Namen „Br. Rosario" an, ein Name, dessen Bedeutung ihm zu diesem Zeitpunkt vielleicht noch nicht ganz klar war. Der Rosenkranz wurde zu seinem Anker und seiner Hoffnung auf Erlösung, als er 1872 bei einem Arbeitsbesuch in Pompeji eine große Herausforderung für seinen Glauben erlebte.

Während der Reise entdeckte er, dass die Menschen, die in der Nähe der antiken Stadt Pompeji lebten, unter einem schweren Mangel an Katechese litten und den Irrtümern des Spiritismus erlegen waren. Der Anblick des Verfalls von Pompeji versetzte ihn in eine schwere Depression, da er wusste, dass er einst ein Priester des Satans gewesen war, der viele Menschen vom Glauben abbrachte und in die Irrlehren des Spiritismus führte. Er fühlte sich, als sei er immer noch in der Gewalt des Teufels und ein tiefes Gefühl der Hoffnungslosigkeit überkam ihn so sehr, dass er an Selbstmord dachte. Es gab nur eine Sache, die ihn aus seiner Depression herausholte: die Erinnerung an das Versprechen Marias an den heiligen Dominikus, dass jeder, der den Rosenkranz betet, gerettet wird. Im Vertrauen auf dieses Versprechen gab er seine Selbstmordabsichten auf und stellte sein Leben ganz in den Dienst der Förderung des Rosenkranzes. Er begann, den Rosenkranz in alles einzubeziehen, was er tat. Jeden Abend versammelte er sich mit anderen, um in der Kirche gemeinsam den Rosenkranz zu beten. Der Rosenkranz wurde zu der süßen Kette, die ihn mit Jesus und Maria verband und die Fesseln des Satans zerbrach.

Die Förderung des Rosenkranzes und die Wiederherstellung des katholischen Glaubens in Pompeji wurden zu Bartolos Lebensaufgabe. 1873 gründete er in Pompeji eine Bruderschaft und begann, inspiriert von einer Freundin, der heiligen Caterina Volpicielli, und ihrer Arbeit zur Verbreitung der Verehrung des Heiligsten Herzens Jesu in Neapel, mit dem Bau eines der Rosenkranzmadonna geweihten Heiligtums in Pompeji. Als er sein Rosenkranzheiligtum einrichtete, besorgte er sich ein Bildnis der Muttergottes vom Rosenkranz und ließ es restaurieren. Durch dieses Bild wirkte Gott Wunder, so dass die ganze Welt zum Glauben an die Kraft des Rosenkranzes kam.

Im Jahr 1877 veröffentlichte er *Fünfzehn Samstage zu Ehren unserer Lieben Frau vom heiligen Rosenkranze*, ein Buch über Wunder im Zusammenhang mit dem Rosenkranz. Im Jahr 1884 gründete er eine dem Rosenkranz gewidmete Zeitschrift (die auch heute noch erscheint) mit dem Titel *Il Rosario e la Nuova Pompeii (Der Rosenkranz und das neue Pompeji)*. Er wurde ein Freund des heiligen Joseph Moscati, eines heiligen Arztes aus Neapel, der täglich den Rosenkranz betete. Der heilige Moscati lernte den seligen Bartolo als seinen Leibarzt kennen und liebte das Heiligtum Unserer Lieben Frau vom Rosenkranz in Pompeji. Das Heiligtum Unserer Lieben Frau vom Rosenkranz von Pompeji wird jedes Jahr von durchschnittlich vier Millionen Menschen besucht. Der heilige Johannes Paul II., Papst Benedikt XVI. und Papst Franziskus sind alle persönlich zur Rosenkranz-Basilika in Pompeji gepilgert, um zu beten und andere zum Rosenkranzgebet zu ermutigen. Der selige Bartolo Longo wurde am Fest Unserer Lieben Frau vom Rosenkranz (7. Oktober) 1926 beigesetzt. In *Rosarium Virginis Mariae*, dem Brief des heiligen Johannes Paul II. über den Rosenkranz, gab er dem seligen Bartolo den Titel „Apostel des Rosenkranzes".

Rosenkranz-Edelsteine

Mein einziges Ziel in den 33 Jahren meines Dienstes war es, meine Seele und die meines Bruders zu retten, indem ich den Allerheiligsten Rosenkranz verbreitete.

~ Sel. Bartolo Longo

Der Rosenkranz ist ein Lehrer des Lebens, ein Lehrer voller Sanftmut und Liebe, in dem die Menschen unter dem Blick Marias, fast ohne es zu merken, entdecken, dass sie langsam auf das zweite Leben vorbereitet werden, das wahre Leben, denn es ist nicht dazu bestimmt, in einigen wenigen Jahren zu enden, sondern in die Ewigkeit zu gehen.

~ Sel. Bartolo Longo

Wie zwei Freunde, die sich öfters besuchen, sich in ihren Gewohnheiten anzugleichen pflegen, so können auch wir, die wir in familiärer Vertrautheit mit Jesus und der Jungfrau in der Betrachtung der Rosenkranzgeheimnisse sprechen und gemeinsam ein und dasselbe Leben in der Kommunion vollziehen, Ihnen gleich werden, soweit dies unsere Begrenztheit erlaubt: Von diesen höchsten Beispielen können wir das demütige, arme, verborgene, geduldige und vollkommene Leben erlernen.

~ Sel. Bartolo Longo

Der Rosenkranz führt auf sanfte und subtile Weise zur Eucharistie, zum Allerheiligsten Sakrament: Wer sich Jesus in Gedanken nähert, sehnt sich danach, sich Ihm in der Wirklichkeit zu nähern; wer Jesus kennt, kann nicht anders als Ihn lieben; ja, wer Jesus wirklich liebt, kann nicht darauf verzichten, Ihn zu besitzen.

~ Sel. Bartolo Longo

Der Rosenkranz könnte sehr wohl das Gedicht der menschlichen Erlösung genannt werden. Der Rosenkranz ist ein Gedicht, das seine lebendigen, aber einfachen Farbtöne aus der reinen Palette des Evangeliums bezieht, während es gleichzeitig seine logischen Verbindungen, seine harmonischen Antworten, seine ganze intime Dialektik aus der höchsten Theologie bezieht.

~ Sel. Bartolo Longo

Wenn es wahr ist, dass du [Maria] dem heiligen Dominikus versprochen hast, dass derjenige, der den Rosenkranz verbreitet, gerettet wird, dann werde ich gerettet, denn ich werde dieses Land von Pompeji nicht verlassen, ohne deinen Rosenkranz verbreitet zu haben.

~ Sel. Bartolo Longo

Süße Königin meines Herzens, nimm bitte das Gebet an, das ich an dich richte, damit sich deine Liebe in meinem Herzen und in den Herzen all derer ausbreitet, die dich durch das Beten des Rosenkranzes ehren.

~ Sel. Bartolo Longo

Wecken Sie Ihr Vertrauen in die heiligste Jungfrau des Rosenkranzes!

~ Sel. Bartolo Longo

O gesegneter Rosenkranz Mariens, süße Kette, die uns an Gott bindet, Band der Liebe, das uns mit den Engeln vereint, Turm der Rettung gegen die Angriffe der Hölle, sicherer Hafen in unserem weltweiten Schiffbruch, wir werden dich niemals verlassen.

~ Sel. Bartolo Longo

Ich dachte, dass vielleicht, wie das Priestertum Christi für die Ewigkeit ist, auch das Priestertum des Satans für die Ewigkeit ist. So dachte ich, dass ich trotz meiner Reue immer noch dem Satan geweiht bin und dass ich immer noch sein Sklave und Eigentum bin, da er mich in der Hölle erwartet. Als ich über meinen Zustand nachdachte, fühlte ich eine tiefe Verzweiflung und hätte beinahe Selbstmord begangen. Dann hörte ich in meinem Ohr das Echo der Stimme von Bruder Alberto, der die Worte der heiligen Jungfrau Maria wiederholte: „Wer meinen Rosenkranz verbreitet, wird gerettet werden."

~ Sel. Bartolo Longo

Mein Gott, du hast nicht auf meine Vergangenheit geschaut, du hast nicht vor meiner Schwäche Halt gemacht; in die eine Hand hast du den Rosenkranz gelegt, in die andere eine Feder, und du hast zu mir gesagt: „Schreibe, man wird auf dich hören, denn Ich bin es, der das Wort des Lebens in dein Herz legen wird."

~ Sel. Bartolo Longo

Du [Maria] bist allmächtig aus Gnade und kannst uns deshalb helfen. Wenn du nicht bereit wärst, uns zu helfen, da wir undankbare Kinder sind und deinen Schutz nicht verdienen, wüssten wir nicht, an wen wir uns wenden sollten. Dein mütterliches Herz würde dir nicht erlauben, uns, deine Kinder, verloren zu sehen. Das Kind, das wir auf deinen Knien sehen, und der gesegnete heilige Rosenkranz, den wir in deiner Hand sehen, geben uns das Vertrauen, dass wir erhört werden.

~ Sel. Bartolo Longo

Der Rosenkranz ist ein Sitz, auf dem Maria als Lehrerin sitzt, um uns den Weg zu zeigen, auf dem wir das Leben erlangen können.

~ **Sel. Bartolo Longo**

Bartolo Longo, Tertiär des Dominikanerordens und Gründer der Schwesternkongregation, die „Töchter des heiligen Rosenkranzes von Pompeji", kann wahrhaftig als „der Mann der Madonna" bezeichnet werden: aus Liebe zu Maria wurde er Schriftsteller, Apostel des Evangeliums, Verbreiter des Rosenkranzes, Gründer des berühmten Heiligtums inmitten enormer Schwierigkeiten und Widrigkeiten; aus Liebe zu Maria schuf er Wohltätigkeitsinstitute, wurde Bettler für die Kinder der Armen, verwandelte Pompeji in eine lebendige Zitadelle menschlicher und christlicher Güte; aus Liebe zu Maria erduldete er schweigend Trübsale und Verleumdungen, ging durch ein langes Getsemani, immer auf die Vorsehung vertrauend, immer dem Papst und der Kirche gehorsam.

~ **Hl. Johannes Paul II.**

Bartolo Longo ist der Apostel des Rosenkranzes, ein Laie, der sein christliches Engagement voll und ganz gelebt hat.

~ **Hl. Johannes Paul II.**

Wenn wir auf dem berühmten Gemälde der Muttergottes von Pompeji sehen, wie die jungfräuliche Mutter und das Jesuskind der heiligen Katharina von Siena und dem heiligen Dominikus die Rosenkränze überreichen, dann verstehen wir sofort, dass dieses Gebet uns durch Maria zu Jesus führt, wie uns auch der teure Papst Johannes Paul II. im Apostolischen Schreiben Rosarium Virginis Mariae *gelehrt hat, in dem er den seligen Bartolo Longo und das Charisma von Pompeji ausdrücklich erwähnt.*

~ **Papst Benedikt XVI.**

Ich freue mich zu betonen, dass Bartolo Longo wie der heilige Paulus vom Verfolger zum Apostel wurde: ein Apostel des christlichen Glaubens, der Marienverehrung und insbesondere des Rosenkranzes, in dem er eine Synthese des ganzen Evangeliums fand.

~ Papst Benedikt XVI.

Diener Gottes Josef Kentenich

Der Freund des Rosenkranzes 1885-1968

Der Diener Gottes Josef Kentenich wurde 1885 in der Nähe von Köln, Deutschland, geboren und trat 1904 den Pallottinern bei. Als geistlicher Leiter und Lehrer am Seminar der Pallottiner in Schönstatt, Deutschland, wurde er 1914 zur Gründung der Schönstattbewegung inspiriert. Die Schönstattbewegung ist im Wesentlichen eine Erziehungsbewegung mit einer sehr starken marianischen Dimension. Als Jugenderzieher und eifriger Förderer des katholischen Apostolats strebte Pater Kentenich danach, durch Maria eine geistliche, moralische und anthropologische Erneuerung in der Welt zu bewirken.

Im Jahr 1941, während des II. Weltkriegs, wurde Pater Kentenich von der Gestapo verhaftet und ins Gefängnis gesteckt. Im Jahr 1942 hatte er aus medizinischen Gründen die Möglichkeit, dem Konzentrationslager zu entgehen, aber er beschloss, sein Leiden für die Schönstattbewegung aufzuopfern. Er verbrachte drei Jahre in Dachau. Sein Leiden für die Bewegung erwies sich als sehr fruchtbar und setzte sich auch nach seiner Befreiung fort.

Das apostolische Wirken Pater Kentenichs war seiner Zeit voraus und wurde erst nach dem II. Vatikanischen Konzil voll gewürdigt. Zu seinen Lebzeiten wurden seine Absichten oft missverstanden. Irgendwann war er gezwungen, die Leitung der Schönstattbewegung an andere abzugeben und wurde in ein Pallottinerhaus in Milwaukee, Wisconsin, versetzt. Bevor er in die Vereinigten Staaten abreiste, pilgerte er zum Heiligtum Unserer Lieben Frau vom Rosenkranz in Pompeji, um alles Maria anzuvertrauen. Während seiner Beurlaubung in Wisconsin hatte er 14 Jahre lang (1951-1965) nichts mit Schönstatt zu tun. Unglücklicherweise war er während seines Exils in Wisconsin Gegenstand unbegründeter Verdächtigungen und wurde für eine Woche seiner Befugnis beraubt, öffentlich Heilige Messen zu lesen. Der heilige Papst Paul VI. beendete 1965 Kentenichs Exil und er konnte nach Deutschland zurückkehren. Nach seiner Rückkehr nach Europa verließ er die Pallottiner und wurde Diözesanpriester. Er starb am 15. September 1968 (dem Fest der Schmerzen Mariens). Auf seinem Grab stehen die Worte *Dilexit Ecclesiam* („Er liebte die Kirche"). Das ist alles, was er auf seinem Grab stehen haben wollte.

Marienverehrung

Als er neun Jahre alt war, musste Kentenichs Mutter die schwierige Entscheidung treffen, ihren Sohn im Waisenhaus St. Vinzenz in Oberhausen zu lassen, weil sie nicht in der Lage war, für ihn zu sorgen. Vor einer Statue im Waisenhaus, die die Gottesmutter darstellt, wie sie dem heiligen Dominikus und der heiligen Katharina von Siena den Rosenkranz gibt, weihte seine Mutter ihn Maria und bat die heilige Jungfrau, ihren Sohn zu erziehen und seine Mutter zu sein. Dieses Ereignis hinterließ einen bleibenden Eindruck bei dem kleinen Jungen. Sein ganzes Leben lang sprach er den berühmten pallottinischen Satz *Mater habebit curam* („Die Mutter sorgt für dich") in Bezug auf den mütterlichen Beistand der heiligen Jungfrau aus.

Indem er die marianische Spiritualität der pallottinischen Gemeinschaft lernte und lebte, lernte Kentenich die Gottesmutter als große Missionarin, Erzieherin und Lehrerin kennen.

Als Novize las er *Das Goldene Buch: Die Wahre Andacht zu Maria, das Geheimnis Mariä und die Liebe zum Kreuz* vom heiligen Ludwig von Montfort und wurde davon stark beeinflusst. Als Seminarist studierte er die Werke von Montforts gründlich und hielt nach seiner Priesterweihe viele Vorträge über die Methode der Marienweihe nach Montfort. Er war ein eifriger Förderer der Marianischen Kongregation. Am 18. Oktober 1914 bat er während seines Vortrags vor der Marianischen Kongregation im Kleinen Seminar in Schönstatt die Gottesmutter, ihren Thron an diesem Ort in besonderer Weise zu errichten. Dieses Ereignis markiert den Beginn der Schönstattbewegung. Im selben Jahr 1914 las er einen Artikel über das eifrige apostolische Wirken des seligen Bartolo Longo in Pompeji und wurde stark inspiriert, Schönstatt zu einer internationalen Bewegung zu machen.

Das besondere Merkmal der Schönstätter Marienbewegung ist das Liebesbündnis, das die Mitglieder mit der Dreimal Wunderbaren Mutter schließen und womit sie ihr einen Blankoscheck ausstellen, was bedeutet, dass Maria mit ihnen machen kann, was sie will. Die Form der Marienweihe nach Schönstatt-Art wird gelebt, indem die Mitglieder Maria lieben, nachahmen und anrufen, sowie durch die verschiedenen apostolischen Werke, die sie verrichten. Alle Mitglieder der Bewegung sind berufen, Marienerscheinungen in der Welt zu sein und die Menschen zu Jesus zu führen, indem sie eine *altera Maria* („eine andere Maria“) sind. Pater Kentenich verglich die Mitglieder Schönstatts mit dem Stern der Heiligen Drei Könige, der die Menschen zu Jesus und Maria führt. Im genialen Geist Pater Kentenichs wurden die marianischen Dogmen der Kirche als ein Kompendium aller großen Wahrheiten des Katholizismus verstanden. Seine anthropologische Mariologie war ein Vorläufer der Theologie des Leibes des heiligen Johannes Paul II. Pater Kentenich sah in Maria den schönsten Köder, den Gott benutzt, um die Herzen der Menschen einzufangen und sie zu Christus zurückzubringen. Maria ist im Grunde ein Magnet für die Seelen und Gott möchte ihren Triumphwagen auf das Schlachtfeld der heutigen krisengeschüttelten Zeit bringen, um Frieden und die Wiederherstellung aller Dinge in Christus zu erreichen.

Kämpfer des Rosenkranzes

Der dreijährige Aufenthalt im Konzentrationslager Dachau gab Pater Kentenich ein feines Gespür für den sehr realen und ständigen geistlichen Kampf zwischen Gut und Böse. Er verstand Maria als die große Siegerin in diesem Kampf gegen alle Dämonen und Irrlehren und betonte immer, dass der Rosenkranz unser Freund in diesem Kampf ist. Der Rosenkranz ist die beste Waffe, die Maria ihren Soldaten und Rittern auf dem Schlachtfeld gibt. Pater Kentenich, ein Mann seiner Zeit, verglich den Rosenkranz mit einer Atombombe und stellte fest, dass der Rosenkranz viel mächtiger ist als jede noch so große von Menschenhand gebaute Bombe. Er lehrte, dass ein Kind Mariens auf dem Schlachtfeld nichts zu befürchten hat, da sie die siegreiche Königin und triumphierende Mutter Gottes ist. Oft verkündete er kühn: *Servus Mariae Nunquam Peribit!* („Ein Diener Marias wird niemals untergehen!")

Pater Kentenich lehrte, dass Maria unsere große Erzieherin ist, und ihr Klassenzimmer ist der Rosenkranz. Mit Hilfe des Rosenkranzes lehrt sie ihre Kinder, alles zu vermeiden, was unserem himmlischen Vater Kummer bereitet. Der Rosenkranz ist nicht nur unser Freund in Zeiten des Kampfes, sondern auch in Zeiten der Freude, da er uns hilft, die Sünde zu vermeiden. Im Jahr 1950 begann in Brasilien ein Apostolat, das unter dem Namen „Kampagne der Pilgernden Gottesmutter" bekannt wurde, um eine neue Anstrengung der Evangelisierung durch den Rosenkranz voranzutreiben. Sie verbreitete sich schnell und dehnte sie sich bis 1976 auf andere Länder Südamerikas aus. Im Jahr 1985, anlässlich der Feierlichkeiten zum 100. Geburtstag Pater Kentenichs, wurde die „Kampagne der Pilgernden Gottesmutter“ auf globaler Ebene ins Leben gerufen und begann, sich über die ganze Welt zu verbreiten.

Rosenkranz-Edelsteine

Das große Heilmittel der Neuzeit, das das Weltgeschehen mehr beeinflussen wird als alle diplomatischen Bemühungen, und das eine größere Wirkung auf das öffentliche Leben hat als alle organisatorischen Maßnahmen, ist der Rosenkranz.

~ Diener Gottes Josef Kentenich

Im Mittelalter verbreitete sich die Sekte der Katharer [Anhänger der albigensischen Häresie] wie ein Lauffeuer. Könige kämpften, um sie zu vernichten. Sie wurde durch den Rosenkranz besiegt.

~ Diener Gottes Josef Kentenich

Die Ave Marias [des Rosenkranzes] versetzen uns in den heiligen Raum des Herzens Mariens.

~ Diener Gottes Josef Kentenich

Der Rosenkranz ist eine Art Maschinengewehr und Atombombe, nämlich eine Waffe, die allen Waffen der modernen Kriegsführung weit überlegen ist, um den Feind Gottes zu besiegen.

~ Diener Gottes Josef Kentenich

Der Rosenkranz hat sich als Freund im Leben und Wirken großer Menschen bewährt.

~ Diener Gottes Josef Kentenich

Der Rosenkranz ist ein guter Freund in der Freude, aber ein noch besserer Freund im Kampf. Heute schlagen die Trommeln unaufhörlich für den Kampf. Unser Leben ist eine einzige große Schlacht. Wir sind auf treue, gute Freunde angewiesen. Der Rosenkranz ist ein solcher guter Freund in der großen Schlacht unserer Zeit.

~ Diener Gottes Josef Kentenich

Der Rosenkranz ist unser guter Freund. Mit ihm vertraut zu sein, stellt uns auf Christus ein. Durch den Rosenkranz werden wir zu Erscheinungen Christi und zu Begegnungen mit Christus. Wie wichtig ist ein guter Freund! Ein Freund gibt einem Kind das Gefühl, auch in der Fremde geborgen zu sein. Ein guter Freund ist ein großer Schatz und eine große Seltenheit. Ach, was ist alles Schönes über die Freundschaft gesagt und gesungen worden! Und das alles dürfen wir vom Rosenkranz, unserem guten Freund, sagen und singen!

~ Der Diener Gottes Josef Kentenich

Welche Früchte verdanken die Welt und die Kirche dem Rosenkranz!

~ Diener Gottes Josef Kentenich

Diejenigen, die den Rosenkranz beten, tun mehr für das Wohl der ganzen Menschheit als alle Redner und Abgeordneten, mehr als alle Organisatoren, Sekretäre und Schriftsteller, mehr als alle Kapitalisten, selbst wenn sie ihr gesamtes Vermögen der Kirche zur Verfügung stellen würden.

~ Diener Gottes Josef Kentenich

Tauchen wir ein in den Ozean der Liebe, aus dem der Rosenkranz uns reichlich trinken lässt, und lassen wir die glühende Liebe Christi und Seiner Mutter unseren schwachen Opfergeist entflammen.

~ Diener Gottes Josef Kentenich

Dienerin Gottes Lúcia Dos Santos

Die Visionärin des Rosenkranzes 1907-2005

Die Dienerin Gottes Lúcia Dos Santos wurde 1907 in Aljustrel, Portugal, geboren und wurde 97 Jahre alt. Am 13. Mai 1917 begann die heilige Jungfrau Maria der kleinen Lúcia und zwei ihrer Cousins, Jacinta und Francisco Marto, in dem nahe gelegenen Dorf Fátima zu erscheinen. Mit einer Ausnahme erschien Maria den drei kleinen Kindern von Mai bis Oktober jeweils am 13. des Monats. (Im August erschien Maria einige Tage später, da die Kinder ins Gefängnis gebracht worden waren.) Bei der letzten Erscheinung, am 13. Oktober 1917, ereignete sich das berühmte Sonnenwunder. Während dieser Erscheinung drehte sich die Sonne und tanzte über den Himmel; mehr als 70.000 Menschen wurden Zeugen davon. Die Botschaften von Fátima enthalten viele Themen, von denen sich die meisten um die Sühne gegenüber dem Unbefleckten Herz Mariens, die Buße, das Gebet für den Frieden, die Marienweihe und den Rosenkranz drehen.

Kurz nach den Erscheinungen starben die beiden Cousins von Lúcia, Jacinta und Francisco. Lúcia selbst wurde Schwester der heiligen Dorothea und später eine Nonne der Karmeliterinnen. Jacinta und Francisco wurden am 9. April 2000 von Papst Johannes Paul II. seliggesprochen. [Die Heiligsprechung Jacinta und Francisco Martos erfolgte am 13. Mai 2017 während eines

Besuchs des Papstes Franziskus in Fátima zum 100. Jahrestag der Marienerscheinungen.] Schwester Lúcia war mit Johannes Paul II. befreundet und traf sich mehrmals mit ihm. Sie schrieb sechs Lebenserinnerungen, in denen sie ihre Erfahrungen mit der Gottesmutter und den Botschaften von Fátima schildert. Als sie am 13. Februar 2005 starb, erklärte Portugal zwei Tage später deshalb einen nationalen Trauertag.

Marienverehrung

Nach den Marienerscheinungen in Fátima erhielt Sr. Lúcia während ihrer Jahre im Dorothea-Kloster in Pontevedra, Spanien, mehrere weitere Besuche Mariens. Während der Erscheinung vom 10. Dezember 1925 offenbarte die Gottesmutter Sr. Lúcia ihren Wunsch nach einer Andacht an den fünf ersten Samstagen als Wiedergutmachung für ihr Unbeflecktes Herz. Mit einer besonderen Mission und Berufung, dem Heiligsten Herzen Jesu und dem Unbefleckten Herzen Mariens Wiedergutmachung zu leisten, folgte Sr. Lúcia diesem Wunsch der Gottesmutter, indem sie die die Verehrung des Unbefleckten Herzens Mariens durch ihre Memoiren verbreitete.

Als Schwester Lúcia in die Klausur der Karmelitinnen eintrat, konnte sie ein intensiveres und gebetserfüllteres eucharistisches Leben führen. Schwester Lúcia betrachtete Maria als die erste Monstranz, die Jesus den Völkern offenbarte. (Das Wort „Monstranz" stammt von dem lateinischen Wort *monstrare*, was „zeigen" bedeutet.) In ihren Schriften betonte Sr. Lúcia, dass Maria auch der lebendige Tabernakel der Gegenwart Jesu Christi ist. Das gesamte Werk unserer Erlösung begann in Marias Unbeflecktem Herzen.

Kämpferin des Rosenkranzes

Als Sr. Lúcia ein junges Mädchen war, betete ihre Familie jedes Jahr im Monat Mai gemeinsam einen täglichen Rosenkranz. Lúcia galt als reif und fromm für ihr Alter und durfte daher mit sechs Jahren ihre erste Heilige Kommunion empfangen, obwohl das normale Alter für diesen besonderen Anlass bei zehn Jahren lag. Nachdem sie zum ersten Mal die Heilige Eucharistie empfangen hatte, kniete sie nieder und betete vor einer Statue Unserer Lieben Frau vom Rosenkranz und später bezeugte sie, dass die Statue sie anlächelte.

Während der Erscheinungen in Fátima betonte Maria die Bedeutung des Rosenkranzgebetes. Alle drei Kinder wurden zu Kämpfern des Rosenkranzes und ermutigten andere, ihn mit ihnen vor jeder Erscheinung zu beten. Der kleine Francisco betete den Rosenkranz so eifrig, dass er der Gottesmutter während einer der Erscheinungen sagte, er werde so viele Rosenkränze beten, wie sie wolle. Als Schwester Lúcia später in ihrem Leben ihre Erinnerungen aufzeichnete, erwähnte sie häufig den großen Eifer, mit dem die hll. Jacinta und Francisco den Rosenkranz beteten.

Maria bat Sr. Lúcia auch ausdrücklich, lesen und schreiben zu lernen, damit sie der Welt die Bedeutung des Rosenkranzes und die Botschaften, die Maria ihr gab, vermitteln konnte. Die Gottesmutter betonte besonders den täglichen Rosenkranz als Mittel, um den Ersten Weltkrieg zu beenden. Maria offenbarte den Kindern auch ein neues Gebet, das sie am Ende jedes Gesätzes des Rosenkranzes hinzufügen wollte. Das Gebet lautete: „O mein Jesus, verzeih uns unsere Sünden, bewahre uns vor dem Feuer der Hölle, führe alle Seelen in den Himmel, besonders jene, die deiner Barmherzigkeit am meisten bedürfen.“ Da die hll. Jacinta und Francisco kurz nach den Erscheinungen starben, war es Sr. Lúcia, die dieses Gebet weiter bekannt machte. Im Wesentlichen waren die Erscheinungen von Fátima Rosenkranz-Erscheinungen; Maria bestätigte dies, als sie am 13. Oktober, dem Tag der letzten Erscheinung und dem Tag, an dem die Sonne tanzte, den Kindern offenbarte, dass sie Unsere Liebe Frau vom Rosenkranz ist.

Nach den Erscheinungen von Fátima unterwies die Gottesmutter Sr. Lúcia weiterhin über die Bedeutung des Rosenkranzes. Während der Erscheinung am 10. Dezember 1925 in Pontevedra, Spanien, lehrte Maria Sr. Lúcia die Andacht an den fünf ersten Samstagen. Ein wesentlicher Aspekt dieser Andacht ist, dass die Seelen den Rosenkranz beten und mindestens 15 Minuten lang die Geheimnisse betrachten sollen. Schwester Lúcia verstand den Rosenkranz und die verschiedenen Formen der Andacht, die mit ihm verbunden sind, als konkrete Möglichkeiten für alle Menschen, mit Jesus, unserem Erlöser, und Maria, unserer Miterlöserin, zusammenzuarbeiten. Sie zeigte dies besonders, als sie in der Fastenzeit den Rosenkranz der fünf Wunden mit ausgestreckten Armen betete! (Der Rosenkranz mit den fünf Wunden wurde von den Passionisten im frühen 19. Jahrhundert entwickelt.) Sie betrachtete den Rosenkranz als eine Art geistliche Nahrung und fertigte Rosenkränze an, um sie an kleine Kinder zu verschenken. In ihren Memoiren schrieb sie auch schöne Betrachtungen zu den Geheimnissen des Rosenkranzes.

Rosenkranz-Edelsteine

Meine Tochter [Sr. Lúcia], sieh mein Herz umgeben von Dornen, mit denen es die undankbaren Menschen durch ihre Lästerungen und Undankbarkeiten ständig durchbohren. Bemühe wenigstens du dich, mich zu trösten, und teile mit, dass ich verspreche, all jenen in der Todesstunde mit allen Gnaden, die für das

Heil dieser Seelen notwendig sind, beizustehen, die fünf Monate lang jeweils am ersten Samstag beichten, die Heilige Kommunion empfangen, einen Rosenkranz beten und mir während 15 Minuten durch Betrachtung der 15 Rosenkranzgeheimnisse Gesellschaft leisten in der Absicht, mir dadurch Sühne zu leisten..

~ Unsere Liebe Frau an die Dienerin Gottes Lúcia Dos Santos

Am Ende des Rosenkranzes betete sie [heilige Jacinta Marto] immer drei Ave Maria für den Heiligen Vater.

~ Dienerin Gottes Lúcia Dos Santos

Der Rosenkranz ist das Gebet, das Gott durch Seine Kirche und die Gottesmutter uns allen am eindringlichsten als Weg und Tor zur Erlösung empfohlen hat.

~ Dienerin Gottes Lúcia Dos Santos

Im Monat Mai beteten wir als Familie jeden Tag den Rosenkranz.

~ Dienerin Gottes Lúcia Dos Santos

Wenn Liebende zusammen sind, wiederholen sie stundenlang dasselbe: „Ich liebe dich!" Was den Menschen, die den Rosenkranz für eintönig halten, fehlt, ist die Liebe; und alles, was nicht aus Liebe getan wird, ist wertlos.

~ Dienerin Gottes Lúcia Dos Santos

Das Rosenkranzgebet ist nach der heiligen Liturgie der Eucharistie das, was uns durch den Reichtum der Gebete, aus denen es besteht, am meisten mit Gott verbindet. Sie alle [die Gebete des Rosenkranzes] sind vom Himmel gekommen, diktiert vom Vater, vom Sohn und vom Heiligen Geist. Das „Ehre sei dem Vater", das wir zwischen den Geheimnissen beten, wurde vom Vater den Engeln diktiert, als Er sie sandte, um es in der Nähe Seines Wor-

tes, des neugeborenen Kindes, zu singen. Es ist auch ein Hymnus an die Dreifaltigkeit. Das „Vaterunser" wurde vom Sohn diktiert und ist ein Gebet zum Vater. Das „Gegrüßet seist du, Maria" ist von einem trinitarischen und eucharistischen Sinn durchdrungen. Die ersten Worte hat der Vater dem Engel diktiert, als Er ihn sandte, um das Geheimnis der Menschwerdung des Wortes zu verkünden. Bewegt vom Heiligen Geist, sagte die heilige Elisabeth: „Gebenedeit bist du unter den Frauen, und gebenedeit ist die Frucht deines Leibes." Die Kirche, ebenfalls vom Heiligen Geist bewegt, fügte hinzu: „Heilige Maria, Mutter Gottes, bitte für uns Sünder, jetzt und in der Stunde unseres Todes."

~ Dienerin Gottes Lúcia Dos Santos

Die heilige Jungfrau Maria hat in dieser letzten Zeit, in der wir leben, dem Rosenkranzgebet eine neue Wirksamkeit verliehen, so dass es kein noch so schwieriges Problem gibt, sei es zeitlich oder vor allem geistlich, im persönlichen Leben eines jeden von uns, in unseren Familien ..., das nicht durch den Rosenkranz gelöst werden könnte. Es gibt kein noch so schwieriges Problem, das wir nicht durch das Gebet des heiligen Rosenkranzes lösen könnten, sage ich euch.

~ Dienerin Gottes Lúcia Dos Santos

Alle Menschen mit guten Absichten können und sollten jeden Tag die fünf Geheimnisse des Rosenkranzes beten. Der Rosenkranz sollte die geistliche Nahrung eines jeden Menschen sein.

~ Dienerin Gottes Lúcia Dos Santos

Die Muttergottes besteht darauf, dass wir jeden Tag den Rosenkranz beten, denn sie kennt unsere Unbeständigkeit, unsere Schwäche und unsere Not.

~ Dienerin Gottes Lúcia Dos Santos

Gott, der unser Vater ist und die Nöte Seiner Kinder besser versteht als wir, hat sich auf das einfache, gewöhnliche Niveau von uns allen herabgelassen, indem Er uns um das tägliche Beten des Rosenkranzes bat, um uns den Weg zu Ihm zu ebnen.

~ Dienerin Gottes Lúcia Dos Santos

Diejenigen, die täglich den Rosenkranz beten, sind wie Kinder, die jeden Tag ein paar Augenblicke finden, um mit ihrem Vater zusammenzusein, ihm Gesellschaft zu leisten, ihm ihre Dankbarkeit zu zeigen, ihm einen Dienst zu erweisen, seinen Rat und Segen zu erhalten. Es ist ein Austausch von Liebe, die Liebe des Vaters zum Kind und des Kindes zum Vater; es ist ein gegenseitiges Geben.

~ Dienerin Gottes Lúcia Dos Santos

Nach der heiligen Liturgie der Eucharistie ist das Gebet des Rosenkranzes das, was unserem Geist die Geheimnisse des Glaubens, der Hoffnung und der Liebe am besten nahebringt. Er [der Rosenkranz] ist das geistliche Brot der Seelen.

~ Dienerin Gottes Lúcia Dos Santos

Der Rosenkranz ist das Gebet der Armen und der Reichen, der Weisen und der Unwissenden. Den Seelen diese Andacht zu entreißen, ist, als ob man ihnen ihr tägliches geistliches Brot vorenthalten würde. Er [der Rosenkranz] ist das, was die kleine Flamme des Glaubens unterstützt, die in vielen Gewissen noch nicht ganz erloschen ist. Selbst für jene Seelen, die beten, ohne zu betrachten, ist der einfache Akt, die Perlen zum Beten zu nehmen, bereits eine Erinnerung an Gott, an das Übernatürliche.

~ Dienerin Gottes Lúcia Dos Santos

Das einfache Gedenken an die Geheimnisse in jedem Zehner ist ein weiterer Lichtschein, der die rauchende Fackel der Seelen un-

terstützt. Deshalb hat der Teufel einen so großen Krieg gegen sie geführt. Und das Schlimmste ist, dass er Seelen mit großer Verantwortung durch ihre Stellung [zum Rosenkranz] getäuscht und verführt hat. Sie sind Blinde, die Blinde führen. Sie tun so, als ob sie ihre Aussagen [zum Rosenkranz] auf das [II. Vatikanische] Konzil gründen würden, und erkennen nicht, dass das Heilige Konzil ihnen befohlen hat, alle Praktiken zu bewahren, die im Laufe der Jahre zu Ehren der Unbefleckten Jungfrau und Muttergottes gepflegt wurden. Das Rosenkranzgebet ist eines der wichtigsten und nach den Dekreten des Heiligen Konzils und den Anordnungen des Heiligen Vaters muss es beibehalten werden.

~ Dienerin Gottes Lúcia Dos Santos

Ich werde jeden Tag den Rosenkranz beten. Dazu muss ich eine Viertelstunde vor dem Läuten zur Heiligen Messe in die Kapelle gehen und den ersten Rosenkranz beten, wobei ich die freudenreichen Geheimnisse betrachte. Um vier Uhr nachmittags, wenn ich gewöhnlich allein bin, mache ich einen Besuch bei Jesus, der im Allerheiligsten Sakrament gegenwärtig ist, und bete den zweiten Rosenkranz, wobei ich die schmerzhaften Geheimnisse betrachte. Wenn ich dann noch Zeit habe, mache ich den Kreuzweg. Wenn ich zu diesem Zeitpunkt keine Zeit habe, werde ich es nach der abendlichen Gewissenserforschung tun. Den dritten Rosenkranz bete ich mit der Gemeinschaft um 18:30 Uhr und betrachte die glorreichen Geheimnisse.

~ Dienerin Gottes Lúcia Dos Santos

Manche sagen, der Rosenkranz sei ein antiquiertes und eintöniges Gebet, weil die Gebete, aus denen er besteht, ständig wiederholt werden. Aber ich stelle die Frage: Gibt es irgendetwas, das am Leben erhalten wird, ohne die ständige Wiederholung bestimmter Handlungen?

~ Dienerin Gottes Lúcia Dos Santos

Der heilige Rosenkranz ist laut Lúcia von Fátima so mächtig, dass er jedes Problem lösen kann, sei es materiell oder geistlich, national oder international.

~ Sel. Gabriele Allegra

Hl. Maximilian Kolbe

Der Ritter des Rosenkranzes 1894-1941

Seligsprechung: 17. Oktober 1971 durch den heilige Papst Paul VI.
Heiligsprechung: 10. Oktober 1992 durch den heiligen Papst Johannes Paul II.
Gedenktag: 14. August

Der heilige Maximilian Kolbe wurde in Zdunska Wola, Polen, geboren und wurde Franziskaner im Konvent. Schon in jungen Jahren promovierte er in Philosophie und Theologie an der päpstlichen Universität in Rom. Während seines Studiums in Rom wurde er Zeuge von Protesten der Freimaurer gegen die Kirche und das Papsttum, was ihn sehr beunruhigte. Seine Antwort auf diese Proteste war die Gründung der Militia Immaculatae (MI) im Jahr 1917, demselben Jahr, in dem die Erscheinungen von Fátima stattfanden. Die MI wurde als marianische Bewegung gegründet, um den Freimaurern und den in die Kirche eingedrungenen Modernisten entgegenzutreten.

Der heilige Maximilian war Feuer und Flamme dafür, Christus und Seiner Kirche durch apostolische Werke zu dienen, und missionierte sogar im Fernen Osten, insbesondere in Japan. In Nagasaki gründete er ein Ordenshaus, das später während des Atombombenangriffs auf Nagasaki am 9. August 1945 auf wundersame Weise geschützt wurde. Zurück in Europa, während des II. Weltkriegs, wurde der heilige Maximilian von der Gestapo verhaftet und in das Konzentrationslager Auschwitz gebracht. In einem heroischen Akt selbstloser christlicher Nächstenliebe meldete er sich freiwillig, um anstelle eines völlig

Fremden, Franciszek Gajowniczek, zu sterben, da dieser Mann eine Familie hatte. Die Nazis hatten die Absicht, den heiligen Maximilian und alle in seiner Zelle durch Verhungern zu töten. Nach zwei Wochen hatte der heilige Maximilian jedoch alle anderen Häftlinge überlebt, und die Nazis töteten ihn durch eine Karbolsäurespritze. Sein Leichnam wurde am 15. August 1941, Mariä Himmelfahrt, im Konzentrationslager eingeäschert. Wegen seiner heroischen Liebe hat ihn die Kirche zum Märtyrer der Nächstenliebe erklärt. Als Maximilian 1971 seliggesprochen und 1982 heiliggesprochen wurde, war Franciszek Gajowniczek, der Mann, dem er das Leben gerettet hatte, bei den Feierlichkeiten anwesend.

Marienverehrung

Als kleiner Junge äußerte der heilige Maximilian oft den Wunsch, Soldat zu werden. Im Jahr 1906 hatte er nach einer Episode, in der seine Mutter ihn fragte, was aus ihm werden würde, eine Vision von Maria, in der sie ihm zwei Kronen anbot: eine Krone war weiß und stand für die Reinheit, die andere Krone war rot und stand für das Martyrium. Die Gottesmutter fragte ihn, welche er wolle, und in seinem soldatischen Eifer rief er aus, er wolle beide! Von diesem Moment an war seine Verehrung für Maria wie die eines mittelalterlichen Ritters für seine schöne Dame. Der heilige Maximilian trug dazu bei, das marianische Rittertum in den Herzen vieler Katholiken wieder einzuführen. Im Hause Kolbe hatte die Familie einen Altar, der Unserer Lieben Frau von Tschenstochau, der Königin von Polen, gewidmet war, wo er lange Stunden im Gebet vor dem Bild seiner Königin verbrachte.

Kurz nachdem er den Franziskaner-Konventualen beigetreten war, wurde er zum Studium nach Rom geschickt. In

Rom hörte er zum ersten Mal von der wundersamen Bekehrung von Alphonse Ratisbonne. Ratisbonne war ein Jude, der 1842 eine Vision von Maria hatte, die zu seiner Bekehrung zum Katholizismus und zu seiner Weihe als Jesuitenpriester führte. Er wurde ein großer Förderer der Wundertätigen Medaille. Diese Geschichte weckte im heiligen Maximilian den Wunsch, die Wundertätige Medaille als Mittel zu nutzen, um für die Bekehrung der Feinde der Kirche zu beten, insbesondere der Freimaurer und der Modernisten. In Vorbereitung auf die Gründung der MI studierte er die Erscheinungen der Wundertätigen Medaille, die der heiligen Katharina Labouré zuteilwurden, und konzentrierte sich dabei besonders auf die Verheißungen, die Maria der heiligen Katharina bezüglich der Medaille machte. Er glaubte so sehr an die Macht der Wundertätigen Medaille, dass er bei der Gründung der MI von jedem Mitglied verlangte, eine zu tragen. Als er dann zum Priester geweiht wurde, feierte er seine erste Messe am Marienaltar in der Kirche Sant'Andrea della Fratte in Rom, genau an der Stelle, an der Alphonse Ratisbonne seine Vision von Maria empfangen hatte. Während seines gesamten Lebens als Priester benutzte der heilige Maximilian die Wundertätige Medaille als geistliche Waffe und bezeichnete sie als geistliche Kugel gegen die Feinde Christi.

Im Jahr 1927 gründete er ein Kloster in Polen, das als „Stadt der Unbefleckten (Niepokalanów)“ bekannt ist und manchmal auch „Stadt Mariens“ genannt wird. Es wurde schnell zum Zentrum eines intensiven marianischen Apostolats, einschließlich eines Radiosenders und eines Verlags, der Literatur über die Gottesmutter produzierte. Zu einem bestimmten Zeitpunkt beherbergte das Kloster fast 900 Brüder! Der heilige Papst Johannes Paul II. besuchte Niepokalanów im Jahr 1983.

Der heilige Maximilian gründete auch eine sehr populäre Zeitschrift mit dem Titel *„Ritter der Unbefleckten“*. Als Missionar in Japan errichtete er 1930 in Nagasaki ein Missionshaus mit dem Namen „Garten der Unbefleckten". Als Franziskaner hegte er eine große Liebe zur Unbefleckten Empfängnis und nannte die Gottesmutter persönlich „Immaculata". Aufgrund seines Eifers für die Immaculata hatte er eine besondere Liebe zu Lourdes, da Maria sich der heiligen Bernadette als die Unbefleckte Empfängnis offenbart hatte.

Indem er die katholische Überlieferung der Marienweihe zusammenfasste und, wie fast alle anderen Förderer der Weihe an Jesus durch Maria, stark vom heiligen Ludwig von Montfort beeinflusst wurde, entwickelte der heilige Maximilian seine eigene Formel für die Marienweihe. Er glaubte, dass diejenigen, die ihr Leben ganz Maria übergeben, ihre gefügigen Werkzeuge sein sollen, um die „Marianisierung" aller Dinge in Christus zu bewirken. In Anlehnung an die franziskanische Überlieferung des marianischen Denkens betonte er auch die Rolle der Gottesmutter als Braut des Heiligen Geistes und erklärte sogar, dass sie die Quasi-Inkarnation des Heiligen Geistes sei. Er ging sogar so weit zu sagen, dass das wahre Ziel eines Nachfolgers Christi die „Transsubstantiation" in die Unbefleckte sei. Diese „Transsubstantiation" bedeutet, dass alle Anhänger Christi in ihrem Wesen eine andere Maria werden sollen, d.h. sündenfrei, rein, heilig und unbefleckt. Der heilige Maximilian wollte wirklich alle Seelen für Christus durch die Unbefleckte Miterlöserin und Mittlerin aller Gnaden gewinnen.

Kämpfer des Rosenkranzes

Der heilige Maximilian war ein wahrer Ritter des Rosenkranzes und betete ihn an jedem Tag seines priesterlichen Lebens. Obwohl er die Wundertätige Medaille als Hauptwaffe der Militia Immaculatae einsetzte, verlangte er, dass alle Mitglieder auch täglich den Rosenkranz beteten. Er predigte und sprach häufig über die Kraft des Rosenkranzes, unterrichtete seine Mitbrüder über die Geschichte des Rosenkranzes und bot eine Art Katechese über die mit dem Rosenkranz verbundenen Geheimnisse. Als Ritter der Immaculata verstand er den Rosenkranz als geistliches Schwert und wies ausdrücklich darauf hin, dass jeder Ritter und jede Dame der Immaculata (Mitglieder der Militia Immaculatae) es mit Hingabe und Inbrunst zu führen habe.

Als er 1941 von den Nazis gefangengenommen und ins Konzentrationslager gebracht wurde, bemerkte einer der Nazi-Offiziere den Rosenkranz, der an seinem Habit hing, und nutzte ihn als Mittel, um ihn zu misshandeln. Der Nazi-Offizier nahm den Rosenkranz gewaltsam an sich, hielt dem Heiligen das Kruzifix vor das Gesicht und fragte ihn, ob er wirklich an Jesus Christus und den Rosenkranz glaube. Der heilige Maximilian bejahte die Frage, woraufhin er vor den Augen der anderen Häftlinge mehrmals brutal geschlagen wurde. Als Häftling in Auschwitz leitete der heilige Maximilian häufig die anderen Häftlinge beim Beten des Rosenkranzes an, vor allem diejenigen, die mit ihm die Zelle teilten. Der heilige Maximilian ist sowohl ein Märtyrer der Nächstenliebe als auch ein Ritter des Rosenkranzes.

Rosenkranz-Edelsteine

Der Ursprung des Rosenkranzes ist gut bekannt. Ein Zeitzeuge [des heiligen Dominikus], Pater Theodoricus von Alpola [Pater Theodoricus von Apolda lebte von 1228-1297], ein Dominikaner, berichtet darüber. Er berichtet, dass der heilige Dominikus an einem bestimmten Ort die Ketzer nicht bekehren konnte; er wandte sich an die heilige Jungfrau Maria, die er seit seiner Kindheit hochverehrt hatte, und bat sie um Hilfe. Daraufhin erschien ihm die Himmelskönigin, zeigte ihm den Rosenkranz und wies ihn an, ihn zu verbreiten. Er machte sich eifrig an die Arbeit, und von da an fand er mit Leichtigkeit viele verirrte Seelen wieder, so dass ihre Zahl bald hunderttausend überstieg. Die ganze katholische Welt nahm den heiligen Rosenkranz eifrig auf und unzählige Gnaden und Bekehrungswunder bezeugen seinen übernatürlichen Ursprung.

~ Hl. Maximilian Kolbe

Die Päpste haben ihn [den Rosenkranz] sehr empfohlen und, wie [Papst] Hadrian VI. versichert: „Der Rosenkranz besiegt den Satan." [Papst] Paul III. sagte: „Durch den Rosenkranz des heiligen Dominikus wurde der Zorn Gottes gegen Frankreich und Italien gebändigt", und [Papst] Julius III. verkündet: „Der Rosenkranz ist die Zierde der römischen Kirche." [Papst] Gregor XIV.: „Der Rosenkranz ist die Ausrottung der Sünde, die Wiedererlangung der Gnade, die Vermehrung der Herrlichkeit Gottes." [Papst] Paul V.: „Der Rosenkranz ist ein Schatz von Gnaden." [Papst] Urban VIII.: „Durch den Rosenkranz nimmt die Zahl der eifrigsten Christen zu." [Papst] Pius IX.: „Wenn ihr wünscht, dass in euren Herzen und Familien Frieden herrscht, versammelt euch jeden Abend, um den Rosenkranz zu beten." [Papst] Leo XIII. sagt in seiner Enzyklika über den Rosenkranz: „Wir fordern alle Gläubigen nachdrücklich auf, den Rosenkranz zu beten, sei es öffentlich in den Kirchen, sei es in den Privathäusern und in der Familie, und in dieser heiligen Übung, soweit es möglich ist, nicht nachzulassen."

~ Hl. Maximilian Kolbe

Neben dem Vaterunser und dem Engelsgruß besteht das Wesen des Rosenkranzes in der Betrachtung der Geheimnisse des Lebens Christi, des Herrn, und der heiligsten Muttergottes.

~ Hl. Maximilian Kolbe

Das Skapulier, der Rosenkranz und die Wundertätige Medaille: Das sind drei Dinge, die die Immaculata selbst für das Heil der Menschen angeboten hat.

~ **Hl. Maximilian Kolbe**

Ritter und Damen der Immaculata und alle, die diese Worte lesen, ... beten täglich ein Drittel [fünf Geheimnissen] des Rosenkranzes.

~ **Hl. Maximilian Kolbe**

Es ist wahr, dass man sich nicht unter Sünde verpflichtet, den Rosenkranz zu beten – aber was für eine Liebe wäre die unsere, wenn sie sich auf unsere strengen Pflichten beschränken würde, deren Vernachlässigung eine schwere Übertretung wäre? Ein solches Verhalten würde eher wie der Dienst eines Sklaven erscheinen als die Liebe eines Kindes zu seinem besten Vater im Himmel und seiner liebevollsten Mutter. Nein! Das ist eines Liebhabers von Maria unwürdig. Ein solcher Mensch sucht vielmehr die Gelegenheit, so oft wie möglich zu ihr zu gehen, so lange wie möglich zu ihren Füßen zu bleiben.

~ **Hl. Maximilian Kolbe**

Kann ein Heide den Rosenkranz beten? Und warum nicht? In diesem Fall kann er nämlich leichter in die Wahrheit unseres Glaubens eindringen. Durch das Gebet kann er die Gnade erlangen, die Wahrheit in religiösen Dingen zu erkennen, und die Kraft, diese Religion viel leichter anzunehmen. Er wird sie als wahr anerkennen, ungeachtet von Rückschlägen oder Urteilen anderer, die mit Glaubensfragen noch nicht vertraut sind.

~ **Hl. Maximilian Kolbe**

Er [der Rosenkranz] ist so leicht zu verstehen, dass Kinder und auch einfache Menschen, die nicht lesen können, den Rosenkranz als Mittel zum Gebet benutzen können.

~ **Hl. Maximilian Kolbe**

Man muss viel Geduld und Vertrauen in sie haben. Außerdem muss man in Zeiten der Not und des Leids viel beten. Man muss ihren lieblichen Namen „Maria" anrufen oder ein „Gegrüßet seist du, Maria" sagen und in den schwierigsten und kritischsten Zeiten wird es nicht schaden, einen ganzen Abschnitt des Rosenkranzes zu beten.

~ **Hl. Maximilian Kolbe**

Ein ebenso einfaches wie erhabenes Gebet, auf das die Immaculata selbst bei ihrem Erscheinen in Lourdes hingewiesen hat, ist der heilige Rosenkranz. Möge er das Schwert eines jeden Ritters der Immaculata werden, so wie die Wundertätige Medaille die Kugel ist, die das Böse vernichtet!

~ **Hl. Maximilian Kolbe**

Möge die Wundertätige Medaille die Kugel in der Hand der Ritter der Immaculata sein und der heilige Rosenkranz das Schwert.

~ **Hl. Maximilian Kolbe**

Das Gebet, vor allem der Rosenkranz, und die Buße, sind also die Aufträge der Immaculata an uns alle.

~ **Hl. Maximilian Kolbe**

Das Haupt all der verschiedenen Mitglieder des höllischen Drachens ist in unserer Zeit zweifellos die Freimaurerei. Und sie wird ihm den Kopf zertreten. Außerdem lehrt uns die Geschichte, dass es kaum eine Bekehrung gab, bei der nicht die Hand Marias besonders sichtbar war. Alle Heiligen pflegten eine be-

sondere Verehrung zu ihr und der Heilige Vater Leo XIII. sagt in einer Enzyklika über den Rosenkranz (22. September 1891): „Es kann behauptet werden, dass aus dem unermesslichen Schatz aller Gnaden ... uns nichts durch den Willen Gottes gegeben wird, außer durch Maria, und wie sich niemand dem Allerhöchsten Vater nähern kann, als durch den Sohn, so kann sich gewöhnlich niemand Christus nähern, als durch Seine Mutter."

~ Hl. Maximilian Kolbe

Im Oktober haben die Katholiken den Brauch, die heiligste Mutter Gottes zu verehren, indem sie den Rosenkranz in Kirchen oder in Privathäusern beten, und sogar die Immaculata, die sich 1858 in Lourdes offenbarte, erschien mit dem Rosenkranz in der Hand und ermutigte uns durch ihr eigenes Beispiel, ihn zu beten. Wir machen also der Muttergottes eine große Freude und ziehen viele Segnungen von Gott auf uns und unsere Familien herab, wenn wir den Rosenkranz beten.

~ Hl. Maximilian Kolbe

Bei ihrer Erscheinung in Lourdes im Jahr 1858 hielt die Muttergottes den Rosenkranz in ihren Armen und empfahl uns durch die heilige Bernadette, den Rosenkranz zu beten. Daraus können wir schließen, dass das Beten des Rosenkranzes die Immaculata glücklich macht. Außerdem können wir durch dieses Gebet leicht große Gnaden und göttlichen Segen erlangen.

~ Hl. Maximilian Kolbe

Seht, wenn wir uns bis zu ihrer [Marias] Kenntnis und Liebe zu Jesus erheben wollen, müssen wir das „Gegrüßet seist du, Maria" flüstern und, es wiederholend, in Vereinigung mit ihr diese Geheimnisse [des Rosenkranzes] betrachten.

~ Hl. Maximilian Kolbe

In jedem katholischen Haus, selbst im ärmsten, kann man einen Rosenkranz finden. Vor allem in der Gebetsstunde, in der Kirche oder bei einer Beerdigung fällt auf, dass die Gläubigen einen Rosenkranz in der Hand halten. In Momenten der Freude oder der Traurigkeit, wann immer sich die Gläubigen im Gebet an Gott wenden, beten sie den Rosenkranz und sind tief mit ihm verbunden.

~ Hl. Maximilian Kolbe

Das demütige Gebet zur Immaculata, der heilige Rosenkranz, zusammen mit herzlichen Gebeten, wird uns zeigen, wann und wie wir handeln müssen, denn in diesen Momenten ist sie es, die uns führt, in diesen Momenten ist sie es, die alle Schwierigkeiten auslöscht.

~ Hl. Maximilian Kolbe

Oft ist von 15 Versprechen die Rede, mit denen die allerseligste Jungfrau die Gläubigen zum Beten des Rosenkranzes auffordert. Diejenigen, die diese Versprechen erhielten, waren der heilige Dominikus und der selige Alanus de Rupe.

~ Hl. Maximilian Kolbe

Diener Gottes Frank Duff

Der Mann des Rosenkranzes 1889-1980

Der Diener Gottes Frank Duff wurde 1889 in einer wohlhabenden Familie in Dublin, Irland, geboren. In seiner Jugend wurde er von einem Cricket-Ball am Ohr getroffen; in der Folge war sein Gehör auf diesem Ohr für den Rest seines Lebens beeinträchtigt. Im Alter von 24 Jahren wurde er auf die extreme Armut vieler Menschen in den irischen Städten aufmerksam und versuchte, etwas zu ändern, indem er den Armen in Dublin durch die Gesellschaft des heiligen Vinzenz von Paul half. Diese wohltätige Arbeit weckte in ihm den Wunsch, ein frommeres christliches Leben zu führen. Infolgedessen begann er 1914, täglich zwei Heilige Messen zu besuchen, und setzte diese Praxis für den Rest seines Lebens fort.

Zusammen mit seinem lieben Freund, Edel Quinn, wurde Duff zu einem Pionier des Engagements von Laien in apostolischen Werken. Er ermutigte die katholischen Laien sehr, nach Heiligkeit zu streben und sich in karitativen Werken zu engagieren. Für seine Beiträge zum Laienapostolat war er so hoch angesehen, dass Papst Paul VI. ihn einlud, als Laienbeobachter am II. Vatikanischen Konzil teilzunehmen. Während der Schlusssitzung des Konzils erhob sich die gesamte Versammlung der Bischöfe aus der ganzen Welt und spendete Frank

Duff in Anerkennung seiner großartigen Arbeit stehende Ovationen. In seinem Eifer, den Menschen zu helfen, die Freiheit zu erfahren, welche die Wahrheiten des Katholizismus mit sich bringt, gelang es ihm auf wundersame Weise, die Bekehrung fast des gesamten Dubliner Rotlichtviertels herbeizuführen, insbesondere des Bereichs, der mit Prostitution zu tun hat. Er war dem Heiligsten Herzen Jesu sehr zugetan. Frank Duff wurde 91 Jahre alt und starb an einem ersten Freitag im Monat.

Marienverehrung

Im Jahr 1917, demselben Jahr, in dem die Gottesmutter in Fátima erschien und der heilige Maximilian die Militia Immaculatae gründete, las Frank Duff das D*as Goldene Buch: Die Wahre Andacht zu Maria, das Geheimnis Mariä und die Liebe zum Kreuz* von Louis von Montfort. Er hatte gehört, wie sich einige Männer über das Buch unterhielten, und war daran interessiert, selbst ein Exemplar zu erwerben. Als er in einer Buchhandlung eine Erstausgabe der englischen Übersetzung fand, kaufte er sie. Zuerst verstand er das Buch wegen seiner Tiefe und der erhabenen marianischen Ausdrücke nicht, aber nachdem er es ein halbes Dutzend Mal gelesen hatte, verstand er es schließlich. Diese Andacht entflammte seine Seele. Er verstand, dass Maria nicht nur eine weitere Heilige und ein Glied der Kirche war, sondern die Größte aller Heiligen und das Herzstück des Geheimnisses des Christentums. Von da an lehrte er alle, dass man das Christentum nicht verstehen kann, wenn man Maria nicht versteht.

Infolge seiner glühenden Verehrung für die Gottesmutter gründete er am 7. September 1921 die Legion Mariens. Da er selbst stark von den Schriften des heiligen Ludwig von Montfort beeinflusst war, legte Duff fest, dass die Legion Mariens in ihrer marianischen Verehrung und Frömmigkeit sehr montfortanisch sein solle. Zweck und Ziel der Legion Mariens war es, Maria, der Mittlerin aller Gnaden, im ständigen geistlichen Kampf zwischen der Kirche und den Mächten der Finsternis beizustehen. Er nannte seine Organisation Legion Mariens, weil er sie als eine Armee der Muttergottes betrachtete, die sich für die Sache ihres göttlichen Sohnes einsetzte. Durch das Gebet und die apostolischen Werke dieser Armee sollte die Legion Mariens der Kirche helfen, alle Seelen durch Maria zu Jesus zu führen. Im Laufe des 20. Jahrhunderts sollte sich die Legion Mariens als ein äußerst fruchtbares marianisches Apostolat erweisen mit Mitgliedern in fast allen Diözesen der Welt. Der heilige Papst Paul VI. beschrieb die Legion Mariens als die größte Bewegung zur Hilfe der Seelen seit der Gründung der großen Bettelorden im 16. Jahrhundert! Sie war so wirksam bei der Bekehrung zu Christus und verbreitete sich so schnell in alle Teile der Welt, dass Mao Tse-tung, der kommunistische Führer und Vater der Volksrepublik China, die Legion Mariens als „Staatsfeind Nummer eins" bezeichnete.

Kämpfer des Rosenkranzes

Als treuer Sohn der Kirche verbrachte Frank Duff mindestens vier Stunden am Tag im Gebet. An den meisten Tagen opferte er sogar seine Mittagspause, um eine Stunde im Gebet zu verbringen. Der Rosenkranz war immer Teil seiner täglichen Gebetsroutine. Er empfahl allen, die er traf, gerne den täglichen Rosenkranz. Er hatte ein einzigartiges Verständnis des Rosenkranzes: Er sagte, er sei die „wichtigste Andacht zum Heiligen Geist". Er meinte damit, dass eine Person, die den Rosenkranz betet, sofort vom Heiligen Geist überschattet wird, da Maria die Braut des Heiligen Geistes ist und niemals von ihrem Bräutigam getrennt werden kann. Diese Dimension seines Denkens ist faszinierend, da die Menschen die Verehrung des Heiligen Geistes selten mit dem Beten des Rosenkranzes in Verbindung bringen. Nach Ansicht von Frank Duff öffnet der Rosenkranz die Herzen für das Wirken des Heiligen Geistes, weil wir im Rosenkranz die wichtigsten Eingriffe des Heiligen Geistes in das Drama und die Geheimnisse der Erlösung feiern und uns daran erinnern.

Die Legion Mariens, die größte marianische Vereinigung der Welt, besteht aus kleinen lokalen Gruppen, die „Präsidien" genannt werden. Diese Bezeichnung leitet sich von der römischen Technik ab, ein bestimmtes Gebiet durch eine befestigte Garnison oder militärische Linie zu schützen. Ein Präsidium der Legion Mariens führt apostolische Arbeiten durch und trifft sich wöchentlich zum Gebet. Frank Duff ordnete an, dass jedes Präsidium den Rosenkranz als Teil des wöchentlichen Gebetstreffens betet. Außerdem ermutigte er jedes Mitglied, der Rosenkranzbruderschaft beizutreten.

Frank Duff hat immer betont, dass der Rosenkranz das Herzstück der Spiritualität der Legion Mariens ist. Als solcher wollte er, dass der Rosenkranz mit Würde und Respekt gebetet wird. Er wollte nicht, dass er zu schnell oder in chaotischer Weise gebetet wird, sondern in einem betrachtenden Rhythmus. Er betonte besonders, dass diejenigen, die die zweite Hälfte des Ave Maria beten, nicht beginnen sollten, bevor die Personen, die die erste Hälfte des Ave Maria beten, den Heiligen Namen Jesu ausgesprochen hat. Duff betrachtete den Rosenkranz als so wesentlich für die Legion Mariens, dass er, als er das Handbuch der Legion Mariens schrieb, sagte, dass der Rosenkranz für die Legion Mariens das ist, was das Atmen für den menschlichen Körper ist.

Rosenkranz-Edelsteine

Der Rosenkranz wurde um das Jahr 1200 eingeführt und er wurde von der ersten Minute an gebetet. Er wurde den Menschen vorgeschlagen und sie wurden ermutigt, ihn zu benutzen. Er erwies sich als sehr volksnah. Seitdem ist er mit dem katholischen Leben verwoben. Der Rosenkranz hat in der Andachtsliteratur eine herausragende Stellung eingenommen; er war ein Element im Leben der Heiligen der Kirche; er war Gegenstand der Lehren der Päpste und der Kirchenlehrer. Der Rosenkranz wurde von der Gottesmutter bei vielen der anerkannten Erscheinungen getragen. Er ist in viele der aufgezeichneten wundersamen Ereignisse eingegangen, von denen einige die Welt gerettet haben. Es wird angenommen, dass er für unzählige Wohltaten verantwortlich ist. Ich frage mich, ob es seit dem 13. Jahrhundert irgendeinen Heiligen gab, der ihn nicht benutzt hat?

~ Diener Gottes Frank Duff

Wer den Rosenkranz betet, hat eine einigermaßen vollständige und lebendige Vorstellung von der christlichen Erzählung.

~ Diener Gottes Frank Duff

Wenn der Rosenkranz verletzt [vernachlässigt] wird, verringert sich der Platz Marias und damit auch der Umfang des Gebets in unserem Leben.

~ Diener Gottes Frank Duff

Der Rosenkranz ist ein Gebet, das sich den wechselnden Umständen anpasst. In Zeiten der Krankheit oder der Erschöpfung gibt es kein anderes Gebet, das so nützlich ist.

~ Diener Gottes Frank Duff

Während wir den Rosenkranz beten, versuchen wir, die Geheimnisse vor unserem geistlichen Auge ablaufen zu lassen. Wie gering auch immer unsere Betrachtungsfähigkeiten sein mögen, wir können nicht anders, als all diese Geheimnisse zu lernen. Sie dehnen sich auf so viele „fotografische" Situationen aus und verbinden sich mit den verschiedenen Bildern, die wir gesehen haben, oder mit den Berichten, die wir über diese Ereignisse gehört oder gelesen haben. Wir können auch sicher sein, dass die Gnade diese „Vergegenwärtigung" ergreift, sie intensiviert und fruchtbar macht.

~ Diener Gottes Frank Duff

Jedes Wort des Rosenkranzes ist ein Gebet zu Gott.

~ Diener Gottes Frank Duff

Der Rosenkranz wirkt jeder Tendenz entgegen, sie [Maria] in eine Nebenrolle im christlichen Leben zu verdrängen.

~ Diener Gottes Frank Duff

Der Rosenkranz sollte ehrfürchtig gebetet werden.

~ Diener Gottes Frank Duff

Der Rosenkranz ist unersetzlich.

~ Diener Gottes Frank Duff

Papst Pius XI.

Der Wächter des Rosenkranzes
1857-1939

Papstamt: 1922-1939

Papst Pius XI. war in der Zeit zwischen dem I. und dem II. Weltkrieg auf dem Stuhl des Heiligen Petrus. Er nahm den Namen „Pius" wegen der großen Bewunderung an, die er für den Papst seiner Jugend, den heiligen Papst Pius IX. hatte. Pius XI. war ein sehr begabter Gelehrter und hatte, bevor er Papst wurde, als Chefbibliothekar der Ambrosianischen Bibliothek in Mailand, als Erzbischof von Mailand und als Präfekt der Vatikanischen Bibliothek in Rom gearbeitet. Er erwarb drei Doktortitel (in Philosophie, Theologie und Kirchenrecht) an der Gregorianischen Universität in Rom und spezialisierte sich auf Paläographie (das Studium alter Handschriften), wobei er sich auf mittelalterliche Manuskripte und Dokumente konzentrierte. Eine Zeit lang diente er auch als Apostolischer Nuntius in Polen und hatte einen so großen Eifer für die Einheit der Christen, dass er sich wünschte, in Russland zum Märtyrer zu werden.

Während seines Pontifikats sprach er die Bernadette Soubirous, den Johannes Vianney, den Don Bosco und die Thérèse von Lisieux heilig. Er führte auch das Christkönigsfest ein, um die Spannungen zwischen den verschiedenen Nationen zu verringern. 1931 gründete er Radio Vatikan und war der erste Papst, der im Radio sendete. Wie seine Vorgänger verurteilte er den Modernismus scharf und setzte sich für Einheit und Frieden ein. Er war ein begeisterter Bergsteiger und bestieg viele berühmte Gipfel, darunter das Matterhorn. In Chile ist sogar ein Gletscher nach ihm benannt.

Marienverehrung

Bevor er Papst wurde, war Pius XI. Mitglied einer Jesuitensodalität der Gottesmutter und als sehr marianischer Priester bekannt. Als er Erzbischof von Mailand wurde, gründete er in seiner Erzdiözese eine marianische Sodalität. Er liebte die Marianische Kongregation so sehr, dass er sie mit der Milchstraße verglich, die sich von Horizont zu Horizont erstreckt und unzählige Seelen umfasst. Während seines Pontifikats und mit seinem Wissen und seiner Zustimmung wurden die Erscheinungen von Fátima von der Kirche anerkannt. Er nannte Litauen „*Terra Mariana*" (das „Land Mariens") und erklärte 1930 die Unbefleckte Empfängnis (unter dem Titel „Unsere Liebe Frau von Aparecida") zur Schutzpatronin Brasiliens. Er liebte auch Lourdes sehr und unternahm ein Jahr vor seiner Wahl zum Papst eine offizielle Pilgerreise nach Lourdes. Als Papst sprach er Bernadette Soubirous am 8. Dezember 1933 heilig.
Zufälligerweise gründete der Diener Gottes Frank Duff ein Jahr vor der Wahl Pius' XI. zum Papst die Legion Mariens. Während des Pontifikats von Pius XI. verbreitete sich die Legion Mariens in der ganzen Welt und am 16. September 1933 erteilte Papst Pius XI. allen Mitgliedern der Legion Mariens einen besonderen Segen. Als Teil dieses Segens stellte er fest, dass die Mitglieder der Legion Mariens, so wie Maria an der Erlösung mitgewirkt hatte, mit Christus in seiner Heilsmission zusammenarbeiten sollten. Papst Pius XI. lehrte deutlich, dass Maria zu Recht die Titel Mittlerin aller Gnaden und Miterlöserin verdient.

Kämpfer des Rosenkranzes

Während seines Pontifikats befasste sich Pius XI. mit den Nachwirkungen des Ersten Weltkriegs, der Möglichkeit eines weiteren Weltkriegs und den antikatholischen Verfolgungen in Mexiko, Spanien und der Sowjetunion. Er warnte die Welt vor den Irrtümern des Faschismus, des Kommunismus und des Nationalsozialismus und rief dazu auf, den heiligen Rosenkranz zu beten. Zu diesem Zweck schrieb er 1937 die Rosenkranz-Enzyklika *Ingravescentibus Malis (Die immer schlimmer werdenden Übel).* In dieser kraftvollen Enzyklika bekräftigte er, dass der heilige Dominikus der Begründer des Rosenkranzes war, betonte, dass der Rosenkranz eine Waffe ist, die gegen alle Häresien, Ideologien und Bedrohungen der Wahrheit eingesetzt werden muss, und appellierte an alle Menschen, ihn zu beten. Er lehrte, dass der Rosenkranz eine Waffe ist, um die bösen Geister zu bekämpfen, die in der Welt wirken, und um Frieden in den Herzen der Menschen zu schaffen. Während seines Pontifikats legten viele Gläubige, die zu Märtyrern wurden, Zeugnis für den Rosenkranz ab: der selige Miroslav Bulešic, der selige Ceferino Giménez Malla, der selige Miguel Pro und viele andere. Pius XI. wusste, dass der Rosenkranz die Macht hatte, alle Ideologien zu überwinden, insbesondere die des Kommunismus.

Als Kämpfer des Rosenkranzes erließ Papst Pius XI. ein Dekret, mit dem er anordnete, dass die Basilika Unserer Lieben Frau vom Rosenkranz in Pompeji erweitert und vergrößert werden sollte, damit mehr Menschen dorthin pilgern konnten. Er betonte, dass der Rosenkranz kein eitles, sich wiederholendes Gebet sei, sondern dass er mit einem Menschen verglichen werden könne, der seiner Geliebten immer wieder „Ich liebe dich" sagt. Er schrieb einen persönlichen Brief an den Ordensmeister der Dominikaner, in dem er die fromme Überlieferung bekräftigte und ausdrücklich darauf hinwies, dass Prouille die Wiege des Rosenkranzes sei, und teilte den Dominikanern mit, dass der Rosenkranz im Zentrum ihres Charismas stehe und von den Brüdern eifrig gefördert werden müsse. Er betrachtete den Rosenkranz als Lehrer der moralischen und theologischen Tugenden, der in den Seelen den Wunsch nach Heiligkeit und eine größere Liebe zu Christus und der Kirche wecken kann.

Rosenkranz-Edelsteine

Unter den Waffen, die der heilige Dominikus benutzte, um die Ketzer zu bekehren, war die wirksamste, wie die Gläubigen wissen, der marianische Rosenkranz, dessen Praxis, die von der heiligen Jungfrau Maria selbst gelehrt wurde, sich in der katholischen Welt so weit verbreitet hat. Woher kommen nun die Wirksamkeit und Kraft dieser Gebetsweise? Sicherlich aus den Geheimnissen des göttlichen Erlösers, die wir betrachten und fromm betrachten, so dass wir mit Recht sagen können, dass der marianische Rosenkranz die Wurzel und das Fundament enthält, auf das sich der Orden des heiligen Dominikus stützt, um die Vervollkommnung des Lebens seiner eigenen Mitglieder und das Heil der anderen Menschen zu erreichen.

~ Papst Pius XI.

Der heilige Dominikus gründete den Orden der Predigerbrüder, den Papst Honorius III. unter seinen besonderen Schutz und seine Schirmherrschaft stellte und dessen Mitglieder er gleichsam prophetisch als „wahre Lichter der Welt" und „Vorkämpfer des Glaubens" bezeichnete. Das erste Kloster wurde in Saint-Marie de Prouille gegründet, das in der Tat die Wiege des Rosenkranzes Mariens selbst war.

~ Papst Pius XI.

Wenn Wir sehr häufig frisch verheiratete Paare in Audienz empfangen und väterliche Worte an sie richten, schenken Wir ihnen Rosenkränze, empfehlen ihnen diese mit Nachdruck und ermahnen sie unter Berufung auf Unser eigenes Beispiel, keinen Tag ohne Rosenkranzgebet verstreichen zu lassen, wie sehr sie auch mit vielen Sorgen und Mühen belastet sein mögen.

~ Papst Pius XI.

Wie könnte die Liebe durch den Rosenkranz nicht noch glühender werden? Wir betrachten das Leiden und den Tod unseres Erlösers und die Sorgen Seiner betrübten Mutter.

~ Papst Pius XI.

Könige und Fürsten, die mit den dringendsten Aufgaben und Angelegenheiten belastet waren, machten es sich zur Aufgabe, den Rosenkranz zu beten.

~ Papst Pius XI.

Unter den verschiedenen Bittgebeten, mit denen wir uns erfolgreich an die Jungfrau Maria wenden, nimmt der heilige Rosenkranz zweifellos einen besonderen Platz ein.

~ Papst Pius XI.

Der Rosenkranz belebt die Hoffnung auf das, was oben ist und ewig währt. Wenn wir die Herrlichkeit Jesu und Seiner Mutter betrachten, sehen wir den Himmel geöffnet und werden in unserem Streben nach der ewigen Heimat ermutigt.

~ Papst Pius XI.

Besonders die Familienväter und -mütter müssen ihren Kindern ein Beispiel geben, besonders wenn sie sich bei Sonnenuntergang nach der Arbeit in den häuslichen Mauern versammeln und auf den Knien vor dem Bild der Jungfrau den heiligen Rosenkranz beten, wobei sie Stimme, Glaube und Gefühl miteinander verbinden. Dies ist ein schöner und heilsamer Brauch, aus dem sicherlich Ruhe und eine Fülle von himmlischen Gaben für das Haus erwachsen können.

~ Papst Pius XI.

Wer diese Andacht [den Rosenkranz] für eine lästige Formel hält, die mit monotonem Singsang wiederholt wird, und sie als etwas ablehnt, das nur für Kinder und dumme Frauen gut ist, der ist vom Weg der Wahrheit abgekommen!

~ Papst Pius XI.

Diese mystische Krone [der Rosenkranz] befindet sich nicht nur in den Händen der Armen und gleitet durch sie hindurch, sondern wird auch von Bürgern jeden sozialen Ranges geehrt.

~ Papst Pius XI.

Jeder kann verstehen, wie heilsam er [der Rosenkranz] ist, besonders in unserer Zeit, in der manchmal sogar unter den Gläubigen ein gewisses Ärgernis über die Dinge des Geistes und gleichsam eine Abneigung gegen die christliche Lehre zu spüren ist.

~ Papst Pius XI.

Der heilige Rosenkranz dient nicht nur auf wunderbare Weise dazu, die Feinde Gottes und der Religion zu überwinden, sondern ist auch eine Anregung und ein Ansporn zur Ausübung aller Tugenden, die er in unsere Seelen einpflanzt und pflegt. Vor allem nährt er den katholischen Glauben, der durch die gebührende Betrachtung der heiligen Geheimnisse wieder aufblüht und den Verstand für die uns von Gott geoffenbarte Wahrheit erhebt.

~ Papst Pius XI.

Der Rosenkranz erhebt den Geist zu den von Gott geoffenbarten Wahrheiten und zeigt uns den geöffneten Himmel. Die Jungfrau Maria selbst hat diese Art zu beten nachdrücklich empfohlen. Alle Gnaden werden uns von Gott durch die Hände Mariens geschenkt.

~ Papst Pius XI.

Sel. Giacomo Alberione

Der Evangelist des Rosenkranzes 1884-1971

Seligsprechung: 27. April 2003 durch den heiligen Papst Johannes Paul II.
Gedenktag: 26. November

Der selige Giacomo Alberione wurde in Norditalien geboren und war einer der größten Pioniere auf dem Gebiet der katholischen Medien. Als ihn seine Lehrerin in der ersten Klasse fragte, was er später einmal werden wolle, antwortete er, er wolle Priester werden. Als gelehrter Theologe promovierte er in Theologie und war eine Zeitlang als Seminarprofessor und geistlicher Begleiter tätig. In seinem Eifer, die modernen Mittel der sozialen Kommunikation zur Verbreitung des Evangeliums zu nutzen, gründete er die Paulinische Familie, die aus zehn religiösen Instituten für Priester, Ordensleute und Laien besteht.

Er war seiner Zeit voraus in seinem Eifer, die soziale Kommunikation als Mittel zur Verbreitung des Evangeliums zu nutzen. Seine Arbeit war so hochangesehen, dass er als theologischer Berater zu jeder Sitzung des II. Vatikanischen Konzils eingeladen wurde. Der heilige Papst Paul VI. bewunderte und unterstützte seine Arbeit sehr und nahm sich die Zeit, Giacomo an seinem Sterbebett zu besuchen; eine Stunde nach dem päpstlichen Besuch starb Giacomo. Er wurde in der Basilika beigesetzt, die er in Rom errichten ließ, der Basilika Maria, Königin der Apostel. Johannes Paul II. bezeichnete ihn als den ersten Apostel der Neuevangelisierung und sprach ihn am Sonntag der Göttlichen Barmherzigkeit 2003 selig.

Marienverehrung

Von frühester Kindheit an zeigte Giacomo eine tiefe Verehrung für Maria. Kurz nach seiner Geburt weihte ihn seine Mutter im Heiligtum Unserer Lieben Frau der Blumen in Norditalien der Gottesmutter. Während seiner ganzen Jugend besuchte er dieses Marienheiligtum und verbrachte unzählige Stunden im Gebet zu Maria. Als Priester wünschte er sich, dass alles unter dem wachsamen und mütterlichen Blick Mariens geschehen sollte. Einige seiner größten marianischen Einflüsse kamen vom selige William Joseph Chaminade, dem heiligen Vinzenz Pallotti und Papst Leo XIII. Die Marienverehrung des selige Alberione führte zu persönlicher Heiligung und eifriger apostolischer Tätigkeit. Aus diesem Grund betonte er nicht nur die Bedeutung der Mutterschaft Mariens für jeden Christen, sondern auch das wichtige apostolische Wirken Mariens als unsere Lehrerin und Miterlöserin. Einer seiner Lieblingstitel für die Gottesmutter war „Königin der Apostel".

Der selige Alberione schrieb viele Gebete an die Gottesmutter und verfasste auch einen Rosenkranz für Maria, die Königin der Apostel. Er liebte Marias Titel „Königin der Apostel" so sehr, dass er sich um den Bau einer neuen Basilika in Rom kümmerte, um sie unter eben diesem Titel zu ehren. Maria war sein bevorzugtes und häufigstes Thema in seinen Predigten. Seine Schriften über die Gottesmutter umfassen insgesamt über 1.700 Seiten! Er ließ keine Gelegenheit aus, Maria in seine zahlreichen Aktivitäten und apostolischen Werke einzubeziehen.

Kämpfer des Rosenkranzes

Der selige Giacomo Alberione bemerkte oft, dass die Welt vollständig „christianisiert“ werden würde, wenn die Gottesmutter mehr bekannt, nachgeahmt, angerufen und geliebt werden würde. Er betonte besonders, dass die Christianisierung der Welt durch die Waffe des Rosenkranzes erreicht werden würde. Wie so viele vor ihm glaubte er an die fromme Überlieferung über die Ursprünge des Rosenkranzes und verwies häufig auf die vielen Schlachten, die durch die Kraft des Rosenkranzes für Christus und die Kirche gewonnen worden waren. Ob er lehrte, predigte oder Bücher verfasste, er brachte immer zahlreiche Beispiele für die Kraft des Rosenkranzes im Leben der Heiligen. Er liebte es, auf das heldenhafte Beispiel der Heiligen zu verweisen, die im Rosenkranz eine große Quelle der Heiligkeit, der Kraft, des Schutzes und des Eifers für ihr apostolisches Handeln fanden.

Wenn der selige Alberione einen Vortrag halten wollte, betete er immer einen Rosenkranz, bevor er den Vortrag hielt. Wenn er mit dem Auto unterwegs war, betete er ununterbrochen Rosenkränze, bis er sein Ziel erreichte. Er hielt den Rosenkranz für ein einfaches und wirksames Gebet, das besonders hilfreich ist, um in der Tugend zu wachsen und die Feinde des geistlichen Lebens zu überwinden. Da er wusste, dass der Rosenkranz ein Gebet ist, das der Muttergottes am meisten gefällt, betonte er, dass man den Rosenkranz mit Glauben, Hingabe und dem festen Vorsatz beten sollte, das eigene Leben zu reformieren. Aus diesem Grund ermutigte er die Menschen nachdrücklich, den Rosenkranz möglichst auf den Knien zu beten. Er selbst gab dieses fromme Beispiel.

Rosenkranz-Edelsteine

Was ist der Rosenkranz? Er ist der Gegenstand unserer Hoffnung. Betrübte Söhne und Töchter spüren, sobald sie den Rosenkranz in den Händen halten, wie eine neue Hoffnung in ihnen aufsteigt, eine Hoffnung, die stark und heiter ist. Nach dem Kreuz kenne ich nichts, was einer Seele mehr Trost spenden kann als der Rosenkranz. Die Kirche empfiehlt allen den Rosenkranz und wünscht, dass die Ordensleute ihn immer bei sich haben, damit sie unter dem ständigen Schutz Mariens leben können.

~ Sel. Giacomo Alberione

In der Frühzeit der Kirche benutzten die Gläubigen eine Art Rosenkranz, der aus einer dünnen Schnur mit vielen Knoten bestand, um die Gebete zu zählen, die sie wiederholten. Der heilige Dominikus, der von Gott inspiriert wurde, gab den Rosenkranzperlen eine bestimmte Form. Dies ist ein weitverbreiteter Glaube und wird auch durch viele päpstliche Dokumente bestätigt.

~ Sel. Giacomo Alberione

Die Albigenser, eine revolutionäre und gotteslästerliche Gruppe, leugneten die Wahrheiten des Glaubens und verwüsteten schöne Gegenden in Frankreich, Spanien und Italien. Zunächst versuchte der heilige Dominikus, sie mit seinen apostolischen Worten zu bekämpfen, aber ohne Erfolg. Daraufhin wandte er sich an Maria. Er betete den heiligen Rosenkranz und ließ ihn auch das ganze Volk beten, während er die Geheimnisse betrachtete. Maria siegte und es kehrte Frieden ein.

~ Sel. Giacomo Alberione

Der heilige Dominikus ist der Apostel der Wahrheit, aber er ist auch der fromme Apostel der Rosenkranzandacht.

~ Sel. Giacomo Alberione

Die Albigenser wurden vom heiligen Dominikus mit Hilfe des Rosenkranzes in großer Zahl besiegt und bekehrt.

~ Sel. Giacomo Alberione

Bei ihr [Maria] suchte der heilige Thomas von Aquin täglich mit dem heiligen Rosenkranz nach himmlischer Weisheit.

~ Sel. Giacomo Alberione

Der Rosenkranz hat große Bekehrungen bewirkt, wie die von Ratisbonne und Hermann Cohen; er hat Kraft gegeben im Kampf gegen heftige Versuchungen, wie sie der heilige Alfons und der heilige Franz von Sales erfahren haben; er hat die Unschuld der Taufe bewahrt, wie beim heiligen Ludwig Gonzaga und bei der heiligen Rosa von Lima.

~ Sel. Giacomo Alberione

Der heilige Philipp Neri ging mit dem Rosenkranz in der Hand durch die Straßen Roms; er suchte abtrünnige Seelen auf und regte sie mit Hilfe des Rosenkranzes zur Umkehr an.

~ Sel. Giacomo Alberione

Wenn der heilige Vinzenz Pallotti, der Apostel Roms, Sterbende besuchte, betete er auf dem Weg den Rosenkranz.

~ Sel. Giacomo Alberione

Der heilige Clemens Hofbauer, Apostel Wiens, schrieb Maria die großen Bekehrungen zu, die er bei Sündern und Sterbenden erreichte. Bevor er sich mit ihnen befasste, betete er einen Teil des Rosenkranzes und ließ ihn von anderen beten.

~ Sel. Giacomo Alberione

Der heilige Franz von Sales war ein äußerst sanftmütiger und starker Priester, ein Bischof von unerschöpflichem Eifer, ein

Schriftsteller und Prediger von wahrer Frömmigkeit; ein Wunder wegen seiner Wundertaten. Er überwand die schwersten Prüfungen, indem er das Gelübde ablegte, täglich den ganzen Rosenkranz zu beten, und er hielt sein Gelübde treu ein.

~ Sel. Giacomo Alberione

Der heilige Johannes Berchmans starb mit dem Kruzifix, dem Rosenkranz und den Regeln seines Ordens in der Hand. „Das waren die drei Dinge, die mir in meinem Leben am wichtigsten waren", sagte er immer wieder, „mit ihnen sterbe ich glücklich."

~ Sel. Giacomo Alberione

Der heilige Ludwig IX., König von Frankreich, betete den Rosenkranz sogar an der Spitze seiner Armee in Kriegszeiten.

~ Sel. Giacomo Alberione

Er [der heilige Karl Borromäus] gründete [in seiner Diözese] die Rosenkranzbruderschaft und ordnete an, dass in jeder Pfarrei am ersten Samstag eines jeden Monats eine feierliche Prozession zu Ehren Mariens stattfinden sollte, bei der die Litanei der heiligen Jungfrau Maria gesungen wurde. Eines Abends betete er gerade sein Abendgebet und den Rosenkranz, als ein Schurke in sein Quartier eindrang und aus nächster Nähe einen Schuss auf ihn abfeuerte. Als der Schuss ertönte, hörte das Gebet auf. Erstaunen und Entsetzen ergriffen die Anwesenden, und obwohl der Heilige scheinbar tödlich verwundet war, lächelte er und deutete ruhig an, mit den Gebeten fortzufahren. Nach Abschluss der Gebete erhob sich der heilige Karl Borromäus und sah zu seiner großen Überraschung, dass die Kugel, die gerade noch sein Obergewand zerrissen hatte, zu seinen Füßen fiel.

~ Sel. Giacomo Alberione

Der Rosenkranz ist eine einfache, kraftvolle und gemeinsame Andacht.

~ Sel. Giacomo Alberione

Wie oft haben ein Rosenkranz, eine Medaille der Gottesmutter, fromme Novenen, Bußübungen für die Rettung von hartnäckigen, kranken Sündern wahre Wunder von dieser Mutter bewirkt!

~ Sel. Giacomo Alberione

Beten wir oft und gut den heiligen Rosenkranz.

~ Sel. Giacomo Alberione

Maria gegenüber müssen wir ein erleuchtetes und grenzenloses Vertrauen und eine grenzenlose Liebe haben, die innigste, weitreichendste und zärtlichste Verehrung, die häufigsten und beständigsten Praktiken des Rosenkranzes, des Angelus, der drei Ave Maria, des Barmherzigkeitsrosenkranzes, des Samstags usw.

~ Sel. Giacomo Alberione

Der Rosenkranz ist ein Kompendium des heiligen Evangeliums; er ist eine Zusammenfassung des Lebens unseres Herrn und der Jungfrau Maria; er ist eine Zusammenfassung der gesamten christlichen Doktrin. Deshalb wird er zu Recht das Brevier der Christen genannt.

~ Sel. Giacomo Alberione

Der Rosenkranz ist eine einfache Andacht. Er besteht aus Gebeten, die jeder als Kind lernt – Gebete, die man ohne Anstrengung oder Schwierigkeiten sprechen kann. Der Rosenkranz kann zu jeder Zeit, an jedem Ort und in jeder Situation gebetet werden. Der Rosenkranz ist aufgrund seines Ursprungs und seiner Vorzüglichkeit eine Wohltat für die heilige Jungfrau Maria. In der Tat ist der Rosenkranz kein Produkt menschlicher Fantasie, son-

dern er wurde den Menschen von der heiligen Jungfrau Maria selbst vorgeschlagen, und sie hatte die erhabenste Absicht, dies zu tun. Maria hat uns persönlich dieses kostbare Zeichen des Heils geschenkt und sie hat uns auch gelehrt, wie man ihn benutzt. Gibt es eine schönere Andacht [zu Maria] als diese?

~ Sel. Giacomo Alberione

Mehr als einmal sind durch den Rosenkranz diejenigen besiegt worden, die schwere Irrtümer verbreiteten. Durch ihn sind viele Sünder zu Gott bekehrt worden; durch ihn ist die Liebe zu Gott und zu Seiner Mutter neu erblüht. Die Kirche selbst hat im Rosenkranz ihren Schutzschild gefunden. Mit dieser mächtigen Waffe hat sie den Satan besiegt, so wie David mit der Schleuder den Riesen Goliath besiegte. Nicht umsonst haben die Päpste diese Praxis nachdrücklich empfohlen und sie mit Ablässen angereichert.

~ Sel. Giacomo Alberione

Solange der Rosenkranz in einer Familie bleibt, bleibt Jesus, [der] Weg und die Wahrheit und das Leben.

~ Sel. Giacomo Alberione

Die Verdienste Marias für unsere Erlösung leuchten in den Geheimnissen des Rosenkranzes auf.

~ Sel. Giacomo Alberione

Ohne den Rosenkranz fühlte ich mich unfähig, auch nur eine Ermahnung auszusprechen.

~ Sel. Giacomo Alberione

Nehmen wir uns vor, zur heiligen Jungfrau Maria zu beten, besonders durch das Beten des Rosenkranzes.

~ Sel. Giacomo Alberione

Immer wurde alles mehr mit dem Rosenkranz als mit anderen Mitteln aufgebaut.

~ Sel. Giacomo Alberione

Königin des allerheiligsten Rosenkranzes, in diesen Zeiten der schamlosen Ungerechtigkeit zeige deine Macht mit den Zeichen deiner alten Siege.

~ Sel. Giacomo Alberione

Jesus weinte über Jerusalem, das nicht auf Ihn hören wollte. Er weinte angesichts der Strafe, die diese Stadt treffen würde. Und wenn ihr nicht aufgenommen werdet, seid traurig, nicht um euch, sondern um sie, und betet den Rosenkranz für sie.

~ Sel. Giacomo Alberione

Beten Sie viele und schöne Rosenkränze. Wir zeigen unsere Verehrung für Maria, Königin der Apostel, besonders durch die einfache Form des Rosenkranzes.

~ Sel. Giacomo Alberione

Der Rosenkranz, den die Kirche so sehr empfiehlt, ist nicht nur die Quelle vieler Gnaden für die Lebenden, sondern auch ein äußerst wirksames Mittel, um den Toten zu helfen.

~ Sel. Giacomo Alberione

Der Rosenkranz ist ein Gebet für die Evangelisierung der Heiden, für die Bekehrung von Häretikern, für die Rückkehr von Schismatikern, um laue und oberflächliche Christen glühend zu machen; um gute Christen zur Heiligkeit zu führen.

~ Sel. Giacomo Alberione

Der Rosenkranz Mariens ist der große Hebel, er ist der Anker des Heils für die Gesellschaft und für den Einzelnen. Lepanto und

Wien sind Namen, die mit dem Rosenkranz verbunden sind. Die Siege über die Albigenser, über den französischen Philosophismus, über den Liberalismus und den Modernismus finden ihre Erklärung im Rosenkranz.

~ Sel. Giacomo Alberione

Seiner Berufung zu folgen bedeutet, einen ständigen Kampf zu führen, denn der Teufel wird alles tun, um Berufungen zu zerstören. Daher ist der Rosenkranz das große Mittel zum Sieg.

~ Sel. Giacomo Alberione

Der Rosenkranz kann überall gebetet werden: auf der Straße, im Zug, im Bus, in der Kirche, in Wartezimmern – alle Orte können als geeignet für das Rosenkranzgebet angesehen werden.

~ Sel. Giacomo Alberione

Bete den Rosenkranz mit der Demut der [heiligen] Bernadette oder der drei kleinen Hirten von Fátima.

~ Sel. Giacomo Alberione

Papst Pius XII.

Der Hirte des Rosenkranzes 1876-1958

Papstamt: 1939-1958
Ehrwürdig: 19. Dezember 2009
von Papst Benedikt XVI.

Papst Pius XII. wurde 1876 in Rom in eine fromme Familie hineingeboren, die ihm ein tiefes Verlangen nach Gebet einflößte. Sein Vater war ein besonders frommer Franziskaner des Dritten Ordens und half seinem jungen Sohn, die Berufung zum Priestertum zu erkennen. Am Ostersonntag wurde er zum Priester geweiht und diente in verschiedenen Funktionen als Priester. Papst Benedikt XV. weihte ihn in der Sixtinischen Kapelle zum Bischof, am selben Tag, an dem Maria zum ersten Mal in Fátima erschien (13. Mai 1917). Jahre später, nachdem er der Kirche als Päpstlicher Nuntius in Deutschland gedient hatte, wurde er auf den Stuhl des Heiligen Petrus gewählt und nahm den Namen „Pius" an, weil er Papst Pius XI. sehr schätzte.

Pius XII. war stets ein Kritiker des Nationalsozialismus und half während des II. Weltkriegs vielen Juden bei der Flucht aus Polen und versteckte sogar viele Juden im Vatikan. Diese Aktionen beeindruckten den Oberrabbiner von Rom, Rabbi Israel Zolli, so sehr, dass er 1945, nach dem Krieg, zum Katholizismus konvertierte. Pius XII. ist dafür verantwortlich, dass Karol Wojtyła (der spätere Papst Johannes Paul II.) im Alter von 38 Jahren zum Bischof ernannt wurde. Pius XII. schrieb 41 Enzykliken und sprach eine Reihe großer marianischer Heiliger heilig, darunter den heiligen Ludwig von Montfort, die heilige Katharina Labouré und den heiligen Antonius Maria Claret. Nach der Heiligen Schrift ist er die am häufigsten zitierte maßgebliche Quelle in den Dokumenten des II. Vatikanischen Konzils. Papst Pius XII. starb am 9. Oktober 1958 und wurde am 13. Oktober, dem Jahrestag des Sonnenwunders von Fátima, im Petersdom beigesetzt.

Marienverehrung

Papst Pius XII. wird wegen seiner zärtlichen Liebe zur Jungfrau Maria oft der „Marienpapst" genannt. Als kleiner Junge verbrachte er Stunden im Gebet vor einem Marienbild in der Chiesa di Gesù, der Jesuitenkirche und dem Hauptquartier in Rom. Diese fromme Praxis führte oft dazu, dass er zu spät zum Abendessen kam. Als er zum Priester geweiht wurde, bat er darum, dass seine erste Heilige Messe vor dem Altar des Marienbildes *Salus Populi Romani* in der Basilika Santa Maria Maggiore gefeiert werden sollte. Als er Papst wurde, stellte er sein Pontifikat ausdrücklich unter die Obhut Unserer Lieben Frau vom Guten Rat und ermutigte alle Priester zu einer zärtlichen Verehrung Mariens.

Er ist auch als „Papst der Himmelfahrt" bekannt, weil er 1950 offiziell das Dogma verkündete, dass Maria mit Leib und Seele in den Himmel aufgenommen wurde. Laut Sr. M. Pascalina Lehnert, die 40 Jahre lang seine Haushälterin war, sah Pius XII. bei vier verschiedenen Gelegenheiten das „Sonnenwunder" – ähnlich dem von Fátima. Drei dieser Ereignisse fanden innerhalb weniger Tage nach der Verkündigung des Dogmas von der Himmelfahrt statt und eines davon am 1. November 1950, dem eigentlichen Tag der Erklärung.

Die Schriften von Pius XII. sind reich an marianischer Theologie und Frömmigkeit. In seiner Ansprache auf dem Marienkongress 1947 in Ottawa, Kanada, stellte er fest, dass Maria als Mutter des Weinstocks (Jesus) auch die Mutter der Reben (wir) ist. Während des von ihm selbst ausgerufenen Marianischen Jahres 1953-1954 krönte er persönlich das Bild der *Salus Populi Romani* und verfasste ein wunderschönes Gebet, indem er sie als „Bezwingerin des Bösen und des Todes" bezeichnete. In *Mystici Corporis*, seiner theologisch tiefgründigen Enzyklika über die Kirche, beschrieb er Maria als den Hals und das Herz des mystischen Leibes, durch den alle Gnaden fließen. In seinem Schreiben *Fulgens Corona* feierte er den hundertsten Jahrestag der Verkündigung des Dogmas von der Unbefleckten Empfängnis und in *Mediator Dei*, seiner Enzyklika über die Liturgie, betonte er, dass der Monat Mai besonders Maria gewidmet sein sollte. Außerdem schrieb er eine Enzyklika zum hundertjährigen Jubiläum von Lourdes, richtete das Fest der Königinnenschaft Mariens ein und verfasste das Dokument, das als „Magna Carta" für die Marianische Kongregation gilt, unter dem Titel *Bis Saeculari*. Er liebte die Marianische Kongregation so sehr, dass er auch als „Papst der Kongregationen" bezeichnet wird. Er errichtete persönlich den Weltbund der Kongregationen und sprach auf dem Ersten Internationalen Weltkongress der Kongregationen am 8. September 1954.

Kämpfer des Rosenkranzes

Als hingebungsvoller Sohn Mariens war es nur natürlich, dass Pius XII. auch eine tiefe Liebe zum Rosenkranz hegte. Im Jahr 1942, am 25. Jahrestag der Erscheinungen von Fátima, als der II. Weltkrieg tobte, rief er ausdrücklich die Fürsprache der Königin des allerheiligsten Rosenkranzes an und bat sie, den Frieden in der Welt zu sichern. Wie so viele andere vor ihm verstand er den Rosenkranz als Waffe und betonte insbesondere, dass der Rosenkranz der Schleuder Davids gleicht: klein, aber fähig, den mächtigen Goliath zu besiegen. Er betonte, dass der Rosenkranz unter allen Marienandachten einen Ehrenplatz einnimmt. Als er 1942 die Welt dem Unbefleckten Herzen Mariens weihte, erwähnte er ausdrücklich den marianischen Titel „Königin des Rosenkranzes". Im Jahr 1946 schrieb er einen Brief an den Erzbischof von Manila mit dem Titel *Philippinas Insulas* und bezeichnete den Rosenkranz als *„totius Evangelii breviarum*" ("Zusammenfassung des gesamten Evangeliums"). Während des Marianischen Kongresses auf den Philippinen im Jahr 1954 sprach Pius XII. eine Radiobotschaft, in der er erklärte, dass der Rosenkranz die nationale Andacht des Landes sei, und die Philippinen als „Königreich des heiligen Rosenkranzes" bezeichnete. In seinen Audienzen mit Jungvermählten ermahnte er sie stets, den Rosenkranz während ihrer gesamten Ehe zu beten, und ermutigte die Eltern, ihre Kinder zu lehren, die geistlichen Blüten des Rosenkranzes zu Füßen der Marienbilder niederzulegen.

Im Jahr 1952 veröffentlichte er die tiefgründige Rosenkranz-Enzyklika *Ingruentium Malorum* (Die herannahenden Übel), in der er betonte, dass der Ursprung des Rosenkranzes nicht menschlich, sondern himmlisch ist. In dieser sehr schönen Enzyklika legt er auch besonderen Wert auf die Förderung des Rosenkranzes in der Familie als Mittel, um den Glauben in den Kindern zu bewahren und den Erwachsenen zu helfen, Tugend und Beharrlichkeit auf ihrem christlichen Weg zu erlangen. Während seines Pontifikats betete er den Rosenkranz zu verschiedenen Zeiten während seines arbeitsreichen Tages und ermutigte die Priester ständig, den täglichen Rosenkranz zu beten, um in der Heiligkeit zu wachsen. Im Jahr 1957 schrieb er einen persönlichen Brief an den Ordensmeister der Dominikaner, um die geistlichen Söhne des heiligen Dominikus daran zu erinnern, dass die Förderung des Rosenkranzes ein besonderes Kennzeichen des Dominikanerordens ist und dass sie ihn weiterhin eifrig, fleißig und andächtig fördern sollten.

Rosenkranz-Edelsteine

Es gibt kein sichereres Mittel, den Segen Gottes auf die Familie herabzurufen und vor allem den Frieden und das Glück im Haus zu bewahren, als das tägliche Beten des Rosenkranzes. Und abgesehen von seiner fürbittenden Kraft kann der Familienrosenkranz sehr weitreichende Wirkungen haben, denn wenn die Gewohnheit dieser frommen Praxis den Kindern in einem jungen und beeinflussbaren Alter eingeimpft wird, werden sie auch in späteren Jahren dem Rosenkranz treu sein und ihr Glaube wird dadurch genährt und gestärkt werden.

~ Papst Pius XII.

Der marianische Rosenkranz ist eine wunderbare Girlande, geflochten aus der Verkündigung der Engel, durchsetzt mit dem Vaterunser und verbunden mit einem Betrachtungskurs, eine sehr wirksame Art der Bitte, die besonders fruchtbar ist für die Erlangung des ewigen Lebens. Deshalb bietet es außer den ausgezeichneten Gebeten, aus denen es besteht und die gleichsam zu einer Krone aus himmlischen Rosen geflochten sind, auch eine Einladung zur Erweckung des Glaubens, eine Hilfe zur Frömmigkeit und hervorragende Vorbilder der Tugend durch die zur Betrachtung dargebotenen Geheimnisse. Es kann daher nicht ausbleiben, dass er der jungfräulichen Muttergottes und ihrem einzigen Sohn höchst angenehm ist, der zweifellos jedes Lob, jede Ehre und jeden Ruhm, die Seiner Mutter zuteilwerden, auch als Ihm selbst zuteilwerdend betrachtet.

~ Papst Pius XII.

Wenn ihr gemeinsam den Familienrosenkranz betet, werdet ihr den Frieden schmecken; ihr werdet in euren Häusern die Eintracht der Seelen haben.

~ Papst Pius XII.

Die Blumen des Rosenkranzes verwelken nie.

~ Papst Pius XII.

Wir setzen großes Vertrauen in den heiligen Rosenkranz zur Heilung der Übel, die unsere Zeit heimsuchen. Nicht mit Gewalt, nicht mit Waffen, nicht mit menschlicher Macht, sondern mit göttlicher Hilfe, die durch dieses Gebet erlangt wird, stark wie David mit seiner Schleuder, wird die Kirche unerschrocken dem höllischen Feind entgegentreten können.

~ Papst Pius XII.

O schmerzhaftes und unbeflecktes Herz Mariens, Königin des allerheiligsten Rosenkranzes und Königin der Welt, regiere über uns, zusammen mit dem Heiligsten Herzen Jesu Christi, unseres Königs. Bewahre uns vor der sich ausbreitenden Flut des modernen Heidentums; entfache in unseren Herzen und Häusern die Liebe zur Reinheit, die Praxis eines tugendhaften Lebens, einen glühenden Eifer für die Seelen und den Wunsch, den Rosenkranz noch treuer zu beten.

~ Papst Pius XII.

Es gibt bestimmte Übungen der Frömmigkeit, die die Kirche dem Klerus und den Ordensleuten sehr empfiehlt. Es ist unser Wunsch, dass auch die Gläubigen an diesen Übungen teilnehmen. Die wichtigsten sind: die Betrachtung geistlicher Dinge, die sorgfältige Gewissenserforschung, die Einkehrtage, der Besuch des Allerheiligsten und die besonderen Gebete zu Ehren der heiligen Jungfrau Maria, unter denen der Rosenkranz, wie alle wissen, einen Ehrenplatz einnimmt.

~ Papst Pius XII.

Welch ein süßer und gottgefälliger Anblick, wenn zur Abendzeit das christliche Haus von der häufigen Wiederholung des Lobpreises zu Ehren der erhabenen Himmelskönigin erklingt! Dann versammelt der Rosenkranz, der gemeinsam gebetet wird, die Eltern und ihre Kinder, die von der täglichen Arbeit zurückkehren, in einer bewundernswerten Vereinigung der Herzen vor dem Bild der Jungfrau. Er verbindet sie fromm mit den Abwesenden und den Verstorbenen. Es verbindet alle enger in einem süßen Band der Liebe mit der heiligsten Jungfrau, die wie eine liebende Mutter im Kreise ihrer Kinder ihnen eine Fülle von Gaben der Eintracht und des Familienfriedens schenken wird.

~ Papst Pius XII.

Das Haus der christlichen Familie wird wie das von Nazareth zu einem irdischen Ort der Heiligkeit und gleichsam zu einem heiligen Tempel werden, in dem der heilige Rosenkranz nicht nur das besondere Gebet sein wird, das jeden Tag in einem süßen Duft zum Himmel aufsteigt, sondern auch die wirksamste Schule der christlichen Disziplin und der christlichen Tugend bilden wird. Diese Betrachtung der göttlichen Geheimnisse der Erlösung wird die Erwachsenen lehren, täglich die leuchtenden Beispiele Jesu und Marias zu bewundern, aus diesen Beispielen Trost in der Not zu schöpfen und nach jenen himmlischen Schätzen zu streben, „zu denen kein Dieb naht und keine Motte sie zerstört" (Lk 12,33). Diese Betrachtung wird den Kleinen die Hauptwahrheiten des christlichen Glaubens nahebringen und die Liebe zum Erlöser in ihren unschuldigen Herzen fast spontan aufblühen lassen, während sie, wenn sie ihre Eltern vor der Majestät Gottes knien sehen, von klein auf lernen werden, wie groß der Wert des gemeinsam gesprochenen Gebets vor dem Thron Gottes ist.

~ Papst Pius XII.

Wir halten den heiligen Rosenkranz für das bequemste und fruchtbarste Mittel [um die Hilfe Mariens zu erlangen], wie es schon der himmlische und nicht menschliche Ursprung dieses Brauchs und seine Natur deutlich nahelegen. Welche Gebete sind besser geeignet und schöner als das Gebet des Herrn und der Engelsgruß, die die Blumen sind, mit denen diese mystische Krone gebildet wird? Wenn zu den mündlichen Gebeten die Betrachtung der heiligen Geheimnisse hinzukommt, ergibt sich ein weiterer sehr großer Vorteil, so dass alle, auch die einfachsten und am wenigsten Gebildeten, darin einen schnellen und leichten Weg finden, ihren eigenen Glauben zu nähren und zu bewahren.

~ Papst Pius XII.

Königin des allerheiligsten Rosenkranzes, Hilfe der Christen, Zuflucht der Menschheit, siegreich in allen Kämpfen für Gott! Wir, deine Bittsteller, werfen uns vor deinem Thron nieder, in der Zuversicht, dass wir Barmherzigkeit erlangen und Gnade, den nötigen Beistand und Schutz in den Katastrophen dieser Tage erhalten werden, und zwar nicht durch unsere eigenen Verdienste, von denen wir uns nichts anmaßen, sondern allein durch die unermessliche Güte deines mütterlichen Herzens.

~ Papst Pius XII.

Alle sollen sich bemühen, mit größerem Vertrauen an den Gnaden- und Barmherzigkeitsthron unserer Königin und Mutter heranzutreten und um Kraft in der Not, um Licht in der Finsternis, um Trost in der Trauer zu bitten; vor allem sollen sie sich bemühen, sich von der Sklaverei der Sünde zu befreien und ihrer königlichen Mutter eine unaufhörliche, von kindlicher Treue erfüllte Huldigung darzubringen. Mögen ihre Kirchen von den Gläubigen bevölkert und ihre Festtage geehrt werden; mögen die Perlen des Rosenkranzes in den Händen aller sein; mögen sich die Christen in kleiner und großer Zahl versammeln, um in den Kirchen, in den Häusern, in den Krankenhäusern und in den Gefängnissen ihr Lob zu singen. Möge Marias Name in höchster Verehrung gehalten werden, ein Name, der süßer ist als Honig und kostbarer als Juwelen; möge niemand lästerliche Worte, das Zeichen einer verunreinigten Seele, gegen diesen mit solcher Würde begnadeten und wegen seiner mütterlichen Güte verehrten Namen aussprechen; möge niemand so kühn sein, eine Silbe auszusprechen, der es an der Achtung fehlt, die ihrem Namen gebührt.

~ Papst Pius XII.

Dies [der Rosenkranz] ist wirklich die nationale Andacht der Philippinen, die manchmal die letzte Verbindung zum Glauben und zur Einheit der Christen auf einigen kleinen Inseln im Norden bleibt, die so weit entfernt sind, dass sie im Nebel verloren scheinen, so weit entfernt, dass sie seit Jahren keine Missionare mehr gesehen haben. Philippinen! Königreich Mariens! Philippinen! Königreich des heiligen Rosenkranzes! Lauft zu diesem Gnadenthron, zu dieser rettenden Andacht, denn der Sturm wütet nicht weit von euch entfernt. Bleibt fest im heiligen Glauben eurer Väter, den ihr an der Wiege empfangen habt, so wie eure Inseln fest bleiben, obwohl sie von Erdbeben erschüttert und von gereizten Wellen heftig belagert werden. Und lasst niemals das heilige Feuer eurer Liebe zu eurer himmlischen Mutter in euren Seelen erlöschen, dieses heilige Feuer, das durch diese Vulkane dargestellt wird, die von Zeit zu Zeit ausbrechen und den in eurem Land verborgenen Schmelzofen offenbaren.

~ Papst Pius XII.

Diener Gottes Dolindo Ruotolo

Der weiße Märtyrer des Rosenkranzes 1882-1970

Der Diener Gottes Dolindo Ruotolo wurde in Neapel geboren und ist außerhalb Italiens fast unbekannt. Sein einzigartiger Name „Dolindo" bedeutet „Schmerz" und tatsächlich war er zeitlebens ein weißer Märtyrer. Der heilige Pio von Pietrelcina hielt ihn für einen Heiligen. Wenn die Leute nach San Giovanni Rotondo kamen, um Pater Pio zu besuchen, fragte er sie oft, warum sie ihn besuchten, wo es doch in Neapel einen Heiligen gäbe! Wie Pater Pio war auch Dolindo Ruotolo ein eifriger Kämpfer des Glaubens, der sowohl von der Hierarchie als auch von den zeitgenössischen Theologen häufig missverstanden wurde.

Ruotolo war ein Priester mit neapolitanischem Temperament, der kein Blatt vor den Mund nahm, wenn es darum ging, die historisch-kritische Methode der Schriftforschung zu bekämpfen. Er schrieb eifrig gegen ihren Missbrauch und warnte die Menschen vor ihren Gefahren. Infolgedessen wurden ihm mehrmals die priesterlichen Befugnisse zur öffentlichen Feier der heiligen Sakramente entzogen. Bis heute kursiert in Neapel die Geschichte, dass die Gottesmutter Papst Pius XII. erschienen sei und ihn aufgefordert habe, Dolindo die priesterlichen Vollmachten unverzüglich wieder zu erteilen. Pius XII. griff vorsorglich ein, so dass Dolindo wieder öffentlich die heiligen

Sakramente feiern konnte. Als frommer Priester und eifriger Gelehrter wurde Dolindo der „Schreiber des Heiligen Geistes" genannt. Er verfasste einen 33-bändigen Kommentar zur Heiligen Schrift sowie viele andere theologische Werke. Er wollte, dass die Menschen gute Bücher über Theologie und Frömmigkeit lesen, und so gründete er den Verlag Apostolato Stampa, um rechtgläubige theologische Werke zu veröffentlichen. Er war ein außergewöhnlicher Musiker, ein Franziskaner des Dritten Ordens und schlief aufgrund seines intensiven Gebetslebens weniger als drei Stunden pro Nacht.

Marienverehrung

Als gelehrter Theologe und Autor verfasste Dolindo zahlreiche Werke über die Muttergottes und verschiedene Kommentare zum Magnifikat und zur Heimsuchung Marias bei ihrer Verwandten Elisabeth. Er verstand die Muttergottes als das Herzstück des Christentums und der Theologie und bezog sie in fast alle seine theologischen Schriften ein. In den letzten zehn Jahren seines Lebens bezeichnete er sich selbst als „der kleine alte Mann der Madonna". In seinem hohen Alter litt er unter extremer Arthritis und Lähmung, doch trotz der Schmerzen schrieb er eine Trilogie über die Muttergottes. Sie wurde geschrieben, um die marianischen Lehren der Kirche zu verteidigen.

Dolindo war sowohl Unserer Lieben Frau von Lourdes als auch der Botschaft von Fátima sehr zugetan. Er förderte eifrig die Verehrung des Unbefleckten Herzens Mariens und betonte, dass der Mai der Monat Mariens sei. Der Monat Mai nahm in seiner Verehrung Mariens einen besonderen Platz ein, weil er das menschliche Herz als eine Blume verstand, die von Maria gepflegt werden muss. Er hatte auch eine besondere Liebe für die Seelen im Fegefeuer. Im Zuge seiner verschiedenen Marienverehrungen opferte er Maria alle seine Handlungen auf, um den Armen Seelen im Fegefeuer zu helfen.

Kämpfer des Rosenkranzes

Während seines gesamten Priesterlebens sah man den Diener Gottes Dolindo Ruotolo selten ohne einen Rosenkranz in der Hand. Der Rosenkranz war sein ständiger Begleiter. Er war ein begnadeter Musiker, liebte es, den Rosenkranz in musikalischen Begriffen zu beschreiben, und betrachtete ihn als sein „geistliches“ Instrument. Er bedauerte zutiefst, dass die Moderne den Stellenwert des Rosenkranzes im Leben vieler Katholiken verringert hatte, und predigte nachdrücklich, dass der Rosenkranz kein langweiliges Gebet der Wiederholung sei, sondern eine Methode zur Betrachtung der heilbringenden Geheimnisse des Lebens Christi. Er ermutigte die Menschen stets, den Rosenkranz andächtig zu beten, und betonte, dass ein gut gebeteter Rosenkranz dem Niederlegen von Rosen zu den Füßen Marias gleichkommt. Andererseits wies er darauf hin, dass ein schlecht gebeteter Rosenkranz dem Niederlegen toter Blätter zu Füßen der Himmelskönigin gleichkommt.

Dolindo erlebte sowohl den Ersten als auch den Zweiten Weltkrieg. Er betrachtete den Rosenkranz als eine Waffe im geistlichen Leben und bezeichnete ihn als Schwert und Maschinengewehr in unserem geistlichen Arsenal. In seinen Predigten erklärte er seinen Zuhörern oft, dass jedes Ave Maria ein Schuss auf den Satan und die Mächte der Finsternis sei. Er hatte ein tiefes Verständnis für die notwendige Rolle der Gottesmutter, um uns Christus näherzubringen, und glaubte, dass die Gottesmutter die Mittlerin aller Gnaden und das geistliche „Kraftwerk“ sei, das alle Gnaden Christi an die Mitglieder der

Kirche verteile. In Erweiterung dieser Metapher betonte er, dass der Rosenkranz ein wichtiges Mittel sei, um das Stromnetz anzuzapfen.

Rosenkranz Edelsteine

Wenn die Seele zu ihrer Rettung zu Gott aufsteigt, besitzt sie im Rosenkranz den Schlüssel des Himmels.

~ Diener Gottes Dolindo Ruotolo

Inmitten der Disharmonie unseres chaotischen Lebens ist der Rosenkranz das Instrument, die Harfe oder das Psalterium mit ihren zehn Akkorden für jede Gruppe von Harmonien. Mit dem Rosenkranz erheben wir ständig ein Lied der Liebe von der Erde.

~ Diener Gottes Dolindo Ruotolo

Der Rosenkranz ist sehr reichhaltig, sowohl im Ave Maria als auch in den betrachteten Geheimnissen. Er ist kein eintöniges Gemurmel. Es ist eine wunderbare Harmonie, so wie ein Musikinstrument nicht eine dumpfe Wiederholung eines Tones spielt, sondern eine melodische und harmonische Variation, die die Seele erhebt und in ihr viel Zuneigung und süße und reine Gedanken weckt. Es ist fast eine Schwingung von Wellen und die Zartheit von Musikakkorden.

~ Diener Gottes Dolindo Ruotolo

Wie eine Armee ihre Marschmusik hat, die die Zeit für die Soldaten markiert, so markiert der Rosenkranz liebevoll die Zeit für die Streitende Kirche.

~ Diener Gottes Dolindo Ruotolo

Der Rosenkranz ist ein mächtiges Gebet gegen den Satan und gegen die Angriffe des Bösen. Unsere Kirche hat durch dieses Gebet große Triumphe errungen und wird sie auch weiterhin erringen. Die Jahrzehnte des Rosenkranzes sind aus dieser Sicht wie der Gürtel eines Maschinengewehrs: Jede Perle ist ein Schuss, jede Zuneigung der Seele ist wie eine Explosion des Glaubens, die den Satan verscheucht, und Maria zertritt einmal mehr seinen Kopf.

~ Diener Gottes Dolindo Ruotolo

O heiligster Rosenkranz, lass deine Blumen auf den verwüsteten Blumenbeeten der Ungläubigen blühen und den einfachen und lebendigen Glauben wieder aufblühen.

~ Diener Gottes Dolindo Ruotolo

Der heilige Rosenkranz war und ist die annehmbarste Verehrung des Herzens der Mutter Maria.

~ Diener Gottes Dolindo Ruotolo

Der Rosenkranz ist kein langweiliges Gebet, nur weil man ständig das Ave Maria wiederholt. Jedes „Gegrüßet seist du Maria" wird bei der Betrachtung der Geheimnisse immer mit einem anderen Gefühl gesprochen und die Intensität des Gebets ist nicht eintönig. Es ist eine Intensität der Liebe. Ruft ein Kind nicht ständig nach seiner Mutter? Sein Schrei: „Mama!" ist unterschiedlich, je nach dem Bedürfnis, das es antreibt und belebt. Beten Sie also den Rosenkranz wie ein Kind, indem Sie unsere himmlische Mutter anrufen und ihre Hilfe erflehen.

~ Diener Gottes Dolindo Ruotolo

Wenn ihr ein heiliges Leben führen wollt, dann pflegt die Verehrung Marias in eurer Familie. Versammelt eure Kinder im Gebet und im Beten des heiligen Rosenkranzes.

~ Diener Gottes Dolindo Ruotolo

Das Beten des Rosenkranzes ist wie das Ablaufen der Bilder eines Films, eine Erinnerung an die großen Geheimnisse unserer Erlösung, die sie immer wieder zeigen.

~ Diener Gottes Dolindo Ruotolo

Der Rosenkranz bewahrt dich vor der Verzweiflung und öffnet dir die leuchtenden Wege der Nächstenliebe und der Heiligkeit. Der Rosenkranz ist dein Trost in deinem Leben und die süße Kette, die dich mit Gott verbindet.

~ Diener Gottes Dolindo Ruotolo

Der Rosenkranz ist kein langweiliges Gebet, bei dem wir immer das Gleiche wiederholen. Das ist der Glaube derjenigen, die nach einer Entschuldigung suchen, um ihn nicht zu beten.

~ Diener Gottes Dolindo Ruotolo

Ein nachlässiger Rosenkranz ist ein Rosenkranz mit abgerissenen, toten Blättern.

~ Diener Gottes Dolindo Ruotolo

Hl. Pio von Pietrelcina

Der Mystiker des Rosenkranzes 1887-1968

Seligsprechung: 2. Mai 1999 durch den heiligen Papst Johannes Paul II.
Heiligsprechung: 16. Juni 2002 durch den heiligen Papst Johannes Paul II.
Gedenktag: 23. September

Der heilige Pio von Pietrelcina, liebevoll Pater Pio genannt, war ein Kapuzinerfranziskaner und einer der größten Mystiker des 20. Jahrhunderts. Mehr als 50 Jahre lang trug er die Stigmata (blutende Wundmale) Christi. Er war ein Mann des Leidens und wurde von seinen Priester- und Ordensbrüdern oft missverstanden. Aufgrund dieser Missverständnisse durfte er zwei Jahre lang keine Heilige Beichte abnehmen oder öffentlich die Heilige Messe feiern. Papst Pius XI. wies jedoch das Heilige Offizium persönlich an, die gegen Pater Pio getroffenen Entscheidungen rückgängig zu machen.

Schon zu dessen Lebzeiten betrachtete Papst Pius XII. Pater Pio als Heiligen und ermutigte die Menschen, den heiligen Franziskaner-Mystiker in San Giovanni Rotondo zu besuchen, dem Ort, an dem Pater Pio lebte und schließlich ein Krankenhaus eröffnete. Im Jahr 1947 besuchte Karol Józef Wojtyła, ein junger polnischer Priester, der in Rom studierte, Pater Pio in San Giovanni Rotondo. Viele glauben, dass der franziskanische Mystiker während dieser Begegnung zwischen den beiden zukünftigen Heiligen seinen polnischen Besucher über seine zukünftige Wahl zum Papst informiert hat. Ob dies nun stimmt oder nicht, es war von der Vorsehung vorgesehen, dass

Wojtyła zum Papst gewählt werden, den Namen Johannes Paul II. annehmen und Pater Pio von Pietrelcina selig- und heiligsprechen würde.

Marienverehrung

In Übereinstimmung mit der großen franziskanischen Überlieferung der marianischen Spiritualität verstand der heilige Pio die Gottesmutter als den Tabernakel des Allerhöchsten, der ständig von Engeln umgeben ist. Er war sich immer bewusst, dass Maria als seine Mutter und Beschützerin an seiner Seite stand. Als Mystiker, der sein ganzes Leben lang häufig Visionen von Jesus, Maria, den Heiligen und den Engeln hatte, war der heilige Pio überrascht, als er erfuhr, dass nicht alle anderen ähnliche Visionen hatten. Er bat seinen Schutzengel oft, ihm zu helfen, Maria mehr zu lieben, und sagte, dass er während der Heiligen Messe die Gegenwart der Gottesmutter und der heiligen Engel an seiner Seite spürte.

Als frommer marianischer Priester gab der heilige Pio seinen Priesterbrüdern brüderlichen Rat in Bezug auf Maria. Er wies sie darauf hin, dass sie nur dann heilig würden und ihr Dienst fruchtbar sein könne, wenn sie Maria in ihr Herz aufnehmen würden und eine tiefe Beziehung zu ihr pflegten. Sein priesterliches Herz brannte vor Liebe zu Maria; er wusste, dass es keinen anderen Weg zum Leben gibt als den, den unsere geistliche Mutter geht.

Maria erwirkte bei mindestens einer Gelegenheit, im Jahr 1959, eine Heilung für ihn, als die Fátima-Pilgerstatue durch Städte in Italien tourte. Als die Statue nach San Giovanni Rotondo kam, wollte er sie unbedingt sehen, aber er war so krank, dass er nach drei Versuchen, die Pilgerstatue zu sehen, nicht in der Lage war, sich aus dem Bett zu erheben. Als der Hubschrauber mit der Pilgerstatue abhob, schüttete er Maria seinen Kummer aus und drückte seine Enttäuschung darüber aus, dass er ihre wundertätige Statue nicht sehen konnte. Plötzlich drehte der Pilot den Hubschrauber auf unerklärliche Weise um und flog zurück in Richtung des Klosters, in dem Pater Pio im Bett lag! Der Pilot bezeugte später, dass er keine Erklärung dafür hatte, warum er vom Kurs abwich und mehrere Male über dem Kloster kreiste. Pater Pio und der Himmel kannten den Grund. Maria wollte den Wunsch ihres Sohnes erfüllen und als zusätzlichen Segen spürte Pater Pio in dem Moment, als der Hubschrauber über seinem Kloster kreiste, wie sein Körper zitterte. Er erfuhr eine vollständige Heilung. Zum Dank für die Heilung schickte Pater Pio ein Kruzifix nach Fátima. Einige Monate später überreichte ihm eine Delegation der Blauen Armee eine handgeschnitzte Statue der Muttergottes von Fátima. Er stellte sie in der Sakristei auf, wo er sich jeden Tag auf die Heilige Messe vorbereitete. Im Jahr 1968 starb er, indem er den Namen flüsterte, den er täglich tausendmal verehrte: „Maria".

Kämpfer des Rosenkranzes

Der heilige Pio, der eindeutig das Leben einer Opferseele lebte (einer Seele, die von Gott dazu berufen wurde, in besonderer Weise an den Leiden Jesu teilzuhaben und die Sünden der Welt wiedergutzumachen), wird als „Lebendiger Rosenkranz" bezeichnet, da er als Mystiker, der die Wunden Christi trug, die Geheimnisse des Rosenkranzes unmittelbarer als die meisten anderen erlebte und immer einen Rosenkranz in der Hand hatte. Als Jugendlicher erlernte er seine große Liebe zum Rosenkranz durch das Beispiel seiner Familie. Jeden Abend versammelte sich seine Familie, um den Rosenkranz zu beten. Als gläubige katholische Familie fasteten sie sogar zu Ehren der

Muttergottes vom Karmel. In seiner Jugend und während seiner Zeit als in Neapel stationierter Soldat besuchte er häufig das Heiligtum Unserer Lieben Frau vom Rosenkranz in Pompeji.

Eines der vielen Leiden, die dem heiligen Pio von der Kirche auferlegt wurden, war, dass es ihm verboten wurde, über seine mystischen Erfahrungen zu schreiben. Aus diesem Grund gibt es nur wenige Schriften von ihm über den Rosenkranz und die anderen großen Vorlieben seines heiligen Lebens. Dennoch legte er in seinen vielen Gesprächen mit Menschen ständig Zeugnis vom Rosenkranz ab. Wenn er von Priestern aufgesucht wurde, empfahl er ihnen stets den Rosenkranz. Es wurde gesagt, dass seine stille Predigt immer der Rosenkranz war. Er betete ihn den ganzen Tag über. Als er einmal von seinem Ordensoberen gefragt wurde, wie viele Rosenkränze er an diesem Tag gebetet habe, antwortete der heilige Pio: „34!" Bei einer anderen Gelegenheit, als er von einem franziskanischen Mitbruder gefragt wurde, welches Gebet Maria am meisten gefalle, antwortete er schnell, dass es der Rosenkranz sei, weil sie selbst ihn uns gelehrt habe und seine Bedeutung in ihren verschiedenen Erscheinungen immer wieder betone.

Der heilige Pio verstand den Rosenkranz als eine mächtige geistliche Waffe, mit der theologische Irrtümer und falsche politische Regime überwunden werden können. Bei mehreren Gelegenheiten besuchte er die Gefängniszelle eines anderen großen Kämpfers des Rosenkranzes, József Kardinal Mindszenty. Mindszenty war ein ungarischer Prälat, der wegen seiner radikalen Opposition gegen den Kommunismus inhaftiert war und häufig predigte, dass der Rosenkranz die Geheimwaffe der katholischen Kirche gegen den Kommunismus sei. Auch Pater Pio wusste dies und wollte die geistliche Waffe des Rosenkranzes an seine geistlichen Kinder weitergeben. Als er am Tag vor seinem Tod gebeten wurde, eine letzte Ermahnung an die Menschen in seiner Umgebung zu richten, riet er ihnen, Maria zu lieben, sie bekannt zu machen und immer den Rosenkranz zu beten. Als er starb, hatte er nicht nur den Namen Marias auf den Lippen, sondern auch den Rosenkranz in der Hand.

Rosenkranz-Edelsteine

Liebt die Gottesmutter und macht, dass sie geliebt wird. Betet immer den Rosenkranz.

~ Hl. Pio von Pietrelcina

Der Rosenkranz ist eine Waffe in unseren Händen, mit der wir die Angriffe des Teufels überwinden können.

~ Hl. Pio von Pietrelcina

Die Muttergottes hat mir noch nie eine Gnade durch das Beten des Rosenkranzes verweigert.

~ Hl. Pio von Pietrelcina

Geh und hol meine Waffe [den Rosenkranz]!

~ Hl. Pio von Pietrelcina

Liebt die Madonna und betet den Rosenkranz, denn ihr Rosenkranz ist die Waffe gegen die Übel der heutigen Welt.

~ Hl. Pio von Pietrelcina

Der Rosenkranz, das ist meine Waffe.

~ Hl. Pio von Pietrelcina

Der Satan versucht immer, dieses Gebet [den Rosenkranz] zu zerstören, aber es wird ihm nie gelingen. Es ist das Gebet derjenigen, die über alles und jeden triumphiert.

~ Hl. Pio von Pietrelcina

Der Rosenkranz ist die Waffe, die alle Schlachten gewinnt.

~ Hl. Pio von Pietrelcina

Es wäre unmöglich, all die vielen Heiligen aufzuzählen, die im Rosenkranz einen echten Weg zum Wachstum in der Heiligkeit entdeckt haben. Es genügt, den heiligen Ludwig Maria Grignion von Montfort zu erwähnen, der ein hervorragendes Werk über den Rosenkranz verfasst hat, und, was uns näher liegt, Pater Pio von Pietrelcina, den ich kürzlich heiligsprechen durfte.

~ Hl. Johannes Paul II.

Hl. Josemaría Escrivá

Der Pilger des Rosenkranzes 1902-1975

Seligsprechung: 17. Mai 1992 durch den heiligen Papst Johannes Paul II.
Heiligsprechung: 6. Oktober 2002 durch den heiligen Papst Johannes Paul II.
Gedenktag: 26. Juni

Der heilige Josemaría Escrivá wurde in Barbastro, Spanien, geboren, promovierte an der Lateranuniversität in Rom in Theologie und lebte im 20. Jahrhundert. Er war ein sehr viel betender Priester mit einer tiefen Verehrung für die Heilige Eucharistie und arbeitete viele Jahre lang bei den Armen und Kranken in den Slums von Madrid. Im Jahr 1928 gründete er das Opus Dei, eine Organisation von Laien und Priestern, die sich der Verkündigung des universellen Rufs Gottes zur Heiligkeit für alle Menschen widmete. Das Opus Dei war ein äußerst fruchtbares Apostolat und wurde 1950 von Papst Pius XII. offiziell von der Kirche anerkannt.

Der heilige Josemaría Escrivá ist Autor zahlreicher Bücher, von denen viele in mehrere Sprachen übersetzt und weltweit millionenfach verkauft wurden. Viktor Frankl, der berühmte Psychiater, Neurologe und Überlebende des Holocaust, traf einst den heilige Josemaría und war so beeindruckt und inspiriert von ihm, dass Frankl ihn als „geistliche Atombombe“ bezeichnete.

Marienverehrung

Im Alter von zwei Jahren litt der heilige Josemaría an einer unbekannten Krankheit (höchstwahrscheinlich Epilepsie) und man erwartete, dass er sterben würde. Seine fromme Mutter brachte ihn zum Marienheiligtum von Torreciudad in Aragonien, Spanien, und betete inständig für ihn vor einer Statue Unserer Lieben Frau von den Engeln, die aus dem 11. Jahrhundert stammt. Wie durch ein Wunder erholte er sich. Seine Mutter schrieb seine Heilung der Muttergottes zu. Dieses Ereignis trug dazu bei, in ihm eine starke, lebenslange Marienverehrung zu entwickeln. Als Seminarist besuchte er häufig in der nahegelegenen Stadt Saragossa das Heiligtum Unserer Lieben Frau von Pilar. Als er zum Priester geweiht wurde, feierte er seine erste Heilige Messe in diesem Heiligtum. Weil er für seine Heilung als Kind dankbar war, überwachte er später den Bau eines großen Heiligtums der Muttergottes in Torreciudad. Dieses Heiligtum wird bis heute von den Mitgliedern des Opus Dei betrieben und ist ein beliebtes Pilgerziel für Menschen aus ganz Europa.

Josemaría war zeit seines Lebens dafür bekannt, dass er eine besondere Vorliebe für Marienheiligtümer und Orte hatte, an denen Maria erschienen war. Er besuchte Fátima nicht weniger als neun Mal. Auf mehreren seiner Reisen nach Fátima sprach er persönlich mit der überlebenden Seherin von Fátima, der Dienerin Gottes, Schwester Lúcia Dos Santos. Er liebte es, durch die Straßen Roms auf der Suche nach kleinen Marienbildern zu wandern, um sie zu ehren und zu verehren, besuchte mehrmals Lourdes, unternahm eine Wallfahrt zum Heiligtum Unserer Lieben Frau vom Rosenkranz in Pompeji und pilgerte 1951, ein Jahr, nachdem das Opus Dei die offizielle Zulassung erhalten hatte, zum Heiligen Haus von Loreto, um das Opus Dei ganz der Muttergottes anzuvertrauen.

Eines seiner Lieblingsheiligtümer war das der Muttergottes von Sonsoles in Spanien. *Sonsoles* bedeutet auf Spanisch „diese Sonnen“ und bezieht sich auf die schönen Augen der dortigen Marienstatue. Er unternahm auch unzählige Wallfahrten zu weniger bekannten Marienheiligtümern in Europa und 1970 reiste er nach Mexiko-Stadt, um eine Novene in der Basilika Unserer Lieben Frau von Guadalupe zu halten. Ein Teil seines Erbes, das er den Mitgliedern des Opus Dei hinterlassen hat, war seine Ermutigung der Mitglieder, häufig zu den Marienwallfahrtsorten zu fahren.

Der heilige Josemaría hat nie einem Unternehmen vertraut, das nicht in irgendeiner Weise die Liebe zur Muttergottes zum Ausdruck brachte. Er verstand klar, dass man Jesus nur dann wirklich finden kann, wenn man Maria sucht, denn es ist Gottes Wille, dass wir Jesus durch Maria empfangen und zu Ihm zurückkehren. Eine seiner größten Sehnsüchte liegt in dem Satz, den er ständig wiederholte: *„Omnes cum Petro ad Iesum per Mariam!“* („Alle mit Petrus zu Jesus durch Maria!“) Er beendete fast alle seine Predigten mit der Erwähnung Marias, förderte die Verehrung des Braunen Skapuliers und lehrte, dass der Monat Mai eine besondere Zeit für Marienandachten sei. Jedes Mal, wenn er in sein Zimmer ging, küsste er eine bestimmte Statue der Muttergottes; diese Statue wurde liebevoll als „Die Frau der Küsse“ bekannt. Nachdem der heilige Josemaría einmal ein Bild des heiligen Juan Diego verehrt hatte, der der Muttergottes von Guadalupe eine Rose schenkte, äußerte er gegenüber seinen Mitmenschen den Wunsch, auf diese Weise zu sterben. Als er 1975 starb, befand er sich, durch die Vorsehung gelenkt, in der Nähe eines Bildes der Muttergottes von Guadalupe, das in seinem Zimmer hing.

Kämpfer des Rosenkranzes

Die Eltern des heiligen Josemaría waren gläubige Katholiken. In seiner Jugend gaben sie ihm das erbauliche Beispiel, zu Hause den Rosenkranz zu beten. Im Alter von zehn Jahren begann er, den Rosenkranz in seiner Tasche zu tragen, wohin er auch ging. Er betrachtete den Rosenkranz als seine Waffe, als Lehrmeister für die Tugenden Jesu und Mariens und als Mittel, um Maria zu sagen, dass er sie liebe. Als ständiger Pilger machte der heilige Josemaría den Rosenkranz immer zu einem Teil seiner Marienwallfahrten. Er betete den Rosenkranz sowohl auf seinen Reisen zu den Heiligtümern als auch auf der Heimreise. Sogar, wenn er sich in einem Heiligtum aufhielt, ging er auf dem Gelände herum, um einen Rosenkranz zu beten.

Während seines gesamten priesterlichen Lebens betete er täglich den Rosenkranz und schrieb an nur einem Tag ein wunderschönes Buch über den Rosenkranz. In diesem Buch betonte er, dass der Rosenkranz gut gebetet werden sollte, mit einem betrachtenden Geist, und nicht in einer eiligen oder überstürzten Weise. Er betonte auch, dass der Rosenkranz nicht nur für „kleine, alte Frauen", sondern auch für erwachsene Männer und alle anderen Menschen gedacht sei. Unter Bezugnahme auf die Ermahnung Christi, dass nur die Kindlichen in das Himmelreich kommen werden (siehe Mt 18,3), wies er alle an, dass der Rosenkranz uns am meisten hilft, kindlich zu werden und eine tägliche Liebe zur heiligen Jungfrau Maria auszudrücken. Bis heute ist der Rosenkranz eine tägliche Andacht in dem von ihm gegründeten Heiligtum zu Ehren der Gottesmutter in Torreciudad, Spanien. Ein Teil seines Vermächtnisses an die Mitglieder des Opus Dei war sein Beispiel des täglichen Rosenkranzgebetes, das sie nach seinem Wunsch nachahmen sollten.

Rosenkranz-Edelsteine

Wenn du jeden Tag den Rosenkranz betest, mit einem Geist des Glaubens und der Liebe, wird die Muttergottes dafür sorgen, dass sie dich sehr weit auf dem Weg ihres Sohnes führt.

~ Hl. Josemaría Escrivá

Heute wie zu anderen Zeiten muss der Rosenkranz eine mächtige Waffe sein, um uns zu befähigen, unseren inneren Kampf zu gewinnen und allen Seelen zu helfen.

~ Hl. Josemaría Escrivá

Der heilige Rosenkranz ist eine mächtige Waffe. Verwenden Sie ihn mit Vertrauen und Sie werden über die Ergebnisse erstaunt sein.

~ Hl. Josemaría Escrivá

Das Beten des Rosenkranzes, die Betrachtung der Geheimnisse, die Wiederholung des Vaterunsers und des Ave Maria, der Lobpreis der Heiligsten Dreifaltigkeit und die ständige Anrufung der Muttergottes ist ein ständiger Akt des Glaubens, der Hoffnung und der Liebe, der Anbetung und der Wiedergutmachung.

~ Hl. Josemaría Escrivá

Für einen Christen muss das mündliche Gebet aus dem Herzen kommen, so dass der Geist beim Beten des Rosenkranzes in die Betrachtung jedes einzelnen Geheimnisses eintreten kann.

~ Hl. Josemaría Escrivá

Du verschiebst den Rosenkranz immer auf später und am Ende betest du ihn gar nicht mehr, weil du müde bist. Wenn du keine andere Zeit hast, bete ihn auf der Straße, ohne dass es jemand merkt. Es wird dir außerdem helfen, die Gegenwart Gottes zu haben.

~ Hl. Josemaría Escrivá

Viele Christen haben den Brauch, das Skapulier zu tragen, oder sie erinnern sich an die zentralen Ereignisse im Leben Christi, indem sie den Rosenkranz beten und nicht müde werden, seine Worte zu wiederholen, so wie verliebte Menschen.

~ **Hl. Josemaría Escrivá**

Wenn wir den Rosenkranz beten – eine wunderbare Andacht, die ich allen Christen immer wieder ans Herz legen möchte –, durchdringen unsere Gedanken und Herzen die Geheimnisse des bewundernswerten Lebens Mariens, die gleichzeitig die grundlegenden Geheimnisse unseres Glaubens sind.

~ **Hl. Josemaría Escrivá**

Willst du die Muttergottes lieben? Dann lerne sie kennen. Und wie? Indem du ihren Rosenkranz betest.

~ **Hl. Josemaría Escrivá**

Bete den heiligen Rosenkranz. Gesegnet sei die Monotonie der Ave Marias, die die Monotonie deiner Sünden reinigt!

~ **Hl. Josemaría Escrivá**

Sprich das Vaterunser und die Ave Maria vor jedem Geheimnis [des Rosenkranzes] klar und deutlich aus: Das wird dir helfen, immer mehr von dieser Art, Maria zu lieben, zu profitieren.

~ **Hl. Josemaría Escrivá**

Nehmt den Rosenkranz auf, eine der am tiefsten verwurzelten christlichen Andachten. Die Kirche ermutigt uns, seine Geheimnisse zu betrachten.

~ **Hl. Josemaría Escrivá**

Halten Sie für einige Sekunden – drei oder vier – in stiller Betrachtung inne, um jedes der heiligen Geheimnisse des Rosen-

kranzes zu betrachten, bevor Sie das Vaterunser und die Ave Maria der jeweiligen Geheimnisse beten. Ich bin sicher, dass diese Übung Ihre Besinnung und die Früchte Ihres Gebets steigern wird.

~ Hl. Josemaría Escrivá

Hl. Papst Johannes XXIII.

Der Hirte des Rosenkranzes 1881-1963

Papstamt: 1958-1963
Seligsprechung: 3. September 2000 durch den heiligen Papst Johannes Paul II.
Heiligsprechung: 27. April 2014 durch Papst Franziskus mit dem anwesenden emeritierten Papst Benedikt XVI.
Gedenktag: 11. Oktober

Der heilige Papst Johannes XXIII. wurde in der Lombardei in Italien geboren und hatte 13 Brüder und Schwestern. Während seiner Zeit im Priesterseminar trat er in den Franziskanerorden ein. Im Laufe seines priesterlichen Lebens diente er dem Heiligen Stuhl in mehreren diplomatischen Funktionen, unter anderem als päpstlicher Nuntius in Frankreich. Während des Zweiten Weltkriegs half er als Nuntius, viele jüdische Menschen vor den Schrecken des Holocaust zu retten. Nach seiner Wahl zum Papst im Jahr 1958 wurde er auserwählt, die Kirche in den ersten Jahren der turbulenten 1960er-Jahre zu führen. Er war sich bewusst, dass sich in der Gesellschaft ein kultureller Wandel vollzog, und eröffnete im Oktober 1962 das historische II. Vatikanische Konzil. Seine häufige Angewohnheit, sich nachts aus dem Vatikan zu schleichen, um durch die Straßen Roms zu spazieren, brachte ihm den Spitznamen „Johnny Walker" ein. Er wird oft als „Papst des heiligen Josef" bezeichnet, weil er viel zur Förderung der Verehrung des heiligen Josef beitrug.

Er hatte einen großen Sinn für Humor. Als er einmal gefragt wurde, wie viele Menschen im Vatikan arbeiteten, antwortete er: „Etwa die Hälfte!" Der gute Papst Johannes XXIII. starb 1963 an Magenkrebs.

Marienverehrung

Von Jugend an hegte Johannes XXIII. eine große Liebe zur Muttergottes, insbesondere zur Muttergottes von der Immerwährenden Hilfe. Als Priester zeigte er eine besondere Liebe zu den Marienwallfahrtsorten und besuchte sie häufig. Er besuchte Fátima in Portugal, Tschenstochau in Polen und Lourdes (sein Lieblings-Marienheiligtum) in Frankreich. Zum ersten Mal fuhr er 1905 nach Lourdes und unternahm danach als Nuntius zahlreiche Pilgerreisen dorthin. Während seiner Zeit als Erzbischof von Venedig weihte er im Auftrag des Papstes die neue Basilika von Lourdes ein.

Er glaubte, dass die Frömmigkeit gegenüber der heiligsten Jungfrau das Zeichen eines wahrhaft katholischen Herzens sei. Während seines Pontifikats tat er viel, um die Marienverehrung zu fördern. Vor der Eröffnung des II. Vatikanischen Konzils reiste er zum Heiligen Haus von Loreto, um die Fürsprache Mariens für das Konzil zu erbitten. Er ist verantwortlich für die Heiligsprechung vieler Marienheiliger, insbesondere des heiligen Vinzenz Pallotti und des heiligen Pierre Julian Eymard.

Kämpfer des Rosenkranzes

Als kleines Kind liebte der heilige Papst Johannes XXIII. den Rosenkranz und betete ihn jeden Abend mit seiner Familie. Diese Liebe zum Rosenkranz trug er in sein Priestertum hinein; als Erzbischof von Venedig betete er täglich 15 Rosenkranzgeheimnisse. Nachdem er zum Papst gewählt worden war, war die erste Enzyklika seines Pontifikats eine Enzyklika über den Rosenkranz mit dem Titel *Grata Recordatio* (Dankbare Erinnerung). Darin bezog er sich ausdrücklich auf die Rosenkranz-Enzykliken von Papst Leo XIII. und lobte sie, indem er bekräftigte, dass der Rosenkranz ein soziales Heilmittel für die unruhigen Zeiten sei, in denen er an die Spitze der Kirche gewählt wurde.

Seine Liebe zum Rosenkranz war so groß, dass er während seines Pontifikats einen Tagesplan aufstellte, der es ihm ermöglichte, jeden Tag den gesamten Rosenkranz zu beten. Er betete die freudenreichen Geheimnisse am Morgen, die schmerzhaften Geheimnisse am Nachmittag und betete jeden Abend um 19:30 Uhr die glorreichen Geheimnisse mit den Mitgliedern des päpstlichen Haushalts (seiner Sekretärin, den Ordensschwestern und den Haushälterinnen). Er veröffentlichte eine Reihe von Betrachtungen über die verschiedenen Geheimnisse des Rosenkranzes und stellte fest, dass der Rosenkranz nach der Heiligen Messe und dem Stundengebet unter allen christlichen Andachten den ersten Platz einnimmt. Er unterstützte Patrick Peyton in seinen Bemühungen, Rosenkranzkreuzzüge und den Familienrosenkranz zu fördern, und ermutigte jeden, den Rosenkranz zu beten. Er hielt den Rosenkranz für die einfachste und leichteste Form des Gebets.

Rosenkranz-Edelsteine

Dieses Gebet – der heilige Rosenkranz – ist das einfachste und leichteste von allen für das christliche Volk.

~ Hl. Papst Johannes XXIII.

Wenn sich Eltern und Kinder am Ende des Tages zum Rosenkranzgebet versammeln, betrachten sie gemeinsam das Beispiel der Arbeit, des Gehorsams und der Nächstenliebe, das im Haus von Nazareth leuchtete; gemeinsam lernen sie von der Muttergottes, gelassen zu leiden, die Schwierigkeiten des Lebens mit Würde und Mut anzunehmen und die richtige Einstellung zu den täglichen Ereignissen des Lebens zu erwerben. Es ist sicher, dass sie die Proble-

me des Familienlebens mit größerer Leichtigkeit bewältigen werden. Die Häuser werden sich dadurch in Heiligtümer des Friedens verwandeln. Es werden ihnen Ströme göttlicher Gunst zuteil, sogar die unschätzbare Gunst einer priesterlichen oder religiösen Berufung.

~ Hl. Papst Johannes XXIII.

Der Einzelne wird, unabhängig von seinem geistlichen Stand, im inbrünstigen Beten des heiligen Rosenkranzes zweifellos eine Aufforderung finden, sein Leben nach christlichen Grundsätzen zu gestalten. Sie werden in der Tat im Rosenkranz eine Quelle reichhaltiger Gnaden finden, die Ihnen helfen, Ihre Lebenspflichten treu zu erfüllen.

~ Hl. Papst Johannes XXIII.

Der gut durchdachte Rosenkranz besteht aus einem dreifachen Element. Für jedes Geheimnis gibt es ein Bild und für jedes Bild eine dreifache Betonung, die gleichzeitig mystische Betrachtung, intime Reflexion und fromme Absicht ist.

~ Hl. Papst Johannes XXIII.

Der Rosenkranz ist eine sehr lobenswerte Form des Gebets und der Betrachtung. Wenn wir ihn beten, weben wir eine mystische Girlande aus Ave Maria, Vaterunser und Ehre sei dem Vater.

~ Hl. Papst Johannes XXIII.

Bei den Gläubigen des lateinischen Ritus, die einen beachtlichen Teil der katholischen Familie ausmachen, steht der Rosenkranz als Übung der christlichen Frömmigkeit nach der Heiligen Messe und dem Brevier für die Geistlichen [Priester] und für die Laien nach der Teilnahme an den heiligen Sakramenten. Er ist eine andächtige Form der Vereinigung mit Gott und erhebt die Seelen auf eine hohe übernatürliche Ebene.

~ Hl. Papst Johannes XXIII.

Möge der Rosenkranz niemals aus deinen Händen fallen.

~ Hl. Papst Johannes XXIII.

Der Rosenkranz ist der Ruhm der römischen Kirche.

~ Hl. Papst Johannes XXIII.

Oh, was für eine Freude ist dieser gesegnete Rosenkranz! Oh, welche Gewissheit bringt er, hier auf Erden und im ewigen Himmel erhört zu werden!

~ Hl. Papst Johannes XXIII.

Ich kannte Papst Johannes. Seine Liebe zur Muttergottes und seine Verehrung ihres Rosenkranzes trugen wesentlich zu seinem geistlichen Wachstum und seiner Größe bei.

~ Patrick Peyton

Patrick Peyton

Der Rosenkranzpriester
1909-1992

Patrick Peyton wurde in einer armen Familie in Irland geboren. Im Alter von 19 Jahren wanderte er in die Vereinigten Staaten aus, um Arbeit zu finden. Er fand Arbeit als Hausmeister in der katholischen Kathedrale in Scranton, Pennsylvania. Bei einer Gelegenheit wurde er durch eine Missionspredigt der Heilig-Kreuz-Väter so inspiriert, dass er ihrer religiösen Gemeinschaft beitrat und Seminarist wurde. Während seiner Zeit als Seminarist wurde er von Tuberkulose geheilt, nachdem er eine Novene zur Muttergottes gebetet hatte. Aus Dankbarkeit versprach er der Muttergottes, den Rest seines Lebens damit zu verbringen, Familien auf der ganzen Welt zu erzählen, wie Maria ihnen helfen möchte, und ihnen den täglichen Rosenkranz in ihre Häuser zu bringen. In seinem Eifer, den Rosenkranz zu verbreiten, wurde er zu einem der größten Förderer des Rosenkranzes in der Geschichte der Kirche.

Nachdem er in Albany, New York, eine Radiosendung zur Verbreitung des Familienrosenkranzes initiiert hatte, rief er 1942 offiziell das Familienrosenkranz-Apostolat ins Leben. Im Rahmen seiner Bemühungen, den Familienrosenkranz in ganz Amerika zu verbreiten, schrieb er an alle Bischöfe in den Vereinigten Staaten und bat sie, den Familienrosenkranz in ihren jeweiligen Diözesen zu fördern. Er prägte den einprägsamen Slogan „Die Familie, die zusammen betet, bleibt zusammen" und konnte einige der berühmtesten Hollywood-Schauspieler und Berühmtheiten seiner Zeit zur Unterstützung seiner Rosenkranz-Bemühungen mobilisieren. Er brachte sogar viele dieser Berühmtheiten dazu, in Fernseh- und Radiosendungen aufzutreten, um für den Familienrosenkranz zu werben. 1947 rief er die Family Theater Productions ins Leben, um den Familienrosenkranz in den Medien zu verbreiten, und 1948 begann er mit dem Apostolat der Familienrosenkranz-Kreuzzüge. Während seines Lebens organisierte er Rosenkranzveranstaltungen in mehr als 40 Ländern und versammelte über 28 Millionen Menschen zum Rosenkranzgebet! Er wurde von vielen Päpsten sehr geschätzt und war ein persönlicher Freund der heiligen Teresa von Kalkutta. Er ist auf dem Heilig-Kreuz-Friedhof begraben, der sich auf dem Gelände des Stonehill College in Easton, Massachusetts, befindet.

Marienverehrung

Die glühende Marienverehrung von Pater Patrick Peyton lässt sich bis zu seinen prägenden Jahren in Irland zurückverfolgen. Seine frommen katholischen Eltern und die Marienverehrung des irischen Volkes haben ihn stark beeinflusst. Jeden Abend rief seine Mutter die Familie zum Gebet auf und sein Vater leitete den Familienrosenkranz im Haus.

Während seiner Zeit als Seminarist in den Vereinigten Staaten, nachdem er von seiner Tuberkulose geheilt worden war, verwandelte sich seine Liebe zu Maria in ein Apostolat. Er verstand es als seine Lebensaufgabe, die Verehrung Mariens und ihres Rosenkranzes zu verbreiten, schrieb mehrere Bücher und sprach vor Menschenmengen in der ganzen Welt.

Maria war seine Prinzessin. Es war ihm eine Ehre, allen Völkern eine solide Lehre über seine Prinzessin zu vermitteln, und er bezeichnete sich selbst oft als „Marias Esel". Die berühmte Schauspielerin Loretta Young machte einmal die Bemerkung, sie habe noch nie einen Mann getroffen, der so in eine Frau verliebt war wie Pater Peyton in die heilige Jungfrau Maria.

Seine Marienverehrung inspirierte viele Menschen auf der ganzen Welt, den Rosenkranz als Mittel des friedlichen Widerstands gegen diktatorische Regime zu beten. Zum Beispiel war es 1986, während der Volksrevolution, die die unterdrückerische Diktatur von Präsident Ferdinand Marcos auf den Philippinen stürzte, die Botschaft von Pater Patrick Peyton, die dem philippinischen Volk enorme Kraft und heldenhaften Mut gab, so dass es sich vor bewaffnete Panzer stellen und den Rosenkranz beten konnte. Auf der berühmten EDSA-Autobahn wurden die Menschen ermutigt, sich zu behaupten und den Rosenkranz zu beten, als sie die riesigen Plakate für die Rosenkranzkreuzzüge von Pater Patrick Peyton sahen, die die Straße säumten. Auf den Plakaten war zu lesen: „Die Familie, die zusammen betet, bleibt zusammen" und „Eine Welt im Gebet ist eine Welt im Frieden". Der Rosenkranz führte zu einer friedlichen Revolution; kein einziger Schuss wurde abgegeben.

Kämpfer des Rosenkranzes

Ohne Übertreibung sind die Bemühungen von Pater Patrick Peyton um die Verbreitung des Familienrosenkranzes beispiellos. Er verdient es wirklich, Rosenkranzpriester genannt zu werden, denn er hat nicht nur große Bewegungen zur Förderung des Familienrosenkranzes gegründet, sondern auch 15 Kurzfilme produziert, die die Geheimnisse des Rosenkranzes zum zentralen Thema haben. Er war so kühn im Dienst an seiner Mission, dass er 1971 einen Brief an Papst Paul VI. schrieb, in dem er die Erhebung des Rosenkranzes in den Rang eines liturgischen Gebets forderte! Er bat darum, weil er beobachtete, wie sich in den 1960er- und frühen 1970er-Jahren ganze Nationen vom Rosenkranz abwandten. Die Ablehnung des Rosenkranzes beunruhigte ihn sehr und er bat den Stellvertreter Christi, etwas dagegen zu unternehmen. Die Antwort aus Rom kam in Form des berühmten Apostolischen Schreibens *Marialis Cultus* von Papst Paul VI. aus dem Jahr 1974. Obwohl das Schreiben den Rosenkranz nicht in den Rang eines liturgischen Gebets erhob, verteidigte Papst Paul VI. den Rosenkranz nachdrücklich, ermutigte die Gläubigen, ihn zu beten, und legte einen besonderen Schwerpunkt auf den Familienrosenkranz.

Für Pater Peyton ist der Rosenkranz der Psalter der Erlösung, weil er zwei der schönsten Gebete liebevoll miteinander verbindet: das Vaterunser und das Ave Maria. Er betrachtete den Rosenkranz als eine Methode der Evangelisierung und ein katechetisches Werkzeug; aus diesem Grund betonte er immer, wie wichtig es ist, das Glaubensbekenntnis zu Beginn des Rosenkranzes zu sprechen. Wie viele andere äußerte er den Wunsch, dass zusätzliche Geheimnisse mit dem Rosenkranz verbunden werden sollten, damit die Menschen lernen könnten, häufiger das öffentliche Leben Jesu zu betrachten. Mehrere der von ihm vorgeschlagenen Geheimnisse wurden später vom heiligen Johannes Paul II. in den Rosenkranz aufgenommen. In Anlehnung an die Worte des heiligen Papstes Pius IX. teilte Peyton allen Anwesenden bei seinen Veranstaltungen mit, dass sie, wenn sie den Rosenkranz in den Händen hielten, den „reichsten Schatz des Vatikans" in Händen hielten. Er war überzeugt, dass das Beten des Rosenkranzes in der Familie die Tugend und die guten Werke sowohl zu Hause als auch in der Gesellschaft zum Blühen bringen würde. Um die Menschen weiter zum Beten des Rosenkranzes zu ermutigen, warb er für die 15 Verheißungen der Gottesmutter an diejenigen, die den Rosenkranz beten (siehe Anhang).

Aufgrund der Wirksamkeit und Beliebtheit seiner Familienrosenkranz-Kreuzzüge erhielt Peyton persönliche Einladungen von Bischöfen aus der ganzen Welt, ihre Länder zu besuchen und den Familienrosenkranz zu verbreiten. Im Jahr 1961 nahmen mehr als 550.000 Menschen an seiner Rosenkranz-Kundgebung in San Francisco teil. Dieses Ereignis wurde vom Archivar der Erzdiözese als das wichtigste Ereignis in der Geschichte der Erzdiözese San Francisco bezeichnet. Im Jahr 1962 versammelte er in Kolumbien mehr als eine Million Menschen zum Rosenkranzgebet und im selben Jahr kamen in Rio de Janeiro, Brasilien, über 1,5 Millionen Menschen zusammen. Im Jahr 1964 versammelte er zwei Millionen Menschen in Sao Paulo, Brasilien, und 1985 versammelte er weit über zwei Millionen Menschen auf den Philippinen, um den Rosenkranz zu beten.

Rosenkranz-Edelsteine

Seit meinen frühesten Erinnerungen sah ich meinen Vater mit seinem Rosenkranz in den Händen und meine Mutter mit ihrem.

~ Patrick Peyton

Der Rosenkranz kann Familien durch alle Gefahren und Übel hindurchführen.

~ Patrick Peyton

Ich möchte zehn Millionen Familien dazu bringen, jeden Tag den Rosenkranz zu beten.

~ Patrick Peyton

Durch den täglichen Familienrosenkranz war mein Zuhause für mich eine Wiege, eine Schule, eine Universität, eine Bibliothek und vor allem eine kleine Kirche.

~ **Patrick Peyton**

Es ist der Rosenkranz, der von den Familien gebetet wird, der die Lichter des Glaubens in den Tagen der Glaubensdunkelheit leuchten lässt, wie er es in der Vergangenheit getan hat.

~ **Patrick Peyton**

Unzählige Familien auf der ganzen Welt laden Maria durch den Familienrosenkranz in ihr Haus ein. Sie kommt. Sie spüren ihre Gegenwart. Sie lösen ihre Probleme, denn wo Maria anwesend ist, ist auch Christus, ihr göttlicher Sohn.

~ **Patrick Peyton**

Was für eine gesegnete Sache wäre es, wenn wir den Rosenkranz über das landesweite Radio beten und die Gottesmutter in jedes Haus in Amerika bringen könnten.

~ **Patrick Peyton**

Wir müssen an dem Schatz des Rosenkranzes festhalten, dem Geschenk der Gottesmutter.

~ **Patrick Peyton**

Wir dürfen den Rosenkranz und seine Bedeutung, die Verkörperung unseres Christentums, nie vergessen.

~ **Patrick Peyton**

Wie alle Werke und Ereignisse in der Kirche ist auch der Rosenkranz von der Kraft und dem Einfluss des Heiligen Geistes geprägt.

~ **Patrick Peyton**

Seit ihrem Hochzeitstag knieten meine Eltern jeden Abend vor dem Kamin, um gemeinsam den Familienrosenkranz zu beten, auf dass Gott und Maria ihr Haus beschützen und segnen und es mit Kinderlachen erfüllen mögen.

~ Patrick Peyton

Im Laufe der Geschichte haben sich die Freunde der Gottesmutter Mittel und Wege ausgedacht, um ihre Kraft und Fürsprache zu erbitten, und das herausragendste Mittel ist der Rosenkranz.

~ Patrick Peyton

Das Einzige, was ich in meinem Leben tun möchte, ist, jede Minute davon der Wiederherstellung des Familienrosenkranzes zu widmen.

~ Patrick Peyton

Das Gute am Rosenkranz ist, dass er die ganze Geschichte von Jesus, Maria und uns erzählt.

~ Patrick Peyton

In dieser Schule, in diesem Heiligtum, in diesem heiligen Haus des Rosenkranzes, habe ich Maria entdeckt! Und indem ich Maria entdeckte, fand ich eine Beschützerin. Ich habe eine Freundin gefunden. Ich fand eine Mutter, die niemals sterben würde. Ich habe eine Mutter gefunden, die voller Zuneigung für mich ist, die sich um mein Wohlergehen sorgt, die mich mit ihrer Kraft, ihren Gebeten, ihrer Führung und ihrem Schutz überschüttet. Ich spreche zu Ihnen von Maria, der Mutter von Jesus Christus. Und dank des Familienrosenkranzes ist dies die größte Frucht, die er mir gebracht hat.

~ Patrick Peyton

In Verbindung mit dem reinen kontemplativen Gebet der Rosenkranzbetrachtungen wird das Ave Maria zur mächtigsten Waffe, die je in die Hände des Menschen gelegt wurde – eine Waffe, die durch Gott und Seine allerseligste Mutter eines Tages das Antlitz der Erde verändern wird.

~ Patrick Peyton

Wenn ihr den Rosenkranz in eurer Hand betrachtet, scheint er sehr einfach zu sein, diese kleine Perlenkette, doch wie weit reicht diese kurze Kette, welchen Kosmos umspannt sie, wie eng verbindet sie uns mit Gott und mit Maria. Ihr habt die Macht, euer Leben zu verändern.

~ Patrick Peyton

Hl. Papst Paul VI.

Der Verteidiger des Rosenkranzes 1897-1978

Papstamt: 1963-1978
Seligsprechung: 19. Oktober 2014 von Papst Franziskus mit dem anwesenden emeritierten Papst Benedikt XVI.
Heiligsprechung: 14. Oktober 2018 durch Papst Franziskus
Gedenktag: 26. September

Der heilige Papst Paul VI. wurde in Norditalien geboren und während der turbulenten 1960er- und 1970er-Jahre zum Stellvertreter Christi gewählt. Bevor er zum Papst gewählt wurde, hatte er einen Doktortitel in Kirchenrecht erworben und diente als Staatssekretär des Vatikans sowie als Erzbischof von Mailand. Nach dem Tod des heiligen Papstes Johannes XXIII. wurde das II. Vatikanische Konzil unterbrochen, aber der heilige Papst Paul VI. eröffnete es wieder und brachte es 1965 zum Abschluss.

Der heilige Papst Paul VI. war ein äußerst bescheidener Mensch. Nach seinem Tod wurde bekannt, dass er während seines päpstlichen Besuchs auf den Philippinen im Jahr 1970 auf dem Flughafen von Manila von einem bolivianischen Dichter und Künstler, der sich als Priester verkleidet hatte, in die Brust gestochen worden war. Der Mann, der ihn niedergestochen hatte, Benjamin Mendoza, hatte den Dolch in einem muslimischen Secondhand-Laden gekauft. Interessanterweise wurde das Wunder, das für die Seligsprechung von Papst Paul VI. anerkannt wurde, durch die Reliquie des Blutes bewirkt, das von der Messerstecherei auf seinem Gewand übriggeblieben war. In dem Fall ging es um ein ungeborenes Kind im Mutterleib, das während der Schwangerschaft einen Hirnschaden erlitten hatte. Der Arzt der Mutter riet ihr, das Kind abzutreiben, aber die Mutter weigerte sich. Stattdessen bat sie auf Drängen einer Nonne, die ihr ein Bildchen mit einem Stück der Soutane des Papstes aus dem Attentat in Manila gab, um die Fürsprache von Papst Paul VI. Als das Kind geboren wurde, wies es zur Überraschung aller keine Hirnschäden auf. Interessanterweise war es der heilige Papst Paul VI. gewesen, der die bahnbrechende Enzyklika *Humanae Vitae* verfasst hatte, in der alles menschliche Leben verteidigt und alle Formen der künstlichen Geburtenkontrolle verurteilt wurden. Der heilige Papst Paul VI. war als „Papst der Ersten" bekannt, weil er der erste Papst war, der jemals in einem Flugzeug flog, der erste Papst, der Fátima besuchte, und der erste Papst, der das Heilige Land seit Petrus besuchte.

Marianische Hingabe

Die innige Verehrung des heiligen Papstes Paul VI. für Maria zeigt sich darin, dass er darum bat, seine erste Heilige Messe als Priester in der Basilika Santa Maria delle Grazie in Brescia feiern zu dürfen. Als Bischof und später als Papst sprach er häufig auf marianischen Kongressen und Veranstaltungen, um die Verehrung Marias zu fördern. Er betrachtete das Sakrament der Taufe als eine Verlängerung der jungfräulichen Mutterschaft Mariens und lehrte kühn, dass ein Mensch, um ein wahrer Christ zu sein, marianisch sein müsse. In all seinen Lehren über Maria betonte er stets, dass die Gottesmutter das Vorbild der christlichen Vollkommenheit ist.

Wie viele seiner Vorgänger setzte er sich mit Nachdruck für den Monat Mai als besondere Zeit der Marienverehrung ein. Er veröffentlichte 1965 sogar ein Apostolisches Schreiben mit dem Titel *Mense Maio* (Der Monat Mai) zu diesem Thema. Das Jahr 1965 war auch das Abschlussjahr des II. Vatikanischen Konzils. Am Ende des Konzils erklärte Paul VI. Maria zur Mutter der Kirche. Anlässlich des 50. Jahrestages der Erscheinungen von Fátima (13. Mai 1967) besuchte er als erster Papst Fátima. Während seines Pontifikats besuchte er viele Marienheiligtümer und verfasste 1974 das Apostolische Schreiben *Marialis Cultus*. Dieses bahnbrechende Dokument versuchte, die Vernachlässigung der Marienverehrung nach dem II. Vatikanischen Konzil zu korrigieren. Er sprach auch den großen Franziskanerpater und Märtyrer der Nächstenliebe Maximilian Kolbe selig.

Kämpfer des Rosenkranzes

Bei der ersten Generalaudienz seines Pontifikats hob der heiligen Papst Paul VI. das Beten des Rosenkranzes als eine besonders nützliche fromme Übung für alle Gläubigen hervor. Er war ein großer Befürworter des Familienrosenkranzes und sprach während seines Pontifikats häufig darüber. Er wies häufig auf die Bedeutung der Betrachtung während des Rosenkranzes hin und sagte, dass der Rosenkranz ohne Kontemplation wie ein Körper ohne Seele sei. Während des II. Vatikanischen Konzils schrieb er einen Brief an den päpstlichen Legaten für den mariologischen Kongress, der in der Dominikanischen Republik stattfand, und wies ausdrücklich darauf hin, dass eine der Übungen der marianischen Frömmigkeit, die die Väter des Konzils empfahlen, der Rosenkranz sei. Dann, 1966, ein Jahr nach dem Konzil, schrieb er *Christi Matri* und betonte erneut, dass das II. Vatikanische Konzil die Absicht hatte, den Rosenkranz zu fördern.

Als er 1967 die Liste der von der Kirche angebotenen Ablässe überarbeitete, vereinfachte er die Ablässe und beschränkte sie auf zwei Kategorien: Teilablass und Vollablass. Die neue Liste enthielt einen Abschnitt über den Rosenkranz und machte die Ablässe, die mit dem Rosenkranz verbunden sind, viel leichter verständlich. Zu Ehren des vierten Jahrestages des Dokuments des heiligen Papstes Pius V., in dem die Form des Rosenkranzes kodifiziert wurde, veröffentlichte er 1969 das Apostolische Schreiben *Recurrens Mensis October*, um das Beten des Rosenkranzes im Oktober und das Rosenkranzgebet als Mittel für den Frieden in der Welt zu fördern.

Während seines Pontifikats wollten viele Theologen, dass er das Rosenkranzgebet überarbeitete und sich von der Annahme der frommen Überlieferung des Rosenkranzes durch den heiligen Dominikus durch seinen Vorgänger löste. Es ist sein Verdienst, dass Papst Paul VI. sich solchen Ideen entschieden widersetzt hat. Er war sich zwar bewusst, dass es im Laufe der Jahrhunderte legitime Anpassungen und Weiterentwicklungen des Rosenkranzes gegeben hat, aber er hatte nicht die Absicht, den Rosenkranz zu verändern oder, wie viele Theologen ihm vorschlugen, den Konsens seiner Vorgänger über die Geschichte des Rosenkranzes zu verwerfen. Tatsächlich schickte er während der Vorbereitungen für *Marialis Cultus*, sein bekanntestes marianisches Dokument, die Entwürfe regelmäßig an die theologischen Ghostwriter zurück, weil er mit deren Versuchen, den Rosenkranz zu verändern oder seine Geschichte neu zu schreiben, nicht einverstanden war. Er tat dies viermal! Aus diesem Grund dauerte die Abfassung von *Marialis Cultus* drei Jahre. *Marialis Cultus* wurde erst veröffentlicht, als der heiligen Papst Paul VI. damit zufrieden war. Er war ein entschiedener Kämpfer des Rosenkranzes.

Rosenkranz-Edelsteine

Der Rosenkranz ist ein biblisches Gebet.

~ Hl. Papst Paul VI.

Von seiner Natur her verlangt das Rosenkranzgebet einen ruhigen Rhythmus und ein längeres besonnenes Verweilen, was im Betenden die Betrachtung der Geheimnisse des Lebens des Herrn fördert, die mit den Augen derjenigen geschaut werden, die dem Herrn am nächsten stand und dessen unergründliche Reichtümer erschließt.

~ Hl. Papst Paul VI.

Die Wiederholung des Ave Maria [des Rosenkranzes] bildet die Kette, entlang der sich die Betrachtung der Geheimnisse entfaltet.

~ Hl. Papst Paul VI.

Indem wir die Geheimnisse des heiligen Rosenkranzes betrachten, lernen wir nach dem Vorbild Marias, durch den unaufhörlichen und liebevollen Kontakt mit Jesus und den Geheimnissen Seines erlösenden Lebens Frieden in unserer Seele zu haben.

~ Hl. Papst Paul VI.

Der Rosenkranz stellt eine Andachtsübung dar, die von der Liturgie her inspiriert ist und, wenn er der ursprünglichen Idee gemäß gebetet wird, natürlicherweise zu ihr hinführt.

~ Hl. Papst Paul VI.

Unterlasst es nicht, mit aller Liebe den Rosenkranz zu beten, das Gebet, das der Gottesmutter so teuer ist und das von den Päpsten so empfohlen wurde.

~ Hl. Papst Paul VI.

Wir stellen Uns gern vor und wünschen lebhaft, dass, wenn das familiäre Zusammensein zu einer Zeit des Gebetes wird, dieses häufig und mit Vorliebe im Rosenkranz seinen Ausdruck findet.

~ Hl. Papst Paul VI.

Wenn die Übel zunehmen, muss auch die Frömmigkeit des Gottesvolkes zunehmen. Und so wollen wir, ehrwürdige Brüder [Bischöfe], dass ihr die Führung übernehmt, indem ihr die Menschen anspornt und ermutigt, inbrünstig zu unserer barmherzigen Mutter Maria zu beten, indem ihr den Rosenkranz betet ... dieses Gebet ist gut geeignet für die Andacht des Gottesvolkes, es ist der Muttergottes am angenehmsten und am wirksamsten, um den Segen des Himmels zu erlangen. Das II. Vatikanische Konzil hat allen Söhnen der Kirche den Gebrauch des Rosenkranzes empfohlen, zwar nicht mit ausdrücklichen Worten, aber doch unmissverständlich mit diesem Satz: „Sie sollen die frommen Praktiken und Übungen, die an die heilige Jungfrau Maria gerichtet und im Laufe der Jahrhunderte vom Lehramt gebilligt worden sind, hochschätzen."

~ Hl. Papst Paul VI.

Der Rosenkranz ist eine Andacht, die uns durch die Gottesmutter zu Jesus führt.

~ Hl. Papst Paul VI.

Ohne Betrachtung ist der Rosenkranz ein Leib ohne Seele.

~ Hl. Papst Paul VI.

Wie die Geschichte der Kirche zeigt, ist diese sehr fruchtbare Art des Betens [des Rosenkranzes] nicht nur wirksam, um Übel abzuwehren und Unheil zu verhüten, sondern auch eine große Hilfe zur Förderung des christlichen Lebens.

~ Hl. Papst Paul VI.

Wir wollen, indem Wir das Anliegen Unserer Vorgänger aufgreifen und fortsetzen, besonders das Rosenkranzgebet in den Familien empfehlen.

~ Hl. Papst Paul VI.

Wir ermahnen alle katholischen Familien, diese Andacht [des Rosenkranz] in ihr Leben einzuführen und ihre Verbreitung zu fördern.

~ Hl. Papst Paul VI.

Gesegnet sind wir, wenn wir treu dieses sehr populäre und herrliche Gebet – den Rosenkranz – beten, das eine Art gemessenes Ausbuchstabieren unserer Gefühle der Zuneigung in der Anrufung ist: Ave Maria, Ave Maria, Ave Maria. Unser Leben wird ein glückliches sein, wenn es mit dieser Rosengirlande verwoben ist, mit diesem Kranz des Lobes an Maria, an die Geheimnisse ihres göttlichen Sohnes.

~ Hl. Papst Paul VI.

Fulton J. Sheen

Der Bischof des Rosenkranzes 1895-1979

Diener Gottes: 28. Juni 2012 von Papst Benedikt XVI.

Fulton J. Sheen wurde in El Paso, Illinois, geboren und gilt als einer der ersten katholischen Fernsehprediger. Erzbischof Fulton Sheen war ein meisterhafter Redner mit einem schnellen Witz und einer unheimlichen Fähigkeit, tiefgründige theologische Themen einfach und verständlich darzustellen. Der berühmte G. K. Chesterton bewunderte ihn sehr und schrieb die Einleitung zu Sheens erstem Buch, das 1925 veröffentlicht wurde. Als Priester erreichte er von 1930 bis 1952 mit seiner landesweit ausgestrahlten Radiosendung „The Catholic Hour" jeden Sonntag über vier Millionen Menschen. Im Jahr 1952 wurde er zum Weihbischof der Erzdiözese New York ernannt und begann eine Fernsehsendung mit dem Titel „Life is Worth Living". Diese Sendung lief fünf Jahre lang und erreichte im Durchschnitt jede Woche über 30 Millionen Menschen. Die Sendung war so beliebt, dass er zwei Emmy-Preise gewann. Obwohl er einen Doktortitel in Philosophie hatte, war seine Botschaft für die große Mehrheit der Menschen verständlich und sprach alle an, auch Nichtkatholiken.

Später wurde Sheen zum Bischof von Rochester, New York, und schließlich zum Erzbischof ernannt. Trotz seines vollen Terminkalenders fand er noch Zeit, mehr als 73 Bücher zu schreiben. Er war der Heiligen Eucharistie zutiefst zugetan und verbrachte jeden Tag eine Stunde vor dem Allerheiligsten und bemerkte oft, dass seine ganze Fähigkeit zu predigen und zu lehren, von dieser täglichen Andacht herrührte. Er bekehrte viele berühmte Menschen zum Katholizismus und diente als nationaler Direktor der Gesellschaft für die Verbreitung des Glaubens. Zwei Monate vor seinem Tod traf er während eines Papstbesuches in der St. Patrick's Cathedral in New York City den heiligen Johannes Paul II. Bei dieser Begegnung umarmte Johannes Paul II. ihn, lobte seine Arbeit und sagte ihm, er sei ein „treuer Sohn der Kirche".

Marienverehrung

Als Fulton Sheen geboren wurde, weihte ihn seine Mutter der heiligen Jungfrau Maria. Als er dann seine erste Heilige Kommunion empfing, erneuerte seine Mutter diese Weihe. Während seiner ganzen Jugend hatte Sheen eine intensive Liebe zur Gottesmutter. Während seines priesterlichen Dienstes war Maria ein häufiges Thema in seinen Predigten und er hielt oft inspirierende Vorträge über die Rolle Mariens im geistlichen Leben. Als Sheen Bischof wurde, wählte er den Satz *Da per matrem me venire* („Dass ich durch die Mutter zu dir komme") als sein bischöfliches Motto. Sein bevorzugter Marienwallfahrtsort war die Muttergottes von Lourdes, die er im Laufe seines Lebens über 30 Mal besuchte.

Sheens Beredsamkeit beim Schreiben über die Muttergottes zeigt sich in seinem marianischen Meisterwerk *The World's First Love: Mary, Mother of God*. In diesem Buch und in vielen seiner anderen Schriften betonte er die zentrale Bedeutung der Person Mariens im Christentum und stellte fest, dass Gott Seine eigene Mutter schuf und sie so sehr liebte, dass Er ihr zehnmal so viel von Seinem Leben gab wie seinen Aposteln. Mit anderen Worten: Unser gesegneter Herr schenkte Seinen

Jüngern drei Jahre Seines Lebens, aber Seiner lieben Mutter schenkte Er 30 Jahre. In wortgewaltiger Prosa spricht Sheen von Maria als dem Ziborium der Realpräsenz, dem Schlüssel zum Schatzkästchen Jesu, dem Herzen des Christentums und derjenigen, durch die die Muslime zu Christus kommen werden. Er betonte stets, dass Jesus und Maria untrennbar miteinander verbunden sind, und sagte, dass der Mensch, der die Mutter verliert, schließlich auch den Sohn verliert.

Kämpfer des Rosenkranzes

Als Priester, Bischof und Erzbischof setzte sich Fulton Sheen stets für den Rosenkranz ein. In seinen zahlreichen philosophischen und theologischen Büchern fand er immer einen Weg, einen oder zwei Gedanken über den Rosenkranz einzubauen. Er glaubte fest daran, dass der Rosenkranz die Kraft hat, sowohl den Einzelnen als auch die Gesellschaft insgesamt zu verändern. Er ermutigte die Menschen, ihn beim Gehen, bei der Arbeit und beim Autofahren zu beten. Zu seiner Zeit stellte er sogar fest, dass die Knöpfe an den meisten Lenkrädern als Zähler für die Ave Maria verwendet werden können. Er betrachtete den Rosenkranz als therapeutisch, zumal es sich um eine Form des betrachtenden Gebets handelt, bei dem man die Perlen des Rosenkranzes berührt, das Kruzifix streichelt und es zärtlich küsst.

Sheen lehrte, dass der Rosenkranz ein Gebet für alle ist, vom einfachsten Menschen bis zum größten Theologen. Oft erinnerte er diejenigen, die sich selbst für eine intellektuelle Elite hielten, daran, dass sie sich selbst großer Gnaden berauben, wenn sie sich nicht demütigen und den Rosenkranz beten. Von 1950 bis 1966 war er Nationaldirektor der Gesellschaft für die Verbreitung des Glaubens. In dieser Position förderte er den Rosenkranz in vielerlei Hinsicht, unter anderem durch die Schaffung des Weltmissionsrosenkranzes. Sein Wunsch war es, dass jeder eine missionarische Reise um die Welt macht, indem er einen Rosenkranz betet, der aus verschiedenen Farben besteht, die die verschiedenen geografischen Regionen der Welt symbolisieren: Grün steht für Afrika, Blau für die weite pazifische Region Ozeaniens, Weiß für Europa, Rot für Amerika und Gelb für Asien, das Land der aufgehenden Sonne. Sein Weltmissionsrosenkranz wurde sehr populär und wird auch heute noch verwendet.

Rosenkranz-Edelsteine

Es wird eingewandt, dass sich der Rosenkranz sehr oft wiederholt, weil das Vaterunser und das Ave Maria so oft gesagt werden; deshalb sei er eintönig. Das erinnert mich an eine Frau, die eines Abends nach der Belehrung zu mir kam. Sie sagte: „Ich würde niemals katholisch werden. Man sagt immer wieder dieselben Worte im Rosenkranz, und wer dieselben Worte wiederholt, ist nicht aufrichtig. Ich würde nie jemandem glauben, der seine Worte wiederholt, und Gott auch nicht." Ich fragte sie, wer der Mann sei, der sie begleite. Sie sagte, er sei ihr Verlobter. Ich fragte sie: „Liebt er Sie?" „Natürlich tut er das." „Aber woher wissen Sie das?" „Er hat es mir gesagt." „Was hat er gesagt?" „Er sagte: ‚Ich liebe dich.'" „Wann hat er es Ihnen zuletzt gesagt?" „Vor etwa einer Stunde." „Hat er es Ihnen schon vorher gesagt?" „Ja, gestern Abend. Er sagt es mir jeden Abend." Ich sagte: „Glauben Sie ihm nicht. Er wiederholt es nur, er ist nicht aufrichtig."

~ Fulton J. Sheen

Beim Rosenkranz sprechen wir nicht nur die Gebete, sondern wir überdenken sie auch.

~ Fulton J. Sheen

Flugzeuge brauchen eine Landebahn, bevor sie fliegen können. Was die Landebahn für das Flugzeug ist, das sind die Rosenkränze für das Gebet – der physische Start, um geistliche Höhe zu gewinnen.

~ Fulton J. Sheen

Kein normaler Geist, der dem Rosenkranz treu war, ist bisher von Sorgen oder Ängsten überwältigt worden. Ihr werdet überrascht sein, wie ihr aus euren Sorgen heraussteigen könnt, Perle für Perle, bis hinauf zum Thron des Herzens der Liebe selbst.

~ Fulton J. Sheen

Da der Rosenkranz sowohl ein geistliches als auch ein mündliches Gebet ist, ist er ein Ort, an dem intellektuelle Elefanten baden können und an dem auch die einfachen Vögel nippen können.

~ Fulton J. Sheen

Wenn ihr jemanden zur vollen Erkenntnis unseres Herrn und seines mystischen Leibes bekehren wollt, dann lehrt ihn den Rosenkranz. Eines von zwei Dingen wird geschehen. Entweder wird er aufhören, den Rosenkranz zu beten – oder er wird die Gabe des Glaubens erhalten.

~ Fulton J. Sheen

Das Schöne am Rosenkranz ist, dass er nicht nur ein mündliches Gebet ist. Er ist auch ein inneres Gebet. Manchmal hört man eine dramatische Darbietung, bei der die menschliche Stimme spricht, während im Hintergrund eine schöne Musik erklingt, die den Worten Kraft und Würde verleiht. Der Rosenkranz ist so etwas.

~ Fulton J. Sheen

Der Rosenkranz ist das Buch der Blinden, in dem die Seelen sehen und in dem sich das größte Liebesdrama abspielt, das die Welt je gekannt hat; er ist das Buch der Einfachen, das sie in Ge-

heimnisse und Erkenntnisse einweiht, die befriedigender sind als die Bildung anderer Menschen; er ist das Buch der Alten, deren Augen sich vor dem Schatten dieser Welt schließen und sich für das Wesentliche der nächsten öffnen.

~ Fulton J. Sheen

Es ist unmöglich, sich zu konzentrieren, wenn der Geist aufgewühlt ist; die Gedanken überschlagen sich; tausend und ein Bild strömen durch den Geist; abgelenkt und eigensinnig scheint das Geistliche in weiter Ferne. Der Rosenkranz ist die beste Therapie für diese verstörten, unglücklichen, ängstlichen und frustrierten Seelen, gerade weil er den gleichzeitigen Einsatz von drei Kräften beinhaltet: der körperlichen, der mündlichen und der inneren, und zwar in dieser Reihenfolge.

~ Fulton J. Sheen

Alle untätigen Momente des Lebens können dank des Rosenkranzes geheiligt werden. Wenn wir durch die Straßen gehen, beten wir mit dem Rosenkranz in der Hand oder in der Tasche; wenn wir Auto fahren, können die kleinen Knöpfe unter den meisten Lenkrädern als Zähler für die Geheimnisse dienen. Wenn wir in der Kantine warten, um bedient zu werden, oder wenn wir auf einen Zug warten, oder in einem Geschäft, oder wenn wir beim Bridge Dummy spielen, oder wenn ein Gespräch oder eine Vorlesung sich verzögert – all diese Momente können geheiligt werden und dem inneren Frieden dienen, dank eines Gebets, das es uns ermöglicht, zu jeder Zeit und unter allen Umständen zu beten.

~ Fulton J. Sheen

Wie das Vergrößerungsglas die verstreuten Strahlen der Sonne einfängt und vereint, so bringt der Rosenkranz die sonst zerstreuten Gedanken des Lebens im Krankenzimmer in die weiße und brennende Hitze der göttlichen Liebe zusammen.

~ Fulton J. Sheen

In Momenten, in denen Fieber, Qualen und Schmerzen das Beten erschweren, ist die Anregung zum Gebet, die vom bloßen Halten des Rosenkranzes ausgeht – oder noch besser, vom Streicheln des Kruzifixes am Ende des Rosenkranzes – enorm.

~ **Fulton J. Sheen**

Die Kraft des Rosenkranzes ist unbeschreiblich.

~ **Fulton J. Sheen**

Der Verstand ist in seiner Sprache unendlich variabel, aber das Herz ist es nicht. Das Herz eines Mannes ist angesichts der Frau, die er liebt, zu arm, um die Unendlichkeit seiner Zuneigung in ein anderes Wort zu übersetzen. Also nimmt das Herz den Ausdruck: „Ich liebe dich", und indem es ihn immer wieder sagt, wiederholt es ihn nie. Das ist es, was wir tun, wenn wir den Rosenkranz beten – wir sagen zu Gott, der Dreifaltigkeit, zum menschgewordenen Erlöser, zur Gottesmutter: „Ich liebe dich, ich liebe dich, ich liebe dich."

~ **Fulton J. Sheen**

Der Rosenkranz ist eine große Prüfung des Glaubens. Was die Eucharistie in der Ordnung der Sakramente ist, das ist der Rosenkranz in der Ordnung der Sakramentalien – das Geheimnis und die Prüfung des Glaubens, der Prüfstein, an dem die Seele in ihrer Demut gemessen wird. Das Kennzeichen des Christen ist die Bereitschaft, das Göttliche im Fleisch eines Babys in einer Krippe zu suchen, den fortdauernden Christus unter der Erscheinung des Brotes auf einem Altar und eine Betrachtung und ein Gebet auf einer Perlenkette.

~ **Fulton J. Sheen**

Hl. Teresa von Kalkutta

Die Missionarin des Rosenkranzes 1910-1997

Seligsprechung: 19. Oktober 2003 durch den heiligen Papst Johannes Paul II.
Heiligsprechung: 4. September 2016 durch Papst Franziskus
Gedenktag: 5. September

Die heilige Teresa von Kalkutta wurde in Albanien geboren und trat im Alter von 18 Jahren bei den Loreto-Schwestern ein. Als sie in Indien lebte, wurde sie Zeugin der extremen Armut vieler Menschen und wurde inspiriert, eine neue Ordensgemeinschaft zu gründen, die Missionarinnen der Nächstenliebe. Ihr größter Wunsch war es, den Durst Jesu in den Mittellosen, Verlassenen und den Ärmsten der Armen auf der ganzen Welt zu stillen. Sie wurde liebevoll Mutter Teresa genannt und gründete Waisenhäuser und Heime auf der ganzen Welt, die von ihren Missionarinnen der Nächstenliebe geleitet werden. Im Jahr 1979 wurde sie mit dem Friedensnobelpreis geehrt.

Die heilige Teresa war eine Frau des tiefen Gebets und lebte eine intensive eucharistische Spiritualität. Unglaublicherweise wurde nach ihrem Tod enthüllt, dass sie während des größten Teils ihres Lebens lange Perioden der geistlichen Trockenheit, lange Abwesenheit von jeglichem geistlichen Trost und die dunkle Nacht der Seele erlebt hatte. Dennoch blieb sie während ihrer quälenden geistlichen Trockenheit freudig und standhaft in ihrem Dienst für Jesus in den Armen. Ihr Zeugnis des Vertrauens und des selbstlosen Dienstes an Gott und den

Nächsten war äußerst inspirierend. Sie wurde von vielen Päpsten sehr geliebt, vor allem vom heiligen Johannes Paul II.

Marienverehrung

Als junges Mädchen pilgerte die heilige Teresa jedes Jahr mit ihrer Mutter zum Bergheiligtum der Muttergottes von Cernagore. Diese jährliche Wallfahrt hinterließ einen tiefen Eindruck in ihrem jungen Herzen; später bezeugte sie, dass die jährlichen Besuche des Heiligtums Unserer Lieben Frau ihr halfen, ihrer religiösen Berufung zu folgen. Die heilige Teresa besuchte zeit ihres Lebens gerne Marienheiligtümer. Sie hatte eine besondere Liebe zu Guadalupe und zu Unserer Lieben Frau von Fátima und betete inbrünstig für die Bekehrung Russlands, wie es Unsere Liebe Frau in Fátima erbeten hatte.

Die heilige Teresa hatte eine große Verehrung für das Unbefleckte Herz Mariens und für die Wundertätige Medaille. Überall, wo sie hinging, verteilte sie Wundertätige Medaillen an die Besucher ihrer Veranstaltungen. Um diese Praxis durchzuführen, bat sie die Menschen, große Mengen von Wundertätigen Medaillen zu besorgen und sie ihr in Tüten zu geben, damit sie sie auf ihren Missionsreisen verteilen konnte. Eines ihrer Lieblingsgebete zur Muttergottes war das *Memorare;* sie war bekannt dafür, in schwierigen Situationen alles zu unterbrechen und andere zu bitten, es mit ihr zu beten. Ihre Gewohnheit, neun *Memorare hintereinander* zu beten, um in einer schwierigen Situation sofortigen Beistand vom Himmel zu erhalten, wurde als „Quick Novena" bekannt. Sie hatte ein grenzenloses Vertrauen in die Gottesmutter und versuchte, die Tugenden Marias nachzuahmen, insbesondere ihr stilles und selbstloses Mitleiden.

Kämpferin des Rosenkranzes

Als junges Mädchen nahm Teresa nicht nur an der jährlichen Marienwallfahrt teil, sondern gehörte auch einer Mariensodalität in ihrer Heimatgemeinde an. Diese Sodalität vermittelte ihr eine lebenslange Liebe zum Rosenkranz. Der Rosenkranz wurde ihre bevorzugte marianische Andacht. Bevor sie die Missionarinnen der Nächstenliebe gründete, sprach die heilige Jungfrau Maria zu ihr und wies sie an, den Rosenkranz kleine Kinder und die Armen zu lehren. Wie schon bei der Wundertätigen Medaille hatte sie den Rosenkranz fast immer in der Hand und betete ihn zu verschiedenen Zeiten des Tages. Den Rosenkranz in der Hand zu halten, war für sie, als würde sie die Hand Marias halten. Der Rosenkranz war ihr ständiger Begleiter und gab ihr Kraft in den Jahren der geistlichen Trockenheit und des inneren Leidens.

Teresa, eine wahre Kämpferin des Rosenkranzes, forderte die Schwestern in allen Häusern der Missionarinnen der Nächstenliebe auf der ganzen Welt auf, jeden Tag gemeinsam den Rosenkranz zu beten. Den Missionarinnen der Nächstenliebe beim Beten des Rosenkranzes in ihren Kapellen zuzusehen, ist eine äußerst erbauliche Erfahrung, zumal sie ihn mit großer Hingabe und ohne die Hilfe von Kniebänken beten. Die Füße der heiligen Teresa waren sehr abgenutzt und ihre Zehen verdreht, weil sie jahrelang kniend den Rosenkranz auf hartem Boden und ohne Kniebänke gebetet hatte. In ihrem Eifer für den Rosenkranz erklärte sie, dass sie zu Ehren der 15 Geheimnisse des Rosenkranzes 15 Klöster in Russland eröffnen wolle. (Das war, bevor der heilige Johannes Paul II. die Lichtreichen Geheimnisse einführte.) Durch eine glückliche Fügung eröffnete sie schließlich 20 Klöster in Russland, obwohl sie keine Ahnung hatte, dass der heilige Johannes Paul II. fünf Jahre nach ihrem Tod dem Rosenkranz fünf weitere Geheimnisse hinzufügen würde!

Einmal, als sie auf einem Flughafen in einem Land unterwegs war, in dem Krieg herrschte, wurde jeder in der Schlange gefragt, ob er eine Waffe bei sich habe. Zur Überraschung aller erklärte Mutter Teresa, dass sie eine Waffe habe! Sie öffnete vorsichtig ihre faltige Hand und zeigte allen ihre Waffe: ihren Rosenkranz.

Sie war eine große Bewunderin der Bemühungen von Pater Patrick Peyton um die Verbreitung des Familienrosenkranzes und besuchte mehrmals seine Veranstaltungen, um ihre Unterstützung zu zeigen. Als sie 1997 starb, wurde ihr Leichnam mit einem Rosenkranz und einer großen wundertätigen Medaille in ihren Händen in den Sarg gelegt.

Rosenkranz-Edelsteine

Kümmere dich um sie – sie gehören mir. Bringe sie zu Jesus – bringe Jesus zu ihnen. Fürchte dich nicht. Bringe ihnen bei, den Rosenkranz zu beten, den Familienrosenkranz, und alles wird gut werden.

~ Worte der Gottesmutter an die hl. Teresa von Kalkutta

Wenn wir durch die Straßen gehen, egal in welchem Teil der Welt, tragen die Schwestern [Missionarinnen der Nächstenliebe] den Rosenkranzes in ihren Händen. Die Jungfrau ist unsere Kraft und unser Schutz.

~ Hl. Teresa von Kalkutta

Unsere heilige Stunde [der Missionarinnen der Nächstenliebe] ist unser tägliches Familiengebet, bei dem wir uns versammeln und die erste halbe Stunde den Rosenkranz vor dem ausgesetzten Allerheiligsten beten, und die zweite halbe Stunde beten wir in Stille.

~ Hl. Teresa von Kalkutta

Man hat uns gelehrt, den Rosenkranz zu lieben und mit großer Hingabe zu beten; lasst uns dieser ersten Liebe sehr treu sein – denn sie wird uns unserer himmlischen Mutter näher bringen. Unsere Regel [der Missionarinnen der Nächstenliebe] verlangt von uns, niemals in die Slums zu gehen, ohne vorher das Lob der Mutter zu beten; deshalb müssen wir den Rosenkranz in den Straßen und dunklen Löchern der Slums beten. Klammert euch an den Rosenkranz wie die Schlingpflanze an den Baum – denn ohne die Muttergottes können wir nicht sein.

~ Hl. Teresa von Kalkutta

Ich kann euch nicht sagen, wie schlecht ich mich neulich gefühlt habe, – es gab einen Moment, in dem ich mich fast geweigert hätte, zu akzeptieren – bewusst habe ich den Rosenkranz genommen und ganz langsam, ohne zu betrachten oder nachzudenken, habe ich ihn langsam und ruhig aufgesagt – der Moment ging vorbei –, aber die Dunkelheit ist so dunkel und der Schmerz ist so schmerzhaft –, aber ich nehme an, was immer Er [Jesus] gibt, und ich gebe, was immer Er nimmt.

~ Hl. Teresa von Kalkutta

Wir ehren sie [Maria], indem wir den Rosenkranz mit Liebe und Hingabe beten und ihre Demut, Freundlichkeit und Rücksichtnahme auf andere ausstrahlen.

~ Hl. Teresa von Kalkutta

Beten Sie oft den Rosenkranz?

~ Hl. Teresa von Kalkutta

Beten Sie jeden Tag den Rosenkranz.

~ Hl. Teresa von Kalkutta

Hl. Johannes Paul II.

Der Förderer des Rosenkranzes 1920-2005

Papstamt: 1978-2005
Seligsprechung: 1. Mai 2011 durch Papst Benedikt XVI.
Heiligsprechung: 27. April 2014 durch Papst Franziskus mit dem emeritierten Papst Benedikt XVI.
Gedenktag: 22. Oktober

Der heilige Johannes Paul II. wurde in Wadowice, Polen, geboren und war der erste nicht-italienische Papst seit dem 16. Jahrhundert. Als junger Mann war er Schauspieler und ein begeisterter Skifahrer, Kajakfahrer und Naturliebhaber. Er wuchs in einer sehr schwierigen Zeit unter der nationalsozialistischen und kommunistischen Besatzung Polens auf, die ihn dazu zwang, im Geheimen eine Ausbildung zum Priester zu machen. Als äußerst intelligenter und gelehrter Mann wurde er nach seiner Priesterweihe nach Rom geschickt und studierte bei einigen der größten Theologen seiner Zeit. Er verlor nie seine Liebe zur Natur und war an dem Tag mit dem Kajak unterwegs, als die Nachricht eintraf, dass Papst Pius XII. ihn zum Weihbischof ernannt hatte. Er beherrschte mindestens zwölf Sprachen, wurde schließlich zum Erzbischof von Krakau ernannt und war Teilnehmer am II. Vatikanischen Konzil.

Er wurde 1978 zum Stellvertreter Christi gewählt und wurde schnell zu einem der einflussreichsten Päpste in der Geschichte der Kirche. Er führte die Kirche aus den turbulenten 1960er- und 1970er-Jahren heraus, half bei der Beendigung des Kommunismus in Europa, besuchte 129 Länder, sprach 1.338 Menschen selig und 482 Selige heilig. Er schrieb 14 Enzykliken, 15 Apostolische Schreiben und 45 Apostolische Briefe. Er war auch ein Apostel der Botschaft der Göttlichen Barmherzigkeit und verehrte die heilige Faustyna Kowalska, führte den Sonntag der Göttlichen Barmherzigkeit ein und bot bahnbrechende Lehren zu Themen wie der Theologie des Leibes.

Am 13. Mai 1981, dem Jahrestag der ersten Erscheinung der Gottesmutter in Fátima, wurde Johannes Paul II. auf dem Petersplatz von dem radikalen türkischen Muslim Mehmet Ali Agca angeschossen. Später wurde berichtet, dass Johannes Paul II., kurz bevor er angeschossen wurde, eine leichte Bewegung in Richtung eines kleinen Mädchens gemacht hatte, das ein Heiligenbildchen Unserer Lieben Frau von Fátima in der Hand hielt. Unsere Liebe Frau von Fátima rettete ihn an diesem Tag und er wusste es. Am 7. Oktober desselben Jahres, dem Fest Unserer Lieben Frau vom Rosenkranz und seiner ersten öffentlichen Ansprache nach seiner Genesung, wies er auf den Zusammenhang zwischen dem Attentat auf ihn am 13. Mai und den Erscheinungen von Fátima hin. Unglaublicherweise wurde ein Jahr später, am 12. Mai 1982, in Fátima selbst ein zweites Attentat verübt. Während seiner Pilgerreise nach Fátima, um der Gottesmutter dafür zu danken, dass sie ihm im Vorjahr das Leben gerettet hatte, versuchte ein sedisvakantistischer katholischer Traditionalist, Pater Juan María Fernández Krohn, den heiligen Johannes Paul II. zu töten. Dieser geistlich verwirrte Geistliche versuchte, Johannes Paul II. mit einem Bajonett zu erstechen, was ihm jedoch nicht gelang. Unsere Liebe Frau von Fátima hatte ihn wieder gerettet. Dann, 1995, wurde ein von der Al-Qaida finanzierter Versuch, den Papst durch einen Selbstmordattentäter zu töten, eine Woche vor seiner Ausführung vereitelt, während sich Papst Johannes Paul II. auf einer Reise zum Weltjugendtag auf den Philippinen befand. Der Mantel Marias lag über dem heiligen Johannes Paul II.

Er lebte noch zehn Jahre, bevor er an der Vigil des Sonntags der Göttlichen Barmherzigkeit im Jahr 2005 starb. Aufgrund seiner Heiligkeit und seines monumentalen apostolischen Wirkens verdient der heilige Papst Johannes Paul II. zu Recht den Namen Johannes Paul der Große.

Marienverehrung

Karol Wojtyła hatte eine kindliche Liebe zu Maria. Nachdem er seine irdische Mutter sehr früh verloren hatte, vertraute er sich der Fürsorge der Gottesmutter an und hatte volles Vertrauen zu ihr. Er wurde stark von den marianischen Schriften des heiligen Ludwig von Montfort beeinflusst und sagte, dass die Lektüre *Das Goldene Buch: Die Wahre Andacht zu Maria, das Geheimnis Mariä und die Liebe zum Kreuz* ein Wendepunkt in seinem Leben war. Als er zum Stellvertreter Christi gewählt wurde, wählte er einen marianischen Satz aus den Schriften des heiligen Ludwig von Montfort zu seinem Pontifikalmotto: „*Totus Tuus*", d.h. „Ganz Dein [Maria]". In seinen häufigen katechetischen Vorträgen über Maria und ihre mütterliche Rolle im Christentum betonte er, dass es für die Menschen unmöglich ist, die Kirche zu verstehen, wenn sie nicht auf Maria schauen, denn es gibt keine andere Person, die uns besser in die Erkenntnis Christi einführen kann als Seine Mutter.

Der heilige Johannes Paul II. förderte die Marianische Kongregation und die Legion Mariens überall, wo er hinkam. Auf seinen vielen Weltreisen als Papst besuchte er mit großer Freude Marienheiligtümer. Bei vielen dieser Besuche nutzte Johannes Paul II. die Gelegenheit, um von der Muttergottes als unserer mütterlichen Mittlerin, dem Meisterwerk der Barmherzigkeit Gottes, dem Vorbild der christlichen Heiligkeit und der Frau der Heiligen Eucharistie zu sprechen, die ihre geistlichen Kinder zur Realpräsenz Christi führt. Er ermutigte alle Mitglieder der Kirche, insbesondere die Jugend, eine kindliche Verehrung Mariens zu pflegen, und ging mit gutem Beispiel voran, indem er die Gottesmutter in alles einbezog, was er sagte und tat.

Als er 1981 angeschossen wurde, bat er vor der Operation zur Entfernung der Kugel darum, dass die Ärzte sein Braunes Skapulier nicht entfernten. Während seiner Rekonvaleszenz in der Gemelli-Klinik in Rom bat er um zwei Dinge: um die Geheimnisse, die Maria den Kindern von Fátima gegeben hatte, und um das *Tagebuch* der heiligen Faustyna Kowalska. Im Jahr 1984, einige Jahre nach seiner vollständigen Genesung, weihte er die Welt dem Unbefleckten Herzen. Laut der Dienerin Gottes Lúcia Dos Santos erfüllte Johannes Paul II. mit seiner Weihe die Bitte Marias in Fátima, die Welt, einschließlich Russland, ihrem Unbefleckten Herzen zu weihen. Einige Jahre nach der Weihe rief er ein Marianisches Jahr aus, das von 1987 bis 1988 begangen wurde, und veröffentlichte die marianische Enzyklika *Redemptoris Mater*. Kurz nach diesen Ereignissen brach die UdSSR zusammen und der Kommunismus endete in Russland.

Kämpfer des Rosenkranzes

Die große Liebe des heiligen Johannes Paul II. zum Rosenkranz kann bis zu seinem jungen Erwachsenenjahren in Polen zurückverfolgt werden. Ab 1940 nahm Karol Wojtyła an einer wöchentlichen Gruppe des Lebendigen Rosenkranzes teil, die von Jan Tyranowski gegründet wurde. In dieser Gruppe wurde jedem Mitglied ein bestimmtes Geheimnis zugeteilt, das es einen Monat lang betrachten sollte, wobei es jeden Tag ein Gesätz betete, während es das jeweilige Geheimnis betrachtete.

In dieser Zeit schlug Jan Tyranowski Wojtyła vor, *Das Goldene Buch: Die Wahre Andacht zu Maria, das Geheimnis Mariä und die Liebe zum Kreuz* von Ludwig von Montfort zu lesen. Tyranowskis Beispiel der Marienverehrung hatte einen großen Einfluss auf Wojtyła; einige Historiker haben festgestellt, dass Wojtyła ohne Tyranowski vielleicht nicht Priester geworden wäre. Als frischgeweihter Priester gründete Pastor Wojtyła 1948 in seiner ersten Pfarrei eine Gruppe des Lebendigen Rosenkranzes für die Jugend. Im Jahr 1996 erinnerte Papst Johannes Paul II. an seinen Freund und marianischen Mentor Jan Tyranowski und nannte ihn einen „großen Apostel des Lebendigen Rosenkranzes". Als Priester, Bischof, Kardinal und Papst war der heilige Johannes Paul II. auch ein großer Apostel des Rosenkranzes.

Als Bischof von Krakau war er dafür bekannt, dass er regelmäßig die Kalvaria Zebrzydowska, den wichtigsten Marienwallfahrtsort der Erzdiözese Krakau, besuchte. Während dieser Besuche ging er die Wege entlang und betete seinen Rosenkranz. Im Winter, wenn der Boden schnee- oder eisbedeckt war, ging er mit einem Skistock in der einen und einem Rosenkranz in der anderen Hand über das Gelände des Heiligtums. Heute steht eine Statue des heiligen Papstes Johannes Paul II. mit einem Rosenkranz in der Hand vor diesem Marienheiligtum. Als Kardinal wurde er 1976 vom heiligen Papst Paul VI. zu Exerzitien in der Fastenzeit in den Vatikan eingeladen und bekräftigte seine Verehrung für den Rosenkranz, indem er den Rosenkranz und seine Geheimnisse als Hauptthema wählte.

Nach seiner Wahl zum Papst am 16. Oktober 1978 dauerte es nur zwei Wochen, bis er der Welt verkündete, dass der Rosenkranz sein Lieblingsgebet sei (29. Oktober 1978). Am selben Tag erklärte er sogar, der Rosenkranz sei ein Gebetskommentar zu *Lumen Gentium*, dem Dokument des II. Vatikanischen Konzils, das ein Kapitel über Maria enthält. Während seines gesamten Pontifikats verging kaum ein Jahr, in dem er nicht etwas Monumentales zur Förderung des Rosenkranzes unternahm. Am 3. März 1979 begann er mit der Praxis, den Rosenkranz am ersten Samstag jedes Monats über Radio Vatikan zu beten. Am 21. Oktober 1979 besuchte er das Heiligtum Unserer Lieben Frau von Pompeji und 1980 sprach er den großen Rosenkranzapostel Bartolo Longo selig. Im Jahr 1981 förderte er den Familienrosenkranz im Apostolischen Schreiben *Familiaris Consortio* und 1982 besuchte er die Ruhestätte des heiligen Dominikus in Bologna.

Unter den vielen anderen bedeutenden Rosenkranzereignissen seines Pontifikats stechen zwei besonders hervor. Erstens begab er sich am 19. September 1996 nach Saint-Laurent-sur-Sèvre, Frankreich, und betete am Grab des heiligen Ludwig von Montfort. Zweitens verfasste er 2002 das Apostolische Schreiben *Rosarium Virginis Mariae*, in dem er der Kirche die Lichtreichen Geheimnisse schenkte und erklärte, dass die Kirche vom 7. Oktober 2002 bis zum 7. Oktober 2003 ein Jahr des Rosenkranzes feiern werde. Er selbst schloss das Jahr des Rosenkranzes mit einem weiteren Besuch im Heiligtum Unserer Lieben Frau vom Rosenkranz in Pompeji ab.

Der heilige Johannes Paul II. war der meistgereiste Papst in der Geschichte und brachte den Rosenkranz überallhin mit. Er verteilte bei allen seinen Papstaudienzen Rosenkränze, ermutigte junge Menschen bei den Weltjugendtagen, ihn zu beten, und gab das erbauliche Beispiel, jeden Tag den ganzen Rosenkranz zu beten. Er forderte alle Menschen auf, den Rosenkranz mit Inbrunst und Überzeugung zu beten, und lehrte, dass der Rosenkranz zu den schönsten und lobenswertesten Methoden der christlichen Kontemplation gehört. Sein Geschenk an die Kirche, die Lichtreichen Geheimnisse des Rosenkranzes, war ein Mittel, um die geistliche Waffe des Rosenkranzes „neu zu schärfen“ oder „neu zu laden“.

Rosenkranz-Edelsteine

Der Rosenkranz ist mein Lieblingsgebet.

~ **Hl. Johannes Paul II.**

Der heilige Rosenkranz führt uns in das Herz des Glaubens ein. In Gedanken an ihn gerichtet, grüßen wir immer wieder freudig die heilige Muttergottes, erklären den Sohn, die süße Frucht ihres Leibes, für gesegnet und bitten um ihren mütterlichen Schutz im Leben und im Tod.

~ **Hl. Johannes Paul II.**

Tatsächlich ist der Rosenkranz, wenn auch von seinem marianischen Erscheinungsbild her charakterisiert, ein zutiefst christologisches Gebet.

~ **Hl. Johannes Paul II.**

Wie könnten wir bei der Betrachtung der freudenreichen Geheimnisse [des Rosenkranzes] das zu Betlehem geborene Kind anschauen, ohne vom Wunsch erfüllt zu sein, das Leben aufzunehmen, zu verteidigen und zu fördern, sowie uns der Leiden der Kinder in vielen Teilen der Welt anzunehmen?

~ **Hl. Johannes Paul II.**

Mit dem Rosenkranz geht das christliche Volk in die Schule Mariens.

~ **Hl. Johannes Paul II.**

Sie [Maria] betet mit uns. Das Rosenkranzgebet umfasst die Probleme der Kirche, des Stuhles Petri und die Probleme der ganzen Welt.

~ **Hl. Johannes Paul II.**

Den Rosenkranz beten ist tatsächlich nichts anderes, als mit Maria das Antlitz Christi zu betrachten.

~ Hl. Johannes Paul II.

Er [der Rosenkranz] zeigt durch die Wechselfälle des Gottessohnes und der Jungfrau, wie beständig im menschlichen Leben der Wechsel von Gut und Böse, Ruhe und Sturm, frohen und traurigen Tagen ist.

~ Hl. Johannes Paul II.

Der Rosenkranz, in seiner ganzen Bedeutung wieder neu entdeckt, führt ins Herz des christlichen Lebens selbst hinein.

~ Hl. Johannes Paul II.

Wenn das Rosenkranzgebet in angebrachter Weise neu entdeckt wird, ist es eine Hilfe und sicher kein Hindernis für die Ökumene!

~ Hl. Johannes Paul II.

Das wiederholte Ave Maria des Rosenkranzes bringt uns an die Freude Gottes heran: Es ist Jubel, Staunen und Dankbarkeit für das größte Wunder der Geschichte.

~ Hl. Johannes Paul II.

Das Rosenkranzgebet ist in der besten und bewährten Tradition der christlichen Betrachtung angesiedelt.

~ Hl. Johannes Paul II.

Das tägliche Beten des Rosenkranzes in der Familie war früher weit verbreitet. Wie sinnvoll wäre eine solche Praxis heute! Der Rosenkranz Mariens beseitigt den Keim des Zerbruchs der Familie; er ist das sichere Band der Gemeinschaft und des Friedens.

~ Hl. Johannes Paul II.

Eine Familie, die vereint betet, bleibt eins. Seit alters her wird der Rosenkranz in besonderer Weise als Gebet gepflegt, zu dem sich die Familie versammelt. Indem die einzelnen Familienmitglieder ihren Blick auf Jesus richten, werden sie befähigt, sich stets aufs Neue in die Augen zu schauen, miteinander zu sprechen, füreinander einzustehen, sich gegenseitig zu vergeben und in einem durch den Heiligen Geist belebten Liebesbündnis wieder neu zu beginnen.

~ Hl. Johannes Paul II.

Die Wiederbelebung des Rosenkranzgebetes in der Familie bedeutet, ganz andere Bilder in das alltägliche Leben hineinzulassen, und zwar die der Heilsmysterien: das Bild des Erlösers, das Bild Seiner heiligsten Mutter. Die Familie, die zusammen den Rosenkranz betet, gibt ein wenig das Klima des Heimes von Nazareth wieder: Sie stellt Jesus in den Mittelpunkt, sie teilt mit Ihm Freude und Schmerz, sie legt Bedürfnisse und Vorhaben in Seine Hände, von Ihm schöpft sie Hoffnung und Kraft für den Lebensweg.

~ Hl. Johannes Paul II.

Den Rosenkranz betrachtend zu beten, bedeutet, unsere Anliegen dem erbarmenden Herzen Jesu und dem Seiner Mutter zu übergeben.

~ Hl. Johannes Paul II.

Um den Rosenkranz richtig zu verstehen, müssen wir in die psychologische Eigendynamik der Liebe eintreten.

~ Hl. Johannes Paul II.

Der Rosenkranz kann jeden Tag ganz gebetet werden. Nicht wenige tun dies lobenswerterweise.

~ Hl. Johannes Paul II.

In Zeiten, in denen die Christenheit selbst bedroht war, hat dieses Gebet [des Rosenkranzes] zur Errettung aus Gefahr beigetragen und die Jungfrau vom heiligen Rosenkranz wurde als Mittlerin zum Heil verehrt.

~ Hl. Johannes Paul II.

In der gegenwärtigen internationalen Situation appelliere ich an alle – Einzelpersonen, Familien und Gemeinschaften – den Rosenkranz für den Frieden zu beten, sogar täglich, damit die Welt vor der schrecklichen Geißel des Terrorismus bewahrt wird.

~ Hl. Johannes Paul II.

Wir müssen stark und vorbereitet sein und auf Christus und Seine heilige Mutter vertrauen und sehr, sehr fleißig den heiligen Rosenkranz beten.

~ Hl. Johannes Paul II.

Liebe Brüder und Schwestern, betet jeden Tag den Rosenkranz. Ich bitte die Hirten eindringlich, den Rosenkranz zu beten und die Menschen in den christlichen Gemeinden zu lehren, ihn zu beten. Für die treue und mutige Erfüllung der menschlichen und christlichen Pflichten, die jedem Stand eigen sind, helft dem Volk Gottes, zum täglichen Rosenkranzgebet zurückzukehren.

~ Hl. Johannes Paul II.

Der Rosenkranz führt uns mystisch an die Seite Marias, die damit beschäftigt war, das menschliche Heranwachsen Jesu im Haus von Nazareth zu begleiten.

~ Hl. Johannes Paul II.

Die Geschichte des Rosenkranzes zeigt uns, wie gerade dieses Gebet in schwierigen Zeiten besonders von den Dominikanern benutzt wurde, um die Kirche vor den sich verbreitenden Häresien zu schützen. Heute stehen wir vor neuen Herausforderungen. Warum nehmen wir den Rosenkranz nicht mit dem Glauben unserer Vorfahren in die Hände?

~ Hl. Johannes Paul II.

Der [heilige] Joseph Vaz war Feuer und Flamme für den Glauben. Nach dem Vorbild seines göttlichen Meisters bereiste er die ganze Insel [Sri Lanka] und ging überall hin, oft barfuß und mit einem Rosenkranz um den Hals als Zeichen seines katholischen Glaubens.

~ Hl. Johannes Paul II.

Den Rosenkranz beten heißt lernen, Jesus mit den Augen Seiner Mutter zu sehen und Ihn mit dem Herzen Seiner Mutter zu lieben. Heute, meine lieben Jugendlichen, reiche ich euch auch im Geiste die Rosenkranzperlen. Durch das Gebet und die Betrachtung der Geheimnisse führt euch Maria sicher zu ihrem Sohn! Schämt euch nicht, den Rosenkranz allein zu beten, während ihr auf der Straße zur Schule, zur Universität oder zur Arbeit geht, oder wenn ihr mit öffentlichen Verkehrsmitteln unterwegs seid. Macht es euch zur Gewohnheit, den Rosenkranz unter euch, in euren Gruppen, Bewegungen und Vereinigungen zu beten. Zögert nicht, ihn euren Eltern und Geschwistern vorzuschlagen, damit sie ihn zu Hause beten, denn er stärkt die Bande zwischen den Familienmitgliedern. Dieses Gebet wird euch helfen, stark im Glauben, beständig in der Nächstenliebe, fröhlich und beharrlich in der Hoffnung zu sein.

~ Hl. Johannes Paul II.

Nehmt aufs Neue den Rosenkranz mit Vertrauen in eure Hände! Entdeckt den Rosenkranz wieder im Licht der Heiligen Schrift, in Einklang mit der Feier der Liturgie und unter den Umständen des alltäglichen Lebens.

~ Hl. Johannes Paul II.

Der geliebte Papst Johannes Paul II. war ein großer Apostel des Rosenkranzes: Wir haben ihn noch vor Augen, wie er mit dem Rosenkranz in den Händen niederkniete, ganz in die Betrachtung Christi vertieft.

~ Papst Benedikt XVI.

Papst Benedikt XVI.

Der Theologe des Rosenkranzes 1927-2022

Papstamt: 2005-2013

Papst Benedikt XVI. wurde in Bayern, Deutschland, geboren und ist einer der brillantesten Männer, die jemals das Amt des Papstes bekleidet haben. Bevor er zum Papst gewählt wurde, war er ein ausgezeichneter Pianist, ein akademischer Theologe, der als theologischer Berater auf dem II. Vatikanischen Konzil tätig war, und Erzbischof von München und Freising. Während seiner langjährigen Tätigkeit in Rom bekleidete er die Ämter des Präfekten der Kongregation für die Glaubenslehre, des Dekans des Kardinalskollegiums, des Präsidenten der Internationalen Theologischen Kommission und des Präsidenten der Päpstlichen Bibelkommission. Im Jahr 2005 wurde er in das Papstamt gewählt.

Im Jahr 2013 trat Papst Benedikt XVI. aufgrund seines schlechten Gesundheitszustands und seines hohen Alters vom Papstamt zurück und machte Platz für einen jüngeren und gesünderen Pontifex, der das Amt des Stellvertreters Christi übernahm. Nach seinem Rücktritt lebte er weiterhin im Vatikan und diente der Kirche durch ein Leben des Gebets unter dem Titel „Papst Emeritus Benedikt XVI.". Er ist der erste Papst, der seit Papst Gregor XII. im Jahr 1415 auf das Amt des Papstes verzichtet hat. Viele seiner theologischen Werke sind als geistliche Klassiker anerkannt.

Marienverehrung

Die Marienverehrung von Papst Benedikt XVI. ist tief verwurzelt in einem biblischen, liturgischen und kirchlichen Zugang zur Gottesmutter. Er betonte sowohl in seiner Marienverehrung als auch in seinen theologischen Schriften über Maria, dass sie aus biblischer Sicht am besten als Tochter Zions, als Mutter des Messias und als unsere geistliche Mutter zu verstehen ist. Er betonte auch ihre Beziehung zu Gott als Braut des Heiligen Geistes, die es ihr ermöglicht, ihre Rolle als unsere geistliche Mutter tiefer zu erfüllen, indem sie den Heiligen Geist mit sich bringt, wo immer sie anwesend ist.

Auch Papst Benedikt XVI. pflegte eine reiche liturgische Verehrung Mariens. Er betonte gerne, dass der Monat Mai eine besonders Maria geweihte Zeit sein sollte, und er betonte immer, dass die liturgische Zeit des Advents als eine marianische Zeit verstanden werden sollte, weil wir im Advent die Ankunft Jesu durch Maria erwarten. Wie frühere Päpste besuchte auch er gerne Marienheiligtümer. Im Jahr 2008 unternahm er eine besondere Pilgerreise nach Lourdes, um den 150. Jahrestag der Erscheinungen von Lourdes zu feiern.

Die marianische Dimension der Kirche ist der Bereich, in dem die Marienverehrung von Papst Benedikt XVI. am deutlichsten zutage getreten ist. Er stellte die Kirche als ein marianisches Geheimnis dar und zeigte, dass die Gottesmutter eine absolut notwendige Rolle bei der Verwirklichung des Heilsplans Gottes in Christus spielt. Maria ist das Urbild, der Spiegel und das wahrhaftigste Abbild der Kirche und des Christen. Sie ist die treibende Kraft der Katholizität und die Person, auf die die Glieder der Kirche schauen müssen, um die Wahrheit über Jesus Christus, die Kirche und uns selbst wirklich zu verstehen. Er lehrte, wenn die Kirche in ihrem Lobpreis und ihrer Verehrung Marias verstummen würde, wäre die Kirche selbst nicht mehr in der Lage, Gott so zu verherrlichen, wie es Ihm gebührt, denn die Bibel selbst lehrt den Lobpreis Marias. In der Person Marias hat die Kirche eine mütterliche Beschützerin und Fürsprecherin vor dem Thron des Allmächtigen.

Kämpfer des Rosenkranzes

Als kleiner Junge erlebte Papst Benedikt XVI. die zärtliche Liebe seiner Eltern zur Muttergottes und ihrem Rosenkranz. Seine Eltern versammelten oft die ganze Familie, um den Rosenkranz zu beten. Jedes Jahr im Monat Mai ging die ganze Familie jeden Tag in die Kirche, um den Rosenkranz zu beten. Diese jugendliche Liebe zum Rosenkranzgebet setzte sich in seinem priesterlichen und akademischen Wirken fort. Obwohl er als Kardinal mit vielen Aufgaben betraut war, fand er immer Zeit, wenigstens ein paar Gesätze am Tag zu beten. Manchmal teilte er sogar eine bestimmte Gruppe von Geheimnissen auf und verteilte die verschiedenen Gesätze über seinen Tag. Als er Papst wurde, begann er, jeden Tag den Rosenkranz zu beten, manchmal morgens oder abends, während er durch die Gärten des Vatikans ging.

Für Papst Benedikt XVI. war das Beten des Rosenkranzes eine Pilgerreise, da die Betrachtungen einen geistlichen Besuch an den heiligen Orten erfordern, die mit dem Leben Jesu und Marias verbunden sind. Aus diesem Grund hat er bei jeder Selig- oder Heiligsprechung mit Freude auf die Rosenkranzandacht verwiesen und darauf, wie sie dem/der jeweiligen Heiligen auf seinem/ihrem Pilgerweg des Glaubens geholfen hatte, heilig zu werden. Er war ein sehr bescheidener Papst, der nur selten über sich selbst oder seine persönliche Marienverehrung sprach; vielmehr hob er die Marienverehrung der Heiligen hervor, insbesondere ihre Liebe zum Rosenkranz. Ihm ist es zu verdanken, dass der Rosenkranzbeter Nuno Álvares Pereira aus dem 14. Jahrhundert heiliggesprochen wurde. Wie der heilige Nuno wusste er, dass der Rosenkranz eine Waffe ist, und er ermutigte alle, insbesondere die Jugend, ihn täglich zu beten.

Während seines gesamten Pontifikats und auch nach seinem Rücktritt hat Papst Benedikt XVI. den Rosenkranz gefördert. Im Mai 2008 leitete er den Rosenkranz am ersten Samstag des Monats in der Basilika Santa Maria Maggiore in Rom. Im Oktober desselben Jahres besuchte er das Heiligtum Unserer Lieben Frau vom Rosenkranz in Pompeji und sprach sehr lobend über den seligen Bartolo Longo und alles, was er zur Förderung des Rosenkranzes tat. Im Mai 2010 besuchte er Fátima und betete öffentlich den Rosenkranz mit den Anwesenden. Außerdem segnete er 2010, als 33 chilenische Bergleute 69 Tage lang in einem unterirdischen Bergwerk eingeschlossen waren, 33 Rosenkränze in Rom und schickte sie zu den eingeschlossenen Bergleuten. Die Rosenkränze wurden in den engen Schacht hinunter zu den Bergleuten geschickt, die begannen, jeden Tag den Rosenkranz zu beten und die gesegneten Rosenkränze um den Hals zu tragen. Wie durch ein Wunder überlebten alle 33 Männer und wurden am 13. Oktober, dem Jahrestag des Sonnenwunders von Fátima, wo die Gottesmutter unter dem Titel „Unsere Liebe Frau vom Rosenkranz“ erschienen war, gerettet. Im Jahr des Glaubens (2012-2013) forderte er alle Katholiken, insbesondere die Familien, auf, das Rosenkranzgebet wiederzuentdecken und zu beten. Am 28. August 2014, ein Jahr nach seinem Rücktritt vom Papstamt, besuchte eine Gruppe kubanischer Bischöfe den Vatikan anlässlich der Aufstellung eines Bildes Unserer Lieben Frau von Cobre in den Vatikanischen Gärten und wurde vom emeritierten Papst Benedikt XVI. persönlich eingeladen, mit ihm später am Abend in den Vatikanischen Gärten den Rosenkranz zu beten.

Rosenkranz-Edelsteine

Das traditionelle Bild der Gottesmutter vom Rosenkranz stellt Maria dar, wie sie in dem einen Arm das Jesuskind hält und mit dem anderen dem heiligen Dominikus den Rosenkranz reicht. Diese bedeutsame Ikonographie zeigt, dass der Rosenkranz ein von der Jungfrau geschenktes Mittel ist, um auf Jesus zu schauen und Ihn durch die Betrachtung Seines Lebens zu lieben und Ihm immer treuer nachzufolgen.
Das Rosenkranzgebet erlaubt uns, unseren Blick und unser Herz auf Jesus zu richten, so wie Maria es tat, die das unübertreffliche Vorbild der Betrachtung des Sohnes ist.

~ Papst Benedikt XVI.

Ich fordere euch alle auf, jeden Tag den Rosenkranz zu beten und euch vertrauensvoll in die Hände Marias zu begeben.

~ Papst Benedikt XVI.

Der Rosenkranz ist das Gebet des Christen, der auf dem Pilgerweg des Glaubens voranschreitet in der Nachfolge Jesu, dem Maria vorangeht.

~ Papst Benedikt XVI.

Heute bekräftigen wir gemeinsam, dass das Rosenkranzgebet keine Frömmigkeitsübung ist, die der Vergangenheit angehört, als sei es ein Gebet aus anderen Zeiten, an das man mit Nostalgie zurückdenkt. Vielmehr erfährt der Rosenkranz gleichsam einen neuen Frühling. Das ist zweifellos eines der beredtsten Zeichen der Liebe, die die jungen Generationen Jesus und Seiner Mutter Maria entgegenbringen.

~ Papst Benedikt XVI.

Es ist, als würde die Muttergottes uns jedes Jahr einladen, die Schönheit dieses so einfachen und tiefen Gebets aufs Neue zu entdecken.

~ Papst Benedikt XVI.

Mit dem Rosenkranz lassen wir uns nämlich von Maria, Vorbild im Glauben, in der Betrachtung der Geheimnisse Christi leiten, und tagtäglich wird uns geholfen, das Evangelium aufzunehmen, so dass es unserem ganzen Leben Gestalt verleiht.

~ Papst Benedikt XVI.

Das Rosenkranzgebet, das Bernadette und den Lourdes-Pilgern so teuer ist, enthält in sich die Tiefe der Botschaft des Evangeliums. Es führt uns zur Betrachtung des Antlitzes Christi hin. Aus diesem Gebet der Demütigen können wir reiche Gnaden schöpfen.

~ Papst Benedikt XVI.

Der heilige Józef Bilczewski war ein Mann des Gebets. Die Heilige Messe, das Stundengebet, die Betrachtung, der Rosenkranz und andere Andachtsübungen prägten seinen Tagesablauf.

~ Papst Benedikt XVI.

Seine [des seligen Ceferino Giménez Malla] tiefe Religiosität fand Ausdruck in der täglichen Teilnahme an der Heiligen Messe und im Rosenkranzgebet. Der Rosenkranz, den er stets in der Tasche trug, wurde zur Ursache für seine Verhaftung und machte den seligen Ceferino zu einem wahren „Märtyrer des Rosenkranzes", denn er ließ ihn sich nicht einmal angesichts des Todes aus der Hand nehmen.

~ Papst Benedikt XVI.

In diesem Zusammenhang möchte ich daran erinnern, dass heute in Parma Anna Maria Adorni seliggesprochen wird, die im

19. Jahrhundert eine vorbildliche Ehefrau und Mutter war und sich, als sie Witwe geworden war, der Nächstenliebe gegenüber den in Haft genommenen und sich in Schwierigkeiten befindenden Frauen widmete, wofür sie zwei Ordensinstitute gründete. Mutter Adorni wurde aufgrund ihres beständigen Gebets „Lebendiger Rosenkranz" genannt. Dies hebe ich gerne zu Beginn des Monats hervor, der dem Rosenkranz geweiht ist. Die tägliche Betrachtung der Geheimnisse Christi in Einheit mit Maria, der betenden Jungfrau, stärke uns alle im Glauben, in der Hoffnung und in der Liebe.

~ Papst Benedikt XVI.

Der Rosenkranz ist eine geistliche „Waffe" im Kampf gegen das Böse, gegen jede Gewalt, für den Frieden in den Herzen, in den Familien, in der Gesellschaft und in der Welt.

~ Papst Benedikt XVI.

Vereinigt euch geistlich mit dem gekreuzigten Jesus und übergebt euch vertrauensvoll in die Hände Mariens, indem ihr sie unaufhörlich mit dem Rosenkranz anruft.

~ Papst Benedikt XVI.

Der historische Ursprung des Rosenkranzes liegt im Mittelalter. Es war eine Zeit, in der die Psalmen die normale Form des Gebets waren. Aber die große Zahl der ungebildeten Menschen jener Zeit konnte nicht an den biblischen Psalmen teilnehmen. Deshalb suchte man nach einer Art Psalter für sie und fand die Gebete zu Maria mit den Geheimnissen aus dem Leben Jesu Christi, aufgereiht wie Perlen an einer Kette.

~ Papst Benedikt XVI.

Dominikus wurde im Jahr 1234 heiliggesprochen und er selbst zeigt uns mit seiner Heiligkeit zwei unverzichtbare Mittel, damit das apostolische Wirken tiefgehend ist. Vor allem die Marienverehrung, die er voll Zartheit pflegte und seinen geistlichen Kindern als kostbares Erbe hinterließ; diese haben in der Geschichte der Kirche das große Verdienst, das Gebet des heiligen Rosenkranzes zu verbreiten, das dem christlichen Volk so teuer und so reich an im Evangelium gründenden Werten ist, eine wahre Schule des Glaubens und der Frömmigkeit. Zweitens glaubte Dominikus, der sich um einige Frauenklöster in Frankreich und in Rom kümmerte, zutiefst an den Wert des Gebets um Fürsprache für den Erfolg der apostolischen Arbeit.

~ Papst Benedikt XVI.

Teil III

Den Rosenkranz beten

Gepriesen sei der HERR, mein Fels, der meine Hände den Kampf lehrt, meine Finger den Krieg!

~ Psalm 144,1

Wir leben zwar in dieser Welt, kämpfen aber nicht mit den Waffen dieser Welt. Die Waffen, die wir bei unserem Feldzug einsetzen, sind nicht irdisch, aber sie haben durch Gott die Macht, Festungen zu schleifen.

~ 2 Korinther 10,3-4

Denn lebendig ist das Wort Gottes, wirksam und schärfer als jedes zweischneidige Schwert; es dringt durch bis zur Scheidung von Seele und Geist, von Gelenken und Mark; es richtet über die Regungen und Gedanken des Herzens.

~ Hebräer 4,12

Warum sollten wir den Rosenkranz beten?

Warum sollten wir den Rosenkranz beten? Die kurze Antwort: *Es braucht ein Schwert, um einen Drachen zu erschlagen.*

Liebe Leserinnen und Leser, es gibt einen Schlangendrachen mit sieben bösartigen Köpfen, der euch vernichten will (siehe Offb 12,3). Ein Drache mit einem Kopf ist schon bedrohlich genug, aber ein Drache mit sieben Köpfen erfordert eine himmlische Waffe – die Waffe der himmlischen Königin. Maria wird euch diese Waffe geben, wenn ihr sie darum bittet. Erinnert euch an die Worte von Papst Leo XIII: „Die Mutter Gottes, die mächtigste Jungfrau, die in früheren Zeiten in der Liebe mitgewirkt hat, damit die Gläubigen in der Kirche geboren werden, ist jetzt die Mittlerin, die Vermittlerin unseres Heils. Möge sie die vielen Köpfe der bösen Hydra zerschmettern und abschlagen.“[1]

Es gibt natürlich viele Gründe, warum man den Rosenkranz beten sollte. Es wäre unmöglich, sie alle aufzuzählen. Die vier wichtigsten Gründe werden auf den folgenden Seiten aufgeführt und erläutert.

1) Der Rosenkranz besiegt das Böse

Wir leben in einer gefallenen Welt, in der gefallene Engel (Dämonen) versuchen, uns zu vernichten. Das Böse kann nur überwunden werden, wenn wir eine stärkere Waffe haben, als der Feind sie besitzt. Jesus Christus, der den Drachen gebunden hat, hat Seiner Kirche die Waffen anvertraut, die es Seinen Anhängern ermöglichen, über den Bösen zu siegen. Diese Waffen sind die Sakramente und die Lehren der einen, heiligen, katholischen und apostolischen Kirche. Es sind diese Geheimnisse und Wahrheiten, die in der Waffe des Rosenkranzes verkörpert sind.

Wie in diesem Buch schon oft gesagt wurde, ist der Rosenkranz ein geistliches Schwert, das vom göttlichen Handwerker geschaffen wurde. Päpste und Heilige haben diese Tatsache wiederholt betont. Papst Leo XIII. sagte sehr deutlich: „Der Ursprung dieser Gebetsform [des Rosenkranzes] ist göttlich und nicht menschlich."[2] Das Geniale an diesem geistlichen Schwert ist, dass es leicht auswendigzulernen ist und überall, jederzeit und unter fast allen Umständen gebetet werden kann. Er fasst die lebensspendenden Wunder der Sakramente und die Lehren der Kirche zusammen und bringt sie in euer Zuhause und in jeden Aspekt eures Lebens. Der Rosenkranz ist mobil, tragbar und vom Feind sehr gefürchtet. Der heilige Ludwig von Montfort sagte einmal: „Wie wir gesehen haben, fürchten die Teufel den Rosenkranz überaus. Der heilige Bernhard sagt, der Engelsgruß schlage sie in die Flucht und mache die ganze Hölle erbeben."[3]

Den Rosenkranz zu beten bedeutet, das Wort Gottes zu beten. Gibt es bessere Andachtsgebete als das Vaterunser und das Ave Maria? Die Worte des Vaterunsers stammen aus dem Munde Jesu Christi selbst. Die Worte des Engelsgrußes wurden im Namen Gottes von einem heiligen Engel (dem heiligen Erzengel Gabriel) gesprochen. Gott hat durch Seine Vorsehung dafür gesorgt, dass die meisten Gebete des Rosenkranzes an Maria gerichtet werden, denn durch sie hat die Welt das Werkzeug unserer Erlösung, den Leib des Gottmenschen, erhalten. Durch die Zusammenarbeit Marias mit Gott wurden der heilige Leib und die heiligen Geheimnisse des Gottmenschen der Kirche anvertraut. Durch Maria hat der Gottmensch die Finsternis und den Bösen für immer besiegt. Dieses Heilsgeheimnis wird in jeder Generation bis zum Ende der Zeit weitergeführt. Vor allem durch die heiligen Geheimnisse des Rosenkranzschwertes fährt Jesus fort, durch Seinen mystischen Leib Siege über das Böse zu erringen. Jesus selbst sagte: „Denkt nicht, ich sei gekommen, um Frieden auf die Erde zu bringen! Ich bin nicht gekommen, um Frieden zu bringen, sondern das Schwert" (Mt 10,34).

Der Rosenkranz macht dich zu einem bewaffneten Soldaten, zu einem schwertschwingenden Ritter auf dem Schlachtfeld des Lebens. Ein Rosenkranz am Tag hält den Teufel fern!

2) Der Rosenkranz verkündet Jesus Christus und bringt den Frieden

Der Rosenkranz ist ein Werkzeug nach dem Evangelium, das das Licht Christi in alle Situationen bringt. Er hat die Macht, den Weltfrieden herbeizuführen, denn die Geheimnisse konzentrieren sich auf die Wahrheit, d.h. auf Jesus Christus. Der ursprüngliche Zweck des Rosenkranzes, wie er dem heiligen Dominikus von der Gottesmutter offenbart wurde, war die Bekämpfung der Häresie (Irrlehren). Diese Klärung der Wahrheit war nicht nur für das 13. Jahrhundert gedacht, sondern für alle Zeiten, denn Jesus ist derselbe gestern, heute und in Ewigkeit (siehe Hebr 13,8). Aus diesem Grund stellte Papst Leo XIII. zu Recht fest: „Unser Bedürfnis nach göttlicher Hilfe ist heute so groß wie damals, als der große Dominikus den Gebrauch des Rosenkranzes Mariens als Balsam für die Wunden seiner Zeitgenossen einführte."[4]

In späteren Erscheinungen der Gottesmutter, wie in Fátima, wiederholte Maria, dass der Rosenkranz jeden Tag gebetet werden sollte, um den Menschen zu helfen, zu Jesus Christus zurückzukehren und Frieden zu haben. Sie stellte sogar fest, dass der Rosenkranz die Macht hat, Kriege zu beenden. In Anbetracht dessen wird deutlich, dass das Beten des Rosenkranzes Einzelpersonen, Familien und der ganzen Welt zugutekommt. Päpste und Heilige haben diese Realität unablässig gelehrt. Papst

Leo XIII. betonte in diesem Zusammenhang Folgendes: „Der Rosenkranz, wenn er andächtig gebetet wird, kommt nicht nur dem Einzelnen, sondern der ganzen Gesellschaft zugute.“[5]

Der Rosenkranz wurde im Zeitalter des Rittertums geboren. Die Welt braucht wieder Ritter, die bereit sind, für Wahrheit und Frieden zu kämpfen. Nur die Wahrheit wird den Weltfrieden herbeiführen. Der Ritter von heute muss diese geistliche Waffe einsetzen, um die Menschen wieder für das Licht des Evangeliums zu gewinnen. Die Fähigkeit des Rosenkranzes, die Herzen zu verändern und die Herrschaft Christi herbeizuführen, wurde im Laufe der Geschichte durch unzählige Wunder und Siege bewiesen. Er hat Ehen gerettet, dazu beigetragen, Menschen zu Heiligen zu machen, den Islam zu besiegen, Diktatoren zu stürzen, und er ist eines der reichhaltigsten Ablassgebete der Kirche. Es hat sogar die Fähigkeit, mit seinen Ablässen Seelen aus dem Fegefeuer zu befreien. Die Mächte der Finsternis in der heutigen Welt bedrohen die Grundlagen der menschlichen Zivilisation, aber sie sind der Macht des Rosenkranzes nicht gewachsen. Historisch gesehen hat der Rosenkranz bewiesen, dass er alle Irrtümer überwindet. Ein Rosenkranzkreuzzug und eine neue Heilige Liga sind heute dringend notwendig, um das Licht und den Frieden Christi in die Seelen zurückzubringen.

3) Der Rosenkranz lehrt die Tugend

Niemand wird jemals heilig, ohne sich Tugenden anzueignen. Alle Tugenden, die zur Heiligkeit führen, werden im Leben Jesu Christi und Seiner Unbefleckten Mutter vorgelebt. Das Rosenkranzschwert ist die *Sakramentalie*, die die Seelen zur heiligmachenden Gnade befähigt. Es ist erwiesen, dass der Rosenkranz die Herzen näher an die Sakramente und die Lehren der Kirche heranführt. Es liegt in der Natur der Sache, dass der Rosenkranz den Menschen zu einer eifrigeren Teilnahme am Leben der Kirche führt, insbesondere zum treuen Besuch der Heiligen Messe und zum häufigen Empfang des Sakraments der Versöhnung (Beichte).

Bei der Erlangung von Tugenden haben wir nicht nur gefallene Engel und eine sündige Welt zu überwinden, sondern wir müssen auch täglich darum kämpfen, unsere sündigen Neigungen zu überwinden und unser Leben nach dem Muster aller Tugenden zu gestalten, das in Jesus und Maria zu finden ist. So wie Kinder lernen, sich zu verhalten, indem sie auf ihre Eltern schauen und sie nachahmen, so lernt der Christ, Jesus und Maria ähnlich zu werden, indem er ihre Tugenden betrachtet. Der Rosenkranz ist ein Werkzeug, um sich diese Tugenden im Gebet vor Augen zu führen. Im Gegensatz zu den vielen New-Age-Praktiken in der heutigen Welt, die egozentrisch und antichristlich sind, bietet der Rosenkranz eine Form der Betrachtung, die die Seele zur wahren Freiheit führt, die nur in Jesus Christus gefunden werden kann. Aus diesem Grund ist der Rosenkranz therapeutisch und heilend. Er hilft dem Menschen, das Laster zu überwinden, nicht mehr zu sündigen und Tugend zu erlangen. Der Rosenkranz ist eine himmlische Medizin, ein Gegengift, das das Gift der Sünde und des Lasters aus unseren Herzen zieht.

Das beharrliche Beten des Rosenkranzes hat sich als ein hervorragendes Mittel erwiesen, um Sünden zu vermeiden und im Zustand der Gnade zu bleiben. Der heilige Ludwig von Montfort schrieb einmal:

> Um uns bei dem wichtigen Werk der Auserwählung zu helfen, hat die Allerseligste Jungfrau dem heiligen Dominikus befohlen, den Gläubigen, die den Rosenkranz beten, die heiligen Geheimnisse des Lebens Jesu Christi

vor Augen zu stellen, nicht nur, damit sie Ihn anbeten und verherrlichen, sondern hauptsächlich, damit sie ihr Leben und ihre Handlungen nach Seinen Tugenden einrichten.[6]

Dies ist einer der vielen Gründe, warum der Rosenkranz das bevorzugte Gebet der Heiligen ist. Der Rosenkranz wird euch helfen, heilig zu werden.

4) Der Rosenkranz ist ein Ausdruck unserer Liebe zu Jesus und Maria

Alle Menschen, die sich lieben, werden nicht müde, sich gegenseitig zu sagen: „Ich liebe dich." Das gilt auch für Eltern und ihre Kinder. Jemandem zu sagen, dass man ihn liebt, kann den Anschein einer bloßen Wiederholung erwecken, da dieselben Worte immer und immer wieder gesagt werden, aber jeder weiß, dass es niemals Routine oder langweilig ist, jemandem zu sagen, dass man ihn liebt. Jedes Mal, wenn der Satz ausgesprochen wird, ist er neu und frisch. Fulton Sheen verstand dies und teilte die folgende Einsicht mit: „Wenn wir den Rosenkranz beten, sagen wir zu Gott, der Dreifaltigkeit, dem fleischgewordenen Erlöser und der Gottesmutter: ‚Ich liebe dich, ich liebe dich, ich liebe dich.'"[7] Indem wir den Rosenkranz beten, drücken wir unsere Dankbarkeit gegenüber Jesus und Maria aus, indem wir uns die enorme aufopfernde Liebe, die sie für uns haben, „ins Gedächtnis rufen". Dieser Akt bewegt das Heiligste Herz Jesu und das Unbefleckte Herz Mariens dazu, unzählige Gnaden über uns auszugießen. Unsere Liebesbekundungen werden durch Liebesgaben des Himmels erwidert.

Heilige und Päpste haben in ihren Schriften oft darauf hingewiesen, dass niemand Maria mehr lieben kann als Jesus.

Deshalb ist Jesus nicht beleidigt, wenn wir den Rosenkranz beten. Im Gegenteil, er selbst hat große Freude daran, wenn Seine Jünger den Rosenkranz beten, weil das Beten des Rosenkranzes bedeutet, Seiner Mutter geistliche Rosen zu Füßen zu legen. Diese Praxis würde Ihn niemals beleidigen. Alle Kinder täten gut daran, ihrer Mutter als Ausdruck der Liebe Blumen zu bringen. Würde Jesus nicht auch andere dazu inspirieren, Seiner Mutter die gleiche Liebe entgegenzubringen, die Er selbst empfindet? Schließlich teilte er das Geschenk Seiner Mutter mit allen Seinen Jüngern, als Er am Kreuz hing. So können auch wir, wenn wir den Rosenkranz beten, unserer schönen Mutter schöne Rosenkränze zu Füßen legen. Dieser Brauch erfreut das Herz unserer geistlichen Mutter und erfreut das Herz unseres Erlösers sehr.

Wenn wir den Rosenkranz beten, zeigen wir, dass wir dem Wort Gottes treu sind, das ausdrücklich besagt, dass alle Generationen Maria seligpreisen sollen (siehe Lk 1,48). „Der Rosenkranz ist der einfachste Weg, um Gott und die heilige Jungfrau Maria zu ehren“, so formulierte es der sel. Giacomo Alberione kurz und bündig. „Er ist der sicherste Weg, um über geistliche Feinde zu triumphieren, der geeignetste Weg, um in Tugend und Heiligkeit voranzukommen.“[8]

Wie man den Rosenkranz betet

Der Rosenkranz ist sehr einfach zu beten. Er kann allein oder mit anderen gebetet werden. Das Wichtigste beim Beten des Rosenkranzes ist, dass es sich um eine Mischung aus mündlichem und geistlichem (betrachtendem) Gebet handelt. Der heilige Ludwig von Montfort bemerkte einmal: „Ich kenne keinen besseren Weg, das Reich Gottes zu errichten, als das mündliche und geistliche Gebet durch das Beten des Rosenkranzes zu vereinen.“[1] Die Verbindung von mündlichem und geistlichem Gebet macht den Rosenkranz zu einem Gebet des Körpers und auch zu einem Gebet der Seele. Nach dieser Feststellung ist es wichtig, sich daran zu erinnern, dass man, wenn man den Rosenkranz allein betet, die Gebete nicht mit den Lippen aussprechen muss.

Beim Beten des Rosenkranzes ist es besser, ihn auf den Knien zu beten, da dies die frömmste Gebetshaltung ist. Nicht jeder kann aus gesundheitlichen oder altersbedingten Gründen knien, und so ist es durchaus akzeptabel, den Rosenkranz im Sitzen zu beten oder, wie bereits erwähnt, im Gehen, beim Sport, im Auto usw. Für diejenigen, die mit der Struktur des Rosenkranzes nicht vertraut sind, wird am Ende dieses Abschnitts ein Diagramm vorgestellt, das die mit dem Rosenkranz verbundenen Gebete, die Art und Weise, wie er gebetet werden soll, und eine Liste der 20 Geheimnisse sowie die Auflistung, welche Geheimnisse an den verschiedenen Wochentagen gebetet werden, enthält. Es folgt eine kurze Beschreibung der mündlichen und betrachtenden Aspekte des Rosenkranzes.

1) Das mündliche Gebet

Wenn ihr den Rosenkranz allein betet, solltet ihr mindestens 15 bis 20 Minuten dafür einplanen. Es ist möglich, mehr als 20 Minuten mit dem Beten des Rosenkranzes zu verbringen und sich mehr Zeit zu nehmen, um die Geheimnisse zu betrachten. Wenn jemand den Rosenkranz in weniger als 15 Minuten betet, betet er ihn zu schnell, denn es ist unmöglich, in weniger Zeit die Geheimnisse andächtig zu betrachten und die Gebete ehrfürchtig zu sprechen. Wenn man den Rosenkranz mit anderen betet, sollte man sich normalerweise 20 Minuten Zeit nehmen – nicht weniger. Beim Beten des Rosenkranzes in einer Gruppe gilt es, mehrere Gefahren zu vermeiden, z.B. den Rosenkranz zu schnell, zu langsam, zu laut zu beten oder die Betonung bestimmter Worte gegenüber anderen hervorzuheben.

Der heilige Ludwig von Montfort sagte über diejenigen, die den Rosenkranz zu schnell beten, Folgendes:

> Das ist erbärmlich zu sehen, wie die meisten ihren Rosenkranz beten. Sie beten ihn mit einer unbegreiflichen Eilfertigkeit und überhasten dabei einen Teil der Worte. Nicht einmal dem niedrigsten Menschen wollte man eine Höflichkeitsbezeugung auf so lächerliche Weise darbringen und man glaubt, Jesus und Maria würden dadurch geehrt werden![2]

Das sind starke Worte, aber er hat absolut Recht. Wenn ihr schon einmal versucht habt, den Rosenkranz mit jemandem zu beten, der ihn im Eiltempo betet, wird er zu einem Härtetest, zu einer Belastung und zu einem kaum tolerierbaren Akt der Frömmigkeit für alle anderen. Ein solcher Rosenkranz ist kaum ein betrachtendes Gebet. Wie der berühmte dominikanische Rosenkranzpriester Pater Gabriel Harty einmal bemerkte: „*Geschwindigkeit tötet*, sagt das Verkehrsschild. Das gilt auch für die Autobahn des Rosenkranzes. Geschwindigkeit zerstört den Rhythmus und tötet den Geist und das Hauptopfer ist der heilige Name Jesu."[3] Mit anderen Worten: Wenn der Rosenkranz gemeinsam gebetet wird, sollten alle im gleichen Rhythmus beten, nicht in Eile und Hast. Der heilige Antonius Maria Claret pflegte seine Seminaristen zu belehren, dass sie beim Beten des Rosenkranzes daran denken sollten, dass ihre Worte an den König der Könige und die Königin des Himmels und der Erde gerichtet sind. In diesem Zusammenhang bemerkte er Folgendes: „Der Rosenkranz soll nicht hastig, sondern langsam und andächtig gebetet werden, wobei man alle Worte gut ausspricht und nicht mit einem Teil beginnt, bevor der andere beendet ist."[4]

Diejenigen, die den Rosenkranz gemeinsam beten, sollten auch daran denken, dass der Rosenkranz nicht zu langsam gebetet werden soll. Wenn ihr schon einmal den Rosenkranz mit jemandem gebetet habt, der jedes Wort in die Länge zieht, wird seine Stimme zu einer Ablenkung und gibt den anderen Anwesenden das Gefühl, einen schweren Zug einen Berg hinaufzuschieben. Wenn der Rosenkranz zu langsam gebetet wird, können die anderen Teilnehmer nicht betrachten, weil ihre Aufmerksamkeit auf das unnatürliche Tempo der langsamen Person gelenkt wird. Andere zu zwingen, den Rosenkranz in diesem Tempo zu beten, ist weder wohltätig noch förderlich für die anderen in der Gruppe.

Der Rosenkranz wird perfekt gebetet, wenn alle Mitglieder ihn im gleichen natürlichen und betenden Rhythmus beten. Dadurch erhält der Rosenkranz einen schönen Rhythmus, einen Fluss und ein harmonisches Timing, das dem normalen Atemmuster entspricht. Wenn hingegen ein Mitglied zu laut betet und zulässt, dass seine Stimme und sein Tempo die anderen dominieren, konzentrieren sich alle automatisch auf seine Stimme und sind nicht mehr in der Lage zu betrachten; der mündliche Aspekt wird zu einer Ablenkung für alle anderen Mitglieder. Ähnlich verhält es sich, wenn eine Person die Betonung auf ein bestimmtes Wort des Ave Maria-Gebetes legt, was den Fluss und den Rhythmus der Gruppe stört. Alle oben genannten Aspekte sollten ernstgenommen werden, denn wenn es einer Gruppe nicht gelingt, den Rosenkranz gut und harmonisch zu beten, ist das oft der Grund, warum viele Menschen nicht am Rosenkranzgebet vor oder nach der Heiligen Messe teilnehmen. Nur sehr wenige Menschen sind an einem Rosenkranz interessiert, der chaotisch ist und ein verbales Ringen darstellt. Wenn ihr einen perfekt getakteten und gut gebeteten gemeinsamen Rosenkranz hören möchtet, besucht eine beliebige Kapelle der Missionarinnen der Nächstenliebe und hört zu, wie sie den Rosenkranz gemeinsam beten.

2) Betrachtendes Gebet

Es ist wahr, dass die meisten Menschen leicht abgelenkt werden, wenn sie den Rosenkranz beten. Fast jeder wird feststellen, dass seine Gedanken mindestens einmal von den Geheimnissen abschweifen. Selbst Heilige hatten damit zu kämpfen. Gott weiß sehr wohl, dass wir weder Engel noch Roboter sind und nicht die Fähigkeit haben, lange Zeit über eine Sache nachzudenken, ohne dass uns andere Dinge in den Sinn kommen. Die heilige Thérèse von Lisieux hat ihr Ringen so ausgedrückt:

> Ich habe das Gefühl, dass ich den Rosenkranz so schlecht beten kann! Ich bemühe mich sehr, die Geheimnisse des Rosenkranzes zu betrachten, aber es gelingt mir nicht, mich zu konzentrieren. Lange Zeit war ich untröstlich

über meinen Mangel an Frömmigkeit, was mich verwunderte, da ich die heilige Jungfrau Maria so sehr liebte, dass es mir leicht hätte fallen müssen, die Gebete zu ihrer Ehre zu sprechen, die sie so sehr erfreuten. Aber jetzt bin ich weniger traurig, denn ich denke, dass die Königin des Himmels, die auch meine Mutter ist, meine guten Absichten sehen muss und dass sie daran Gefallen findet.[5]

Jeder, der den Rosenkranz betet, wird von Zeit zu Zeit seine Konzentration verlieren und in Gedanken abschweifen. Lasst euch davon nicht entmutigen. Das Beten des Rosenkranzes ist ein Akt des Willens, denn es ist ein Akt der Liebe. Gefühle werden kommen und gehen. Wahre Liebe überdauert Schwierigkeiten, Ablenkungen und nicht fühlbaren Trost. Wenn du abgelenkt wirst, konzentriere dich einfach wieder auf das Geheimnis, um das es geht. Das kann während des Rosenkranzes viele Male geschehen, aber es ist für Jesus und Maria sehr angenehm, wenn jemand seinen Geist und sein Herz wieder den Geheimnissen zuwendet. Der heilige Ludwig von Montfort hat diesbezüglich Folgendes bemerkt:

> Wenn du während deines ganzen Rosenkranzes gegen die anstürmenden Zerstreuungen kämpfen musst, so kämpfe tapfer mit den Waffen in der Hand, das heißt, setze deinen Rosenkranz fort, wenn auch ohne jeden fühlbaren geistlichen Trost. Es ist das ein mühseliger, aber für die treue Seele heilsamer Kampf.[6]

Durch das ausdauernde Beten des Rosenkranzes lernt der Mensch viele Tugenden und erlangt mit der Zeit die Fähigkeit, sich weniger ablenken zu lassen und sich mehr auf die Geheimnisse zu konzentrieren. Der Diener Gottes Dolindo

Ruotolo bietet diese tröstenden und ermutigenden Worte für diejenigen, die in diesem Bereich Schwierigkeiten haben: „Zu wissen, wie man betet, ist eine Gabe Gottes. Es ist ein Teil der Gabe der Frömmigkeit, eine Gabe des Heiligen Geistes. Wenn man jeden Tag fleißig übt, kann es gelingen, den heiligen Rosenkranz würdig zu beten.“[7] Beharrlichkeit macht den Meister!

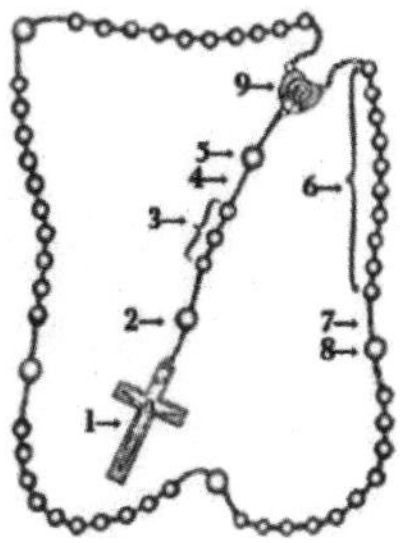

Wie man den Rosenkranz betet

1. Mache das Kreuzzeichen und bete das „Apostolische Glaubensbekenntnis“

2. Bete das „Vaterunser“

3. Bete drei „Ave Maria“ mit den Einfügungen:
   a) Jesus, der in uns den Glauben vermehre.
   b) Jesus, der in uns die Hoffnung stärke.
   c) Jesus, der in uns die Liebe entzünde.

4. Bete das „Ehre sei dem Vater“

5. Bete das „Vaterunser“

6. Bete 10 „Ave Maria“ mit der jeweiligen Einfügung des Geheimnisses (Jesus, ...)

7. Bete das „Ehre sei dem Vater“, gefolgt von dem Gebet, das Unsere Liebe Frau von Fatima gewünscht hat: „O mein Jesus, verzeih uns unsere Sünden! Bewahre uns vor dem Feuer der Hölle! Führe alle Seelen in den Himmel, besonders jene, die deiner Barmherzigkeit am meisten bedürfen.“

8. Bete das „Vaterunser", wiederhole Nr. 6 und 7 und verfahre mit dem dritten, vierten und fünften Geheimnis genauso.

9. Bete das „Sei gegrüßt, o Königin" an der Medaille (Zwischenstück), wenn du die fünf Gesätze beendet hast, und mache dann das Kreuzzeichen.

In der Regel werden je nach Jahreszeit die freudenreichen Geheimnisse am Montag und Samstag, die schmerzhaften Geheimnisse am Dienstag und Freitag, die glorreichen Geheimnisse am Mittwoch und Sonntag und die lichtreichen Geheimnisse am Donnerstag gebetet.

Die Gebete des Rosenkranzes

KREUZZEICHEN
Im Namen des Vaters und des Sohnes und des Heiligen Geistes. Amen.

DAS APOSTOLISCHE GLAUBENSBEKENNTNIS
Ich glaube an Gott, den Vater, den Allmächtigen, den Schöpfer des Himmels und der Erde, und an Jesus Christus, Seinen eingeborenen Sohn, unserm Herrn, empfangen durch den Heiligen Geist, geboren von der Jungfrau Maria, gelitten unter Pontius Pilatus, gekreuzigt, gestorben und begraben, hinabgestiegen in das Reich des Todes, am dritten Tage auferstanden von den Toten, aufgefahren in den Himmel; Er sitzt zur rechten Hand Gottes, des allmächtigen Vaters, von dort wird Er kommen, zu richten die Lebenden und die Toten. Ich glaube an den Heiligen Geist, die heilige katholische Kirche, Gemeinschaft der Heiligen, Vergebung der Sünden, Auferstehung der Toten und das ewige Leben. Amen.

DAS VATERUNSER

Vater unser im Himmel, geheiligt werde dein Name. Dein Reich komme. Dein Wille geschehe, wie im Himmel so auf Erden. Unser tägliches Brot gib uns heute. Und vergib uns unsere Schuld, wie auch wir vergeben unseren Schuldigern. Und führe uns nicht in Versuchung, sondern erlöse uns von dem Bösen.

DAS AVE MARIA

Gegrüßet seist du, Maria, voll der Gnade, der Herr ist mit dir. Du bist gebenedeit unter den Frauen und gebenedeit ist die Frucht deines Leibes Jesus. Heilige Maria, Muttergottes, bitte für uns Sünder jetzt und in der Stunde unseres Todes. Amen.

DAS EHRE SEI DEM VATER

Ehre sei dem Vater und dem Sohn und dem Heiligen Geist, wie im Anfang, so auch jetzt und alle Zeit und in Ewigkeit. Amen.

DAS FÁTIMA-GEBET

O mein Jesus, verzeih uns unsere Sünden! Bewahre uns vor dem Feuer der Hölle! Führe alle Seelen in den Himmel, besonders jene, die deiner Barmherzigkeit am meisten bedürfen.

DAS SALVE REGINA

Sei gegrüßt, o Königin, Mutter der Barmherzigkeit, unser Leben, unsre Wonne und unsre Hoffnung, sei gegrüßt. Zu dir rufen wir verbannte Kinder Evas, zu dir seufzen wir trauernd und weinend in diesem Tal der Tränen. Wohlan denn, unsre Fürsprecherin, wende deine barmherzigen Augen uns zu und nach diesem Elend zeige uns Jesus, die gebenedeite Frucht deines Leibes. O gütige, o milde, o süße Jungfrau Maria. Amen.

OPTIONALES GEBET
O Gott, dessen eingeborener Sohn durch Sein Leben, Seinen Tod und Seine Auferstehung den Lohn des ewigen Lebens für uns erkauft hat: Gewähre uns, während wir die Geheimnisse des heiligen Rosenkranzes der heiligsten Jungfrau Maria erwägen, dass wir nachahmen können, was sie enthalten und erhalten, was sie versprechen, durch denselben Christus, unseren Herrn. Amen.

Der Wortlaut des Apostolischen Glaubensbekenntnisses entspricht dem Römischen Messbuch.

Die Geheimnisse des Rosenkranzes

~ Die freudenreichen Geheimnisse ~

Erstes freudenreiches Geheimnis:
DIE VERKÜNDIGUNG

Der Engel trat bei ihr ein und sagte: „Sei gegrüßt, du Begnadete, der Herr ist mit dir" (Lk 1,28).

Vaterunser, 10 Ave Maria
mit der Einfügung: Den du, o Jungfrau, vom Heiligen Geist empfangen hast.
Ehre sei dem Vater usw.

FRUCHT DES GEHEIMNISSES: DEMUT

Zweites freudenreiches Geheimnis:
DIE HEIMSUCHUNG

Da wurde Elisabet vom Heiligen Geist erfüllt und rief mit lauter Stimme: „Gesegnet bist du unter den Frauen und gesegnet ist die Frucht deines Leibes“ (Lk 1,41-42).

Vaterunser, 10 Ave Maria
mit der Einfügung: Den du, o Jungfrau, zu Elisabet getragen hast.
Ehre sei dem Vater usw.

FRUCHT DES GEHEIMNISSES: NÄCHSTENLIEBE

Drittes freudenreiches Geheimnis:
DIE GEBURT JESU

Sie gebar ihren Sohn, den Erstgeborenen. Sie wickelte ihn in Windeln und legte ihn in eine Krippe, weil in der Herberge kein Platz für sie war (Lk 2,7).

Vaterunser, 10 Ave Maria
mit der Einfügung: Den du, o Jungfrau, in Betlehem geboren hast.
Ehre sei dem Vater usw.

FRUCHT DES GEHEIMNISSES: ARMUT

Viertes freudenreiches Geheimnis:
DIE DARSTELLUNG IM TEMPEL

Als sich für sie die Tage der vom Gesetz des Mose vorgeschriebenen Reinigung erfüllt hatten, brachten sie das Kind nach Jerusalem hinauf, um es dem Herrn darzustellen, wie im Gesetz des Herrn geschrieben ist: Jede männliche Erstgeburt soll dem Herrn heilig genannt werden (Lk 2,22-23).

Vaterunser, 10 Ave Maria
mit der Einfügung: Den du, o Jungfrau, im Tempel aufgeopfert hast.
Ehre sei dem Vater usw.

FRUCHT DES GEHEIMNISSES: GEHORSAM

Fünftes freudenreiches Geheimnis:
DIE AUFFINDUNG DES
JESUSKINDES IM TEMPEL

Nach drei Tagen fanden sie Ihn im Tempel; Er saß mitten unter den Lehrern, hörte ihnen zu und stellte Fragen (Lk 2,46).

Vaterunser, 10 Ave Maria
mit der Einfügung: Den du, o Jungfrau, im Tempel wiedergefunden hast.
Ehre sei dem Vater usw.

FRUCHT DES GEHEIMNISSES:
FREUDE DARAN, JESUS ZU FINDEN

~ Die lichtreichen Geheimnisse ~

Erstes lichtreiches Geheimnis:
DIE TAUFE JESU

Als Jesus getauft war, … da öffnete sich der Himmel und Er sah den Geist Gottes wie eine Taube auf sich herabkommen. Und siehe, eine Stimme aus dem Himmel sprach: „Dieser ist Mein geliebter Sohn, an dem Ich Wohlgefallen gefunden habe“ (Mt 3,16-17).

Vaterunser, 10 Ave Maria
mit der Einfügung: Der von Johannes getauft worden ist.
Ehre sei dem Vater usw.

FRUCHT DES GEHEIMNISSES:
ÖFFNUNG FÜR DEN HEILIGEN GEIST

Zweites lichtreiches Geheimnis:
DIE HOCHZEIT ZU KANA

Seine Mutter sagte zu den Dienern: „Was Er euch sagt, das tut!“ … Jesus sagte zu den Dienern: „Füllt die Krüge mit Wasser!“ Und sie füllten sie bis zum Rand (Joh 2,5-7).

Vaterunser, 10 Ave Maria
mit der Einfügung: Der sich bei der Hochzeit in Kana offenbart hat.
Ehre sei dem Vater usw.

FRUCHT DES GEHEIMNISSES: DURCH MARIA ZU JESUS

Drittes lichtreiches Geheimnis:
DIE VERKÜNDIGUNG DES REICHES GOTTES

„Geht und verkündet: ‚Das Himmelreich ist nahe!' Heilt Kranke, weckt Tote auf, macht Aussätzige rein, treibt Dämonen aus! Umsonst habt ihr empfangen, umsonst sollt ihr geben!" (Mt 10,7-8).

Vaterunser, 10 Ave Maria
mit der Einfügung: Der uns das Reich Gottes verkündet hat.
Ehre sei dem Vater usw.

FRUCHT DES GEHEIMNISSES:
REUE UND VERTRAUEN AUF GOTT

Viertes lichtreiches Geheimnis:
DIE VERKLÄRUNG

Und während Er betete, veränderte sich das Aussehen Seines Gesichtes und Sein Gewand wurde leuchtend weiß. Da erscholl eine Stimme aus der Wolke: Dieser ist Mein auserwählter Sohn, auf Ihn sollt ihr hören (Lk 9, 29,35).

Vaterunser, 10 Ave Maria
mit der Einfügung: Der auf dem Berg verklärt worden ist.
Ehre sei dem Vater usw.

FRUCHT DES GEHEIMNISSES:
SEHNSUCHT NACH HEILIGKEIT

Fünftes lichtreiches Geheimnis:
DIE EINSETZUNG DER HEILIGEN EUCHARISTIE

Und Er nahm Brot, sprach das Dankgebet, brach es und reichte es ihnen mit den Worten: Das ist Mein Leib, der für euch hingegeben wird. Ebenso nahm Er nach dem Mahl den Kelch und sagte: Dieser Kelch ist der Neue Bund in Meinem Blut, das für euch vergossen wird (Lk 22,19-20).

Vaterunser, 10 Ave Maria
mit der Einfügung: Der uns die Heilige Eucharistie geschenkt hat.
Ehre sei dem Vater usw.

FRUCHT DES GEHEIMNISSES: ANBETUNG

~ Die schmerzhaften Geheimnisse ~

Erstes schmerzhaftes Geheimnis:
DIE TODESANGST IM GARTEN GETSEMANI

Und Er betete in Seiner Angst noch inständiger und Sein Schweiß war wie Blut, das auf die Erde tropfte. Nach dem Gebet stand Er auf, ging zu den Jüngern zurück und fand sie schlafend; denn sie waren vor Kummer erschöpft (Lk 22,44-45).

Vaterunser, 10 Ave Maria
mit der Einfügung: Der für uns Blut geschwitzt hat.
Ehre sei dem Vater usw.

FRUCHT DES GEHEIMNISSES:
BETRÜBNIS ÜBER DIE SÜNDE

Zweites schmerzhaftes Geheimnis:
DIE GEISSELUNG

Darauf nahm Pilatus Jesus und ließ Ihn geißeln (Joh 19,1).

Vaterunser, 10 Ave Maria
mit der Einfügung: Der für uns gegeißelt worden ist.
Ehre sei dem Vater usw.

FRUCHT DES GEHEIMNISSES: REINHEIT

Drittes schmerzhaftes Geheimnis:
DIE DORNENKRÖNUNG

Sie zogen Ihn aus und legten Ihm einen purpurroten Mantel um. Dann flochten sie einen Kranz aus Dornen; den setzten sie Ihm auf das Haupt und gaben Ihm einen Stock in die rechte Hand (Mt 27,28-29).

Vaterunser, 10 Ave Maria
mit der Einfügung: Der für uns mit Dornen gekrönt worden ist.
Ehre sei dem Vater usw.

FRUCHT DES GEHEIMNISSES: MUT

Viertes schmerzhaftes Geheimnis:
JESUS TRÄGT SEIN KREUZ

Er selbst trug das Kreuz und ging hinaus zur sogenannten Schädelstätte, die auf Hebräisch Golgota heißt (Joh 19,17).

Vaterunser, 10 Ave Maria
mit der Einfügung: Der für uns das schwere Kreuz getragen hat.
Ehre sei dem Vater usw.

FRUCHT DES GEHEIMNISSES: GEDULD

Fünftes schmerzhaftes Geheimnis:
DIE KREUZIGUNG

Jesus rief mit lauter Stimme: „Vater, in Deine Hände lege ich Meinen Geist." Mit diesen Worten hauchte Er den Geist aus (Lk 23,46).

Vaterunser, 10 Ave Maria
mit der Einfügung: Der für uns gekreuzigt worden ist.
Ehre sei dem Vater usw.

FRUCHT DES GEHEIMNISSES:
BEHARRLICHKEIT

~ Die glorreichen Geheimnisse ~

Erstes glorreiches Geheimnis: DIE AUFERSTEHUNG

„Erschreckt nicht! Ihr sucht Jesus von Nazareth, den Gekreuzigten. Er ist auferstanden; Er ist nicht hier. Seht, da ist die Stelle, wohin man Ihn gelegt hat“ (Mk 16,6).

Vaterunser, 10 Ave Maria
mit der Einfügung: Der von den Toten auferstanden ist.
Ehre sei dem Vater usw.

FRUCHT DES GEHEIMNISSES: GLAUBE

Zweites glorreiches Geheimnis: DIE HIMMELFAHRT

Nachdem Jesus, der Herr, dies zu ihnen gesagt hatte, wurde Er in den Himmel aufgenommen und setzte sich zur Rechten Gottes (Mk 16,19).

Vaterunser, 10 Ave Maria
mit der Einfügung: Der in den Himmel aufgefahren ist.
Ehre sei dem Vater usw.

FRUCHT DES GEHEIMNISSES: HOFFNUNG

Drittes glorreiches Geheimnis:
DIE SENDUNG DES HEILIGEN GEISTES

Alle wurden vom Heiligen Geist erfüllt und begannen, in anderen Sprachen zu reden, wie es der Geist ihnen eingab (Apg 2,4).

Vaterunser, 10 Ave Maria
mit der Einfügung: Der uns den Heiligen Geist gesandt hat.
Ehre sei dem Vater usw.

FRUCHT DES GEHEIMNISSES: GOTTESLIEBE

Viertes glorreiches Geheimnis:
DIE AUFNAHME MARIENS IN DEN HIMMEL

Du bist der Ruhm Jerusalems, … du bist der Stolz unseres Volkes. Mit deiner Hand hast du das alles getan, du hast segensreiche Taten für Israel vollbracht und Gott hat daran Gefallen gehabt. Sei gesegnet vom Herrn, dem Allmächtigen, für ewige Zeiten! (Jth 15,9-10).

Vaterunser, 10 Ave Maria
mit der Einfügung: Der dich, o Jungfrau, in den Himmel aufgenommen hat.
Ehre sei dem Vater usw.

FRUCHT DES GEHEIMNISSES:
GNADE EINES GLÜCKSELIGEN TODES

Fünftes glorreiches Geheimnis: DIE KRÖNUNG MARIENS

Dann erschien ein großes Zeichen am Himmel: eine Frau, mit der Sonne bekleidet; der Mond war unter ihren Füßen und ein Kranz von zwölf Sternen auf ihrem Haupt (Offb 12,1).

Vaterunser, 10 Ave Maria
mit der Einfügung: Der dich, o Jungfrau, im Himmel gekrönt hat.
Ehre sei dem Vater usw.

FRUCHT DES GEHEIMNISSES:
VERTRAUEN AUF MARIAS FÜRSPRACHE

Wie man ein Kämpfer des Rosenkranzes wird

Um ein Kämpfer des Rosenkranzes zu sein, ist es nicht notwendig, Bücher über den Rosenkranz zu schreiben oder Vorträge über ihn zu halten. Alles, was man braucht, ist ein Herz, das dem Heiligen Geist gefügig ist, und der Wunsch, den Rosenkranz bekannter zu machen. Hier sind drei einfache Methoden, die es jedem ermöglichen, ein Kämpfer des Rosenkranzes zu werden:

1) Bete den Rosenkranz

Während eines päpstlichen Besuchs im Heiligtum Unserer Lieben Frau vom Rosenkranz in Pompeji gab Papst Benedikt XVI. folgende Erklärung ab, was erforderlich ist, um ein Kämpfer des Rosenkranzes zu werden. Er erklärte:

> Aber um Apostel des Rosenkranzes zu sein, muss man die Schönheit und die Tiefe dieses einfachen und jedem Menschen zugänglichen Gebets persönlich erfahren. Vor allem muss man sich von der Jungfrau Maria an der Hand führen lassen, um das Antlitz Christi zu betrachten: ein freudenreiches, lichtreiches, schmerzhaftes und glorreiches Antlitz.[1]

Mit anderen Worten, man kann nicht geben, was man nicht hat. Daher ist es zunächst notwendig, dass eine Person selbst den Rosenkranz betet; nur dann kann sie wirklich und effektiv ein Apostel und Kämpfer des Rosenkranzes werden. Aus der persönlichen Erfahrung und der Liebe zum Rosenkranz werden Kämpfer und Apostel des Rosenkranzes geboren.

Wenn man sich für den Rosenkranz einsetzt, ist es wichtig, daran zu denken, dass es beim Beten des Rosenkranzes nicht darum geht, gute Gefühle zu erleben. Wie in jeder Beziehung kommen und gehen die angenehmen Gefühle oft. Was die Treue in einer Beziehung ausmacht, ist die Beharrlichkeit in schwierigen und trockenen Zeiten. Kämpfer des Rosenkranzes sind Menschen, die den Rosenkranz beharrlich beten, egal, was passiert. Die Liebe erträgt Trockenheit und ist in allen Jahreszeiten des Lebens beständig, ob diese nun freudig, lichtreich, schmerzhaft oder glorreich sind. Der heilige Ludwig von Montfort wusste das und schrieb über das beharrliche Beten des Rosenkranzes Folgendes:

> In Trockenheit, Widerwillen und innerer Verlassenheit unterlasse nie den geringsten Teil deines Rosenkranzes; das wäre ein Zeichen von Stolz und Untreue. Als wackerer Kämpfer Jesu und Mariä bete vielmehr ganz trocken, ohne etwas zu sehen, zu fühlen, noch zu kosten, dein Vaterunser und Ave Maria, indem du die Geheimnisse so gut als möglich betrachtest.[2]

Wahre Kämpfer des Rosenkranzes geben niemals auf!

2) Ermutige andere, den Rosenkranz zu beten

Es ist nur natürlich, dass man, nachdem man die Macht des Rosenkranzes zur Überwindung des Bösen erfahren hat, den Wunsch hat, das große geistliche Schwert an andere weiterzugeben. Wie der heilige Ludwig von Montfort sollten wir der ganzen Welt das wunderbare Geheimnis des Rosenkranzes verkünden wollen, damit auch sie von seiner Kraft profitieren kann. Ein Kämpfer des Rosenkranzes wird eine

Fülle von Mitteln zur Verfügung haben, um die Verehrung des Rosenkranzes an andere weiterzugeben, wie z.B. zu beten, dass andere mit der gleichen brennenden Liebe für die Gottesmutter und ihren Rosenkranz entflammt werden wie die großen Kämpfer, von denen wir in diesem Buch gelesen haben, sowie Rosenkränze zu verteilen und gute Bücher über den Rosenkranz an Familienmitglieder, Freunde, Patenkinder, Gemeindemitglieder und Kollegen zu verschenken. Wie du in diesem Buch gelesen hast, folgten viele Heilige dieser letzten Methode, den Rosenkranz durch das Verteilen guter Bücher zu verbreiten. Der sel. Giacomo Alberione sagte diese ermutigenden Worte darüber, wie man den Rosenkranz verbreiten kann:

> Macht Maria bei den anderen bekannt und beliebt. Ladet alle ein, zu Maria zu gehen. Wo Maria eintritt, folgt Jesus. *Durch Maria zu Jesus.* Fördert das Beten des Rosenkranzes in jeder Familie. Die Früchte werden zahllos sein und wir werden sie erst im Himmel zählen können. Verbreitet Bücher und Broschüren über den Rosenkranz, sprecht über diese Andacht, ermahnt zu ihrem Beten bei allen guten Gelegenheiten, die sich bieten. Gebt auch das Beispiel: Der Rosenkranz bezeugt sich selbst. Wer den Rosenkranz in den Händen eines anderen sieht, wird den Wunsch verspüren, dasselbe zu tun, wird eine erste Gnade empfangen, das heißt, er wird zumindest einen guten Gedanken fassen.[3]

Als konkrete Möglichkeit, das Wissen über den Rosenkranz weiterzugeben, wird empfohlen, dass ein Kämpfer des Rosenkranzes versucht, Exemplare der folgenden drei Bücher über den Rosenkranz zu verschenken:

- *Der Heilige Rosenkranz, Das wunderbare Geheimnis der Bekehrung und des Heiles* vom heiligen Ludwig von Montfort
- *Kämpfer des Rosenkranzes: Die Geschichte und die Herolde einer geistlichen Waffe* von Pater Donald Calloway MIC
- *Rosary Gems: Daily Wisdom on the Holy Rosary* von P. Donald Calloway MIC (leider nur in Englisch erhältlich)

Zusätzlich zur Evangelisierung solltet ihr versuchen, eine Rosenkranzgebetsgruppe zu gründen, wenn es in eurer Pfarrei noch keine gibt. Holt jedoch immer zuerst die Erlaubnis des Pfarrers der Gemeinde ein. Meistens stehen die Pfarrer solchen Praktiken sehr wohlwollend gegenüber und haben kein Problem damit, wenn Menschen vor oder nach der Heiligen Messe den Rosenkranz beten. Die meisten Priester sind der Meinung, dass diese Praxis ein größeres Gefühl der Hingabe in den Herzen und Seelen ihrer Gemeindemitglieder fördert und zu einer größeren Beteiligung am Leben der Kirche führt.

Eine andere Möglichkeit, die Gläubigen zum Beten des Rosenkranzes zu ermutigen, ist, wie der sel. Alberione und so viele andere Heilige festgestellt haben, damit zu beginnen, ihn als Familie und als Ehepartner zu beten. Es ist auch eine sehr lobenswerte Praxis, wenn eine Familie eine wöchentliche Rosenkranzgebetsgruppe in ihrem Haus initiiert und andere Familien und Gemeindemitglieder zum Rosenkranzgebet einlädt. Sobald sich diese Praxis durchgesetzt hat, können die Familien und Gemeindemitglieder beginnen, sich in den Wohnungen abzuwechseln, so dass eine Glaubensgemeinschaft entsteht und Beziehungen aufgebaut werden. Diese Praxis wird mit Sicherheit fromme katholische Gemeinschaften hervorbringen und dabei helfen, heilige Familien und fromme Pfarreien aufzubauen. Wie auch immer ihr andere zum Rosenkranzgebet ermutigen wollt, denkt an die Worte des heiligen Ludwig von Montfort: „Die Muttergottes begünstigt nicht nur die Prediger des Rosenkranzes, sondern belohnt auch jene, die durch ihr Beispiel andere zu dieser Andacht aneifern."[4]

3) Treten Sie einer offiziellen Organisation bei, die den Rosenkranz fördert

Der Beitritt zu einer offiziellen Organisation, die den Rosenkranz fördert, ist eine außergewöhnliche Möglichkeit, sich für den Rosenkranz einzusetzen und an den geistlichen Vorteilen der Organisation teilzuhaben. Viele dieser Organisationen fungieren als geistliche Hilfsvereine und bieten ihren Mitgliedern viele Segnungen. Organisationen wie die Vereinigung der Helfer der Marianer, der Club des Dreizehnten des Monats, die Legion Mariens, die Schönstatt-Rosenkranzkampagne, die Militia Immaculatae, das Weltapostolat von Fátima und die Holy Cross Family Ministries sind einige der großartigen Organisationen, denen ihr beitreten könnt, um den Rosenkranz zu verbreiten.

Zwei Rosenkranzorganisationen, die ich besonders empfehle, sind der Dreizehnte des Monats Club und die Rosenkranzbruderschaft. Der Club des Dreizehnten des Monats mit Sitz in Stockbridge, Massachusetts, wird von den Marianern der Unbefleckten Empfängnis betrieben, der religiösen Kongregation, der ich angehöre. Die Marianer betreiben das Nationale Heiligtum der Göttlichen Barmherzigkeit in Stockbridge und sind eine eifrige Gruppe von Männern, die die Verehrung Unserer Lieben Frau (insbesondere der Unbefleckten Empfängnis), die Botschaft und Verehrung der Göttlichen Barmherzigkeit, die Marienweihe und den Rosenkranz fördern. Als geistlicher Leiter des Clubs der Dreizehnten des Monats kann ich euch versichern, dass es sich lohnt, dieser Gruppe beizutreten, dass es eine großartige Möglichkeit ist, sich für den Rosenkranz einzusetzen, und dass es ein echtes Mittel zur Unterstützung einer sehr wahrhaftigen marianischen Ordensgemeinschaft darstellt. Ich möchte euch dringend ermutigen, mehr über den Club des Dreizehnten des Monats zu erfahren und Mitglied zu werden:

Club der Dreizehnten des Monats
Eden Hill
Stockbridge, MA 01263
1-800-462-7426
www.marian.org/13th

Die andere Rosenkranzorganisation, die ich sehr empfehle, ist die Rosenkranzbruderschaft. Dies ist die weltweite Organisation, die vom heiligen Dominikus gegründet wurde, vom sel. Alanus de Rupe erneuert wurde und von vielen Päpsten gefördert wurde. In den Vereinigten Staaten könnt ihr die Bruderschaft an einem der beiden folgenden Orte kontaktieren:

Die Rosenkranzbruderschaft
PO Box 3617
Portland, OR 97208
1-503-236-8393
www.rosary-center.org

Die Rosenkranzbruderschaft
280 North Grant Ave
Columbus, OH 43215
1-614-240-5929
www.rosaryconfraternity.org

Zusätzlich zu den obengenannten Rosenkranz-Organisationen empfehle ich allen katholischen Männern, sich der Bewegung der Heiligen Liga anzuschließen, die 2014 in Wisconsin gegründet wurde. Diese Organisation hat ihr geistliches Hauptquartier am Heiligtum Unserer Lieben Frau von Guadalupe in La Crosse, Wisconsin; Kardinal Raimund Burke ist ihr geistliches Oberhaupt. Die Heilige Liga ist ein in einer Pfarrei angesiedeltes Netzwerk von Männern, die sich dem Kampf gegen die Übel unserer Zeit verschrieben haben, und zwar durch eine monatliche eucharistische Heilige Stunde, in der das Sakrament der Beichte gespendet und der Rosenkranz gebetet wird. Dies geschieht in dem Bemühen, katholischen Männern zu helfen, in der Kraft der Gnade stark zu bleiben.

Heilige Liga
Postfach 1266
La Crosse, WI 54602
www.holyleague.com

Für Deutschland:

Rosenkranzbruderschaftskirche St. Johann (Rot an der Rot)
Rosenkranzbruderschaft zum Herrn im Elend und zur unbefleckt empfangenen Mutter vom Sieg, Wigratzbad
Rosenkranzbruderschaft Aiterhofen
Rosenkranzbruderschaft Auerbach
Rosenkranzbruderschaft Eggolsheim
Rosenkranz-Gottes-Hülfe-Brüderschaft Stade von 1482
Rosenkranzbruderschaft Dasing
Rosenkranzbruderschaft an der Würzburger Marienkapelle

50667 Köln http://gemeinden.erzbistum-koeln.de/st_andreas_koeln/kirche/rosenkranzbruderschaft

79877 Friedenweiler http://www.kath-friedenweiler-eisenbach.de/html/rosenkranzbruderschaft.html?t=

84453 Mühldorf a. Inn http://aktuell.meinestadt.de/muehldorf-inn/2011/03/01/rosenkranzbruderschaft-beleben/

85072 Eichstätt http://www.bistum-eichstaett.de/pfarrei/buchdorf/rosenkranzbruderschaft/

94330 Aiterhofen http://www.pfarramt-aiterhofen.de/html/rosenkranzbruderschaft.html

97072 Würzburg http://rosenkranzbruderschaft-wuerzburg.de/bwo/dcms/sites/bistum/extern/rosenkranzbruderschaft/index.html

Die 15 Versprechen der Muttergottes an die Rosenkranzbeter

1. Diejenigen, welche meinen Rosenkranz beharrlich beten, erlangen eine besondere Gnade.

2. Ich verspreche jenen, die andächtig den Psalter meines Rosenkranzes beten, große Gnaden und meinen besonderen Schutz.

3. Der Rosenkranz ist ein mächtiger Schild gegen den höllischen Feind; er vernichtet das Laster, verhindert die Sünde und rottet die Irrlehre aus.

4. Der Rosenkranz bewirkt das Wiederaufblühen der Tugend und Werke der Gottseligkeit. Durch ihn wird den Seelen die Fülle der göttlichen Erbarmungen zuteil; indem sie sich von der eitlen Anhänglichkeit an die Güter dieser Welt losschälen, werden sie erfüllt von dem Verlangen nach den ewigen Gütern: Viele Seelen werden durch den heiligen Rosenkranz gerettet.

5. Die Seele, welche in rechter Weise durch meinen Rosenkranz ihre Zuflucht zu mir nimmt, geht nicht verloren.

6. Alle diejenigen, welche andächtig den Rosenkranz beten und dabei die Geheimnisse betrachten, werden vom Unglücke nicht niedergebeugt und vor dem unvorhergesehenen Tod bewahrt bleiben. Sind sie in Sünden, so werden sie die Gnade der Bekehrung erlangen; die Gnade der Beharrlichkeit aber, wenn sie gerecht sind, und sie werden würdig befunden werden des ewigen Lebens.

7. Die Gläubigen, welche eine wahre Andacht zu meinem Rosenkranz haben, werden nicht ohne Empfang der heiligen Sakramente sterben.

8. Ich will, dass jene, die meinen Rosenkranz andächtig beten, während ihres Lebens und im Augenblicke ihres Todes der Fülle göttlicher Erleuchtungen und Gnaden teilhaftig werden, sowie der Verdienste der Heiligen Gottes.

9. Jeden Tag befreie ich aus dem Fegefeuer die Seelen, welche in ihrem Leben die Andacht des heiligen Rosenkranzes beharrlich gepflegt haben.

10. Denen, die wahrhaft andächtig meinen Rosenkranz beten, wird im Himmel eine besondere Glorie zuteilwerden.

11. Alles, was man mich vermittelst des heiligen Rosenkranzes bittet, wird man erhalten.

12. Diejenigen, welche an der Verbreitung meines Rosenkranzes arbeiten, werden in all ihren Nöten meine Hilfe erfahren.

13. Ich habe von meinem göttlichen Sohn die Gnade erlangt, dass alle, welche der Bruderschaft vom heiligen Rosenkranz einverleibt sind, die glückseligen Bewohner des Himmels zu ihren Brüdern und Schwestern haben während ihres Lebens und in der Stunde des Todes.

14. Diejenigen, welche meinen Rosenkranz beten, sind meine bevorzugten Kinder und Brüder Jesu Christi, meines eingeborenen Sohnes.

15. Die Andacht zum heiligen Rosenkranz ist ein besonderes Merkmal der Auserwählung.

Imprimatur: Patrick J. Hayes, D.D.; Archbishop of New York, USA.

Die Ablässe des Rosenkranzes

> [Dem Volk bleiben so viele und so große Ablässe unbekannt,] weil die Prediger dieser Andacht fast nie davon sprechen und sich oft damit begnügen, eine landläufige Rosenkranzpredigt zu halten, die nur Bewunderung erregt, aber keine tiefgründige Belehrung vermittelt.[1]
>
> ~ Hl. Ludwig von Montfort

Die obigen Worte dienen als Erinnerung daran, dass die Kirche im Laufe der Jahrhunderte viele Ablässe für diejenigen gewährt hat, die den Rosenkranz beten. Die katholische Kirche ist das Lagerhaus der Gnaden der Erlösung und der Erlöser wirkt durch Seinen mystischen Leib, um viele dieser Gnaden in Form von Ablässen an die Seelen zu verteilen. Diese Gaben sind keine Zauberei, sondern Gnaden und Barmherzigkeit, die aus dem Herzen eines barmherzigen Gottes fließen, der Seine Kinder liebt. Unser himmlischer Vater ist mehr als bereit, uns mit Seiner Barmherzigkeit und Liebe zu verwöhnen.

Am 1. Januar 1967 verkündete der heilige Papst Paul VI. in einer Apostolischen Konstitution mit dem Titel *Indulgentiarum Doctrina* eine Revision der heiligen Ablässe, die der Kirche zur Verfügung stehen. Sie wurde am 29. Juni 1968 veröffentlicht und hat seitdem mehrere Auflagen erlebt. Am 5. Juli 1999 genehmigte der heilige Johannes Paul II. in Vorbereitung auf die Jubiläumsfeierlichkeiten zum dritten christlichen Jahrtausend eine überarbeitete vierte Auflage. Am 12. Oktober 2005 genehmigte die Apostolische Pönitentiarie in Rom die englische Übersetzung des Textes, die heute als *Handbuch der Ablässe* bekannt ist.

Nachfolgend sind die ausgewählten und einschlägigen Normen aus dem *Handbuch der Ablässe* aufgeführt, die dem Leser helfen sollen zu verstehen, was ein Ablass ist (Voll- oder Teilablass), wie oft er erlangt werden kann und welche Bedingungen erfüllt sein müssen, um ihn zu erlangen. Am Ende des Buches werden die spezifischen Ablässe aus dem *Handbuch der Ablässe* vorgestellt, die die Kirche denjenigen anbietet, die den Rosenkranz beten.

Normen

n. 1 – Der Ablass ist der von Gott gewährte Nachlass zeitlicher Strafe für der Schuld nach bereits getilgte Sünden. Der Gläubige kann ihn bei entsprechender Vorbereitung und unter bestimmten und festgelegten Bedingungen durch die Kirche erlangen. Die Kirche verwaltet und erteilt als Dienerin der Erlösung den Genugtuungsschatz Christi und der Heiligen.

n. 2 – Der Ablass ist teilweise oder vollkommen, je nachdem er von zeitlicher Sündenstrafe teilweise oder vollständig befreit.

n. 3 – Niemand kann gewonnene Ablässe anderen noch lebenden Personen zuwenden.

n. 4 – Sowohl die Teilablässe als auch die vollkommenen Ablässe können fürbittend den Verstorbenen zugewendet werden.

n. 19 – Der Gläubige, der einen von einem Priester rechtmäßig geweihten Andachtsgegenstand (Kruzifix, Kreuz, Rosenkranz, Skapulier, Medaille) in frommer Gesinnung benützt, erlangt einen Teilablass.

n. 22,1 – Wer einen Ablass gewinnen will, muss getauft und darf nicht exkommuniziert sein. Er muss sich mindestens bei Beendigung des vorgeschriebenen Werkes im Stande der Gnade befinden und ein Glied der Kirche sein.

n. 24,1 – Ein Vollablass kann nur einmal am Tag gewonnen werden.

n. 26 – Ein Vollablass kann nur gewonnen werden, wenn die damit verbundene Verrichtung und folgende drei Bestimmungen erfüllt werden: sakramentale Beichte, eucharistische Kommunion und das Gebet nach der Meinung des Heiligen Vaters. Auch ist erforderlich, dass jegliche Anhänglichkeit an irgendwelche, auch lässliche, Sünde ausgeschlossen sei.

- Diese drei Bedingungen können an mehreren Tagen, vor oder nach Verrichtung des vorgeschriebenen Werkes, erfüllt werden. Es ist jedoch üblich, dass Kommunion und Gebet nach Meinung des Heiligen Vaters an dem Tag erfolgen, an dem auch das vorgeschriebene Werk verrichtet wird.
- Die Bedingung zum Gebet nach Meinung des Heiligen Vaters wird voll erfüllt, wenn nach dessen Meinung einmal das Vaterunser und das Ave Maria gebetet wird. Die Gläubigen können jedoch auch ein anderes Gebet nach ihrem persönlichen Eifer verrichten.

* Viele Zahlen wurden nicht aufgeführt, weil sie für das vorliegende Thema nicht relevant sind.

Gewährungen

Gebete an die selige Jungfrau Maria

Ein vollkommener Ablass wird demjenigen Christgläubigen gewährt, der

- den Rosenkranz in frommer Weise betet in einer Kirche oder einer öffentlichen Kapelle oder auch in der Familie,

einer religiösen Gemeinschaft, einer christlichen Vereinigung und überhaupt, wenn mehrere zu irgendeinem ehrenhaften Zweck zusammenkommen;
- wenn er sich mit dem vom Papst vorgesprochenen Gebet, das über Fernsehen oder Radio übertragen wird, in frommer Weise verbindet.

Anmerkung:
Für die Gewinnung des vollkommenen Ablasses für das Rosenkranzgebet gilt:

A) Es genügt, ein Viertel des Rosenkranzes zu verrichten, jedoch müssen die fünf Gesätze (Geheimnisse) ohne Unterbrechung gebetet werden.
B) Das mündliche Beten muss von der geistlichen Betrachtung der Geheimnisse begleitet sein.
C) Beim öffentlichen (gemeinsamen) Gebet sollen die Geheimnisse – nach örtlicher Gewohnheit – erwähnt werden, beim privaten Beten genügt es, dass beim mündlichen Gebet der Gläubigen die Betrachtung der Geheimnisse damit verbunden wird.[2]

Anhang A: Der Rosenkranz in der Kunst

Ave Maria, gratia plena,
Dominus tecum.
Benedicta tu in mulieribus,
et benedictus fructus ventris tui,
Iesus.

Sancta Maria, Mater Dei,
ora pro nobis peccatoribus,
nunc, et in hora mortis nostrae.
Amen.

St. Michael und die Waage (15. Jahrhundert). Alabaster. Bildhauer unbekannt. Kapelle des Pembroke College. Cambridge, England. Mit Genehmigung verwendet.

Altarbild der Jungfrau des Rosenkranzes (um 1500). Ludovico Brea (1450-1523). Kirche von Biot, Frankreich/Bridgeman Images. Mit Erlaubnis verwendet.

Madonna des Rosenkranzes (1539). Lorenzo Lotto (1480-1557). Cingoli, Italien. Mondadori Portfolio/Electa/Antonio Quattrone/Bridgeman Images. Verwendung mit Genehmigung.

Madonna mit Kind (Anfang 16. Jahrhundert). Bernard van Orley (1487-1542). © Museo Nacional del Prado. Madrid, Spanien. Verwendung mit Genehmigung.

Madonna des Rosenkranzes (16. Jahrhundert). Bartolomeo Passerotti (1529-1592). Mondadori Portfolio/Electa/Vincenzo Negro/Bridgeman Images. Verwendung mit Genehmigung.

Der heilige Dominikus empfängt den Rosenkranz (16. Jahrhundert). Federico Fiori Barocci (1535-1612). Ashmolean Museum, Universität von Oxford, England/Bridgeman Image. Verwendung mit Genehmigung.

Madonna des Rosenkranzes (um 1569). Jacopo Zucchi (1540-1596). Chiesa di San Ilario, Bibbona, Italien/Bridgeman Images. Verwendung mit Genehmigung.

Madonna des Rosenkranzes (um 1605). Caravaggio (1571-1610). Kunsthistorisches Museum. Wien, Österreich. Gemeingut.

Madonna des Rosenkranzes (um 1615). Giovanni Battista Paggi (1554-1627). Accademia Ligustica di Bella Arti. Florenz, Italien/Bridgeman Images. Verwendung mit Genehmigung.

Die Vision des heiligen Dominikus (um 1640). Bernardo Cavallino (1616-1656). Die Nationalgalerie von Kanada, Ottawa. Mit Erlaubnis verwendet.

Rosenkranzmadonna mit dem heiligen Dominikus und der heiligen Katharina von Siena (um 1642). Giovanni Francesco Barbieri (Guercino) (1591-1666). Chiesa di San Marco. Osimo, Italien. Mit freundlicher Genehmigung von COMUNE di OSIMO. Verwendung mit Genehmigung.

Die Jungfrau des Rosenkranzes (um 1650). Bartolomé Esteban Murillo (1617-1682). © Museo Nacional del Prado. Madrid, Spanien/Bridgeman Images. Verwendung mit Genehmigung.

La Remise du Rosaire (17. Jahrhundert). Guillaume Perrier (1600-1656). Musée des Ursulines de Mâcon, Frankreich. Gemeingut.

Jungfrau vom Rosenkranz (17. Jahrhundert). Francisco de Zurbarán (1598-1664). Museum der Schönen Künste. Sevilla, Spanien. Verwendung mit Genehmigung.

Unsere Liebe Frau vom Rosenkranz (17. Jahrhundert). Giovanni Battista Salvi (Sassoferrato) (1609-1685). Kapelle der heiligen Katharina von Siena (Basilika von Santa Sabina). Rom, Italien. De Agostini Bildbibliothek/G. Nimatallah/Bridgeman Images. Verwendung mit Genehmigung.

Die Jungfrau, die dem heiligen Dominikus den Rosenkranz darbringt (1641). Gaspard de Crayer (1584-1669). Musée des Beaux-Arts, Valenciennes, Frankreich/Bridgeman Images. Mit Erlaubnis verwendet.

Unsere Liebe Frau vom Rosenkranz (17. Jahrhundert). Carlo Ceresa (1609-1679). Kirche San Francesco al Dosso. Lombardei, Italien. Sammlung Mondadori/Everett. Verwendung mit Genehmigung.

Madonna des Rosenkranzes (Ende des 17. Jahrhunderts). Bartolomé Esteban Murillo (1617-1682). © Dulwich Picture Gallery. London, England/Bridgeman Images. Verwendung mit Genehmigung.

Jungfrau des Rosenkranzes (Ende 17. Jahrhundert bis Anfang 18. Jahrhundert). Melchor Pérez de Holguín (1660-1732). Dallas Museum of Art. Die Sammlung Cleofas und Celia de la Garza, Geschenk von Mary de la Garza-Hanna und Virginia de la Garza und einem anonymen Spender. Verwendung mit Genehmigung.

Der heilige Dominikus empfängt den Rosenkranz von der Jungfrau Maria (um 1700). Zuschreibung an Pier Leone Ghezzi (1674-1755). Das Fitzwilliam Museum. Cambridge, England/ Bridgeman Images. Verwendung mit Genehmigung.

Rosenkranzmadonna mit dem heiligen Dominikus, der heiligen Katharina, der heiligen Maria Magdalena und dem heiligen Josef (1732). Luigi Crespi (1709-1779). Monastero di San Niccolo Prato, Toskana, Italien/Bridgeman Images. Verwendung mit Genehmigung.

Rosenkranzmadonna mit den heiligen Dominikus und Franziskus (Anfang 18. Jahrhundert) Nicolo Grassi (1682-1748). Fotografiert von Bojan Salaj. © Narodna galerija, Ljubljana, Slowenien. Verwendung mit Genehmigung.

Unsere Liebe Frau von Las Lajas (1754). Kolumbien, Südamerika. Joana Toro/VIEWpress. Mit Genehmigung verwendet.

Madonna des Rosenkranzes (18. Jahrhundert). Giovanni Battista Tiepolo (1696-1770). Privatsammlung/Bridgeman Images. Verwendung mit Genehmigung.

Die Jungfrau des Rosenkranzes in der Glorie mit dem heiligen Dominikus und der heiligen Katharina von Siena (um 1800).
Vicente Lopez (1772-1850). Privatsammlung.

Unsere Liebe Frau vom Rosenkranz von Pompeji (19. Jahrhundert). Künstler Unbekannt. Basilika Unserer Lieben Frau vom Rosenkranz in Pompeji, Italien.

Kämpfer des Rosenkranzes von Vivian Imbruglia. (2016).
In Auftrag gegeben von P. Donald H. Calloway MIC.
www.sacredimageicons.com.

Die 26 Meister des Rosenkranzes von Maria Madonna Bouza Urbina. (2016). In Auftrag gegeben von P. Donald H. Calloway MIC. www.fathercalloway.com.

Der heilige Dominikus: Meister des heiligen Rosenkranzes von Nellie Edwards. (2016). In Auftrag gegeben von P. Donald H. Calloway MIC. www.PaintedFaith.net.

Königin des Rosenkranzes und der heilige Dominikus von Vivian Imbruglia. (2016). In Auftrag gegeben von P. Donald H. Calloway MIC. www.sacredimageicons.com.

ANHANG B:

Die Worte der Gottesmutter an den sel. Alanus de Rupe

Durch den Rosenkranz wurden große Sünder beiderlei Geschlechts in kurzer Zeit zu einem heiligen Leben bekehrt; mit vielen Seufzern und Tränen wurden die Sünden beweint; Unglaubliche Bußwerke wurden in Kraft dieses Psalters sogar von Knaben und Mädchen verrichtet. Durch ihn blühte der Andachtseifer zu mir und zu meinem Sohn so sehr, dass man hätte meinen können, es leben Engel auf Erden. Auch der Glaube wurde so sehr gestärkt, dass sehr viele sehnlichst verlangten, für denselben zu sterben und gegen die Irrlehrer zu kämpfen. So wurden durch meinen geliebtesten Diener Dominikus und durch die Kraft dieses Rosenkranzes die Länder der Irrlehre wieder der Kirche unterworfen: Durch die Kraft dieses Rosenkranzes geschahen viele Almosen, wurden Kirchen gegründet und Spitäler gebaut, führte man ein keusches und tugendhaftes Leben und viele große Wunderwerke wurden vollbracht. Höchste Heiligkeit und Weltverachtung, die Ehre Gottes und die Gerechtigkeit der Fürsten, Friede unter den Bürgern und Tugendhaftigkeit in den Ordensgemeinden standen in hoher Blüte.

Sogar die Handwerker gingen nicht an ihre Arbeit, bevor sie mich durch meinen Rosenkranz gegrüßt, und gingen nicht zur Ruhe, bevor sie mir kniend in Andacht diesen Dienst erwiesen hatten. Wenn sie sich schon zur Ruhe gelegt hatten und sich zufällig erinnerten, dass sie meinen Rosenkranz noch nicht gebetet, erhoben sie sich sofort wieder und, von Reue getrieben, grüßten sie mich umso andächtiger.

So groß war der gute Ruf des Rosenkranzes, dass man vor allen, die überhaupt fromm lebten, sogleich vermutete, sie seien

Mitglieder dieser Bruderschaft. War aber irgendwo ein öffentlicher Sünder oder Gotteslästerer, so ging von ihm das Wort: Dieser gehört nicht zu den Brüdern des heiligen Dominikus.

Auch will ich nicht verschweigen, wie große Zeichen und Wunder ich durch den Rosenkranz in den verschiedenen Weltgegenden getan. Allgemeine Seuchen habe ich durch ihn aufgehalten, schreckliche Kriege beigelegt, Fieber und jede Art von Krankheit geheilt. Gewiss erfreute sich damals die Welt meiner Gnadengaben.

Die Engel des Himmels ergötzten sich an euern Rosenkränzen, die ganze Dreifaltigkeit fand daran ihr Wohlgefallen, mein Sohn empfand an solchem Lobe hohe Freude und ich fand darin eine Wonne, die jede Vorstellung übersteigt.[1]

Anhang C:

Empfehlungen von Kardinälen und Bischöfen

Jesus liebt Seine Mutter über alles und hat sie uns als unsere Mutter und große Fürsprecherin gegeben. Für unseren Kampf gegen das Böse hat uns die Muttergottes den Rosenkranz als eine mächtige geistliche Waffe gegeben. *Kämpfer des Rosenkranzes* ist ein Buch, das jeder lesen und über das er nachdenken sollte. Ich empfehle es sehr!

Seine Eminenz Malcolm Kardinal Ranjith DD, SSL
Erzbischof von Colombo, Sri Lanka

Der lange, turbulente Glaubensweg der Katholiken in Myanmar wurde durch ihre intensive Verehrung Marias und ihres Rosenkranzes gestützt und gestärkt. Ich bin sehr dankbar, dass „*Kämpfer des Rosenkranzes*" geschrieben worden ist. Es erforscht die kreativen Konturen dieser inspirierenden Verehrung und beleuchtet die wichtige Rolle des Rosenkranzes bei der Verbreitung des Glaubens in verschiedenen Kulturen. Dieses Buch ist ein entscheidender Beitrag zu unserem katholischen Glauben. Ich empfehle es von ganzem Herzen und ermutige jeden Katholiken, unzählige Gnaden aus diesem Schatzhaus der Mariologie zu ziehen.

Seine Eminenz Charles M. Kardinal Bo SDB, DD
Erzbischof von Yangon, Myanmar

In der chinesischen Kultur haben wir immer eine besondere Liebe zu unserer Mutter gezeigt und betrachten dies als einen der größten Ausdrücke der menschlichen Liebe. Aus diesem Grund beten chinesische Katholiken den Rosenkranz, denn wir verstehen ihn als eine der besten Möglichkeiten, unsere Liebe zu unserer geistlichen Mutter Maria auszudrücken. Die *Kämpfer des Rosenkranzes* werden uns helfen, unsere geistliche Mutter noch mehr zu lieben!

Seine Eminenz John Cardinal Tong Hon DD, STD
Bischof von Hongkong, China

Mit großer Freude unterstütze ich die Kampagne *Kämpfer des Rosenkranzes.* In der arabischen christlichen Welt ist der Rosenkranz ein wesentlicher Teil unserer Verehrung für die Muttergottes. Ich möchte jeden ermutigen, dieses inspirierende Buch zu lesen und im Rosenkranz einen Schutz gegen alles Böse zu finden.

Hochwürden Maroun E. N. Lahham DD, STD
Erzbischof von Tunis, Tunesien, und
Ritterkomtur des Heiligen Militärkonstantinischen Ordens vom Heiligen Georg

Kämpfer des Rosenkranzes ist ein enzyklopädisches Werk von Pater Calloway. Es präsentiert eine umfassende Geschichte des Rosenkranzes und beschreibt, wie er dem Volk Gottes im Laufe der Jahrhunderte als geistliche Lebensader gedient hat. Es offenbart auch Einblicke in den praktischen Wandel, den der Rosenkranz bei der Formung und Bewahrung einiger der größten Heiligen der Geschichte bewirkt hat, indem er sie in die Tiefen der Heiligkeit und die Höhen der Demut geführt hat. Dieses Buch ist eine zeitgemäße Erinnerung an die große geistliche Waffe im Arsenal eines jeden Katholiken, eine Waffe, die jeder von uns braucht, um uns im geistlichen Leben zu unterstützen.

Hochwürden Gintaras L. Grušas DD, JCD
Erzbischof von Vilnius, Litauen

Die Geschichte der Kirche ist gespickt mit bedeutsamen Ereignissen, bei denen die Muttergottes auf machtvolle Weise eingriff und den Lauf der Weltgeschichte veränderte. Das ist die Geschichte des Rosenkranzes. In dieser unglaublichen theologischen Abhandlung bietet uns Pater Calloway den aktuellsten Bericht über diese geschichtsträchtigen Ereignisse sowie einen dringenden Appell an die Kirche in unserer Zeit, sich wieder an den Rosenkranz zu wenden, um himmlische Hilfe zu erhalten. Jeder sollte dieses Buch lesen!

Hochwürden Ramón C. Argüelles DD, STL
Erzbischof von Lipa, Philippinen

Die Katholiken sind für ihre Liebe zum Rosenkranz bekannt. Für viele ist er das katholische Gebet. In einigen Ordensgemeinschaften ist es sogar üblich, einen großen Rosenkranz am Gürtel zu tragen. Diese Praxis ist ein Zeichen dafür, dass der Rosenkranz ein wesentlicher Bestandteil ihrer Spiritualität und ihres Charismas ist. In *Kämpfer des Rosenkranzes* wird die dominikanische Verbindung zum Rosenkranz zu Recht hervorgehoben und schön dargestellt. Ich lobe Pater Calloway für dieses inspirierende Buch.

Hochwürden Julian C. Porteous DD
Erzbischof von Hobart, Tasmanien

Kämpfer des Rosenkranzes ist ein großartiges Hilfsmittel, um den Familienrosenkranz in unserer Zeit zu erneuern. Obwohl es sich um ein einfaches Gebet handelt, hat sich der Rosenkranz der Gottesmutter als eine der besten Methoden erwiesen, um Familien zusammenzuhalten.

Hochwürden Bernard B. Moras DD
Erzbischof von Bangalore, Indien

In Spanien haben wir eine große Verehrung für den Rosenkranz und sind sehr geehrt, dass der heilige Dominikus in unserem Land geboren wurde. *Kämpfer des Rosenkranzes* ist ein sehr gut geschriebenes Buch und bietet einen vollständigen historischen, theologischen und geistlichen Überblick über die Ursprünge des Rosenkranzes sowie über die Heiligen und Päpste, die sich für ihn eingesetzt haben. Dieses Buch wird viel dazu beitragen, die Verehrung des Rosenkranzes zu verbreiten.

Hochwürden Jesús Catalá Ibáñez DD, STD
Bischof von Málaga, Spanien

Kämpfer des Rosenkranzes ist ein einzigartiges Werk, das sich von der langen Litanei der Heiligen inspirieren lässt, die der heiligen Jungfrau Maria geweiht waren. Eine ganze Reihe dieser Heiligen waren auch Kämpfer und Herolde des Rosenkranzes. Mögen wir aus diesen Heiligen Kraft schöpfen und durch die Betrachtung der heiligen Geheimnisse des Rosenkranzes zu einer tieferen Vereinigung mit dem Dreifaltigen Gott gelangen.

Hochwürden Mylo H. Vergara DD, STD
Bischof von Pasig, Philippinen

Kämpfer des Rosenkranzes ist ein epochales Werk und kann wirklich neben den wunderbaren Anfängen des Rosenkranzes im Leben des heiligen Dominikus stehen. Es ist erfrischend, dass sogar unser eigener schottischer Märtyrer und Kämpfer des Rosenkranzes, der heilige John Ogilvie, in diesem ehrenvollen Werk erwähnt wird. Mit dem Verfassen dieses Buches hat Pater Calloway auf einen göttlichen Auftrag des Heiligen Geistes und Marias, der Miterlöserin, reagiert, um die geistliche Waffe des Rosenkranzes auf das geistliche Schlachtfeld des 21. Jahrhunderts zu bringen.

Hochwürden John Keenan DD
Bischof von Paisley, Schottland

Kämpfer des Rosenkranzes bietet eine solide Grundlage, um die Größe des Rosenkranzes des heiligen Dominikus tiefer zu würdigen. Als Förderer der Botschaft und der Andacht der Göttlichen Barmherzigkeit in Nigeria war ich sehr inspiriert, die tiefe Verbindung zwischen dem Rosenkranz und dem Rosenkranz zur Göttlichen Barmherzigkeit, wie er der heiligen Faustyna gegeben wurde, zu erfahren. Ein wunderbares Buch!

Hochwürden Martin I. Uzoukwu DD, JCD
Bischof von Minna, Nigeria

Seit ich mich erinnern kann, werden die Filipinos als „*Pueblo amante de Maria*" („ein in Maria verliebtes Volk") bezeichnet. Ein Ausdruck dieser kindlichen Verehrung für Maria ist unsere große Liebe zum Rosenkranz. In *Kämpfer des Rosenkranzes* finden die Philippinen ein inspirierendes und ermutigendes Buch, das unseren Wunsch stärken wird, immer durch Maria zu Jesus zu gehen.

Hochwürden Jesse E. Mercado DD
Bischof von Parañaque, Philippinen

Kämpfer des Rosenkranzes ist das beste Buch, das in den letzten 300 Jahren über den Rosenkranz geschrieben wurde! Es erreicht genau das, was Pater Calloway beabsichtigte, nämlich die Geschichte des Rosenkranzes neu zu erzählen und dort weiterzumachen, wo der heilige Ludwig von Montfort aufgehört hat. Ich bete, dass die ganze Welt dieses Buch liest!

Hochwürden Francis Serrao SJ, DD
Bischof von Shimoga, Indien

Kämpfer des Rosenkranzes ist ein reicher Schatz für die Kirche! Indem er tief in die Geschichte eintaucht, stellt Pater Calloway jene Herolde Gottes vor, die zu verschiedenen Zeiten und an verschiedenen Orten als Kämpfer des Rosenkranzes hervortraten. Dieses Buch zeigt, dass der Rosenkranz ein geistliches Schwert ist, das auch heute noch eines der wertvollsten Mittel ist, um Seelen zu bekehren, Leben zu verwandeln und das Böse zu besiegen. Auch wir in der heutigen Zeit sind aufgerufen, *Kämpfer des Rosenkranzes* zu werden, indem wir diese Waffe in der ganzen Welt verbreiten. Dies ist ein Buch, das jeder lesen sollte. Ich werde es für den Rest meines Lebens in Ehren halten!

Hochwürden Oliver Dashe Doeme DD
Bischof von Maiduguri, Nigeria

Beginnend mit dem heiligen Dominikus, dem Gründer und bahnbrechenden *Kämpfer des Rosenkranzes*, zählt *Kämpfer des Rosenkranzes* auf wunderbare Weise die prominentesten Herolde des Rosenkranzes im Laufe der Jahrhunderte auf. Ich bete, dass Pater Calloways gründliche Nachforschungen dazu beitragen, diese Andacht in jeden Winkel der Welt zu tragen.

Hochwürden Anthony Chirayath DD
Bischof von Sagar, Indien

In *Kämpfer des Rosenkranzes* gibt uns Pater Calloway eine höchst inspirierende und gründliche Sammlung von Hinweisen auf den Rosenkranz von vielen Heiligen und Päpsten im Laufe der Jahrhunderte. Niemand kann diese Seiten lesen, ohne seine Verpflichtung zum täglichen Rosenkranzgebet zu vertiefen, seine Verpflichtung zu erneuern, wenn sie erloschen ist, oder sich inspirieren zu lassen, mit dem Rosenkranzgebet zu beginnen, wenn es noch nicht fester Bestandteil seiner täglichen geistlichen Andacht ist. Dieses Buch ist auch ein hervorragendes Hilfsmittel, um die Praxis des Familienrosenkranzes zu fördern!

Hochwürden Robert F. Vasa DD
Bischof von Santa Rosa, Kalifornien

Als Bischof auf den Philippinen unterstütze ich von ganzem Herzen *Kämpfer des Rosenkranzes*! Dieses Buch bietet ein klares und umfassendes Wissen über den Rosenkranz und wird den Gläubigen in ihrer Liebe zu dieser Andacht sehr helfen.

Hochwürden Guillermo D. Afable DD
Bischof von Digos, Philippinen

In *Kämpfer des Rosenkranzes* hat Pater Calloway ein Buch geschrieben, das enzyklopädischen Charakter hat. Viele Christen halten den Rosenkranz für ein veraltetes Gebet, aber dieses Buch zeigt, dass er das perfekte Gebet für Männer und Frauen aller Zeiten ist: für Kleriker und Laien, Reiche und Arme, Gelehrte und Nicht-Gelehrte. Der Rosenkranz ist unsere Waffe! Warum sollten wir ihn nicht heute einsetzen, um die vielen Grausamkeiten zu bekämpfen, die in der Welt geschehen?

Hochwürden William H. Shomali DD, STD
Weihbischof von Jerusalem und
Patriarchalischer Vikar für Palästina

Dies ist das Buch für unsere Zeit. Die Antwort auf die moralischen Krisen in der heutigen Welt besteht darin, dass die Menschen sich wieder auf die rettenden Geheimnisse Christi besinnen. Der Rosenkranz fasst diese Geheimnisse zusammen und ist ein Mini-Katechismus, der sich als äußerst wirksam erwiesen hat, um das göttliche Licht in die Seelen zurückzubringen. *Kämpfer des Rosenkranzes* ist einfach eines der besten Bücher, die ich je gelesen habe!

Hochwürden Gilbert E. Chávez DD
Emeritierter Weihbischof von San Diego, Kalifornien

Anmerkungen

* Anfängliche Zitate am Anfang des Buches:
~ Seliger Bartolo Longo, zitiert in: Ann M. Brown, *Apostle of the Rosary: Blessed Bartolo Longo* (New Hope, KY: New Hope Publications, 2004), 27.
~ Papst Leo XIII., *Parta Humano Generi*, Apostolisches Schreiben (8. September 1901), in: *The Rosary of Our Lady: Translations of the Encyclical and Apostolic Letters of Pope Leo XIII*, hrsg. v. William Raimund Lawler OP (Paterson, NJ: St. Anthony Guild Press, 1944), 195-196.
~ Antonius Maria Claret, zitiert in: Pater Juan Echevarria, *The Miracles of St. Antonius Maria Claret*, übers. v. Sr. Mary Gonzaga. (Charlotte, NC: TAN Books, 1992), 61.

Einführung

1 Hl. Ludwig von Montfort, *Der Heilige Rosenkranz, Das wunderbare Geheimnis der Bekehrung und des Heiles*, 119.

2 Johannes Paul II., *Rosarium Virginis Mariae*, Apostolisches Schreiben (16. Oktober 2002), 8.

Teil I: Die Geschichte des Rosenkranzes

* Bild auf S. 21: Das Bild des Schwertes mit Rosenkranz und Kette wurde 2015 im Marianischen Studienhaus in Steubenville, Ohio, auf Wunsch von Pater Donald Calloway MIC aufgenommen. Alle Rechte liegen bei den Marianern von der Unbefleckten Empfängnis.
* Bild auf S. 22: *Der Rosenkranz des Kriegers* von Thomas K. Sullivan. www.thewarriorrosary.com

Vom Engelsgruß bis zum 12. Jahrhundert: Die Ursprünge des Rosenkranzes

1 Hl. Ludwig von Montfort, *Der Heilige Rosenkranz, Das wunderbare Geheimnis der Bekehrung und des Heiles*, 65.

2 Papst Leo XIII., *Iucunda Semper Expectatione*, Enzyklika (8. September 1894),https://www.vatican.va/content/leo-xiii/en/encyclicals/documents/hf_l-xiii_enc_08091894_iucunda-semper-expectatione.html

Das 13. Jahrhundert: Der hl. Dominikus und die Geburt des Rosenkranzes

1 „*Our Lady's Words to St. Domonic*", zitiert in: Augusta Theodosia Drane OP, *The History of St. Dominic: Founder of the Friars Preachers* (London: Longmans, Green, and Co., 1891), 122.

2 Papst Leo XIII., *Parta Humano Generi*, Apostolisches Schreiben (8. September 1901), zitiert in: *The Rosary of Our Lady: Translations of the Encyclical and Apostolic Letters of Pope Leo XIII,* hrsg. v. William Raimund Lawler OP (Paterson, NJ: St. Anthony Guild Press, 1944), 192-193.

3 Reginald Garrigou-LaGrange OP, *Mother of Our Savior and the Interior Life.* übers. v. Bernard Kelly CSSp (Dublin: Golden Eagle Book, 1948), 297.

4 Papst Leo XIII., *Supremi Apostolatus Officio*, Enzyklika (1. September 1883), zitiert in: *The Rosary of Our Lady: Translations of the Encyclical and Apostolic Letters of Pope Leo XIII,* hrsg. v. William Raimund Lawler OP, 4.

5 Hl. Maximilian Kolbe, „1021 – Arcybractwo Rózanca Sw" [Grodno 1922-1925] in: *Pisma Sw Maksymiliana Kolbego* (Niepokalanów, Polen), übers. v. P. Thaddaeus Lancton MIC aus dem polnischen Original. In den italienischen *Scritti di Massimiliano Kolbe* (Roma, 1997) findet sich der Text in Abschnitt 1257 mit einer anderen, ungenauen Übersetzung.

6 Papst Leo XIII., *Parta Humano Generi* (8. September 1901), in: *The Rosary of Our Lady: Translations of the Encyclical and Apostolic Letters of Pope Leo XIII*, hrsg. v. William Raimund Lawler OP, 193-194.

7 Wilfrid Lescher OP, *St. Dominic and the Rosary* (London: R. & T. Washbourne, 1902), 92-93.

8 Nicholas Trivet OP, zitiert in: Robert Feeney, *The Rosary: „The Little Summa"*, vierte Auflage (USA: Aquinas Press, 2003), 31.

9 Papst Leo XIII., *Augustissimae Virginis Mariae*, Enzyklika (12. September 1897), 7.

10 Papst Clemens VIII., zitiert in: Wilfrid Lescher OP, *St. Dominic and the Rosary*, 9.

11 Papst Sixtus V., zitiert in: Wilfrid Lescher OP, *St. Dominic and the Rosary,* 10.

12 Wilfrid Lescher OP, *St. Dominic and the Rosary,* 31.

13 Msgr. George W. Shea, STD, *„The Dominican Rosary"*, in: *Mariology*, Bd. 3, hrsg. v. Juniper B. Carol OFM (Milwaukee, WI: Bruce Publishing Company, 1961), 114.

14 Ebd., 102.

15 Siehe Augusta Theodosia Drane OP, *The History of St. Dominic: Founder of the Friars Preachers* (London: Longmans, Green, and Co., 1891), 130.

16 Ebd., 301.

17 Ebd., 130.

18 Ignatius von Antiochien, „Letters to the Ephesians", in: *Early Christian Fathers,* hrsg. v. Cyril C. Richardson (New York: MacMillan Company, 1970), 113.

19 Siehe Andrew Skelly OP, *„St. Dominic and the Rosary or Was He Its Founder?"* (Providence, RI: Providence College Digital Commons) *Historical Catholic and Dominican Documents, Book 1* (1915), Seiten 77-79.
20 Papst Urban IV., zitiert in: Papst Leo XIII., *Supremi Apostolatus Officio*, 5.

Das 14. Jahrhundert:
Plagen und Schisma: Der Rosenkranz ist fast vergessen

1 Maisie Ward, *The Splendor of the Rosary* (New York: Sheed and Ward, 1945), 34.
2 Fulton J. Sheen, *The World's First Love* (San Francisco, CA: Ignatius Press, 1996), 207.
3 Wilfrid Lescher OP, *St. Dominic and the Rosary* (London: R. & T. Washbourne, 1902), 117-118.
4 Andrew Skelly OP, *„St. Dominic and the Rosary or Was He Its Founder?"* (Providence, RI: Providence College Digital Commons), *Historical Catholic and Dominican Documents, Book 1* (1915), Seite 76.
5 Raimund P. Devas OP, „The Rosary Tradition Defined and Defended", in: *American Catholic Quarterly Review* (Band XLI, Januar 1916), 143.

Das 15. Jahrhundert:
Der selige Alanus de Rupe und die Wiederbelebung der Rosenkranzbruderschaft

1 Papst Leo XIII., *Adiutricem*, Enzyklika (5. September 1895), 28.
2 André Duval OP, „Rosaire", in: *Dictionnaire de spiritualité ascétique et mystique: Doctrine et histoire*, XIII (Paris: Beauchesne, 1988), 949.
3 Für ein Beispiel des Kartäuser-Rosenkranzes im Stil von Dominikus von Preußen, siehe Daniel Frattarelli, *The Life of Christ Rosary (auch bekannt als Kartäuser-Rosenkranz)* (Amazon Digital Services, Inc. 2012). NB: Im Text wird Dominikus von Preußen als Heiliger bezeichnet, aber er wurde nie heiliggesprochen. Siehe auch Pater Edward Lee Looney, *A Rosary Litany: Renewing a Pious Custom* (Phoenix, AZ: Flores Mariae Publishing, 2016).

4 *„Die Worte unseres Herrn an den seligen Alanus de Rupe"*, zitiert in: Hl. Ludwig von Montfort, *Das Geheimnis des Rosenkranzes Das wunderbare Geheimnis der Bekehrung und des Heiles*, 31-32.
5 *„Die Worte unseres Herrn an den seligenAlanus de Rupe"*, zitiert in: *„The Life an Times of B. Alain de la Roche in the Fifteenth Century: Restorer of the Confraternity of the Most Holy Rosary: Chap. II – The Trials of B. Alain"*, in: *The Monthly Magazine of the Holy Rosary*, Nr. 2 (September 1872), 35.

6 Antoninus de Monroy, zitiert in: Augusta Theodosia Drane OP, *The History of St. Dominic: Founder of the Friars Preachers* (London: Longmans, Green, and Co., 1891), 132.

7 Hl. Ludwig von Montfort, *Der Heilige Rosenkranz – das wunderbare Geheimnis der Bekehrung und des Heiles*, 30.

8 Jacob Sprenger, zitiert in: Anne Winston-Allen, *Stories of the Rose: The Making of the Rosary in the Middle Ages* (University Park, PA: Pennsylvania State University Press, 1997), 174.

9 Leider gilt Jacob Sprenger, wie viele Historiker bestätigen, als Mitverfasser des berüchtigten *Malleus Maleficarum* („Der Hammer der Hexen"), einer mittelalterlichen Abhandlung über die Verfolgung von Hexen. Obwohl einige jüngere Historiker der Meinung sind, dass das Buch in erster Linie von dem Dominikaner Heinrich Kramer verfasst wurde und dass es Kramer war, der Sprengers Namen als Mitautor hinzufügte, um dem Buch so viel Autorität wie möglich zu verleihen, könnte Sprenger selbst absichtlich in die Veröffentlichung des Hexenverfolgungshandbuchs verwickelt worden sein. Wie dem auch sei, diese Situation zeigt nur, dass die Gottesmutter sich unvollkommener Mittel bediente, um die Erneuerung des Rosenkranzes und seiner Bruderschaft im 15. Jahrhundert herbeizuführen. Siehe Hans Peter Broedel, *The Malleus Maleficarum and the Construction of Witchcraft: Theologie and Popular Belief* (England: Manchester University Press, 2013).

10 Alexander von Forli, zitiert in: Andrew Skelly OP, *St. Dominic and the Rosary or Was He Its Founder?* (Providence, RI: Providence College Digital Commons). *Historical Catholic and Dominican Documents, Book 1.* (1915), Seite 21.

11 Papst Innozenz VIII., zitiert von Papst Leo XIII., *Augustissimae Virginis Mariae*, Enzyklika (12. September 1897), 11.

12 Papst Alexander VI, *Illius qui*, Päpstliche Bulle, zitiert in: William G. Most, *Mary in Our Life* (Garden City, NY: Image Books, 1954), 305.

Das 16. Jahrhundert:
Der Rosenkranz in der Schlacht: Lepanto und die Muttergottes des Sieges

1 Papst Leo X., *Pastoris Aeterni*, zitiert in: Juan Carlos Villa Larroudet, *El Rosario: Historia, Redescubrimiento y Propuestas* (Buenos Aires, Argentinien: Agape Libros, 2013), 282-283. Übers. v. Miss Ileana E. Salazar, MA.

2 Papst Adrian VI., zitiert in: Donald H. Calloway MIC, *Rosary Gems: Daily Wisdom on the Holy Rosary* (Stockbridge, MA: Marian Press, 2015), 105.

3 Papst Julius III., zitiert in: Papst Leo XIII., *Supremi Apostolatus Officio*, 5.
4 Papst Pius V., zitiert in: Papst Leo XIII., *Augustissimae Virginis Mariae*, 11.
5 Anne Winston-Allen, *Stories of the Rose: The Making of the Rosary in the Middle Ages* (University Park, PA: Pennsylvania State University Press, 1997), 130.
6 Louis Bertrand, zitiert in: Gabriel Harty OP, *The Riches of the Rosary* (Dublin, Irland: Veritas, 1997), 75.
7 Papst Pius V., *Consueverunt Romani Pontifices* (17. September 1569), zitiert in: Juan Carlos Villa Larroudet, *El Rosario: Historia, Redescubrimiento y Propuestas* (Buenos Aires, Argentinien: Agape Libros, 2013), 269-270. Übers. v. Miss Ileana E. Salazar, MA.
8 G. K. Chesterton, *Lepanto* (San Francisco, CA: Ignatius Press, 2004), 11.
9 Don Juan von Österreich, zitiert in: ebd., 62.
10 Miguel Cervantes, zitiert in: Rev. J.A. Rooney OP, „Rosary Sunday an Month: The Dominican Portiunkula", *The Rosary Magazine* (Oktober 1892), 449-450.
11 *The English-Latin Sacramentary for the United States of America* (New York: Catholic Book Publishing Co., 1966), 480.

Das 17. Jahrhundert: Zeugen des Rosenkranzes

1 Niccolò Ridolfi OP, zitiert in: „Confraternity of the Rosary", in: *The Rosary Magazine*, Bd. 26 (1905), 104.
2 Franz von Sales, zitiert in: Robert Feeney, *The Rosary: „The Little Summa"*, vierte Auflage, (USA: Aquinas Press, 2003), 82.
3 Johannes Eudes, *The Admirable Heart of Mary*, übers. v. Charles di Targiani und Ruth Hauser (Buffalo, NY: Immaculate Heart Publications, 1947), 331.
4 John ab Eckersdorff, zitiert in: Daniel Conway, „The Story of a Scottish Martyr", in: *The Month and Catholic Review*, Bd. 32, Nr. 13 (März 1878), 356-357.
5 Oliver Cromwell, zitiert in: Bischof Brendan Kelly, „The Rosary: A Prayer for our Times", in: *Intercom: A Pastoral and Liturgical Resource* (Mai 2009), 24.
6 Mit freundlicher Genehmigung der dominikanischen Laien in Irland
7 König Jan Casimir II., zitiert in: John Procter OP, *The Rosary Guide for Priests and People* (London: Kegan and Trubner, 1901), 109.
8 Neben dem heldenhaften Einsatz von König Jan Sobieski spielte auch der selige Franziskanerpater Marco Aviano (1631-1699) eine Schlüsselrolle in der Schlacht um Wien. Er wurde vom hl. Papst Innozenz XI.

zum päpstlichen Legaten für die Heilige Liga ernannt. Er war ein großer Prediger und predigte oft gegen die Irrlehren des Protestantismus und die Unwahrheiten des Islam. Am Morgen der entscheidenden Schlacht bei Wien zelebrierte der selige Marco die Heilige Messe und erteilte dem Heer von Sobieski den Segen. Als Marco am Sonntag der Göttlichen Barmherzigkeit 2003 seliggesprochen wurde, bemerkte der hl. Johannes Paul II. in seiner Predigt Folgendes: „Als unbewaffneter Prophet der Göttlichen Barmherzigkeit wurde er [der selige Marco] durch die Umstände dazu getrieben, sich aktiv für die Verteidigung der Freiheit und der Einheit des christlichen Europas einzusetzen."

9 König Jan Sobieski, zitiert in: Robert Debs Heinl, *Dictionary of Military and Naval Quotations* (Annapolis, MD: United States Naval Institute, 1966), 65.

10 Papst Clemens VIII., zitiert in: Wilfrid Lescher OP, *St. Dominic and the Rosary* (London: R. & T. Washbourne, 1902), 9.

11 In einer Ansprache, die er 1998 in Lourdes, Frankreich, hielt, verwies Pater Timothy Radcliffe OP, Ordensmeister des Predigerordens, auf die Darstellung des Rosenkranzes in der Kunst im 17. Jahrhundert und bemerkte Folgendes: „Es gibt eine lange Überlieferung von Bildern, auf denen die Muttergottes dem hl. Dominikus den Rosenkranz reicht. Aber irgendwann wurden andere Orden eifersüchtig und begannen, Bilder in Auftrag zu geben, auf denen die Muttergottes anderen Heiligen, dem hl. Franziskus und sogar dem hl. Ignatius, den Rosenkranz reicht. Aber wir [Dominikaner] haben uns gewehrt und, ich glaube im 17. Jahrhundert, den Papst davon überzeugt, die Konkurrenz zu verbieten. Die Gottesmutter durfte nur gezeigt werden, wie sie dem hl. Dominikus den Rosenkranz gibt!" Siehe „Ansprache des Ordensmeisters des Ordens in Lourdes" (Oktober 1998). www.op.org.

Das 18. Jahrhundert:
Der hl. Ludwig von Montfort und Der heilige Rosenkranz – das wunderbare Geheimnis der Bekehrung und des Heiles

1 Ludwig von Montfort, *Jesus Living in Mary* (Bayshore, NY: Montfort Publications, 1994), 1213.

2 Papst Leo XIII., *Supremi Apostolatus Officio*, 4.

3 Papst Leo XIII., Augustissimae Virginis Mariae, 8.

4 Kardinal Prospero Lambertini, zitiert in: Robert Feeney, *The Rosary: „The Little Summa"*, vierte Auflage. (USA: Aquinas Press, 2003), 4.

5 Ebd., 6.

6 Lesung vom Rosenkranzsonntag, zitiert in: William G. Most, *Mary in Our Life* (Garden City, NY: Image Books, 1954), 306.

7 Lesung vom Rosenkranzsonntag, zitiert in: Wilfrid Lescher OP, *St. Dominic and the Rosary* (London: R. & T. Washbourne, 1902), 93.
8 Lesung vom Rosenkranzsonntag, zitiert in: John Procter OP, *The Rosary Guide for Priests and People* (London: Kegan and Trubner, 1901), 24.

Das 19. Jahrhundert: Lourdes und der Papst des Rosenkranzes

1 Anna Katharina Emmerick, zitiert in: Carl E. Schmöger CSsR, *The Life of Anne Catherine Emmerich*, Bd. 2 (Charlotte, NC: TAN Books, 1976), 333.
2 Henri-Dominique Lacordaire OP, zitiert in: Gabriel Harty OP, *The Riches of the Most Holy Rosary* (Dublin, Irland: Veritas, 1997), 8.
3 Henri-Dominique Lacordaire OP, *Thoughts and Teachings of Lacordaire* (New York: Benziger Bros., 1903), 30-31.
4 Gabriel Garcia Moreno, zit. in: Reuben Parsons DD, „Freemasonry in Latin America", in: *The American Catholic Quarterly Review*, Bd. XXIII (1898), 826.
5 Hyacinth Cormier OP, zitiert in: Francis Lasance, *With God: A Book of Prayers and Reflections* (New York: Benziger Bros., 1911), 709.

Das 20. Jahrhundert: Marienerscheinungen und Apostel des Rosenkranzes

1 Josef Kentenich, zitiert in: Pater Jonathan Niehaus, *New Vision and Life: The Founding of Schönstatt* (1912-1919) (Waukesha, WI: Schoenstatt Fathers, 2004), 33.
2 Papst Pius X., *Pascendi Dominici Gregis*, Enzyklika (8. September 1907), 43. Es wird dem Leser dringend empfohlen, sich ein Exemplar dieser Enzyklika zu besorgen, um die Feinheiten des Modernismus besser zu verstehen. http://www.domus-ecclesiae.de/magisterium/pascendi-dominici-gregis.teutonice.html.
3 P. Joseph Crehan SJ, Father Thurston: *A Memoir with a Bibliography of his Writings* (London: Sheed & Ward, 1952), 104.
4 Andrew Skelly OP, *St. Dominic and the Rosary Or Was He Its Founder?* (Providence, RI: Providence College Digital Commons), *Historical Catholic and Dominican Documents, Book 1* (1915), Seite 7.
5 Ebd., 14.
6 P. Joseph Crehan SJ, Pater Thurston: *A Memoir with a Bibliography of his Writings*, 105.
7 P. Herbert Thurston SJ, zitiert in: Joseph Crehan SJ, F*ather Thurston: A Memoir with a Bibliography of his Writings*, 135.
8 Joseph Crehan SJ, Pater Thurston: *A Memoir with a Bibliography of his Writings*, 135.

9 Paul J. Gaunt, „A Surprising Jesuit", in: *PsyPioneer*, Bd. 2, Nr. 9 (September 2006), 188-191.
10 Ebd., 188.
11 Joseph Crehan,SJ, Pater Thurston: *A Memoir with a Bibliography of his Writings*, 141.
12 Ebd., 142.
13 Ebd., 66.
14 Beispiele für P. Thurstons Spott über Heilige und heilige Mystiker finden sich in den folgenden Werken: Herbert Thurston, „The Phenomena of Stigmatization" (Die Phänomene der Stigmatisierung), in: P*roceedings of the Society for Psychical Research*, Bd. 32 (1922), 179-208; T*he Physical Phenomena of Mysticism* (London: Barnes & Oates, 1952); *Surprising Mystics* (Barnes & Oates, 1955).
15 P. Herbert Thurston, *Beauraing and Other Apparitions: An Account of Some Borderland Cases in the Psychology of Mysticism* (London: Oates & Washbourne, 1934).
16 Papst Pius XI., *Ingravescentibus Malis*, Enzyklika (29. September 1937), 14.
17 *Katechismus der Katholischen Kirche*, Eintrag 67.
18 Finbar Ryan OP (Erzbischof von Port of Spain), *Our Lady of Fátima* (Dublin: Richview Press, 1939), 77-99.
19 Teresita L. Castillo, *I am Mary, Mediatrix of All Grace* (Lipa, Philippinen, 2008), 37. Siehe auch Rene C. de Jesus, *Mary, Mediatrix of All Grace: A Journey of Suffering and Holiness* (Mandaluyong City: LSA Printing Press Inc., 2015).
20 June Keithley, *Lipa (mit dem Originalbericht über die Ereignisse im Karmel von Lipa im Jahr 1948 von Mutter Maria Cecilia von Jesus*, OCD) (Mandaluyong, Philippinen: Cacho Publishing House, Inc., 1992), 125-126.
21 Dr. Courtenay Bartholomew, „The Eucharist and the Rosary: The Link between Fátima, Amsterdam and Akita", in: *Missio Immaculatae*, Bd. 12, Nr. 1 (Januar/Februar 2016), 25-29.
22 Die Botschaft der Gottesmutter an Sr. Agnes Sasagawa, zitiert in: https://m-i.info/de/die-botschaft-von-akita/.
23 Bernardo Martinez, zitiert in: *Apparitions of Our Blessed Mother at Cuapa, Nicaragua: A Report of the Events in Cuapa* (Washington, NJ: The World Apostolate of Fátima, 1982), 11.
24 „Der Kartäuser Pater Dominikus, ein großer Verehrer des heiligen Rosenkranzes, sah eines Tages den Himmel offen und den ganzen himmlischen Hof in wunderbarer Ordnung aufgestellt, und dann hörte er den Rosenkranz in entzückender Weise singen, und zwar jeden Zehner zu Ehren eines Geheimnisses aus dem Leben, dem Leiden und der Glorie

Jesu Christi und Mariä, und er bemerkte, dass sie beim heiligen Namen Mariä jedes Mal das Haupt neigten, und beim Namen Jesu die Knie beugten und Gott für die großen Wohltaten dankten, die er im Himmel und auf Erden durch den Rosenkranz, den die Mitglieder der Bruderschaft auf Erden beten, gewirkt hat, und dass sie für jene beteten, welche diese Andacht pflegten." Siehe Ludwig von Montfort, *Der heilige Rosenkranz, 99.*

25 Immaculée Ilibagiza, *Our Lady of Kibeho: Mary Speaks to the World from the Heart of Africa* (Carlsbad, CA: Hay House, 2008), 115.

26 Gladys Quiroga de Motta, zitiert in: *Messages of Our Lady of San Nicolás,* übers. v. Eleonora O'Farrell De Nagy-Pal und Marie-Helene Gall (Milford, OH: Faith Publishing Company, 1991), 8-9.

27 „*Our Lady to Gladys Quiroga de Motta*", zitiert in: P. René Laurentin, *An Appeal from Mary in Argentina: The Apparitions of San Nicolás*, übers. v. Juan Gonzalez (Milford, OH: Faith Publishing Company, 1990), 83.

28 Adrienne von Speyr, *The Book of All Saints: Part One*. hrsg. v. Hans Urs von Balthasar, übers. v. D. C. Schindler (San Francisco, CA: Ignatius Press, 2008), 361.

29 Bekannt ist auch, dass die ehemalige Sowjetunion 1940 mehr als 22.000 polnische Staatsangehörige (Militärs, Akademiker, Schriftsteller und andere Berufsgruppen) in den Wald von Katyn in Westrussland deportierte. Dort wurden alle Gefangenen hingerichtet und in Massengräber geworfen. Als diese Gräueltat Jahre später entdeckt wurde, wurden die Leichen exhumiert und viele Rosenkränze unter den Leichen gefunden. Viele der Toten hielten noch einen Rosenkranz in der Hand, ein Zeichen dafür, dass sie den Rosenkranz in den letzten Sekunden ihres Lebens umklammerten. Dieses grausame Ereignis ist als Massaker von Katyn bekannt. Nach dem Ende des Zweiten Weltkriegs behauptete eine polnische Frau namens Barbara Kloss, Botschaften vom Himmel über die Bedeutung des Rosenkranzes erhalten zu haben. Siehe Barbara Kloss, *The Secret Power of the Rosary* (Herndon, VA: St. Dominic Media, 2008).

30 Papst Benedikt XV., *Fausto Appetente Die,* Enzyklika (29. Juni 1921), 11. In der Enzyklika *Ad Beatissimi Apostolorum* vom 1. November 1914 verurteilte Papst Benedikt XV. den Modernismus und seine negativen Auswirkungen auf die private Frömmigkeitspraxis und stellte fest: Betört und mitgerissen von einer hochtrabenden Vorstellung vom menschlichen Intellekt, durch den Gottes gute Gabe gewiss unglaubliche Fortschritte in der Erforschung der Natur gemacht hat, überzeugt von ihrem eigenen Urteil und unter Verachtung der Autorität der Kirche, haben sie [die Modernisten] einen solchen Grad von Unverfrorenheit erreicht, dass sie nicht zögern, selbst die verborgenen Dinge Gottes

und alles, was Gott den Menschen offenbart hat, mit dem Maßstab ihres eigenen Verstandes zu messen. Daraus entstanden die ungeheuerlichen Irrtümer des „Modernismus", den Unser Vorgänger [der hl. Papst Pius X.] mit Recht als „die Synthese aller Häresien" bezeichnet und feierlich verurteilt hat. Wir erneuern hiermit diese Verurteilung in ihrer ganzen Tragweite, ehrwürdige Brüder, und da die Seuche noch nicht ganz ausgerottet ist, sondern hier und da an verborgenen Stellen lauert, ermahnen Wir alle, sich vor jeder Ansteckung mit dem Bösen zu hüten, auf das Wir die Worte anwenden können, die Hiob unter anderen Umständen gebraucht hat: Denn das wäre Feuer, das zum Abgrund frisst und meine ganze Habe entwurzelt" (Hiob 31,12). Wir wollen nicht nur, dass die Katholiken vor den Irrtümern des Modernismus zurückschrecken, sondern auch vor den Tendenzen oder dem, was man den Geist des Modernismus nennt. Diejenigen, die von diesem Geist angesteckt sind, entwickeln eine scharfe Abneigung gegen alles, was nach Altertum riecht, und werden zu eifrigen Suchern nach Neuem in allem: in der Art und Weise, wie sie die religiösen Funktionen ausüben, in der Leitung der katholischen Institutionen und sogar in der privaten Frömmigkeitspraxis. (Siehe Papst Benedikt XV., *Ad Beatissimi Apostolorum*, 25).

31 Papst Pius XI., *Inclytam ac perillustrem*, Brief, (6. März 1934).

32 Papst Pius XI., *Ingravescentibus Malis*, 12.

33 Papst Pius XII., *Brief an den Hochwürdigsten Ordensmeister Michael Browne OP über den marianischen Rosenkranz* (11. Juli 1957).

34 Papst Pius XI, *Inclytam ac perillustrem*, zitiert in: Gabriel Harty OP, *The Riches of the Rosary* (Dublin, Irland: Veritas, 1997), 22.

35 Papst Pius XI, *Inclytam ac perillustrem*, zitiert in: Finbar Ryan OP (Erzbischof von Port of Spain), *Our Lady of Fátima*, 97-99.

36 P. Marie Étienne Vayssière OP, zitiert in: Gabriel Harty OP, *Heaven Sent: My Life Through the Rosary*, 105.

37 Reginald Garrigou-LaGrange OP, *Mother of Our Savior and the Interior Life*, übers. v. Bernard Kelly, CSSp (Dublin: Golden Eagle Book, 1948), 297. Im Jahr 1959 veröffentlichte Pater Jerome Wilms OP, ein Buch über das Leben des hl. Dominikus und stellte Folgendes fest „Nach einer Überlieferung, die in vielen päpstlichen Enzykliken erwähnt wird, war es während der Missionsjahre des Dominikus in Frankreich, als die Gottesmutter ihm ein Projekt offenbarte, das von Ewigkeit her in Gottes Geist geschmiedet worden war ... Diese Behauptung ist von vielen Historikern überprüft worden. Einige sagen, dass der Rosenkranz vor Dominikus entstand, andere, dass er nach ihm kam. Es ist wahr, dass lange vor seiner Zeit Vaterunser und Ave Maria durch eine Perlenkette kontrolliert und nummeriert wurden, aber erst seit dem 13. Jahrhundert finden wir die Einteilung in Geheimnissen oder Zehnergruppen,

die durch größere Perlen, Vaterunser genannt, getrennt sind, und die Betrachtung über eine bestimmte Szene aus dem Leben Christi oder Marias während jeden Geheimnisses." Siehe Jerome Wilms OP, *As the Morning Star: The Life of St. Dominic* (Milwaukee, WI: Dominican Sisters of the Perpetual Rosary, 1956). Neu veröffentlicht von Mediatrix Press (2014), 99.

38 Pater Anicetus Fernandez OP, zitiert in: Robert Feeney, *The Rosary: „The Little Summa"*, vierte Auflage (USA: Aquinas Press, 2003), 44.

39 Kardinal Michael Browne OP, zitiert in: Robert Feeney, *The Rosary: „The Little Summa"*, 45.

40 Pater Vincent de Couesnongle OP, zitiert in: Robert Feeney, The Rosary: *„The Little Summa"*, 45. Es sollte auch erwähnt werden, dass der Ordensmeister des Ordens, Pater Damian Byrne OP, 1985 einen ausführlichen Brief über den Rosenkranz schrieb, in dem er die dominikanische Rosenkranztradition lobte (und sogar auf die Geschichte Bezug nahm, wie die Gottesmutter den hl. Dominikus bat, ihren Psalter zu predigen), Alanus de Rupe lobte und alle Dominikaner an ihr Rosenkranzerbe erinnerte. Seltsamerweise unterscheiden sich die französische und die englische Version des Briefes inhaltlich grundlegend, und es sind keine weiteren Versionen des Briefes verfügbar. Die französische Fassung nimmt keinen Bezug auf die fromme Überlieferung, während die englische Fassung Folgendes festhält: „Was auch immer kritische Historiker über die Legende des Rosenkranzes [die fromme Überlieferung] sagen mögen, sie zeugt von der charismatischen Gabe, die die Kirche dem Predigerorden anvertraut hat, eine Gabe, die wir aufgrund der Profess, unserer Gesetzgebung und der ständigen Ermahnung des Stuhles von Rom ausüben müssen." Siehe Damian Byrne OP, *The Rosary: Letter from the Master of the Order* (September 1985). www.op.org.

41 Robert Feeney, *The Rosary: „The Little Summa"*, 1.

42 Papst Johannes XXIII., *Sacerdotti Nostri Primordia*, Enzyklika (1. August 1959), 42-43.

43 Papst Paul VI., *Christi Matri*, Enzyklika (15. September 1966), 9.

44 1968 hielt der Redemptorist Pater Joseph Manton auf der Jahrestagung der Mariological Society of America einen Vortrag, in dem er versuchte, das Papsttum und seine Förderung des Rosenkranzes zu verteidigen, indem er aufzeigte, dass die Abwertung der Verehrung der Gottesmutter und ihres Rosenkranzes nicht vom Vatikan, sondern von den Priestern ausging. Er schrieb: „Auf der Ebene der Pfarrei hören die Leute vielleicht von einem Pfarrer, der am Sonntagmorgen auf der Kanzel steht und verächtlich einen Rosenkranz in Stücke reißt und ihn dramatisch in den Mittelgang wirft. Ich bin einem jungen Priester begegnet, der es duldete, dass der Pfarrer nach der Messe im Oktober mit den Leuten die Rosen-

kränze betete, der aber sagte: „Bitte verlangen Sie von mir nicht, dass ich diese eintönige Wiederholung mitmache! Ich erinnere mich an einen anderen Pfarrer, der mit alpenländischer Herablassung auf mich herabblickte und wissen wollte, wann ich 'dieses mittelalterliche Ornament, das einige von euch Ordensleuten um ihren Zingulum drapieren' loswerden würde." Pater Manton fuhr fort: „Alle Päpste der letzten Zeit haben die Perlen als private Andacht heiliggesprochen. Hat nicht Papst Paul VI. gesagt: 'Wir wünschen uns sehnlichst, dass Maria im Oktober durch den frommen Ritus des Rosenkranzes inbrünstiger angerufen wird'? Und er fügte hinzu, dass das jüngste Konzil „die Kinder der Kirche auffordert, die an Maria gerichteten und im Laufe der Jahrhunderte vom Lehramt gebilligten Praktiken hoch zu schätzen". Wohin wendet man sich also, wenn man die Perlen bewerten will, an einen Pfarrer in East Cupcake, West Virginia, der sich im Moment mehr nach Publicity als nach dem Paradies zu sehnen scheint, oder an den Papst? Wenn die kirchliche Marienverehrung, wie sie der Rosenkranz zeigt, leidet, so ist das sicher nicht das Ergebnis eines offiziellen Stirnrunzelns von oben. Es liegt an den zufälligen Schüssen raffinierter Scharfschützen am Rande. Siehe Joseph E. Manton, „Profile of Marian Devotion on the Parochial Level", *Marian Studies,* Bd. 19 (1968), 43-44. Eine Darstellung zum gleichen Thema von einem dominikanischen Theologen finden Sie im folgenden Artikel: Pater Matthew F. Morry OP, „Mary and the Contemporary Scene", *Marian Studies,* Bd. 23 (1972), 133-153.

45 *Behold Your Mother: Woman of Faith,* (Washington, DC: National Conference of Catholic Bishops, 1973), 92.

46 Papst Paul VI., *Marialis Cultus,* Apostol. Schreiben (2. Februar 1974), 43.

47 Papst Paul VI., *Marialis Cultus,* 43.

48 Ende der 1970er-Jahre hatte die Krise der Verehrung der Gottesmutter und ihres Rosenkranzes ihren Höhepunkt erreicht. 1978 beklagte Pater John Hardon SJ die Tatsache, dass viele Theologen heterodoxe Ideen vertraten, und hielt einen Vortrag auf der Jahrestagung der Mariological Society of America, in dem er feststellte, warum der katholischen Jugend die Verehrung Mariens und ihres Rosenkranzes nicht beigebracht wurde: „Diejenigen, die wissen, was vor sich geht, haben keine Illusionen. Keine Maske der theologischen Rhetorik kann die Tatsache verbergen, dass Millionen unserer katholischen Jugend keine tiefe und wahre Liebe zur Mutter Gottes gelehrt wird. Wenn unter dem Deckmantel der Wissenschaft ein dickes Buch veröffentlicht wird, das die Historizität der Kindheitserzählungen in den Evangelien in Zweifel zieht; wenn Priesterschriftsteller den Gläubigen erzählen, dass Lehren wie die Himmelfahrt nicht erforderlich sind, um sich als Katholik zu bekennen; wenn Autoren, die mit einem

Imprimatur schreiben, behaupten, dass Christus sich nie mit dem Vater identifiziert hat, ist es dann ein Wunder, dass der Jugend keine tiefe und wahre Liebe zur Mutter Gottes beigebracht wird? Die Liebe zur heiligen Jungfrau Maria muss auf einer soliden Lehre über die heilige Jungfrau Maria beruhen. Ohne eine wahre Lehre kann es keine wahre Liebe geben und ohne Liebe kann es keine Hingabe geben." Siehe John A. Hardon SJ, „*The Blessed Virgin in Modern Catechetics*", *Marian Studies*, Bd. 29 (1978), 91-92.

49 1973, am Fest des Rosenkranzes, drückte der damalige Kardinal Albino Luciani (der spätere Papst Johannes Paul I.) in einem Artikel in einer Diözesanzeitung in Venedig seine Liebe zum Rosenkranz und seine Besorgnis darüber aus, dass er von vielen Katholiken aufgegeben wurde. Er schrieb: „Windthorst, der deutsche Staatsmann, wurde einmal von einigen nicht gläubigen Freunden eingeladen, ihnen seine Perlen zu zeigen; es war ein Scherz; sie hatten sie zuvor aus seiner linken Tasche genommen. Windthorst, der sie in seiner linken Tasche nicht gefunden hatte, griff in seine rechte Tasche und ging als Sieger hervor. Er hatte immer einen zusätzlichen Rosenkranz! Christophe Willibald von Gluck, ein großer Musiker, pflegte bei Hofempfängen in Wien für ein paar Minuten beiseite zu gehen, um seinen Rosenkranz zu beten. Der selige Contardo Ferrini [1859-1902], Professor an der Universität von Pavia, lud die Freunde, in deren Haus er zu Gast war, zum Beten ein. Die hl. Bernadette bestätigte, dass die Gottesmutter, als sie ihr erschien, den Rosenkranz am Arm trug. Sie fragte Bernadette, ob sie einen Rosenkranz bei sich habe und lud sie ein, ihn zu beten. Warum nenne ich all diese Beispiele von Menschen, die den Rosenkranz beten? Weil der Rosenkranz von einigen angefochten wird. Sie sagen: Es ist ein Gebet, das abergläubisch, infantil und eines erwachsenen Christen nicht würdig ist. Oder es ist ein automatisches Gebet, das sich auf eine eilige Wiederholung von *Ave Marias* reduziert, eintönig und langweilig. Oder es ist ein Relikt der Vergangenheit; heute ist es besser, die Bibel zu lesen, von der man sagt, dass sie für den Rosenkranz das ist, was feines Mehl für Spreu ist. Erlauben Sie mir, dem zu widersprechen, indem ich einige Eindrücke eines Seelsorgers wiedergebe. Erster Eindruck: Die Krise des Rosenkranzes steht nicht an erster Stelle. Was an erster Stelle steht, ist die Krise des Gebets im Allgemeinen heute. Die Menschen sind ganz von materiellen Interessen eingenommen; sie denken wenig an die Seele. Zweiter Eindruck: Wenn man heute von „erwachsenen Christen" im Gebet spricht, übertreibt man manchmal. Ich persönlich fühle mich, wenn ich allein mit Gott und der Muttergottes spreche, nicht mehr als ein Erwachsener, ich fühle mich lieber als Kind; die Mitra, das Zucchetto und der Ring verschwinden. Ich schicke den Erwachsenen in den

Urlaub, und sogar den Bischof mit all der ernsten Würde und Schwerfälligkeit, die seinem Rang gebührt! Und ich überlasse mich der spontanen Zärtlichkeit, die ein Kind für seine Mama und seinen Papa empfindet. Der Rosenkranz, ein einfaches und leichtes Gebet, hilft mir, wieder ein Kind zu sein, und ich schäme mich dessen überhaupt nicht." Siehe Albino Kardinal Luciani, „My Rosary", zitiert in: Venerable Patrick Peyton, *Marianisches Jahr: 1987-1988* (Albany, NY: The Family Rosary Inc., 1987), 52-53.

50 *Code of Canon Law,* lateinisch-englische Ausgabe (Washington, DC: Canon Law Society of America, 1989), canon 246, Nr. 3.

51 *Katechismus der Katholischen Kirche,* Eintrag. 2678.

52 Maisie Ward, *The Splendor of the Rosary* (New York: Sheed and Ward, 1945), 34.

53 John S. Johnson, *The Rosary in Action* (Charlotte, NC: TAN Books, 1977), 26.

54 William G. Most, *Mary in Our Life* (Garden City, NJ: Image Books, 1963), 308-309.

55 Anne Winston-Allen, *Stories of the Rose: The Making of the Rosary in the Middle Ages* (University Park, PA: Pennsylvania State University Press, 1997), 7-8; 17.

56 André Duval OP, „Rosaire", in: *Dictionnaire de spiritualité ascétique et mystique: Doctrine et histoire,* XIII (Paris: Beauchesne, 1988), 949.

57 Gabriel Harty OP, *Heaven Sent: My Life Through the Rosary,* 166.

Das 21. Jahrhundert:
Lichtreiche Geheimnisse in dunklen Tagen

1 Hl. Faustyna Kowalska, *Tagebuch,* Misericordia Verlag, Krakau, Eintrag 745.

2 Johannes Paul II., *Predigt zur Seligsprechung der seligen Luigi und Maria Beltrame Quattrocchi* (21. Oktober 2001).

3 Johannes Paul II., *Rosarium Virginis Mariae,* Apostolisches Schreiben (16. Oktober 2002), 1.

4 Ebd., 2.

5 Ebd., 17.

6 Pater Carlos A. Azpiroz Costa OP, zitiert in: Robert Feeney, *The Rosary: „The Little Summa",* vierte Auflage (USA: Aquinas Press, 2003), 46. Am 1. Januar 2016 gab der Ordensmeister des Predigerordens, Hochwürden Bruno Cadoré OP, ein Rundschreiben zum 800. Jubiläum des Ordens mit dem Titel „Brief zum Jubiläumsjahr des Predigerordens" heraus. In diesem Brief erklärte er: „Es ist bekannt, dass [der hl.] Dominikus nicht der 'Schöpfer' des Rosenkranzes war." Auf den ersten Blick mag die Aussage des Ordensmeisters der frommen Überlieferung und dem

Rundschreiben des vorherigen Ordensmeisters, Pater Azpiroz, widersprechen, dass Dominikus nicht der „Schöpfer" des Rosenkranzes ist, denn weder die Kirche noch die dominikanische Überlieferung haben jemals behauptet, dass der hl. Dominikus den Rosenkranz „geschaffen" hat. Da es die Gottesmutter war, die dem hl. Dominikus den Rosenkranz geschenkt hat, ist es richtiger, den hl. Dominikus als den „Begründer" des Rosenkranzes zu bezeichnen und nicht als seinen „Schöpfer". Während des Kolloquiums über den Rosenkranz, das vom 10. bis 11. November 2011 in Lourdes stattfand, bestätigte Pater Cadoré, dass es viele mögliche Interpretationen der Rosenkranzüberlieferung innerhalb des Dominikanerordens gibt. Siehe Pater Bruno Cadoré OP, „Le Rosaire dans la Tradition dominicaine", in: *Le Rosaire: Historie et spiritualité. Les Actes du Colloque.* (Français: NDL Éditions, 2012), 52-61. Es ist auch erwähnenswert, dass Pater Cadoré, nachdem er das Manuskript für *Kämpfer des Rosenkranzes* im Dezember 2015 gelesen hatte, den Inhalt dieses Buches freundlicherweise empfahl (siehe Empfehlungen von Dominikanern).

7 Papst Benedikt XVI., *Angelus-Botschaft*, 7. Oktober 2007.

8 Bischof Oliver Dashe Doeme, zitiert in: Alanus Holdren, „After vision of Christ, Nigerian bishop says rosary will bring down Boko Haram", *Catholic News Agency* (CNA), 21. April 2015. Online-Ausgabe.

9 P. Carlos A. Azpiroz Costa OP, Rosary Letter from the Master of the Order (1. Januar 2008), zitiert in: Newsletter, Nr. 86 (Mai 2008), der Dominikanerinnen des Klosters des Ewigen Rosenkranzes Pius XII. in Fátima, Portugal.

10 Ebd.

11 P. Gabriel Harty OP, *Heaven Sent: My Life Through the Rosary* (Dublin, Irland: Veritas, 2012), 163.

Teil II:
Kämpfer des Rosenkranzes

* *Einleitendes Zitat:*
~ St. Faustyna Kowalska, *Tagebuch*, Eintrag 450.

(Die unten aufgeführten Referenzen sind in der gleichen Reihenfolge aufgeführt, in der sie für jeden Kämpfer erscheinen)

Hl. Dominikus
* Bild auf S. 36: *Die Jungfrau, die dem hl. Dominikus den Rosenkranz überreicht,* von Antonio Palomino (1655-1726). Kunstmuseum Seattle. Verwendung mit Genehmigung.
~ *Die Worte der Gottesmutter an den hl. Dominikus*", zitiert in: Hl. Ludwig von Montfort, *Der heilige Rosenkranz*, 29-30
~ Papst Alexander VI., zitiert in: William G. Most, *Mary in Our Life* (Garden City, NY: Image Books, 1963), 305.
~ Papst Pius V., *Consueverunt Romani Pontifices,* Päpstliche Bulle *(17. September 1569).*
Diener Gottes Papst Benedikt XIII., zitiert in: William G. Most, Mary in Our Life. (Garden City, NY: Image Books, 1963), 306.
~ Hl. Ludwig von Montfort, *Der heilige Rosenkranz*, 24-25.
~ Ebd., 30.
~ Ebd., 38.
~ Ebd., 89.
~ Ebd., 102.
~ Ebd., 143.
~ Papst Pius IX., zitiert in: Diakon Andrew J. Gerakas, *The Rosary and Devotion to Mary* (Boston, MA: St. Paul Books & Media, 1992), 20.
~ John Henry Newman, *Sayings of Cardinal Newman* (Dublin: Carraig Books, 1976), 44-46.
~ Papst Leo XIII., *Adiutricem*, Enzyklika (5. September 1895), 12.
~ Papst Leo XIII., *Supremi Apostolatus Officio*, 3.
~ Ebd., 8.
~ Papst Leo XIII., zitiert in: Robert Feeney, *The Rosary: „The Little Summa"*, vierte Auflage (USA: Aquinas Press, 2003), 10.
~ Papst Benedikt XV., *Fausto Appetente Die,* Enzyklika (29. Juni 1921), 11.
~ Josef Kentenich, zitiert in: P. Jonathan Niehaus, *New Vision and Life: The Founding of Schönstatt (1912-1919)* (Waukesha, WI: Schoenstatt Fathers, 2004), 32.
~ Giacomo Alberione, *Mary, Mother and Model: Feasts of Mary,* übers. v. Hilda Calabro, MA (Boston, MA: Daughters of St. Paul, 1958), 202.

~ Bl. Giacomo Alberione, *Lord, Teach Us to Pray* (Boston, MA: Daughters of St. Paul, 1982), 223.
~ Ebd., 225.
~ Fulton J. Sheen, *The World's First Love: Mary, Mother of God* (San Francisco: Ignatius Press, 1996), 206.
~ Patrick J. Peyton, *The Ear of God* (Garden City, NY: Doubleday & Company, Inc., 1951), 113.
~ Papst Benedikt XVI., *Angelus-Botschaft* (7. Oktober 2007).

Empfohlene Lektüre über den hl. Dominikus
~ Hl. Ludwig von Montfort, *Der Heilige Rosenkranz – das wunderbare Geheimnis der Bekehrung und des Heiles.*
~ Papst Benedikt XV., *Fausto Appetente Die* (Enzyklika über den hl. Dominikus). 29. Juni 1921.
https://www.vatican.va/content/benedict-xv/en/encyclicals/documents/hf_ben-xv_enc_29061921_fausto-appetente-die.html.
~ J.M.P. Heaney OP, *A Short Treatise on the Rosary* (New York: Dominicans, 1863).
~ Augusta Theodosia Drane OP, *The History of St. Dominic: Founder of the Friars Preachers* (London: Longmans, Green, and Co., 1891).
~ John Procter OP, *The Rosary Guide for Priests and People* (London: Kegan and Trubner, 1901).
~ Wilfrid Lescher OP, *St. Dominic and the Rosary* (London: R. & T. Washbourne, 1902).
~ Andrew Skelly OP, *St. Dominic and the Rosary.* (Providence, RI: Providence College Digital Commons), *Historical Catholic and Dominican Documents. Book 1*, (1915).
~ Humbert Clerissac OP, *The Spirit of St. Dominic* (Mercer Island, WA: Cluny Media LLC, 2015). Nachdruck der Ausgabe von 1939.

Der selige Alanus de Rupe
* Bild auf S. 340: Berlin/Kupferstichkabinett, Staatliche Museen, Berlin, Deutschland/Herbert Boswank/Art Resource, NY. Verwendung mit Genehmigung.
~ Alanus de Rupe, zitiert in: Rev. Charles G. Fehrenbach, *CSsR, Mary Day by Day* (New York: Catholic Book Publishing Co., 1987), 147.
~ Alanus de Rupe, zitiert in: Hl. Ludwig von Montfort, *Der heilige Rosenkranz – das wunderbare Geheimnis der Bekehrung und des Heiles*, 29.
~ Hl. Ludwig von Montfort, *Der heilige Rosenkranz – das wunderbare Geheimnis der Bekehrung und des Heiles*, 31-32.
~ Ebd., 32.
~ Ebd., 32.

~ Ebd., 118.
~ Ebd., 120.
~ Ebd., 96.
~ Ebd., 93.
~ Ebd., 94.
~ Ebd., 113.
~ Alfons von Liguori, zitiert in: Susan Tassone, *Day By Day for the Holy Souls in Purgatory: 365 Reflections* (Huntington, IN: Our Sunday Visitor, Inc., 2014), 298.
~ Giacomo Alberione, *Lest We Forget* (Boston, MA: Daughters of St. Paul, 1967), 143.
~ Gabriele Allegra, *Mary's Immaculate Heart: A Way to God* (Chicago, IL: Franciscan Herald Press, 1985), 72.

Empfohlene Lektüre über den seligen Alanus de Rupe
~ Hl. Ludwig von Montfort, *Der heilige Rosenkranz as wunderbare Geheimnis der Bekehrung und des Heiles.*
~ Dominikanerpatres, „The Life and Times of B. Alain de la Roche in the Fifteenth Century: Restorer of the Confraternity of the Most Holy Rosary", in: *The Monthly Magazine of the Holy Rosary,* Nr. 1 (August 1872), 13-16; Nr. 2 (September 1872), 32-35.
~ Raimund P. Devas OP, „The Rosary Tradition Defined and Defended" (Die Rosenkranztradition definiert und verteidigt), in: *American Catholic Quarterly Review,* Bd. XLI (Januar 1916), 128-147.
~ William G. Most, *Mary in Our Life* (Garden City, NY: Image Books, 1963).
~ John S. Johnson, *The Rosary in Action* (Charlotte, NC: TAN Books, 1977).
~ Michael Müller, CSsR, *The Devotion of the Holy Rosary* (Fitzwilliam, NH: Loreto Publications, 2011).
~ Pepin Guglielmo OP, *Il Salutate Mariam* (Firenze, Italia: 1950).

Hl. Papst Pius V.
~ Papst Pius V., *Consueverunt Romani Pontifices,* Päpstliche Bulle (17. September 1569).
~ Ebd.
~ Papst Pius V., zitiert in: Diakon Andrew J. Gerakas, *The Rosary and Devotion to Mary* (Boston, MA: St. Paul Books & Media, 1992), 21.
~ Papst Pius V., zitiert in: David Supple, *Virgin Wholly Marvelous* (Cambridge, MA: Ravengate, 1991), 131.
~ Papst Pius V., zitiert in: Wilfrid Lescher OP, *St. Dominic and the Rosary* (London: R. & T. Washbourne, 1902), 11.
~ Ludwig von Montfort, *Der heilige Rosenkranz – das wunderbare Geheimnis der Bekehrung und des Heiles,* 90.

~ Papst Benedikt XV., *Fausto Appetente Die*, Enzyklika (29. Juni 1921), 11.
~ Josef Kentenich, zitiert in: P. Jonathan Neihaus, *New Vision and Life: The Founding of Schönstatt (1912-1919)* (Waukesha, WI: Schoenstatt Fathers, 2004), 35.

Empfohlene Lektüre über den hl. Papst Pius V.
~ Papst Pius V., *Consueverunt Romani Pontifices* (17. September 1569).
~ Papst Pius V., *Salvatoris Domini* (5. März 1571).
~ Catherine M. Antony, *Saint Pius V: Pope of the Holy Rosary* (London: Longmans, Green and Co., 1911).
~ G. K. Chesterton, *Lepanto* (San Francisco, CA: Ignatius Press, 2003).
~ Robin Anderson, *St. Pius V.: His Life, Times and Miracles* (Charlotte, NC: TAN Books, 2009).

Hl. Ludwig von Montfort
* Bild auf S. 353: O.D.M. pinxit, Editions Magnificat, Mont-Tremblant, Québec. Verwendung mit Genehmigung.
~ Ludwig von Montfort, *God Alone: The Collected Writings of St. Ludwig von Montfort* (Bay Shore, NY: Montfort Publications, 1995), 421.
~ Hl. Ludwig von Montfort, *Der heilige Rosenkranz – das wunderbare Geheimnis der Bekehrung und des Heiles*, 38.
~ Ebd., 15.
~ Ebd., 15-16.
~ Ebd., 21-22.
~ Ebd., 15.
~ Ebd., 24.
~ Ebd., 138.
~ Ebd., 36.
~ Ebd., 38.
~ Ebd., 42.
~ Ebd., 119.
~ Ebd., 87-88.
~ Ebd., 93-94.
~ Ebd., 99.
~ Ebd., 20.
~ Ebd., 136.
~ Ebd., 139.
~ Ebd., 18.
~ Hl. Ludwig von Montfort, zitiert in: Rev. Charles G. Fehrenbach CSsR, *Mary Day by Day* (New York: Catholic Book Publishing Co., 1987), 149.
~ Hl. Ludwig von Montfort, *God alone: The Collected Writings of St. Louis de Montfort*, 403.

Empfohlene Lektüre über den hl. Ludwig von Montfort

~ Ludwig von Montfort, *Der heilige Rosenkranz – das wunderbare Geheimnis der Bekehrung und des Heiles.*

~ Ludwig von Montfort, *Das Goldene Buch: Die Wahre Andacht zu Maria, das Geheimnis Mariä und die Liebe zum Kreuz.*

~ Pierre Eyckeler, *Der Heilige Montfort: Ludwig-Maria Grignion* 1673-1719 Gebundene Ausgabe – 1. Januar 2019.

~ Ludwig von Montfort, *God Alone: The Collected Writings of St. Ludwig de Montfort* (Bay Shore, NY: Montfort Publications, 1995).

~ Ludwig von Montfort, *Jesus Living in Mary: Handbook on the Spirituality of St. Louis Marie de Montfort* (Bay Shore, NY: Montfort Publications, 1995).

Hl. Alfons von Liguori

* Bild auf S. 361: Mit freundlicher Genehmigung der Redemptoristen. Verwendung mit Genehmigung.

~ Alfons von Liguori, *Hail Holy Queen: An Explanation of the Salve Regina* (Charlotte, NC: TAN Books, 1995), 225-226.

~ Ebd., 226.

~ Ebd., 226.

~ Ebd., 226.

~ Alfons von Liguori, *The Glories of Mary* (Charlotte, NC: TAN Books, 2012), 545. Mit Erlaubnis verwendet.

~ Ebd., 546.

~ Ebd., 546.

~ Ebd., 545.

~ Alfons von Liguori, *The Glories of Mary* (Brooklyn, NY: Redemptorist Fathers, 1931), 599.

~ Alfons von Liguori, zitiert in: Catherine Moran, *Praying the Rosary with the Saints* [E-Reader-Version], 2013.

~ Alfons von Liguori, *Hail Holy Queen: An Explanation of the Salve Regina*, 226.

Empfohlene Lektüre über den heiligen Alfons von Liguori

~ Alfons von Liguori, *Hail Holy Queen: An Explanation of the Salve Regina* (Charlotte, NC: TAN Books, 1995).

~ Alfons von Liguori, *Die Herrlichkeiten Mariens*, ISBN: 9783964060068.

~ Pater Donald H. Calloway MIC, *Marian Gems: Daily Wisdom on Our Lady* (Stockbridge, MA: Marian Press, 2014).

~ Pater Donald H. Calloway MIC, *Rosary Gems: Daily Wisdom on the Holy Rosary* (Stockbridge, MA: Marian Press, 2015).

Seliger Papst Pius IX.

~ Papst Pius IX., zitiert in: *The Official Handbook of the Legion of Mary* (Dublin: Concilium Legionis Mariae, 2005), 146.

~ Papst Pius IX., zitiert in: Msgr. Joseph A. Cirrincione und Thomas A. Nelson, *The Rosary and the Crisis of Faith* (Charlotte, NC: TAN Books, 1986), 35.

~ Papst Pius IX., zitiert in: Don Sharkey, *The Woman Shall Conquer: The Story of the Blessed Virgin in the Modern World* (Milwaukee: Bruce Publishing Company, 1952), 246.

~ Papst Pius IX., zitiert in: Patrick J. Peyton, *The Ear of God* (Garden City, NY: Doubleday, 1951), 107.

~ Papst Pius IX., zitiert in: Wilfrid Lescher OP, *St. Dominic and the Rosary.* (London: R. & T. Washbourne, 1902), 8.

~ Ebd., 8-9.

~ Papst Pius IX., zitiert in: M. Josef Frings, *The Excellence of the Rosary: Conferences for Devotions in Honor of the Blessed Virgin* (New York: Wagner, 1912), 9.

~ Papst Pius IX., zitiert in: Wilfrid Lescher OP, *St. Dominic and the Rosary,* 8-9.

~ Papst Pius IX., *Ad Perpetuam rei memorium (Päpstliche Bulle, die den Mitgliedern der Vereinigung des Ewigen Rosenkranzes einen Ablass gewährt,* 12. April 1868), zitiert in: *The Monthly Magazine of the Rosary* (Dezember 1872), 130-131.

~ Papst Pius IX., zitiert in: *Rosary* (Überarbeitete Ausgabe der Rosenkranz-Sonderausgabe der Zeitschrift *The Immaculate*, 1970), 40. Ursprünglich veröffentlicht in Bd. 16, Nr. 5 (Oktober 1965).

Empfohlene Lektüre über Papst Pius IX.

~ Papst Pius IX, *Eregus Sues,* Apostolisches Schreiben (3. Dezember 1869).

~ Papst Pius IX., *C'est un Fait Eclant. An die Oberen und Missonare des Heiligtums von Lourdes,* Apostolisches Schreiben (8. Februar 1875).

~ Papst Pius IX., *Ubi Primum,* Enzyklika (2. Februar 1849).

~ Papst Pius IX., *Ineffabilis Deus,* Apostolische Konstitution (8. Dezember 1854).

~ Pater Donald H. Calloway MIC (Hrsg.), *The Immaculate Conception in the Life of the Church* (Stockbridge, MA: Marian Press, 2004).

Hl. Antonius Maria Claret

* Bild auf S. 372: Generalleitung, Claretiner Missionare, Rom, Italien. Mit Erlaubnis verwendet.

~ Antonius Maria Claret, *Autobiographie*, hrsg. von Jose Maria Vinas CMF (Chicago, IL: Claretian Publications, 1976), 14-15.
~ Ebd., 38.
~ Ebd., 38.
~ Ebd., 17.
~ Ebd., 237.
~ Antonius Maria Claret, zitiert in: Pater Juan Echevarria, *The Miracles of St. Antonius Maria Claret*, übers. v. Sr. Mary Gonzaga (Charlotte, NC: TAN Books, 1992), 61.
~ Antonius Maria Claret, *El Colegial Ó Seminarista Teórica y Prácticamente Instruido: Tome II* (Barcelona, Spanien: Librería Religiosa, 1861), 503. Übers. v. Miss Ileana E. Salazar, MA.
~ Antonius Maria Claret, *The Golden Key to Heaven* (Buffalo, NY: Immaculate Heart Publications, 1955), 358.
~ Antonius Maria Claret, *El Colegial Ó Seminarista Teórica y Prácticamente Instruido: Tome II* (Barcelona, Spanien: Librería Religiosa, 1861), 503. Übers. v. Miss Ileana E. Salazar, MA.
~ Antonius Maria Claret, *Autobiographie*, 241.
~ Ebd., 115.
~ Antonius Maria Claret, zitiert in: Juan Maria Lozano, CMF, *Mystic and Man of Action: Saint Anthony Mary Claret*, übers. v. Joseph Daries CMF (Chicago, IL: Claretian Publications, 1977), 141.
~ Antonius Maria Claret, *El Colegial Ó Seminarista Teórica y Prácticamente Instruido*: Tome I. (Barcelona, Spanien: Librería Religiosa, 1861), 276. Übers. v. Miss Ileana E. Salazar, MA.
~ Ebd., 276.
~ Ebd., 277.
~ Ebd., 277.
~ Ebd., 277.
~ Ebd., 277.
~ Ebd., 277.
~ Ebd., 341.
~ Ebd., 279.
~ Antonius Maria Claret, *Autobiographie*, 95.

Empfohlene Lektüre über den hl. Antonius Maria Claret

~ Antonius Maria Claret, *Autobiographie.* (Hrsg.) Jose Maria Vinas CMF (Chicago, IL: Claretian Publications, 1976).
~ Antonius Maria Claret, *Devocion del Santísimo Rosario* (Barcelona, Spanien: Libreria Religiosa, 1858).
~ Antonius Maria Claret, *El Santísimo Rosario Explicado* (Barcelona, Spanien: Libreria Religiosa, 1864).

~ Gabriel Mary Mesina FI, „*Saint Anthony Mary Claret: Son of the Immaculate Heart of Mary,*“ in: *Missio Immaculatae*, Bd. 11. Nr.1 (January/February, 2015), 17-23.
~ Juan Echevarria, *The Miracles of St. Antonius Maria Claret*, übers. v. Sr. Mary Gonzaga (Charlotte, NC: TAN Books, 1992).
~ Perrin, Joseph-Marie, „*Le V. Antoine-Marie Claret, archeveque. Le Dominique de xix siècle*“, in: *Revue de Rosaire* 10 (1931): 296-302, 329-337.
~ Josef G. Cascales, *Der heilige Antonius Maria von Claret*, 1. Januar 1997
~ Film: https://www.youtube.com/watch?v=dZfoGicYVX0

Papst Leo XIII.
~ Papst Leo XIII., *Adiutricem*, Enzyklika (5. September 1895), 4.
~ Papst Leo XIII., *Fidentem piumque animum*, Enzyklika (20. September 1896), 5.
~ Papst Leo XIII., zitiert in: Rev. Charles G. Fehrenbach CSsR, *Mary Day by Day* (New York: Catholic Book Publishing Co., 1987), 144.
~ Papst Leo XIII., *Adiutricem*, 24.
~ Papst Leo XIII., zitiert in: Msgr. Joseph A. Cirrincione und Thomas A. Nelson, *The Rosary and the Crisis of Fait*h (Charlotte, NC: TAN Books, 1986), 34-35.
~ Papst Leo XIII., *Adiutricem*, 25.
~ Ebd., 26.
~ Ebd., 27.
~ Papst Leo XIII., *Fidentem piumque animum*, 2.
~ Papst Leo XIII., *Iucunda Semper Expectatione*, Enzyklika (8. September 1894), 2.
~ Ebd., 7.
~ Papst Leo XIII., *Laetitiae Sanctae*, Enzyklika (8. September 1893), 18.
~ Papst Leo XIII., *Magnae Dei Matris*, Enzyklika (8. September 1892), 7.
~ Ebd., 18.
~ Ebd., 29.
~ Papst Leo XIII., zitiert in: Rev. J. A. Rooney OP, „Rosary Sunday and Month: The Dominican Portiunkula“, *The Rosary Magazine* (Oktober 1892), S. 453.
~ Papst Leo XIII., *Diuturni Temporis*, Enzyklika (5. September 1898), 3.
~ Papst Leo XIII., Laetitiae Sanctae, 16.
~ Papst Leo XIII., *Octobri Mense*, Enzyklika (22. September 1891), 8.
~ Papst Leo XIII., *Diuturni Temporis*, zitiert in: *The Rosary of Our Lady: Translation of the Encyclical and Apostolic Letters of Pope Leo XIII*, hrsg. v. William Raimund Lawler OP (Paterson, NJ: St. Anthony Guild Press, 1944), 173-174.

~ Papst Leo XIII., *Letter to the Master General of the Order of Preachers* (15. September 1883).
~ Bl. Giacomo Alberione, *Mary: Hope of the World*, übers. v. Hilda Calabro, MA (Boston, MA: Daughters of St. Paul, 1981), 156.
~ Bl. Giacomo Alberione, *Mary, Mother and Model: Feasts of Mary*, übers. v. Hilda Calabro, MA (Boston, MA: Daughters of St. Paul, 1958), 203.
~ Papst Johannes XXIII., *Grata Recordatio*, Enzyklika (26. September 1959), 2.

Empfohlene Lektüre über Papst Leo XIII.
~ William Raimund Lawler OP (Hrsg.), *The Rosary of Our Lady: Translation of the Encyclical and Apostolic Letters of Pope Leo XIII*, (Paterson, NJ: St. Anthony Guild Press, 1944).
~ *A Light in the Heavens: The Great Encyclical Letters from Pope Leo XIII.* (Charlotte, NC: TAN Books, 1995).
~ Alle elf Rosenkranz-Enzykliken von Papst Leo XIII. (www.vatican.va).
~ Charles R. Auth OP, *Rosary-Bibliography: English Language Works* (Washington, DC: Dominican House of Studies, 1960).
~ *The Rosary: Papal Teachings.* Texte von 1758-1978, ausgewählt und zusammengestellt von den Mönchen von Solesmes (Boston: St. Paul Editions, 1980).
~ Paul A. Böer, Sr., *Enchiridion Sanctissimi Rosarii: A Manual of the Most Holy Rosary* (Veritatis Splendor Publications, 2013).

Seliger Bartolo Longo
* Bild auf S. 390: Nachdruck mit Genehmigung von Catholic Online www.catholic.org
~ Bartolo Longo, zitiert in: Ann M. Brown, *Apostle of the Rosary: Blessed Bartolo Longo* (New Hope, KY: New Hope Publications, 2004), 43.
~ Ebd., 53.
~ Bartolo Longo, zitiert in: Johannes Paul II., *Rosarium Virginis Mariae*, 15.
~ Bartolo Longo, zitiert in: Ann M. Brown, *Apostle of the Rosary: Blessed Bartolo Longo*, 53.
~ Bartolo Longo, zitiert in: Rory Michael Fox, *Saints, Popes and Blesseds Speak on the Rosary* [E-Reader Version], 2012.
~ Bartolo Longo, zitiert in: Ann M. Brown, *Apostle of the Rosary: Blessed Bartolo Longo*, 21.
~ Ebd., 51.
~ Bartolo Longo, zitiert in: Johannes Paul II., *Predigt zur Seligsprechung von Bartolo Longo* (26. Oktober 1980). Übers. v. Miss Ileana E. Salazar, MA.
~ Bartolo Longo, *Bittgebet an die Königin des Rosenkranzes*, zitiert in: Johannes Paul II, *Rosarium Virginis Mariae*, 43.

~ Bartolo Longo, zitiert in: Barbara Calamari und Sandra DiPasqua, *Visions of Mary* (New York, NY: Harry N. Abrams, Inc., 2004), 82.
~ Bartolo Longo, zitiert in: Ann M. Brown, *Apostle of the Rosary: Blessed Bartolo Longo*, 27.
~ Ebd., 55.
~ Bartolo Longo, zitiert in: Robert Feeney, The Rosary: „*The Little Summa*", vierte Auflage (USA: Aquinas Press, 2003), 107.
~ Johannes Paul II., *Predigt zur Seligsprechung des seligen Bartolo Longo.*
~ Johannes Paul II., zitiert in: Ann M. Brown, *Apostle of the Rosary: Blessed Bartolo Longo*, 47.
~ Papst Benedikt XVI., *Predigt: Pastoralbesuch im Päpstlichen Heiligtum von Pompeji* (19. Oktober 2008).
~ Ebd.

Empfohlene Lektüre über den seligen Bartolo Longo

~ Bartolo Longo, History of the Sanctuary of Pompeji (Valle di Pompeji: Redaktion der Typografieschule von Bartolo Longo, 1895).
~ Bartolo Longo, *Bittgebet an die Königin des Rosenkranzes*, zitiert in: Johannes Paul II, *Rosarium Virginis Mariae*, 43.
~ Bartolo Longo, *Fifteen Saturdays of the Most Holy Rosary*, übers. v. Luigi Caturelli (Valle Pompeji, Italien, 1894).
~ Ann M. Brown, *Apostle of the Rosary: Blessed Bartolo Longo* (New Hope, KY: New Hope Publications, 2004).
~ Msgr. Charles M. Mangan, *Blessed Bartolo Longo: Apostle of the Rosary* (Goleta, CA: Queenship Publishing).

Diener Gottes Josef Kentenich

~ Josef Kentenich, *Mary, Our Mother and Educator: An Applied Mariology*, übers. v. Jonathan Niehaus (Waukesha, WI: Schoenstatt Sisters, 1987), 11.
~ Joseph Kententich, *The Marian Person*, übers. v. Jonathan Niehaus. (Waukesha, WI: Schoenstatt Fathers, 2007), 37.
~ Josef Kentenich, *Marian Instrument Piety* (Waukesha, WI: Schoenstatt Center, 1992), 116.
~ Josef Kentenich, *Mary, Our Mother and Educator: An Applied Mariology*, 11.
~ Josef Kentenich, *Vortrag von Pater Josef Kentenich in der Kirche von Ennabeuren, Deutschland* (3. Mai 1945). Mit freundlicher Genehmigung der Schönstatt-Schwestern, Waukesha, WI.
~ Ebd.
~ Ebd.
~ Ebd.

~ Josef Kentenich, Mary, *Our Mother and Educator: An Applied Mariology*, 11.
~ Josef Kentenich, *Himmelswärts: Gebete für den Gebrauch der Schönstattfamilie* (Waukesha, WI: Schönstattpatres, 1992), 91.

Empfohlene Lektüre über den Diener Gottes Josef Kentenich
~ Josef Kentenich, *Mary, Our Mother and Educator: An Applied Mariology*, übers. v. Jonathan Niehaus (Waukesha, WI: Schönstatt-Schwestern, 1987).
~ Josef Kentenich, *Vortrag von Pater Josef Kentenich in der Kirche von Ennabeuren, Deutschland* (3. Mai 1945). Originaltitel: *Unsere Marianische Sendung: Ansprachen in Ennabeuren*. 2 Aufl., hrsg. Horb a. N.: Geiger Druck, 1982.
~ Josef Kentenich, *Austausch der Herzen: Die verwandelnde Kraft der Weihe an das Unbefleckte Herz Mariens*, hrsg. von Jonathan Niehaus (Vallendar, Deutschland: Schönstatt-Patres, 2012).
~ P. Donald H. Calloway MIC, *The Virgin Mary and Theology of the Body* (Stockbridge, MA: Marian Press, 2005).
~ P. Donald H. Calloway MIC, *Marian Gems: Daily Wisdom on Our Lady* (Stockbridge, MA: Marian Press, 2014).

Anmerkung des Herausgebers: Im Juli 2020 wurden bestimmte Anschuldigungen gegen Pater Kentenich, die in den kürzlich geöffneten Archiven des Pontifikats von Papst Pius XII. enthalten waren, der Marian Press und der gesamten Kirche bekannt. In Anbetracht der Tatsache, dass der Heilige Stuhl nicht alle Unterlagen über Pater Kentenich freigegeben hat und dass der Heilige Stuhl keine Einwände gegen die Eröffnung seines Heiligsprechungsprozesses erhoben hat, warten wir auf die endgültige Entscheidung der Kirche in dieser Angelegenheit.

Dienerin Gottes Lúcia Dos Santos
* Bild auf S. 405: © Postulação de Francisco e Jacinta Marto.
~ Unsere Liebe Frau an Sr. Lúcia Dos Santos, zitiert in: P. Robert J. Fox, *2.000 Year Chronology of Mary Through the Ages* (Redfield, SD: Fátima Family Apostolate, 2000), 136.
~ Lúcia Dos Santos, *Fátima in Lucia's Own Words* (Fátima, Portugal: Secretariado Dos Pastorinhos, 2011), 50.
~ Lúcia Dos Santos, *Die Aufrufe der Botschaft von Fatima* (Fátima, Portugal: Secretariado dos Pastorinhos, 2000), 134.
~ Lúcia Dos Santos, *Fátima in Lucia's Own Words*: Volume II. (Fátima, Portugal: Secretariado dos Pastorinhos, 2006), 106.
~ Lúcia Dos Santos, *Die Aufrufe der Botschaft von Fatima*, 271.
~ Lúcia Dos Santos, zitiert in: P. Robert Fox, *The Intimate Life of Sister Lucia* (USA: Fátima Family Apostolate, 2001), 315.

~ Lúcia Dos Santos, zitiert in: Rory Michael Fox, *Saints, Popes and Blesseds Speak on the Rosary* [E-Reader-Version], 2012.
~ Lúcia Dos Santos, zitiert in: Robert Feeney, *The Rosary: „The Little Summa"*, vierte Auflage (USA: Aquinas Press, 2003), 112.
~ Ebd., 112.
~ Ebd., 114.
~ Lúcia Dos Santos, *Die Aufrufe der Botschaft von Fatima*, 271-272.
~ Lúcia Dos Santos, zitiert in: P. Robert Fox, *The Intimate Life of Sister Lucia*, 316.
~ Ebd., 316.
~ Ebd., 316.
~ Lúcia Dos Santos, *A Pathway Under the Gaze of Mary: Biography of Sister Maria Lucia of Jesus and the Immaculate Heart*, übers. v. Giacomo A. Colson (Washington, NJ: Weltapostolat von Fátima, 2015), 176.
~ Lúcia Dos Santos, zitiert in: *The Rosary with Sister Lucia*, übers. v. Giacomo A. Colson (Portugal: Edições Carmelo, 2010), 86.
~ Gabriele Allegra, *Mary's Immaculate Heart: A Way to God* (Chicago, IL: Franciscan Herald Press, 1985), 54.

Empfohlene Lektüre über die Dienerin Gottes Lúcia Dos Santos
~ *Fátima in Lucia's Own Words: Volume I*, hrsg. von P. Louis Kondor SVD (Fátima, Portugal: Secretariado Dos Pastorinhos, 2007).
~ *Fátima in Lúcia's Own Words: Volume II*, hrsg. von P. Louis Kondor SVD (Fátima, Portugal: Secretariado Dos Pastorinhos, 2006).
~ Lúcia Dos Santos, *Die Aufrufe der Botschaft von Fatima* (Fátima, Portugal: Karmel von Coimbra, 2000).
~ Karmel von Coimbra, *A Pathway Under the Gaze of Mary: Biography of Sister Maria Lúcia of Jesus and the Immaculate Heart.*
~ Karmel von Coimbra, *The Rosary with Sister Lucia, übers. v. Giacomo A. Colson* (Portugal: Edições Carmelo, 2010).
~ Msgr. Joseph A. Cirrincione und Thomas A. Nelson, *The Rosary and the Crisis of Faith* (Charlotte, NC: TAN Books, 1986).
~ Pater Robert Fox, *The Intimate Life of Sister Lúcia* (USA: Fátima Family Apostolate, 2001).
~ Lúcia Dos Santos, Schwester Lúcia spricht über Fatima.
~ Lúcia Dos Santos, *Pontevedra, Der vergessene Teil der Botschaft von Fatima,* 10. Dezember 1925.

Hl. Maximilian Kolbe
* Bild auf S. 414: Mit freundlicher Genehmigung des Franziskanischen Archivs, Niepokalanów, Polen. Verwendung mit Genehmigung.
~ Maximilian Kolbe, zitiert in: Hilda Elfleda Brown, *She Shall Crush Thy*

Head: Selected Writings of St. Maximilian Kolbe (Phoenix, AZ: Leonine Publishers, 2015), 40.
~ Ebd., 40-41.
~ Ebd., 39.
~ Ebd., 119.
~ Ebd., 141.
~ Ebd., 122-123.
~ Maximilian Kolbe, *The Writings of St. Maximilian Maria Kolbe.* Bd. II: Various Writings (Lugano, Schweiz: Nerbini International, 2016), Nr. 1267.
~ Maximilian Kolbe, *Scritti di Massimiliano* Kolbe (Roma, 1997), Abschnitt 1171 [Il Rosario, 1933].
~ Maximilian Kolbe, *Scritti di Massimiliano Kolbe* (Rom, 1997), Abschnitt 505.
~ Maximilian Kolbe, *The Writings of St. Maximilian Maria Kolbe.* Bd. II: Various Writings, Nr. 1088.
~ Ebd., Nr. 1127.
~ Maximilian Kolbe, zitiert in: Hilda Elfleda Brown, *She Shall Crush Thy Head: Selected Writings of St. Maximilian Kolbe,* 186.
~ Ebd., 54.
~ Ebd., 42.
~ Maximilian Kolbe, *The Writings of St. Maximilian Maria Kolbe.* Bd. II: Various Writings, Nr. 1171.
~ Maximilian Kolbe, *Aim Higher, übers. v.* P. Dominic Wisz OFM Conv. (Libertyville, IL: Marytown Press, 2007), 97.
~ Maximilian Kolbe, *Scritti di Massimiliano Kolbe,* Abschnitt 1171 [Il Rosario, 1933].
~ Maximilian Kolbe, *Scritti di Massimiliano Kolbe,* Abschnitt 1117 [Rycerz Niepokalanów, 1926].
~ Maximilian Kolbe, *Scritti di Massimiliano Kolbe,* Abschnitt 1021 [Grodno 1922-1925; Die Erzbruderschaft vom Heiligen Rosenkranz].

Empfohlene Lektüre über den hl. Maximilian Kolbe

~ Maximilian Kolbe, *The Writings of St. Maximilian Maria Kolbe.* Bd. I: Letters and Bd. II: Various Writings (Lugano, Schweiz: Nerbini International, 2016).
~ Maximilian Kolbe, *Aim Higher: Spiritual and Marian Reflections of St. Maximilian Kolbe* (Marytown Press, 1994).
~ Jerzy Domanski, *Maria Was His Middle Name* (Benziger Sisters Publication, 1979).
~ Francis Kalvelage, Hrsg., *Kolbe: Saint of the Immaculata* (San Francisco, CA: Ignatius Press, 2002).
~ Hilda Elfleda Brown, *She Shall Crush Thy Head: Selected Writings of St.*

Maximilian Kolbe (Phoenix, AZ: Leonine Publishers, 2015).

Diener Gottes Frank Duff

~ Diener Gottes Frank Duff, *Virgo Praedicanda* (Dublin: Mount Salus Press, 1986), 98.
~ Ebd., 101-102.
~ Ebd., 102.
~ Ebd., 101.
~ Ebd., 101.
~ Ebd., 95.
~ Ebd., 97.
~ Ebd., 94.
~ Ebd., 100.

Empfohlene Lektüre über den Diener Gottes Frank Duff

~ Legio Mariae: *The Official Handbook of the Legion of Mary* (Dublin, Irland: Concilium Legionis Mariae, 1993).
~ Frank Duff, *Virgo Praedicanda* (Dublin: Mount Salus Press, 1986).
~ Frank Duff, *Walking with Mary: The Spirit of the Legion of Mary* (Glasgow: J. S. Burns, 1956).
~ Frank Duff, *The De Montfort Way* (Montfort Fathers, 1947).
~ Pater Donald H. Calloway MIC, *Rosary Gems: Daily Wisdom on the Holy Rosary* (Stockbridge, MA: Marian Press, 2015).

Papst Pius XI.

* Bild auf S. 367: © AS400 DB/Corbis. Verwendung mit Genehmigung.
~ Papst Pius XI, *Inclytam ac perillustrem* (Brief an R.P. Gillet, Ordensmeister der Dominikaner, 6. März 1934).
~ Papst Pius XI, *Inclytam ac perillustrem*, zitiert in: Finbar Ryan OP (Erzbischof von Port of Spain), *Our Lady of Fátima* (Dublin: Richview Press, 1939), 97-99.
~ Papst Pius XI., *Ingravescentibus Malis*, Enzyklika (29. September 1937), 29.
~ Papst Pius XI., zitiert in: Rev. Charles G. Fehrenbach CSsR, *Mary Day by Day* (New York: Catholic Book Publishing Co., 1987), 148.
~ Papst Pius XI., *Ingravescentibus Malis*, 15.
~ Ebd., 9.
~ Papst Pius XI., zitiert in: Rev. Charles G. Fehrenbach CSSR, *Mary Day by Day*, 149.
~ Papst Pius XI., *Ingravescentibus Malis*, 28.
~ Ebd., 12.
~ Ebd., 16.

~ Ebd., 23.
~ Ebd., 22.
~ Papst Pius XI., zitiert in: Msgr. Joseph A. Cirrincione und Thomas A. Nelson, *The Rosary and the Crisis of Faith,* 33.

Empfohlene Lektüre über Papst Pius XI.
~ Papst Pius XI., *Ingravescentibus Malis,* Enzyklika (29. September 1937).
~ Papst Pius XI., *Inclytam ac perillustrem* (Brief an R.P. Gillet, Ordensmeister der Dominikaner, 6. März 1934).
~ Papst Pius XI., *Lux Veritatis* (25. Dezember 1931).

Seliger Giacomo Alberione
* Bild auf S. 266: Mit freundlicher Genehmigung der Daughters of St. Paul. Verwendung mit Genehmigung.
~ Giacomo Alberione, *Lord, Teach Us to Pray* (Boston, MA: Daughters of St. Paul, 1982), 222.
~ Ebd., 223.
~ Giacomo Alberione, *Mary, Queen of Apostles* (Boston, MA: Daughters of St. Paul, 1976), 169-170.
~ Ebd., 264.
~ Giacomo Alberione, *Glories and Virtues of Mary,* übers. v. Hilda Calabro, MA (Boston, MA: Daughters of St. Paul, 1978), 198.
~ Ebd., 200.
~ Giacomo Alberione, *Lord, Teach Us to Pray,* 226-227.
~ Giacomo Alberione, *Glories and Virtues of Mary,* 52.
~ Giacomo Alberione, *Mary, Queen of Apostles,* 180.
~ Ebd., 180.
~ Ebd., 235.
~ Giacomo Alberione, *Glories and Virtues of Mary,* 52.
~ Ebd., 52.
~ Ebd., 46.
~ Ebd., 37.
~ Giacomo Alberione, *Mary, Queen of Apostles,* 179.
~ Giacomo Alberione, *Glories and Virtues of Mary,* 37.
~ Giacomo Alberione, *Mary Leads Us to Jesus: The Marian Spirituality of Blessed James Alberione, SSP.* Hrsg. Marianne Lorraine Trouvé, FSP (Boston, MA: Pauline Books & Media, 2004), 78.
~ Giacomo Alberione, *Mary, Mother and Model: The Feasts of Mary,* übers. v. Hilda Calabro, MA (Boston, MA: Daughters of St. Paul, 1958), 200.
~ Ebd., 200.
~ Ebd., 201.
~ Giacomo Alberione, *Mary, Queen of the Apostles,* 32.

~ Ebd., 104.
~ Giacomo Alberione, zitiert in: Stephen Lamera SSP, *Giacomo Alberione: A Marvel of Our Times* (Philippines: Daughters of St. Paul, 1977), 157-158.
~ Giacomo Alberione, Mary: Hope of the World, übers. v. Hilda Calabro, MA (Boston, MA: Daughters of St. Paul, 1981), 216.
~ Giacomo Alberione, zitiert in: Stephen Lamera SSP, *Giacomo Alberione: A Marvel of Our Times*, 158.
~ Giacomo Alberione, *Glories and Virtues of Mary*, 250.
~ Giacomo Alberione, *Blessed Are the Imitators of Mary Who Bring Jesus to the World,* Übertragung seiner Predigten durch die Töchter des hl. Paulus der USA-Provinz, 24.
~ Ebd., 203.
~ Giacomo Alberione, *Lest We Forget* (Boston, MA: Daughters of St. Paul, 1967), 96.
~ Giacomo Alberione, *Lord, Teach Us to Pray*, 225.
~ Ebd., 226.
~ Ebd., 228.
~ Ebd., 228.
~ Giacomo Alberione (Primo Maestro), *Practices of Piety* (Boston, MA: Daughters of St. Paul), 190.

Empfohlene Lektüre über den seligen Giacomo Alberione

~ Giacomo Alberione, *Mary, Mother and Model: The Feasts of Mary*, übers. v. Hilda Calabro, MA (Boston, MA: Daughters of St. Paul, 1958).
~ Giacomo Alberione, *Mary, Queen of the Apostles* (Boston, MA: Daughters of St. Paul, 1976).
~ Giacomo Alberione, *Glories and Virtues of Mary*, übers. v. Hilda Calabro, MA (Boston, MA: Daughters of St. Paul, 1978).
~ Giacomo Alberione, *Mary: Hope of the World,* übers. v. Hilda Calabro, MA (Boston, MA: Daughters of St. Paul, 1981).
~ Giacomo Alberione, *Lord, Teach Us to Pray* (Boston, MA: Daughters of St. Paul, 1982).

Papst Pius XII.

~ Papst Pius XII., zitiert in: Diakon Andrew J. Gerakas, *The Rosary and Devotion to Mary* (Boston, MA: St. Paul Books & Media, 1992), 76.
~ Papst Pius XII., *Brief an den Hochwürdigsten Ordensmeister Michael Browne OP, über den marianischen Rosenkranz* (11. Juli 1957).
~ Papst Pius XII., zitiert in: Msgr. Joseph A. Cirrincione und Thomas A. Nelson, *The Rosary and the Crisis of Faith* (Charlotte, NC: TAN Books, 1986), 33.
~ Ebd., 33.

~ Papst Pius XII., *Ingruentium Malorum,* Enzyklika (15. September 1951), 15.
~ Papst Pius XII., zitiert in: Bl. Gabriele Allegra, *Mary's Immaculate Heart: A Way to God* (Chicago, IL: Franciscan Herald Press, 1983), 105.
~ Papst Pius XII., *Mediator Dei,* Enzyklika (20. November 1947), 173-174.
~ Papst Pius XII., *Ingruentium Malorum,* 13.
~ Ebd., 14.
~ Ebd., 8.
~ Papst Pius XII., *Radioansprache zum 25. Jahrestag der Erscheinungen Unserer Lieben Frau von Fátima* (31. Oktober 1942).
~ Papst Pius XII., *Ad Caeli Reginam,* Enzyklika (11. Oktober 1954).
~ Papst Pius XII., *Radiobotschaft an den Marianischen Kongress der Philippinen* (5. Dezember 1954).

Empfohlene Lektüre über Papst Pius XII.

~ Papst Pius XII., *Bis Saeculari,* Apostolische Konstitution (27. September 1948).
~ Papst Pius XII., *Ad Caeli Reginam,* Enzyklika (11. Oktober 1954).
~ Papst Pius XII., *Ingruentium Malorum,* Enzyklika (15. September 1951).
~ Papst Pius XII., *Brief an Kardinal Griffin, Erzbischof von Westminster* (14. Juli 1952).
~ Papst Pius XII., *Fulgens Corona,* Enzyklika (8. September 1953).
~ Sr. M. Pascalina Lehnert, *His Humble Servant: Sister M. Pascalina Lehnert's Memoirs of Her Years of Service to Eugenio Pacelli, Pope Pius XII,* übers. v. Susan Johnson (South Bend, IN: St. Augustine's Press, 2014).

Diener Gottes Dolindo Ruotolo

* Bild auf S. 456: © Casa Mariana Editrice-Apostolato Stampa. Verwendung mit Genehmigung.
~ Dolindo Ruotolo, *Meditations on the Holy Rosary of Mary,* übers. v. Giovanna Invitti Ellis (Neapel, Italien, 2006), 36.
~ Ebd., 4.
~ Ebd., 35.
~ Ebd., 5.
~ Ebd., 36.
~ Ebd., 5.
~ Ebd., 41.
~ Ebd., 41.
~ Ebd., 3.
~ Ebd., 4
~ Ebd., 18-19.
~ Ebd., 35.

~ Ebd., 20.

Empfohlene Lektüre über den Diener Gottes Dolindo Ruotolo

~ Dolindo Ruotolo, *Meditations on the Holy Rosary of Mary,* übers. v. Giovanna Invitti Ellis (Neapel, Italien, 2006).
~ Dolindo Ruotolo, *A Month with Mary, Daily Meditations for a Profound Reform of Heart in the School of Mary,* übers. v. Msgr. Arthur B. Calkins (New Bedford, MA: Academy of the Immaculate, 2006).
~ Pater Donald H. Calloway MIC, *Rosary Gems: Daily Wisdom on the Holy Rosary* (Stockbridge, MA: Marian Press, 2015).

Hl. Pio von Pietrelcina

* Bild auf S. 462: © Fondazione Voce di Padre Pio – Archivio Fotografico. Verwendung mit Genehmigung
~ Pio von Pietrelcina, zitiert in: *Padre Pio: The Wonder Worker*, hrsg. v. Francis Mary Kalvelage, FI (New Bedford, MA: Franciscan Friars of the Immaculate, 2009), 67.
~ Pio von Pietrelcina, zitiert in: Pietro Tartaglia, *The Mysteries of the Rosary and Padre Pio,* zweite Auflage (Our Lady of Grace Capuchin Friary: San Giovanni Rotondo, Italien, 1999), 106.
~ Ebd., 10.
~ Pio von Pietrelcina, zitiert in: *Padre Pio: The Wonder Worker*, 68.
~ Pio von Pietrelcina, zitiert in: Liz Kelly, *The Rosary: A Way to Prayer* (Chicago, IL: Loyola Press, 2004), 86.
~ Pio von Pietrelcina, zitiert in: *Padre Pio: The Wonder Worker,* 68.
~ Pio von Pietrelcina, zitiert von Pater Paola Carta (emeritierter Bischof von Foggia) in: „*Die Stimme Pater Pios*" (Juli 1997). Konvent Unserer Lieben Frau von der Gnade, San Giovanni Rotondo, Italien.
~ Pio von Pietrelcina, zitiert in: Gabriel Harty OP, *The Rosary: The History of My Heart* (Dundalk, Irland: Dundalgan Press, 2015), 29.
~ Johannes Paul II., *Rosarium Virginis Mariae*, 8.

Empfohlene Lektüre über den hl. Pio von Pietrelcina

~ Pio von Pietrelcina, zitiert vom hl. Johannes Paul II. in: Pater Robert J. Fox, *First Saturdays for the Triumph of the Immaculate Heart* (Minnesota: Fátima Family Apostolate, 2000).
~ Pio von Pietrelcina, *Padre Pio's Words of Hope,* hrsg. v. Eileen Dunn Bertanzetti (Huntington, IN: Our Sunday Visitor, Inc., 1999).
~ *Padre Pio: The Wonder Worker,* hrsg. v. Francis Mary Kalvelage FI (New Bedford, MA: Franciscan Friars of the Immaculate, 2009).

Hl. Josemaría Escrivá

* Bild auf S. 468: Mit freundlicher Genehmigung des Kommunikationsbüros des Opus Dei. Verwendung mit Genehmigung.

~ Josemaria Escrivá, *Furrow* (New York: Scepter Press, 1986), 265.

~ Josemaria Escrivá, *Holy Rosary* (New York, NY: Scepter Press, 2003), 9.

~ Josemaría Escrivá, *The Way*, Nr. 558, S. 117, zitiert in: Jason Evert, *Purity 365: Daily Reflections on True Love* (Cincinnati, OH: Servant Books, 2009), 105.

~ Josemaria Escrivá, *Holy Rosary*, 11.

~ Josemaria Escrivá, *Furrow,* 186.

~ Ebd., 186-187.

~ Josemaria Escrivá, *Christ is Passing By* (Manila: Sinag-Tala, 1973), 325.

~ Josemaría Escrivá, *Friends of God* (New York: Scepter, 1981), 450.

~ Josemaria Escrivá, *Holy Rosary,* 12.

~ Josemaria Escrivá, *Furrow,* 186.

~ Josemaria Escrivá, *Holy Rosary,* 14.

~ Josemaría Escrivá, *Friends of God,* 461.

~ Josemaria Escrivá, *Holy Rosary,* 15.

Empfohlene Lektüre über den hl. Josemaría Escrivá

~ Josemaria Escrivá, *Holy Rosary* (Chicago, IL: Scepter, 1953).

~ Josemaria Escrivá, *Christ is Passing By* (Manila: Sinag-Tala, 1973).

~ Josemaría Escrivá, *Friends of God* (New York: Scepter Press, 1981).

~ Der heilige Josemaría Escrivá, *The Way: Furrow: The Forge* (New York: Scepter, 2001).

Hl. Papst Johannes XXIII.

* Bild auf S. 475: © Universal Images Group North America LLC / DeAgostini / Alamy Stock Photo. Verwendung mit Genehmigung.

~ Papst Johannes XXIII., Brief an Clemens Kardinal Micara (28. September 1960), zitiert in: Francis Beauchesne Thornton, *This is the Rosary* (New York: Hawthorn Books, 1961), 10.

~ Papst Johannes XXIII., zitiert in: Venerable Patrick Peyton, *All For Her* (Hollywood, CA: Family Theater Productions, 1973), 189.

~ Papst Johannes XXIII., zitiert in: Jeanne Gosselin Arnold, *A Man of Faith: Pater Patrick Peyton* CSC (Hollywood, CA: Family Theater, Inc., 1983), 133.

~ Papst Johannes XXIII., zitiert in: Rev. Charles G. Fehrenbach CSsR, *Mary Day by Day* (New York: Catholic Book Publishing Co., 1987), 148.

~ Papst Johannes XXIII., *Grata Recordatio*, Enzyklika (26. September 1959), 2.

~ Papst Johannes XXIII., zitiert in: Andrew J. Gerakas, *The Rosary and Devotion to Mary* (Boston, MA: St. Paul Books & Media, 1992), 23.

~ Papst Johannes XXIII., *„Radiobotschaft zur Krönung Unserer Lieben Frau vom Rosenkranz in La Coruña, Spanien“* (11. September 1960). Übers. v. Ileana E. Salazar, MA.
~ Papst Johannes XXIII., zitiert in: Msgr. Joseph A. Cirrincione und Thomas A. Nelson, *The Rosary and the Crisis of Faith* (Charlotte, NC: TAN Books, 1986), 32.
~ Papst Johannes XXIII., Brief an Clemens Kardinal Micara (28. September 1960), zitiert in: Francis Beauchesne Thornton, *This is the Rosary,* 10.
~ Patrick Peyton, zitiert in: Laetitia Rhatigan, STD, „The Marian Spirituality of the Servant of God Father Patrick Peyton, C.S.C (1902-1992)“, in: *Marian Studies,* Bd. LXIII (2012), 41.

Empfohlene Lektüre über den hl. Papst Johannes XXIII.
~ Papst Johannes XXIII., *Grata Recordatio,* Enzyklika (26. September 1959).
~ Papst Johannes XXIII., *„Radiobotschaft zur Krönung Unserer Lieben Frau vom Rosenkranz in La Coruña, Spanien“,* (11. September 1960).
~ Papst Johannes XXIII., *Brief an Clemente Kardinal Micara* (28. September 1960), zitiert in: Francis Beauchesne Thornton, *This is the Rosary* (New York: Hawthorn Books, 1961), 9-10.
~ Papst Johannes XXIII., *Ansprache zur ersten Pilgerfahrt des Lebendigen Rosenkranzes* (4. Mai 1963).

Patrick Peyton
* Bild auf S. 480: Mit freundlicher Genehmigung des Archivs, Holy Cross Family Ministries, North Easton, MA. Verwendung mit Genehmigung.
~ Patrick Peyton, in: *„Mary, the Pope, and the American Apostle of the Family Rosary“*, von P. Willy Raimund CSC, in: *Behold Your Mother: Priests Speak about Mary,* hrsg. v. Stephen J. Rossetti (Notre Dame, IN: Ave Maria Press, 2007), 52.
~ Patrick Peyton, zitiert in: Jeanne Gosselin Arnold, *A Man of Faith: Father Patrick Peyton CSC* (Hollywood, CA: Family Theater, Inc., 1983), 250.
~ Ebd., 34.
~ Patrick Peyton, in: *„Mary, the Pope, and the American Apostle of the Family Rosary“*, von P. Willy Raimund CSC, in: *Behold Your Mother: Priests Speak about Mary,* 53.
~ Patrick Peyton, zitiert in: Jeanne Gosselin Arnold, *A Man of Faith: Father Patrick Peyton,* CSC, 250.
~ Ebd., 48.
~ Ebd., 63.
~ Ebd., 250.
~ Ebd., 250.
~ Ebd., 268.

~ Patrick Peyton, *All For Her* (Hollywood, CA: Family Theater Productions, 1973), 1.
~ Patrick Peyton, *Family Prayer* (New York: Benziger Bros., Inc., 1964), 13.
~ Patrick Peyton, zitiert in: Jeanne Gosselin Arnold, *A Man of Faith: Father Patrick Peyton, CSC*, 27.
~ Ebd., 295.
~ Patrick Peyton, zitiert in: Laetitia Rhatigan, STD, „The Marian Spirituality of the Servant of God Father Patrick Peyton, CSC (1902-1992)“, 31.
~ Patrick Peyton, zitiert in: *Rosary* [Überarbeitete Ausgabe der Rosenkranz-Sonderausgabe der Zeitschrift *The Immaculate*, 1970], 40. Ursprünglich veröffentlicht im Oktober 1965 (Bd. 16, Nr. 5).
~ Patrick Peyton, *Marian Year: 1987-1988* (Albany, NY: The Family Rosary Inc., 1987), 75.

Empfohlene Lektüre über den Patrick Peyton

~ Patrick Peyton, *All For Her* (Hollywood, CA: Family Theater Productions, 1967).
~ Patrick Peyton, *Family Prayer* (New York: Benziger Brothers, Inc., 1964).
~ Patrick Peyton, *The Ear of God* (Garden City, NJ: Doubleday & Company, Inc., 1951).
~ Jeanne Gosselin Arnold, *A Man of Faith: Father Patrick Peyton,* CSC (Hollywood, CA: Family Theater, Inc., 1983).

Hl. Papst Paul VI.

~ Papst Paul VI., *Marialis Cultus,* Apostolisches Schreiben (2. Februar 1974), 44. https://www.stjosef.at/dokumente/marialis_cultus.htm.
~ Ebd. , 47.
~ Ebd., 46.
~ Papst Paul VI., *Recurrens Mensis October,* Enzyklika (7. Oktober 1969).
~ Papst Paul VI., *Marialis Cultus,* 48. https://www.stjosef.at/dokumente/marialis_cultus.htm.
~ Papst Paul VI., *Mense Maio,* Enzyklika (29. April 1965), 14. https://poschenker.wordpress.com/category/enzykliken-papstliche-dokumente/paul-vi-mense-maio/.
~ Papst Paul VI., *Marialis Cultus*, 54. https://www.stjosef.at/dokumente/marialis_cultus.htm.
~ Papst Paul VI., *Christi Matri,* Enzyklika (15. September 1966), 9.
~ Papst Paul VI., zitiert in: Rev. Charles G. Fehrenbach CSsR, *Mary Day by Day* (New York: Catholic Book Publishing Co., 1987), 150.
~ Papst Paul VI., zitiert in: Johannes Paul II., *Rosarium Virginis Mariae*, 12.
~ Papst Paul VI., *Christi Matri,* 10.

~ Papst Paul VI., *Marialis Cultus,* 52. https://www.stjosef.at/dokumente/marialis_cultus.htm.
~ Papst Paul VI., zitiert in: Jeanne Gosselin Arnold, *A Man of Faith: Pater Patrick Peyton CSC* (Hollywood, CA: Family Theater, Inc., 1983), 202.
~ Papst Paul VI., zitiert in: *Rosary* (Überarbeitete Ausgabe der Rosenkranz-Sonderausgabe der Zeitschrift The Immaculate, 1970), 10. Ursprünglich veröffentlicht im Oktober 1965 (Bd. 16., Nr. 5).

Empfohlene Lektüre über den hl. Papst Paul VI.
~ Papst Paul VI., *Marialis Cultus,* Apostolisches Schreiben (2. Februar 1974). https://www.stjosef.at/dokumente/marialis_cultus.htm.
~ Papst Paul VI., *Mense Maio,* Enzyklika (29. April 1965). https://poschenker.wordpress.com/category/enzykliken-papstliche-dokumente/paul-vi-mense-maio/.
~ Papst Paul VI., *Christi Matri,* Enzyklika (15. September 1966).
~ Papst Paul VI., *Recurrens Mensis October,* Apostolisches Schreiben (7. Oktober 1969).
~ Papst Paul VI., *Ansprache an die Kinder des lebendigen Rosenkranzes* (10. Mai 1964).
~ Papst Paul VI., *Generalaudienz* (7. Oktober 1964).

Fulton J. Sheen
~ Fulton J. Sheen, *The World's First Love: Mary, Mother of God* (San Francisco, CA: Ignatius Press, 1996), 207-208.
~ Ebd., 209.
~ Ebd., 210.
~ Ebd., 211.
~ Ebd., 211.
~ Ebd., 215.
~ Ebd., 209.
~ Ebd., 213-214.
~ Ebd., 210.
~ Ebd., 214-215.
~ Ebd., 213.
~ Ebd., 213.
~ Ebd., 214.
~ Ebd., 208.
~ Ebd., 211.

Empfohlene Lektüre über Fulton J. Sheen
~ Fulton J. Sheen, *The World's First Love: Mary, Mother of God* (San Francisco, CA: Ignatius Press, 1996).

~ Fulton J. Sheen, *Three to Get Married* (Princeton, NJ: Scepter Publishers, 1951).
~ Peter J. Howard, *The Woman: The Mystery of Mary as Mediatrix in the Teaching of Fulton J. Sheen* (Phoenix, AZ: Leonine Publishers, 2014).
~ Pater Donald H. Calloway MIC, *Mary of Nazareth: The Life of Our Lady in Pictures* (San Francisco, CA: Ignatius Press, 2014).

Hl. Teresa von Kalkutta

~ *Our Lady's words to St. Teresa of Calcutta*", zitiert in: Pater Joseph Langford MC, *Mother Teresa: In the Shadow of Our Lady* (Huntington, IN: OSV Press, 2007), 60.
~ Teresa von Kalkutta, *Heart of Joy* (Ann Arbor, MI: Servant Books, 1987), 19.
~ Teresa von Kalkutta, zitiert in: *Rosary Meditations from Mother Teresa of Calcutta,* hrsg. v. V. Lucia (USA: Missionaries of the Blessed Sacrament, 1984).
~ Teresa von Kalkutta, zitiert in: Brian Kolodiejchuk MC, (Hrsg.), *Mother Teresa: Come Be My Light: The Private Writings of the Saint of Calcutta.* (New York: Doubleday, 2007), 141.
~ Teresa von Kalkutta, *From a Letter to Father Laurence T. Picachy S.J., 13. Februar 1963,* zitiert in: P. Benedict J. Groeschel, CFR, The Rosary: Chain of Hope (San Francisco, CA: Ignatius Press, 2003), 16.
~ Teresa von Kalkutta, zitiert in: Susan Conroy, *Praying in the Presence of Our Lord with Mother Teresa* (Huntington, IN: OSV, Inc., 2005), 70.
~ Teresa von Kalkutta, zitiert in: Matthew Kelly, *Rediscover Catholicism* (USA: Beacon Publishing, 2010), 272.
~ Teresa von Kalkutta, zitiert in: Susan Conroy, *Mother Teresa's Lessons of Love & Secrets of Sanctity* (Huntington, IN: OSV Press, 2003), 129.

Empfohlene Lektüre über die hl. Teresa von Kalkutta

~ Pater Brian Kolodiejchuk, *Mutter Teresa, Komm, sei mein Licht! Die geheimen Aufzeichnungen der Heiligen von Kalkutta.*
~ Pater Joseph Langford MC, *Mother Teresa: In the Shadow of Our Lady* (Huntington, IN: OSV Press, 2007).
~ Pater Donald H. Calloway MIC, *Rosary Gems: Daily Wisdom on the Holy Rosary* (Stockbridge, MA: Marian Press, 2015).

Hl. Johannes Paul II.

~ Johannes Paul II., *Angelus-Botschaft (*29. Oktober 1978).
~ Papst Johannes Paul II., *Ansprache in Rom* (8. Oktober 1980)
~ Johannes Paul II., *Rosarium Virginis Mariae,* Apostolisches Schreiben (16. Oktober 2002), 1.

~ Ebd., 40.
~ Ebd., 1.
~ Johannes Paul II., *Ansprache in Fátima* (13. Mai 1982), zitiert in: *John Paul II's Book of Mary,* hrsg. v. Margaret R. Bunson (Huntington, IN: OSV Publishing, 1996), 129.
~ Johannes Paul II., *Rosarium Virginis Mariae,* 3.
~ Johannes Paul II., *Ansprache in Rom (8. Oktober 1980)*, zitiert in: *Johannes Paul II.'s Book of Mary,* 131-132.
~ Johannes Paul II., *Rosarium Virginis Mariae,* 3.
~ Ebd., 4.
~ Ebd., 33.
~ Ebd., 5.
~ Johannes Paul II., *Angelus-Botschaft* (1. Oktober 1995)
~ Johannes Paul II., *Rosarium Virginis Mariae,* 41.
~ Ebd., 41.
~ Ebd., 25.
~ Ebd., 26.
~ Ebd., 38
~ Ebd., 39.
~ Johannes Paul II., *Angelus-Botschaft* (30. September 2001).
~ Johannes Paul II., *Antwort auf Fragen zum Dritten Geheimnis während einer Rede in Fulda, Deutschland (1980)*, zitiert in: *Magnificat,* Bd. 15, Nr. 8 (Oktober 2013), 308.
~ Johannes Paul II., *Botschaft an den Bischof von Leiria-Fátima* (1. Oktober 1997).
~ Johannes Paul II., *Rosarium Virginis Mariae,* 15.
~ Ebd., 17.
~ Johannes Paul II., *Predigt zur Seligsprechung* (21. Januar 1995).
~ Johannes Paul II., *Botschaft für den 18. Weltjugendtag* (13. April 2003).
~ Johannes Paul II., *Rosarium Virginis Mariae,* 43.
~ Papst Benedikt XVI., *Angelus* (1. Oktober 2006).

Empfohlene Lektüre über den hl. Johannes Paul II.

~ Johannes Paul II., *Rosarium Virginis Mariae,* Apostolisches Schreiben (16. Oktober 2002).
~ Johannes Paul II., *Theotokos: Frau, Mutter, Jüngerin (Eine Katechese über Maria, die Muttergottes)* (Boston, MA: Daughters of St. Paul, 2000).
~ Johannes Paul II., *Familiaris Consortio*, Apostolisches Schreiben (1981).
~ Margaret R. Bunson (Hrsg.), *Johannes Paul II.'s Book of Mary* (Huntington, IN: OSV Publishing, 1996).
~ Pater Donald H. Calloway MIC, *Under the Mantle: Marian Thoughts from a Priest of the 21. Cebtury* (Stockbridge, MA: Marian Press, 2013).

Papst Benedikt XVI.
* Bild auf S. 519: Christoph Hurnaus
~ Papst Benedikt XVI., *Angelus-Botschaft* (7. Oktober 2007).
~ Papst Benedikt XVI., *Ansprache im Heiligtum Unserer Lieben Frau von Fátima* (12. Mai 2010).
~ Papst Benedikt XVI., *Generalaudienz* (8. Oktober 2008).
~ Papst Benedikt XVI., *Generalaudienz* (1. Mai 2006).
~ Papst Benedikt XVI., *Päpstliche Ansprache* (3. Mai 2008).
~ Papst Benedikt XVI., *Angelus* (1. Oktober 2006).
~ Papst Benedikt XVI., *Angelus-Botschaft* (7. Oktober 2012).
~ Papst Benedikt XVI., *Predigt von der Apostolischen Reise nach Lourdes* (14. September 2008).
~ Papst Benedikt XVI., *Predigt bei der Heiligsprechung* (23. Oktober 2005).
~ Papst Benedikt XVI., *Päpstliche Ansprache* (11. Juni 2011).
~ Papst Benedikt XVI., *Angelus-Botschaft* (3. Oktober 2010).
~ Papst Benedikt XVI., *Predigt: Pastoralbesuch im Päpstlichen Heiligtum von Pompeji.* (19. Oktober 2008).
~ Papst Benedikt XVI., *Generalaudienz* (26. Oktober 2005).
~ Papst Benedikt XVI., *Gott und die Welt: Ein Gespräch mit Peter Seewald,* 318.
~ Papst Benedikt XVI., *Generalaudienz* (3. Februar 2010).

Empfohlene Lektüre über Papst Benedikt XVI.
~ Papst Benedikt XVI., *Maria: Papst Benedikt XVI. über die Gottesmutter Gebundene Ausgabe – 1. Februar 2008.*
~ Papst Benedikt XVI., Generalaudienz (8. Oktober 2008). https://www.vatican.va/content/benedict-xvi/de/audiences/2008/documents/hf_ben-xvi_aud_20081008.html.
~ Papst Benedikt XVI., *Angelus* (1. Okt. 2006; 7. Okt. 2008; 3. Okt. 2010; 7. Okt. 2012). Siehe https://www.vatican.va/content/vatican/de.html.
~ Papst Benedikt XVI., *Betrachtung vom Pastoralbesuch im Heiligtum von Pompeji* (19. Oktober 2008). https://www.vatican.va/content/benedict-xvi/de/speeches/2008/october/documents/hf_ben-xvi_spe_20081019_pompei.html

Teil III: Das Beten des Rosenkranzes
Warum den Rosenkranz beten?

1 Papst Leo XIII., *Parta Humano Generi,* Apostolisches Schreiben (8. September 1901), zitiert in: *The Rosary of Our Lady: Translation of the Encyclical and Apostolic Letters of Pope Leo XIII,* hrsg. v. William Raimund Lawler OP (Paterson, NJ: St. Anthony Guild Press, 1944), 195-196.
2 Papst Leo XIII., *Diuturni Temporis,* Enzyklika (5. September 1898), 3.
3 Ludwig von Montfort, *Der heilige Rosenkranz – das wunderbare Geheimnis des Bekehrung und des Heiles,* 113.
4 Papst Leo XIII., *Supremi Apostolatus Officio,* 7.
5 Papst Leo XIII., *Laetitiae Sanctae,* Enzyklika (8. September 1893), 3.
6 Ludwig von Montfort, *Der heilige Rosenkranz – das wunderbare Geheimnis des Bekehrung und des Heiles,* 79.
7 Fulton J. Sheen, *The World's First Love: Mary, Mother of God* (San Francisco: Ignatius Press, 1996), 208.
8 Giacomo Alberione, *Mary, Mother and Model: The Feasts of Mary,* übers. v. Hilda Calabro, MA (Boston, MA: Daughters of St. Paul, 1958), 201.

Wie man den Rosenkranz betet

1 Ludwig von Montfort, *Only God: The Collected Writings of St. Louis de Montfort (Gesammelte Schriften von hl. Ludwig von Montfort*). (Bay Shore, NY: Montfort Publications, 1995), 104.
2 Ludwig von Montfort, *Der heilige Rosenkranz – das wunderbare Geheimnis des Bekehrung und des Heiles,* 130.
3 Gabriel Harty OP, *Heaven Sent: My Life Through the Rosary* (Dublin, Irland: Veritas, 2012), 153.
4 Antonius Maria Claret, *El Colegial Ó Seminarista Teórica y Prácticamente Instruido: Tome I.* (Barcelona, Spanien: Librería Religiosa, 1861), 278. Übers. v. Miss Ileana E. Salazar, MA.
5 Thérèse von Lisieux, zitiert in: Romanus Cessario OP, *Perpetual Angelus: Wie die Heiligen den Rosenkranz beten* (Staten Island, NY: Alba House, 1995), 136.
6 Ludwig von Montfort, *Der heilige Rosenkranz – das wunderbare Geheimnis des Bekehrung und des Heiles,* 128.
7 Dolindo Ruotolo, Meditations about the Most Holy Rosary of Mary, übers. v. Giovanna Invitti Ellis (Neapel, Italien, 2006), 37.

Wie man ein Kämpfer des Rosenkranzes wird

1 Papst Benedikt XVI., *Betrachtung vom Pastoralbesuch im Heiligtum von Pompeji* (19. Oktober 2008).

2 Ludwig von Montfort, *Der heilige Rosenkranz – das wunderbare Geheimnis des Bekehrung und des Heiles*, 145.
3 Giacomo Alberione, *Lord, Teach Us to Pray* (Boston, MA: Daughters of St. Paul, 1982), 231.
4 Ludwig von Montfort, *Der heilige Rosenkranz – das wunderbare Geheimnis der Bekehrung und des Heiles*, 40.

Die 15 Versprechen der Muttergottes an die Rosenkranzbeter
1 Patrick Peyton, *The Ear of God* (Garden City, NJ: Doubleday & Company, Inc., 1951), 114-115.
Die Ablässe des Rosenkranzes
1 Ludwig von Montfort, *Der heilige Rosenkranz – das wunderbare Geheimnis der Bekehrung und des Heiles*, 119-120.
2 Peter Christoph Düren, *Der Ablass in Lehre und Praxis*, Stella Maris Verlag, Buttenwiesen, 65-66.

Anhang B: Die Worte der Gottesmutter an den seligen Alanus de Rupe
1 „*Die Worte der Gottesmutter an den seligen Alanus de Rupe*, zitiert in: Hl. Ludwig von Montfort, *Das Geheimnis des Rosenkranzes*, 177-178.

Danksagungen

* Die Erlaubnis, aus den folgenden Werken zu zitieren, wird dankend anerkannt:

~ Alfons Liguori, *The Glories of Mary* (Charlotte, NC: TAN Books, 2012).

~ Alphonsus Liguori, *Hail Holy Queen: An Explanation of the Salve Regina*, (Charlotte, NC: TAN Books, 1995).

~ Diakon Andrew J. Gerakas, *The Rosary and Devotion to Mary* (Boston, MA: St. Paul Books & Media, 1992).

~ Ann M. Brown, *Apostle of the Rosary: Seliger Bartolo Longo* (New Hope, KY: New Hope Publications, 2004).

~ Antonius Maria Claret, *Autobiography*, hrsg. Jose Maria Vinas CMF (Chicago, IL: Claretian Publications, 1976).

~ Rev. Charles G. Fehrenbach CSsR, *Mary Day by Day* (New York: Catholic Book Publishing Co., 1987).

~ Fulton J. Sheen, *The World's First Love: Mary, Mother of God* (San Francisco, CA: Ignatius Press, 1996).

~ Faustyna Kowalska, *Diary: Divine Mercy in My Soul* (Stockbridge, MA: Marian Press, 1987).

~ Hilda Elfleda Brown, *She Shall Crush Thy Head: Selected Writings of St. Maximilian Kolbe* (Phoenix, AZ: Leonine Publishers, 2015).

~ Giacomo Alberione, *Glories and Virtues of Mary,* übers. v. Hilda Calabro, MA (Boston, MA: Daughters of St. Paul, 1978).
~ Giacomo Alberione, *Lest We Forget* (Boston, MA: Daughters of St. Paul, 1967).
~ Giacomo Alberione, *Lord, Teach Us to Pray* (Boston, MA: Daughters of St. Paul, 1982).
~ Giacomo Alberione, *Mary, Mother and Model: Feasts of Mary,* übers. v. Hilda Calabro, MA (Boston, MA: Daughters of St. Paul, 1958).
~ Giacomo Alberione, *Mary, Queen of Apostles* (Boston, MA: Daughters of St. Paul, 1976).
~ Giacomo Alberione, *Mary: Hope of the World,* übers. v. Hilda Calabro, MA (Boston, MA: Daughters of St. Paul, 1981).
~ Jeanne Gosselin Arnold, *A Man of Faith: Pater Patrick Peyton CSC* (Hollywood, CA: Family Theater, Inc., 1983).
~ Josemaria Escrivá, *Furrow* (New York: Scepter Press, 1986).
~ Josemaria Escrivá, *Holy Rosary* (New York, NY: Scepter Press, 2003).
~ Josemaria Escrivá, *Friends of God* (New York: Scepter, 1981).
~ Msgr. Joseph A. Cirrincione und Thomas A. Nelson, *The Rosary and the Crisis of Faith (Charlotte,* NC: TAN Books, 1986).
~ Josef Kentenich, *Talk by Fr. Joseph Kentenich in the Church at Ennabeuren, Germany* (3. Mai 1945). Mit freundlicher Genehmigung der Schönstatt-Schwestern, Waukesha, WI.
~ Pater Juan Echevarria, *The Miracles of hl. Antonius Maria Claret,* übers. v. Sr. Mary Gonzaga (Charlotte, NC: TAN Books, 1992).
~ Juan Maria Lozano, CMF, *Mystic and Man of Action: St. Anthony Mary Claret,* übers. v. Joseph Daries CMF (Chicago, IL: Claretian Publications, 1977).
~ Ludwig von Montfort, *God Alone: The Collected Writings of hl. Ludwig von Montfort* (Bay Shore, NY: Montfort Publications, 1995).
~ Ludwig von Montfort, *Jesus Living in Mary* (Bayshore, NY: Montfort Publications, 1994).
~ Ludwig von Montfort, *The Secret of the Rosary,* 1988).
~ Pater Robert J. Fox, *2.000 Year Chronology of Mary Through the Ages* (Redfield SD: Fátima Family Apostolate, 2000).
~ Pater Robert Fox, *The Intimate Life of Sister Lucia* (USA: Fátima Family Apostolate, 2001).

ÜBER DEN AUTOR

Pater Donald Calloway, MIC, ist zum Katholizismus konvertiert und gehört der Kongregation der Marianischen Patres von der Unbefleckten Empfängnis an. Vor seiner Konversion war er ein Schulabbrecher, der aus einem fremden Land geworfen, zweimal in eine Anstalt eingewiesen und mehrmals ins Gefängnis geworfen worden war. Nach seiner radikalen Bekehrung erwarb er einen BA-Abschluss in Philosophie und Theologie an der Franziskaner-Universität von Steubenville, einen MDiv- und STB-Abschluss am Dominican House of Studies in Washington, D.C., und einen STL-Abschluss in Mariologie am International Marian Research Institute in Dayton, Ohio.

Pater Calloway hat zahlreiche wissenschaftliche Artikel verfasst und ist Herausgeber von zwei Büchern: The Immaculate Conception in the Life of the Church (Marian Press, 2004) und The Virgin Mary and Theology of the Body (Marian Press, 2005). Er ist auch der Autor der folgenden Bücher: Purest of All Lilies: The Virgin Mary in the Spirituality of St. Faustyna (Marian Press, 2008); No Turning Back: A Witness to Mercy (Marian Press, 2010); Under the Mantle: Marianische Gedanken eines Priesters des 21.st Jahrhunderts (Marian Press, 2013); Marian Gems: Daily Wisdom on Our Lady (Marian Press, 2014); Mary of Nazareth: The Life of Our Lady in Pictures (Ignatius Press, 2015); and Rosary Gems: Tägliche Weisheit über den Heiligen Rosenkranz (Marian Press, 2015).

Um mehr über marianische
Berufungen zu erfahren,
besuchen Sie
marian.org/Berufungen
oder besuchen Sie die
Website von P. Calloway,
fathercalloway.com

Aus dem Amerikanischen von
Mechtild Neiske

MARIAN PRESS
STOCKBRIDGE MA 01263

† IMPRIMATUR †
Very Rev. Kazimierz Chwalek, MIC
Provincial Superior
The Blessed Virgin Mary, Mother of Mercy Province
May 31, 2016

Nihil Obstat:
Dr. Robert A. Stackpole, STD
Censor Deputatus
May 31, 2016

1. Auflage 2024
Fe-Medienverlags GmbH
Hauptstraße 22, D-88353 Kißlegg
www.fe-medien.de

ISBN 978-3-86357-408-6

Umschlagbild: *Madonna des Rosenkranzes (um 1605)*. Caravaggio (1571-1610). Kunsthistorisches Museum. Wien, Österreich. Gemeingut.

Umschlaggestaltung und Satz: Renate Geisler
Druck: TZ-Verlag, Roßdorf
Printed in EU

Donald H. Calloway MIC

KÄMPFER DES ROSENKRANZES

Die Geschichte und die Verkünder einer geistlichen Waffe

fe

Donald H. Calloway MIC

KÄMPFER DES ROSENKRANZES

Die Geschichte und die Verkünder einer geistlichen Waffe